Geulnuri
2019-B-01

헌법/행정법 NOTE

鄭相冀

글누리
HNU

『헌법 / 행정법 NOTE』의 2019년 개정판을 내면서

광장의 엄청난 촛불의 간절한 염원을 바탕으로 2017년 5월 9일 탄생한 '새로운 정권'이 이제 출범 3년차에 들어서고 있다. 著者는 지난 정권이 '대통령 탄핵'이라는 파국적 나락으로 떨어진 가장 큰 이유는 주권자를 대신하는 '대표'의 '공동체의사결정권'이 전체 국민의 이익을 위한 것이 아니라 소수의 특수이익을 위하여 행사된 것에 기인한 것이라는 점을 지적한 바 있다. 그러면서 새로운 정권은 부디 한쪽만을 위한 의사결정을 반복하지 아니하기를 기원하였다. 그러나 작금의 상황은 어떠한가? 역사는 반복되는 것인가?

정치권 모두 '대한민국헌법'의 개헌을 공언하고 있음에도 여전히 私利私慾과 黨利黨略으로 똘똘 뭉쳐 있는 그들은 대한민국의 百年大計를 위한 명실상부한 '착한 헌법'에 대한 의지는 그리 크지 아니한 것으로 보인다. 진보이냐 보수이냐 가릴 것 없이 그들 기득권층은 겉으로만 변화와 혁신을 강조하고 있을 뿐 속내는 지금 이대로가 편안한 모양이다. 그들의 오만함에 이제 국민은 자신들이 이름만 주권자에 불과하다는 좌절감에 빠져들고 있다.

『헌법/행정법 NOTE』의 이번 개정은 그동안 대법원과 헌법재판소에서 내려진 새로운 판례의 보완과 함께, 특히 행정법학에서 각론영역에 해당하는 내용을 추가함으로써 명실상부 행정법학 전체에 대한 'NOTE'를 완성하는데 주안점을 두었다. 여전히 부족한 점 적지 아니할 것이나, 독자 여러분이 최소한의 분량으로 헌법과 행정법의 체계와 기본이론 및 관련판례를 이해하는데 작은 도움이 되기를 기대해본다.

『헌법/행정법 NOTE』의 거듭되는 진화를 위하여 또다시 헌신적으로 각별한 수고와 도움을 마다하지 않으신 한남대학교 출판부『글누리』의 모든 분들께 재차 진심으로 감사의 말씀을 올린다. 또한 이 책을 통하여 公法의 의미를 이해하여 가는 모든 분들의 앞날이 한없이 밝을 수만 있기를 희망해 본다.

2019. 1. 31.

오정골 연구실에서 著者

헌법/행정법 NOTE로 改訂하면서

2016년 가을의 단풍을 느껴볼 사이도 없이, 우리 대한민국은 이른바 '최순실게이트'로 인하여 嚴冬雪寒의 차디찬 겨울바다에서 갈 길 몰라 표류하였고, 결국 대통령의 탄핵이라는 초유의 사태를 경험하였다. 그 결정적 원인은 주권자를 대신하는 '대표'의 '공동체의사결정권'이 전체 국민의 이익을 위한 意思, 즉 '추정적 의사'에 기초하여 행사된 것이 아니라 소수의 특수이익을 위한 '경험적 의사'에 기초하여 행사된 것에 기인한다.

소위 '정치가'라는 자들! 과연 어떠한 철학과 인식하에서, 어느 만큼의 봉사와 희생정신을 가지고, 民意의 代辯者라고 자처하고 있는가? 私利私慾과 黨利黨略으로 똘똘 뭉쳐 있는 그들의 저급한 처신에 가슴 속 깊이 울분과 답답함이 겹겹이 쌓여가고 있음은 비단 저자만의 아픔인가?

광장의 엄청난 촛불 속에서 새로운 희망과 가능성이 움터나기를 간절히 염원하였다. 2017년 5월 9일 탄생한 새로운 국민의 대표는 우리에게 어떠한 희망과 가능성을 줄 것인가? 부디 한쪽만을 위한 의사결정이 반복되지 아니하기를 기원한다. 새로운 국민의 대표는 1987년 개정된 지금의 '대한민국헌법'을 대한민국의 더 큰 도약을 위한 발판이 될 수 있도록 대폭적인 개정을 공언하고 있다. 대한민국의 百年大計를 위한 명실상부한 '착한 헌법'이 탄생하기를 희망한다.

본서는 처음 『헌법 NOTE』로 출간되어 한 차례 개정작업이 있었음에도 여전히 적지 아니한 허점이 이곳저곳에서 발견되고 있어, 이번 개정판은 그 보완 및 새로운 판례의 추가와 함께, 차제에 행정법(총론)의 요약을 더하여, 『헌법/행정법 NOTE』로 개명하여 출간한다. 이 『헌법/행정법 NOTE』가 헌법뿐만 아니라 행정법(총론)까지의 기본골격을 체계적으로 이해하는데 독자 여러분께 다소나마 도움이 될 수 있기를 기대한다. 다만, 조만간 있을 수 있는 현행 헌법의 개정여하에 따라 본서의 耐久力이 언제까지 버틸 수 있을지는 아직 아무도 알 수 없다.

여전히 학문적 미숙에서 탈피하고 있지 못한 저자의 무능과 게으름에도 불구하고, 『헌법/행정법 NOTE』로의 새로운 변신을 위하여 헌신적으로 각별한 수고와 도움을 마다하지 않으신 한남대학교 출판부 『글누리』의 모든 분들께 다시 한번 진심으로 감사의 말씀을 올린다.

2017. 7. 31.

오정골 연구실에서 著者

개정판을 내면서

2015년 여름, '적극적 평화주의'와 '집단적 자위권'을 통하여 일본은 다시 '전쟁을 할 수 있는 나라'로 만들기를 갈망하는 일본의 아베총리는 정상적인 절차에 의한 헌법의 개정이 아닌 이른바 헌법의 '해석변경'이라는 해괴한 꼼수를 동원하였다. 헌법의 규범력은 행정부가 해석을 통하여 변경할 수 있는 것이 아님은 자명한 바, 행정부가 사법부는 물론 헌법 위에서 군림하려는 것이며, 이는 입헌주의 그 자체를 파괴하려는 것이다.

우리에게 엄청난 고통과 수탈 그리고 남북분단의 비극으로 이어진 일제의 식민지배, 그리고 아시아 각국에 막대한 피의 희생을 초래한 태평양전쟁을 일으킨 일본 군국주의의 재현을 다시 보고 있는 듯하다. 우리는 물론 아시아 각국에 대하여 진정한 반성과 사죄도 다하지 아니하는 아베총리는 그가 희망하는 '전쟁을 할 수 있는 나라'를 위하여 그들의 '평화주의헌법'과는 정반대의 길로 가고 있다.

『헌법 NOTE』는 헌법학의 전체적인 체계 및 구체적인 세부논점을 가능한 한 한 눈에 보고 이해할 수 있도록 요약하여 우리 학생들이 방대한 헌법학에 좀 더 수월하게 접근할 수 있도록 하는 의도로 발간하였지만, 실제로 1년 동안 강의를 하면서, 이곳 저곳에서 흠결과 누락이 있음을 발견하였고 또 새로운 판례를 보충해야 할 필요성을 느꼈다. 구성체계와 편집에도 약간의 변화를 주었다. 그 결과 이번 개정판은 지난 초반에 비하여 좀더 정비된 모습을 갖추게 되었다.

그러나 여전히 부족한 점이 허다하며 지속적인 보완이 필요함은 부인할 수 없다. 저자의 학문적 미숙과 무능을 탓해보기도 한다. 끝으로 본서의 새단장을 위하여 이 뜨거운 여름날 각별한 수고와 지원을 아끼지 않으신 한남대학교 출판부 「글누리」의 모든 분들께 진심으로 감사의 말씀을 올린다.

2015. 8. 18.

오정골 연구실에서 著者

머리말

2014년은 '세월호'의 비극적인 침몰이 계기가 되어 그 동안 대한민국이 안고 있었던 온갖 문제점들이 한꺼번에 노출되고 있다. '관피아', '철피아', '정피아' 등의 부정한 연결고리, 행정부의 무능과 독선 그리고 탁상행정, 정치권의 타협을 모르는 당리당략적 아집, 종북논란과 끊임없는 북한의 도발 등등 '대한민국호'도 함께 침몰하는 것 아닌가 우려되고 있다. 그렇다면 대한민국호를 떠받치는 것은 무엇인가? 바로 헌법이다. 헌법을 무시한다면 국민에게는 슬픔과 고통이 있을 뿐이다. 정치권을 비롯하여 모든 권력자에게 헌법을 준수하고 실천하려는 의지가 그 어느 때보다 절실하게 요구되고 있는 시점이다.

헌법의 이해를 돕기 위하여 필자가 할 수 있는 일이 무엇인가? 시중에 소개되어 있는 대다수의 헌법학 교재가 그 방대한 분량으로 인하여 대부분의 학생들은 책을 펴보기도 전에 '억' 소리를 낼 정도이다. 주로 공무원시험을 준비하는 우리 학생들의 현실은 그러하다. 이들로 하여금 憲法學의 전체적인 체계 및 구체적인 세부논점의 이해함에 있어서 좀더 효과적으로 접근하게 할 수 있는 방법은 무엇일까? 필자가 이 대학에 부임하여 강단에 서기 시작한 이래 끊임없이 고민해왔던 문제이다.

본서는 이러한 고민의 해결방안의 하나로 방대한 헌법학에서 다루어야 하는 각각의 주제에 관한 이론과 학설, 쟁점사항을 각기 주제별로 하나의 '글상자'로 정리하여 독자로 하여금 해당 주제에 관한 논점을 한 눈에 보고 이해할 수 있도록 하고자 노력하였다. 또한 해당 논점과 관련된 헌법재판소 및 법원의 판례를 소개하여 헌법문제의 실무적 이해가 가능하도록 하였다. 다만 헌법학을 처음 접하는 학생이라면 그 요약의 정도가 지나치게 함축적이어서 강의를 통한 보충이 필수적인 경우도 적지 아니하다고 생각된다.

이처럼 본서는 본격적인 학문서라기 보다는 강의안 형태의 것이어서 지속적인 보완이 필요함을 자인하지 않을 수 없다. 끝으로 본서의 탄생을 위하여 각별한 수고를 마다하지 않으신 한남대학교 출판부의 모든 분께 진심으로 감사의 말씀을 드린다.

2014. 8. 18.

오정골 연구실에서 著者

헌법

NOTE

CONTENTS
헌법노트목차

大韓民國憲法

I 헌법의 탄생과 입헌주의

II 헌법총론

III 헌법의 기본원리

IV 기본권총론

Ⅴ 개별기본권

Ⅵ 통치기구론

大韓民國憲法

前文

유구한 역사와 전통에 빛나는 우리 대한국민은 3·1운동으로 건립된 대한민국임시정부의 법통과 불의에 항거한 4·19민주이념을 계승하고, 조국의 민주개혁과 평화적 통일의 사명에 입각하여 정의·인도와 동포애로써 민족의 단결을 공고히 하고, 모든 사회적 폐습과 불의를 타파하며, 자율과 조화를 바탕으로 자유민주적 기본질서를 더욱 확고히 하여 정치·경제·사회·문화의 모든 영역에 있어서 각인의 기회를 균등히 하고, 능력을 최고도로 발휘하게 하며, 자유와 권리에 따르는 책임과 의무를 완수하게 하여, 안으로는 국민생활의 균등한 향상을 기하고 밖으로는 항구적인 세계평화와 인류공영에 이바지함으로써 우리들과 우리들의 자손의 안전과 자유와 행복을 영원히 확보할 것을 다짐하면서 1948년 7월 12일에 제정되고 8차에 걸쳐 개정된 헌법을 이제 국회의 의결을 거쳐 국민투표에 의하여 개정한다.

제1장 총강

제1조 ① 대한민국은 민주공화국이다.
② 대한민국의 주권은 국민에게 있고, 모든 권력은 국민으로부터 나온다.

제2조 ① 대한민국의 국민이 되는 요건은 법률로 정한다.
② 국가는 법률이 정하는 바에 의하여 재외국민을 보호할 의무를 진다.

제3조 대한민국의 영토는 한반도와 그 부속도서로 한다.

제4조 대한민국은 통일을 지향하며, 자유민주적 기본질서에 입각한 평화적 통일 정책을 수립하고 이를 추진한다.

제5조 ① 대한민국은 국제평화의 유지에 노력하고 침략적 전쟁을 부인한다.
② 국군은 국가의 안전보장과 국토방위의 신성한 의무를 수행함을 사명으로 하며, 그 정치적 중립성은 준수된다.

제6조 ① 헌법에 의하여 체결·공포된 조약과 일반적으로 승인된 국제법규는 국내법과 같은 효력을 가진다.
② 외국인은 국제법과 조약이 정하는 바에 의하여 그 지위가 보장된다.

제7조 ① 공무원은 국민전체에 대한 봉사자이며, 국민에 대하여 책임을 진다.
② 공무원의 신분과 정치적 중립성은 법률이 정하는 바에 의하여 보장된다.

제8조 ① 정당의 설립은 자유이며, 복수정당제는 보장된다.
② 정당은 그 목적·조직과 활동이 민주적이어야 하며, 국민의 정치적 의사형성에 참여하는데 필요한 조직을 가져야 한다.
③ 정당은 법률이 정하는 바에 의하여 국가의 보호를 받으며, 국가는 법률이 정하는 바에 의하여 정당 운영에 필요한 자금을 보조할 수 있다.
④ 정당의 목적이나 활동이 민주적 기본질서에 위배될 때에는 정부는 헌법재판소에 그 해산을 제소할 수 있고, 정당은 헌법재판소의 심판에 의하여 해산된다.

제9조 국가는 전통문화의 계승·발전과 민족문화의 창달에 노력하여야 한다.

제2장 국민의 권리와 의무

제10조 모든 국민은 인간으로서의 존엄과 가치를 가지며, 행복을 추구할 권리를 가진다. 국가는 개인이 가지는 불가침의 기본적 인권을 확인하고 이를 보장할 의무를 진다.

제11조 ① 모든 국민은 법 앞에 평등하다. 누구든지 성별·종교 또는 사회적 신분에 의하여 정치적·경제적·사회적·문화적 생활의 모든 영역에 있어서 차별을 받지 아니한다.
② 사회적 특수계급의 제도는 인정되지 아니하며, 어떠한 형태로도 이를 창설할 수 없다.
③ 훈장 등의 영전은 이를 받은 자에게만 효력이 있고, 어떠한 특권도 이에 따르지 아니한다.

제12조 ① 모든 국민은 신체의 자유를 가진다. 누구든지 법률에 의하지 아니하고는 체포·구속·압수·수색 또는 심문을 받지 아니하며, 법률과 적법한 절차에 의하지 아니 하고는 처벌·보안처분 또는 강제노역을 받지 아니한다.
② 모든 국민은 고문을 받지 아니하며, 형사상 자기에게 불리한 진술을 강요당하지 아니한다.
③ 체포·구속·압수 또는 수색을 할 때에는 적법한 절차에 따라 검사의 신청에 의하여 법관이 발부한 영장을 제시하여야 한다. 다만, 현행범인인 경우와 장기 3년 이상의 형에 해당하는 죄를 범하고 도피 또는 증거인멸의 염려가 있을 때에는 사후에 영장을 청구할 수 있다.
④ 누구든지 체포 또는 구속을 당한 때에는 즉시 변호인의 조력을 받을 권리를 가진다. 다만, 형사피고인이 스스로 변호인을 구할 수 없을 때에는 법률이 정하는 바에 의하여 국가가 변호인을 붙인다.
⑤ 누구든지 체포 또는 구속의 이유와 변호인의 조력을 받을 권리가 있음을 고지받지 아니하고는 체포 또는 구속을 당하지 아니한다. 체포 또는 구속을 당한 자의 가족 등 법률이 정하는 자에게는 그 이유와 일시·장소가 지체없이 통지되어야 한다.
⑥ 누구든지 체포 또는 구속을 당한 때에는 적부의 심사를 법원에 청구할 권리를 가진다.
⑦ 피고인의 자백이 고문·폭행·협박·구속의 부당한 장기화 또는 기망 기타의 방법에 의하여 자의로 진술된 것이 아니라고 인정될 때 또는 정식재판에 있어서 피고인의 자백이 그에게 불

리한 유일한 증거일 때에는 이를 유죄의 증거로 삼거나 이를 이유로 처벌할 수 없다.

제13조 ① 모든 국민은 행위시의 법률에 의하여 범죄를 구성하지 아니하는 행위로 소추되지 아니하며, 동일한 범죄에 대하여 거듭 처벌받지 아니한다.
② 모든 국민은 소급입법에 의하여 참정권의 제한을 받거나 재산권을 박탈당하지 아니한다.
③ 모든 국민은 자기의 행위가 아닌 친족의 행위로 인하여 불이익한 처우를 받지 아니한다.

제14조 모든 국민은 거주 · 이전의 자유를 가진다.

제15조 모든 국민은 직업선택의 자유를 가진다.

제16조 모든 국민은 주거의 자유를 침해받지 아니한다. 주거에 대한 압수나 수색을 할 때에는 검사의 신청에 의하여 법관이 발부한 영장을 제시하여야 한다.

제17조 모든 국민은 사생활의 비밀과 자유를 침해받지 아니한다.

제18조 모든 국민은 통신의 비밀을 침해받지 아니한다.

제19조 모든 국민은 양심의 자유를 가진다.

제20조 ① 모든 국민은 종교의 자유를 가진다.
② 국교는 인정되지 아니하며, 종교와 정치는 분리된다.

제21조 ① 모든 국민은 언론 · 출판의 자유와 집회 · 결사의 자유를 가진다.
② 언론 · 출판에 대한 허가나 검열과 집회 · 결사에 대한 허가는 인정되지 아니한다.
③ 통신 · 방송의 시설기준과 신문의 기능을 보장하기 위하여 필요한 사항은 법률로 정한다.
④ 언론 · 출판은 타인의 명예나 권리 또는 공중도덕이나 사회윤리를 침해하여서는 아니된다. 언론 · 출판이 타인의 명예나 권리를 침해한 때에는 피해자는 이에 대한 피해의 배상을 청구할 수 있다.

제22조 ① 모든 국민은 학문과 예술의 자유를 가진다.
② 저작자 · 발명가 · 과학기술자와 예술가의 권리는 법률로써 보호한다.

제23조 ① 모든 국민의 재산권은 보장된다. 그 내용과 한계는 법률로 정한다.
② 재산권의 행사는 공공복리에 적합하도록 하여야 한다.
③ 공공필요에 의한 재산권의 수용 · 사용 또는 제한 및 그에 대한 보상은 법률로써 하되, 정당한 보상을 지급하여야 한다.

제24조 모든 국민은 법률이 정하는 바에 의하여 선거권을 가진다.

제25조 모든 국민은 법률이 정하는 바에 의하여 공무담임권을 가진다.

제26조 ① 모든 국민은 법률이 정하는 바에 의하여 국가기관에 문서로 청원할 권리를 가진다.
② 국가는 청원에 대하여 심사할 의무를 진다.

제27조 ① 모든 국민은 헌법과 법률이 정한 법관에 의하여 법률에 의한 재판을 받을 권리를 가진다.
② 군인 또는 군무원이 아닌 국민은 대한민국의 영역 안에서는 중대한 군사상 기밀 · 초병 · 초소 · 유독음식물공급 · 포로 · 군용물에 관한 죄 중 법률이 정한 경우와 비상계엄이 선포된 경우를 제외하고는 군사법원의 재판을 받지 아니한다.
③ 모든 국민은 신속한 재판을 받을 권리를 가진다. 형사피고인은 상당한 이유가 없는 한 지체없이 공개재판을 받을 권리를 가진다.
④ 형사피고인은 유죄의 판결이 확정될 때까지는 무죄로 추정된다.
⑤ 형사피해자는 법률이 정하는 바에 의하여 당해 사건의 재판절차에서 진술할 수 있다.

제28조 형사피의자 또는 형사피고인으로서 구금되었던 자가 법률이 정하는 불기소처분을 받거나 무죄판결을 받은 때에는 법률이 정하는 바에 의하여 국가에 정당한 보상을 청구할 수 있다.

제29조 ① 공무원의 직무상 불법행위로 손해를 받은 국민은 법률이 정하는 바에 의하여 국가 또는 공공단체에 정당한 배상을 청구할 수 있다. 이 경우 공무원 자신의 책임은 면제되지 아니한다.
② 군인 · 군무원 · 경찰공무원 기타 법률이 정하는 자가 전투 · 훈련 등 직무집행과 관련하여 받은 손해에 대하여는 법률이 정하는 보상 외에 국가 또는 공공단체에 공무원의 직무상 불법행위로 인한 배상은 청구할 수 없다.

제30조 타인의 범죄행위로 인하여 생명 · 신체에 대한 피해를 받은 국민은 법률이 정하는 바에 의하여 국가로부터 구조를 받을 수 있다.

제31조 ① 모든 국민은 능력에 따라 균등하게 교육을 받을 권리를 가진다.
② 모든 국민은 그 보호하는 자녀에게 적어도 초등교육과 법률이 정하는 교육을 받게 할 의무를 진다.
③ 의무교육은 무상으로 한다.
④ 교육의 자주성 · 전문성 · 정치적 중립성 및 대학의 자율성은 법률이 정하는 바에 의하여 보장된다.
⑤ 국가는 평생교육을 진흥하여야 한다.
⑥ 학교교육 및 평생교육을 포함한 교육제도와 그 운영, 교육재정 및 교원의 지위에 관한 기본적인 사항은 법률로 정한다.

제32조 ① 모든 국민은 근로의 권리를 가진다. 국가는 사회적 · 경제적 방법으로 근로자의 고용의 증진과 적정임금의 보장에 노력하여야 하며, 법률이 정하는 바에 의하여 최저임금제를 시행하여야 한다.
② 모든 국민은 근로의 의무를 진다. 국가는 근로의 의무의 내용과 조건을 민주주의원칙에 따라 법률로 정한다.
③ 근로조건의 기준은 인간의 존엄성을 보장하도록 법률로 정한다.
④ 여자의 근로는 특별한 보호를 받으며, 고용 · 임금 및 근로조건에 있어서 부당한 차별을 받지 아니한다.
⑤ 연소자의 근로는 특별한 보호를 받는다.
⑥ 국가유공자 · 상이군경 및 전몰군경의 유가족은 법률이 정하는 바에 의하여 우선적으로 근로의 기회를 부여받는다.

제33조 ① 근로자는 근로조건의 향상을 위하여 자주적인 단결권 · 단체교섭권 및 단체행동권을 가진다.

② 공무원인 근로자는 법률이 정하는 자에 한하여 단결권 · 단체교섭권 및 단체행동권을 가진다.
③ 법률이 정하는 주요방위산업체에 종사하는 근로자의 단체행동권은 법률이 정하는 바에 의하여 이를 제한하거나 인정하지 아니할 수 있다.

제34조 ① 모든 국민은 인간다운 생활을 할 권리를 가진다.
② 국가는 사회보장 · 사회복지의 증진에 노력할 의무를 진다.
③ 국가는 여자의 복지와 권익의 향상을 위하여 노력하여야 한다.
④ 국가는 노인과 청소년의 복지향상을 위한 정책을 실시할 의무를 진다.
⑤ 신체장애자 및 질병 · 노령 기타의 사유로 생활능력이 없는 국민은 법률이 정하는 바에 의하여 국가의 보호를 받는다.
⑥ 국가는 재해를 예방하고 그 위험으로부터 국민을 보호하기 위하여 노력하여야 한다.

제35조 ① 모든 국민은 건강하고 쾌적한 환경에서 생활할 권리를 가지며, 국가와 국민은 환경보전을 위하여 노력하여야 한다.
② 환경권의 내용과 행사에 관하여는 법률로 정한다.
③ 국가는 주택개발정책 등을 통하여 모든 국민이 쾌적한 주거생활을 할 수 있도록 노력하여야 한다.

제36조 ① 혼인과 가족생활은 개인의 존엄과 양성의 평등을 기초로 성립되고 유지되어야 하며, 국가는 이를 보장한다.
② 국가는 모성의 보호를 위하여 노력하여야 한다.
③ 모든 국민은 보건에 관하여 국가의 보호를 받는다.

제37조 ① 국민의 자유와 권리는 헌법에 열거되지 아니한 이유로 경시되지 아니한다.
② 국민의 모든 자유와 권리는 국가안전보장 · 질서유지 또는 공공복리를 위하여 필요한 경우에 한하여 법률로써 제한할 수 있으며, 제한하는 경우에도 자유와 권리의 본질적인 내용을 침해할 수 없다.

제38조 모든 국민은 법률이 정하는 바에 의하여 납세의 의무를 진다.

제39조 ① 모든 국민은 법률이 정하는 바에 의하여 국방의 의무를 진다.
② 누구든지 병역의무의 이행으로 인하여 불이익한 처우를 받지 아니한다.

제3장 국회

제40조 입법권은 국회에 속한다.

제41조 ① 국회는 국민의 보통 · 평등 · 직접 · 비밀선거에 의하여 선출된 국회의원으로 구성한다.
② 국회의원의 수는 법률로 정하되, 200인 이상으로 한다.
③ 국회의원의 선거구와 비례대표제 기타 선거에 관한 사항은 법률로 정한다.

제42조 국회의원의 임기는 4년으로 한다.

제43조 국회의원은 법률이 정하는 직을 겸할 수 없다.

제44조 ① 국회의원은 현행범인인 경우를 제외하고는 회기중 국회의 동의없이 체포 또는 구금되지 아니한다.
② 국회의원이 회기 전에 체포 또는 구금된 때에는 현행범인이 아닌 한 국회의 요구가 있으면 회기중 석방된다.

제45조 국회의원은 국회에서 직무상 행한 발언과 표결에 관하여 국회외에서 책임을 지지 아니한다.

제46조 ① 국회의원은 청렴의 의무가 있다.
② 국회의원은 국가이익을 우선하여 양심에 따라 직무를 행한다.
③ 국회의원은 그 지위를 남용하여 국가 · 공공단체 또는 기업체와의 계약이나 그 처분에 의하여 재산상의 권리 · 이익 또는 직위를 취득하거나 타인을 위하여 그 취득을 알선할 수 없다.

제47조 ① 국회의 정기회는 법률이 정하는 바에 의하여 매년 1회 집회되며, 국회의 임시회는 대통령 또는 국회재적의원 4분의 1 이상의 요구에 의하여 집회된다.
② 정기회의 회기는 100일을, 임시회의 회기는 30일을 초과할 수 없다.
③ 대통령이 임시회의 집회를 요구할 때에는 기간과 집회요구의 이유를 명시하여야 한다.

제48조 국회는 의장 1인과 부의장 2인을 선출한다.

제49조 국회는 헌법 또는 법률에 특별한 규정이 없는 한 재적의원 과반수의 출석과 출석의원 과반수의 찬성으로 의결한다. 가부동수인 때에는 부결된 것으로 본다.

제50조 ① 국회의 회의는 공개한다. 다만, 출석의원 과반수의 찬성이 있거나 의장이 국가의 안전보장을 위하여 필요하다고 인정할 때에는 공개하지 아니할 수 있다.
② 공개하지 아니한 회의내용의 공표에 관하여는 법률이 정하는 바에 의한다.

제51조 국회에 제출된 법률안 기타의 의안은 회기중에 의결되지 못한 이유로 폐기되지 아니한다. 다만, 국회의원의 임기가 만료된 때에는 그러하지 아니하다.

제52조 국회의원과 정부는 법률안을 제출할 수 있다.

제53조 ① 국회에서 의결된 법률안은 정부에 이송되어 15일 이내에 대통령이 공포한다.
② 법률안에 이의가 있을 때에는 대통령은 제1항의 기간 내에 이의서를 붙여 국회로 환부하고, 그 재의를 요구할 수 있다. 국회의 폐회중에도 또한 같다.
③ 대통령은 법률안의 일부에 대하여 또는 법률안을 수정하여 재의를 요구할 수 없다.
④ 재의의 요구가 있을 때에는 국회는 재의에 붙이고, 재적의원과반수의 출석과 출석의원 3분의 2 이상의 찬성으로 전과 같은 의결을 하면 그 법률안은 법률로서 확정된다.
⑤ 대통령이 제1항의 기간 내에 공포나 재의의 요구를 하지 아니한 때에도 그 법률안은 법률로서 확정된다.
⑥ 대통령은 제4항과 제5항의 규정에 의하여 확정된 법률을 지체없이 공포하여야 한다. 제5항에 의하여 법률이 확정된 후 또는 제4항에 의한 확

정법률이 정부에 이송된 후 5일 이내에 대통령이 공포하지 아니할 때에는 국회의장이 이를 공포한다.

⑦ 법률은 특별한 규정이 없는 한 공포한 날로부터 20일을 경과함으로써 효력을 발생한다.

제54조 ① 국회는 국가의 예산안을 심의·확정한다.

② 정부는 회계연도마다 예산안을 편성하여 회계연도 개시 90일전까지 국회에 제출하고, 국회는 회계연도 개시 30일전까지 이를 의결하여야 한다.

③ 새로운 회계연도가 개시될 때까지 예산안이 의결되지 못한 때에는 정부는 국회에서 예산안이 의결될 때까지 다음의 목적을 위한 경비는 전년도 예산에 준하여 집행할 수 있다.

1. 헌법이나 법률에 의하여 설치된 기관 또는 시설의 유지·운영
2. 법률상 지출의무의 이행
3. 이미 예산으로 승인된 사업의 계속

제55조 ① 한 회계연도를 넘어 계속하여 지출할 필요가 있을 때에는 정부는 연한을 정하여 계속비로서 국회의 의결을 얻어야 한다.

② 예비비는 총액으로 국회의 의결을 얻어야 한다. 예비비의 지출은 차기국회의 승인을 얻어야 한다.

제56조 정부는 예산에 변경을 가할 필요가 있을 때에는 추가경정예산안을 편성하여 국회에 제출할 수 있다.

제57조 국회는 정부의 동의없이 정부가 제출한 지출예산 각항의 금액을 증가하거나 새 비목을 설치할 수 없다.

제58조 국채를 모집하거나 예산외에 국가의 부담이 될 계약을 체결하려 할 때에는 정부는 미리 국회의 의결을 얻어야 한다.

제59조 조세의 종목과 세율은 법률로 정한다.

제60조 ① 국회는 상호원조 또는 안전보장에 관한 조약, 중요한 국제조직에 관한 조약, 우호통상항해조약, 주권의 제약에 관한 조약, 강화조약, 국가나 국민에게 중대한 재정적 부담을 지우는 조약 또는 입법사항에 관한 조약의 체결·비준에 대한 동의권을 가진다.

② 국회는 선전포고, 국군의 외국에의 파견 또는 외국군대의 대한민국 영역 안에서의 駐留에 대한 동의권을 가진다.

제61조 ① 국회는 국정을 감사하거나 특정한 국정사안에 대하여 조사할 수 있으며, 이에 필요한 서류의 제출 또는 증인의 출석과 증언이나 의견의 진술을 요구할 수 있다.

② 국정감사 및 조사에 관한 절차 기타 필요한 사항은 법률로 정한다.

제62조 ① 국무총리·국무위원 또는 정부위원은 국회나 그 위원회에 출석하여 국정처리상황을 보고하거나 의견을 진술하고 질문에 응답할 수 있다.

② 국회나 그 위원회의 요구가 있을 때에는 국무총리·국무위원 또는 정부위원은 출석·답변하여야 하며, 국무총리 또는 국무위원이 출석요구를 받은 때에는 국무위원 또는 정부위원으로 하여금 출석·답변하게 할 수 있다.

제63조 ① 국회는 국무총리 또는 국무위원의 해임을 대통령에게 건의할 수 있다.

② 제1항의 해임건의는 국회재적의원 3분의 1 이상의 발의에 의하여 국회재적의원 과반수의 찬성이 있어야 한다.

제64조 ① 국회는 법률에 저촉되지 아니하는 범위안에서 의사와 내부규율에 관한 규칙을 제정할 수 있다.

② 국회는 의원의 자격을 심사하며, 의원을 징계할 수 있다.

③ 의원을 제명하려면 국회재적의원 3분의 2 이상의 찬성이 있어야 한다.

④ 제2항과 제3항의 처분에 대하여는 법원에 제소할 수 없다.

제65조 ① 대통령·국무총리·국무위원·행정각부의 장·헌법재판소 재판관·법관·중앙선거관리위원회 위원·감사원장·감사위원 기타 법률이 정한 공무원이 그 직무집행에 있어서 헌법이나 법률을 위배한 때에는 국회는 탄핵의 소추를 의결할 수 있다.

② 제1항의 탄핵소추는 국회재적의원 3분의 1 이상의 발의가 있어야 하며, 그 의결은 국회재적의원 과반수의 찬성이 있어야 한다. 다만, 대통령에 대한 탄핵소추는 국회재적의원 과반수의 발의와 국회재적의원 3분의 2 이상의 찬성이 있어야 한다.

③ 탄핵소추의 의결을 받은 자는 탄핵심판이 있을 때까지 그 권한행사가 정지된다.

④ 탄핵결정은 공직으로부터 파면함에 그친다. 그러나, 이에 의하여 민사상이나 형사상의 책임이 면제되지는 아니한다.

제4장 정부

제1절 대통령

제66조 ① 대통령은 국가의 원수이며, 외국에 대하여 국가를 대표한다.

② 대통령은 국가의 독립·영토의 보전·국가의 계속성과 헌법을 수호할 책무를 진다.

③ 대통령은 조국의 평화적 통일을 위한 성실한 의무를 진다.

④ 행정권은 대통령을 수반으로 하는 정부에 속한다.

제67조 ① 대통령은 국민의 보통·평등·직접·비밀선거에 의하여 선출한다.

② 제1항의 선거에 있어서 최고득표자가 2인 이상인 때에는 국회의 재적의원 과반수가 출석한 공개회의에서 다수표를 얻은 자를 당선자로 한다.

③ 대통령후보자가 1인일 때에는 그 득표수가 선거권자 총수의 3분의 1 이상이 아니면 대통령으로 당선될 수 없다.

④ 대통령으로 선거될 수 있는 자는 국회의원의 피선거권이 있고 선거일 현재 40세에 달하여야 한다.

⑤ 대통령의 선거에 관한 사항은 법률로 정한다.

제68조 ① 대통령의 임기가 만료되는 때에는 임기만료 70일 내지 40일전에 후임자를 선거한다.

② 대통령이 궐위된 때 또는 대통령 당선자가 사망하거나 판결 기타의 사유로 그 자격을 상실한 때에는 60일 이내에 후임자를 선거한다.

제69조 대통령은 취임에 즈음하여 다음의 선서를 한다.
"나는 헌법을 준수하고 국가를 보위하며 조국의 평화적 통일과 국민의 자유와 복리의 증진 및 민족문화의 창달에 노력하여 대통령으로서의 직책을 성실히 수행할 것을 국민 앞에 엄숙히 선서합니다."

제70조 대통령의 임기는 5년으로 하며, 중임할 수 없다.

제71조 대통령이 궐위되거나 사고로 인하여 직무를 수행할 수 없을 때에는 국무총리, 법률이 정한 국무위원의 순서로 그 권한을 대행한다.

제72조 대통령은 필요하다고 인정할 때에는 외교·국방·통일 기타 국가안위에 관한 중요정책을 국민투표에 붙일 수 있다.

제73조 대통령은 조약을 체결·비준하고, 외교사절을 신임·접수 또는 파견하며, 선전포고와 강화를 한다.

제74조 ① 대통령은 헌법과 법률이 정하는 바에 의하여 국군을 통수한다.
② 국군의 조직과 편성은 법률로 정한다.

제75조 대통령은 법률에서 구체적으로 범위를 정하여 위임받은 사항과 법률을 집행하기 위하여 필요한 사항에 관하여 대통령령을 발할 수 있다.

제76조 ① 대통령은 내우·외환·천재·지변 또는 중대한 재정·경제상의 위기에 있어서 국가의 안전보장 또는 공공의 안녕질서를 유지하기 위하여 긴급한 조치가 필요하고 국회의 집회를 기다릴 여유가 없을 때에 한하여 최소한으로 필요한 재정·경제상의 처분을 하거나 이에 관하여 법률의 효력을 가지는 명령을 발할 수 있다.
② 대통령은 국가의 안위에 관계되는 중대한 교전상태에 있어서 국가를 보위하기 위하여 긴급한 조치가 필요하고 국회의 집회가 불가능한 때에 한하여 법률의 효력을 가지는 명령을 발할 수 있다.
③ 대통령은 제1항과 제2항의 처분 또는 명령을 한 때에는 지체없이 국회에 보고하여 그 승인을 얻어야 한다.
④ 제3항의 승인을 얻지 못한 때에는 그 처분 또는 명령은 그때부터 효력을 상실한다. 이 경우 그 명령에 의하여 개정 또는 폐지되었던 법률은 그 명령이 승인을 얻지 못한 때부터 당연히 효력을 회복한다.
⑤ 대통령은 제3항과 제4항의 사유를 지체없이 공포하여야 한다.

제77조 ① 대통령은 전시·사변 또는 이에 준하는 국가비상사태에 있어서 병력으로써 군사상의 필요에 응하거나 공공의 안녕질서를 유지할 필요가 있을 때에는 법률이 정하는 바에 의하여 계엄을 선포할 수 있다.
② 계엄은 비상계엄과 경비계엄으로 한다.
③ 비상계엄이 선포된 때에는 법률이 정하는 바에 의하여 영장제도, 언론·출판·집회·결사의 자유, 정부나 법원의 권한에 관하여 특별한 조치를 할 수 있다.
④ 계엄을 선포한 때에는 대통령은 지체없이 국회에 통고하여야 한다.
⑤ 국회가 재적의원 과반수의 찬성으로 계엄의 해제를 요구한 때에는 대통령은 이를 해제하여야 한다.

제78조 대통령은 헌법과 법률이 정하는 바에 의하여 공무원을 임면한다.

제79조 ① 대통령은 법률이 정하는 바에 의하여 사면·감형 또는 복권을 명할 수 있다.
② 일반사면을 명하려면 국회의 동의를 얻어야 한다.
③ 사면·감형 및 복권에 관한 사항은 법률로 정한다.

제80조 대통령은 법률이 정하는 바에 의하여 훈장 기타의 영전을 수여한다.

제81조 대통령은 국회에 출석하여 발언하거나 서한으로 의견을 표시할 수 있다.

제82조 대통령의 국법상 행위는 문서로써 하며, 이 문서에는 국무총리와 관계 국무위원이 부서한다. 군사에 관한 것도 또한 같다.

제83조 대통령은 국무총리·국무위원·행정각부의 장 기타 법률이 정하는 공사의 직을 겸할 수 없다.

제84조 대통령은 내란 또는 외환의 죄를 범한 경우를 제외하고는 재직중 형사상의 소추를 받지 아니한다.

제85조 전직대통령의 신분과 예우에 관하여는 법률로 정한다.

제2절 행정부

제1관 국무총리와 국무위원

제86조 ① 국무총리는 국회의 동의를 얻어 대통령이 임명한다.
② 국무총리는 대통령을 보좌하며, 행정에 관하여 대통령의 명을 받아 행정각부를 통할한다.
③ 군인은 현역을 면한 후가 아니면 국무총리로 임명될 수 없다.

제87조 ① 국무위원은 국무총리의 제청으로 대통령이 임명한다.
② 국무위원은 국정에 관하여 대통령을 보좌하며, 국무회의의 구성원으로서 국정을 심의한다.
③ 국무총리는 국무위원의 해임을 대통령에게 건의할 수 있다.
④ 군인은 현역을 면한 후가 아니면 국무위원으로 임명될 수 없다.

제2관 국무회의

제88조 ① 국무회의는 정부의 권한에 속하는 중요한 정책을 심의한다.
② 국무회의는 대통령·국무총리와 15인 이상 30인 이하의 국무위원으로 구성한다.
③ 대통령은 국무회의의 의장이 되고, 국무총리는 부의장이 된다.

제89조 다음 사항은 국무회의의 심의를 거쳐야 한다.
1. 국정의 기본계획과 정부의 일반정책

2. 선전 · 강화 기타 중요한 대외정책
3. 헌법개정안 · 국민투표안 · 조약안 · 법률안 및 대통령령안
4. 예산안 · 결산 · 국유재산처분의 기본계획 · 국가의 부담이 될 계약 기타 재정에 관한 중요사항
5. 대통령의 긴급명령 · 긴급재정경제처분 및 명령 또는 계엄과 그 해제
6. 군사에 관한 중요사항
7. 국회의 임시회 집회의 요구
8. 영전수여
9. 사면 · 감형과 복권
10. 행정각부간의 권한의 획정
11. 정부안의 권한의 위임 또는 배정에 관한 기본계획
12. 국정처리상황의 평가 · 분석
13. 행정각부의 중요한 정책의 수립과 조정
14. 정당해산의 제소
15. 정부에 제출 또는 회부된 정부의 정책에 관계되는 청원의 심사
16. 검찰총장 · 합동참모의장 · 각군참모총장 · 국립대학교총장 · 대사 기타 법률이 정한 공무원과 국영기업체관리자의 임명
17. 기타 대통령 · 국무총리 또는 국무위원이 제출한 사항

제90조 ① 국정의 중요한 사항에 관한 대통령의 자문에 응하기 위하여 국가원로로 구성되는 국가원로자문회의를 둘 수 있다.
② 국가원로자문회의의 의장은 직전대통령이 된다. 다만, 직전대통령이 없을 때에는 대통령이 지명한다.
③ 국가원로자문회의의 조직 · 직무범위 기타 필요한 사항은 법률로 정한다.

제91조 ① 국가안전보장에 관련되는 대외정책 · 군사정책과 국내정책의 수립에 관하여 국무회의의 심의에 앞서 대통령의 자문에 응하기 위하여 국가안전보장회의를 둔다.
② 국가안전보장회의는 대통령이 주재한다.
③ 국가안전보장회의의 조직 · 직무범위 기타 필요한 사항은 법률로 정한다.

제92조 ① 평화통일정책의 수립에 관한 대통령의 자문에 응하기 위하여 민주평화통일자문회의를 둘 수 있다.
② 민주평화통일자문회의의 조직 · 직무범위 기타 필요한 사항은 법률로 정한다.

제93조 ① 국민경제의 발전을 위한 중요정책의 수립에 관하여 대통령의 자문에 응하기 위하여 국민경제자문회의를 둘 수 있다.
② 국민경제자문회의의 조직 · 직무범위 기타 필요한 사항은 법률로 정한다.

제3관 행정각부

제94조 행정각부의 장은 국무위원 중에서 국무총리의 제청으로 대통령이 임명한다.

제95조 국무총리 또는 행정각부의 장은 소관사무에 관하여 법률이나 대통령령의 위임 또는 직권으로 총리령 또는 부령을 발할 수 있다.

제96조 행정각부의 설치 · 조직과 직무범위는 법률로 정한다.

제4관 감사원

제97조 국가의 세입 · 세출의 결산, 국가 및 법률이 정한 단체의 회계검사와 행정기관 및 공무원의 직무에 관한 감찰을 하기 위하여 대통령 소속하에 감사원을 둔다.

제98조 ① 감사원은 원장을 포함한 5인 이상 11인 이하의 감사위원으로 구성한다.
② 원장은 국회의 동의를 얻어 대통령이 임명하고, 그 임기는 4년으로 하며, 1차에 한하여 중임할 수 있다.
③ 감사위원은 원장의 제청으로 대통령이 임명하고, 그 임기는 4년으로 하며, 1차에 한하여 중임할 수 있다.

제99조 감사원은 세입 · 세출의 결산을 매년 검사하여 대통령과 차년도국회에 그 결과를 보고하여야 한다.

제100조 감사원의 조직 · 직무범위 · 감사위원의 자격 · 감사대상공무원의 범위 기타 필요한 사항은 법률로 정한다.

제5장 법원

제101조 ① 사법권은 법관으로 구성된 법원에 속한다.
② 법원은 최고법원인 대법원과 각급법원으로 조직된다.
③ 법관의 자격은 법률로 정한다.

제102조 ① 대법원에 부를 둘 수 있다.
② 대법원에 대법관을 둔다. 다만, 법률이 정하는 바에 의하여 대법관이 아닌 법관을 둘 수 있다.
③ 대법원과 각급법원의 조직은 법률로 정한다.

제103조 법관은 헌법과 법률에 의하여 그 양심에 따라 독립하여 심판한다.

제104조 ① 대법원장은 국회의 동의를 얻어 대통령이 임명한다.
② 대법관은 대법원장의 제청으로 국회의 동의를 얻어 대통령이 임명한다.
③ 대법원장과 대법관이 아닌 법관은 대법관회의의 동의를 얻어 대법원장이 임명한다.

제105조 ① 대법원장의 임기는 6년으로 하며, 중임할 수 없다.
② 대법관의 임기는 6년으로 하며, 법률이 정하는 바에 의하여 연임할 수 있다.
③ 대법원장과 대법관이 아닌 법관의 임기는 10년으로 하며, 법률이 정하는 바에 의하여 연임할 수 있다.
④ 법관의 정년은 법률로 정한다.

제106조 ① 법관은 탄핵 또는 금고 이상의 형의 선고에 의하지 아니하고는 파면되지 아니하며, 징계처분에 의하지 아니하고는 정직 · 감봉 기타 불리한 처분을 받지 아니한다.
② 법관이 중대한 심신상의 장해로 직무를 수행할

수 없을 때에는 법률이 정하는 바에 의하여 퇴직하게 할 수 있다.

제107조 ① 법률이 헌법에 위반되는 여부가 재판의 전제가 된 경우에는 법원은 헌법재판소에 제청하여 그 심판에 의하여 재판한다.

② 명령 · 규칙 또는 처분이 헌법이나 법률에 위반되는 여부가 재판의 전제가 된 경우에는 대법원은 이를 최종적으로 심사할 권한을 가진다.

③ 재판의 전심절차로서 행정심판을 할 수 있다. 행정심판의 절차는 법률로 정하되, 사법절차가 준용되어야 한다.

제108조 대법원은 법률에 저촉되지 아니하는 범위안에서 소송에 관한 절차, 법원의 내부규율과 사무처리에 관한 규칙을 제정할 수 있다.

제109조 재판의 심리와 판결은 공개한다. 다만, 심리는 국가의 안전보장 또는 안녕질서를 방해하거나 선량한 풍속을 해할 염려가 있을 때에는 법원의 결정으로 공개하지 아니할 수 있다.

제110조 ① 군사재판을 관할하기 위하여 특별법원으로서 군사법원을 둘 수 있다.

② 군사법원의 상고심은 대법원에서 관할한다.

③ 군사법원의 조직 · 권한 및 재판관의 자격은 법률로 정한다.

④ 비상계엄하의 군사재판은 군인 · 군무원의 범죄나 군사에 관한 간첩죄의 경우와 초병 · 초소 · 유독음식물공급 · 포로에 관한 죄중 법률이 정한 경우에 한하여 단심으로 할 수 있다. 다만, 사형을 선고한 경우에는 그러하지 아니하다.

제6장 헌법재판소

제111조 ① 헌법재판소는 다음 사항을 관장한다.

1. 법원의 제청에 의한 법률의 위헌여부 심판
2. 탄핵의 심판
3. 정당의 해산 심판
4. 국가기관 상호간, 국가기관과 지방자치단체간 및 지방자치단체 상호간의 권한쟁의에 관한 심판
5. 법률이 정하는 헌법소원에 관한 심판

② 헌법재판소는 법관의 자격을 가진 9인의 재판관으로 구성하며, 재판관은 대통령이 임명한다.

③ 제2항의 재판관중 3인은 국회에서 선출하는 자를, 3인은 대법원장이 지명하는 자를 임명한다.

④ 헌법재판소의 장은 국회의 동의를 얻어 재판관중에서 대통령이 임명한다.

제112조 ① 헌법재판소 재판관의 임기는 6년으로 하며, 법률이 정하는 바에 의하여 연임할 수 있다.

② 헌법재판소 재판관은 정당에 가입하거나 정치에 관여할 수 없다.

③ 헌법재판소 재판관은 탄핵 또는 금고 이상의 형의 선고에 의하지 아니하고는 파면되지 아니한다.

제113조 ① 헌법재판소에서 법률의 위헌결정, 탄핵의 결정, 정당해산의 결정 또는 헌법소원에 관한 인용결정을 할 때에는 재판관 6인 이상의 찬성이 있어야 한다.

② 헌법재판소는 법률에 저촉되지 아니하는 범위안에서 심판에 관한 절차, 내부규율과 사무처리에 관한 규칙을 제정할 수 있다.

③ 헌법재판소의 조직과 운영 기타 필요한 사항은 법률로 정한다.

제7장 선거관리

제114조 ① 선거와 국민투표의 공정한 관리 및 정당에 관한 사무를 처리하기 위하여 선거관리위원회를 둔다.

② 중앙선거관리위원회는 대통령이 임명하는 3인, 국회에서 선출하는 3인과 대법원장이 지명하는 3인의 위원으로 구성한다. 위원장은 위원중에서 호선한다.

③ 위원의 임기는 6년으로 한다.

④ 위원은 정당에 가입하거나 정치에 관여할 수 없다.

⑤ 위원은 탄핵 또는 금고 이상의 형의 선고에 의하지 아니하고는 파면되지 아니한다.

⑥ 중앙선거관리위원회는 법령의 범위 안에서 선거관리 · 국민투표관리 또는 정당사무에 관한 규칙을 제정할 수 있으며, 법률에 저촉되지 아니하는 범위 안에서 내부규율에 관한 규칙을 제정할 수 있다.

⑦ 각급 선거관리위원회의 조직 · 직무범위 기타 필요한 사항은 법률로 정한다.

제115조 ① 각급 선거관리위원회는 선거인명부의 작성 등 선거사무와 국민투표사무에 관하여 관계 행정기관에 필요한 지시를 할 수 있다.

② 제1항의 지시를 받은 당해 행정기관은 이에 응하여야 한다.

제116조 ① 선거운동은 각급 선거관리위원회의 관리하에 법률이 정하는 범위 안에서 하되, 균등한 기회가 보장되어야 한다.

② 선거에 관한 경비는 법률이 정하는 경우를 제외하고는 정당 또는 후보자에게 부담시킬 수 없다.

제8장 지방자치

제117조 ① 지방자치단체는 주민의 복리에 관한 사무를 처리하고 재산을 관리하며, 법령의 범위안에서 자치에 관한 규정을 제정할 수 있다.

② 지방자치단체의 종류는 법률로 정한다.

제118조 ① 지방자치단체에 의회를 둔다.

② 지방의회의 조직 · 권한 · 의원선거와 지방자치단체의 장의 선임방법 기타 지방자치단체의 조직과 운영에 관한 사항은 법률로 정한다.

제9장 경제

제119조 ① 대한민국의 경제질서는 개인과 기업의 경제상의 자유와 창의를 존중함을 기본으로 한다.

② 국가는 균형있는 국민경제의 성장 및 안정과 적정한 소득의 분배를 유지하고, 시장의 지배와

경제력의 남용을 방지하며, 경제주체간의 조화를 통한 경제의 민주화를 위하여 경제에 관한 규제와 조정을 할 수 있다.

제120조 ① 광물 기타 중요한 지하자원 · 수산자원 · 수력과 경제상 이용할 수 있는 자연력은 법률이 정하는 바에 의하여 일정한 기간 그 채취 · 개발 또는 이용을 특허할 수 있다.

② 국토와 자원은 국가의 보호를 받으며, 국가는 그 균형있는 개발과 이용을 위하여 필요한 계획을 수립한다.

제121조 ① 국가는 농지에 관하여 경자유전의 원칙이 달성될 수 있도록 노력하여야 하며, 농지의 소작제도는 금지된다.

② 농업생산성의 제고와 농지의 합리적인 이용을 위하거나 불가피한 사정으로 발생하는 농지의 임대차와 위탁경영은 법률이 정하는 바에 의하여 인정된다.

제122조 국가는 국민 모두의 생산 및 생활의 기반이 되는 국토의 효율적이고 균형있는 이용 · 개발과 보전을 위하여 법률이 정하는 바에 의하여 그에 관한 필요한 제한과 의무를 과할 수 있다.

제123조 ① 국가는 농업 및 어업을 보호 · 육성하기 위하여 농 · 어촌종합개발과 그 지원등 필요한 계획을 수립 · 시행하여야 한다.

② 국가는 지역간의 균형있는 발전을 위하여 지역경제를 육성할 의무를 진다.

③ 국가는 중소기업을 보호 · 육성하여야 한다.

④ 국가는 농수산물의 수급균형과 유통구조의 개선에 노력하여 가격안정을 도모함으로써 농 · 어민의 이익을 보호한다.

⑤ 국가는 농 · 어민과 중소기업의 자조조직을 육성하여야 하며, 그 자율적 활동과 발전을 보장한다.

제124조 국가는 건전한 소비행위를 계도하고 생산품의 품질향상을 촉구하기 위한 소비자보호운동을 법률이 정하는 바에 의하여 보장한다.

제125조 국가는 대외무역을 육성하며, 이를 규제 · 조정할 수 있다.

제126조 국방상 또는 국민경제상 긴절한 필요로 인하여 법률이 정하는 경우를 제외하고는, 사영기업을 국유 또는 공유로 이전하거나 그 경영을 통제 또는 관리할 수 없다.

제127조 ① 국가는 과학기술의 혁신과 정보 및 인력의 개발을 통하여 국민경제의 발전에 노력하여야 한다.

② 국가는 국가표준제도를 확립한다.

③ 대통령은 제1항의 목적을 달성하기 위하여 필요한 자문기구를 둘 수 있다.

제10장 헌법개정

제128조 ① 헌법개정은 국회재적의원 과반수 또는 대통령의 발의로 제안된다.

② 대통령의 임기연장 또는 중임변경을 위한 헌법개정은 그 헌법개정 제안 당시의 대통령에 대하여는 효력이 없다.

제129조 제안된 헌법개정안은 대통령이 20일 이상의 기간 이를 공고하여야 한다.

제130조 ① 국회는 헌법개정안이 공고된 날로부터 60일 이내에 의결하여야 하며, 국회의 의결은 재적의원 3분의 2 이상의 찬성을 얻어야 한다.

② 헌법개정안은 국회가 의결한 후 30일 이내에 국민투표에 붙여 국회의원선거권자 과반수의 투표와 투표자 과반수의 찬성을 얻어야 한다.

③ 헌법개정안이 제2항의 찬성을 얻은 때에는 헌법개정은 확정되며, 대통령은 즉시 이를 공포하여야 한다.

부칙

제1조 이 헌법은 1988년 2월 25일부터 시행한다. 다만, 이 헌법을 시행하기 위하여 필요한 법률의 제정 · 개정과 이 헌법에 의한 대통령 및 국회의원의 선거 기타 이 헌법시행에 관한 준비는 이 헌법시행 전에 할 수 있다.

제2조 ① 이 헌법에 의한 최초의 대통령선거는 이 헌법시행일 40일 전까지 실시한다.

② 이 헌법에 의한 최초의 대통령의 임기는 이 헌법시행일로부터 개시한다.

제3조 ① 이 헌법에 의한 최초의 국회의원선거는 이 헌법공포일로부터 6월 이내에 실시하며, 이 헌법에 의하여 선출된 최초의 국회의원의 임기는 국회의원선거후 이 헌법에 의한 국회의 최초의 집회일로부터 개시한다.

② 이 헌법공포 당시의 국회의원의 임기는 제1항에 의한 국회의 최초의 집회일 전일까지로 한다.

제4조 ① 이 헌법시행 당시의 공무원과 정부가 임명한 기업체의 임원은 이 헌법에 의하여 임명된 것으로 본다. 다만, 이 헌법에 의하여 선임방법이나 임명권자가 변경된 공무원과 대법원장 및 감사원장은 이 헌법에 의하여 후임자가 선임될 때까지 그 직무를 행하며, 이 경우 전임자인 공무원의 임기는 후임자가 선임되는 전일까지로 한다.

② 이 헌법시행 당시의 대법원장과 대법원판사가 아닌 법관은 제1항 단서의 규정에 불구하고 이 헌법에 의하여 임명된 것으로 본다.

③ 이 헌법 중 공무원의 임기 또는 중임제한에 관한 규정은 이 헌법에 의하여 그 공무원이 최초로 선출 또는 임명된 때로부터 적용한다.

제5조 이 헌법시행 당시의 법령과 조약은 이 헌법에 위배되지 아니하는 한 그 효력을 지속한다.

제6조 이 헌법시행 당시에 이 헌법에 의하여 새로 설치될 기관의 권한에 속하는 직무를 행하고 있는 기관은 이 헌법에 의하여 새로운 기관이 설치될 때까지 존속하며 그 직무를 행한다.

※ 헌법 조문 요약

대한민국헌법 조문요약		
前文, 10개 章, 130개 條文, 附則 6개 條文 기본원리: 국민주권/기본권보장/평화통일/국제평화/복지국가/사회적시장경제질서		
內 容	題 目	章
3 · 1운동으로 건립된 대한민국임시정부의 법통, 4 · 19민주이념 계승/조국의 민주개혁 · 평화적 통일의 사명/사회적 폐습, 不義의 타파/자율과 조화 바탕의 자유민주적 기본질서의 확고/각인의 기회균등, 능력 최고도 발휘/자유와 권리에 따르는 책임과 의무 완수/국민생활의 균등향상/세계평화, 인류공영에 이바지	前文[1]	
(1) 국민주권/민주공화국(1) (2) 국적법률주의/재외국민보호(2) (3) 영토조항: 한반도와 부속도서(3) (4) 통일조항: 자유민주적 기본질서에 입각한 평화통일정책의 수립 · 추진(4) (5) 침략적 전쟁의 부인/국군의 정치적 중립성(5) (6) 조약 · 국제법규의 국내법적 효력/외국인보호(상호주의)(6) (7) 공무원은 국민전체봉사자/공무원의 정치적중립성(7) (8) 정당의 보호 – 정당 설립 자유/복수정당제 보장(8①) – 위헌정당 해산(목적 · 활동이 민주적 기본질서 違背, 대통령의 제소, 헌법재판소의 결정)(8④) (9) 전통문화의 계승 발전/민족문화의 창달(9)	總綱 (1~9)	1
(1) 모든 기본권의 이념적 기초 – 모든 국민은 인간으로서의 존엄 · 가치 · 행복추구권 보유(10前段) – 국가의 기본적 인권의 확인 · 보장의무(10後段) (2) 구체적 기본권과 의무 ① 평등권 – 法 앞의 평등/성별 · 종교 · 사회적 신분에 의한, 정치 · 경제 · 사회 · 문화적 생활의 모든 영역에서 차별금지/사회적 특수계급 부인/榮典1代原則)(11) – 혼인 · 가족생활의 양성평등(36①)/여자 · 연소자 근로의 특별보호(32④⑤)/ 국가유공자 우선 근로기회(32⑥) ② 자유권적 기본권 신체의 자유〈적법절차(12①), 고문금지 · 불리한 진술강요금지(12②), 영장제도(12③, 16), 변호인조력권 · 국선변호인(12④), Miranda原則(12⑤), 구속적부심사제도(12⑥), 자백의 증거능력 · 증명력(12⑦), 행위시소추주의 · 이중처벌금지 · 소급입법금지 · 연좌제금지(13)〉, 거주 이전(14), 직업선택(15), 주거(16), 사생활의 비밀 · 자유(17), 통신의 비밀(18), 양심(19), 종교 · 국교부인 · 정교분리(20), 표현의 자유/사전허가 · 검열금지/언론 · 출판의 타인의 명예/권리 · 공중도덕 · 사회윤리 침해불가/언론 · 출판의 타인의 명예/권리의 침해시 손해배상(22), 학문 · 예술(22), 재산권〈공공복리적합의무/공용침해〉(23) ③ 국정참가적 기본권 선거권 〈 대통령 / 국회의원 / 지방자치단체장 / 지방의회의원 〉(24), 공무담임권 (25), 국민투표 (72,130 ②), 주민투표 (지방자치법) ④ 청구권적 기본권 청원권(26), 재판청구권〈신속공개재판 · 무죄추정 · 형사피해자진술권〉(27), 형사보상청구권(28), 국가배상청구권(29), 범죄피해자구조청구권(30), 손실보상청구권〈정당한 보상〉(23③) ⑤ 사회적 기본권 인간다운 생활의 권리〈국가의 의무: 사회보장 · 사회복지 증진/여자 · 노인 · 청소년	國民의 權利와 義務 (10~39)	2

·신체장애자 · 생활무능력자보호/재해예방〉(34), 교육받을 권리〈의무교육의 無償/교육제도/평생교육〉(31), 근로의 권리〈고용증진 · 적정임금의 보장/최저임금제〉(32), 근로3권(33), 환경권〈쾌적환경생활권, 쾌적주거생활〉(35①③), 보건권(36③), 국가의 모성보호의무(36②) ⑥ 국민의 의무 – 교육(아동)(31②), 근로(32②), 환경보전(35①), 납세(38), 국방(39) (3) 미열거기본권 – "國民의 自由와 · 利는 憲法에 열거되지 아니하였다는 이유로 輕視되지 아니한다"(37①) (4) 기본권의 제한(37②) – 제한의 목적: 국가안전보장 · 질서유지 · 공공복리 – 제한의 형식: 법률(국회제정법) – 제한의 한계: 必要한 경우 한하여(과잉제한금지원칙), 본질내용 침해금지원칙 – 기본권의 충돌: 비교형량, 대안식 해결	國民의 權利와 義務 (10～39)	2
(1) 지위: 국민대표기관 · 입법기관(40) (2) 구성: 국회의원〈4년/299명(比54)/25세〉, 의장 1인, 부의장 2인 (3) 국회의권한 ① 입법관련권한 – 법률안의 제출〈국회의원(10인) 또는 정부〉 → 심의 · 의결〈상임위원회 · 본회의〉 → 정부이송 → 〈15일 이내 대통령의 거부, 국회의 재의결〉 → 확정〈거부 없이 15일 경과 or 재의결 요구〉 → 공포〈대통령(15일/확정법률 즉시) or 국회의장(확정법률의 미공포시, 5일)〉(53) – 헌법개정안의 발안(재적1/2) · 의결(재적2/3), 중요조약체결 · 비준의동의(60) ② 재정권 – 조세법률주의(59) – 예산안의 심의 · 의결(54①)/결산심사(99) – 정부재정행위에 대한 동의권 · 승인권: 국채모집 · 예산외국가부담계약(58) · 국가부담조약의 체결(60)/예비비 지출(55②)/긴급재경명령처분의 승인(76③) – 준예산제도(54③)/계속비 · 예비비제도(55)/추가경정예산제도(56) ③ 정부견제권한: 국무총리 임명동의권(86①), 국무위원 출석요구 · 질문권(62②), 국무위원 해임건의권(63), 탄핵소추권〈대통령 · 국무위원 · 행정각부장 · 재판관 등/헌법 · 법률에 반하는 직무집행〉(65), 긴급명령 등 사후승인권(76), 계엄해제요구권(77), 선전포고등 동의권(60②), 일반사면 동의권(79②) ④ 국정감사(국정전반/정기회) · 조사권(특정사안/수시)(61) ⑤ 중요공무원의 선임 · 임명동의권 – 헌법재판소장 · 대법원장 · 대법관 · 국무총리 · 감사원장의 임명동의 – 헌재재판관선출권〈3/9〉(111③), 중앙선관위 위원선출권〈3/9〉(114②) ⑥ 자율권(64): 규칙제정권, 의원자격심사 · 징계(除名: 재적2/3), 체포동의 (4) 국회의원의 지위: 국민전체의 대표자(46②) ① 권한: 발의권 · 질의권 · 질문권 · 토론권 · 표결권 · 임시회소집요구권(1/4) ② 특권: 회기중불체포특권(44), 면책(발언 or 표결)특권(45) ③ 의무: 겸직금지(43), 청렴의무 · 국익우선의무 · 지위남용금지의무(46) (5) 의사의 諸원칙 ① 회기계속원칙〈의결되지 못한 이유로 폐기되지 아니한다〉(51)/議事公開(50)/一事不再議(국회법) ② 정기회〈100일〉, 臨時會〈30일, 대통령 or 재적의원 1/4의 요구〉(47) ③ 일반정족수: 재적과반수출석, 출석과반수의결, 가부동수시부결(49)	國會 (40～65)	3

④ 특별정족수: 법률안의 재의결(출석2/3), 국무위원해임건의 · 일반탄핵소추의결 · 계엄 해제 요구 · 헌법 개정안 발의(재적1/2), 의원제명 · 대통령탄핵소추의결 · 헌법 개정의결재적2/3)	國會 (40~65)	3
(1) 대통령제: 내각제요소(대통령의 법률안 제출, 국회의 국무위원 해임건의 etc.) (2) 대통령의 지위 ① 헌법상의 지위: 국가원수〈국가의 원수, 국가 대표〉(66①)/ 주권행사기관의 하나/ 국가수호자〈국가의 독립 · 영토보전 · 국가의 계속성 · 헌법수호의 책무〉(66②) / 행정권 수반(66④) ② 신분상의 지위 – 선출: 보통 · 평등 · 직접 · 비밀선거(40세, 임기만료 70~40일, 상대다수결)(67) – 임기: 5년, 重任不可(70), 궐위시 60일 이내 후임자(새로운 임기)(68) – 특권: 재직 중 형사상 불소추특권(내란 · 외환죄 제외)(84) – 의무: 국가수호/평화통일노력/헌법수호/기본권보장/정치적중립/겸직금지(83) (3) 대통령의 권한 ① 헌법개정 · 국민투표 관련 권한 – 헌법개정의 제안권(128①) · 공고권(129) · 공포권(130③) – 국민투표부의권: 외교 · 국방 · 통일 기타 국가안위 관련 중요정책(72) ② 헌법기관 구성 관련 권한: 헌법재판소장 · 재판관(111), 대법원장 · 대법관(104), 국무총리 · 국무위원(86/87), 감사원장 · 감사위원(98), 중앙선관위위원(114)의 임명권 ③ 국회 관련 권한: 임시회 집회요구권(47①), 국회 출석 발언권(81) ④ 입법 관련 권한 – 법률안제출권(52), 법률안공포권(53①) – 법률안거부권: 환부거부〈일부 · 수정거부 및 보류거부 불가〉, 재의결〈출석2/3〉 ⑤ 사법관련 권한: 헌재 · 대법원구성권, 사면권(79) ⑥ 행정권한: 최고행정지휘권(66④), 재정권〈예산안제출권/추경예산제출권/예비비지출권(54/55/56), 외교권〈조약의 체결 · 비준/외교사절의 신임 · 접수 · 파견/선전포고 · 강화〉(73), 국군통수권(74), 행정입법권(75), 공무원임면권(78), 영전수여권(80), 정당해산제소권(8④) ⑦ 국가긴급권 – 긴급재정경제명령 · 처분제도: 내우 · 외환 · 천재 · 지변 or 중대재정 · 경제상위기/긴급조치필요/국회집회 기다릴 여유 없을 때 → 재정 · 경제상처분 or 법률효력의 명령 ← 국회사후승인(76①③) – 긴급명령제도: 국가안위관련중대교전상태/긴급조치필요/국회집회불가능 → 법률 효력의 명령 ← 국회사후승인(76②③) – 계엄권: 전시 · 사변등 국가비상사태/병력동원필요 → 계엄선포 ← 국회계엄해제요구〈재적1/2〉(77) (4) 대통령권한의 統制 ① 정부내통제: 문서주의 · 관계국무위원의 副署(82), 국무회의의심의 ② 외부통제: 국민〈선거/국민투표〉, 국회〈탄핵소추/국정감사/임명동의/해임건의〉, 법원〈명령심사권/행정소송〉, 헌재〈탄핵결정/헌법소원/조약 · 긴급명령등위헌심사〉 (5) 국무총리/국무위원 ① 국무총리: 대통령임명(국회동의)/행정각부 통할/문민주의(86) ② 국무위원: 대통령임명(국무총리의제청 · 해임건의) /국정심의 /문민주의(87) (6) 국무회의: 정부권한에 속하는 중요정책 심의/15~30인(의장: 대통령)(88) (7) 행정각부 의장: 國務委員 중에서 大統領이 任命(국무총리의 제청)(94)/행정입법권(95) (8) 감사원: 세입 · 세출의 결산, 회계검사, 직무감찰/대통령의 임명〈5~11인/임기4년〉(97/98)	政府 (66~100)	4

(1) 재판 받을 권리(27) – 法官에 의한 法律에 의한 裁判을 받을 權利 – 적법절차 · 신속공개재판 · 무죄추정 (2) 사법권의 범위: 사법국가형(행정법원 は대법원의 하급심) – "司法權은 法官으로 구성된 法院에 속한다"(101①) – 재판의 전심절차로써의 행정심판〈사법절차준용〉(107③) (3) 사법권의 독립 ① 裁判의 독립: "憲法과 法律, 良心에 따라 독립하여 심판"(103) ② 법관의 독립: 법관의 신분보장(탄핵 or 금고 이상의 형의 선고에 의하여만 파면(106①)/임기보장〈대법원장: 6년 · 중임불가, 대법관: 6년 · 連任可, 법관: 10년 · 연임가〉(105) ③ 법원의 독립: 대법원의규칙제정권(108) (4) 법원의 구성 – "法院은 最高法院인 大法院과 各級法院으로 組職"(101②) ① 구성: 대법원(14인), 고법, 특허법원(高法), 지법(지원/시 · 군법원), 가정법원, 행정법원(지법의급), 군사법원〈군사법원의 상고심은 대법원〉(110②) ② 3심제: 제1심 · 항소심 · 상고심/"상급심판단은 당해 사건에 한하여 하급심 羈束"(법원조직법)/심리와 판결의 공개(109) (5) 위헌법령심사권 ① 위헌법률제청권 – 法律의 違憲可否가 裁判의 前提가 된 때, 법원이 헌재에 제청(107①) ② 위헌 · 위법명령 · 처분심사권 – 명령 · 규칙 · 처분의 違憲 · 위법 可否가 裁判의 前提가 된 때, 대법원이 최종적 심사(107②)	法院 (101~110)	5
(1) 관할권(헌법재판의 종류)(111①) 위헌법률심사권〈법원의제청〉/헌법소원심판권〈공권력의 행사 · 불행사로 기본권 침해, 최후수단, 법원의 재판 제외〉/위헌정당해산심판권〈정부의 제소〉/탄핵심판권〈국회의 소추의결〉/권한쟁의심판권 (2) 구성: 9인〈법관의 자격자/대통령 · 국회 · 대법원장이 각 3인/임기 6년 · 連任可〉 (3) 헌법재판관의 특권 · 의무(112) – 파면금지〈탄핵 · 금고 이상의 형의 선고시 예외/ 정치관여 · 정당가입의 금지〉 (4) 인용결정: 6인/9인〈법률위헌 · 탄핵 · 정당해산 · 헌법소원 인용의 결정〉(113①)	憲法裁判所 (111~113)	6
(1) 선거관리위원회의 사무: 선거와 국민투표의 공정관리 및 정당사무처리(114①) (2) 중앙선거관리위원회: 위원 9인(임기 6년), 규칙제정권, 파면금지, 정치중립의무 (3) 선거원칙: 선거운동의 기회균등/선거공영제(116)	選擧管理 (114~116)	7
(1) 지방자치제도의 법률주의: 지자체의 종류/지방의회의 조직 · 권한 · 의원선거/단체장의 선임방법 등은 법률로(117②, 118②) (2) 지자체의 종류 – 광역단체〈1특별시 · 6광역시 · 8도 · 1특별자치도〉/기초단체〈시, 군, 구〉 – "地方自治團体에 議会를 둔다"(118①) (3) 자치권: 주민복리사무, 재산관리, 자치입법(117①)	地方自治 (117~118)	8
(1) 경제질서의 원칙: 사회적 시장경제질서 – "경제질서는 개인 · 기업의 경제상의 자유 · 창의의 존중을 기본으로 한다."(119①) – "국가는 국민경제의 성장 · 안정/소득분배의 유지/경제력 남용의 방지 위하여 경제민주화 위한 경제에 관한 규제와 조정할 수 있다."(119②)	經濟 (119~127)	9

⑵ 자본주의의 요소 – 경제상의 자유 · 창의의 존중(119①)/사유재산제(23①)/사적자치원칙〈계약자유 · 직업자유〉 ⑶ 사회적 요소 – 재산권의 사회적 제약성(23②)/시장독과점의 규제(119②)/농지이용의 제한 〈경자유전원칙/소작제도금지〉(121)/천연자원 국유화〈특허제도〉(120①)/대외무역의 육성 · 규제 · 조정(125)/공유화의 예외(126) etc.	經濟 (119~127)	9
⑴ 개정절차 개정안의 제안〈국회(재적1/2) or 대통령〉 → 공고(20일이상) → 국회 의결〈공고 후 60일 이내, 재적2/3〉 → 확정〈국민투표, 국회의결 후 30일 이내, 투표자 과반수 찬성〉 → 공포〈대통령, 즉시 공포〉 ⑵ 개정헌법의 효력 제한 "大統領의 任期延長 또는 重任変更을 위한 憲法改正은 그 헌법 개정 제안 당시의 大統領에 대해서는 효력이 없다."(128②)	憲法改正 (128~130)	10
– 發效日(1988.2.25.) 等	附則 (1~6)	×

I

헌법의 탄생과 입헌주의

1. 입헌주의
2. 입헌주의 헌법의 기본요소
3. 법치행정의 원리

Chapter I

헌법의 탄생과 입헌주의

1. 입헌주의

– 권리장전의 성문화(국가법 + 권리장전 = 헌법)

(1) 1688, 명예혁명[1] : 의회주권의 확립 → 의원내각제, Bill of Rights(1689)

(2) 1787, 미연방헌법(1791, 기본권 조항 추가) ⇦ 버지니아 권리선언(1776), 독립선언서(1776)

(3) 1789, 프랑스인권선언: 舊體制(자의적 권력행사, 人治主義 = 생명·자유·재산의 억압) 타파[2]

(4) 1871, 비스마르크헌법(독일제국) ⇨ 일본 明治憲法(1889) ⇨ 우리 維新헌법(1972)

– 위로부터의 개혁(군주 기득권 보장, 입법·사법 장악, 비상명령, 열기주의)

⇒ 외견적 입헌주의(欽定憲法)

2. 입헌주의 헌법의 기본요소

(1) 근대입헌주의 헌법(시민적 법치국가)

<table>
<tr><th colspan="2">자유권적 기본권(생명, 자유, 재산)</th></tr>
<tr><td>민주주의
* 공동체의사결정원리
– 주권자의 참여
– 다수결원리
– 치자 = 피치자</td><td>법치주의
* 권리보장원리
– 人治 ⇨ 法治
– 권리의 제한(§37②)
– 권력의 부여(통치구조)</td></tr>
<tr><td colspan="2">권력분립
– 입법, 행정, 사법
– 법치주의의 제도적 전제</td></tr>
<tr><td colspan="2">자본주의
– 헌§119①: 자유시장경제질서
cf) 경제영역에서의 자유주의</td></tr>
<tr><td colspan="2">권리구제
cf) 열기주의</td></tr>
</table>

(2) 현대사회국가적 헌법(사회적 법치국가)

<table>
<tr><th colspan="2">사회적 기본권 추가(평등과 정의 강조)</th></tr>
<tr><td>실질적 민주주의
* 자유, 평등, 정의를 실현하기 위한 국민의 통치형태
cf) 반다수결사항, 의회 구성, 정당종속 etc.</td><td>실질적 법치주의
* 합헌적 법률의 지배

cf) 위헌법률, 비상명령, 포괄위임, 법관의 독립 etc.</td></tr>
<tr><td colspan="2">기능적 권력분립
cf) 뢰벤슈타인, 콰기</td></tr>
<tr><td colspan="2">수정자본주의
– §119②: 사회적 시장경제질서
cf) 사회적 정의, 규제 · 간섭, 경제민주화</td></tr>
<tr><td colspan="2">실질적 권리구제
cf) 헌법재판, 행정쟁송, 개괄주의</td></tr>
</table>

1) 명예혁명(Glorious Revolution, 1688): 의회주권 확립, 의회의 왕위계승결정권 ⇨ 미국독립선언, 버지니아권리장전, 프랑스혁명 등에 영향
〈과정〉 Charles I (1625~1642) 전제정치 ⇨ 권리청원(Petition of Right, 1628, 과세동의권 · 적법절차 · 자유권, E. Cork 주도) ⇨ 청교도혁명(1642, Charles I 처형) ⇨ 왕정복고(1660, Charles II) ⇨ 인신보호령(1679, 영장제도 · 재판청구권) ⇨ James II 즉위(1685, 구교부흥, 전제정치) ⇨ 명예혁명(1688, William III 즉위) ⇨ 권리장전(Bill of Rights, 1689, 절대주의 종식)

2) **시민계급의 성장배경과 우리나라의 시대적 사건 비교**

유럽	일본	시대	우리나라
십자군전쟁(8차례)		1096~1272	고려(918~1392)
문예부흥		14C~16C	조선 창건(1392)
금속활자, 성서 간행		1455	세종(1418~1450), 세조 즉위
콜럼버스, 신대륙발견		1492	성종, 경국대전(1485)
종교개혁(위클리프, 후스, 칼뱅, 루터)		15C~16C	선조, 임진왜란(1592)
청교도혁명, 갈릴레이 사망		1642	인조, 병자호란(1636)
명예혁명(의회주권), 루이14세(1643~1715)		1688	숙종, 장희빈
루소, 자유주의, 계몽주의		17C~18C	당파싸움
프랑스 시민혁명, 국민공회, 공화제 선포, 루이16세 처형(1793) = 제1공화국		1789	정조, 정약용, 탕평책, 실학
프랑스제1제정(나폴레옹1세), 나폴레옹 법전		1804	순조(1800~1834)
빈협약: 나폴레옹 전쟁 이후 구체제 복고		1815	
빈 체제 반동 ⇦ 유럽시민혁명〈2월: 프(나폴레옹 3세 = 제2공화국); 3월: 독, 오, 헝〉		1848	헌종(1834~1849)
3월 혁명 실패: 유럽 혼란기, 공산당선언(1848)	일본개국(미일화친조약)	1854	철종(1849~1863)
비스마르크헌법(독일제국 1871~1919)	明治維新: 幕府體制종료(1868)	1871	고종, 辛未洋擾, 쇄국정책
제국주의시대		1876	개항(강화도조약)
		1884	동학혁명
	明治憲法(1889), 청일전쟁(1894)	1894	갑오경장
	러일전쟁(1904)	1897~1910	대한제국, 광무개혁
제1차세계대전(1914~1918)		1910	순종(1907~1910), 경술국치
바이마르공화국(1919~1933)헌법		1919	3 · 1운동

3. 법치행정의 원리(Otto Mayer)

↗ 의회가 제정한 법을 의미
– 행정권에 의한 국민의 자유와 권리에 대한 침해를 '법률'로서 방어하기 위한 자유주의적 정치사상

내용	의의	형식적 법치주의	실질적 법치주의
법률의 법규창조력	'법규'(국민의 권리의무에 관한 규율)의 제정은 '법률'(의회제정법)에 의하여야! ⇨ 의회입법의 원칙	의회입법원칙의 예외 ⇨ 비상명령, 긴급명령, 위임입법, 자유재량	– 비상명령권의 부인 – 긴급명령권의 요건 및 통제의 강화 – 위임입법의 목적, 범위, 내용, 절차 등의 제한 – '법규' 개념의 확대
법률의 유보	법률 근거가 없는 한 어떠한 규율도 불가! (적극적 의미의 법률적합성의 원칙) 학설: 침해유보, 급부행정유보(사회유보), 권력행정유보, 전부유보, 중요사항유보	침해유보설	– 유보범위의 확대: 중요사항유보설 – 중요사항여부는 의회가 결정(의회유보설)
법률의 우위	법률에 위반되는 일을 하지 말라! (소극적 의미의 법률적합성 원칙)	위헌적 법률의 양산 (법률의 내용을 경시)	'합헌적' 법률의 우위: 위헌법률심사
법치행정의 사후보장		열기주의, 국가배상책임의 부인	개괄주의, 국가배상책임 인정, 소송형식의 다원화

Ⅱ 헌법총론

Chapter II 헌법총론

1. 헌법의 특성과 기능

헌법의 양면성[3]	
사실적 측면	규범적 측면 ⇨ 始原規範(정당성 = 국민 합의)
(1) 정치성: 정치투쟁 · 타협 산물 + 향후 기준 ⇨ 정치규범 (2) 역사성: 시대적 요구의 역사적 산물 (3) 이념성: 특유의 이념(자유, 개인)과 가치	(1) 최고규범: 보장수단(경성헌법, 헌법재판, 저항권) (2) 授權규범 (3) 권력제한규범 (4) 기본권보장규범 (5) 자기보장규범: 헌법재판제도
헌법의 구조적 특성	
(1) 유동성: 개정가능성 (2) 개방성: 중요, 기본사항 규율 ex) §37① (3) 추상성: 불확정개념 사용 ⇨ 윤곽규범(개방성 + 추상성) (4) 미완성성: only 제정 당시 합의사항 (5) 상반구조성: ex) 수권과 제한	
헌법의 기능	
(1) 기본권의 보장 (2) 국가의 창설: 정치적 통일체 형성, 근본 법질서 (3) 국가권력의 조직과 제한: 조직규범, 수권규범 (4) 공동체의 유지 · 통합: 동화적 통합의 準據 (5) 정치적 정의와 평화의 실현: 정치적 기본권, 대의제도, 선거제도, 권력의 제한, 권력분립 ⇨ 정치적 대립, 갈등을 규범으로 순화	

2. 헌법의 분류

구별기준	유형	비고
존재형식	성문헌법 v. 불문헌법(관습헌법[4,5]판례법, 헌법일반원칙)	
憲法典 포함여부	형식적 의미의 헌법 v. 실질적 의미의 헌법[6]	
효력	규범적 v. 명목적 v. 장식적 헌법	by K. Löewenstein
제정주체	欽定 v. 協約 v. 民定	
개정의 난이도	軟性 v. 硬性	
기타	대통령제 v. 의원내각제 v. 이원정부제 자본주의 v. 사회주의	

3) **헌법 전문의 효력**〈헌재, 2004헌마859〉: "… 헌법은 국가유공자 인정에 관하여 명문 규정을 두고 있지 않으나 前文에서 "3·1운동으로 건립된 대한민국임시정부의 법통을 계승"한다고 선언하고 있다. 이는 대한민국이 일제에 항거한 독립운동가의 공헌과 희생을 바탕으로 이룩된 것임을 선언한 것이고, 그렇다면 국가는 일제로부터 조국의 자주독립을 위하여 공헌한 독립유공자와 그 유족에 대하여는 응분의 예우를 하여야 할 헌법적 의무를 지닌다. …."

4) **성문헌법체제에서의 관습헌법의 의의와 성립요건**〈헌재, 2004헌마554·566(병합)〉: "… (1) 성문헌법이라고 하여도 그 속에 모든 헌법사항을 빠짐없이 완전히 규율하는 것은 불가능하고 또한 헌법은 국가의 기본법으로서 간결성과 함축성을 추구하기 때문에 형식적 헌법전에는 기재되지 아니한 사항이라도 이를 不文憲法 내지 관습헌법으로 인정할 소지가 있다. 특히 헌법제정 당시 自明하거나 前提된 사항 및 보편적 헌법원리와 같은 것은 반드시 명문의 규정을 두지 아니하는 경우도 있다. 그렇다고 해서 헌법사항에 관하여 형성되는 관행 내지 관례가 전부 관습헌법이 되는 것은 아니고 강제력이 있는 헌법규범으로서 인정되려면 엄격한 요건들이 충족되어야만 하며, 이러한 요건이 충족된 관습만이 관습헌법으로서 성문의 헌법과 동일한 법적 효력을 가지는 것이다.

(2) 헌법 제1조 제2항은 '대한민국의 주권은 국민에게 있고, 모든 권력은 국민으로부터 나온다.'고 규정한다. 이와 같이 국민이 대한민국의 주권자이며, 국민은 최고의 헌법제정권력이기 때문에 성문헌법의 제·개정에 참여할 뿐만 아니라 헌법전에 포함되지 아니한 헌법사항을 필요에 따라 관습의 형태로 직접 형성할 수 있는 것이다. 그렇다면 관습헌법도 성문헌법과 마찬가지로 주권자인 국민의 헌법적 결단의 의사의 표현이며 성문헌법과 동등한 효력을 가진다고 보아야 한다. 이와 같이 관습에 의한 헌법적 규범의 생성은 국민주권이 행사되는 한 측면인 것이다. 국민주권주의 또는 민주주의는 성문이든 관습이든 실정법 전체의 정립에의 국민의 참여를 요구한다고 할 것이며, 국민에 의하여 정립된 관습헌법은 입법권자를 구속하며 헌법으로서의 효력을 가진다.

(3) 관습헌법이 성립하기 위하여서는 먼저 관습이 성립하는 사항이 단지 법률로 정할 사항이 아니라 반드시 헌법에 의하여 규율되어 법률에 대하여 효력상 우위를 가져야 할 만큼 헌법적으로 중요한 기본적 사항이 되어야 한다. 일반적으로 실질적인 헌법사항이라고 함은 널리 국가의 조직에 관한 사항이나 국가기관의 권한 구성에 관한 사항 혹은 개인의 국가권력에 대한 지위를 포함하여 말하는 것이지만, 관습헌법은 이와 같은 일반적인 헌법사항에 해당하는 내용 중에서도 특히 국가의 기본적이고 핵심적인 사항으로서 법률에 의하여 규율하는 것이 적합하지 아니한 사항을 대상으로 하는 것이다. 일반적인 헌법사항 중 과연 어디까지가 이러한 기본적이고 핵심적인 헌법사항에 해당하는지 여부는 일반추상적인 기준을 설정하여 재단할 수는 없는 것이고, 개별적 문제사항에서 헌법적 원칙성과 중요성 및 헌법원리를 통하여 평가하는 구체적 판단에 의하여 확정하여야 한다.

(4) 다음으로 관습헌법이 성립하기 위하여서는 관습법의 성립에서 요구되는 일반적 성립 요건이 충족되어야 한다. 이러한 요건으로서 첫째, 기본적 헌법사항에 관하여 어떠한 관행 내지 관례가 존재하고, 둘째, 그 관행은 국민이 그 존재를 인식하고 사라지지 않을 관행이라고 인정할 만큼 충분한 기간 동안 반복 내지 계속되어야 하며(반복·계속성), 셋째, 관행은 지속성을 가져야 하는 것으로서 그 중간에 반대되는 관행이 이루어져서는 아니 되고(항상성), 넷째, 관행은 여러 가지 해석이 가능할 정도로 모호한 것이 아닌 명확한 내용을 가진 것이어야 한다(명료성). 또한 다섯째, 이러한 관행이 헌법관습으로서 국민들의 승인 내지 확신 또는 폭넓은 컨센서스를 얻어 국민이 강제력을 가진다고 믿고 있어야 한다(국민적 합의). 이와 같이 관습헌법의 성립을 인정하기 위해서는 이러한 요건들이 모두 충족되어야 한다. …."

5) **수도 서울의 관습헌법성**〈헌재, 2004헌마554·566(병합) 〉: "… (1) 기본적 헌법사항으로서의 수도문제 헌법기관의 소재지, 특히 국가를 대표하는 대통령과 민주주의적 통치원리에 핵심적 역할을 하는 의회의 소재지를 정하는 문제는 국가의 正體性을 표현하는 실질적 헌법사항의 하나이다. 여기서 국가의 정체성이란 국가의 정서적 통일의 원천으로서 그 국민의 역사와 경험, 문화와 정치 및 경제, 그 권력구조나 정신적 상징 등이 종합적으로 표출됨으로써 형성되는 국가적 특성이라 할 수 있다. 수도를 설정하는 것 이외에도 國名을 정하는 것, 우리말을 國語로 하고 우리글을 한글로 하는 것, 영토를 획정하고 국가주권의 소재를 밝히는 것 등이 국가의 정체성에 관한 기본적 헌법사항이 된다고 할 것이다. 수도를 설정하거나 이전하는 것은 국회와 대통령 등 최고 헌법기관들의 위치를 설정하여 국가조직의 근간을 장소적으로 배치하는 것으로서, 국가생활에 관한 국민의 근본적 결단임과 동시에 국가를 구성하는 기반이 되는 핵심적 헌법사항에 속하는 것이다. 이와 같이 수도의 문제는 내용적으로 헌법사항에 속하는 것이며 그것도 국가의 정체성과 기본적 조직 구성에 관한 중요하고 기본적인 헌법사항으로서 국민이 스스로 결단하여야 할 사항이므로 대통령이나 정부 혹은 그 하위기관의 결정에 맡길 수 있는 사항이 아니다.

(2) 수도 서울의 관습헌법성 여부에 대한 판단

우리 헌법전상으로는 '수도가 서울'이라는 명문의 조항이 존재하지 아니한다. 그러나 서울은 사전적 의미로 바로 '수도'의 의미를 가지고 있다. 1392년 이성계가 조선왕조를 창건하여 한양을 도읍으로 정한 이래 600여년간 전통적으로 현재의 서울 지역은 그와 같이 일반명사를 고유명사화하여 불러 온 것이다. 따라서 현재의 서울 지역이 수도인 것은 그 명칭상으로도 자명한 것으로서, 대한민국의 성립 이전부터 국민들이 이미 역사적, 전통적 사실로 의식적 혹은 무의식적으로 인식하고 있었으며, 대한민국의 건국에 즈음하여서도 국가의 기본구성에 관한 당연한 전제사실 내지 자명한 사실로서 아무런 의문도 제기될 수 없었던 것이었다. 따라서 제헌헌법 등 우리 헌법제정의 시초부터 '서울에 수도(서울)를 둔다.'는 등의 동어반복적인 당연한 사실을 확인하는 헌법조항을 설치하는 것은 무의미하고 불필요한 것이었다. 그 후에도 수차의 헌법개정이 있었지만 우리 헌법상으로 수도에 관한 명문의 헌법조항은 설치된 바가 없으나, 그렇다고 하여 우리나라의 역사적, 전통적, 문화적 상황에 비추어 수도에 관한 헌법관습 자체가 존재하지 않는 것은 결코 아니다. 서울이 바로 수도인 것은 국가생활의 오랜 전통과 관습에서 확고하게 형성된 자명한 사실 또는 전제된 사실로서 모든 국민이 우리나라의 국가구성에 관한 강제력 있는 법규범으로 인식하고 있는 것이다. …."

6) **실질적 의미의 헌법**〈헌재, 2004헌마554·566(병합)〉: "… 실질적인 헌법사항이라고 함은 널리 국가의 조직에 관한 사항이나 국가기관의 권한 구성에 관한 사항 혹은 개인의 국가권력에 대한 지위를 포함하여 말하는 것 …."

3. 헌법제정권력

<table>
<tr><td colspan="2">의의</td><td colspan="3">- 헌법을 始原的으로 창조하는 힘(= 주권)
- 이중성 = 규범체계화하는 정치권력(사실성) + 정당성 부여하는 권위(규범성)</td></tr>
<tr><td colspan="2">성질</td><td colspan="3">- 창조성(무제한성), 시원성(시원적 + 자율적), 단일불가분성, 불가양성, 항구성(신헌법 제정 가능)
- 지배의 정당성을 군주적/국가적 정당성에서 민주적 정당성으로 변경하려는 시도</td></tr>
<tr><td rowspan="5">학설</td><td></td><td>Sieyes(1748–1836)</td><td>Schmitt(1888–1985)</td><td>법실증주의자</td></tr>
<tr><td>배경</td><td>프랑스혁명 시, 군주권력에 대한 대항개념 ⇨ 헌법창설권능은 시원적 존재로 군주나 국가가 아닌 국민에게</td><td>19C 독일 국가주권설(외견적 입헌주의) 극복 위한 이론으로 주장</td><td rowspan="4">i) 개념 부인: 제정권력 = 개정권력 = 입법권
ii) 군주주권론, 국가주권론(국가법인설)은 권력정당화이론으로 시에예스이론을 악용</td></tr>
<tr><td>내용</td><td>i) 자연상태에서 무엇을 '조직하는 권력' vs. 헌법제정권력에 의하여 '조직된 권력'을 구별
ii) 입법권 성격 밝히고, 입법권에 의한 헌법침해 경계</td><td>i) 헌법제정권력은 자신의 정치적 실존의 양식과 형태에 대하여 근본결단을 내리는 정치적 의지
ii) 헌법제정권력 → 헌법 → 헌법개정권력 → 헌법률 → 국가권력(입법권 등)</td></tr>
<tr><td>주체</td><td>제3신분(= 국민)</td><td>정치적 결단자(신, 군주, 국민)</td></tr>
<tr><td>성질</td><td>시원성(= 자기정당성), 단일불가분성, 무제한성</td><td>시원성, 자율성, 단일불가분성, 不可讓性, 항구성</td></tr>
<tr><td rowspan="2" colspan="2">한계</td><td>부정설</td><td colspan="2">시원성을 근거로 어떤 구속도 없다(Sieyes , Schmitt)</td></tr>
<tr><td>긍정설</td><td colspan="2">i) 국민적 합의에 의한 한계
ii) 초실정법적 시대사상(보편적 법원칙): 정의, 민주주의 등
iii) 자연법원리: 인간의 존엄성
iv) 국제법적 한계: 전후 독일 · 일본의 헌법제정
cf) 헌법원칙(반다수결사항)은 헌법제정의 한계영역 ⇒ 인류보편적 원리와 가치(존엄성, 자유, 평등, 정의 등)는 다수결로 배제할 수 없는 사항
← 국민주권을 근거로 다수결로 배제한 경우 '정당성'의 문제가 발생</td></tr>
<tr><td colspan="2">행사방법</td><td colspan="3">i) 헌법제정권력의 의사에 따라 ii) 실제: 국민투표, 제헌의회(헌법제정권력의 행사의 위임) 등</td></tr>
</table>

4. 헌법의 정당성 – 헌법제정의 한계준수여부

내용적 정당성	i) 공동체의 존속 · 유지, 인간의 존엄과 가치, 자유, 평등, 정의의 실현을 부정하지 아니할 것 ii) 국가와 공권력은 자기목적이 아니라 手段으로 존재할 것 iii) 내용은 정당성의 요건이 아니라는 견해(슈미트의 결단주의, 법실증주의자)는 독재와 인권침해를 정당화시켜주는 이론으로 악용여지(히틀러의 나치즘)
주권적 정당성	i) 주권자가 제정할 것 ii) 승전국이 만들어준 일본국헌법
민주적 정당성	- 국민주권론의 입장에서는 주권적 정당성은 곧 민주적 정당성을 의미
절차적 정당성	- 공개, 참여, 공고, 토론, 합리적 절차, 국민투표 etc.

5. 헌법의 규범력

<table>
<tr><th colspan="5">헌법의 규범력</th></tr>
<tr><td rowspan="4">헌법
규법
(당위)
vs.
사회
현실
(존재)</td><td colspan="4">(1) 헌법규범: 공동체 합의로 헌법 탄생, 최고규범으로 사회현실 규율
(2) 사회현실: 헌법의 모태이나 헌법 규율대상 + 사회현실의 변화로 헌법에 영향
※ 憲法現實: 헌법규범과 사회현실의 괴리 지칭
⇨ 헌법규범과 사회현실의 間隙 클 경우 규범력 약화되면서 權力國家로 전락, 간극 작을수록 憲法國家</td></tr>
<tr><td colspan="4">(3) 헌법규범과 사회현실의 관계</td></tr>
<tr><td colspan="2">현실의 규범지배 관점</td><td>규범의 현실지배 관점</td><td>상호의존관계</td></tr>
<tr><td colspan="2">– 헌법규범은 사회현실(힘)의 단순한 반영: 헌법은 언제나 현실에 복종할 것 요구
– 독재, 전체주의, 권력(= 힘) 실증주의, 정치우위주의, 국가우위주의, 국가주권론 etc.</td><td>– 헌법규범은 사회현실 일방적 규율
– 법실증주의, 법주권론, 규범주의 etc.</td><td>– 규범성과 현실성은 상호의존하면서 또한 제약관계
⇦ input-output의 관계
– 헌법규범의 自律性,恒常性은 사회현실과의 의존관계 고려하면 상대적인 자율성, 항상성을 의미</td></tr>
<tr><td rowspan="3">헌법의
변천</td><td>개념</td><td colspan="3">– 헌법 특정조항의 의미 또는 내용이 종전과 다르게 실질적으로 변화하는 경우</td></tr>
<tr><td>인정
여부</td><td colspan="3">ⅰ) 긍정설: 헌법모순행위 반복되어 헌법적 관습이 되고 국민이 이를 인정하는 경우
ⅱ) 부정설: 헌법의 의미변화는 헌법개정으로 가능하며, 헌법변천 인정불가
ⅲ) 정리
– 헌법 명문규정 위반행위를 헌법변천이라 인정하는 것은 헌법침해나 헌법부정을 용인하는 것이며, '사실이 규범을 지배'하는 것을 인정하는 것
– 윤곽규범으로서의 헌법의 특성을 고려하면, 사회변화에 따른 탄력적 대응을 위하여 헌법의 해석을 통한 보충, 의미변화는 가능(판례의 변천)</td></tr>
<tr><td>사례</td><td>ⅰ) 일본의 자위대
ⅱ) 미국의 위헌법률심사제도
ⅲ) 국무총리서리제도</td><td colspan="2">※ 헌법변천의 사유(Jellinek)
ⅰ) 국가기관에 의한 종래와 다른 해석
ⅱ) 관행 · 관례에 의한 의미변화
ⅲ) 국가권력의 장기간 불행사로 인한 규범력 상실
ⅳ) 헌법흠결의 보충으로 인한 의미변화</td></tr>
<tr><td rowspan="2">헌법의
해석</td><td colspan="2">해석의 지침(헌법해석의 원리)</td><td colspan="2">해석의 한계</td></tr>
<tr><td colspan="2">(1) 헌법의 통일성: 통일 규범체계 유지
(2) 규범의 실제적 조화
– 규정 우열관계 경우 ⇨ 법익형량
ex) 혐연권 〉 흡연권
– 우열관계 없는 경우 ⇨ 규범조화해석
ex) 표현 = 사생활 ⇦ 정정보도, 반론권
(3) 국가의 기능적 정합성
– 국가기관의 기능충돌방지
ex) 헌법소원대상에서 재판 제외, 권한쟁의심판
(4) 공동체의 통합: 분열, 해체의 방지
ex) 연좌제 폐지 개정
(5) 헌법의 규범력: 규범력 강화, 유지</td><td>(1) 개념본질적 한계
– 제정자/개정자의 역할 불가 → 국민주권 침해
– 실정헌법만이 해석의 대상
(2) 국가기능적 한계
– 입법권자의 입법형성의 자유 침해 불가
– 사법적극주의 지양: 법관이 헌법해석을 명목으로 입법형성의 자유를 침해함은 헌법이 보호하는 민주주의가 헌법의 이름으로 사망하는 결과
– 사법적극주의의 문제점
(3) 정리: 헌법해석은 국민이 헌법제정자로 결정한 사항(국민주권영역)을 훼손하여서는 아니되며 또한 입법권(입법형성의 자유영역)을 침해하지 아니하는 범위에서 허용</td><td>헌법
제정
영역

해석
영역

입법
형성
영역</td></tr>
</table>

6. 헌법의 개정

<table>
<tr><th colspan="3">헌법의 개정</th></tr>
<tr><td>개정의 주체</td><td>- 헌법개정권력 = 헌법제정권력에 의하여 조직 · 제도화된 권력
- 헌법 규정 절차에 따라 행사할 의무</td><td>유사개념(C. Schmitt의 구분)</td></tr>
<tr><td>개정의 필요성</td><td>⇨ 헌법규범과 사회현실의 괴리
i) 헌법의 현실적응성과 실효성 유지
ii) 헌법의 파괴 · 폐제의 방지
iii) 기회균등의 헌법정책적 이유</td><td rowspan="4">(1) 헌법의 파괴(파기)
– 헌법제정권력 교체 ← 혁명
(2) 헌법의 廢除(폐제)
– 정권의 교체 ← 정변, 쿠데타
(3) 헌법의 침해
– 특정조항 반하는 명령, 공권력 행사(당해 조항 효력은 존속)
– 합헌적 헌법침해
ex) 헌§77③: 비상계엄하 '특별조치'
– 위헌적 헌법침해
(4) 헌법의 정지
– 특정조항 효력의 일시적 정지
– 합헌적 헌법정지: 비상계엄
– 위헌적 헌법정지
ex) 1961년 5.16 국가비상조치
1972년 10.17 비상조치
1980년 국보위의 5.17조치
⇨ 비상계엄하에서 기존헌법절차 무시하고 국민투표로 새헌법 제정

** Jellinek의 "헌법의 변천"
– 특정조항 암묵적 · 실질적 의미 변질</td></tr>
<tr><td>개정의 한계</td><td>(1) 개정한계설(통설): 제정권력 · 개정권력 구별, 자연법원리, 헌법규범 위계질서에 따른 제약(통설)
① 초헌법적 사유: 자연법 원리, 국제법의 일반원칙 등
② 헌법내재적 사유: 헌법의 동일성, 본질적 내용 침해금지
i) 법논리적 제약: 헌법 존립 기초 되는 기본규정(국가형태, 기본질서 등)
ii) 시기상 제약: 비상사태, 외국 점령시
iii) 방법상 제약: 전면개정, 법률에 의한 우회적 개정
③ 실정헌법상의 사유: 헌법 명문규정
- 1954년, 1960년 6월, 1960년 11월 헌법: "제1조(민주공화국), 제2조(국민주권)와 제7조의 2(국가안위 중대사항은 국회 가결 후 국민투표)의 규정은 개폐할 수 없다."
(2) 법실증주의자: 憲法規定等價論 - 헌법개정 무한계
(3) 헌법개정조항의 개정
① 본질적 조항(헌법개정권력의 주체 변경=국민투표 폐지) 불가
② 연성 ⇔ 경성의 개정: 본질적 사항에 속하지만, 연성에서 경성으로 개정은 가능하다는 견해 유
(4) 한계위반의 효과
① 개정의 한계를 무시한 헌법개정의 효력: 무효 or 혁명
② 무효이나 실제로 적용되는 경우: 헌법수호제도 or 저항권</td></tr>
<tr><td>개정의 절차</td><td>(1) 제안〈국회재적 1/2, 대통령〉 ⇒
(2) 公告(20일 이상) ⇒
(3) 議決〈공고 후 60일이내, 재적2/3, 수정의결불가, 기명투표〉 ⇒
(4) 國民投票〈의결 후 30일이내, 투표자 1/2, 확정〉 ⇒
(5) 公布〈통보 즉시〉 ⇒
(6) 發效〈공포 시설, 20일 경과 시설, 부칙에 따라〉</td></tr>
<tr><td>§128② 의미</td><td>- 임기연장 또는 중임변경을 위한 개정은 제안 당시의 대통령에게는 효력이 없다.
- 개정불가조항이 아닌 개정의 효력제한규정</td></tr>
</table>

7. 헌법의 침해와 헌법보호제도

<table>
<tr><th colspan="2">침해의 시기에 따라</th><th colspan="2">침해의 방향에 따라</th></tr>
<tr><td colspan="2">Ⅰ.평상시보호수단</td><td colspan="2">Ⅰ. 하향식침해의 보호수단</td></tr>
<tr><td>1. 사전예방적 수단
(1) 헌법의 최고규범성[7]
(2) 헌법준수의무 선서(§69)
(3) 공무원 · 군의 중립(§7②)
(4) 방어적민주주의[8]
(5) 권력분립
(6) 경성헌법성</td><td>2. 사후교정적 수단
(1) 위헌법령심사(§107)
(2) 탄핵심판(§65)
(3) 위헌정당해산(§8④)[9]
(4) 헌법소원(§111①5)
(5) 국무위원 해임건의(§63)
(6) 긴급명령 사후승인(§76③)
(7) 국정조사권(§61)
(8) 공무원 책임제도</td><td colspan="2">1. 헌법개정권력에 의한 침해
– 경성헌법, 한계규정
2. 국가권력에 의한 침해
(1) 헌법소송제도
(2) 권력분립제도
(3) 저항권</td></tr>
<tr><td colspan="2">Ⅱ.비상시보호수단</td><td colspan="2">Ⅱ.상향식침해의 보호수단</td></tr>
<tr><td colspan="2" rowspan="2">1. 국가긴급권(§76, 77)[10]
2. 저항권</td><td>1. 헌법내재적 수단</td><td>2. 헌법외적 수단</td></tr>
<tr><td>(1) 기본권의 실효제도
(2) 위헌정당해산제도</td><td>(1) 형사법적 수단
(2) 행정법적 수단</td></tr>
<tr><td colspan="2">Ⅲ.최후의 헌법수호자
1. 국가기관 상호간의 견제와 균형
2. 국민의 護憲意志</td><td colspan="2">Ⅲ.국가비상사태(헌법장애상태)
1. 국가긴급권</td></tr>
<tr><td>헌법수호자 논쟁
(1930년대)</td><td colspan="3">(1) C. Schmitt vs. H. Kelsen
Schmitt: 의회의 무능, 무책임 강조 – 민주적 정당성과 국가긴급권을 가진 대통령이 최종수호자
Kelsen: 행정부의 헌법파괴가능성 강조 – 법적으로 헌법재판소가 최종수호자
(2) A. Keith(국왕) vs. H. Laski(내각)</td></tr>
</table>

7-2. 저항권

<table>
<tr><td rowspan="5">저항권</td><td>개념</td><td>· 민주적 · 법치국가적 기본질서 or 기본권보장체계 위협하는 공권력(국가권력의 전면적 · 불법적 행사)에 대한 국민의 최후 비상수단적 권리 = 위법성조각사유
· 고대 그리스의 도편추방제도/맹자 易姓革命論/서양 暴君放伐論
· Locke의 저항권: 위임계약의 범위를 넘는 불법지배에 저항하는 인민의 자연법상 권리
· Magna Carta(왕에 대한 귀족의 저항), 미국 독립선언서, 프랑스인권선언, 독일 본기본법(1968)
· 시민불복종 = 법률 or 정책 변경의 국가권력에 대한 복종 거부의 고의적 작위 or 부작위
– 권력 정당성 인정, 상대방 제거 위한 저항권과 구별, 폭력적 방법 불가, 처벌 감수</td></tr>
<tr><td>근거</td><td>(1) 이론적 근거
·헌법의 수호: 국민적 합의로 탄생한 헌법은 권력행사한계 설정기능도 보유 → 헌법무력화세력에 대한 저항을 통한 헌법수호
·인간의 자기수호: 성원에 대한 국가의 부당한 침해에 대한 저항은 인간의 본질과 국가의 기능을 고려하면 당연, 개인의 방어권을 사회적 영역으로 확장
(2) 헌법적 근거: 前文(불의에 항거한 4 · 19민주이념을 계승하고), §37①(미열거 기본권)
(3) 판례: 대법원(부정), 헌재(= 개념 인정)[11]</td></tr>
<tr><td>성질</td><td>·이중성: 기본권 + 헌법수호수단
·자연권설 or 실정권설(= 저항권은 군주주권 붕괴시키고 시민혁명 완수 위한 이념적 개념 → 국민주권 완성되고 각종 권력통제장치 마련된 이상 명문 규정 없는 한 저항권 인정불가)</td></tr>
<tr><td>요건</td><td>⇨ 저항권 행사 실패한 경우 법적 책임 면제받기 위한 요건 – 위법성조각사유
· 상황적 요건 – 객관적으로 분명한 헌법질서의 파괴 · 목적 – 헌법질서의 회복(소극목적성)
· 주체와 객체 – 국민 → 공권력 · 수단 – 실력행사(최소침해), 최후수단성</td></tr>
<tr><td>실효성</td><td>⇨ 저항권 성공한 경우 문제될 것 없으나, 실패한 때 국가권력이 법적 책임 추궁하려 할 것인 바, 저항권은 이 경우 위법성조각사유로 기능하여야 할 것임</td></tr>
</table>

7) (1) **법률의 헌법합치적 해석**〈헌재, 89헌마38〉: "… 일반적으로 어떤 법률에 대한 여러 갈래의 해석이 가능할 때에는 원칙적으로 헌법에 합치되는 해석 즉, 合憲解釋을 하여야 한다. 왜냐하면 국가의 법질서는 헌법을 최고법규로 하여 그 가치질서에 의하여 지배되는 통일체를 형성하는 것이며 그러한 통일체내에서 상위규범은 하위규범의 효력근거가 되는 동시에 해석근거가 되는 것이므로, 헌법은 법률에 대하여 형식적인 효력의 근거가 될 뿐만 아니라 내용적인 합치를 요구하고 있기 때문이다. …."

(2) **법률의 합헌적 해석의 한계**〈헌재, 88헌가5〉: "… 법률의 합헌적 해석은 헌법의 최고규범성에서 나오는 법질서의 통일성에 바탕을 두고, 법률이 헌법에 조화하여 해석될 수 있는 경우에는 위헌으로 판단하여서는 아니된다는 것을 뜻하는 것으로서 권력분립과 입법권을 존중하는 정신에 그 뿌리를 두고 있다. 따라서, 법률 또는 법률의 위 조항은 원칙적으로 가능한 범위 안에서 합헌적으로 해석함이 마땅하나 그 해석은 법의 문구와 목적에 따른 한계가 있다. 즉, 법률의 조항의 문구가 간직하고 있는 말의 뜻을 넘어서 말의 뜻이 완전히 다른 의미로 변질되지 아니하는 범위 내이어야 한다는 문의적 한계와 입법권자가 그 법률의 제정으로써 추구하고자 하는 입법자의 명백한 의지와 입법의 목적을 헛되게 하는 내용으로 해석할 수 없다는 법목적에 따른 한계가 바로 그것이다. 왜냐하면, 그러한 범위를 벗어난 합헌적 해석은 그것이 바로 실질적 의미에서의 입법작용을 뜻하게 되어 결과적으로 입법권자의 입법권을 침해하는 것이 되기 때문이다. …."

8) **투쟁적·방어적 민주주의**〈헌재, 99헌마135〉: "… 헌법 제8조 제4항은 "정당의 목적이나 활동이 민주적 기본질서에 위배될 때에는 정부는 헌법재판소에 그 해산을 제소할 수 있고, 정당은 헌법재판소의 심판에 의하여 해산된다."고 규정하고 있다. 정당의 해산에 관한 위 헌법규정은 민주주의를 파괴하려는 세력으로부터 민주주의를 보호하려는 소위 '방어적 민주주의'의 한 요소이고, 다른 한편으로는 헌법 스스로가 정당의 정치적 성격을 이유로 하는 정당금지의 요건을 엄격하게 정함으로써 되도록 민주적 정치과정의 개방성을 최대한으로 보장하려는 것이다. …."

9) **통합진보당 해산**〈헌재, 2013헌다1〉: "… 북한식 사회주의 체제는 조선노동당이 제시하는 정치 노선을 절대적인 선으로 받아들이고 그 정당의 특정한 계급노선과 결부된 인민민주주의 독재방식과 수령론에 기초한 1인 독재를 통치의 본질로 추구하는 점에서 우리 헌법상 민주적 기본질서와 근본적으로 충돌한다.

피청구인은 진보적 민주주의를 실현하기 위해서는 전민항쟁이나 저항권 등 폭력을 행사하여 자유민주주의체제를 전복할 수 있다고 하는데, 이는 모든 폭력적·자의적 지배를 배제하고, 다수를 존중하면서도 소수를 배려하는 민주적 의사결정을 기본원리로 하는 민주적 기본질서에 정면으로 저촉된다. 내란 관련 사건, 비례대표 부정경선 사건, 중앙위원회 폭력 사건 및 관악을 지역구 여론 조작 사건 등 피청구인의 활동들은 내용적 측면에서는 국가의 존립, 의회제도, 법치주의 및 선거제도 등을 부정하는 것이고, 수단이나 성격의 측면에서는 자신의 의사를 관철하기 위해 폭력·위계 등을 적극적으로 사용하여 민주주의 이념에 반하는 것이다.

피청구인이 북한식 사회주의를 실현한다는 숨은 목적을 가지고 내란을 논의하는 회합을 개최하고 비례대표 부정경선 사건이나 중앙위원회 폭력 사건을 일으키는 등 활동을 하여 왔는데 이러한 활동은 유사상황에서 반복될 가능성이 크다. 더구나 피청구인 주도세력의 북한 추종성에 비추어 피청구인의 여러 활동들은 민주적 기본질서에 대해 실질적 해악을 끼칠 구체적 위험성이 발현된 것으로 보인다. 특히 내란 관련 사건에서 피청구인 구성원들이 북한에 동조하여 대한민국의 존립에 위해를 가할 수 있는 방안을 구체적으로 논의한 것은 피청구인의 진정한 목적을 단적으로 드러낸 것으로서 표현의 자유의 한계를 넘어 민주적 기본질서에 대한 구체적 위험성을 배가한 것이다. 이상을 종합하면, 피청구인의 위와 같은 진정한 목적이나 그에 기초한 활동은 우리 사회의 민주적 기본질서에 대해 실질적 해악을 끼칠 수 있는 구체적 위험성을 초래하였다고 판단되므로, 우리 헌법상 민주적 기본질서에 위배된다. …".

10) **국가긴급권**〈헌재, 92헌가18〉: "… 헌법에 엄연히 국가긴급권의 종류, 발동요건과 절차 및 효력, 통제와 한계 등이 규정되어 있음에도 불구하고 헌법에 규정된 것과 별도로 대통령에게 또 다른 국가긴급권을 부여하고 있는 특별조치법(국가보위에 관한 특별조치법) 자체의 위헌이 문제되지 않을 수 없다.

주지하다시피 입헌주의적 헌법은 국민의 기본권 보장을 그 이념으로 하고 그것을 위한 권력분립과 법치주의를 그 수단으로 하기 때문에 국가권력은 언제나 헌법의 테두리 안에서 헌법에 규정된 절차에 따라 발동되지 않으면 안된다. 그러나 입헌주의국가에서도 전쟁이나 내란, 경제공황 등과 같은 비상사태가 발발하여 국가의 존립이나 헌법질서의 유지가 위태롭게 된 때에는 정상적인 헌법체제의 유지와 헌법에 규정된 정상적인 권력행사방식을 고집할 수 없게 된다. … 즉 국가긴급권은 국가의 존립이나 헌법질서를 위태롭게 하는 비상사태가 발생한 경우에 국가를 보전하고 헌법질서를 유지하기 위한 헌법보장의 한 수단이다.

그러나 국가긴급권의 인정은 국가권력에 대한 헌법상의 제약을 해제하여 주는 것이 되므로 국가긴급권의 인정은 일면 국가의 위기를 극복하여야 한다는 필요성 때문이기는 하지만 그것은 동시에 권력의 집중과 입헌주의의 일시적 정지로 말미암아 입헌주의 그 자체를 파괴할 위험을 초래하게 된다.

따라서 헌법에서 국가긴급권의 발동기준과 내용 그리고 그 한계에 관해서 상세히 규정함으로써 그 남용 또는 악용의 소지를 줄이고 심지어는 국가긴급권의 과잉행사 때는 저항권을 인정하는 등 필요한 제동장치도 함께 마련해 두는 것이 현대의 민주적인 헌법국가의 일반적인 태도이다. 우리 헌법도 국가긴급권을 대통령의 권한으로 규정하면서도 국가긴급권의 내용과 효력 통제와 한계를 분명히 함으로써 그 남용과 악용을 막아 국가긴급권이 헌법보호의 비상수단으로서 제 기능을 나타내도록 하고 있다.

이상과 같은 이론에서 볼 때 특별조치법은 첫째, 초헌법적인 국가긴급권을 대통령에게 부여하고 있다는 점에서 이는 헌법을 부정하고 파괴하는 반입헌주의, 반법치주의의 위헌법률이다. 둘째, 국가긴급권 발동(비상사태선포)의 조건을 규정한 특별조치법 제2조의 "국가안전보장에 대한 중대한 위협에 효율적으로 대처하고 사회의 안녕질서를 유지하여 국가를 보위하기 위하여 신속한 사태대비조치를 취할 필요가 있을 경우"라는 규정내용은 너무 추상적이고 광범위한 개념으로 되어 있어 거의 대통령이 마음 내키는 대로 적용할 수 있게 되어 있으므로 남용·악용의 소지가 매우 크다. 이는 기본권 제한법률 특히 형벌법규의 명확성의 원칙에 반한다. 그럼에도 불구하고 국회에 의한 사후통제장치도 전무한 상태이다. 이러한 점에서 비상사태선포에 관한 특별조치법 제2조는 위헌무효이고 비상사태선포가 합헌·유효인 것을 전제로 하여서만 합헌·유효가 될 수 있는 특별조치법의 그 밖의 규정은 모두 위헌이다. …."

11) **저항권**〈헌재, 97헌가4〉: "… 저항권이 헌법이나 실정법에 규정이 있는지 여부를 가려볼 필요도 없이 제청법원이 주장하는 국회법 소정의 협의없는 개의시간의 변경과 회의일시를 통지하지 아니한 입법과정의 하자는 저항권행사의 대상이 되지 아니한다. 왜냐하면 저항권은 국가권력에 의하여 헌법의 기본원리에 대한 중대한 침해가 행하여지고 그 침해가 헌법의 존재 자체를 부인하는 것으로서 다른 합법적인 구제수단으로는 목적을 달성할 수 없을 때에 국민이 자기의 권리·자유를 지키기 위하여 실력으로 저항하는 권리이기 때문이다. …."

8. 헌법관

	학자	이론	국가	헌법/헌법제정권력
규범주의 (1920년대) 바이마르 공화국	Jellinek	(법실증주의적 규범주의) (1) 방법이원론 – 인과적 + 규범적 인식 방법 (2) 국가양면설 – 사회적 + 법적 측면 (3) 국가와 사회의 구별	(1) 국가 3요소설: 국민, 영토, 국가권력 (2) 국가법인설: 시원적 지배력을 가진社團(先在된 개념) (3) 사실의 규범력설: 힘–사실–규범 ⇒ 사실이 법 근원 (4) 국가주권설: 국가의사 스스로 결정	(1) 헌법 = 국가의 법적기본질서 (2) 타당근거 = 국가의법적기본질서에서 오는 당연한 내재적 논리
	Kelsen	(규범논리주의) (1) 방법일원론 – 존재 무시, 당위 논리구조(= 순수법학) (2) 국가 = 법 = 강제질서 (3) 국가주권설 = 법주권설 ⇦ 전제군주의 專斷 차단 (4) 상대적 민주주의	(1) 국가 =강제적 법질서 (2) 법질서 단계구조(법단계설) (3) 국가목적 = 강제질서의 실현 (4) 국가 → 법치국가	(1) 헌법 = 실정법질서의 최상 위규범 (⇨ 헌법의 주권성) (2) 타당근거 – 根本規範 (의제된 규범) (3) 자기정당성을 가진 헌법제정권력의 한계 부인, 논의무용론(실정법 이전의 문제)
통합주의 (1928년)	Smend	(1) 국가 · 사회구별부인론	(1) 국가 = 사회적 실체 · 정적 완전체가 아닌 동화적 통합과정(정치발전과정) cf) 통합의 유형 i) 인적 통합(군주, 영도자) ii) 기능적 통합(국민투표 등) iii) 실질적 통합(가치 등) (2) 국가는 법 또는 사실상 힘에 근거하는 것이 아니라 구성원의 자유의사적 동의에 근거	(1) 헌법 = 국가적 생활과정을 법적으로 규정한 것 (2) 헌법의 동태성 = 단순한 법질서가 아닌계속적 통합 과정의현실 (규범 + 현실) (3) 헌법제정권력의 한계: 이념적, 법원리적, 국제법적, 자연법적 한계 인정
결단주의 (1928년)	Schmitt	(1) 국가 · 사회구별 (2) 국가관 = 시민적법치국가 무제한의 자유가 목적이며 국가는 그 자유를 보장하기 위한 수단 (3) 헌법질서의 이원질서론 i) 선국가적 자유 보장 위한 비정치적 부분 ← 법치국가 원리 ii) 국가 정치형태의 형성에 관한 정치적 부분 ← 민주주의원리	(1) 국가 = 정치적 통일체 (2) 자율적 규율능력이 없는 사회와 이를 규율하는 지배조직으로서의 국가 (3) 국가의 목적 = 기본권 보장	(1) 헌법 = 정치적 통일체의 종류와 형태에 관한 주권자의 근본적인 결단 (2) 타당근거 = 헌법제정권력의 정치적 의지 (3) 헌법과 헌법률 구분[12)] – 헌법개정의 한계 (4) 헌법개정권력 구별 (5) 헌법제정권력 한계 부정, but 헌법개정권력 한계 인정

---

12) **헌법과 헌법률**(헌법개정의 한계)〈헌재, 95헌바3〉: "우리의 현행 헌법이 독일기본법 제79조 제3항과 같은 헌법개정의 한계에 관한 규정을 두고 있지 아니하고, 독일기본법 제79조 제1항 제1문과 같이 헌법의 개정을 법률의 형식으로 하도록 규정하고 있지도 아니한 점 등을 감안할 때, 우리 헌법의 각 개별규정 가운데 무엇이 헌법제정규정이고 무엇이 헌법개정규정인지를 구분하는 것이 가능하지 아니할 뿐 아니라, 각 개별규정에 그 효력상의 차이를 인정하여야 할 형식적인 이유를 찾을 수 없다. 이러한 점과 앞에서 검토한 현행 헌법 및 헌법재판소법의 명문의 규정취지에 비추어, 헌법제정권과 헌법개정권의 구별론이나 헌법개정한계론은 그 자체로서의 이론적 타당성 여부와 상관없이 우리 헌법재판소가 헌법의 개별규정에 대하여 위헌심사를 할 수 있다는 논거로 원용될 수 있는 것이 아니다. 또한 국민투표에 의하여 확정된 현행 헌법의 성립과정과 헌법 제130조 제2항이 헌법의 개정을 국민투표에 의하여 확정하도록 하고 있음에 비추어, 헌법은 그 전체로서 주권자인 국민의 결단 내지 국민적 합의의 결과라고 보아야 할 것으로, 헌법의 규정을 헌법재판소법 제68조 제1항 소정의 공권력 행사의 결과라고 볼 수도 없다.

물론 헌법은 전문과 단순한 개별조항의 상호관련성이 없는 집합에 지나지 않는 것이 아니고 하나의 통일된 가치체계를 이루고 있는 것이므로, 헌법의 전문과 각 개별규정은 서로 밀접한 관련을 맺고 있고, 따라서 헌법의 제규정 가운데는 헌법의 근본가치를 보다 추상적으로 선언한 것도 있고, 이를 보다 구체적으로 표현한 것도 있어서 이념적·논리적으로는 규범 상호간의 우열을 인정할 수 있는 것이 사실이다. 그러나 이 때에 인정되는 규범 상호간의 우열은 추상적 가치규범의 구체화에 따른 것으로 헌법의 통일적 해석에 있어서는 유용할 것이지만, 그것이 헌법의 어느 특정규정이 다른 규정의 효력을 전면 부인할 수 있는 정도의 개별적 헌법규정 상호간에 효력상의 차등을 의미하는 것이라고는 볼 수 없다. …."

	기본권	통치구조	공과
Jellinek	(1) 국가와 국민의 관계는 법주체상호간의 권리의무관계 (2) 자유 = 법률 안에서의 자유 = 국가권력의 무제한 (3) 지위이론 = 국가에 대한 개인의 지위를 i) 국가 의무 ii) 국가 자유, iii) 국가 요구(수익권), iv) 국가 활동(참정권)으로 구분		(1) 형식논리적, 규범만능적 사상의 극복 (2) 반사적이익과 구별되는 주관적 공권 개념의 인정 (1) 국민이 국가존립의 근거/원동력임을 경시
Kelsen	(1) 자연법질서 부정 – 자연권 부인 (2) 자유 = 국가강제질서가 인간행동을 규제하지 않은 범위에서의 반사적 효과 (3) 관계이론 = 법질서에 대한 국민의 관계를 i) 수동적 관계(법질서 복종 = 의무) ii) 능동적 관계(법질서 설정) iii) 소극적 관계(법질서 무관)	(1) 국가의 목적은 단계적 법정립기능(법 목적 실현), 통치구조는 법정립 구조 의미 (2) 국가기관 = 상이한 단계의 법정립기관 (3) 통치권의 자생적 정당성 → 자생적 권능성	(1) 존재, 당위 구별하고 당위 중심의 일원적 법학방법론을 통한 법학의 순화 (2) 법질서의 단계적 구조, 근본규범론, 법과 국가의 동일성 이론 등의 영향력 현존 (1) 실정법질서의 맹목적 정당화 – 국가 없는 국가론 (2) 기본권을 반사적 이익으로 파악 – 통치구조의 장식품 – 목적과 수단의 전도
Smend	(1) 기본권 = 국가적 생활과정의 실질적 통합의 계기(가치체계 = 객관적 가치질서) (2) 기본권은 헌법질서의 방향을 제시하는 지침적 성격 = 실질적 통합의지 + 실정국가질서 · 법질서의 정당화 의미 (3) 자유 = 국가지향적 "국가에로의 자유" (기본권의 전국가성, 대국가적 방어권성) (4) 주관적 공권의 성격보다는 공동체의 "객관적 법질서"의 성격을 강조 ⇒ Hesse의 기본권의 이중적 성격론 (5) 기본권을 전체적 헌법질서에 기속되는 비개인적, 제도적인 것으로 이해 ⇒ Haberle의 제도적 기본권론 (6) 기본권의 참여권적 성질	통치구조 = 기본권(통합의 실질적 계기) 실현 위한 통합질서로 이해	(1) 국가는 법 또는 사실상의 힘이 아닌 구성원의 자유 의사적 동의에 근거해야 한다고 하여 다양한 이해관계의 완화 · 조정을 강조 (2) 자유에 대한 새로운 해석: 보장만으로 충분한 것이 아니라 국가에 의하여 광범위하게 실현되어야 할 것 (1) 규범의 경시 (2) 통합은 국가 외에 모든 단체의 특징 (3) 과정 중시하여 국가의 지속성, 실존 간과
Schmitt	(1) 기본권의 전국가성 – '국가로부터의 자유' (2) 시민적법치국가에서 기본권은 선재하는 권리로써 국가는 한정된 범위와 절차에 따라 제한할 수 있음. (3) 진정한 기본권 = 개인주의적 자유권 (4) 법률유보 가능 (5) 기본권의 전면부정, 본질내용침해금지 (개헌의 한계)	(1) 민주주의원리가 지배하는 헌법질서의 정치적 구성부분 (2) "치자 = 피치자 동일성"에 따라 통치구조는 국민의자기통제 정치구조	(1) 기본권의 전국가성 – 인권옹호적 측면 강조 (2) 국민주권론 통한 헌법제정권력 해명 (3) 헌법의 동태성 인정 (1) 규범에 대립하는 존재에만 입각한 정치적 · 사회적 실증주의 – 규범 경시 (2) 전국가적 자연권은 비현실적 · 이념적 투쟁수단 (3) 정치적 결단의 선재조건과 과정의 무시 (4) 결단의 중시로 군주주권 악용

9. 헌법학자들

이름	생존시기/국적	주요업적
N. Machiavelli	1469~1527 이탈리아	• 주권자(군주)의 자율성, 목적(but, 좋은 목적)의 수단 정당화(權謀術數 인정 = 마키아벨리즘), 군주국 v. 공화국(권력자의 세습여하), 정교분리 • 군주론(1513) – 근대 정치학의 초석
J. Bodin	1530~1596 프랑스	• 군주주권론, 절대주의 이론적 기초, 저항권 부정, 법률 = 주권자 명령 • 저서: 공화국론(1576) – 군주의 절대성, 근대적 주권 개념(대내적 최고, 대외적 독립) 정립
E. Coke	1552~1634 영국	• 왕권신수설 부정, 법의 지배(Rule of Law), 권리청원(1628) 기초 • Calvin's Case(1609): "자연법은 영국법의 한 부분이며 신으로부터 비롯되어 영원하며 변하지 않기 때문에 세속적인 법에 우선한다."
T. Hobbes	1588~1679 영국	• 자연권, 만인의 만인에 대한 투쟁, 복종계약설(자연권 제한 = 국가에 양도, 절대복종) 절대군주제 옹호 • 저서: Leviathan(1651)
J. Locke	1632~1704 영국	• 경험주의, 사회계약론(신탁계약), 저항권, 二權分立입법, 집행(대권, 집행, 외교) = 4권분립 • 저서: Two Treaties of Government(1690)
C.Montesquieu	1689~1755 프랑스	• 삼권분립, 절대군주제 비판, 입헌군주제 · 양원제 주장 • 법의 정신(1748)
J.J.Rousseau	1712~1778 프랑스 (스위스 출생)	• 계몽주의, 사회계약론, 직접민주주의, 공화주의자, 인민주권, 일반의지(평등주체 · 평등조건 · 평등의사표시로 일반의지 형성 ⇨ 일반의지에 의한 지배 = 자기지배 ⇨ 治者 = 被治者 동일성이론) • 저서: 사회계약론(1762)
E. J. Sieyès	1748~1836 프랑스	• 헌법제정권력론, 프랑스시민혁명 기폭, 대의제민주주의 • 제3신분이란 무엇인가(1789) – 무엇인가: tout, 무엇이었는가: rien, 무엇을 요구하는가: quelque chose
A. Dicey	1835~1922 영국	• 법의 지배(보통법의 우위, 보통법 앞의 평등, 헌법원칙은 보통법의 산물)
G. Jellinek	1851~1911 독일	• 규범주의, 국가3요소설, 국가법인설, 사실(힘)의 규범론, 규범의 국가구속력(군주주권 비판), 지위이론(소극: 자유, 적극: 수익, 능동: 참정권, 수동: 의무), 기본권 = 법률 속의 자유 • 군주국 v. 공화국(국가의사구성방법) • 저서: 일반국가학(1900)
H. Triepel	1868~1946 독일	• 헌법과 정당의 역사적 관계(적대적 v. 무시 v. 합법화 v. 헌법적 수용)
H. Kelsen	1881~1973 오스트리아	• 법실증주의, 방법이원론(규범 = 당위 對 사실 = 존재), 순수법학(실정법 중심), 법단계설(규범논리구조), 국가주권설(법주권설, 군주주권 부인), 국가 = 강제적 법질서, 기본권 = 반사적 이익 • 상대적 민주주의(민주주의 = 다수의 통치형태로 이해, 다수결 = 힘 = 규범 = 국가) ⇨ 다수의 독재 • 저서: 일반국가학(1925), 순수법학(1934), 민주주의의 본질과 가치(1922)
R. Smend	1882~1975 독일	• 통합주의, 기본권 = 객관적 가치질서(공익), '국가에로의 자유'(기본권 = 동화적 통합기능, 국가창설적 기능, 자유 = 책임 = 의무).
C. Schmitt	1888~1985 독일	• 결단주의, 배분의 원리(자유의 무제한성 v. 권력의 제한성 ⇨ 자유 제한은 법치국가원리), 제도보장이론(기본권의 객관적 측면에 대한 논의의 단초 제공), 헌법제정권력론 • 기본권 = 천부인권(자연권), '자유는 제도가 아니다'(자유 v. 제도보장), '국가로부터의 자유'(기본권 = 국가권력의 통제기능) • 나치의 이론적 도구, 히틀러의 헌법학자
K. Löwenstein	1891~미상 독일 미국 망명	• 장식적 v. 명목적 v. 규범적 헌법 • 방어적 민주주의 제창 – "자유의 적에게는 자유가 없다" • 동태적 권력분립론(Making, Execution, Control of Policy) – 통제장치유무: 입헌민주정 v. 전제정 – 통제의 유형: 수직적(임기제) v. 수평적(기관간, 기관내)
G. Leibholz	1901~1982 독일	• 정당국가적 민주주의(정당국가론, 1960년대): 의회정치에 대한 회의 ⇨ 정당을 통한 직접민주주의 강조 – 의회와 의원의 현실: 의회는 공개토론장소가 아닌 의사확인장소(명령적 기속관계), 의원은 정당구성원, 정당이 의원 선출(비례대표), 국가정책은 정당(대표)가 결정, 선거는 정당에 대한 국민투표적 성격, 전체국민의 일반적 의사는 집권당의 의사와 동일시 • 평가: 정당의 역할 과대평가(정당 = 국민 대체적 지위), 국민주권 形骸化, 대의제민주주의 부정
K. Hesse	1919~2005 독일	• 기본권의 이중성(주관적 공권 + 객관적 가치질서) • 특별권력관계를 '특수한 신분관계'로 이해
P. Haberle	1934~생존 독일	• 제도적 기본권론(자유는 제도일 수밖에 없다) ⇦ 자유를 구체화하는 제도가 없는 한 '법적으로 공허한 공간' • 기본권의 '제한'은 기본권의 '실현 내지 구체화'를 의미 ⇦ 제한이란 공익과 사익의 조화를 위한 것이고 이는 결국 기본권을 모든 사람에게 실효성 있게 하기 위한 것

10. 국가론

<table>
<tr><td>의의</td><td>일정지역을 기반으로 그에 정주하는 구성원의 정치적 통일체
i) 일정지역을 기초로 하는 지역사회
ii) 고유 목적과 기능을 가진 사회연대적 결합체
iii) 국가권력(통치권)에 의해 조직된 정치적 조직체
iv) Jellinek: 始原的 支配力을 가진 領域社團, Kelsen: 강제적 법질서, Smend: 동화적 통합과정, Schmitt: 정치적 통일체</td></tr>
<tr><td>기원</td><td>神意說(Stahl, Bussuet), 재산설(토지지배권), 정복설 = 실력설(Oppenheimer), 가족설(Filmer), 계급국가설(Engels), 사회계약설</td></tr>
<tr><td rowspan="2">본질</td><td>유기체설(Gierke, Bluntschli, Schelling), 착취설(Oppenheimer, Engels) 도덕설(Platon, Aristotle, Fichte – 국가는 인간이 도덕을 완성하기 위한 제도, 윤리적 이념의 발현, 객관적 정신의 최고단계), 법인설(Jellinek), 법질서설(Kelsen), 통합과정설(Smend), 부분사회설{Laski, MacIver(다원적 국가론) – 국가는 치안유지 기본목적으로 부분사회의 하나}</td></tr>
<tr><td>국가 = 권위/ 권력
cf) 죠셉 라즈: '왜 권위에 따라야 하는가?' ⇦ '어떻게 행동할 것인가를 각자 판단하기보다 권위의 지시에 따르는 것이 본래 취해야할 행동을 보다 잘 취할 개연성이 높기 때문'</td></tr>
<tr><td rowspan="2">목적
(정당성)</td><td>공동체의 존속과 유지 및 구성원의 행복추구 · 개성신장의 보장</td></tr>
<tr><td>※ 사회전체로써의 통일적 결론이 요구되는 전형적인 예: 調整問題狀況, 죄수의 딜레마상황[13)][14)]
ㅇ 조정문제: 어떻게 결정되어도 상관없으나 어느 쪽이건 결정되지 아니하면 곤란한 상황(ex) 교통법규)
<table>
<tr><td>A \ B</td><td>좌</td><td>우</td></tr>
<tr><td>좌</td><td>1,1</td><td>0,0</td></tr>
<tr><td>우</td><td>0,0</td><td>1,1</td></tr>
</table>
(교통법규: 우측통행 or 좌측통행?) ⇦ 관습, 법령에 따라
(1) 조정문제상황에서는 일단 관습이나 법령에 따라 일정 선택이 지시되면 그에 따른 행동이 모든 사람의 이익에 부합
(2) 각자 이익의 최대화 위한 행동이 동시에 사회전체의 이익의 최대화도 실현
ㅇ 죄수의 딜레마: 각자가 자신의 최대 이익 위해 행동하지만 사회전체로는 최선의 결과 도달불가
<table>
<tr><td></td><td>사수(묵비)</td><td>도주(자백)</td></tr>
<tr><td>사수(묵비)</td><td>2,2(−1,−1)</td><td>0,3(0,−9)</td></tr>
<tr><td>도주(자백)</td><td>3,0(−9, 0)</td><td>1,1(−5,−5)</td></tr>
</table>
(모두 함께 사수 = 輕傷 + 승리, 모두 도주 = 포로 + 패전, 1사수 + 1도주 = 전사 + 無傷) ⇨ 도주 = 無傷(3), 사수 輕傷(2), 항복 = 포로(1), 전사(0)
(공범사실: 모두 자백 5년, 모두 묵비 1년, 1인 자백 + 상대 9년)
(1) 전체적으로는 함께 반격을 하는 것이 최대이익 실현하지만, 개인에게 있어서는, 상대가 반격을 한다면 자신은 배신을 하는 것이 최대이익이며, 또한 상대가 배신을 한다면 자신도 배신을 하는 것이 그나마 이익이 있기 때문에 <u>상대가 어찌하건 배신을 하는 것이 합리적 선택</u>, 결국 전체적으로는 최악의 결과를 초래
(2) 죄수의 딜레마현상은 공공재의 공급에서 전형적으로 나타남(경찰, 소방, 방위 etc.)
(3) 공공재의 경우 소비의 '배제성' 또는 소비의 '경합성'이 작동하지 아니하기 때문에 합리적인 개인이라면 가능한 다른 사람의 대가지불에 무임승차하려는 것이 당연 ⇦ 이처럼 모든 사람이 무임승차하려 한다면(사회적 협조의 곤란) 결국 공공재는 공급불가
(4) 해결책: 국가가 공공재를 공급하는 대신 그 비용은 모든 사람이 공평하게 부담하고, 공급의 범위와 양은 민주적 절차를 거쳐 결정
(5) 조정문제상황이건 죄수의 딜레마상황이건 개인이 독자적으로 판단하는 것보다는 국가의 지시에 따르는 쪽이 문제의 적절한 해결책 ⇦ 국가의 권위의 정당화논거
(6) 국가의 권위의 사정거리(어디까지): 국가의 권위의 정당화논거를 '개개인의 행동이 아닌 사회전체로써의 통일된 결론을 필요로 하는 상황의 적절한 해결'에서 찾는 경우, 같은 상황을 국가가 아닌 다른 권위가 보다 적절하게 해결할 수 있다면 개개인은 국가보다 그 다른 권위에 복종하게 될 것
(7) 관습, 국제기관, 종교적 권위의 지시가 국가보다 적절한 해결책을 제시한다면 사람들은 국가가 아닌 이러한 관습 등에 따를 것임
(8) 결국 국가의 권위가 항상 절대적이고 최고인 것이 아니게 됨</td></tr>
</table>

10-2. 사회계약론

• 국가는 무엇을 위하여 존재하는가? 우리는 왜 국가에 복종해야 하는가? ⇦ 사회계약론
• 사회계약론이 보는 국가 = 사회계약이라는 의사의 합치에 의한 인위적 구성물(권위)
  ⇨ 국가의 정당화근거 = 자연상태에서의 곤란(= 가치판단의 相違로 초래된 분쟁) 해결
• 사회계약론의 유형: 상정하고 있는 자연상태의 곤란이 무엇인지에 따라 사회계약의 내용이 달라지며, 국가권력의 범위도 상이

Hobbes (복종계약설)	Locke (신탁계약설)	Rousseau (사회계약설)
(1) 性惡說 (2) 자연상태(만인의 만인에 대한 투쟁상태) (3) 3개의 자연법 ⅰ) 천부인권 ⅱ) 권리양도-복종계약 ⅲ) 계약이행의무 ← 객관적 보증인(국가) (4) 복종계약 취소불가, 저항불허	(1) 性善說 (2) 자연상태(질서 · 평화상태) (3) 자연상태의 한계 ⅰ)갈등해결심판관 要 ⅱ)침해자 처벌 강제력 無 (4) 한계 극복 위한 위임/ 신탁계약 : 취소가능, 저항권 긍정	(1) 자연상태 (2) 자연상태 보존 위한 전체인민 합의 → 국가 (3) 권력의 정당성: 一般意思(총의) → 治者=被治者 동일성(자기지배) (4) 단일계약 (5) 일반의사 誤謬 없음 → 특수집단의 권리 투쟁 금지
• 자연상태의 곤란:상호불신에서 자신 보존 위해 끊임없이 투쟁에 빠져드는 것(만인의 만인에 대한 투쟁상태) ⇨ 존재하는 것은 영원한 공포와 죽음의 위험('고독하고 가난하며 괴롭고 잔인하며 짧은' 생활, 「리바이어단」) • 성악설에 대한 오해 ⇨ 투쟁상태 초래는 인간이 惡해서가 아니라, 각자가 자기보존 위해 가능한 모든 것을 행하는 '자연권' 행사로 무질서상태 초래 ⇨ 善과 惡이 객관적으로 정해져 있지 아니하다면, 인간은 자신에게 이익이 되면 선, 害가 되는 것은 악이라 생각 ⇨선악을 각자 판단하면서 만인의 만인에 대한 투쟁상태를 초래 • 위대한 리바이어단의 생성 ⇨ 자기보존이 중요한 것이라면 죽음의 공포가 영속하는 자연상태에서의 탈출이 필요 ⇨ 공통의 평화와 안전을 위하여 자연상태에서 가지는 모든 권리를 1인(1의 합의체)에게 건네주고, 그의 판단을 자신의 판단으로 하여 그에 복종 ⇨ '국가'라는 리바이어단 또는 '可死의 神' 탄생 • 국가 명령의 정당성 ⇨ 주권자의 판단이 도덕적 기준에 항상 부합하는 것은 아님: 주권자의 판단이 정당한 경우에만 복종한다면 투쟁은 종결되지 아니함 ⇨ 주권자 판단도 주관적 판단에 불과, 그럼에도 이를 사회 공통의 판단으로 모든 사람이 받아들일 때, 비로소 '공통의 법, '사회생활의 룰'이 확정되고 각자에게 보장된 재산이 무엇인가가 결정	• 로크의 자연상태 ⇨ 자연상태는 자연법이 지배하는 평등 상태, 인간은 자연권(재산/생명/자유) 향유 ⇨ 인간은 자연권을 보다 확실하게 누리고자 계약을 맺고 사회, 즉 국가를 형성 ⇨ 국가의 성립은 자연권의 완전한 향유와 자연법의 원활한 실시 위한 것, 군주에게 권리 양도한 것이 아니라 위탁한것 불과 ⇨ 개인은 국가/군주에 복종하나 이는 자유 동의에 의한 것이고 자연권 향유라는 한계 내에서의 일 • 로크의 저항권 ⇨ 지배자가 계약으로 위탁받은 권한과 한계 넘어 자연권 유린할 때 이에 저항하는 것은 시민의 자연권 ⇨ 명예혁명 정당화, 18세기의 계몽사상/ 미국혁명 원동력	• 루소의 자연상태 ⇨ 자연상태의 인간은 서로 떨어져 상호간 관계를 맺지 아니하기 때문에 자기보존 위하여 서로 공격할 필요도 없다고 주장 ⇨ '자연상태란 자신들 자기보존 위한 배려가 타인의 보존에 있어서도 해가 가장 적은 상태로써 이러한 상태는 평화에 가장 적합하고 인류에게 가장 어울리는 것'(「인간불평등기원론」) • 사유재산제도와 분쟁의 발생 ⇨ 루소는 사람들의 교류와 토지의 경작 이루어지면서 사유재산제도 생기자, 인간 본래의 필요와 관계없는 利慾, 질투심, 경쟁과 대항의식이 생기면서 끊임없는 분쟁과 무질서 도래하였음을 인정 ⇨ 이러한 비참한 상황의 종식 위하여 특히 재산의 위험을 두려워한 부유층의 주도로, 그러나 모든 사람의 안전을 보장한다는 것을 명분으로 국가 설립(재산 보호 관점) ⇨ 국가의 이익 느낄 정도의 이성을 서로 가지고 있었으나, 그 위험을 간파할 정도의 경험을 쌓지 못한 인간은 '너나없이 자신의 자유를 확보할 생각으로 자신의 속박을 향하여 달려갔다'(「인간불평등기원론」)

10-3. 국가의 3요소와 국가형태

<table>
<tr><td rowspan="7">국가3요소</td><td rowspan="2">국민</td><td>의의</td><td>⇨ 국적보유자(재외국민 포함)
• 국민의 헌법상 지위
① 주권자(전체적 통일체-국가권력의 원천)
② 주권행사자(유권적 시민 총체)
③ 기본권주체(국적 보유 개개국민)
④ 피치자(공의무 주체)</td></tr>
<tr><td>국적</td><td>⇨ "국민이 되는 요건은 법률로 정한다"(§2①) → 국적법정주의
(1) 국적의 취득
• 선천적 취득: 속인주의(父母兩係血統主義)/예외적 속지주의(부모 ×, 무국적 출생, 棄兒)
• 후천적 취득: 귀화(일반/간이/특별), 認知(법무장관 신고)/ 隨伴(미성년자 부모 귀화로)
– 일반귀화: 5년 주소, 성년, 품행, 생계능력, 기본소양
– 간이귀화: 3년 거주자, 부 or 모 국민이었던 자/출생자로 부 or 모가 대한민국 출생/입양(성년)
– 혼인귀화: 혼인후 2년 계속 거주, 혼인후 3년 1년 계속 거주
– 특별귀화: 주소자, 부 or 모가 대한민국국민, 특별공로
(2) 국적의 상실
– 외국 국적 취득한 이중국적자가 외국 국적 1년 내 포기 아니한 때(외국 국적 포기 의무)
– 국적 상실후 1년 이내 외국 국적 포기 시 신고로써 '국적재취득'
(3) 복수국적자 국적선택의무: 22세 이전 or 복수국적후 2년 이내
(4) 재외국민의 보호: "국가는 법률 정하는 바에 의하여 재외국민을 보호할 의무"(헌§2②)
• 재외동포의 출입국과 법적 지위에 관한 법률
– 재외동포 = 재외국민(영주의사 외국거주자 + 영주권취득자) + 외국 국적동포
• 재외국민등록법: 외국의 일정지역 90일 이상 거주(체류) 국민
• 북한이탈주민의 보호 및 정착지원에 관한 법률</td></tr>
<tr><td rowspan="5">영역</td><td colspan="2">• 영역: 국가법이 적용되는 지리적 공간범위 = 국가적 지배의 물적 대상 = 領土, 領空, 領海
• 領域高權</td></tr>
<tr><td>영토[15)]</td><td>(1) 개념: 국가영역의 기초가 되는 일정범위의 토지(지표 + 지하)
(2) 영토의 변경: 자연적 원인/조약(병합, 할양, 매수)/ 先占
(3) 영토조항: "대한민국의 영토는 한반도와 그 부속도서로 한다"(헌§3)
• 정치적 의미 = 舊韓末영토승계론/국제평화지향론(타국 영토 야심 없음)
• 규범적 의미 → 국가보안법
i) 유일합법정부론/미수복지역론
ii) 북한지역에 대한 외국의 침략은 대한민국의 영토침범행위, 북한이 영토에 관하여 외국과 체결한 조약은 무효
(4) <u>평화통일조항과의 충돌문제</u>
– "조국의 평화적 통일의 사명"(전문), "평화적 통일정책을 수립 · 추진하고"(§4) etc. ⇒ 남북교류 · 협력에관한법률, 남북합의서, UN동시가입
– 영토조항은 평화통일정책의 독소조항이 아닌가? ⇦ 규범조화적 해석
i) 영토조항우위설: 유일합법정부, 흡수통일
ii) 평화통일조항우위설: 헌법변천, 국제정치현실, 신법우선
iii) 동위설: 북한정권의 이중적 성격론(반국가단체 & 대화 · 협력 동반자) – 헌재 입장</td></tr>
<tr><td>영해</td><td>⇨ 영해및접속수역법
• 영해: 기선 12해리, 無害通航權 인정
• 접속수역: 기선 24해리(관세, 재정, 출입국관리, 보건 · 위생 법규 위반행위 규제)
• 배타적 경제수역: 기선 200km, 배타적경제수역법(천연자원 탐사, 개발 등)
• 대륙붕: 연안에서 수심 200m</td></tr>
<tr><td>영공</td><td>• 지배가능한 상공
• 무해통항권(민간항공기), 국가항공기는 부정</td></tr>
</table>

<table>
<tr><td rowspan="2">국가3요소국</td><td rowspan="2">주권</td><td>• 교황의 권력(神政理論) ⇨ 군주주권론(Bodin) ⇨ 국가주권론(법실증주의자) ⇨ 국민주권론[16]
• "대한민국의 주권은 국민에게 있고, 모든 권력은 국민으로부터 나온다."(§1②)</td></tr>
<tr><td>(1) 의의: 신학적 개념(절대자의 최종적 결정권능)에서 법학적 개념으로 발전
• 대내적 최고 + 대외적 독립(역사성: 절대군주국가 성립시, 보뎅, 홉스) = 공적 권력의 종국적 원천
• 본질: 최고성 · 독립성 · 자율성 · 단일불가분성 · 불가양성 · 항구성 · 실정법성
• 로크, 루소: 전제군주 권력행사의 절대성 · 자의성에 대한 항의적 · 투쟁적 이념
(2) 주권의 한계: 헌법제정권력의 한계 참고
(3) 통치권과의 구별
– 통치권은 국가목적 달성 위한 일반적 명령강제권
– 영토고권, 대인고권, 자주조직권(권한고권)/입법권, 사법권, 행정권, 헌법재판권
– 특성: 주권의 위임, 헌법 내의 절차와 한계, 분할과 양도 가능</td></tr>
<tr><td>국가형태</td><td colspan="2">(1) 개념 – 정치적 통일체의 유형, 국가의 구조형태 · 조직체계
(2) 고전적 분류
• Herodotus: 1인통치/소수통치/국민통치(통치자 수)
• Platon: 군주국/민주국/혼합국(지배자 수, 윤리적 특성)
• Aristotle: 군주국(폭군정)/귀족국(과두정)/민주국(衆愚政) ⇦ 권력보유자의 수를 기준으로
• 마키아벨리: 군주제/공화제 → 19C의 일반적 분류
• 몽테스키외: 공화정/군주정/전제정
(3) Jellinek의 분류: 군주국/공화국 ⇦ 권력기관의 구성방법(국가의사결정방법)을 기준으로
• 군주국: 세습/선거(선거여부), 전제/제한(권력제한여부) ⇨ 제한군주국: 귀족/입헌/의회주의적 군주국
• 공화국: 귀족/민주공화국
(4) Rehm의 분류
• 국가형태(국가권력 최고 담당자) – 군주국/귀족국/계급국/민주국
• 통치형태(국가권력의 행사방법) – 민주정/공화정, 간접민주정/직접민주정, 연방제/단일제, 입헌정/비입헌정
(5) 國體 · 政體 구별론 – 무의미
• 國體(주권의 소재) – 군주국/공화국
• 政體(통치형태: 주권의 제한여부) – 전제정/입헌정(제한정)
– 전제정(인민공화제, 신대통령제) v. 입헌정(직접민주제, 집정부제, 의원내각제, 대통령제, 이원정부제)
⇨ 구별의 모순(현대국가 현실) – 전제정 자처하는 국가 전무
(6) 현대적 분류
• Loewenstein: 전제정/입헌정(제한정) ⇦ 권력의 분산(권력행사의 제한)여부를 기준으로
• 소결: 군주국/공화국(= 비군주국) ⇨ 군주국: 전제/제한(입헌/의회주권적 군주국) v. 공화국: 민주/전제</td></tr>
<tr><td>대한민국 국가형태</td><td colspan="2">⇨ "대한민국은 민주공화국이다"(§1①)
• 학설
– 민주(정체)/공화국(국체)
– 민주공화국(민주정체, 공화정체)/국민주권(민주국체)
– 공화국은 국가형태, 민주는 공화국의 정치적 내용이 민주주의적으로 형성될 것 요구하는 공화국 내용
• 민주공화국의 법적 성격
–공화국: 비군주, 반독재, 자유, 국민국가를 의미
– 민주: 공화국의 내용 한정
– 專制, 獨裁, 全體主義, 人民共和國 등 부정</td></tr>
</table>

13) **'prisoner's dilemma'(Nash's Equilibrium)** ⇨ 1950년 미국 국방성 소속의 경제학자 메릴 플로드와 멜빈 드레셔가 '서로 협력하는 것이 가장 좋은 상황에서 서로를 믿지 못해 협력하지 않는 현상'을 설명. 이후 1992년 프린스턴 대학교의 수학자 앨버트 터커(Albert W. Tucker)가 게임이론에 관한 강연에서 유죄 인정에 대한 협상을 벌이는 두 죄수의 상황에 적용하면서 이후 '죄수의 딜레마'라는 이름으로 불리게 됨. 이러한 죄수의 딜레마 상황은 현실사회에서 예컨대 '저녁식사의 딜레마'(각자 부담시보다 1/n 부담시 평균 식대가 비싸진다), '주유소 가격할인의 딜레마'(할인전략을 하지 않는 경우보다 서로 할인전략을 취하는 경우 이익 감소)의 모습으로 나타나기도 함. ⇨ 이렇게 '자신의 이익을 위한 합리적 판단'으로 형성된, 결과적으로 '나쁜 균형'을 이 이론의 개발자인 수학자 내쉬(John Forbes Nash Jr.)의 이름을 따 '내쉬의 균형'이라 한다.

14) **미국과 중국의 관세보복전쟁** ⇨ 상호신뢰를 바탕으로 하는 자유무역이 모두에게 최선임에도 각자 '강경책'(고관세 정책)을 고집함으로써 모두에게 得보다는 失이 큰 상황이 초래되고 있는 것도 '죄수의 딜레마'의 一例

15) **북한의 법적 지위**〈헌재, 92헌바48〉: "… 북한은 조국의 평화적 통일을 위한 대화와 협력의 동반자임과 동시에 대남적화노선을 고수하면서 우리자유민주체제의 전복을 획책하고 있는 반국가단체라는 성격도 함께 갖고 있음이 엄연한 현실인 점에 비추어, 헌법 제4조가 천명하는 자유민주적 기본질서에 입각한 평화적 통일정책을 수립하고 이를 추진하는 한편 국가의 안전을 위태롭게 하는 반국가활동을 규제하기 위한 법적 장치로서, 전자를 위하여는 남북교류협력에관한법률 등의 시행으로써 이에 대처하고 후자를 위하여는 국가보안법의 시행으로써 이에 대처하고 있는 것이다. …."

16) **국민주권과 인민주권**

구분	국민(nation)주권설	인민(people)주권설
소재	국민: 관념적 · 추상적 전체국민	인민: 현실적 · 구체적 개개인=유권적 시민 ⇒ 주권은 인민이 각자 分有하는 권리 = 각기 의사능력을 기초로 그 권리를 행사
행사방법	전체국민의 추상성 → 대표자 행사 불가피 = 간접민주제	유권적 시민의 현실적 직접 행사 = 직접민주제
대표자의 성격	無羈束的 委任 ⇒ 權力分立 필수	주권자 지시 · 명령받는 羈束的 委任 (= 주권자의 직접 행사) ⇒ 權力集中 요망
선거방식	最良代表 선출이 목적 ← 제한선거 가능	제한선거는 주권의 제한을 의미
주권자와 실제행사자	주권의 주체(전체국민)와 행사자(유권적 시민의 총체)의 분리	일치
비판	nation vs people 二分論은 R. Carre de Malberg가 주창한 이론으로 전자에서 간접민주제, 후자에서 직접민주제가 도출된다고 하나, 프랑스의 입법례를 보면 후자 입장에서 간접민주제, 무기속위임을 인정한 예가 허다하다고 하면서 이론적 타당성을 상실하였다는 비판	

11. 국가와 사회

국가와 사회: input–output 관계		
일원론	이원론	상호교차관계론
1. 민주주의 정착과 사회국가적 경향 (1) 민주주의 정착: 치자 = 피치자, 국민 = 주권자, 국민 = 국가권력 → 국가·사회일원론 (2) 사회국가적 경향: 사회에 대한 국가의 규제·조정 강화 → 사회 자율기능 퇴색 2. 동화적 통합론과 일원론 (1) 국가 = 사회의 동화적 통합과정 = 사회의 자기조직 → 일원론 (2) 주장자: Smend, Hesse, Ehmke (3) 문제점 – 치자·피치자 동일성 이론의 형식논리성: 국민과는 별도의 독립된 국가기관 실재 – 국가적 영역과 사회적(=개인적) 영역의 구별부정에 따른 사적 영역에 대한 국가적 보호, 국가로부터의 자유를 주장할 근거 상실 우려	1. 절대군주제 – 국가(= 절대군주 정점의 통치기구) vs. 통치대상으로의 사회 2. 계약이론 – 자연상태(= 사회)를 전제로 하는 복종)·위임·사회계약론 3. 이원론의 3형태 (1) 이상주의적 이원론 (가) Hegel (국가우위의이원론) – 국가=도덕적관념의현실 – 저차원의 자율적 사회질서가 국가제도에 의하여 '도덕적 관념'의 차원으로 승화·보완될 필요가 있다고 주장 (나) Kant, Fichte 등(사회우위의 이원론) – 도덕인간→사회의 자율적 기능으로 충분 =국가의 타율적 질서 불필요 (2) 법실증주의적 이원론 (가) Sollen(국가) vs. Sein (사회) = 상호무관 강조 (나) 국가 = 법질서 (다) 사회와 국가의 교차관계 경시 (3) 교차관계적 이원론 (가) 국가와 사회 본질적 차이 인정 (나) 국가와 사회의 조직적·기능적 교차관계 강조 ← 상호보충적 기능 (다) 자유의 법원칙이 지배하는 사회 vs. 평등의 법원칙이 지배하는 국가 → 자유에 따른 사회구성원의 불평등을 국가가 평등의 법원칙에 따라 조정 필요(J. Isensee)	1. 국가 중심의 교차관계(Output Model) – 사회 자율능력 한계를 전제로 국가의 조정, 보충의 필요성 강조(Schmitt, Forsthoff, Kruger, Herzog, Kaiser) – 국가는 사회에서 제기되는 인간생활의 복잡·불가결 사항을 합리적으로 처리하기 위한 하나의 생활수단 or 제도 = 사회의 보다 나은 양심 or 두뇌(by Herzog) – 국가의 적극적 사회형성기능 → 사회에 대한 국가의 백지위임적 간섭권 강조(Kruger) 2. 사회 중심의 교차관계(Input Model) – 사회자율성, 국가로부터 자유로운 생활영역 중시(Issensee) – 사회의 국가지향적 기능을 강조 – 인간의 자주성 = 모든 가치질서의 원천 = 국가존립의 기초 – 국가는 사회구성원의 자결권에 의한 자율의 원칙을 존중하고 사회에 대한 간섭을 최소한으로 자제해야 한다고 주장 – Kant의 이상주의 영향–민주국가헌법이론의 원칙적 타당성 3. 양면적 교차관계(Input–Output의 균형 Model) (1) 국가 = 사회의 조직된 결정 or 활동단위 → 국가 통치조직은 '사회를 위한 것'(by E.W. Bockenforde) (2) 국가는 사회의 기능을 유지하기 위해 필요한 법질서를 마련하고 사회가 필요로 하는 조정적·통합적·형성적 기능을 수행하기 위한 권력조직을 갖게 되나, 국가가 그 기능을 효과적으로 수행하기 위해서는 강제력보다는 사회의 자발적인 참여 내지 공감대의 형성이 필요 → 사회적 공감대가 국가활동이 기초인 동시에 한계라고 주장 4. 국가와 사회의 Input과 Output (1) Input: 사회 → 국가 (가) 사회의 자율성 존중(기본권 보장과 그 제한의 한계, 자유시장경제질서, 재산권 보장) (나) Input 통로: 정당, 선거, 국민투표 etc. (2) Output: 국가 → 사회 (가) 사회의 규제, 간섭, 형성, 통합 등 (나) 생존권 보장, 사회국가원리, 사회적 시장경제질서 가미 (다) 수단: 방어적 민주주의(정당해산, 기본권 실효), 국가긴급권, 법률, 제도, 정책 등 (3) 사회에 대한 국가의 기능 ⇨ 사회(자율성) – 강자의 지배·군림 – 자율성 침해 – 국가(강제력)의 개입(보충성원리, 필요최소한 개입) = 공동체의 존속유지, 구성원의 개성신장(국가의 목적)

12. 헌법개정사

	내용	비고
제헌헌법 (48.7.17)	(1) 민주공화국, (2) 국민주권, (3) 국제평화, (4) 기본권 법률유보, (5) 사회기본권, (6) 단원제, (7) 정 · 부통령(국회선출), (8) 법률거부권, (9) 헌법위원회, (10) 탄핵심판소	전문, 10장, 103조
제1차 (52.7.4)	(1) 정 · 부통령 직선제, (2) 양원제, (3) 국무원불신임제, (4) 국무총리의 국무위원 제청권	〈문제점: 발췌개헌〉 (1) 一事不再議 위배 (2) 공고절차 위반 (3) 토론 배제, 의결 강제
제2차 (54.11.27)	(1) 초대 대통령 중임제한 철폐, (2) 통제경제-자유경제, (3) 국무총리 폐지, 국무위원 개별불신임제, (4) 직접민주주의 요소(i) 주권제약, 영토변경 등에 대한 국민투표, ii) 헌법개정안에 대한 국민발안제)	〈문제점: 사사오입〉 203의 2/3 = 135.3333
제3차 (60.6.15)	(1) 의원내각제 개헌, (2) 사전허가 · 검열제 금지, (3) 본질적 내용 침해금지, (4) 정당지위, 복수정당제, (5) 헌법재판소, (6) 중앙선관위, (7) 지자체장 직선, (8) 투쟁적 · 방어적민주주의, (9) 공무원의 정치적 중립성	4 · 19 혁명 본문55개, 부칙 15개항에 이르는 전면개정
제4차 (60.11.29)	소급특별법(부정선거관련자처벌법, 반민주행위자공민권제한법, 부정축재특별처리법 등) 제정	부정선거관련자처벌 개헌
제5차 (62.12.26)	(1) 인간의 존엄성 신설, (2) 국가안전보장 위한 기본권 제한, (3) 단원제 환원, (4) 대통령제, (5) 헌재 폐지, (6) 헌법 개정-국회의결 후 국민투표	5 · 16 쿠데타 헌법개정절차 무시-국가재건비상조치법의 국민투표에 의한 개정
제6차 (69.10.21)	(1) 대통령 3선연임허용, (2) 대통령 탄핵소추 의결정족수 가중	
제7차 (72.12.27)	(1) 본질적 내용 침해금지 삭제, (2) 기본권, 노동3권 약화, (3) 통일주체국민회의, 1/3, (4) 긴급조치권, (5) 1인 장기집권 허용, (6) 국정감사권 부인, (7) 법관 대통령 임명, (8) 헌법위원회	10 · 17 비상조치:국회해산, 정치활동 중지, 비상국무회의 ⇒ 유신헌법
제8차 (80.10.27)	(1) 재외국민보호, (2) 정당국고보조, (3) 행복추구권, (4) 기본권의 불가침, (5) 무죄추정, 구속적부심사, 연좌제, 사생활의 불가침, 환경권, (6) 국정조사권, (7) 대통령 간선제, 7년단임, (8) 법관 대법원장 임명, (9) 위헌제청권(법원), (10) 사회적 시장경제	전문, 10장, 131조 부칙10조
제9차 (87.10.29)	(1) 대통령직선제, 5년단임, (2) 권한쟁의심판, (3) 국군의 정치적 중립성	6 · 29 민주화선언, 현행헌법

13. 헌법과 행정법의 체계적 이해

기본권의 보장 공동체의 존속	
민주주의 * 공동체의사결정 원리 - 주권자의 참여 - 다수결원리	법치주의 * 권리보장원리 - 人治 ⇨ 法治 - 권리의 제한 - 권력의 부여
권력분립 - 입법, 행정, 사법 - 법치주의의 제도적 전제	
자본주의 - 헌§119: 시장경제질서	

공동체유지

⇩

by 법률 or 집행(작용) ⇨ 적법침해 / 위법침해 ⇦ 행정구제법 — 손해전보 / 쟁송제도

制限과 授權
⇨ 헌법 §37②
⇨ 통치구조

⇨ 의무부과 (행정작용법) ⇦ 의무확보수단
- 행정강제(불이행 강제)
- 행정벌(위반 제재)

⇨ 행정조직법

⇧ 〈행정법총론〉
- 법치국가원리
- 행정법의法源
- 공권론

⇧ 행정절차

⇧ 정보보호 / 정보공개

〈행정작용〉
통치행위
행정조직내부행위 –특별행정법관계내부행위
행정입법(헌법 §75, 95)
행정계획
행정절차
행정행위
공법상계약
사실행위–행정지도
정보공개 및 보호제도
행정조사행정강제
행정심판 etc.

Ⅲ

헌법의 기본원리

Chapter Ⅲ 헌법의 기본원리

1. 헌법의 기본원리의 상호관계

〈이념〉
공동체의 보장
기본권의 보장
(for the people)

목적 ↔ 수단

국민주권
(of the people)

정당성 부여 →

목적적 정당성(기본권 보장)
민주적 정당성(민주주의)
절차적 정당성(법치주의)

↓ 기본권의 방사효과

국가구조원리(정치[17] [18])
민주국가원리(by the people)
법치국가원리 ← 권력분립
단일국가원리

공동체 · 개인의 생활원리
경제: 사회적시장경제질서원리
사회: 복지국가원리
문화: 문화국가원리
국제: 국제평화주의

output
규제, 간섭

input
여론, 선거, 정당

2. 국가권력통제원리 – 법치주의

의의	• 人의 지배 → 法의 지배 • 공권력행사의 절차적 정당성 ← 공권력발동의 근거원리 = 공권력 제한 · 통제원리
목적	기본권의 보장
전제	권력분립제도
법의 형식성	(1) 실정화 (2) 명확성원칙[19]: 막연 · 무효이론[20], 포괄위임금지원칙(§75) (3) 일반성원칙: 처분적 법률의[21] 원칙적 금지
국가작용 법적기속	(1) 모든 국가작용의 법에의 기속 (2) 적법절차의 원리(§12①)[22] (3) 과잉조치금지의 원칙(§37②)[23]: 목적과 수단의 관계 ⇦ 적합성, 필요성(최소침해성), 상당성 요구
법적 안정성[23]	(1) 예측가능성의 보장 (2) 신뢰보호의 원칙[25]: 선행조치, 보호가치신뢰, 처리보호, 인과관계, 선행과 반하는 후행조치 (3) 소급적용의 금지(§13): 진정소급 v. 부진정소급[26]
법의 실효성	(1) 법규의 위반, 불이행에 대한 규제: 행정의 실효성 확보(행정벌, 행정강제), 사법강제(형벌) (2) 사법적 권리구제: 헌법재판, 행정쟁송, 국가배상, 손실보상

17) **政治란?** '사회에서 발생하는 이해관계의 조정' ⇨ '공공재'의 公正한 분배 ⇦ '正義'란 무엇인가?

18) ※ **John Rawls(1921~2002)의 정의론**{小川仁志(おがわ ひとし), 『問題解決のための哲學思考レッスン25』(祥伝社, 2014), 45~50頁}.
(1) 正義의 의미: 공정한 분배(= 격차의 시정) ⇨ 가장 어려운 사람에 혜택을!
(2) 원초상태(자연상태): '無知의 베일'을 쓰고 자신의 상황(지위, 富 등)을 고려함이 없는 상태에서, 타인의 사정을 판단
(3) 정의의 실현원리: 자유주의적 요소(제1원리) + 사회주의적 요소(제2원리)
제1원리: '평등한 자유의 원리' = '모든 사람은 각자 기본적 자유에 대하여 평등한 권리를 가진다' ⇨ '자유의 평등한 분배'
제2원리: '사회적·경제적 불평등은 다음 A, B의 2 조건을 B, A의 순으로 충족하여야 한다' ⇨ '조정'(차등)의 원칙
A: '격차원리' = '사회에서의 최소수혜자의 상황을 개선하여야 한다'
B: '기회의 공정한 균등원리' = '기회의 공정한 균등이라는 조건하에서 모든 사람에게 공직, 지위가 개방되어야 한다'
⇨ 평가: 고전적 자유주의(개인의 능력에 따른 차별 인정)와 사회주의(차별의 부정)의 통합(간극 완화)

19) **명확성원칙**〈헌재, 99헌바34〉: "… 명확성원칙은 헌법상 내재하는 법치국가원리로부터 파생될 뿐만 아니라, 국민의 자유와 권리를 보호하는 기본권보장으로부터도 나온다. 헌법 제37조 제2항에 의거하여 국민의 자유와 권리를 제한하는 법률은 명확하게 규정되어야 한다. 법률은 명확한 용어로 규정함으로써 적용대상자에게 그 규제내용을 미리 알 수 있도록 공정한 고지를 하여 장래의 행동지침을 제공하고, 동시에 법집행자에게 객관적 판단지침을 주어 차별적이거나 자의적인 법해석을 예방할 수 있다. 따라서 법규범의 의미내용으로부터 무엇이 금지되고 무엇이 허용되는 행위인지를 국민이 알 수 없다면 법적 안정성과 예측가능성은 확보될 수 없게 될 것이고, 법집행 당국에 의한 자의적 집행이 가능하게 될 것이다. …."

20) **명확성의 정도 = 막연무효의 이론**〈헌재, 89헌가104〉: "… 명확성의 원칙은 모든 법률에 있어서 동일한 정도로 요구되는 것은 아니고 개개의 법률이나 법조항의 성격에 따라 요구되는 정도에 차이가 있을 수 있으며 각각의 구성요건의 특수성과 그러한 법률이 제정되게 된 배경이나 상황에 따라 달라질 수 있다고 할 것이다. 일반론으로는 어떠한 규정이 부담적 성격을 가지는 경우에는 수익적 성격을 가지는 경우에 비하여 명확성의 원칙이 더욱 엄격하게 요구된다고 할 것이고 따라서 형사법이나 국민의 이해관계가 첨예하게 대립되는 법률에 있어서는 불명확한 내용의 법률용어가 허용될 수 없으며, 만일 불명확한 용어의 사용이 불가피한 경우라면 용어의 개념정의, 한정적 수식어의 사용, 적용한계조항의 설정 등 제반방법을 강구하여 동 법규가 자의적으로 해석될 수 있는 소지를 봉쇄해야 하는 것이다. 그렇기는 하지만 "기밀" 또는 "비밀"이라는 개념자체는 본래 절대적인 것이 아니고 상대적인 것으로서 그 시기와 장소 및 상황에 따라 "기밀성"이 생성될 수도 소멸될 수도 있는 특성을 갖고 있기 때문에 그 구성요건을 일일이 세분하여 명확성의 산술적인 관철을 요구하는 것은 입법기술상 불가능하거나 현저히 곤란한 것이므로 어느 정도의 보편적 내지 일반적 개념의 용어사용은 부득이 하다고 할 수밖에 없으며, 당해 법률이 제정된 목적과 타규범과의 연관성을 고려하여 합리적인 해석이 가능한지의 여부에 따라 명확성의 구비 여부가 가려져야 할 것이다.
따라서 일반적 또는 불확정 개념의 용어가 사용된 경우에도 동일한 법률의 다른 규정들을 원용하거나 다른 규정과의 상호관계를 고려하거나 기 확립된 판례를 근거로 하는 등 정당한 해석방법을 통하여 그 규정의 해석 및 적용에 대한 신뢰성이 있는 원칙을 도출할 수 있어, 그 결과 개개인이 그 형사법규가 보호하려고 하는 가치 및 금지되는 행위의 태양과 이러한 행위에 대한 국가의 대응책을 예견할 수 있고 그 예측에 따라 자신의 행위에 대한 국가의 대응책을 예견할 수 있고 그 예측에 따라 자신의 행동에 대한 결의를 할 수 있는 정도(의 규정 내용이)라면 그 범위내에서 명확성의 원칙은 유지되고 있다고 봐야 할 것이다. …."

21) **처분적 법률**〈헌재, 99헌바34〉: "… (2) 우리 헌법은 개별사건법률에 대한 정의를 하고 있지 않음은 물론 개별사건법률의 입법을 금하는 명문의 규정도 없다. 개별사건법률금지의 원칙은 "법률은 일반적으로 적용되어야지 어떤 개별사건에만 적용되어서는 아니된다"는 법원칙으로서 헌법상의 평등원칙에 근거하고 있는 것으로 풀이되고, 그 기본정신은 입법자에 대하여 기본권을 침해하는 법률은 일반적 성격을 가져야 한다는 형식을 요구함으로써 평등원칙 위반의 위험성을 입법과정에서 미리 제거하려는데 있다 할 것이다. 개별사건법률은 개별사건에만 적용되는 것이므로 원칙적으로 평등원칙에 위배되는 자의적인 규정이라는 강한 의심을 불러일으킨다. 그러나 개별사건법률금지의 원칙이 법률제정에 있어서 입법자가 평등원칙을 준수할 것을 요구하는 것이기 때문에, 특정규범이 개별사건법률에 해당한다 하여 곧바로 위헌을 뜻하는 것은 아니다. 비록 특정법률 또는 법률조항이 단지 하나의 사건만을 규율하려고 한다 하더라도 이러한 차별적 규율이 합리적인 이유로 정당화될 수 있는 경우에는 합헌적일 수 있다. 따라서

개별사건법률의 위헌 여부는, 그 형식만으로 가려지는 것이 아니라 나아가 평등의 원칙이 추구하는 실질적 내용이 정당한지 아닌지를 따져야 비로소 가려진다.

(3) 이른바 12·12 및 5·18 사건의 경우 그 이전에 있었던 다른 헌정질서파괴범과 비교해보면, 공소시효의 완성 여부에 관한 논의가 아직 진행중이고, 집권과정에서의 불법적 요소나 올바른 헌정사의 정립을 위한 과거청산의 요청에 미루어볼 때 비록 특별법이 개별적사건법률이라고 하더라도 입법을 정당화할 수 있는 공익이 인정될 수 있다고 판단된다. 따라서 이 법률조항은 개별사건법률에 내재된 불평등요소를 정당화할 수 있는 합리적인 이유가 있으므로 헌법에 위반되지 아니한다. …."

22) **적법절차**〈헌재, 93헌바26〉: "… 적법절차의 원칙은 영미법계의 국가에서 국민의 인권을 보호하기 위한 기본원리의 하나로 발달되어 온 원칙으로, 미국의 수정헌법에서 명문화하기 시작하였으며, 대륙법계 국가에서도 이에 상응하여 법치국가원리 또는 기본권제한의 법률유보원리로 정립되어 있다. 여기서 적법절차라 함은 인신의 구속이나 처벌 등 형사절차만이 아니라 국가작용으로서의 모든 입법작용과 행정작용에도 광범위하게 적용되는 독자적인 헌법원리의 하나로 절차가 형식적 법률로 정하여지고 그 법률에 합치하여야 할 뿐만 아니라 적용되는 법률의 내용에 있어서도 합리성과 정당성을 갖춘 적정한 것이어야 하며, 특히 형사소송절차와 관련시켜 적용함에 있어서는 형벌권의 실행절차인 형사소송의 전반을 규율하는 기본원리로 이해하여야 하는 것이다. …."

23) **과잉금지의 원칙(비례의 원칙)**〈헌재, 92헌가8〉: "… 국가작용 중 특히 입법작용에 있어서의 과잉입법금지의 원칙이라 함은 국가가 국민의 기본권을 제한하는 내용의 입법활동을 함에 있어서 준수하여야 할 기본원칙 내지 입법활동의 한계를 의미하는 것으로서, 국민의 기본권을 제한하려는 입법의 목적이 헌법 및 법률의 체제상 그 정당성이 인정되어야 하고(목적의 정당성), 그 목적의 달성을 위하여 그 방법이 효과적이고 적절하여야 하며(방법의 적정성), 입법권자가 선택한 기본권제한의 조치가 입법목적달성을 위하여 설사 적절하다 할지라도 보다 완화된 형태나 방법을 모색함으로써 기본권의 제한은 필요한 최소한도에 그치도록 하여야 하며(피해의 최소성), 그 입법에 의하여 보호하려는 공익과 침해되는 사익을 비교형량할 때 보호되는 공익이 더 커야한다(법익의 균형성)는 법치국가의 원리에서 당연히 파생되는 헌법상의 기본원리의 하나인 비례의 원칙을 말하는 것이다. 이를 우리 헌법은 제37조 제1항에서 "국민의 자유와 권리는 헌법에 열거되지 아니한 이유로 경시되지 아니한다." 제2항에서 "국민의 모든 자유와 권리는 국가안전보장, 질서유지 또는 공공복리를 위하여 필요한 경우에 한하여 법률로써 제한할 수 있으며, 제한하는 경우에도 자유와 권리의 본질적인 내용을 침해할 수 없다."라고 선언하여 입법권의 한계로서 과잉입법금지의 원칙을 명문으로 인정하고 있으며 …."

24) **법적 안정성의 두 가지 측면**〈헌재, 96헌가2등〉: "… 공소시효제도가 헌법 제12조 제1항 및 제13조 제1항에 정한 죄형법정주의의 보호범위에 바로 속하지 않는다면, 소급입법의 헌법적 한계는 법적 안정성과 신뢰보호원칙을 포함하는 법치주의의 원칙에 따른 기준으로 판단하여야 한다. 법적 안정성은 객관적 요소로서 법질서의 신뢰성·항구성·법적 투명성과 법적 평화를 의미하고, 이와 내적인 상호연관관계에 있는 법적 안정성의 주관적 측면은 한번 제정된 법규범은 원칙적으로 존속력을 갖고 자신의 행위기준으로 작용하리라는 개인의 신뢰보호원칙이다. 법적 안정성과 신뢰보호원칙에 있어서 특히 중요한 것은 시간적인 요소이다. 특정한 법률에 의하여 발생한 법률관계는 그 법에 따라 파악되고 판단되어야 하고, 개인은 과거의 사실관계가 그 뒤에 생긴 새로운 법률의 기준에 따라 판단되지 않는다는 것을 믿을 수 있어야 한다. 그러므로 법치국가적 요청으로서의 법적안정성과 신뢰보호원칙은 무엇보다도 바로 소급효력을 갖는 법률에 대하여 민감하게 대립할 수밖에 없고, 구체적으로는 어떤 법률이 이미 종료된 사실관계에 예상치 못했던 불리한 결과를 가져오게 하는 경우인가 아니면 현재 진행중이나 아직 종료되지 않은 사실관계에 작용하는 경우인가에 따라 헌법적 의미를 달리하게 된다. …."

25) (1) **신뢰보호원칙의 적용요건**〈대판, 95누5741〉: "… 행정상의 법률관계에 있어서 신뢰보호의 원칙이 적용되기 위해서는 첫째, 행정청이 개인에 대하여 신뢰의 대상이 되는 공적인 견해표명을 하여야 하고, 둘째, 행정청의 견해표명이 정당하다고 신뢰한 데 대하여 그 개인에게 귀책사유가 없어 그 신뢰가 보호가치 있는 것이어야 하며, 셋째, 그 개인이 견해표명을 신뢰하고 이에 따라 어떠한 행위를 하였어야 하고, 넷째, 행정청이 위 견해표명에 반하는 처분을 함으로써 그 견해표명을 신뢰한 개인의 이익이 침해되는 결과가 초래되어야 하는 것이며, 이러한 요건을 충족할 때에는 행정청의 처분은 신뢰보호의 원칙에 반하는 행위로서 위법하다고 볼 것이다. …."

(2) **신뢰보호원칙과 법률의 제정 또는 개정**〈헌재, 2005헌바20〉: "… 신뢰보호의 원칙은 헌법상 법치국가 원리로부터 파생되는 것으로, 법률이 개정되는 경우에는 기존 법질서와의 사이에 어느 정도의 이해관계의 상충은 불가피하다고 할 것인바, 이 경우 기존의 법질서에 대한 당사자의 신뢰가 합리적이고 정당한 반면, 법률의 제정이나 개정으로 야기되는 당사자의 손해가 극심하여 새로운 입법으로 달성코자 하는 공익적 목적이 그러한 당사자의

신뢰가 파괴되는 것을 정당화할 수 없는 경우, 그러한 새 입법은 허용될 수 없다는 것이다. …."

(3) **신뢰보호원칙의 위반여부**〈헌재, 2005헌바20〉: "… 신뢰보호원칙의 위반 여부는 한편으로는 침해되는 이익의 보호가치, 침해의 정도, 신뢰의 손상 정도, 신뢰 침해의 방법 등과 또 다른 한편으로는 새로운 입법을 통하여 실현하고자 하는 공익적 목적 등을 종합적으로 형량하여야 한다. 따라서 신뢰보호원칙의 위반 여부를 판단함에 있어서는 첫째, 보호가치 있는 신뢰이익이 존재하는가, 둘째, 과거에 발생한 생활관계를 현재의 법으로 규율함으로써 달성되는 공익이 무엇인가, 셋째, 개인의 신뢰이익과 공익상의 이익을 비교 형량하여 어떠한 법익이 우위를 차지하는가를 살펴보아야 할 것이다. …."

(4) **보호가치가 있는 신뢰**〈헌재2003헌마947등〉: "… 개인의 신뢰이익에 대한 보호가치는 ① 법령에 따른 개인의 행위가 국가에 의하여 일정방향으로 유인된 신뢰의 행사인지, ② 아니면 단지 법률이 부여한 기회를 활용한 것으로서 원칙적으로 사적 위험부담의 범위에 속하는 것인지 여부에 따라 달라진다. 만일 법률에 따른 개인의 행위가 단지 법률이 반사적으로 부여하는 기회의 활용을 넘어서 국가에 의하여 일정 방향으로 유인된 것이라면 특별히 보호가치가 있는 신뢰이익이 인정될 수 있고, 원칙적으로 개인의 신뢰보호가 국가의 법률개정이익에 우선된다고 볼 여지가 있다.

그런데, 이 사건의 경우 국가가 기존의 사법시험제도를 통하여 오래도록 제2외국어를 시험과목으로 삼아옴으로써 청구인들이 제2외국어 과목을 자신의 사법시험과목으로 선택하여 집중적으로 공부한 경우가 적지 아니할 것이므로 국가가 개인의 행위를 일정방향으로 유도하였다고 볼 수 있을 것이어서 청구인들이 가지고 있었던 시험과목에 관한 기대 또는 신뢰는 이를 보호해야 할 필요가 큰 경우에 속한다 할 것이다. 그러나 법적 상태의 존속에 대한 개인의 신뢰는 그가 어느 정도로 법적 상태의 변화를 예측할 수 있는지, 혹은 예측하였어야 하는지 여부에 따라서도 영향을 받을 수 있는데, 청구인들과 같이 사법시험을 준비하는 자로서는 사회의 변화에 따라 시험과목이 달라질 수 있음을 받아들여야 할 것이고, 자신이 공부해 오던 과목으로 계속하여 응시할 수 있다는 기대와 신뢰가 절대적인 것이라고 볼 수는 없다. 또, 앞에서 본 바와 같이 시행령이 2001. 3. 31. 제정되어 시행됨에도 불구하고 사법시험 제1차시험의 어학과목 변경에 관한 부분은 약 2년 9개월의 유예기간을 두고 2004. 1. 1.부터 시행하도록 하는 경과규정을 두고 있는바(부칙 제1조), 위 유예기간은 사법시험응시자들이 변화된 상황에 적응할 수 있는 상당한 기간으로 판단된다. 이에 비하여 '법조계의 국제화, 개방화에 대비한 법조인의 국제화 촉진 및 국제적 법률문제에 대한 실무능력 향상'이라는 입법목적 내지 공익은 청구인들의 불이익에 비하여 훨씬 크다 할 것이므로 사법시험 제1차시험의 어학과목 변경에 따른 사법시험준비자의 신뢰이익이 헌법상 용인될 수 없을 정도로 침해되었다고는 판단되지 아니한다. …."

26) (1) **진정소급과 부진정소급**〈헌재, 88헌마1〉: "… 과거의 사실관계 또는 법률관계를 규율하기 위한 소급입법의 태양에는 이미 과거에 완성된 사실 또는 법률관계를 규율의 대상으로 하는 이른바 진정소급효의 입법과 이미 과거에 시작하였으나 아직 완성되지 아니하고 진행과정에 있는 사실 또는 법률관계를 규율의 대상으로 하는 이른바 부진정소급효의 입법을 상정할 수 있다고 할 것이다. 전자의 경우에는 입법권자의 입법형성권보다도 당사자가 구법질서에 기대했던 신뢰보호의 견지에서 그리고 법적안정성을 도모하기 위해 특단의 사정이 없는 한 구법에 의하여 이미 얻은 자격 또는 권리를 새 입법을 하는 마당에 그대로 존중할 의무가 있다고 할 것이나, 후자의 경우에는 구법질서에 대하여 기대했던 당사자의 신뢰보호보다는 광범위한 입법권자의 입법형성권을 경시해서는 안될 일이므로 특단의 사정이 없는 한 새 입법을 하면서 구법관계 내지 구법상의 기대이익을 존중하여야 할 의무가 발생하지는 않는다고 할 것이다. …."

(2) **진정소급효금지의 예외**〈헌재, 96헌가2(5·18민주화운동등에관한특별법 제2조 공소시효정지 조항의 합헌의견〉(소수)〉: "… 진정소급입법이 허용되는 예외적인 경우로는 일반적으로, 국민이 소급입법을 예상할 수 있었거나, 법적 상태가 불확실하고 혼란스러웠거나 하여 보호할 만한 신뢰의 이익이 적은 경우와 소급입법에 의한 당사자의 손실이 없거나 아주 경미한 경우, 그리고 신뢰보호의 요청에 우선하는 심히 중대한 공익상의 사유가 소급입법을 정당화하는 경우를 들 수 있다. 이를 대별하면 진정소급입법이 허용되는 경우는 구법에 의하여 보장된 국민의 법적 지위에 대한 신뢰가 보호할 만한 가치가 없거나 지극히 적은 경우와 소급입법을 통하여 달성하려는 공익이 매우 중대하여 예외적으로 구법에 의한 법적 상태의 존속을 요구하는 국민의 신뢰보호이익에 비하여 현저히 우선하는 경우로 크게 나누어 볼 수 있다. 물론 그러한 "공익"적 필요가 존재하는지 여부의 문제를 심사함에 있어서는, 부진정소급입법의 경우에 있어서의 신뢰보호의 요청과 서로 비교형량되는 단순한 공익상의 사유보다도 훨씬 엄격한 조건이 적용되지 않으면 아니된다. 즉 매우 중대한 공익이 존재하는 예외적인 경우에만 그러한 진정소급입법은 정당화될 수 있다. 또한 진정소급입법을 헌법적으로 정당화할 수 있는 이러한 예외사유가 존재하는 여부는 특별법과 같이 신체의 자유에 대한 제한과 직결되는 등 중요한 기본권에 대한 침해를 유발하는 입법에 있어서는 더욱 엄격한 기준으로 판단하여야 할 것이다. …."

3. 국가의사결정원리 – 민주주의

의의	정치 · 경제 · 사회생활에서의 민주주의 vs. 정치원리로서의 민주주의 • 民主主義論爭 – M.Adler(이념) v. H.Kelsen(방식) (1) 특정 정치형태, 방식 = by the people → 다수결원칙, 정치과정의 자유 · 공개성 강조 (2) 정치의 목적, 이념 = for the people a. 자유 강조 → 자유민주주의[27] b. 평등 강조 → 사회민주주의[28] (3) 이상형: 양자 동시조화적 구현형태
정당성	(1) 객관적으로 옳은 정책의 확정을 위한 수단 (2) 다양한 이익의 조정과 타협을 위한 수단 (3) 참가자의 행복을 최대화하기 위한 수단 (4) 민주주의의 최저한 역할: 의견대립 문제에 대한 사회전체의 통일된 결정, 결론의 도출 수단

시에예스	대의민주주의사상
루소	동일성이론(국민의 자기통치형태) → 직접민주 – 總意(통일된 하나의 意思)는 擬制 불과 – 직접민주도 결국 多數에 의한 少數 지배
켈젠	상대적 민주주의사상(가치 · 이념의 경시) – 가치의 상대성, 다수결(= 경기규칙) 중시 – 다수결 = 힘 = 규범 = 국가

현대적 · 실질적 민주주의의 본질적 요소	
가치추구	국민주권, 자유 · 평등 · 정의
형식원리	법치주의, 선거제도, 다수결, 복수정당제, 소수보호, 권력분립, 사법권독립, 헌법재판
생활철학	민주시민의 품성: 책임, 관용, 공공심, 순수, 협상의 자세

이념	⇒ 국민주권, 자유 · 평등 · 정의 i) 국민주권 실현수단 → 국민참여 ii) 자유: 참여 위한 정치적 자유의 보장 iii) 평등: 참여기회의 균등 보장 iv) 정의에 부합하는 자유와 평등
전제	① 정치적 평등 = 절대적 평등: 1인 1표 + 1표 1가치 → 정치적 평등 상실(?): 지역선거구의 인구불평등[29][30]/비례대표 의석배분: 후보지지와 정당지지 별개/기탁금제도/정당 이외 단체의 정치활동규제(합헌) ② 소수의 보호: i) 정권교체가능성 인정 – 선거, ii) 헌법재판제도: 위헌법률, 탄핵심판, iii) 직업공무원제도 – 정치적 공무원 통제, iv) 법률안거부권 etc.

국가의사결정원리로서의 민주주의

국민주권원리의 실현방안	– 공동체의 의사 구성원 스스로 결정 – 민주주의 = 공동체(국가)의사결정원리 – 사적 영역(개인, 가정, 기업, 사적 단체)에서의 민주주의 강제는 사적자치원리, 개인의 자율에 위반 = 자율사항
국가의사결정의 정당성확보방안	– 국민적 합의 = 만장일치 – 다수결(차선책) **다수결의 전제조건** (1) 목적적 정당성 – 헌법가치 준수 ⇦ 반다수결사항 (2) 민주적 정당성 – 참여 개방/ 1인 1표 · 1표 1가치/ 소수보호 (3) 절차적 정당성 – 토론, 표결 자유 (4) 사후통제 – 다수결의 오류 시정(ex) 거부권/ 헌법재판제도)

국가의사결정의 방식

직접민주
– 국민발안, 국민소환, 국민투표 • 국민투표(§72, §130②) • 주민투표(地自法§14, 주민투표법) • 조례제정 · 개폐청구(同§15) • 주민소환(同§20, 주민소환법) ⇨ 단체장, 지방의원

간접민주(대의제도)	
개념	– 대표자에 의한 국가의사의 결정 i) 국가의사결정권과 기관구성권의 분리 ii) 국민주권의 실현: 국민은 기관구성권 행사
기능	i) 국가의사가 국민전체이익(= 국가이익)과 합치되도록에 본질적 기능 ii) 경험적 의사, 부분의사(특수이익)가 아닌 推定的 意思 기초한 의사결정으로 공공성 확보 iii) 정치엘리트에 의한 정치 iv) 임기제 → 책임정치, 제한정치 가능
실현형태	i) 국민과 국민대표자의 분리 ii) 국가의사결정권과 기관구성권의 분리 iii) 선거를 통한 기관구성권의 행사 iv) 대표자는 국민전체의 대표자 → 전체이익/추정적 의사(一般意思)에 기초한 의사결정 ← 무기속위임관계 v) 차기 선거에서의 정치적 책임(법적 책임 無)
문제점	i) 자유위임(무기속위임)의 악용 → 특수이익 추구를 통한 계급국가, 지역국가로 전락 ii) 임기제의 악용 → 권력의 남용을 통한 독재, 권위주의 국가로 변질
성공조건	i) 선거의 합리성, 공정성 ii) 대표자의 자질과 능력 iii) 전체이익 우선

27) **자유민주적 기본질서와 그 내용**〈헌재, 2000헌마238〉: "… (1) 대한민국의 주권을 가진 우리 국민들은 헌법을 제정하면서 국민적 합의로 대한민국의 정치적 존재형태와 기본적 가치질서에 관한 이념적 기초로서 헌법의 지도원리를 설정하였다. 이러한 헌법의 지도원리는 국가기관 및 국민이 준수하여야 할 최고의 가치규범이고, 헌법의 각 조항을 비롯한 모든 법령의 해석기준이며, 입법권의 범위와 한계 그리고 국가정책결정의 방향을 제시한다.

(2) 먼저 우리 헌법은 전문에 "자율과 조화를 바탕으로 자유민주적 기본질서를 더욱 확고히 하여…"라고 선언하고, 제4조에 "자유민주적 기본질서에 입각한 평화적 통일정책을 수립하고 이를 추진한다."라고 규정함으로써 자유민주주의 실현을 헌법의 지향이념으로 삼고 있다. 즉 국가권력의 간섭을 배제하고, 개인의 자유와 창의를 존중하며 다양성을 포용하는 자유주의와 국가권력이 국민에게 귀속되고, 국민에 의한 지배가 이루어지는 것을 내용적 특징으로 하는 민주주의가 결합된 개념인 자유민주주의를 헌법질서의 최고 기본가치로 파악하고, 이러한 헌법질서의 근간을 이루는 기본적 가치를 '기본질서'로 선언한 것이다. 우리 재판소도 "우리 헌법은 자유민주적 기본질서의 보호를 그 최고의 가치로 인정하고 있고, 그 내용은 모든 폭력적 지배와 자의적 지배 즉 반국가단체의 일인독재 내지 일당독재를 배제하고 다수의 의사에 의한 국민의 자치, 자유·평등의 기본원칙에 의한 법치주의적 통치질서를 말한다. 구체적으로는 기본적 인권의 존중, 권력분립, 의회제도, 복수정당제도, 선거제도, 사유재산과 시장경제를 골간으로 한 경제질서 및 사법권의 독립 등을 의미한다"고 천명한 바 있다.

(3) 또한 우리 헌법은 정당에 대하여도 민주적 기본질서를 해하지 않는 범위 내에서의 정당활동을 보장하고 있다. 즉 헌법 제8조 제2항 및 제4항에 "정당은 그 목적·조직과 활동이 민주적이어야 하며 …", "정당의 목적이나 활동이 민주적 기본질서에 위배될 때에는 … 헌법재판소의 심판에 의하여 해산된다."고 명시하고 있다. 따라서 어떠한 정당이 외형상 민주적 기본질서를 추구한다고 하더라도 그 구체적인 강령 및 활동이 폭력적 지배를 추구함으로써 자유민주적 기본질서를 위반되는 경우 우리 헌법 질서에서는 용인될 수 없는 것이다.

(4) 한편 우리 헌법은 자유민주적 기본질서의 일부인 시장경제 및 사유재산권의 보장에 대하여도 제23조 제1항 전문에서 "모든 국민의 재산권은 보장된다.", 제119조 제1항에서 "대한민국의 경제질서는 개인과 기업의 경제상의 자유와 창의를 존중함을 기본으로 한다."고 각 규정하고 있다. 우리 재판소도 이를 구체화하여 "우리 헌법은 사유재산제도와 경제활동에 관한 사적자치의 원칙을 기초로 하는 자본주의 시장경제질서를 기본으로 하고 있음을 선언하고 있다. 국민 개개인에게 자유스러운 경제활동을 통하여 생활의 기본적 수요를 스스로 충족시킬 수 있도록 하고 사유재산의 자유로운 이용·수익과 그 처분 및 상속을 보장해 주는 것이 인간의 자유와 창의를 보장하는 지름길이고 궁극적으로는 인간의 존엄과 가치를 증대시키는 최선의 방법이라는 이상을 배경으로 하고 있다"고 밝힌 것이다.
물론 우리 헌법은 그 전문에서 "모든 영역에 있어서 각인의 기회를 균등히 하고 … 안으로는 국민생활의 균등한 향상을 기하고"라고 천명하고, 제23조 제2항과 여러 '사회적 기본권' 관련 조항, 제119조 제2항 이하의 경제질서에 관한 조항 등에서 모든 국민에게 그 생활의 기본적 수요를 충족시키려는 이른바 사회국가의 원리를 동시에 채택하여 구현하려하고 있다. 그러나 이러한 사회국가의 원리는 자유민주적 기본질서의 범위 내에서 이루어져야 하고, 국민 개인의 자유와 창의를 보완하는 범위 내에서 이루어지는 내재적 한계를 지니고 있다 할 것이다. 우리 재판소도 "우리 헌법은 자유민주적 기본질서 및 시장경제질서를 기본으로 하면서 위 질서들에 수반되는 모순을 제거하기 위하여 사회국가원리를 수용하여 실질적인 자유와 평등을 아울러 달성하려는 근본이념을 가지고 있다"라고 판시한 것은 이러한 맥락에서 이루어 진 것이다.

(5) 따라서 우리 헌법은 폭력적, 자의적인 지배 즉 일인 내지 일당독재를 지지하거나, 국민들의 기본적 인권을 말살하는 어떠한 지배원리도 용인하지 않는다. 형식적으로는 권력분립·의회제도·복수정당제도·선거제도를 유지하면서 실질적으로는 권력집중을 획책하여 비판과 견제기능을 무력화하고, 자유·비밀선거의 외형만을 갖춰 구성된 일당독재를 통하여 의회제도를 형해화하거나, 또는 헌법상 보장된 기본권을 인정하지 아니함으로써 사유재산 및 시장경제질서를 부정하는 공산주의를 신봉하는 정당이나 집단은 우리 헌법의 이념과 배치되고, 이러한 이념을 추구한 정당 또는 단체와 그 구성원들의 활동도 헌법과 법률에 의하여 보호되지 아니한다고 할 것이다.

(6) 결국 우리 국민들의 정치적 결단인 자유민주적 기본질서 및 시장경제원리에 대한 깊은 신념과 준엄한 원칙은 현재뿐 아니라 과거와 미래를 통틀어 일관되게 우리 헌법을 관류하는 지배원리로서 모든 법령의 해석기준이 되므로 이 법의 해석 및 적용도 이러한 틀 안에서 이루어져야 할 것이다. …."

28) **민주복지국가의 추구**〈헌재, 88헌가13〉(토지거래허가제도 합헌결정): "… 헌법은 제119조 제2항에서 "국가는 균형있는 국민경제의 성장 및 안정과 적정한 소득의 분배를 유지하고, 시장의 지배와 경제력의 남용을 방지하며, 경제주체간의 조화를 통한 경제의 민주화를 위하여 경제에 관한 규제와 조정을 할 수 있다."라고 명시하고 있는데 이는 헌법이 이미 많은 문제점과 모순을 노정한 자유방임적 시장경제를 指向하지 않고 아울러 전체주의국가의 계획통제경제도 止揚하면서 국민 모두가 호혜공영(互惠共榮)하는 실질적인 사회정의가 보장되는 국가, 환언하면 자본주의적 생산양식이라든가 시장메카니즘의 자동조절기능이라는 골격은 유지하면서 근로대중의 최소한의 인간다운 생활을 보장하기 위하여 소득의 재분배, 투자의 유도·조정, 실업자 구제 내지 완전고용, 광범한 사회보장을 책임있게 시행하는 국가 즉 民主福祉國家의 이상을 추구하고 있음을 의미하는 것이다. …."

29) **선거권자의 투표가치**〈헌재, 2012헌마192등〉 "… 선거를 통해 선출된 국회의원은 국민의 대표로서 국정에 임하게 되고 … 득표수와 관계없이 동일한 권한을 수행하게 된다. … 선거권자의 투표가치는 가급적 그 편차를 줄이는 것이 헌법적 요청에 부합한다. 그런데 인구편차 상하 50%의 기준을 적용하게 되면 1인의 투표가치가 다른 1인의 투표가치에 비하여 세 배의 가치를 가지는 경우도 발생하는데, 이는 지나친 투표가치의 불평등이다. 더구나, 우리나라가 택하고 있는 단원제 및 소선거구제에서는 사표가 많이 발생할 수 있는데, 인구편차 상하 50%의 기준을 따를 경우 인구가 적은 지역구에서 당선된 국회의원이 획득한 투표수보다 인구가 많은 지역구에서 낙선된 후보자가 획득한 투표수가 많은 경우가 발생할 가능성도 있는바, 이는 대의민주주의의 관점에서도 결코 바람직하지 아니하다. ….
외국의 입법례를 살펴보더라도, 미국은 연방하원의원 선거에서 선거구별로 동일한 인구수를 요구하면서 절대적 평등인 0에 가깝도록 편차를 줄이기 위하여 성실히 노력하였음을 입증하지 않는다면 평등선거의 원칙에 반한다고 보고 있고, 독일은 원칙적으로 상하 편차 15%를 허용한도로 하되, 상하 편차 25%를 반드시 준수해야 할 최대허용한도로 함으로써 탄력적인 입법을 하고 있다. 일본 역시 1994년로 제정된 중의원의원선거구획정심의회설치법 제3조 제1항에서 "각 선거구의 인구 중 가장 많은 것을 가장 적은 것으로 나누어 얻은 숫자가 2 이상이 되지 않도록 함을 기본으로 하고, 행정구획, 지세, 교통 등의 사정을 종합적으로 고려하여" 선거구를 획정하도록 규정하고 있으며, 2011년에는 인구비례 2.3:1인 선거구에 대하여 "위헌"이라고 판단하였다. 이러한 사정을 종합하면, 현재의 시점에서 헌법이 허용하는 인구편차의 기준을 인구편차 상하33⅓%, 인구비례 2:1을 넘어서지 않는 것으로 변경하는 것이 타당하다. …."

30) **Gerrymandering**〈헌재, 96헌마74등; 2000헌마92등〉 "… 국회의원선거에 있어 지역선거구를 정하는 문제는 기본적으로 입법자의 재량에 맡겨져 있으나, 선거구획정이 헌법적 통제로부터 자유로울 수는 없으며, 특정 지역의 선거인들이 자의적인 선거구획정으로 인하여 정치과정에 참여할 기회를 잃게 되었거나, 그들이 지지하는 후보가 당선될 가능성을 의도적으로 박탈당하고 있음이 입증되어 특정 지역의 선거인들에 대하여 차별하고자 하는 국가권력의 의도와 그 집단에 대한 실질적인 차별효과가 명백히 드러난 경우, 즉 게리멘더링에 해당하는 경우에는, 그 선거구획정은 입법재량의 한계를 벗어난 것으로 헌법에 위반된다. …."

3-2. 다수결의 논거와 함정

* 다수결의 논거[31]

◆ 집단에서 통일된 의사결정이 요구되는 때

(1) 자기결정의 최대화
- ㅇ 집집단의 결정이 가능한 한 많은 개개인의 자기결정과 합치하도록 → 전원일치의 결정
- ㅇ "각자의 자기결정과 집단의 결론과의 모순을 최소화하는 절차"(한스 켈젠, 「민주주의의 본질과 가치」) ⇐ 바이마르공화국하의 이념·세계관의 혼란 속에서 집단의 결론이 가지는 정당성 여하는 도외시하고 단지 다수결의 강조 통한 사회질서 유지하려는 의도

(2) 공리주의: 제레미 벤담: 최대다수의 최대행복(= 쾌락 〉 고통)
- ㅇ 개개인 자신의 행복이 되는 정책에 투표 = 다수의 결정 = 최대다수의 최대행복
- ㅇ 사회전체적으로는 다수결이 곧 최대다수의 '최대'의 행복을 의미하는 것은 아님
  1) 결정된 정책으로 개개인이 느끼는 행복·불행의 정도는 모두 상이함에도 각각 1표
  2) 선택지가 3개인 경우 가장 반대하는 정책의 선택을 저지하기 위하여 가장 찬성하는 것이 아닌 두 번째 찬성하는 정책에 투표하기도

(3) 개개인의 공평취급: 1인 1표, 절차의 공평성
- ㅇ 가부동수의 상황에서 마지막 1인의 결정으로 집단의 정책이 결정된다면 공평한가?
- ㅇ 결정된 정책의 정당성 여하를 평가하여야 하는 것 아닌가?

(4) 콘도르세의 定理 → 프랑스혁명 당시의 수학자, 철학자

'어느 집단의 구성원이 2개의 선택지 가운데 올바른 쪽을 선택할 확률이 구성원 전체로써 평균 50%를 상회하고 또한 각 구성원이 서로 독립적으로 투표한다면, 그 집단이 단순다수결에 의하여 올바른 답에 이를 확률은 구성원의 수가 증가하면 할수록 증대되고 극한적으로는 100%에 이르게 된다.'

⇨ 다수결이 정당한 결정을 할 확률이 높다는 것!!
- ㅇ 구성원에게 선택지에 대한 충분한 정보가 주어진다면 구성원이 올바른 쪽을 선택할 확률이 50%는 상회할 가능성이 크고, 따라서 다수결은 정당한 결론을 선택할 확률이 높다.
- ㅇ 평균인이 평가하기 어려운 고도의 전문적 사안에 대해서는 적용곤란!!

* 다수결의 함정[32]

(1) 표의 분산: 2인대결 시 패자임에도 3인대결에서는 승리!! ex) 유권자 21명, 후보자 3명(X, Y, Z)

	4인	4인	7인	6인	
1위(3점)	X	X	Y	Z	* 단순다수결: X(8), 결선투표: Y(13), X(8) * 2인 대결시 X는 Y, Z 모두에게 패배 * 체감연기식: Y(45), Z(44), X(37)
2위(2점)	Y	Z	Z	Y	
3위(1점)	Z	Y	X	X	

(2) 연기식 투표의 경우 득표산정방식에 따라 상이한 결과 발생!!! ex) 유권자 55명, 후보자 5명(A~E)

	18인	12인	10인	9인	4인	2인	득표산정방식	당선자
1위(5점)	A	B	C	D	E	E	단순다수결	A(18표)
2위(4점)	D	E	B	C	B	C	체감연기식(볼더 방식)	D(191점)
3위(3점)	E	D	E	E	D	D	最尤法(2인대결 승자우선방식)	E
4위(2점)	C	C	D	B	C	B	결선투표부 다수결	B(37표)〉A(18표)
5위(1점)	B	A	A	A	A	A	순차적 최하위 제거방식	C(37표)

※ 최우법: A(18) 〈 B, C, D, E(이상 37)/ B 〈C (16:39), D(26:29), E(22:33)/ C 〈D (12:34), E(19:36)/ D(27) 〈 E(28)
⇦ 콘도르세 집계방식

※ 순차적 최하위 제거법: 1차(E 6표 탈락), 2차(D 9표 탈락), 3차(B 16표 탈락), 4차(A 18표 탈락)

⇨ 시사점: 당선자(다수결의 결정)가 과연 '民意를 대변하는가?' 동일한 상황임에도 득표산정방식여하에 따라 당선자가 달라진다면 당선자는 민의의 대변자가 아닌 득표산정방식의 수혜자에 불과!!

---

31) 長谷部恭男(はせべ やすお), 『憲法と平和を問いなおす』(ちくま新書, 2011), 18~28頁

32) 坂井豊貴(さかい とよたか), 『多数決を疑う』(岩波新書, 2015), 15~50頁

4. 사회통합원리

– 자율성을 바탕으로 하는 사회영역(경제, 사회, 문화, 국제사회)에서의 동화적 통합을 위한 헌법적 원리는 무엇인가?

<table>
<tr><td rowspan="4">경제영역</td><td colspan="3">사회적 시장경제질서 원리</td></tr>
<tr><td>경제질서 유형</td><td colspan="2">(1) 자유시장경제질서(시민국가, 자본주의): 개인의 경제적 자유 최대 보장
i) 사유재산제/직업선택자유/이윤추구원리/시장경제 · 자율적 가격기구/노동의 상품화
ii) 결함 · 모순 노출 → 대기업 시장독점지배/가격기구 조작/빈부격차
(2) 계획경제질서(사회주의국가): 계획 · 통제경제
i) 생산수단 사회화/사유재산제 부정/직업자유 부인/이윤추구 부정/전면계획경제/공동생산 · 분배
ii) 한계: 利益追求動機의 묵살 → 생산성 · 발전 저조 ← 수정사회주의적 경제질서
(3) 사회적 시장경제질서(사회국가): 사회정의(공평), 경제민주화 실현(1919년 바이마르 헌법)
i) 기본적 경제적 자유: 사유재산제, 직업선택, 시장경제, 자율가격결정
ii) 경제영역의 사회정의: 공정거래, 독과점 배제, 공정분배, 수급조절, 소득재분배
→ 누진조세, 사회보장제, 적정임금제, 최저임금제, 생산수단의 부분적 유상공유</td></tr>
<tr><td>헌법 규정</td><td colspan="2">(1) 시장경제규정
i) 大韓民國의 經濟秩序는 개인과 企業의 經濟上의 自由와 創意를 존중함을 基本으로 한다(§119①).
ii) 재산권 보장, 내용과 한계는 법률로(§23①) iii) 직업선택의 자유(§15)
iv) 각인의 기회 균등, 능력 최고도 발휘(전문) v) 일반적 행동자유권(§10 파생) – 경제활동자유
(2) 사회정의규정
i) 균형적 국민성장 · 안정, 적정소득분배, 시장지배 · 경제력 남용방지, 경제민주화 위한 경제의 규제와 조정(§119②)
ii) 재산권의 사회적 제약성과 공용침해(§23②③)
(3) 사회정의 · 경제민주화에 관한 구체적 규정
i) 국공유화에 관한 규정: 私營企業의 國公有化, 경영의 통제 · 관리(§126)/ 地下資源 · 水産資源 · 水力과 經濟上 이용가능한 自然力은 그 채취, 개발, 이용을 特許(§120①).
ii) 국토와 농지에 관한 규정: 국토 효율적 · 균형적 이용 · 개발(§122)/ 耕者有田, 소작제도 금지(§121)
iii) 국가균형발전에 관한 규정(§123): 농어촌종합개발계획의 수립, 시행/지역경제육성의무/중소기업의 보호, 육성/농어민의 보호(농수산물의 수급균형, 유통구조 개선, 가격안정)/농어민,중소기업 자조조직 육성, 활동 보장
iv) 대외무역의 육성, 규제 · 통제(§125)
v) 소비자보호운동(§124), 과학기술혁신 · 국가표준제도(§127)
vi) 사회적 기본권에 따른 국가의 의무: 적정임금, 최저임금, 근로조건 인간존엄성 합치, 여자 · 연소자 보호(§32)/ 근로3권(§33)/ 환경보전의무(§35①)</td></tr>
<tr><td>한계</td><td colspan="2">i) 사적자치 기본유지 ii) 규제 · 조정의 법치원리 iii) 침해의 최소성 · 보충성 iv) 전면사회화 금지</td></tr>
<tr><td rowspan="6">사회영역</td><td colspan="3">복지국가원리</td></tr>
<tr><td rowspan="5">개념</td><td>의의</td><td>생활의 기본적 수요에 대한 국가의 책무와 그에 따른 권리(실질적 자유와 평등 = 사회정의)가 보장되는 사회구조를 가진 국가[33]</td></tr>
<tr><td>배경</td><td>빈부격차, 노사갈등 따른 “사회적 빈곤” = 經濟的 不正義 ← 수정자본주의(富 재분배, 경제간섭)</td></tr>
<tr><td>유형</td><td>(1) 자유주의적 복지국가(미, 일, 호, 스위스): 시장기능을 전제로 취약계층에만 복지 제공
(2) 조합주의적 복지국가(독, 이, 프, 오, 벨): 사고, 질병, 노령, 실업 등 특정상황에서 노동자가 노동 밖으로 축출되려고 하는 경우 그 소득유지
(3) 사회주의적 복지국가(북구): 높은 조세 + 상당한 사회적 서비스/자유주의 복지국가로 전환 추세</td></tr>
<tr><td>규범력</td><td>i) 사회개량정책을 통한 갈등 해결 ii) 공평분배원리에 따른 복지 · 부담 균등
iii) 적극적 질서형성–정책개발, 개인간섭 iv) 개인의 사회적 책임 강조</td></tr>
<tr><td>구현</td><td>i) 사회적 기본권 ii) 재산권의 사회적 기속성 iii) 경제민주화: 기회균등, 소득분배</td></tr>
</table>

<table>
<tr><td rowspan="2">사회영역</td><td>개념</td><td>한계</td><td>ⅰ) 개념본질적 한계: 사회주의와 준별, 획일적 평준화가 아닌 자율성 존중
ⅱ) 헌법원리적/법치국가적 한계
ⅲ) 기본권제한상의 한계 – 본질적 내용 침해금지
ⅳ) 재정적 한계(사실상의 한계)
ⅴ) 보충성의 한계: 국가개입은 최후</td></tr>
<tr><td>헌법 규정</td><td colspan="2">(1) 국가의 의무
– 社會保障·社會福祉 增進 義務(§34②)/여자 복지, 권익 향상 노력(§34③)/노인, 청소년 복지향상(§34④)/신체장애자·생활무능력자 보호의무(§34⑤)/재해예방, 위험 보호(§34⑥)/환경보전(§35①), 쾌적한 주거생활(§35③), 모성보호(§36②), 보건의무(§36③)
– 사회복지(이념) 〉 사회보장(제도)(= 사회보험 + 공적부조 + 사회서비스)
※ "사회보장"이란 출산, 양육, 실업, 노령, 장애, 질병, 빈곤 및 사망 등의 사회적 위험으로부터 모든 국민을 보호하고 국민 삶의 질을 향상시키는 데 필요한 소득·서비스를 보장하는 사회보험, 공공부조, 사회서비스를 말한다(사회보장기본법 제3조 제1호).
(2) 사회적 기본권의 보장
– 인간의 존엄과 가치, 행복추구 위한 자유와 평등/교육기회균등, 노동3권, 인간다운 생활권, 환경권, 보건권, 범죄피해보상, 연소근로자보호 등
(3) 경제질서의 규제와 조정(사회적 시장경제질서): 국가적 규제의 한계: 過剩禁止의 原則</td></tr>
<tr><td rowspan="4">문화영역</td><td colspan="3">문화국가원리</td></tr>
<tr><td>개념</td><td colspan="2">(1) 문화와 국가의 관계: 문화의 국가적 지배단계(근대 前) ⇨ 자유방임단계(문화의 자율성 ← 시민혁명, 문예부흥, 종교개혁) ⇨ 문화의 국가적 보호·지원단계(문화의 경제종속, 문화불평등 ← 상업주의, 문화선진국의 지배)
(2) 의의: 문화활동의 자유 + 문화의 공급 ⇒ 문화에 대한 국가적 보호·지원·조정</td></tr>
<tr><td>내용</td><td colspan="2">(1) 문화진흥의무: 不偏不黨의 原則
– 문화현상의 자율성, 균등참여, 민주적 조직과 활동 보장 위한 최소한 간섭과 규제
(2) 문화적 기본권: 인간다운 생활, 양심, 종교, 학문예술, 교육을 받을 권리</td></tr>
<tr><td>헌법규정</td><td colspan="2">(1) 전문: 문화의 모든 영역에서 각인의 기회를 균등히 → 자율성 강조
(2) 전통문화의 계승·발전과 민족문화의 창달을 위한 국가의 의무(§9) → 특정문화 유포, 수용 강제는 불가
(3) 문화기본권: 인간다운 생활(문화적 궁핍 포함), 양심의 자유, 종교의 자유, 학문예술의 자유, 교육을 받을 권리, 혼인·가족제도(§36)
(4) 제69조: 민족문화창달을 위한 대통령의 의무</td></tr>
<tr><td rowspan="4">국제사회</td><td colspan="3">국제평화주의원리</td></tr>
<tr><td rowspan="2">국제평화주의</td><td>연혁</td><td>ⅰ) 국제연맹규약(1919) ⅱ) 제네바의정서(1924) ⅲ) 전쟁포기에관한조약(不戰條約, 1928)
ⅳ) 戰犯必罰原則: Nuremberg국제군사재판, 동경극동군사재판 ⅴ)국제연합헌장(1945)</td></tr>
<tr><td>헌법 규정</td><td>正戰論(just war): ⅰ) 전문: 항구적인 세계평화와 인류공영
ⅱ) §5①: 국제평화유지, 침략전쟁 부인
ⅲ) 해외파병, 외국군 駐留: 국회 승인</td></tr>
<tr><td>국제법존중</td><td>헌법 규정</td><td>"헌법에 의하여 체결·공포된 조약과 일반적으로 승인된 국제법규는 국내법과 같은 효력"(§6①)
(1) 조약: 명칭에 관계없이 성질에 따라 결정[34]
ⅰ) 의의: 문서에 의한 합의(대통령의 체결·비준 → 국회의 동의 → 위헌법령심사)
ⅱ) 국회의 동의: 대통령에 대한 통제수단
cf) 국회사전동의 要하는 조약: 상호원조·안전보장, 강화조약, 중요국제조직, 우호통상항해조약, 주권제약, 국민에 중대한 부담 주는 조약(헌 §60①)
(2) 일반적으로 승인된 국제법규
ⅰ) 국제사회의 보편적 규범, 대다수 국가가 승인하고 있는 법규 ⇒ 국제관습법(포로 살해금지 및 인도적 처우, 외교관 대우, 民族自決原則, 조약준수원칙) + 조약(포로에관한제네바협정(1949), 집단학살금지(Genocide)협정(1948), 부전조약(1923))</td></tr>
</table>

<table>
<tr><td rowspan="5">국제사회</td><td rowspan="2">국제법존중</td><td>헌법규정</td><td>ii) 국제연합인권선언, 포츠담선언은 법적 구속력 없음.
iii) 구체적 판단은 사법부가 결정 → 헌재(89헌가106)는 UN의 '인권에관한세계선언', '시민적 및 정치적 권리에 관한 국제규약'(B 규약, 우리나라 1990년 발효)
(cf) 경제적 · 사회적 · 문화적권리에 관한 규약(A 규약), 1990년 발효) 중 가입 당시 유보한 부분, UN교육과학문화기구(UNESCO)와 국제노동기구(ILO)가 채택한 '교원지위에 관한 권고', 우리가 회원이 아닌 ILO 조약의 국내적 효력 부인(but, 우리나라 1991년 12월 ILO 정식 가입)</td></tr>
<tr><td>국내법과의관계</td><td>(1) 학설: 일원론(국제법우위설 · 국내법우위설) vs. 이원론
→ 일원론, 헌법우위설(다수설)
(2) 규범통제
i) 조약이 헌법에 위반되는 경우 위헌선고보다는 조약의 탈퇴가 바람직
ii) 현행법상 위헌법률심사/위헌위법명령심사/헌법소원심판 가능(헌재, 95헌바3, 2000헌바20)
iii) 위헌선고조약의 효력은 → 국내법 효력 없으나, 국제법 효력 유지, 국가는 조약불이행 책임
(3) 조약에 따른 권리 제한의 보전을 위한 국가의 손실보상입법의무 無[35]</td></tr>
<tr><td rowspan="2">평화통일원칙</td><td>헌법규정</td><td>i) 전문: 조국의 평화적 통일의 사명
ii) §4: 통일지향, 자유민주적 기본질서에 입각한 평화적 통일정책의 수립 · 추진
iii) §66③: 대통령의 평화적 통일 위한 성실한 의무; §69: 조국의 평화적 통일 노력
iv) §92: 민주평화통일자문회의 설치
v) §72: 통일에 관한 중요정책 국민투표</td></tr>
<tr><td>규범력</td><td>국가적 목표, 헌법의 기본원리</td></tr>
<tr><td colspan="2">외국인보호</td><td>상호주의: 외국인은 국제법과 조약이 정하는 바에 의하여 그 지위가 보장된다(§6②).</td></tr>
</table>

---

33) **사회국가의 정의**〈헌재, 2002헌마52〉: "… 회국가란 사회정의의 이념을 헌법에 수용한 국가, 사회현상에 대하여 방관적인 국가가 아니라 경제 · 사회 · 문화의 모든 영역에서 정의로운 사회질서의 형성을 위하여 사회현상에 관여하고 간섭하고 분배하고 조정하는 국가이며, 궁극적으로는 국민 각자가 실제로 자유를 행사할 수 있는 그 실질적 조건을 마련해 줄 의무가 있는 국가이다. …."

34) (1) **SOFA**(Status of Forces Agreement; 한미주둔군지위협정)의 성격〈헌재, 97헌가14〉: "… 그 명칭이 "협정"으로 되어 있어 국회의 관여없이 체결되는 행정협정처럼 보이기도 하나 우리나라의 입장에서 볼 때에는 외국군대의 지위에 관한 것이고, 국가에게 재정적 부담을 지우는 내용과 입법사항을 포함하고 있으므로 국회의 동의를 요하는 조약으로 취급되어야 한다. 〈SOFA는〉 국회의 비준동의와 대통령의 비준 및 공포를 거친 것으로 인정되므로 이 사건 조약이 국내법적 효력을 가짐에 있어서 성립절차상의 하자로 인하여 헌법에 위반되는 점은 없다. …."

(2) **남북기본합의서의 효력**〈헌재, 92헌바6〉: "… 소위 남북합의서는 남북관계를 "나라와 나라 사이의 관계가 아닌 통일을 지향하는 과정에서 잠정적으로 형성되는 특수관계"(전문 참조)임을 전제로 하여 이루어진 합의문서인바, 이는 한 민족공동체 내부의 특수관계를 바탕으로 한 당국간의 합의로서 남북당국의 성의있는 이행을 상호 약속하는 일종의 공동성명 또는 신사협정에 준하는 성격을 가짐에 불과하다. 따라서 남북합의서의 채택 · 발효 후에도 북한이 여전히 적화통일의 목표를 버리지 않고 각종 도발을 자행하고 있으며 남 · 북한의 정치, 군사적 대결이나 긴장관계가 조금도 해소되지 않고 있음이 엄연한 현실인 이상, 북한의 반국가단체성이나 국가보안법의 필요성에 관하여는 아무런 상황변화가 있었다고 할 수 없다. …."

35) **조약의 따른 권리행사의 제약과 국가의 손실보상입법의무 부인**〈헌재, 96헌마44〉: "… '외교관계에 관한 비엔나협약'에 따라 외국의 대사관저에 대하여 강제집행을 할 수 없다는 이유로 집달관이 강제집행의 신청의 접수를 거부하여 강제집행이 불가능하게 된 경우 국가가 청구인들에게 손실을 보상하는 법률을 제정하여야 할 헌법상의 명시적인 입법위임은 인정되지 아니하고, 헌법의 해석으로도 그러한 법률을 제정함으로써 청구인들의 기본권을 보호하여야 할 입법자의 행위의무 내지 보호의무가 발생하였다고 볼 수 없다. …."

Ⅳ

기본권총론

1. 기본권의 범위와 특성
2. 기본권의 구성요소
3. 기본권과 제도보장
4. 헌법관과 기본권의 주체
5. 기본권의 효력
6. 기본권의 효력에 관한 이론의 역사적 전개
7. 기본권의 제한과 한계
8. 기본권의 침해와 구제

Chapter Ⅳ 기본권총론

1. 기본권의 범위와 특성

헌법관과 기본권	인권 = 자연권	⇨		기본권(헌법적 권리)	법률상의 권리
Kelsen: 반사적 이익	자유주의 천부인권사상 국민주권	입헌주의	유형	확인된 vs. 창설된 열거된 vs. 미열거된 법률상의 헌법적 권리	입법형성된 권리 – 헌법소원 불가[36] – 폐지가능
Jellinek: 법률 속의 자유 → 주관적 공권성					
Schimitt: 국가로부터의 자유 → 천부인권성			특성	헌법소원의 대상 입법형성권에 의한 폐지 불가	
Smend: 국가에로의 자유 → 객관적 가치질서성 (기본권의 이중성/제3자효)					

2. 기본권의 구성요소 ⇒ 권리적 요소 + 실정적 요소 + 헌법적 요소

권리적 요소	기본권은 개인의 법적 권리 ⇒ '법적 권리'의 요소 = 개체귀속성, 청구성, 처분성, 면책성
실정적 요소	기본권은 실정헌법이 보장하는 주관적 권리이자 실정헌법이 보장하는 공동체의 객관적 질서(규범)
헌법적 요소	(가) 헌법상 권리 vs. 법률상 권리 i) 헌법상 권리 모든 국가권력 기속 ii) 보편성의 문제 – 개별기본권 구체적 내용이 공동체의 특수성을 초월하여 동일한가 혹은 공동체에 따라 상이한가(개별성) – 천부적 자연권(생명권 등)은 보편성 인정 (나) 법률에 규정된 헌법상 권리 i) 헌법 내용의 확인, 구체화 위한 입법에 의한 권리 vs. 입법창설적 권리 ii) 효과 a) 헌법확인적 권리는 기본권에 해당 → 입법형성권으로 변경, 부정하는 것은 불가능 b) 헌법소원의 대상이 됨 iii) 입법창설적 권리는 입법형성권에 의한 폐지 가능하며, 헌법소원대상이 될 수 없음 (다) 헌법적 권리와 입법창설적 권리의 구별 i) 양자구별이 용이한 것은 아님 a) 재판받을 권리 vs. 제3자의 소송참가권 b) 재산권 vs. 소유권 이외의 용익 or 담보물권 c) 행정법상의 신청권, 무하자재량행사청구권, 행정개입청구권 등 d) 노동법 or 사회보장법상 권리 ii) 기본권의 내용이 영구불변의 것은 아님

---

36) **주민투표권의 헌법소원대상여부**〈헌재, 2004헌마643〉: "… 헌법소원심판은 '헌법상 보장된 기본권침해'가 문제되어야 한다. … 우리 헌법은 간접적인 참정권으로 선거권과 공무담임권을, 직접적인 참정권으로 국민투표권을 규정하고 있을 뿐 주민투표권을 기본권으로 규정한 바가 없고, 지방자치를 제도적으로 보장하고 있으나 그 보장내용은 자치단체의 설치와 존속, 그 자치기능 및 자치사무로서 지방자치단체의 자치권의 본질적 사항에 관한 것이므로, 자치사무의 처리에 주민들이 직접 참여하는 것을 의미하는 주민투표권을 헌법상 보장되는 기본권이라고 하거나 헌법 제37조 제1항의 '헌법에 열거되지 아니한 권리'의 하나로 보기는 어렵다. 지방자치법은 주민에게 주민투표권, 조례의 제정 및 개폐청구권, 감사청구권 등을 부여하고 있으나 이러한 제도는 어디까지나 입법에 의하여 채택된 것일 뿐 헌법에 의하여 이러한 제도의 도입이 보장되고 있는 것은 아니다. 그렇다면 주민투표권은 법률이 보장하는 권리일 뿐이지 헌법이 보장하는 기본권 또는 헌법상 제도적으로 보장되는 주관적 공권으로 볼 수 없다. 따라서 주민투표권은 헌법상의 열거되지 아니한 권리 등 그 명칭의 여하를 불문하고 헌법상의 기본권성이 부정된다는 것이 우리 재판소의 일관된 입장이라 할 것인데, 이 사건에서 그와 달리 보아야 할 아무런 근거를 발견할 수 없다. … 하지만 주민투표권이 헌법상 기본권이 아닌 법률상의 권리에 해당한다 하더라도 비교집단 상호간에 차별이 존재할 경우에 헌법상의 평등권 심사까지 배제되는 것은 아니다. …"

3. 기본권과 제도보장

진정한 기본권	제도보장[36](부진정 기본권)	양자의 관련성
• 선국가성 • 최대한 보호 – 제한 엄격 • 헌법제정권력만이 폐지 가능 • 국가는 기본권의 봉사자 • 국가로부터의 자유 • 배분의 원리 적용 • 보편성 • 개인주의적 자유권 ※ 배분의 원리[38]: 자유의 무제한성 vs. 국가권력의 제한성 ⇨ 자유의 제한(침해)에는 법치국가원리 요구	• 입법만능주의로부터 역사적/ 전통적 제도의 폐지 방지하기 위한 C. Schmitt의 이론 • 공동체 유지/존속 위하여 불가피한 객관적 제도의 헌법적 보호 ⇨ 군사제도/직업공무원제도/복수정당제도/사유재산제도/교육 · 대학제도/혼인 · 가족제도/선거제도/재판제도/지방자치제도 • 공법/사법상의 제도의 보장 • 최소한 보장 • 폐지 불가(by 입법권) – 헌법개정권력 非구속 • 배분의 원리 비적용	• 기본권/제도 병렬형 – 재산권 = 사유재산제도 • 기본권의 제도수반형 – 대의제도 → 선거권 – 복수정당제도 → 정당의 자유 • 제도의 기본권수반형 – 교육받을 권리 → 교육제도 – 재판받을 권리 → 재판제도

4. 헌법관과 기본권의 주체

	법실증주의	결단주의	통합주의
기본권관 (주체)	법률속의 자유 공동체구성원(국민)	천부인권(자연권) 자연인	통합의 계기(가치질서) 통합의 주체
외국인	×	○	×, ○
법인	○	×	○

기본권의 주체
• 人 = 자연인(국민 + 외국인) + 법인 ⇨ 기본권은 원칙적으로 자연인인 국민의 권리 ⇨ 기본권보유능력/기본권행사능력 • 외국인[39](6②: 상호주의), 법인은[40] 기본권의 종류에 따라 개별판단 • 公法人은 기본권의 침해자, 단 예외적 인정 • 胎兒는[41] 제한적 인정

---

37) **제도보장과 최소한 보장**〈헌재, 95헌바48〉: "… 제도적 보장은 객관적 제도를 헌법에 규정하여 당해 제도의 본질을 유지하려는 것으로서, 헌법제정권자가 특히 중요하고도 가치가 있다고 인정되고 헌법적으로 보장할 필요가 있다고 생각하는 국가제도를 헌법에 규정함으로써 장래의 법발전, 법형성의 방침과 범주를 미리 규율하려는데 있다. 다시 말하면 이러한 제도적 보장은 주관적 권리가 아닌 객관적 법규범이라는 점에서 기본권과 구별되기는 하지만 헌법에 의하여 일정한 제도가 보장되면 입법자는 그 제도를 설정하고 유지할 입법의무를 지게 될 뿐만 아니라 헌법에 규정되어 있기 때문에 법률로써 이를 폐지할 수 없고, 비록 내용을 제한한다고 하더라도 그 본질적 내용을 침해할 수는 없다.
그러나 기본권의 보장은 헌법이 "국가는 개인이 가지는 불가침의 기본적 인권을 확인하고 이를 보장할 의무를 진다"(제10조), "국민의 자유와 권리는 헌법에 열거되지 아니한 이유로 경시되지 아니한다. 국민의 모든 자유와 권리는 국가안전보장 · 질서유지 또는 공공복리를 위하여 필요한 경우에 법률로써 제한할 수 있으며, 제한하는 경우에도 자유와 권리의 본질적인 내용을 침해할 수 없다"(제37조)고 규정하여 '최대한 보장의 원칙'이 적용되는 것임에 반하여, 제도적 보장은 기본권 보장의 경우와는 달리 그 본질적 내용을 침해하지 아니하는 범위 안에서 입법자에게 제도의 구체적인 내용과 형태의 형성권을 폭넓게 인정한다는 의미에서 '최소한 보장의 원칙'이 적용될 뿐인 것이다. 이 사건에서 문제된 직업공무원제도는 바로 헌법이 보장하는 제도적 보장중의 하나임이 분명하므로 입법자는 직업공무원제도에 관하여 '최소한 보장'의 원칙의 한계 안에서 폭넓은 입법형성의 자유를 가진다. …."

38) **배분의 원리**(영역구분의 원리): 사회와 국가의 구별을 전제로 사회영역에서는 자유의 무제한성, 국가영역에서는 권력의 제한성을 강조하며, 자유의 제한을 위해서는 법치국가원리가 적용되어야 한다는 원리

39) **외국인의 기본권주체성**〈헌재, 99헌마494〉: "… 우리 재판소는 … 기본권의 주체가 아닌 자는 헌법소원을 청구할 수 없다고 한 다음, '국민' 또는 국민과 유사한 지위에 있는 '외국인'은 기본권의 주체가 될 수 있다 판시하여(93헌마120) 원칙적으로 외국인의 기본권 주체성을 인정하였다. 청구인들이 침해되었다고 주장하는 인간의 존엄과 가치, 행복추구권은 대체로 '인간의 권리'로서 외국인도 주체가 될 수 있다고 보아야 하고, 평등권도 인간의 권리로서 참정권 등에 대한 성질상의 제한 및 상호주의에 따른 제한이 있을 수 있을 뿐이다. …."

40) (1) **공법인의 기본권주체성 부정**〈헌재, 93헌마120〉: "… 기본권 보장규정인 헌법 제2장의 제목이 "국민의 권리와 의무"이고 그 제10조 내지 제39조에서 "모든 국민은 …권리를 가진다"고 규정하고 있으므로 국민(또는 국민과 유사한 지위에 있는 외국인과 사법인)만이 기본권의 주체라 할 것이다. 한편 국가나 국가기관 또는 국가조직의 일부나 공법인은 기본권의 '수범자'이지 기본권의 주체로서 그 '소지자'가 아니고 오히려 국민의 기본권을 보호 내지 실현해야 할 책임과 의무를 지니고 있는 지위에 있을 뿐이다. 청구인은 국회의 노동위원회로 … 국가기관인 국회의 일부조직이므로 기본권의 주체가 될 수 없고 따라서 헌법소원을 제기할 수 있는 적격이 없다. …." 〈同旨: 직장의료보험조합(99헌마289), 농지개량조합(99헌마190)〉

(2) **공법인의 기본권주체성 예외적 인정**〈헌재, 99헌마613〉(세무대학폐지합헌결정): "… 헌법 제31조 제4항이 보장하는 대학의 자율성이란 대학의 운영에 관한 모든 사항을 외부의 간섭 없이 자율적으로 결정할 수 있는 자유를 말한다. 국립대학인 세무대학은 공법인으로서 사립대학과 마찬가지로 대학의 자율권이라는 기본권의 보호를 받으므로, 세무대학은 국가의 간섭 없이 인사·학사·시설·재정 등 대학과 관련된 사항들을 자주적으로 결정하고 운영할 자유를 갖는다(92헌마68등). 그러나 대학의 자율성은 그 보호영역이 원칙적으로 당해 대학 자체의 계속적 존립에까지 미치는 것은 아니다. 즉, 이러한 자율성은 법률의 목적에 의해서 세무대학이 수행해야 할 과제의 범위 내에서만 인정되는 것으로서, 세무대학의 설립과 폐교가 국가의 합리적인 고도의 정책적 결단 그 자체에 의존하고 있는 이상 세무대학의 계속적 존립과 과제수행을 자율성의 한 내용으로 요구할 수는 없다고 할 것이다. …."

41) **胎兒의 기본권주체성**〈헌재, 2010헌바402〉(자기낙태죄 합헌결정): "… 인간의 생명은 고귀하고, 이 세상에서 무엇과도 바꿀 수 없는 존엄한 인간 존재의 근원이다. 생명권은 비록 헌법에 명문의 규정이 없다 하더라도 인간의 생존본능과 존재목적에 바탕을 둔 선험적이고 자연법적인 권리로서 헌법에 규정된 모든 기본권의 전제로서 기능하는 기본권 중의 기본권이다(95헌바1). 모든 인간은 헌법상 생명권의 주체가 되고, 인간으로서 형성되어 가는 단계의 생명인 태아에게도 생명에 대한 권리가 인정되어야 한다. 태아가 비록 그 생명의 유지를 위하여 母에게 의존해야 하지만, 그 자체로 母와 별개의 생명체이고 특별한 사정이 없는 한 인간으로 성장할 가능성이 크기 때문이다(2004헌바81). 태아도 헌법상 생명권의 주체이고, 따라서 그 성장 상태가 보호 여부의 기준이 되어서는 안될 것이다.

헌법이 태아의 생명을 보호하는 것은 그것이 인간으로 될 예정인 생명체라는 이유 때문이지, 그것이 독립하여 생존할 능력이 있다거나 사고능력, 자아인식 등 정신적 능력이 있는 생명체라는 이유 때문이 아니다. 그러므로 태아가 독자적 생존능력을 갖추었는지 여부를 그에 대한 낙태 허용의 판단 기준으로 삼을 수는 없다. 인간이면 누구나 신체적 조건이나 발달 상태 등과 관계없이 동등하게 생명 보호의 주체가 되는 것과 마찬가지로, 태아도 성장 상태와 관계없이 생명권의 주체로서 마땅히 보호를 받아야 한다. … 다만 수정란이 자궁에 착상하는 것은 수정 후 14일 경에 이루어지고, 그 이후부터 태아는 낙태죄의 객체로 되는데, 수정이 되었다고 하여 수정란이 정상적으로 자궁에 착상할 가능성이 아주 높은 것은 아니며, 그 단계에서는 임신 여부를 확인하기도 어려우므로, 자궁에 착상하기 이전 단계의 수정란을 그 이후의 태아와 동일하게 취급하지 아니하는 것은 그 나름의 합리성이 인정될 수 있다. 또한 진통시부터는 태아가 산모로부터 독립하여 생존이 가능하므로 그 때를 기준으로 사람으로 취급하는 것도 합리적이라고 할 것이다. 그러나 위에서 본 바와 같이 태아도 그 성장 상태를 막론하고 생명권의 주체로서 보호받아야 하는 존재라는 점에서 수정란이 자궁에 착상한 이후부터 출산하기 이전까지의 태아를 성장 단계에 따라 구분하여 보호의 정도를 달리하는 것은 정당화될 수 없다.

5. 기본권의 효력

<table>
<tr><td>대국가적 효력</td><td colspan="2">• 모든 국가권력에 대한 직접적 효력: 입법권/행정권/사법권/헌재권/지방자치권력
• §10: 국가의 기본권보장의무</td></tr>
<tr><td rowspan="4">대사인적 효력</td><td>독일</td><td>(1) 직접적용설: 사적영역에 대한 공권의 직접효력은 무리, but, 근로3권, 표현의 자유
(2) 간접적용설(公序良俗說) – 민법 제103조("善良한 風俗 其他 社會秩序에 違反한 事項을 內容으로 하는 法律行爲는 無效로 한다")를 통한 간접적용 ex) 불평등고용계약의 무효</td></tr>
<tr><td>미국판례</td><td>국가행위의제설(state action)
– 사인의 행위를 국가행위로 의제 → 公權의 성격 유지
– 司法的 집행행위/국유재산이용행위/국가원조수혜행위/특권부여자의 행위/국가기능 수행행위(公務受託私人)</td></tr>
<tr><td>헌법의 사적효력 규정</td><td>– 혼인/가족생활에서의 양성평등(§36①)
– 근로3권(§33)
– 언론 · 출판 타인의 명예나 권리 침해 금지(§21④)</td></tr>
<tr><td>최근경향</td><td>기본권의 충돌 및 국가의 기본권보호의무이론으로 해결 ⇦ 기본권의 공권성 유지</td></tr>
<tr><td rowspan="2">기본권의 갈등</td><td>충돌</td><td>(1) 서로 다른 2 이상의 주체에 의한 양립불가의 기본권 주장
ex) 표현 vs. 사생활/명예훼손 주장, 태아의 생명권 vs. 산모의 건강권, 양심적 집총거부 etc.
⇦ 유사충돌과 구별(ex) 연극에서의 실제 살인)
(2) 해결원리: 기본권서열이론/입법형성의 자유이론/법익형량/규범조화적 해결(대안식 해결)
(3) 판례: 흡연권 〈 혐연권[42]/표현의 자유와 명예훼손 → 반론권[43]</td></tr>
<tr><td>경합[44]</td><td>(1) 하나의 주체가 2 이상의 기본권 주장
ex) 종교신문의 폐간: 종교와 언론, 집회참가자강제연행: 집회와 신체, 예술품파괴: 예술과 재산권
⇦ 유사경합과 구별(ex) 예술적 수단의 상업광고; 영업의 자유와 예술의 자유)
(2) 해결원리: 최약효력설/최강효력설/관련기본권적용설
(3) 판례: 교원정년단축에서 공무담임권 우선(직업의 자유), 학교정화구역에서의 극장 불허에서 직업의 자유 우선(표현의 자유)</td></tr>
<tr><td>국가의 기본권 보장의무</td><td colspan="2">1. 근거
(1) 원칙규정: §10 후단
(2) 개별규정: 저작자등보호(§22②), 정당보상(§23③), 청원심사(§27①), 평생교육진흥(§31⑤), 최저임금제(§32①), 근로조건기준(§32③), 노인 · 청소년 · 장애자등복지정책((34④⑤), 환경보호(§35①), 혼인가족생활 · 모성보호 · 국민보건(§36), 재외국민보호(§2②), 소비자보호(§124) etc.
2. 기본권보장의무의 법적 성격
(1) 학설: 독일기본법(§1③)[45]명문규정, 우리 헌법 부재 ⇨ 학설대립(방침규정설 vs. 직접효력설)
(2) 판례: 적극적 입법의무 인정, but 입법의 정도는 과소보호금지원칙)[46]
3. 기본권보장의무의 범위와 정도
(1) 범위: 국가영역 + 사적영역[47]
① 국가영역: 입법, 제도, 정책의 의무
– 평등의 원리, 과소보호금지의 원칙, 법치국가원리
② 사적 영역: 기본권 충돌의 사전 방지를 위한 입법, 제도, 정책의 의무
(2) 정도: 과소보호금지의 원칙(판례) vs. 최대보장의 원칙</td></tr>
</table>

42) **서열이론에 따른 기본권충돌의 해결**〈헌재, 2003헌마457〉(혐연권우위결정): "… 흡연권은 인간의 존엄과 행복추구권을 규정한 헌법 제10조와 사생활의 자유를 규정한 헌법 제17조에 의하여 뒷받침된다. … 혐연권은 흡연권과 마찬가지로 헌법 제17조, 헌법 제10조에서 그 헌법적 근거를 찾을 수 있다. 나아가 흡연이 흡연자는 물론 간접흡연에 노출되는 비흡연자들의 건강과 생명도 위협한다는 면에서 혐연권은 헌법이 보장하는 건강권과 생명권에 기하여서도 인정된다. … 흡연자와 비흡연자가 함께 생활하는 공간에서의 흡연행위는 필연적으로 흡연자의 기본권과 비흡연자의 기본권이 충돌하는 상황이 초래된다. 그런데 흡연권은 위와 같이 사생활의 자유를 실질적 핵으로 하는 것이고 혐연권은 사생활의 자유뿐만 아니라 생명권에까지 연결되는 것이므로 혐연권이 흡연권보다 상위의 기본권이라 할 수 있다. 이처럼 상하의 위계질서가 있는 기본권끼리 충돌하는 경우에는 상위기본권우선의 원칙에 따라 하위기본권이 제한될 수 있으므로, 결국 흡연권은 혐연권을 침해하지 않는 한에서 인정되어야 한다. …"

43) **규범조화적 해석에 따른 기본권충돌의 해결**〈헌재, 2005헌바96〉(채권자취소권제도합헌결정): "… 채권자에게 채권의 실효성 확보를 위한 수단으로서 채권자취소권을 인정함으로써, 채권자의 재산권과 채무자와 수익자의 일반적 행동의 자유 내지 계약의 자유 및 수익자의 재산권이 서로 충돌하게 되는바, 위와 같은 … 경우에 기본권의 서열이나 법익의 형량을 통하여 어느 한 쪽의 기본권을 우선시키고 다른 쪽의 기본권을 후퇴시킬 수는 없다고 할 것이다. 사적자치의 원칙은 헌법 제10조의 행복추구권 속에 함축된 일반적 행동자유권에서 파생된 것으로서 헌법 제119조 제1항의 자유시장 경제질서의 기초이자 우리 헌법상의 원리이고, 계약자유의 원칙은 사적자치권의 기본원칙으로서 이러한 사적자치의 원칙이 법률행위의 영역에서 나타난 것이므로, 채권자의 재산권과 채무자 및 수익자의 일반적 행동의 자유권 중 어느 하나를 상위기본권이라고 할 수는 없을 것이고, 채권자의 재산권과 수익자의 재산권 사이에서도 어느 쪽이 우월하다고 할 수는 없을 것이기 때문이다. 따라서 이러한 경우에는 헌법의 통일성을 유지하기 위하여 상충하는 기본권 모두가 최대한으로 그 기능과 효력을 발휘할 수 있도록 조화로운 방법을 모색하되(규범조화적 해석), 법익형량의 원리, 입법에 의한 선택적 재량 등을 종합적으로 참작하여 심사하여야 할 것이다. …"

44) **기본권의 경합**〈재, 2005헌바20〉: "… 이 사건 법률조항은 공중도덕이나 사회윤리를 보호하기 위해서 등록한 모든 출판사에 대하여 음란 또는 저속한 간행물의 출판을 금지시키고(1차 규제) 이를 위반한 경우에 당해 출판사의 등록을 취소하는(2차 규제) 수단을 채택하고 있다. 여기서 1차 규제내용인 '음란 또는 저속한 출판의 금지'는 일정한 내용의 표현을 금지시키는 것이어서 헌법 제21조 제1항의 언론·출판의 자유를 제약하는 것으로 볼 수 있다. 한편, 등록이 취소되면 당해 출판사는 음란·저속한 간행물뿐만 아니라 합헌일 수도 있는 모든 간행물을 동일한 출판사의 이름으로는 출판할 수 없게 된다. 따라서 등록취소라는 2차 규제는 당해 출판사의 합헌적인 표현에 대한 언론·출판의 자유를 제약할 뿐만 아니라 당해 출판사에 대해 재등록에 소요되는 일정기간 동안 출판업을 못하게 함으로써 직업선택의 자유를 제약하고, 또 그 출판사의 상호를 사용할 수 없게 함으로써 상호권이라는 재산권을 제약한다고 하겠다. 그러므로 이 사건 법률조항은 언론·출판의 자유, 직업선택의 자유 및 재산권을 경합적으로 제약하고 있다. 이처럼 하나의 규제로 인해 여러 기본권이 동시에 제약을 받는 기본권경합의 경우에는 기본권침해를 주장하는 제청신청인과 제청법원의 의도 및 기본권을 제한하는 입법자의 객관적 동기 등을 참작하여 사안과 가장 밀접한 관계에 있고 또 침해의 정도가 큰 주된 기본권을 중심으로 해서 그 제한의 한계를 따져 보아야 할 것이다. …"

45) **독일 기본법 제1조** ① 인간의 존엄성은 침해되지 아니한다. 모든 국가권력은 이 존엄성을 존중하고 보호할 의무를 진다. ② 독일 국민은 이 불가침·불가양의 인권을 세계의 모든 인류공동체, 평화 및 정의의 기초로 인정한다. ③ 다음에 열거하는 기본권은 직접 적용되는 법으로서 입법권·행정권·사법권을 구속한다.

46) **국가의 기본권보장의무 – 과소보호금지의 원칙**〈헌재, 2004헌바81〉(손해배상청구권과 태아의 출생간주규정 합헌결정): "… 민법 제3조는 "사람은 생존한 동안 권리와 의무의 주체가 된다."라고 규정하고 있으므로 사람은 출생한 때로부터 권리(의무)능력을 가지게 된다. … 민법은 출생 전의 태아에 대해서도 재산권의 보호나 불법행위로부터의 보호 등 특별히 태아를 보호할 필요가 있는 경우에는 개별규정을 두어 태아를 보호하고 있다. … "태아는 손해배상의 청구권에 관하여는 이미 출생한 것으로 본다."고 규정하고 있는 민법 제762조가 그 하나이다. 그런데 법원은 태아에 대한 개별적 보호규정들을 해석함에 있어 민법 제3조의 취지를 고려하여 태아가 살아서 출생한 경우에 한해 소급적으로 태아라도 권리능력을 갖는 것으로 해석하고 있다(이른바 정지조건설. 대판, 76다1365). … 이 사건에서는 국가가 사인에 의한 태아의 생명침해에 대하여 태아 자신에게 손해배상청구권을 인정하는 입법조치를 취하지 않고 있는 입법부작위 내지 불완전한 입법이 위헌인지 여부가 문제된다. …

우리 헌법은 제10조 제2문에서 … 국가의 적극적인 기본권보호의무를 선언하고 있는바, 이는 국가가 국민과의 관계에서 국민의 기본권보호를 위해 노력하여야 할 의무가 있다는 의미뿐만 아니라 국가가 사인 상호간의 관계를 규율하는 *私法秩序*를 형성하는 경우에도 헌법상 기본권이 존중되고 보호되도록 할 의무가 있다는 것을 천명한 것이다. 그런데 국민의 기본권에 대한 국가의 적극적 보호의무는 궁극적으로 입법자의 입법행위를 통하여 비로소 실현될 수 있는 것이기 때문에, 입법자의 입법행위를 매개로 하지 아니하고 단순히 기본권이 존재한다는 것만으로 헌법상 광범위한 방어적 기능을 갖게 되는 기본권의 소극적 방어권으로서의 측면과 근본적인 차이가 있다. … 국가가 적극적으로 국민의 기본권을 보장하기 위한 제반조치를 취할 의무를 부담하는 경우에는 설사 그 보호의 정도가 국민이 바라는 이상적인 수준에 미치지 못한다고 하여 언제나 헌법에 위반되는 것으로 보기 어렵다. 국가의 기본권보호의무의 이행은 입법자의 입법을 통하여 비로소 구체화되는 것이고, 국가가 그 보호의무를 어떻게 어느 정도로 이행할 것인지는 입법자가 제반사정을 고려하여 입법정책적으로 판단하여야 하는 입법재량의 범위에 속하는 것이기 때문이다.

물론 입법자가 기본권 보호의무를 최대한 실현하는 것이 이상적이지만, 그러한 이상적 기준이 헌법재판소가 위헌여부를 판단하는 심사기준이 될 수는 없으며, 헌법재판소는 권력분립의 관점에서 소위 "과소보호금지원칙"을, 즉 국가가 국민의 기본권 보호를 위하여 적어도 적절하고 효율적인 최소한의 보호조치를 취했는가를 기준으로 심사하게 된다. 따라서 입법부작위나 불완전한 입법에 의한 기본권의 침해는 입법자의 보호의무에 대한 명백한 위반이 있는 경우에만 인정될 수 있다. 다시 말하면 국가가 국민의 법익을 보호하기 위하여 아무런 보호조치를 취하지 않았든지 아니면 취한 조치가 법익을 보호하기에 명백하게 부적합하거나 불충분한 경우에 한하여 헌법재판소는 국가의 보호의무의 위반을 확인할 수 있을 뿐이다(헌마110).

… 입법자는 형법과 모자보건법 등 관련 규정들을 통하여 태아의 생명에 대한 직접적 침해위험을 규범적으로 충분히 방지하고 있으므로, 이 사건 법률조항들이 태아가 사산한 경우에 한해서 태아 자신에게 불법적인 생명침해로 인한 손해배상청구권을 인정하지 않고 있다고 하여 단지 그 이유만으로 입법자가 태아의 생명보호를 위해 국가에게 요구되는 최소한의 보호조치마저 취하지 않은 것이라 비난할 수는 없다. 더욱이 태아가 살아서 출생한 경우 태아상태에서 가해진 불법행위로 인한 손해배상청구는 민법 제762조에 의해 유효하게 행사할 수 있으므로 살아서 출생한 태아에 관한 한 태아의 신체, 건강침해는 완전하게 보호되고 있는 것이다. …."

47) **사적 영역에서의 기본권보장의무**〈2004헌바81〉 "… 헌법은 제10조 제2문에서 "국가는 개인이 가지는 불가침의 기본적 인권을 확인하고 이를 보장할 의무를 진다."라고 규정함으로써 국가의 적극적인 기본권보호의무를 선언하고 있는 바, 이러한 국가의 기본권보호의무 선언은 국가가 국민과의 관계에서 국민의 기본권보호를 위해 노력하여야 할 의무가 있다는 의미뿐만 아니라 국가가 사인 상호간의 관계를 규율하는 *私法秩序*를 형성하는 경우에도 헌법상 기본권이 존중되고 보호되도록 할 의무가 있다는 것을 천명한 것이다. …."

6. 기본권의 효력에 관한 이론의 역사적 전개

기본권의 이중성	대사인적 효력	기본권의 충돌	국가의 기본권보호의무
주권적 공권성			
객관적 가치질서 ⇨ 방사효	⇨ 대사인적 효력 〈해결〉 간접적용설, 국가행위 의제론 〈문제점〉 기본권의 공권성 훼손	⇦ 기본권의 충돌 〈해결〉 법익형량, 서열, 규범조화, 입법 〈장점〉 기본권의 공권성 유지	⇨ 충돌의 해결을 위한 입법, 제도, 정책의 수립의무

7. 기본권의 제한과 한계

<table>
<tr><td>내재적 한계</td><td colspan="2">1. 실익 – 법률로 제한할 수 없는 '절대적 기본권'의 현실적 제한필요성 및 그 인정여부 ⇦ 내재적 한계
2. 이론적 근거
i) 3한계설(타인의 권리 · 헌법질서 · 도덕률(독헌§2①: 개성신장자유의 한계) ii) 개념내재적 한계이론
iii) 국가공동체유보이론 iv) 규범조화적 한계이론: 헌법의 통일성, 공동체 가치질서 실현 위한 한계
3. 우리 헌법 및 판례
i) 언론출판자유(타인의 명예, 권리, 공중도덕, 사회윤리: §21④)
ii) 정당의 목적과 활동(민주적 기본질서: §8②)
iii) 헌재: "국가적 · 사회적 공동생활의 테두리 안에서 타인권리 · 공중도덕 · 사회윤리 · 공공복리 존중 등 내재적 한계 有"</td></tr>
<tr><td rowspan="4">기본권의 제한</td><td>헌법 유보</td><td>개별적 헌법유보
i) §8②:정당의 목적 · 활동–민주적 기본질서 ii) §21④:언론 · 출판–타인의 명예 · 권리, 공중도덕 · 사회윤리
iii) §23②:재산권–공공복리 적합 행사의무 iv)§29②:군인등의 국배청구권 제한
v)§33②:공무원의 근로3권 제한</td></tr>
<tr><td>법률 유보</td><td>1. 일반적 법률유보: 모든 자유 · 권리, 국가안전보장 · 질서유지 · 공공복리, 필요한 경우, 법률로써, 본질내용침해금지(§37②)
i) 제한대상: '모든 자유와 권리' → 절대적 기본권 성질상 불가능
ii) 제한목적: 제한불가피성의 원칙: 국가안전보장/질서유지/공공복리
iii) 제한형식: 법률, 긴급명령 · 긴급재경명령, 조약 · 국제법규
iv) 제한방법 및 정도
a. 과잉금지의 원칙 : 법치주의의 요소, §37②(필요한 경우) ⇨ 입법형성의 자유의 한계
b. 본질내용침해금지: 유명무실 또는 形骸化
v) 二重基準原則: 정신적 기본권 제한은 경제적 기본권보다 엄격 기준
2. 개별적 법률유보: "법률이 정하는 바에 따라", "법률로써" ex) §23③ – 공공필요의 공용침해</td></tr>
<tr><td>특별 권력 관계</td><td>– 특별행정법관계(= 행정목적 달성 위한 필요최소한 제한, by 법률(개괄수권), 사법심사 요구
– 헌법: 공무원 근로3권 제한, 군인 등의 국배청구권 및 군사재판, 비상계엄하의 단심제(사형선고 제외)
– 법률: 공무원법, 교육기본법, 형의 집행 및 재소자관리에 관한 법률(구 行刑法), 전염병예방법, 군인사법</td></tr>
<tr><td>국가 비상 사태</td><td>1. 긴급명령 · 긴급재경명령(§76①②)
i) 긴급재경명령: 내우 · 외환 · 천재 · 지변 or 중대한 재정 · 경제상 위기, 국가안전보장 or 공공안녕질서 유지위한 긴급조치 필요 + 국회집회 기다릴 여유가 없을 때, 최소 · 필요한 재정 · 경제상 처분 or 법률효력의 명령 → 제한대상 기본권: 경제적 기본권 限
ii) 긴급명령: 국가안위 관계되는 중대한 교전상태, 국가보위 위한 긴급조치 필요 + 국회 집회 불가능한 때, 법률효력의 명령 → 제한대상 기본권: 포괄적
2. 비상계엄(§77①③)
i) 계엄선포: 전시 · 사변, 국가비상사태, 병력으로 군사상 필요에 응하거나 공공안녕질서 유지 필요가 있을 때
ii) 비상계엄: 비상계엄선포시 법률 정하는 바에 따라 영장제도, 언론 · 출판 · 집회 · 결사자유, 정부 · 법원 권한에 특별조치</td></tr>
</table>

8. 기본권의 침해와 구제

침해주체	구제수단
입법권	(1) 적극적 입법 ⇦ 위헌법률심판(재판청구, 근거법령의 위헌주장, 법원의 제청, 헌재의 결정) └→ 법원제청기각결정 ⇦ 헌법소원(헌재법§68②: 규범통제형 헌법소원, 30일 이내) ⇦ 헌법소원(집행행위 없이 직접, 현재, 자기 기본권 침해 ex) 선고유예 공무원의 당연퇴직규정)[48] (2) 입법부작위 ① 진정입법부작위 ⇦ 예외적(명시 or 해석상 의무 有)[49] 헌법소원(입법부작위 = 공권력 불행사) ② 부진정입법부작위 ⇦ 위헌법률심판 가능, 헌법소원(부작위가 아닌 적극적 헌법소원 인정)[50]
행정권	(1) 행정입법 ⇦ 위헌위법명령규칙심사, 헌법소원(행정입법 or 입법부작위가 그 자체로 기본권 침해) (2) 처분 ⇦ 행정구제제도(행정쟁송, 국가배상, 손실보상) (3) 사전적 구제: 행정절차제도
사법권	(1) 재판 ⇦ 심급제도, 재심제도, 헌법소원 불가 (2) 예외적 헌법소원: 위헌제청기각결정(헌재법 §68②), 위헌결정 이후 위헌결정된 법령이 적용된 재판(헌재)[51] (3) 헌재법에 따른 재심 – 헌재법 §68②의 헌법소원이 인용된 경우 관련사건 재심 가능(헌재법 §75⑦) – 위헌결정 법률조항에 근거한 유죄의 확정판결 재심 가능(헌재법 §47③)
私人	불법행위에 대한 손해배상청구, 형사처벌
기타	국가인권위원회, 국민권익위원회, 저항권

※ 행정쟁송의 구분
▶행정쟁송 = 행정심판(항고심판) + 행정소송(항고소송, 당사자소송, 기관소송, 민중소송)
▶항고소송 = 취소소송, 무효등확인소송, 부작위위법확인소송 ⇦ 처분 등의 불복수단

---

48) **법률조항에 대한 헌법소원의 청구**〈89헌마220〉: " … 금고 이상의 형의 선고유예를 받은 경우에 그 유예기간 중에 있는 자를 공무원이 될 수 없도록 규정한 지방공무원법 제31조 제5호 및 지방공무원이 위 결격조항에 해당할 때에는 당연히 퇴직한다고 규정한 같은 법 제61조에 대한 헌법소원으로서 입법권의 행사로 인하여 제정된 법률에 의하여 직접 헌법상의 기본권이 침해되었음을 이유로 하는 것인 바, 헌법소원심판의 청구사유를 규정한 헌법재판소법 제68조 제1항 본문에 규정된 공권력 가운데는 입법권도 당연히 포함되고 따라서 법률에 대한 헌법소원도 가능하다고 할 것이나 모든 법률이 다 헌법소원의 대상이 되는 것이 아니고 그 법률이 별도의 구체적 집행행위를 기다리지 않고 직접적으로, 그리고 현재적으로 헌법상 보장된 기본권을 침해하는 경우에 한정됨을 원칙으로 하며, … 공무원의 신분은 무제한 보장되는 것이 아니고 공무원의 지위 및 공무의 특수성을 고려하여 헌법이 정한 신분보장의 원칙 아래 법률로 그 내용을 정할 수 있도록 한 것이며, 위 헌법 규정에 입각하여 지방공무원법은 그 제60조 제1항에 "공무원은 형의 선고·징계 또는 이 법이 정하는 사유에 의하지 아니하고는 그 의사에 반하여 휴직·강임 또는 면직을 당하지 아니한다"라는 신분보장의 원칙 규정을 두는 한편 공무원의 의사에 반하여 면직 또는 휴직되는 경우로서 공무원 결격사유가 발생한 경우에 있어서의 당연퇴직 규정인 제61조, 직권면직 사유를 규정한 제62조 및 직권휴직 사유를 규정한 제63조 등을 두고 있는 바(국가공무원법도 똑같은 내용의 규정들을 두고 있다) 공무원 결격사유를 규정한 같은 법 제31조가 그 제5호에 금고이상의 형의선고 유예를 받은 경우에 그 선고유예 기간 중에 있는 자를 결격사유의 하나로 규정하고 같은 법 제61조가 위 결격사유에 해당되는 것을 당연퇴직사유로 규정한 것은, 신분보장의 원칙 규정인 제60조 제1항에 근거한 것으로서 형의 선고유예 판결은 처벌효과를 수반하는 유죄판결의 일종이며, 금고이상의 형의 선고유예 판결을 받은 사람에게 공무원의 지위를 부여하는 것은 공직에 대한 국민의 신뢰를 손상시킬 우려가 있어 옳지 못한 일이므로 이것을 공무원 결격사유 및 당연퇴직사유로 한 입법자의 의사결정은 수긍이 가고 그것을 지방공무원의 신분보장원칙 규정인 같은 법 제60조 제1항에 반하는 것이라고 볼 수 없고, 금고형이 벌금형보다 훨씬 무거운 형이므로 벌금형의 선고유예 판결을 공무원 결격사유로 아니하면서 금고형의 선고유예 판결을 결격사유로 하였다고 해서 합리성과 형평에 반한다고도 볼 수 없다. …."

49) **진정입법부작위에 대한 헌법소원**〈헌재 94헌마108〉 "… 헌법재판소가 헌법에 명시적으로 표현된 명백한 위임을 넘어 헌법해석을 통하여 입법자의 헌법적 의무를 폭넓게 인정하면 할수록, 입법자의 형성의 자유는 축소된다. 따라서 헌법상의 권력분립원칙과 민주주의원칙은 입법자의 민주적 형성의 자유를 보장하기 위하여 입법자의 헌법적 입법의무는

예외적으로만 이를 인정하고 되도록이면 헌법에 명시적인 위임이 있는 경우에만 제한할 것을 요구한다.
이러한 이유에서 입법부작위에 대한 헌법재판소의 재판관할권은 한정적으로 인정할 수 밖에 없다고 할 것이므로, 헌법에서 기본권보장을 위하여 법령에 명시적인 입법위임을 하였음에도 입법자가 이를 이행하지 아니한 경우이거나, 헌법 해석상 특정인에게 구체적인 기본권이 생겨 이를 보장하기 위한 국가의 행위의무 내지 보호의무가 발생하였음이 명백함에도 불구하고 입법자가 아무런 입법조치를 취하지 아니한 경우에 한한다. ⋯."
⇦ 입법부작위에 대한 예외적 헌법소원 인정

50) **부진정입법부작위와 헌법소원**〈헌재 89헌마1〉 〈헌재 89헌마1〉 (1) "⋯ 기본권 보장을 위한 법규정이 불완전하여 보충을 요하는 경우에는 그 불완전한 법규 자체를 대상으로 하여 그것이 헌법위반이라는 적극적인 헌법소원을 청구함은 별론으로 하고, 입법부작위를 헌법소원의 대상으로 삼을 수는 없다. ⋯."
⇦ 부작위를 이유로 하는 헌법소원 불가
(2) 〈헌재 2008헌마393〉 "⋯ 부진정입법부작위의 경우에는 불완전한 법규 자체를 대상으로 하여 그것이 평등원칙에 위배된다는 등의 이유로 헌법소원을 제기하여야 하는 바, ⋯ 부진정입법부작위에 대한 헌법소원은 헌법재판소법 소정의 청구기간을 준수하여야 한다. 그리고 법령에 대한 헌법소원의 청구기간은 그 법률의 시행과 동시에 기본권의 침해를 받게 되는 경우에는 그 법률이 시행된 사실을 안 날부터 90일 이내에, 법률이 시행된 날부터 1년 이내에 헌법소원을 청구하여야 한다. ⋯" "군사정전에 관한 협정 체결 이후 납북피해자의 보상 및 지원에 관한 법률"(약칭: 전후납북자법)이 6.25 전쟁중 납북자를 배제한 것에 대하여 ⇦ 부진정입법부작위로 인하여 기본권이 침해됨을 이유로 하는 적극적 헌법소원은 가능

51) **위헌결정된 법령이 적용된 '재판'에 대한 헌법소원** 헌재 96헌마172〉 "⋯ (1) 법원의 재판을 헌법소원심판의 대상에 포함시켜야 한다는 견해는 기본권보호의 측면에서는 보다 이상적이지만, 이는 헌법재판소의 위헌결정을 통하여 이루어질 문제라기 보다 입법자가 해결해야 할 과제이다.
(2) 헌법재판소법 제68조 제1항은 국민의 기본권(평등권 및 재판청구권등)의 관점에서는 입법형성권의 헌법적 한계를 넘는 위헌적인 법률조항이라고 할 수 없다. (그러나) 법원이 헌법재판소가 위헌으로 결정하여 그 효력을 전부 또는 일부 상실하거나 위헌으로 확인된 법률을 적용함으로써 국민의 기본권을 침해한 경우에도 법원의 재판에 대한 헌법소원이 허용되지 않는 것으로 해석한다면, 위 법률조항은 그러한 한도 내에서 헌법에 위반된다."

V

개별기본권

1. 기본권의 체계
2. 인간의 존엄성
3. 평등원칙과 평등권
4. 신체의 자유를 위한 헌법원리와 형사절차적 기본권
5. 양심의 자유
6. 표현의 자유
7. 정보기본권
8. 사생활의 보호
9. 재산권의 제한과 손실보상
10. 직업의 자유와 3단계 제한이론
11. 정치적 기본권
12. 사회적 기본권
13. 근로 3권
14. 청구권적 기본권

Chapter V 개별기본권

1. 기본권의 체계

<table>
<tr><th colspan="4">인간의 존엄성 – 이념적 기초[52)]</th></tr>
<tr><td>머리</td><td>정신적 기본권(양심, 종교, 학문, 예술)</td><td rowspan="3">자유</td><td rowspan="8">by 평등하게
– 기본권 보장의 방법적 기초
– 상대적 평등/ 적법한 평등
– 평등심사: 차별사유(자의성)
+ 차별정도(비례성)</td></tr>
<tr><td>표현</td><td>언론, 출판, 집회, 결사</td></tr>
<tr><td>몸</td><td>신체의 자유, 사생활, 통신, 주거</td></tr>
<tr><td>재산</td><td colspan="2">재산권, 직업, 거주이전</td></tr>
<tr><td>정치</td><td colspan="2">공무담임권, 선거권, 정치적 표현의 자유</td></tr>
<tr><td>청구</td><td colspan="2">청원, 재판청구, 국가배상, 손실보상, 형사보상, 범죄피해자 구조</td></tr>
<tr><td>복지</td><td colspan="2">인간다운 생활, 근로3권, 교육, 근로, 환경</td></tr>
<tr><td>미열거기본권</td><td colspan="2">일반적 행동자유권, 자기결정권, 일반적 인격권, 알권리 etc.</td></tr>
</table>

2. 인간의 존엄성

의의	(1) 인간[53] = 인격주의적 인간(자율적 의사결정 + 책임) (2) 존엄과 가치 = 정체성, 고유성, 개성 ≠ 타자를 위한 인간 (3) 인간의 우위, 반전체주의, 국가와 개인 기속
성격	기본권보장의 이념적 기초, 기본권의 도출(일반적 행동자유권, 인격권, 자기결정권 etc.)
주체	자연인
내용	(1) 인간성 부정행위 금지 – 인간의 물적 취급, 인간복제, 낙태, 안락사(소극적 안락사 예외적 허용)[54)] (2) 일반적 행동자유권 – 개별기본권 보장 이외의 일체의 행동자유권[55)] (3) 자기결정권 – 안전띠 강제 착용/국민연금 강제, 간통죄[56)] · 혼빙간음죄(위헌: 성적자기결정권)[57)], 동성동본금혼(위헌)[58)] (4) 일반적 인격권 – 인격, 초상, 성명, 명예, 음성 etc. 청소년 성매수자 명단공표(합)
효력	기본권보장의 이념적 기초, 최고의 헌법원리, 모든 국가권력과 사인 구속 → 헌법개정 권력 구속
제한	• 인간의 존엄성은 헌법의 최고 가치 ⇦ 인간존엄성의 부정 또는 제한은 헌법적 가치의 부정 ⇨ 헌법개정 권력 구속/제37조 제2항에 의한 제한 불가/ 국가긴급권에 의한 제한 불가
관련문제	(1) 생명권: 사형제도, 낙태, 안락사, 전투/정당방위 등에 의한 살인 (2) 신체불훼손권: 신체의 완전성 + 정신의 온전성 (3) 신체의 자유 = 활동의 자유(임의성 + 자율성) ex) 징병제, 강제연행, 동행명령 etc.

※ 기본권의 보장 ⇦ 기본권의 제한(§37②) = 국민의 의무 ⇨ 의무의 위반/불이행 ⇦ 의무 이행확보 수단
※ 행정법상의 의무이행확보수단
(1) 의무의 위반 ⇦ 행정벌{행정형벌/행정질서벌(= 과태료)}
(2) 의무의 불이행 ⇦ 행정상 강제집행(대집행/직접강제/이행강제금/행상상강제징수)
(3) 신종 의무 확보 수단: 명단공표, 과징금, 가산세, 관허사업의 제한 etc.

52) **기본권보장의 이념적 기초**〈헌재, 98헌마216〉: "… 헌법 제10조에서 규정한 인간의 존엄과 가치는 헌법이념의 핵심으로, 국가는 헌법에 규정된 개별적 기본권을 비롯하여 헌법에 열거되지 아니한 자유와 권리까지도 이를 보장하여야 하며, 이를 통하여 개별 국민이 가지는 인간으로서의 존엄과 가치를 존중하고 확보하여야 한다는 헌법의 기본원리를 선언한 조항이다. 따라서 자유와 권리의 보장은 1차적으로 헌법상 개별적 기본권규정을 매개로 이루어지지만, 기본권제한에 있어서 인간의 존엄과 가치를 침해한다거나 기본권형성에 있어서 최소한의 필요한 보장조차 규정하지 않음으로써 결과적으로 인간으로서의 존엄과 가치를 훼손한다면, 헌법 제10조에서 규정한 인간의 존엄과 가치에 위반된다고 할 것이다. …"

53) (1) Protagoras(BC 485~414): **"인간은 만물의 척도이다"** ⇨ 만물은 그것을 지각하는 인간의 인식에 의하여 평가된다. 따라서 만물은 그것을 인식하는 인간에 따라 서로 다른 의미를 가지게 된다. 즉, 동일한 것이라 하더라도 아는 만큼, 생각하는 만큼, 느끼는 만큼에 따라 다르게 인식한다.

(2) Francis Bacon(1561~1626): **"아는 것이 힘이다"** ⇦ **"Idora"의 제거(이도라說)** ⇨ '이도라'는 편견 또는 우상을 의미하며, 4종류의 우상(종족, 동굴, 시장, 극장)에서 벗어날 것을 강조. ⇨ 경험론, 연역법

※ '종족'의 우상이란 '인간 종족의 인간 중심적 사고에 따른 오류'(ex) 벼락 → 죽을 죄), '동굴'의 우상이란 '개인적 편견에 따른 오류'(ex) 우물 안 개구리) '시장'의 우상이란 '언어에 의한 오류'(ex) 증권시장에서의 찌라시), '극장'의 우상이란 '기존의 학설, 사상, 철학의 무비판적 수용에 따른 오류'를 의미한다.

54) **안락사〈대판, 2009다17417〉(다수의견)**: "… (가) 의학적으로 환자가 의식의 회복가능성이 없고 생명과 관련된 중요한 생체기능의 상실을 회복할 수 없으며 환자의 신체상태에 비추어 짧은 시간 내에 사망에 이를 수 있음이 명백한 경우(이하 '회복불가능한 사망의 단계'라 한다)에 이루어지는 진료행위(이하 '연명치료'라 한다)는, … 그에 이르지 아니한 경우와는 다른 기준으로 진료중단 허용 가능성을 판단하여야 한다. … 자연적으로는 이미 죽음의 과정이 시작되었다고 볼 수 있는 회복불가능한 사망의 단계에 이른 후에는, 의학적으로 무의미한 신체침해행위에 해당하는 연명치료를 환자에게 강요하는 것이 오히려 인간의 존엄과 가치를 해하게 되므로, … 환자의 의사결정을 존중하여 환자의 인간으로서의 존엄과 가치 및 행복추구권을 보호하는 것이 사회상규에 부합되고 헌법정신에도 어긋나지 아니한다. …

(나) 환자가 회복불가능한 사망의 단계에 이르렀을 경우에 대비하여 미리 의료인에게 자신의 연명치료 거부 내지 중단에 관한 의사를 밝힌 경우(이하 '사전의료지시'라 한다)에는, 비록 진료 중단 시점에서 자기결정권을 행사한 것은 아니지만 사전의료지시를 한 후 환자의 의사가 바뀌었다고 볼 만한 특별한 사정이 없는 한 사전의료지시에 의하여 자기결정권을 행사한 것으로 인정할 수 있다. …

(다) 한편, 환자의 사전의료지시가 없는 상태에서 회복불가능한 사망의 단계에 진입한 경우에는 … 환자의 평소 가치관이나 신념 등에 비추어 연명치료를 중단하는 것이 객관적으로 환자의 최선의 이익에 부합한다고 인정되어 환자에게 자기결정권을 행사할 수 있는 기회가 주어지더라도 연명치료의 중단을 선택하였을 것이라고 볼 수 있는 경우에는, 그 연명치료 중단에 관한 환자의 의사를 추정할 수 있다고 인정하는 것이 합리적이고 사회상규에 부합된다. …

(라) 환자 측이 직접 법원에 소를 제기한 경우가 아니라면, 환자가 회복불가능한 사망의 단계에 이르렀는지 여부에 관하여는 전문의사 등으로 구성된 위원회 등의 판단을 거치는 것이 바람직하다. …."

55) **일반적 행동자유권**〈헌재, 2002헌마518〉(안전띠 강제 합헌 결정): "… 헌법 제10조 전문은 인간으로서의 존엄과 가치 및 행복추구권을 보장하고 있고, 행복추구권은 그의 구체적인 표현으로서 일반적인 행동자유권과 개성의 자유로운 발현권을 포함한다(89헌마204, 96헌가5, 97헌마345). 일반적 행동자유권은 개인이 행위를 할 것인가의 여부에 대하여 자유롭게 결단하는 것을 전제로 하여 이성적이고 책임감 있는 사람이라면 자기에 관한 사항은 스스로 처리할 수 있을 것이라는 생각에서 인정되는 것이다. 일반적 행동자유권에는 적극적으로 자유롭게 행동을 하는 것은 물론 소극적으로 행동을 하지 않을 자유 즉, 부작위의 자유도 포함되며, 포괄적인 의미의 자유권으로서 일반조항적인 성격을 가진다(89헌마204, 93헌가14, 97헌바10, 98헌마216). 즉 일반적 행동자유권은 모든 행위를 할 자유와 행위를 하지 않을 자유로 가치 있는 행동만 그 보호영역으로 하는 것은 아닌 것으로, 그 보호영역에는 개인의 생활방식과 취미에 관한 사항도 포함되며, 여기에는 위험한 스포츠를 즐길 권리와 같은 위험한 생활방식으로 살아갈 권리도 포함된다. 따라서 좌석안전띠를 매지 않을 자유는 헌법 제10조의 행복추구권에서 나오는 일반적 행동자유권의 보호영역에 속한다. 이 사건 심판대상조항들은 운전할 때 좌석안전띠를 매야 할 의무를 지우고 이에 위반했을 때 범칙금을 부과하고 있으므로 청구인의 일반적 행동의 자유에 대한 제한이 존재한다. …."

56) **간통죄 위헌**〈헌재, 2009헌바17〉[선례변경] 헌법재판소는 간통 및 상간행위를 처벌하는 심판대상조항에 대하여 4차례 헌법에 위반되지 않는다는 결정을 선고하였으나(89헌마82 결정, 90헌가70 결정, 2000헌바60 결정, 2007헌가17등 결정), 이 사건에 있어서는 간통 및 상간행위의 처벌 자체가 헌법에 위반된다는 의견 5인, 성적 성실의무를 부담하지 않는 간통행위자 등까지 처벌하도록 규정한 것이 국가형벌권의 과잉행사로서 헌법에 위반된다는 의견 1인, 간통죄의 소극적 소추조건인 간통 종용이나 宥恕의 개념이 불명확하여 명확성 원칙에 위배되고, 죄질이 서로 다른 간통행위에 일률적으로 징역형만 부과하도록 규정한 것이 책임과 형벌 사이의 비례원칙에 위반된다는 의견 1인으로 위헌 정족수(6인)를 충족하여 심판대상조항에 대하여 위헌 결정을 선고하였다.

57) **성적자기결정권**〈헌재, 2008헌바58〉(혼인빙자간음죄 위헌결정): "… 개인의 인격권·행복추구권에는 개인의 자기운명결정권이 전제되는 것이고, 이 자기운명결정권에는 성행위여부 및 그 상대방을 결정할 수 있는 성적자기결정권이

포함되어 있다. 이 사건 법률조항이 혼인빙자간음행위를 형사처벌함으로써 남성의 성적자기결정권을 제한하는 것임은 틀림없고, 나아가 이 사건 법률조항은 남성의 성생활이라는 내밀한 사적 생활영역에서의 행위를 제한하므로 우리 헌법 제17조가 보장하는 사생활의 비밀과 자유 역시 제한하는 것으로 보인다(2007헌가17등, 99헌바40등).

… 남성이 해악적 문제를 수반하지 않는 방법으로 여성을 유혹하는 성적행위에 대해서 국가가 개입하는 것은 억제되어야 한다. 남성의 여성에 대한 유혹의 방법은 남성의 내밀한 성적자기결정권의 영역에 속하는 것이고, … 상대방 남자와 성관계를 가질 것인가의 여부를 스스로 결정한 후 자신의 결정이 착오에 의한 것이라고 주장하면서 국가에 대하여 상대방 남성의 처벌을 요구하는 것은 여성 스스로가 … 자신의 인생과 운명에 관하여 스스로 결정하고 형성할 능력이 없는 열등한 존재'라는 것의 규범적 표현이다. 그러므로 이 사건 법률조항은 남녀평등의 사회를 지향하고 실현해야 할 국가의 헌법적 의무에 반하는 것이자, 여성을 幼兒視함으로써 여성을 보호한다는 미명 아래 사실상 국가 스스로가 여성의 성적자기결정권을 부인하는 것이 되는 것이다. … 혼인빙자간음죄가 … 보호대상을 '음행의 상습 없는 부녀'로 한정함으로써 결국에는 여성에 대한 고전적 정조관념에 기초한 가부장적·도덕주의적 성이데올로기를 강요하는 셈이 되고 만다. 이는 결국 이 사건 법률조항의 보호법익이 여성의 주체적 기본권으로서 성적자기결정권에 있다기 보다는 현재 또는 장래의 경건하고 정숙한 혼인생활이라는 여성에 대한 남성우월의 고전적인 정조관념에 입각한 것임을 보여준다 할 것이다(입법목적의 정당성 결여).

… 오늘날의 다원적 사회에서, 혼전성관계의 동기 중 어떠한 동기가 특히 비난할 여지가 있는 것인가(예컨대, 혼인을 빙자한 간음, 직위를 빙자한 간음, 재산을 빙자한 간음 등)에 관하여도 사회적으로 이를 판단할 수 있는 객관적인 기준이 존재한다고 보기 어렵기 때문에, … 혼인빙자에 의한 간음으로부터만 여성을 보호하고자 하는 것은 더 이상 국가의 과제가 아니라 할 것이다. … 혼인을 빙자하여 간음한 자는 가정, 사회, 직장 등 여러 방면에서 윤리·도덕에 의한 사회적 비난과 제재를 받을 것이므로 본질적으로 개인 간의 사생활에 속하는 이러한 행위까지 일일이 추적하여 형법이 간섭할 필요는 없다. … 남성이 혼인빙자간음죄에 의한 처벌이 두려워 혼인한다면, 결국 형법이 파탄이 자명한 혼인을 강요하는 것과 다름이 없으므로 이를 법률로 강제하는 것은 부당하다. 성인 부녀자의 성적인 의사결정에 폭행·협박·위력의 강압적 요인이 개입하는 등 사회적 해악을 초래할 때에만 가해자를 강간죄 또는 업무상 위력 등에 의한 간음죄 등으로 처벌받게 하면 족할 것이고, 그 외의 경우는 여성 자신의 책임에 맡겨야 하고 형법이 개입할 분야가 아니라 할 것이다(수단의 적절성 결여).

… 혼인빙자간음죄는 친고죄로서 고소취소 여부에 따라 검사의 소추 여부 및 법원의 공소기각 여부가 결정되므로, 결국 혼인빙자간음행위자의 법적 운명은 상대 여성의 손에 전적으로 달려 있게 된다. 그 결과, 이 사건 법률조항이 여성의 성적자기결정권 보호라는 목적과는 달리 혼인빙자간음 고소 및 그 취소가 남성을 협박하거나 그로부터 위자료를 받아내는 수단으로 악용되는 폐해도 종종 발생한다. 자기결정과 자기책임 하에서 스스로 정조를 포기한 여성이 그 위자료청구의 대안이나 배신한 상대방에 대한 보복의 수단으로 국가 형벌권을 이용하고 있다면 이는 국가의 공형벌권이 정당하게 행사되고 있다고는 볼 수 없는 것이다(피해의 최소성 결여).

… 개인의 내밀한 성생활의 영역을 형사처벌의 대상으로 삼음으로써 남성의 성적자기결정권과 사생활의 비밀과 자유라는 기본권을 지나치게 제한하는 것인 반면, 이로 인하여 추구되는 공익은 오늘날 보호의 실효성이 현격히 저하된 음행의 상습없는 부녀들만의 '성행위 동기의 착오의 보호'로서 그것이 침해되는 기본권보다 중대하다고는 볼 수 없으므로, 이 사건 법률조항은 법익의 균형성도 상실하였다고 할 것이다(법익균형성 결여). …."

58) **자기운명결정권**〈헌재, 95헌가6등〉(동성동본금혼 위헌결정): "… ㈎ 헌법 제10조는 "모든 국민은 인간으로서의 존엄과 가치를 가지며, 행복을 추구할 권리를 가진다. 국가는 개인이 가지는 불가침의 기본적 인권을 확인하고 이를 보장할 의무를 진다"고 규정함으로써 모든 기본권의 종국적 목적(기본이념)이라 할 수 있고 인간의 본질이며 고유한 가치인 개인의 인격권과 행복추구권을 보장하고 있다. 그리고 이러한 개인의 인격권·행복추구권은 개인의 자기운명결정권을 그 전제로 하고 있으며, 이 자기운명결정권에는 성적자기결정권 특히 혼인의 자유와 혼인에 있어서 상대방을 결정할 수 있는 자유가 포함되어 있다(헌재, 89헌마82). 또 헌법 제36조 제1항은 "혼인과 가족생활은 개인의 존엄과 양성의 평등을 기초로 성립되고 유지되어야 하며, 국가는 이를 보장한다"고 규정하고 있는바, 이는 혼인제도와 가족제도에 관한 헌법원리를 규정한 것으로서 혼인제도와 가족제도는 인간의 존엄성 존중과 민주주의의 원리에 따라 규정되어야 함을 천명한 것이라 볼 수 있다. 따라서 혼인에 있어서도 개인의 존엄과 양성의 본질적 평등의 바탕위에서 모든 국민은 스스로 혼인을 할 것인가 하지 않을 것인가를 결정할 수 있고 혼인을 함에 있어서도 그 시기는 물론 상대방을 자유로이 선택할 수 있는 것이며, 이러한 결정에 따라 혼인과 가족생활을 유지할 수 있고, 국가는 이를 보장해야 하는 것이다.

㈏ 그런데 위에서 본 바와 같이, 이 사건 법률조항은 동성동본인 혈족사이의 혼인을 그 촌수의 원근에 관계없이 일률적으로 모두 금지하고 민법은 이를 위반한 혼인을 취소할 수 있도록 하였을 뿐만 아니라 아예 그 혼인신고 자체를 수리하지 못하도록 하고 있어, 동성동본인 혈족은 서로가 아무리 진지하게 사랑하고 있다고 하더라도 또 촌수를 계산할 수 없을 만큼 먼 혈족이라 하더라도 혼인을 할 수 없고 따라서 혼인에 있어 상대방을 결정할 수 있는 자유를 제한하고 있는 동시에, 그 제한의 범위를 동성동본인 혈족, 즉 남계혈족에만 한정함으로써 성별에 의한 차별을 하고 있다.

그렇다면 이 사건 법률조항은 이미 위에서 본 바와 같이 금혼규정으로서의 사회적 타당성 내지 합리성을 상실하고 있음과 아울러 "인간으로서의 존엄과 가치 및 행복추구권"을 규정한 헌법이념 및 규정과 "개인의 존엄과 양성의 평등"에 기초한 혼인과 가족생활의 성립·유지라는 헌법규정에 정면으로 배치된다 할 것이고, 또 그 금혼의 범위를 동성동본인 혈족, 즉 남계혈족에만 한정하여 성별에 의한 차별을 하고 있는데 이를 시인할만한 합리적인 이유를 찾아볼 수 없으므로 헌법상의 평등의 원칙에도 위반되는 것이다. 결국 이 사건 법률조항은 헌법 제10조 제1항, 제11조 제1항, 제36조 제1항에 위반될 뿐만 아니라 그 입법목적이 이제는 혼인에 관한 국민의 자유와 권리를 제한할 "사회질서"나 "공공복리"에 해당될 수 없다는 점에서 헌법 제37조 제2항에도 위반된다 할 것이다. …."

3. 평등원칙과 평등권

구분			내용
의의	법 앞의 평등 = 평등원칙 + 평등권		
성격	기본권보장의 방법적 기초		
주체	국민, 법인, 외국인		
내용	1. 일반적 평등원칙	법	모든 법규범
		앞	법 적용 평등 vs. 법 내용(제정) 평등(입법자구속설)[59]
		평등	상대적 평등, 적법한 평등, 간접차별금지[60]
		판단기준	합리적 사유(자의성심사), 비례적 차별(비례성심사)[61]
		심사강도[62]	(1) 엄격심사(자의성심사 + 비례성심사): ex) 가산점제도[63], 근로남녀차별 – 헌법이 특별히 평등 요구 or 차별로 기본권 중대 제한 초래 (2) 완화심사(only 자의성심사): ex) 공무담임권제한
	2. 차별금지사유		(1) 성별 – 강간죄 객체(婦女 ⇨ 사람), 여성할당제, 근친혼(남계혈족한정 위헌) (2) 종교 – 종교학교 (3) 사회적 신분 – 후천적 신분설, 존비속가중처벌의 문제
	3. 차별금지영역		정치, 경제, 사회, 문화의 모든 영역
	4. 특별규정		(1) 사회적 특수계급제도 부인 (2) 영전일대원칙 (3) 혼인가족생활에서의 남녀평등(36①) – 동성동본혼인금지 위헌,[64] 부부자산합산과세 위헌[65] (4) 교육의 기회균등(31①) (5) 선거권의 평등(41①, 67①) (6) 노동관계에서의 여성차별금지(32④) – 고용, 임금, 근로조건에 있어서
효력	(1) 모든 국가작용 기속 – 국가의 단계적 조치: 무상의무교육의 단계적 확대 (2) 사적 영역에서의 평등문제: 사적 자치 축소 → 국가주의, 전체주의 – 차별이 인간의 존엄성에 반하거나 반사회적인 경우는 평등권이 아닌 존엄성가치로 보호		
제한	차별의 헌법적 정당화		정당의 특별보호, 군인 등의 군사재판, 대통령/국회의원의 특권, 공무원의 단결권 등 제한, 문민주의, 국가유공자 취업우선기회, 국배청구권 제한
	법률적 차별		개별법의 영역 ⇦ 위헌법률심판

59) **입법자구속설(법제정평등)**〈헌재, 97헌가12〉: "… 헌법 제11조 제1항이 규정하고 있는 평등원칙은 법치국가질서의 근본요청으로서 모든 국가기관에게 법을 적용함에 있어서 정당한 근거 없이 개인이나 일정한 인적 집단을 불평등하게 대우하는 것을 금지한다. … 헌법 제11조 제1항의 규범적 의미는 이와 같은 '법 적용의 평등'에서 끝나지 않고, 더 나아가 입법자에 대해서도 그가 입법을 통해서 권리와 의무를 분배함에 있어서 적용할 가치평가의 기준을 정당화할 것을 요구하는 '법 제정의 평등'을 포함한다. 따라서 평등원칙은 입법자가 법률을 제정함에 있어서 법적 효과를 달리 부여하기 위하여 선택한 차별의 기준이 객관적으로 정당화될 수 없을 때에는 그 기준을 법적 차별의 근거로 삼는 것을 금지한다. 이때 입법자가 헌법 제11조 제1항의 평등원칙에 어느 정도로 구속되는가는 그 규율대상과 차별기준의 특성을 고려하여 구체적으로 결정된다. …."

60) **간접차별**〈헌재, 98헌마363〉(제대군인가산점제도 위헌결정): " … 가산점제도는 제대군인과 제대군인이 아닌 사람을 차별하는 형식을 취하고 있다. 그러나 제대군인, 비(非)제대군인이라는 형식적 개념만으로는 가산점제도의 실체를 분명히 파악할 수 없다. … 가산점제도는 제대군인에 비하여, 여성 및 제대군인이 아닌 남성을 비례성원칙에 반하여 차별하는 것으로서 헌법 제11조에 위배되며, 이로 인하여 청구인들의 평등권이 침해된다. …."

61) **비례성심사**(헌재, 2004헌마675)(국가유공자가산점제도 위헌결정): "… 헌법재판소는 1999년 제대군인가산점제도를 위헌이라고 결정하면서, 제대군인에게 만점의 3%-5%를 가산함으로써 "차별로 인한 불평등 효과가 극심해서 차별취급의 비례성을 상실하고 있다."고 판시하였다(98헌마363). 이 사건 조항의 경우 역시 명시적인 헌법적 근거

없이 국가유공자의 가족들에게 만점의 10%라는 높은 가산점을 부여하고 있는 바, 그러한 가산점 부여 대상자의 광범위성과 가산점 10%의 심각한 영향력과 차별효과를 고려할 때, 그러한 입법정책만으로 헌법상의 공정경쟁의 원리와 기회균등의 원칙을 훼손하는 것은 부적절하며, 국가유공자의 가족의 공직 취업기회를 위하여 매년 수많은 젊은이들에게 불합격이라는 심각한 불이익을 받게 하는 것은 정당화될 수 없다. 이 사건 조항의 차별로 인한 불평등 효과는 입법목적과 달성수단 간의 비례성을 현저히 초과하는 것이다. ⋯."

62) (1) **심사의 척도**〈헌재, 98헌마363〉(제대군인가산점제도 위헌결정): " ⋯ 평등위반 여부를 심사함에 있어 엄격한 심사척도에 의할 것인지, 완화된 심사척도에 의할 것인지는 입법자에게 인정되는 입법형성권의 정도에 따라 달라지게 될 것이다. 먼저 헌법에서 특별히 평등을 요구하고 있는 경우 엄격한 심사척도가 적용될 수 있다. 헌법이 스스로 차별의 근거로 삼아서는 아니되는 기준을 제시하거나 차별을 특히 금지하고 있는 영역을 제시하고 있다면 그러한 기준을 근거로 한 차별이나 그러한 영역에서의 차별에 대하여 엄격하게 심사하는 것이 정당화된다. 다음으로 차별적 취급으로 인하여 관련 기본권에 대한 중대한 제한을 초래하게 된다면 입법형성권은 축소되어 보다 엄격한 심사척도가 적용되어야 할 것이다.

그런데 가산점제도는 엄격한 심사척도를 적용하여야 하는 위 두 경우에 모두 해당한다. 헌법 제32조 제4항은 "여자의 근로는 특별한 보호를 받으며, 고용·임금 및 근로조건에 있어서 부당한 차별을 받지 아니한다"고 규정하여 "근로" 내지 "고용"의 영역에 있어서 특별히 남녀평등을 요구하고 있는데, 가산점제도는 바로 이 영역에서 남성과 여성을 달리 취급하는 제도이기 때문이고, 또한 가산점제도는 헌법 제25조에 의하여 보장된 공무담임권이라는 기본권의 행사에 중대한 제약을 초래하는 것이기 때문이다(가산점제도가 민간기업에 실시될 경우 헌법 제15조가 보장하는 직업선택의 자유가 문제될 것이다). 이와 같이 가산점제도에 대하여는 엄격한 심사척도가 적용되어야 하는데, 엄격한 심사를 한다는 것은 자의금지원칙에 따른 심사, 즉 합리적 이유의 유무를 심사하는 것에 그치지 아니하고 비례성원칙에 따른 심사, 즉 차별취급의 목적과 수단간에 엄격한 비례관계가 성립하는지를 기준으로 한 심사를 행함을 의미한다. ⋯."

(2) **심사의 기준**〈헌재, 2000헌마25〉(국가유공자등가산점제도): "⋯ 평등권의 침해여부에 대한 심사는 그 심사기준에 따라 자의금지원칙에 의한 심사와 비례의 원칙에 의한 심사로 크게 나누어 볼 수 있다. 자의심사의 경우에는 차별을 정당화하는 합리적인 이유가 있는지만을 심사하기 때문에 그에 해당하는 비교대상간의 사실상의 차이나 입법목적(차별목적)의 발견·확인에 그치는 반면에, 비례심사의 경우에는 단순히 합리적인 이유의 존부문제가 아니라 차별을 정당화하는 이유와 차별간의 상관관계에 대한 심사, 즉 비교대상간의 사실상의 차이의 성질과 비중 또는 입법목적(차별목적)의 비중과 차별의 정도에 적정한 균형관계가 이루어져 있는가를 심사한다.

⋯ 비례의 원칙에 따른 심사를 하여야 할 경우로서 첫째, 헌법에서 특별히 평등을 요구하고 있는 경우 즉, 헌법이 차별의 근거로 삼아서는 아니되는 기준 또는 차별을 금지하고 있는 영역을 제시하고 있음에도 그러한 기준을 근거로 한 차별이나 그러한 영역에서의 차별의 경우 둘째, 차별적 취급으로 인하여 관련 기본권에 대한 중대한 제한을 초래하게 되는 경우를 들면서, 제대군인가산점제도는 위 두 경우에 모두 해당한다 ⋯. 즉 헌법 제32조 제4항은 "여자의 근로는 특별히 보호를 받으며, 고용·임금 및 근로조건에 있어서 부당한 차별을 받지 아니한다"고 규정하여 근로 내지 고용의 영역에 있어서 특별히 남녀평등을 요구하고 있는데, 제대군인가산점제도는 바로 이 영역에서 남성과 여성을 달리 취급하는 제도이기 때문이고, 또한 제대군인가산점제도는 헌법 제25조에 의하여 보장된 공무담임권 또는 직업선택의 자유라는 기본권의 행사에 중대한 제약을 초래하는 것이기 때문이다. ⋯."

63) (1) **가산점제도의 성격**〈헌재, 98헌마363〉(제대군인가산점제도) "⋯ 헌법 제39조 제1항에 규정된 국방의 의무는 ⋯ 국민이 마땅히 하여야 할 이른바 신성한 의무를 다 하는 것일 뿐, ⋯ 이를 특별한 희생으로 보아 일일이 보상하여야 한다고 할 수는 없는 것이다. 헌법 제39조 제2항은 병역의무를 이행한 사람에게 보상조치를 취하거나 특혜를 부여할 의무를 국가에게 지우는 것이 아니라, 법문 그대로 병역의무의 이행을 이유로 불이익한 처우를 하는 것을 금지하고 있을 뿐이다. ⋯ 그런데 가산점제도는 이러한 헌법 제39조 제2항의 범위를 넘어 제대군인에게 일종의 적극적 보상조치를 취하는 제도라고 할 것이므로 이를 헌법 제39조 제2항에 근거한 제도라고 할 수 없다. ⋯ 가산점제도에 헌법적 근거가 없는 이상 이 제도는 제대군인의 사회복귀를 돕겠다는 취지하에 입법정책적으로 도입된 것에 불과하다 할 것이다.

(2) **국가유공자가산점제도**〈헌재, 2004헌마675〉 "⋯ 종전 결정에서 헌법재판소는 헌법 제32조 제6항의 "국가유공자 · 상이군경 및 전몰군경의 유가족은 법률이 정하는 바에 의하여 우선적으로 근로의 기회를 부여받는다."는 규정을 넓게 해석하여, 이 조항이 국가유공자 본인뿐만 아니라 가족들에 대한 취업보호제도(가산점)의 근거가 될 수 있다고 보았다. 그러나 오늘날 가산점의 대상이 되는 국가유공자와 그 가족의 수가 과거에 비하여 비약적으로 증가하고 있는 현실과, 취업보호대상자에서 가족이 차지하는 비율, 공무원시험의 경쟁이 갈수록 치열해지는 상황을 고려할 때, 위 조항의 폭넓은 해석은 필연적으로 일반 응시자의 공무담임의 기회를 제약하게 되는 결과가 될 수 있다. 그렇다면 위 조항은 엄격하게 해석할 필요가 있다. 이러한 관점에서 위 조항의 대상자는 조문의 문리해석대로 "국가유공자", "상이군경", 그리고 "전몰군경의 유가족"이라고 봄이 상당하다. 이러한 해석에 의할 때 전몰군경의 유가족을 제외한 국가유공자의 가족이 헌법적 근거를 지닌 보호대상에서 제외되지만, 입법자는 위 조항 및 헌법 전문(前文)에 나타난 대한민국의 건국이념 등을 고려하여 취업보호대상자를 국가유공자 등의 가족에까지 넓힐 수 있는 입법정책적 재량을 지니며, 이 사건 조항 역시 그러한 입법재량의 행사에 해당하는 것이다.

그러나 그러한 보호대상의 확대는 어디까지나 법률 차원의 입법정책에 해당하며 명시적 헌법적 근거를 갖는 것은 아니다. … 국가유공자등가산점제도 이 사건 조항은 일반 응시자들의 공직취임의 기회를 차별하는 것이며, 이러한 기본권 행사에 있어서의 차별은 차별목적과 수단 간에 비례성을 갖추어야만 헌법적으로 정당화될 수 있다. 종전 결정은 국가유공자와 그 가족에 대한 가산점제도는 모두 헌법 제32조 제6항에 근거를 두고 있으므로 평등권 침해 여부에 관하여 보다 완화된 기준을 적용한 비례심사를 하였으나, 국가유공자 본인의 경우는 별론으로 하고, 그 가족의 경우는 … 헌법 제32조 제6항이 가산점제도의 근거라고 볼 수 없으므로 그러한 완화된 심사는 부적절한 것이다. ….”

64) **동성동본금혼 헌법불합치결정**〈헌재, 95헌가6내지13〉: “… 자유와 평등을 근본이념으로 하고 남녀평등의 관념이 정착되었으며 경제적으로 고도로 발달한 산업사회인 현대의 자유민주주의사회에서 동성동본금혼을 규정한 민법 제809조 제1항은 이제 사회적 타당성 내지 합리성을 상실하고 있음과 아울러 “인간으로서의 존엄과 가치 및 행복추구권”을 규정한 헌법이념 및 “개인의 존엄과 양성의 평등”에 기초한 혼인과 가족생활의 성립·유지라는 헌법규정에 정면으로 배치될 뿐 아니라 남계혈족에만 한정하여 성별에 의한 차별을 함으로써 헌법상의 평등의 원칙에도 위반되며, 또한 그 입법목적이 이제는 혼인에 관한 국민의 자유와 권리를 제한할 “사회질서”나 “공공복리”에 해당될 수 없다는 점에서 헌법 제37조 제2항에도 위반된다 할 것이다. …”

65) (1) **부부자산합산과세 위헌**〈헌재, 2004헌가6〉: “… ㈎ 부부의 자산소득이 합산되면 누진세율을 적용받기 때문에, 합산대상소득을 가진 부부는 자산소득이 개인과세되는 독신자 또는 사실혼관계의 부부보다 더 많은 조세를 부담하게 되는바, 특정한 조세법률조항이 혼인을 근거로 혼인한 부부를 혼인하지 아니한 자에 비해 차별취급하는 것이라면 비례의 원칙에 의한 심사에 의해 정당화되지 않는 한 헌법 제36조 제1항(혼인과 가족생활의 개인존엄과 양성평등, 국가 보장)에 위반된다.

㈏ 부부의 자산소득을 합산하여 과세하는 취지는 자산소득을 부부간에 분산하여 종합소득세의 누진세 체계를 회피하는 것을 방지하고, 소비단위별 생활실태에 부합하는 공평한 과세를 실현하며, 불로소득인 자산소득에 대하여 중과세하여 소득의 재분배를 기하려는 데에 있으므로 그 입법목적은 정당하다. 그러나 자산소득의 인위적인 분산에 의한 조세회피행위 방지라는 목적은 상속세및증여세법상의 증여추정규정 또는 부동산실권리자명의등기에관한법률상 조세포탈 목적으로 배우자에게 명의신탁한 경우 부동산에 관한 물권변동을 무효로 하는 규정 등에 의해서 충분히 달성할 수 있다. … 부부자산소득합산과세가 추구하는 공익은 입법정책적 법익에 불과한 반면, 이로 인하여 침해되는 것은 헌법이 강도 높게 보호하고자 하는 혼인을 근거로 한 차별금지라는 헌법적 가치이므로, 달성하고자 하는 공익과 침해되는 사익 사이에 적정한 균형관계를 인정할 수 없다. ….”

⇨ 같은 취지로 종합부동산세법의 ‘세대별 합산조항’ 위헌결정(2006헌바112), 그러나 ‘공동사업 합산과세조항’(“거주자 1인과 그와 대통령령이 정하는 특수관계에 있는 자가 사업소득이 발생하는 사업을 공동으로 경영하는 사업자 중에 포함되어 있는 경우에는 당해 특수관계자의 소득금액은 그 지분 또는 손익분배의 비율이 큰 공동사업자의 소득금액으로 본다.”)은 다른 이유(비례원칙)로 위헌결정(2004헌가19)

(2) 공동사업자 합산과세 위헌〈헌재, 2004헌가19〉: “… ㈎ 공동사업합산과세제도는 공동사업이라는 특정한 사업형태에 대한 소득세 조세규율에 있어 조세회피방지라는 목적을 위해 특수한 관계에 있는 자들을 예외적으로 규율하는 것으로 이러한 관계 속에 배우자나 가족이 들어간다 하여도 이것이 혼인이나 가족관계를 결정적 근거로 한 차별 취급이라고 볼 수 없으며 단지 합리적인 조세제도 운용에 있어 파생된 부수적인 결과물이다. … 공동사업을 위장하여 소득분산을 추구할 개연성이 높은 집단의 조세회피행위에 대처하기 위한 입법정책상의 강한 필요에 따라 이들을 달리 취급하도록 규정한 것이며 그러한 집단을 선정함에 있어 혼인이나 가족관계를 특별히 차별 취급하려는 것이 아니라 위장 분산의 개연성이 높고 그 입증이 쉽지 않을 것으로 예상되는 집단 중의 하나로 규정한 것으로 이 사건 법률조항은 헌법 제36조 제1항에 위반되지 않는다.

㈏ 〈그러나〉 이 사건 법률조항은 일률적으로 특수관계자의 사업소득을 지분이나 손익분배의 비율이 큰 공동사업자의 소득금액으로 의제함으로써 조세회피행위의 방지라는 입법목적을 달성하는데 있어 필요 이상의 과도한 방법을 사용하였다. 즉, 실질적으로 사업소득이 누구에게 귀속되었는가와 상관없이 이 사건 법률조항을 일률적으로 적용하게 됨으로 과세 대상의 실질이나 경제적 효과가 납세자에게 발생한 것으로 볼 수 없는 상황에서도 실질조사나 쟁송등을 통해 조세회피의 목적이 없음을 밝힘으로써 그 적용을 면할 수 있는 길을 열어두지 않고 있으며 이는 일정한 외관에 의거하여 가공의 소득에 대해, 또는 소득이 귀속되지 않은 자에 대한 과세로서 조세행정의 편의만을 위주로 제정된 불합리한 법률이다. … 반증의 기회를 제공하지 않음으로써 납세자에게 회복할 수 없는 피해를 초래할 가능성이 높아 이를 통해 달성하려는 입법목적과 사용된 수단 사이의 비례관계가 적정하지 아니하다. ….”

4. 신체의 자유를 위한 헌법원리와 형사절차적 기본권

인신보호를 위한 헌법원리	인신보호를 위한 형사절차적 기본권
1. 법률주의(§12①): 법률에 의한 체포, 구속, 압수, 수색, 심문, 처벌, 보안처분, 강제노역 2. 적법절차(§12①): 처벌, 보안처분, 강제노역 – Due Process of Law = Notice + Hearing[66] 3. 영장주의[67] + 적법절차: 체포, 구속, 압수, 수색(§12③) – 사후영장: 현행범인 or 도피, 증거인멸우려의 장기3년 이상의 죄 4. 죄형법정주의(§13①) – 관습형법금지, 형벌소급금지[68], 절대적부정기형금지, 유추해석금지, 형벌책임주의[69], 명확성, 적정성의 원칙 5. 무죄추정(§27④): 유죄판결 확정까지 무죄추정 – 불구속원칙, 의심스러울 때 피고인 이익으로, 예단 배제 6. 연좌제금지(§13③): 형벌책임주의 7. 이중처벌금지(§13①) – 실체적 이중처벌금지 → 절차적 一事不再理 8. 자백의 증명력, 증거능력(§12⑦) – 임의성 없는 자백(고문, 폭행, 협박, 구속장기화, 기망 등): 증거능력 제한 – 불리한 유일의 자백: 증명력 제한	1. 진술거부권(§12②) – 형사상 불리한 진술 강요금지 2. 변호인조력권(§12④)[70] – 체포, 구속 당한 때/국선변호인 3. 고문금지(§12②) – 임의성 없는 자백 4. 정당한 재판(§27)[71] – 헌법, 법률에 의한 법관 + 신속한 공개재판(§109) 5. 부당체포금지 – 영장실질심사(영장 발부시) – 구속적부심사(§12⑥ 영장 발부 이후 기소 전) – 구속이유고지제도(§12⑤) 6. 형사보상청구권(§28) – 형사피의자, 피고인으로 구금된 자 – 불기소, 무죄판결 받은 때 7. 피해자진술권(§27⑤)

66) **적법절차의 원칙에서 파생되는 청문권**〈헌재, 2005헌마579〉: "… 청구인들은 행정중심복합도시의 건설은 국민 모두에게 이해관계가 있는 것으로서 법률제정과정에서 의견을 충분히 청취하여 반영할 필요성이 큼에도 불구하고 국민의 의견청취절차를 생략하여 청구인들의 적법절차의 원칙에서 파생되는 청문권을 침해하였다고 주장한다. 그러나 국민들이 선출한 국회의원들이 의회에서 공개적인 토론과 타협을 통하여 적법한 절차를 거쳐 제정하는 법률에 대하여, 그 내용이 기본권을 제약하는 법률이라는 이유로 국민들에게 사전 청문절차를 보장하지 않았다고 다투는 것은 대표를 통하여 국민의 의사를 국가정책에 반영하는 의회주의와 대의민주주의의 기본취지에 부합되지 않는다. 그 경우 국민들은 입법절차라는 절차적 적법절차를 이미 받은 것으로 볼 수 있다. 따라서 적법절차원칙에 의하여 해석상 도출되는 청문절차에 대한 요구에 의하여 헌법이 명문으로 인정한 국회의 입법권을 제약하는 것은 헌법체계적으로도 적절한 것으로 볼 수 없다.
또한 국회는 자율적 판단에 따라 공청회나 청문회를 개최할 수 있고(국회법 제58조, 제64조), 국민은 청원권을 통하여 정부나 국회에 입법에 관한 건의를 할 수 있으며, 헌법소원과 위헌법률심판제도를 통하여 위헌적인 법률을 다툴 수 있으므로 법률의 공정성과 타당성을 보장하고 국민의 권리 보장을 위해 국민들의 의견을 반영하기 위한 절차가 일정부분 마련되어 있다고 볼 수 있다. 게다가 해석을 통해 입법절차에서의 국민의 직접참여권 보장을 내용으로 하는 청문권을 인정할 현실적인 필요성도 크지 않다. 따라서 국회입법에 대하여는 원칙적으로 일반 국민의 지위에서 적법절차에서 파생되는 청문권은 인정되지 아니하므로 청구인들의 경우 이 사건 법률에 의하여 그러한 기본권을 침해받을 가능성은 없다. …"

67) **영장주의가 적용되는 강제처분**〈헌재, 2007헌마1468: '동행명령제도'가 영장주의 대상이 아니라는 결정〉: "… ㈎ "체포·구속·압수 또는 수색을 할 때에는 적법한 절차에 따라 검사의 신청에 의하여 법관이 발부한 영장을 제시하여야 한다."고 규정하고 있는 헌법 제12조 제3항 본문에 비추어 볼 때, 신체의 자유와 관련한 영장주의는 체포 또는 구속 등 수사기관의 강제처분에 대하여 적용된다. 이때 영장주의의 적용 대상이 되는 강제처분의 의미에 대해 우리 재판소는, 당사자의 협력이 궁극적으로 불가피한 방법을 두고 강제처분이라고 할 수 없고(96헌가11, '음주측정' 거부에 대한 처벌), 영장주의가 적용되는 강제처분은 물리적 강제력을 행사하는 경우로 제한된다고 보면서, 형벌에 의한 불이익을 부과함으로써 수사기관이 심리적·간접적으로 지문채취를 강요하는 것은 물리력을 동원하여 강제로 이루어지는 경우와는 질적으로 차이가 있으며, '상대방에게 의무를 부담하게 하는 경우' 또는 '상대방의 의사에 반하여 실질적으로 법익 또는 기본권을 침해하는 처분'을 강제처분에 해당된다고 보는 것은 의무부담 또는 기본권제한의 범위가 광범위하여 명확한 기준을 제시해 준다고 볼 수 없다는 이유로, '벌금형의 제재를 수단으로 지문채취를 강요하는 것은 영장주의에 의하여야 할 강제처분이라 할 수 없다'고 판시한 바 있다(2002헌가17등, '지문채취' 불응에 대한 벌금 등의 형사처벌).
㈏ 결국 신체의 자유와 관련한 헌법상 영장주의는 '신체에 대해 직접적이고 현실적인 강제력이 행사되는 경우'에 적용되는 것으로 보아야 한다. … 따라서 직접적이고 현실적인 강제력의 행사가 아니라, 사후적인 제재를 통한 심리적, 간접적인 강제를 수단으로 상대방의 신체의 자유에 대해 일정한 제한을 가하는 것은, 그 제한의 목적과 제재의 정

도에 따라 과잉금지원칙에 위반하여 헌법 제12조 제1항이 규정한 신체의 자유를 침해하는지 여부가 문제될 수는 있을지언정, 헌법 제12조 제3항의 영장주의의 적용 대상은 될 수 없다. 우리 헌법이 영장주의를 통해 특히 강력하게 보호하고자 하는 것은 신체의 자유에 관련한 '자유로운 심리상태'가 아니라 '신체의 현실적인 자유상태'이며, 심리적 억압을 통한 사실상의 신체의 자유에 대한 침해는 영장주의가 아니라 헌법 제12조 제1항이 규정한 일반적인 신체의 자유를 통해 보호되는 것이다.

(다) 이 사건 동행명령조항은, 특별검사의 출석요구에 정당한 사유 없이 응하지 아니한 참고인에게 지정한 장소까지 동행할 것을 명령할 수 있도록 하고, 그 동행명령을 정당한 사유 없이 거부한 자는 1천만 원 이하의 벌금에 처하도록 규정하고 있다. 동행명령조항이 동행을 거부한 참고인에 대해 직접·현실적인 강제력을 행사하여 그 참고인을 지정된 장소로 인치할 수 있도록 한 규정이 아님은 문언상 명백할 뿐만 아니라, 이 사건 동행명령조항이 그 집행 등에 관하여 준용하고 있는 국회증언법 제6조에 규정된 동행명령제의 입법 경위(최초 법률안에서 '동행명령'과 '구인'을 명백히 구별하여 모두 규정하여 국회의 의결을 거쳤으나, 대통령의 거부권 행사로 구인을 삭제하고 동행명령만을 규정하면서 그 위반에 대해 국회모욕죄로 처벌하도록 규정한 것)에 비추어 보더라도 알 수 있는 것이다. 또한 동행명령을 거부한 참고인은 동행명령 거부에 대한 벌금형 부과를 위한 형사재판절차에서 동행명령을 거부한 정당한 사유를 주장하여 처벌의 당부를 다툴 수 있고, 그 정당한 사유의 존부를 포함한 형사처벌 여부는 최종적으로 법원이 결정하도록 되어 있다는 점을 고려하면, 이 사건 동행명령조항이 참고인의 신체에 직접적이고 현실적인 강제력의 행사를 허용하고 있는 규정이 아니라는 것은 더욱 분명해 진다. 결국 이 사건 동행명령조항은 동행명령을 거부하는 참고인에 대해 직접적이고 현실적인 강제력을 행사할 수 있음을 규정한 것이 아니라, 동행명령을 거부할 정당한 사유가 없는 참고인에 대하여 지정된 장소에 출석할 의무를 부과하고, 벌금형이라는 제재를 수단으로 하여 그 출석의무의 이행을 심리적, 간접적으로 강제하는 것이어서, 영장주의의 적용 대상이 될 수 없다.

68) **공소시효의 정지와 형벌불소급**〈헌재, 96헌가2등〉: "… 이 법률조항에 의한 공소시효의 정지<범죄행위의 종료일로부터 전두환·노태우의 대통령 재직기간이 만료된 1993.2.24.까지의 기간 동안에 그러한 이 사건 군사반란죄와 내란죄 등에 대한 공소시효의 진행이 정지된 것으로 본다고 규정 ← 헌정질서파괴범죄행위자들이 정권을, 따라서 소추기관을 실효적으로 장악하고 있는 상황하에서는 역시 이들에 대한 군사반란죄와 내란죄에 대한 공소시효도 정지되는 것이라고 해석하는 것이 성공한 내란도 처벌되어야 한다는 당위성에 합치되고 정의의 관념과 형평의 원칙에도 합치한다. 만약 이와 같이 해석하지 않는다면, 헌정질서파괴범죄행위자들이 시효의 이익을 누리기 위하여 불법적인 방법으로 집권기간을 연장하는 등 오히려 헌법질서의 파괴를 조장하게 되는 모순이 있고 성공한 내란은 처벌할 수 없는 결과가 될 것이기 때문>(필자 삽입) 곧 결과적으로 그 기간을 연장하는 것이 헌법 제12조 제1항 후단과 제13조 제1항 전단의 죄형법정주의에 위반되는지를 살펴보기로 한다.

(1) 헌법 제12조 제1항 후단은 "… 법률과 적법한 절차에 의하지 아니하고는 처벌·보안처분 또는 강제노역을 받지 아니한다"라고 규정하고, 제13조 제1항 전단은 "모든 국민은 행위시의 법률에 의하여 범죄를 구성하지 않는 행위로 소추되지 아니하며 …"라고 하여 죄형법정주의와 형벌불소급의 원칙을 규정하고 있다. 헌법 제12조 제1항과 제13조 제1항의 근본 뜻은 형벌법규는 허용된 행위와 금지된 행위의 경계를 명확히 설정하여 어떠한 행위가 금지고, 그에 위반한 경우 어떠한 형벌이 정해져 있는가를 미리 개인에 알려 자신의 행위를 그에 맞출 수 있도록 하자는데 있다. 이로써 위 헌법조항은 실체적 형사법 영역에서의 어떠한 소급효력도 금지하고 있고, "범죄를 구성하지 않는 행위"라고 표현함으로써 절대적 소급효금지의 대상은 "범죄구성요건"과 관련되는 것임을 밝히고 있다.
헌법이 위 조항에서 비록 범죄구성요건만을 언급하고 있으나, 책임없는 형벌을 금하고 행위의 불법과 행위자의 책임은 형벌과 적정한 비례관계를 유지하여야 한다는 적법절차의 원칙과 법치주의원칙에서 파생되는 책임원칙에 따라 범죄구성요건과 형벌은 불가분의 내적인 연관관계에 있기 때문에, 결국 죄형법정주의는 이 두가지 요소로 구성되는 "가벌성"을 그 내용으로 하고 있는 것이다. 즉 가벌성의 조건을 사후적으로 변경할 것을 요구하는 공익의 요청도 개인의 신뢰보호와 법적안정성에 우선할 수 없다는 것을 명백히 규정함으로써, 위 헌법조항은 소급적인 범죄구성요건의 제정과 소급적인 형벌의 가중을 엄격히 금하고 있다.

(2) 그러므로 우리 헌법이 규정한 형벌불소급의 원칙은 형사소추가 "언제부터 어떠한 조건하에서" 가능한가의 문제에 관한 것이고, "얼마동안" 가능한가의 문제에 관한 것은 아니다. 다시 말하면 헌법의 규정은 "행위의 가벌성"에 관한 것이기 때문에 소추가능성에만 연관될 뿐, 가벌성에는 영향을 미치지 않는 공소시효에 관한 규정은 원칙적으로 그 효력범위에 포함되지 않는다. 행위의 가벌성은 행위에 대한 소추가능성의 전제조건이지만 소추가능성은 가벌성의 조건이 아니므로 공소시효의 정지규정을 과거에 이미 행한 범죄에 대하여 적용하도록 하는 법률이라 하더라도 그 사유만으로 헌법 제12조 제1항 및 제13조 제1항에 규정한 죄형법정주의의 파생원칙인 형벌불소급의 원칙에 언제나 위배되는 것으로 단정할 수는 없다. …."

69) **양벌규정 위헌**〈헌재, 2009헌가14 등〉(형벌책임주의) "… 종업원 등의 일정한 범죄행위 사실이 인정되면 종업원 등의 범죄행위에 대한 영업주의 가담 여부나 종업원 등의 행위를 감독할 주의의무의 위반 여부 등을 전혀 묻지 않고 곧바로 영업주인 개인을 종업원 등과 같이 처벌하도록 규정하고 있는바, 이는 아무런 비난받을 만한 행위를 한 바 없는 자에 대해서까지 다른 사람의 범죄행위를 이유로 처벌하는 것으로서 형벌에 관한 책임주의에 위반된다." ⇨ 위헌결정 후 양벌규정에 법인 또는 사용자의 면책조항을 추가하는 형식으로 법률 개정

70) **변호인의 접견교통권**〈헌재, 2000헌마474〉(피의자 등의 변호인과의 접견교통권은 헌법상의 기본권으로 인정하면서도 변호인의 접견교통권은 기본권성을 인정하지 아니한 종래의 결정(89헌마181)이 있음에도): "… 헌법 제12조 제4항은 "누구든지 체포 또는 구속을 당한 때에는 즉시 변호인의 조력을 받을 권리를 가진다"라고 규정함으로써 변호인의 조력을 받을 권리를 헌법상의 기본권으로 격상하여 이를 특별히 보호하고 있거니와 변호인의 "조력을 받을" 피구속자의 권리는 피구속자를 "조력할" 변호인의 권리가 보장되지 않으면 유명무실하게 된다. 그러므로 피구속자를 조력할 변호인의 권리 중 그것이 보장되지 않으면 피구속자가 변호인으로부터 조력을 받는다는 것이 유명무실하게 되는 핵심적인 부분은, "조력을 받을 피구속자의 기본권"과 표리의 관계에 있기 때문에 이러한 핵심부분에 관한 변호인의 조력할 권리 역시 헌법상의 기본권으로서 보호되어야 한다. …."

71) **재판청구권의 의미 및 불출석재판 위헌**〈헌재, 97헌바22〉: "… 재판청구권에는 형사피고인의 공정한 재판을 받을 권리가 포함된다. 여기서의 공정한 재판이란 헌법과 법률이 정한 자격이 있고, 헌법 제104조 내지 제106조에 정한 절차에 의하여 임명되고 신분이 보장되어 독립하여 심판하는 법관으로부터 헌법과 법률에 의하여 그 양심에 따라 적법절차에 의하여 이루어지는 재판을 의미한다. 또한 그 권리는 재판절차를 규율하는 법률과 재판에서 적용될 실체적 법률이 모두 합헌적이어야 한다는 의미에서의 법률에 의한 재판을 받을 권리뿐만 아니라 재판의 공정을 보장하기 위하여 비밀재판을 배제하고 일반국민의 감시아래 재판의 심리와 판결을 받을 권리도 내용으로 한다. 이로부터 공개된 법정의 법관의 면전에서 모든 증거자료가 조사 · 진술되고 이에 대하여 피고인이 공격 · 방어할 수 있는 기회를 보장받을 권리가, 즉 원칙적으로 당사자주의와 구두변론주의가 보장되어 당사자에게 공소사실에 대한 답변과 입증 및 반증의 기회가 부여되는 등 공격·방어권이 충분히 보장되는 재판을 받을 권리가 파생되어 나온다(93헌바26, 95헌가5).
위와 같은 당사자주의와 구두변론주의의 재판구조를 가지고 있는 형사소송절차에서 피고인의 공판기일출석권은 단지 피고인의 방어권 보장을 위해서 뿐만 아니라 실체적 진실발견을 위하여도 매우 중요한 권리라 하지 않을 수 없다. 그리하여 형사소송법은 제276조에서 피고인이 공판기일에 출석하지 아니한 때에는 특별한 규정이 없으면 개정하지 못한다는 원칙을 선언하는 한편, 예외적으로 피고인이 의사무능력자이거나, 법인인 경우, 다액 100만원 이하의 벌금이나 과료에 해당하는 경미사건의 경우, 무죄·면소·공소기각 등 피고인에게 유리한 재판을 하는 경우, 피고인이 자의적 또는 일시 퇴정하거나 퇴정명령을 받은 경우, 구속피고인이 출석을 거부하는 경우, 상소심의 경우, 약식명령에 대하여 정식재판을 청구한 경우에는 피고인의 출석없이 재판할 수 있도록 규정하고 있다.
[심판대상조문] 소송촉진등에관한특례법 제23조(제1심공판의 특례) "제1심 공판절차에서 피고인에 대한 송달불능보고서가 접수된 때로부터 6월이 경과하도록 피고인 소재를 확인할 수 없는 때에는 대법원규칙이 정하는 바에 따라 피고인 진술없이 재판할 수 있다. 다만, 사형, 무기 또는 단기 3년 이상의 징역이나 금고에 해당하는 사건의 경우에는 그러하지 아니하다."

㈎ 심판대상조항의 입법목적과 내용
법원의 적절한 조치에도 불구하고 피고인의 소재를 확인할 수 없는 경우에 피고인이 출석하지 아니하였다는 이유로 공판절차를 진행할 수 없다고 한다면 그 절차의 중단으로 인하여 국가의 정당한 형벌권의 행사는 불가능해질 수밖에 없고, 심지어 피고인의 도피를 조장하는 등 여러 가지 불합리한 결과를 초래할 우려가 있다. 이 사건 법률조항의 입법목적은 바로 피고인 불출석의 위와 같은 폐해를 시정하기 위하여 일정한 요건아래 공판절차를 진행할 수 있도록 하여 형벌권의 신속하고도 적정한 행사를 도모하려는 것이고, 이를 통하여 부수적으로 영구미제사건의 적체를 줄이려는 것이라고 생각된다. … 이 사건 법률조항은 위와 같은 입법의 필요성에 따라 사형 · 무기 또는 단기 3년 이상의 징역이나 금고에 해당하지 않는 사건에 관하여 6월 이상 피고인의 소재 확인이 불능할 때에는 피고인이 출석하지 아니하더라도 제1심 재판을 진행할 수 있도록 하고 있다. 물론 이 사건 법률조항에 의하여 불출석한 상태에서 유죄판결을 선고받은 피고인은 항소를 제기하거나 형사소송법 제345조에 의한 항소권회복을 청구하여 항소심 및 상고심의 재판을 받을 수 있다.

㈏ 심판대상조항의 위헌여부
피고인의 공판기일출석권을 제한하고 있는 법률조항이 피고인의 방어권이 전혀 행사될 수 없는 상태에서 재판이 진행되어 사형이나 무기와 같은 중형선고가 가능하도록 규정하고 있다면, 이는 그 법률조항이 비록 위에서 본 바와 같은 정당한 입법목적을 지닌 것이라고 할지라도 그 목적 달성에 필요한 최소한의 범위를 넘어서 피고인의 공정한 재판을 받을 권리를 과도하게 침해하는 것이라고 하겠고, 또한 피고인에게 불출석에 대한 개인적 책임을 전혀 물을 수 없는 경우까지 피고인에게 답변과 입증 및 반증을 위한 기회조차 부여하지 아니한 채 궐석재판을 행할 수 있다면 이는 절차의 내용이 심히 적정하지 못한 경우로서 위에서 본 적법절차의 원칙에도 반한다고 할 것이다. … 그러나 이 사건 법률조항 단서가 그 적용대상에서 제외시켜 놓은 "사형·무기 또는 단기 3년 이상의 징역이나 금고에 해당하는 사건"이 아니라고 하여 모두 경미사건이라고 볼 수 있을지 의문이 든다. 왜냐하면 이 사건 법률조항 단서가 장기에 아무런 제한을 두지 아니한 관계로 그러한 사건에는 법정형이 재산형이나 단기 자유형에 해당하는 사건만 있는 것이 아니라 최고 징역15년(경합범 가중시에는 최고 징역 22년 6월, 누범 가중시에는 최고 징역25년)까지 선고가 가능한 사건이 포함되어 있기 때문이다. 뿐만 아니라 이 사건 법률조항은 그 적용대상이 너무 광범위하다는 문제점이 있다. 형법만 살펴 보더라도 사형·무기 또는 단기 3년 이상의 징역이나 금고에 해당되는 죄는 극히 일부임을 알 수 있다. …."

5. 양심의 자유

의의	- 양심: 옳고 그름의 판단에 관한 윤리적 · 도덕적 인식(윤리적)(§19) - 사상: 외부세계에 대한 인식(세계관, 가치관)(논리적) - 종교: 절대자에 대한 주관적 인식(신앙적)	
성격	자연권, 절대적 기본권(內心의 자유)	
주체	자연인, 외국인	
내용	양심의 형성	- 양심의 형성, 결정, 유지: 형성과정 불문 - 內心의 자유, 절대적 기본권
	양심의 실현	- 소극적 실현: 침묵, 良心推知의 금지(십자가밟기, 충성선서) cf)수혜거부로 양심유지가능한 경우 합헌(가석방부 준법서약)[72] - 적극적 실현: 상대적 기본권
효력	- 개인의 구체적 양심 보호: 개인적 인격의 정체성과 동일성 유지 - 사회적 다수의 양심(사회규범, 법규범 등)과 충돌하는 소수의 주관적 양심의 보호[73]	
제한	- 내심의 자유: 제한불가 - 제한의 특수성: 양자택일적 성격[74] - 국가의 대안제시의무[75]	
관련문제	양심에 근거한 범죄(ex)양심적 병역거부),[76][77] 강제음주측정, 법원의 사죄광고명령	

---

72) **준법서약서**〈헌재 98헌마425등〉: "… 헌법상 그 침해로부터 보호되는 양심은 첫째 문제된 당해 실정법의 내용이 양심의 영역과 관련되는 사항을 규율하는 것이어야 하고, 둘째 이에 위반하는 경우 이행강제, 처벌 또는 법적 불이익의 부과 등 법적 강제가 따라야 하며, 셋째 그 위반이 양심상의 명령에 따른 것이어야 한다. … 국법질서의 준수에 대한 국민의 일반적 의무가 헌법적으로 명백함을 감안할 때, 내용상 단순히 국법질서나 헌법체제를 준수하겠다는 취지의 서약을 할 것을 요구하는 이 사건 준법서약은 국민이 부담하는 일반적 의무를 장래를 향하여 확인하는 것에 불과하며, … 따라서 이 사건 준법서약은 어떤 구체적이거나 적극적인 내용을 담지 않은 채 단순한 헌법적 의무의 확인·서약에 불과하다 할 것이어서 양심의 영역을 건드리는 것이 아니다.
… 양심의 자유를 침해하는 정도의 외부적 법질서의 요구가 있다고 할 수 있기 위해서는 법적 의무의 부과와 위반시 이행강제, 처벌 또는 법적 불이익의 부과 등 방법에 의하여 강제력이 있을 것임을 요한다. 여기서 법적 불이익의 부과라고 함은 권리침해의 정도에는 이르지 아니하더라도 기존의 법적 지위를 박탈하거나 법적 상태를 악화시키는 등 적어도 현재의 법적 지위나 상태를 장래에 있어 불안하게 변모시키는 것을 의미한다. … 가석방은 행형당국의 판단에 따라 수형자가 받는 사실상의 이익이며 은전일 뿐이어서, 준법서약서의 제출을 거부하는 수형자는 결국 가석방의 혜택을 받을 수 없게 될 것이지만, 단지 그것뿐이며 더 이상 법적 지위가 불안해지거나 법적 상태가 악화되지 아니한다.
… 준법서약서의 제출은 단지 국가로부터 가석방이라는 은전을 부여받기 위한 요소일 뿐으로서 이러한 수혜요건을 충족시켜줄 것인가 여부는 당해 수형자가 자신의 내심의 소리에 따라서 여전히 자유롭게 선택할 수 있는 것이다. …."

73) (1) **양심의 자유가 보장하려는 양심(소수의 양심)**〈헌재, 2002헌가1, 2004. 8.26. 선고〉(양심적 병역거부 사건): "…
(가) 헌법은 제19조에서 양심의 자유를 국민의 기본권으로 보장하고 있다. 이로써 국가의 법질서와 개인의 내적·윤리적 결정인 양심이 서로 충돌하는 경우 헌법은 국가로 하여금 개인의 양심을 보호할 것을 규정하고 있다. … 헌법상 보호되는 양심은 어떤 일의 옳고 그름을 판단함에 있어서 그렇게 행동하지 아니하고는 자신의 인격적인 존재가치가 허물어지고 말 것이라는 강력하고 진지한 마음의 소리로서 절박하고 구체적인 양심을 말한다(96헌가11, 99헌바92등, 98헌마425등). … 인간의 존엄성 유지와 개인의 자유로운 인격발현을 최고의 가치로 삼는 우리 헌법상의 기본권체계 내에서 양심의 자유의 기능은 개인적 인격의 정체성과 동질성을 유지하는 데 있다.
(나) '양심의 자유'가 보장하고자 하는 '양심'은 민주적 다수의 사고나 가치관과 일치하는 것이 아니라, 개인적 현상으로서 지극히 주관적인 것이다. 양심은 그 대상이나 내용 또는 동기에 의하여 판단될 수 없으며, 특히 양심상의 결정이 이성적·합리적인가, 타당한가 또는 법질서나 사회규범, 도덕률과 일치하는가 하는 관점은 양심의 존재를 판단하는 기준이 될 수 없다. … 양심의 자유에서 현실적으로 문제가 되는 것은 사회적 다수의 양심이 아니라, 국가의 법질서나 사회의 도덕률에서 벗어나려는 소수의 양심이다. 따라서 양심상의 결정이 어떠한 종교관·세계관 또는 그 외의 가치체계에 기초하고 있는가와 관계없이, 모든 내용의 양심상의 결정이 양심의 자유에 의하여 보장된다.

(다) 헌법 제19조의 양심의 자유는 크게 양심형성의 내부영역과 형성된 양심을 실현하는 외부영역으로 나누어 볼 수 있으므로, … 양심형성의 자유란 외부로부터의 부당한 간섭이나 강제를 받지 않고 개인의 내심영역에서 양심을 형성하고 양심상의 결정을 내리는 자유를 말하고, 양심실현의 자유란 형성된 양심을 외부로 표명하고 양심에 따라 삶을 형성할 자유, 구체적으로는 양심을 표명하거나 또는 양심을 표명하도록 강요받지 아니할 자유(양심표명의 자유), 양심에 반하는 행동을 강요받지 아니할 자유(부작위에 의한 양심실현의 자유), 양심에 따른 행동을 할 자유(작위에 의한 양심실현의 자유)를 모두 포함한다. 양심의 자유 중 양심형성의 자유는 내심에 머무르는 한, 절대적 기본권이라 할 수 있는 반면, 양심적 결정을 외부로 표현하고 실현할 수 있는 권리인 양심실현의 자유는 법질서에 위배되거나 타인의 권리를 침해할 수 있기 때문에 법률에 의하여 제한될 수 있는 상대적 자유라 할 것이다(96헌바35). ….”

(2) **양심의 판단과 증명**〈2011헌바379 등, 2018. 6.28. 선고〉 “… 특정한 내적인 확신 또는 신념이 양심으로 형성된 이상 그 내용 여하를 떠나 양심의 자유에 의해 보호되는 양심이 될 수 있으므로, 헌법상 양심의 자유에 의해 보호받는 ‘양심’으로 인정할 것인지의 판단은 그것이 깊고, 확고하며, 진실된 것인지 여부에 따르게 된다. 그리하여 양심적 병역거부를 주장하는 사람은 자신의 ‘양심’을 외부로 표명하여 증명할 최소한의 의무를 진다.”

74) **양심실현의 자유와 양자택일성**〈헌재, 2002헌가1〉: “… 양심실현의 자유의 경우 법익교량과정은 특수한 형태를 띠게 된다. 수단의 적합성, 최소침해성의 여부 등의 심사를 통하여 어느 정도까지 기본권이 공익상의 이유로 양보해야 하는가를 밝히는 비례원칙의 일반적 심사과정은 양심의 자유에 있어서는 그대로 적용되지 않는다. 양심의 자유의 경우 비례의 원칙을 통하여 양심의 자유를 공익과 교량하고 공익을 실현하기 위하여 양심을 상대화하는 것은 양심의 자유의 본질과 부합될 수 없다. 양심상의 결정이 법익교량과정에서 공익에 부합하는 상태로 축소되거나 그 내용에 있어서 왜곡·굴절된다면, 이는 이미 ‘양심’이 아니다. 이 사건의 경우 종교적 양심상의 이유로 병역의무를 거부하는 자에게 병역의무의 절반을 면제해 주거나 아니면 유사시에만 병역의무를 부과한다는 조건 하에서 병역의무를 면제해 주는 것은 병역거부자의 양심을 존중하는 해결책이 될 수 없다. 따라서 양심의 자유의 경우에는 법익교량을 통하여 양심의 자유와 공익을 조화와 균형의 상태로 이루어 양 법익을 함께 실현하는 것이 아니라, 단지 ‘양심의 자유’와 ‘공익’ 중 양자택일 즉, 양심에 반하는 작위나 부작위를 법질서에 의하여 ‘강요받는가 아니면 강요받지 않는가’의 문제가 있을 뿐이다. ….”

75) **양심의 자유와 국가의 대안제시의무**〈헌재, 2002헌가1〉(양심적 병역거부 허용 이전의 헌재결정): “… 입법자가 공익이나 법질서를 저해함이 없이 대안을 제시할 수 있음에도 대안을 제시하지 않는다면, 이는 일방적으로 양심의 자유에 대한 희생을 강요하는 것이 되어 위헌이라 할 수 있다. 그런데 양심의 자유를 주장하는 자에 대하여 아무런 대체의무의 부과없이 국민 모두에게 적용되는 의무로부터 면제하는 것은 헌법상 허용되지 않는 특권을 부여하는 것과 같다. 그러므로 양심의 자유가 국민의 의무로부터의 예외를 요청한다면, 국가적 관용과 예외의 허용이 소수의 특권이 되지 않도록 국가는 가능하면 다른 대체의무의 부과를 통하여 이러한 불평등적 요소를 상쇄해야 한다. … 즉, 양심과 병역의무라는 상충하는 법익을 이상적으로 조화시키는 방안으로서 대체적 민간복무제가 고려된다. ….”

76) **양심적 병역거부와 대체복무제**〈2011헌바379 등, 2018. 6.28. 선고〉: “… **나. 양심적 병역거부의 의미와 대체복무제**
일반적으로 양심적 병역거부는 병역의무가 인정되는 징병제 국가에서 종교적·윤리적·철학적 또는 이와 유사한 동기로부터 형성된 양심상의 결정을 이유로 병역의무의 이행을 거부하는 행위를 가리킨다. … ‘양심적’ 병역거부는 실상 당사자의 ‘양심에 따른’ 혹은 ‘양심을 이유로 한’ 병역거부를 가리키는 것일 뿐이지 병역거부가 ‘도덕적이고 정당하다’는 의미는 아닌 것이다.
… 양심적 병역거부는 인류의 평화적 공존에 대한 간절한 희망과 결단을 기반으로 하고 있다. 사유를 불문하고 일체의 살상과 전쟁을 거부하는 사상은 역사상 꾸준히 나타났으며, 비폭력·불살생·평화주의 등으로 표현된 평화에 대한 이상은 그 실현가능성과 관계없이 인류가 오랫동안 추구하고 존중해온 것이다. 우리 헌법 역시 전문에서 ‘항구적인 세계평화와 인류공영에 이바지함’을 선언하여 이러한 이념의 일단을 표명하고 있다. … 한편, 양심적 병역거부를 인정하는 것이 여호와의 증인 등을 비롯한 특정 종교나 교리에 대한 특별취급을 하는 것이 아니냐는 의문이 제기되기도 한다. 그러나 이는 … 인류 공통의 염원인 평화를 수호하기 위하여 무기를 들 수 없다는 양심을 보호하고자 하는 것일 뿐, 특정 종교나 교리를 보호하고자 하는 것은 아니다.
또한, 양심적 병역거부를 인정한다고 해서 양심적 병역거부자의 병역의무를 전적으로 면제하는 것은 아니다. … 양심적 병역거부자들은 병역의무를 단순히 거부하는 것이 아니라 자신의 양심을 지키면서도 국민으로서의 국방의 의무를 다할 수 있도록 집총 등 군사훈련을 수반하는 병역의무를 대신하는 제도를 마련해달라고 국가에 호소하고 있다. 따라서 이들의 병역거부를 군복무의 고역을 피하기 위한 핑계라거나 국가공동체에 대한 기본의무는 이행하지 않으면서 국가의 보호만을 바라는 무임승차라고 볼 수는 없다. 즉, 양심적 병역거부자들은 단순히 군복무의 위험과 어려움 때문에 병역의무 이행을 회피하고자 하는 다른 병역기피자들과는 구별된다고 보아야 한다. 양심적 병역거부자들은 … 이 사건 법률조항에 의해 형사처벌을 받게 되고 이후에도 공무원이 될 기회를 가질 수 없게 되는 등 여러 부가적 불이익마저 받게 된다. 그럼에도 불구하고 국가는 양심적 병역거부자들의 절박한 상황과 대안의 가능성을 외면하고 양심을 지키려는 국민에 대해 그 양심의 포기 아니면 교도소에의 수용이라는 양자택일을 강요하여 왔을 뿐이다. 국가에게 병역의무의 면제라는 특혜와 형사처벌이라는 두 개의 선택지밖에 없다면 모르되, 국방의 의무와 양심의 자유를 조화시킬 수 있는 제3의 길이 있다면 국가는 그 길을 진지하게 모색하여야 할 것이다. … 물론 그렇게 형성된 양심에 대한 사회적·도덕적 판단이나 평가는 당연히 가능하며, '양심'이기 때문에 무조건 그 자체로 정당하다거나 도덕적이라는 의미는 아니다. 양심의 자유 중 양심형성의 자유는 내심에 머무르는 한, 절대적으로 보호되는 기본권이라 할 수 있는 반면, 양심적 결정을 외부로 표현하고 실현할 수 있는 권리인 양심실현의 자유는 법질서에 위배되거나 타인의 권리를 침해할 수 있기 때문에 법률에 의하여 제한될 수 있다.

다. 국제인권규범에 비추어 본 양심적 병역거부

(1) 1966년 국제연합(UN)에서 채택한 '시민적·정치적 권리에 관한 국제규약(이하 '자유권규약')' 제18조는 사상, 양심 그리고 종교의 자유를 보장하고 있고, 1993년 자유권규약위원회(Human Rights Committee)는 사상, 양심, 종교의 자유에 관한 일반의견 제22호에서, 자유권규약 제18조에서 양심적 병역거부권이 도출될 수 있다고 하였다. 우리나라는 1990년 위 규약에 제18조에 대한 아무런 유보 없이 가입하였다. … 또한 2006년부터 국제연합 인권위원회를 대신하게 된 국제연합 인권이사회(United Nations Human Rights Council)는 2013.9.27. 양심적 병역거부에 관한 결의를 통하여 앞서 살펴본 인권위원회의 결의 내용들을 다시 언급하면서, 양심적 병역거부자에 대한 처벌을 중단하고 현재 수감 중인 양심적 병역거부자들을 석방할 것, 대체복무제를 도입할 것 등을 각국에 촉구하였다.

한편, 유럽연합의회는 2000.12.7. 채택한 '유럽연합기본권헌장'에서 "양심적 병역거부권은 인정되며, 그 권리의 행사는 각국의 국내법에 따른다."(제10조 제2항)라고 규정하여 양심적 병역거부권을 인정하고 있다. 위 기본권헌장은 2009.12.1. 발효된 새로운 유럽연합조약 제6조 제1항에 따라 유럽연합 회원국에 대해 법적 구속력을 가지게 되었다. …

(2) 자유권규약위원회는 2006년 자유권규약 관련 대한민국의 제3차 국가보고서에 대한 최종견해에서, 양심적 병역거부자가 형사처벌을 받고 국가기관 및 공공기관의 채용에서 배제되며 전과자의 낙인을 안고 살아가는 것에 대해 우려를 표한다고 하면서, 대한민국에게 양심적 병역거부자를 군복무에서 면제하고 자유권규약 제18조에 부합하는 입법조치를 취할 것을 권고하였고, 2015년에도 대한민국의 제4차 국가보고서에 대한 최종견해를 통하여 양심적 병역거부자를 석방하고, 그들의 전과기록을 말소하고 적절한 보상을 하며, 민간적 성격의 대체복무제를 도입할 것을 권고하였다. 한편, 자유권규약위원회는 처벌조항에 따라 유죄확정판결을 받은 여호와의 증인인 우리 국민 2인이 제기한 개인통보에 대해 2006.11.3. 채택한 견해에서, 대한민국이 자유권규약 제18조 제1항을 위반하였다고 하면서, 대한민국은 위 국민들에게 효과적인 구제조치를 하고 유사한 위반이 장래에 또 발생하지 않도록 할 의무가 있다고 하였다. 그 후 자유권규약위원회는 양심적 병역거부와 관련하여 우리 국민이 제기한 모든 개인통보 사건들에서 같은 취지의 견해를 채택하였다.

77) **병역종류조항의 위헌여부(헌법불합치결정)**〈2011헌바379 등, 2018. 6.28. 선고〉: "(1) 목적의 정당성 및 수단의 적합성

병역종류조항은 병역의 종류를 현역, 예비역, 보충역, 병역준비역, 전시근로역의 다섯 가지로 한정적으로 열거하고 … 병역의무자는 병역법에 따라 특별히 병역을 면제받는 경우를 제외하고는 누구라도 그 중 자신에게 해당되는 병역을 이행하도록 하고 있다. 위와 같은 병역종류조항은, 병역의 종류와 각 병역의 내용 및 범위를 법률로 정하여 병역부담의 형평을 기하고, 병역의무자의 신체적 특성과 개인적 상황, 병력수급 사정 등을 고려하여 병역자원을 효율적으로 배분할 수 있도록 함과 동시에, 병역의 종류를 한정적으로 열거하고 그에 대한 예외를 인정하지 않음으로써 병역자원을 효과적으로 확보할 수 있도록 하기 위한 것이다. 이는 궁극적으로 국가안전보장이라는 헌법적 법익을 실현하고자 하는 것이므로 위와 같은 입법목적은 정당하고, 병역종류조항은 그러한 입법목적을 달성하기 위한 적합한 수단이다.

(2) 침해의 최소성

병역종류조항은 … 한정적으로 열거하고, 그 이외에 다른 병역의 종류나 내용을 상정하지는 않고 있다. 그런데 위 병역들은 모두 군사훈련을 받는 것을 전제하고 있으므로, 양심적 병역거부자에게 병역종류조항에 규정된 병역을 부과할 경우 필연적으로 그들의 양심과 충돌을 일으킬 수밖에 없다.

입법자는 기본권을 제한하는 경우에도 입법목적 실현에 적합한 여러 수단 중에서 되도록 기본권을 최소로 침해하는 수단을 선택해야 한다. … 대체복무제는 군사훈련을 수반하는 병역의무를 일률적으로 부과하는 것에 비하여 양심의 자유를 덜 제한하는 수단임이 명백하므로, 이하에서는 대체복무제를 도입할 경우 현재의 병역종류조항과 동등하게 입법목적을 달성할 수 있는지에 관하여 검토한다. 종래 대체복무제를 도입하면 국방력의 저하, 병역의무의 형평성 저해가 우려된다는 주장이 제기되어 왔다.

(가) 국방력에 미치는 영향

2016년 국방백서에 의하면 우리나라의 병력은 대략 육군 49만명, 해군(해병대 포함) 7만명, 공군 6만 5천명

으로 총 62만 5천명에 이르는 한편, … 이에 비하여 우리나라의 양심적 병역거부자는 연평균 약 600명 내외일 뿐이므로 병역자원이나 전투력의 감소를 논할 정도로 의미 있는 규모는 아니다. …

(나) 병역의무의 형평성

양심적 병역거부를 빙자한 병역기피자들이 증가하여 국방의무의 평등한 이행확보가 어려울 수 있고, 국민개병제를 바탕으로 한 전체 병역제도의 실효성이 훼손될 수 있다는 우려가 제기된다. … 그러나 국가가 관리하는 객관적이고 공정한 사전심사절차와 엄격한 사후관리절차를 갖출 경우, 진정한 양심적 병역거부자를 가려내는 데 큰 어려움은 없을 것으로 보인다. … 현역복무와 대체복무 사이에 복무의 난이도나 기간과 관련하여 형평성을 확보해 현역복무를 회피할 요인을 제거한다면, 심사의 곤란성과 병역기피자의 증가 문제를 효과적으로 해결할 수 있다. … 다만, 대체복무의 기간이나 고역의 정도가 과도하여 양심적 병역거부자라 하더라도 도저히 이를 선택하기 어렵게 만드는 것은, 대체복무제를 유명무실하게 하거나 징벌로 기능하게 할 수 있으며 또 다른 기본권 침해 문제를 발생시킬 수 있다는 점에 유의할 필요가 있다. …

(라) 소결

요컨대, 대체복무제를 도입하더라도 우리의 국방력에 유의미한 영향이 있을 것이라고 보기는 어려운 반면, 대체복무 편입여부를 판정하는 객관적이고 공정한 심사절차를 마련하고 현역복무와 대체복무 사이의 형평성이 확보되도록 제도를 설계한다면, 대체복무제의 도입은 병역자원을 확보하고 병역부담의 형평을 기하고자 하는 입법목적을 병역종류조항과 같은 정도로 충분히 달성할 수 있다고 판단된다. 이와 같이 대체복무제라는 대안이 있음에도 불구하고 군사훈련을 수반하는 병역의무만을 규정한 병역종류조항은, 침해의 최소성 원칙에 어긋난다.

(3) 법익의 균형성

(가) 병역종류조항이 추구하는 공익이 국가의 존립과 모든 자유의 전제조건인 '국가안보' 및 '병역의무의 공평한 부담'이라는 대단히 중요한 것임은 부정할 수 없다. 그러나 병역종류조항에 대체복무제를 도입한다고 하더라도 위와 같은 공익은 충분히 달성할 수 있다고 판단된다.

(나) 반면, 양심적 병역거부자들이 감수하여야 하는 불이익은 심대하다. 우선 양심적 병역거부자들은 … 대부분 최소 1년 6월 이상의 징역형을 선고받으며 형 집행이 종료된 이후에도 일정기간 공무원으로 임용될 수 없다. 또한 병역기피자로 간주되어 공무원 또는 일반 기업의 임·직원으로 근무하고 있었던 경우에는 해직되어 직장을 잃게 되고, 이전에 취득하였던 각종 관허업의 특허·허가·인가·면허 등도 모두 상실한다. 게다가 병역의무 기피자로서 병무청 인터넷 홈페이지 등에 공개될 수 있다. 이러한 법적인 불이익과는 별도로, 처벌 이후 사회생활에서는 징역형을 선고받은 전과자로서 여러 가지 유·무형의 냉대와 취업곤란을 포함한 불이익 역시 감수하여야 한다. …

(다) 한편, 양심적 병역거부자를 처벌하는 것보다 이들에게 대체복무를 부과하는 것이 넓은 의미의 국가안보와 공익 실현에 오히려 더 도움이 된다고 할 수 있다. … 현 상황에서는 오로지 이들을 처벌하여 교도소에 수용하는 것만이 가능할 뿐이다. 그런데 양심적 병역거부자들이 형사처벌 및 이에 뒤따르는 유·무형의 막대한 불이익을 겪으면서도 꾸준히 입영이나 집총을 거부하여 왔다는 사실을 고려하면, 형사처벌이 그들에게 특별예방효과나 일반예방효과를 가지지 못한다고 볼 수 있으므로, 병역자원을 단순히 교도소에 수용하고 있는 것은 국가안보나 공익에 거의 아무런 도움이 되지 않는 조치라고 할 수 있다. … 따라서 양심적 병역거부자들에게 소방·보건·의료·방재·구호 등의 공익 관련 업무에 종사하도록 한다면, 이들을 일률적으로 처벌하여 단순히 교도소에 수용하고 있는 것보다는 넓은 의미의 안보에 실질적으로 더 유익한 효과를 거둘 수 있을 것이다. … 현행제도에서도 이와 유사한 병역의무 이행방식을 찾아볼 수 있다. 병역법은 사회복무요원(제26조 제1항), 예술·체육요원(제33조의7), 공중보건의사(제34조), 공익법무관(제34조의6) 등으로 복무할 수 있는 보충역 복무규정을 두고 있다. 사회복무요원의 경우를 보면, 이들은 국가기관·지방자치단체·공공단체 및 사회복지시설의 공익목적에 필요한 사회복지, 보건·의료, 교육·문화, 환경·안전 등 사회서비스업무의 지원업무, 국가기관·지방자치단체· 공공단체의 공익목적에 필요한 행정업무 등의 지원업무 등에 종사한다(제26조 제1항). 이러한 사회복무요원의 복무는 30일 이내의 군사교육소집(제29조 제3항, 제55조 제1항, 병역법시행령 제108조)을 받는다는 점을 제외하면 양심적 병역거부자가 하게 될 대체복무와 그 복무 내용이 크게 다르지 않을 것이다. …

(라) 소결

이상에서 본 바와 같이, 병역종류조항이 추구하는 공익은 대단히 중요한 것이기는 하나, 병역종류조항에 대체복무제를 도입한다고 하더라도 위와 같은 공익은 충분히 달성할 수 있다고 판단되는 반면, 병역종류조항에 대체복무제가 규정되지 않음으로 인하여 양심적 병역거부자가 감수하여야 하는 불이익은 심대하고, 이들에게 대체복무를 부과하는 것이 오히려 넓은 의미의 국가안보와 공익 실현에 더 도움이 된다는 점을 고려할 때, 병역종류조항은 기본권 제한의 한계를 초과하여 법익의 균형성 요건을 충족하지 못한 것으로 판단된다.

6. 표현의 자유

의의	– 사상 · 의견 표명 · 전달 + 알 권리[78], 액세스권, 반론권, 언론기관의 설립, 대내외적 자유 포함 – 표현의 자유 = 개인적 표현〈언론(구두) · 출판(문자, 형상)〉 + 집단적 표현〈집회(일시적) · 결사(지속적)〉
기능	(1) 사상 · 의견의 표명 → 인간존엄 · 가치, 자유로운 인격발현 (2) 사상 · 의견의 형성 → 민주적 참여 ← 알 권리, 접근권, 반론권, 취재의 자유 필요 (3) 사상의 자유형성 · 전달은 민주적인 정치 · 법질서의 형성 · 유지를 위한 초석
성격	– 자유권설 · 청구권설 · 제도적보장 혼합설(通) ⇒ 사상 · 의견의 자유형성 · 전달(대국가적 방어권) + 정보의 접근 · 수집(청구권) + 민주적 · 법치국가적 질서 형성 · 유지 위한 자유 여론형성 · 여론존중(제도보장)
내용	(1) 情報源 → 取材源秘匿權(학설대립) ⇦ 특히 형사재판에서의 실체적 진실발견과 충돌 (2) 정보수집(취재의 자유, 정보공개청구권 ← 알 권리) (3) 정보처리(정보선택 · 재구성: 개인적 처리(사상 · 양심 · 학문 자유), 언론기관 편집 · 편성권) (4) 정보전달(언론기업의 독과점화 → 접근권, 반론권)
효력	대국가적 + 대사인적
한계	명예훼손[79]/사생활비밀 · 자유/공중도덕 · 사회윤리/ 煽動
제한	(1) 사전제한: 정보의 자의적 선별 · 결정 →알권리 침해 → 보다 엄격요건 필요 i) 허가제 금지 – '행정권'에 의한 사전심사 금지[80] vs. 법률에 의한 제한(ex) 집시법 §11)은[81] 가능 ii) 검열제 금지[82] – 출판물 · 영화 · 음반 · 게임물 등 '행정권이 주체가 된 사전심사절차' ⇨ 사상 · 의견 내용심사 · 선별 → 일정 사상 · 의견의 표현 사전억제 ← 관제의견, 지배자 유리 의견만 허용 ▶ 사전심사의 특징: 제출의무, 행정기관 심사, 허가없는 표현금지, 강제수단 (2) 옥외집회 및 시위의 신고(집제6조): 48시간 이전에 관할 경찰서장에게 ⇨ 법률상 금지된 시위에[83] 해당하는 경우 금지 통고(제8조) (3) 언론규제입법 합헌성판단기준: 경제적 기본권 규제입법의 합헌성판단기준인 '합리성'보다 엄격한 기준 ← 二重基準原則 i) 명확성이론(void for vagueness doctrine) ii) 과잉금지원칙: 적합 · 최소 침해의 제재(Less Restrictive Alternative: LRA)[84][85] iii) 법익형량원칙: 공익보호필요성〉언론자유 iv) 명백 · 현존위험의 원칙(rule of clear & present danger)[86] v) 기타: 규제입법합헌성추정배제원칙, 입증책임전환이론 등
침해구제	(1) 국가기관에 의한 침해: 입법 · 사법 · 행정의 침해와 그 구제 일반론 (2) 언론기관(私人)에 의한 침해 i) 언론 · 출판의 자유 침해된 경우: 제3자효 ii) 개인의 명예 · 권리 침해 a. 반론보도청구권(방송법, 정간법) → 언론의 공정성 · 객관성 제고 ← 인격권, 사생활 보호 b. 추후보도청구권 c. 형사처벌 · 불법행위책임

※ 신고(적법신고, 도달로 효력발생) vs. 등록(형식심사, 반려가능) vs. 허가(형식 + 실체심사 = 자연적 자유 회복) vs. 특허(출원 + 심사 = 권리 설정) vs. 인가(승인, 보충행위=법률행위 효력발생요건)

※ 행정 행위의 분류: "행정청이 행하는 구체적 사실에 관한 법집행행위로서의 권력적, 단독적 공법행위"

(1) 법률행위적 행위: 명령적 행위(하명, 허가, 면제) + 형성적 행위〈설권(특허) · 박권 · 변권, 인가, 대리〉

(2) 준법률행위적 행위: 확인, 공증, 통지, 수리

78) **알 권리의 성격**〈헌재, 90헌마133〉: "… 정보에의 접근·수집·처리의 자유, 즉 "알 권리"는 표현의 자유와 표리일체의 관계에 있으며 자유권적 성질과 청구권적 성질을 공유하는 것이다. 자유권적 성질은 일반적으로 정보에 접근하고 수집·처리함에 있어서 국가권력의 방해를 받지 아니한다는 것을 말하며, 청구권적 성질을 의사형성이나 여론 형성에 필요한 정보를 적극적으로 수집하고 수집을 방해하는 방해제거를 청구할 수 있다는 것을 의미하는 바 이는 정보수집권 또는 정보공개청구권으로 나타난다. 나아가 현대 사회가 고도의 정보화사회로 이행해감에 따라 "알 권리"는 한편으로 생활권적 성질까지도 획득해 나가고 있다. …."

79) **공적 인물 이론**〈헌재, 97헌마265〉(결정요지): "… 신문보도의 명예훼손적 표현의 피해자가 공적 인물인지 아니면 사인인지, 그 표현이 공적인 관심 사안에 관한 것인지 순수한 사적인 영역에 속하는 사안인지의 여부에 따라 헌법적 심사기준에는 차이가 있어야 한다. 객관적으로 국민이 알아야 할 공공성·사회성을 갖춘 사실은 민주제의 토대인 여론형성이나 공개토론에 기여하므로 형사제재로 인하여 이러한 사안의 게재를 주저하게 만들어서는 안된다. 신속한 보도를 생명으로 하는 신문의 속성상 허위를 진실한 것으로 믿고서 한 명예훼손적 표현에 정당성을 인정할 수 있거나, 중요 내용이 아닌 사소한 부분에 대한 허위보도는 형사제재의 위협으로부터 자유로워야 한다. 시간과 싸우는 신문보도에 오류를 수반하는 표현은 사상과 의견에 대한 아무런 제한없는 자유로운 표현을 보장하는 데 따른 불가피한 결과이고 이러한 표현도 자유토론과 진실확인에 필요한 것이므로 함께 보호되어야 하기 때문이다. 그러나 허위라는 것을 알거나 진실이라고 믿을 수 있는 정당한 이유가 없는데도 진위를 알아보지 않고 게재한 허위보도에 대하여는 면책을 주장할 수 없다. …."

80) (1) **야간옥외집회 제한 헌법불합치결정**〈헌재, 2008헌가25, 단순위헌 5인, 헌법불합치 2인 ⇨ 헌법불합치결정〉:

(가) 집시법 제10조 본문은 "누구든지 해가 뜨기 전이나 해가 진 후에는 옥외집회 또는 시위를 하여서는 아니된다." 고 규정하여 '야간옥외집회'를 일반적으로 금지하면서 그 단서에서는, "다만 집회의 성격상 부득이하여 주최자가 질서유지인을 두고 미리 신고한 경우에는 관할경찰서장은 질서 유지를 위한 조건을 붙여 해가 뜨기 전이나 해가 진 후에도 옥외집회를 허용할 수 있다."고 규정하고 있는 바, 위 조항 본문에 의하면 야간옥외집회는 일반적으로 금지하되, 그 단서에서는 행정권인 관할경찰서장이 집회의 성격 등을 포함하여 야간옥외집회의 허용 여부를 사전에 심사하여 결정한다는 것이므로, 결국 야간옥외집회에 관한 일반적 금지를 규정한 집시법 제10조 본문과 관할 경찰서장에 의한 예외적 허용을 규정한 단서는 그 전체로서 야간옥외집회에 대한 '허가'를 규정한 것이라고 보지 않을 수 없고, 이는 이 사건 헌법규정에 정면으로 위반되는 것이다.

(나) 한편, 집시법 제11조 내지 제14조에서도 집회의 장소, 방법 등에 관하여 집회의 자유를 제한하는 규정을 두고 있긴 하지만, 위 규정들은 집시법 제10조와 같이 행정권에 의한 사전허가의 방식으로 집회의 자유를 규제하지 아니하고, 법률에 의한 제한의 방식을 취하고 있으므로 이 사건 헌법규정에 대한 위반의 문제는 발생하지 않는다. 나아가 집시법 제11조 제4호는, 원래 국내 주재 외국의 외교기관이나 외교사절의 숙소부근에서는 옥외집회 및 시위를 절대적으로 금지하는 규정을 두었다가 헌법재판소의 위헌결정(2000헌바67등 결정)에 따라 단서조항이 신설되는 개선입법이 이루어졌지만, 이때에도 행정권에 의한 사전허가의 방식이 아니라 법률에 의한 규제방식을 택하였을 뿐이므로, 행정권에 의한 사전허가의 방식으로 집회의 자유를 제한하고 있는 집시법 제10조와는 다르다는 점을 주목할 필요가 있다〈집시법 제11조 제1호중 "각급 법원" 부분에 관하여 헌재는 2004헌가17에서 합헌결정을 한 바 있다〉.

(다) 우리 집시법은 집회나 시위로 재산 또는 시설에 심각한 피해가 발생하거나 사생활의 평온을 뚜렷하게 해칠 우려가 있는 경우 또는 학교의 주변 지역으로서 집회 또는 시위로 학습권을 뚜렷이 침해할 우려가 있는 경우로서 거주자나 관리자가 시설·장소의 보호를 요청하는 때에는 관할경찰관서장이 집회의 금지 또는 제한통고를 할 수 있도록 규정하고(제8조 제3항 제1호, 제2호), … 이에 위반하는 경우에는 관할경찰관서장이 확성기 사용 중지 등 필요한 조치를 할 수 있도록 규정하며(제14조), 관할경찰관서장이 대통령령으로 정하는 주요 도시의 주요 도로에서의 집회 또는 시위에 대하여는 교통 소통을 위하여 필요하다고 인정하면 이를 금지하거나 교통질서 유지를 위한 조건을 붙여 제한할 수 있도록 규정하는(제12조 제1항) 등 국민의 주거 및 사생활의 평온과 사회의 공공질서가 보호될 수 있는 보완장치를 마련하고 있으므로, 옥외집회가 금지되는 야간시간대를 집시법 제10조와 같이 광범위하게 정하지 않더라도 위와 같은 입법목적을 달성하는데 큰 어려움이 없다고 할 것이다. 한편, 집시법 제10조 단서는, 위와 같은 과도한 제한을 완화하기 위하여 관할경찰관서장이 일정한 조건하에 이를 허용할 수 있도록 규정하고 있으나, 그 허용 여부를 행정청의 판단에 맡기고 있는 이상, 과도한 제한을 완화하는 적절한 방법이라고 할 수 없다. 따라서 집시법 제10조는 침해최소성의 원칙에 반한다고 할 것이고, 이와 같은 광범위한 시간대의 제한으로 인하여 집회예정자가 받을 침해가 이로 인하여 달성할 공익보다 결코 작다고 할 수 없으므로 법익균형성도 갖추지 못하였다고 할 것이다.

(2) **야간시위제한의 한정위헌결정**〈헌재 2010헌가2〉: "… (가) 시위는 공공의 안녕질서, 법적 평화 및 타인의 평온에 미치는 영향이 크고, 야간이라는 특수한 시간적 상황은 시민들의 평온이 강하게 요청되는 시간대로, 야간의 시위는 주간의 시위보다 질서를 유지시키기가 어렵다. 야간의 시위 금지는 이러한 특징과 차별성을 고려하여 사회의 안녕

질서를 유지하고 시민들의 주거 및 사생활의 평온을 보호하기 위한 것으로서 정당한 목적 달성을 위한 적합한 수단이 된다. 그런데 집시법 제10조 본문에 의하면, 낮 시간이 짧은 동절기의 평일의 경우, 직장인이나 학생은 사실상 시위를 주최하거나 참가할 수 없게 되는 등 집회의 자유가 실질적으로 박탈되는 결과가 초래될 수 있다. 나아가 도시화·산업화가 진행된 현대 사회에서 전통적 의미의 야간, 즉 '해가 뜨기 전이나 해가 진 후'라는 광범위하고 가변적인 시간대는 위와 같은 '야간'이 특징이나 차별성이 명백하다고 보기 어려움에도 일률적으로 야간 시위를 금지하는 것은 목적달성을 위해 필요한 정도를 넘는 지나친 제한으로서 침해의 최소성 원칙 및 법익균형성 원칙에 반한다. 따라서 심판대상조항들은 과잉금지원칙에 위배하여 집회의 자유를 침해한다.

(나) 야간시위를 금지하는 집시법 제10조 본문에는 위헌적인 부분과 합헌적인 부분이 공존하고 있으며, 위 조항 전부의 적용이 중지될 경우 공공의 질서 내지 법적 평화에 대한 침해의 위험이 높아, 일반적인 옥외집회나 시위에 비하여 높은 수준의 규제가 불가피한 경우에도 대응하기 어려운 문제가 발생할 수 있으므로, 현행 집시법의 체계 내에서 시간을 기준으로 한 규율의 측면에서 볼 때 규제가 불가피하다고 보기 어려움에도 시위를 절대적으로 금지하여 위헌성이 명백한 부분에 한하여 위헌 결정을 한다. 심판대상조항들은, 이미 보편화된 야간의 일상적인 생활의 범주에 속하는 '해가 진 후부터 같은 날 24시까지의 시위'에 적용하는 한 헌법에 위반된다.

81) **제11조(옥외집회와 시위의 금지 장소)** 누구든지 다음 각 호의 어느 하나에 해당하는 청사 또는 저택의 경계 지점으로부터 100 미터 이내의 장소에서는 옥외집회 또는 시위를 하여서는 아니 된다.

1. 국회의사당, 각급 법원, 헌법재판소
2. 대통령 관저, 국회의장 공관, 대법원장 공관, 헌법재판소장 공관
3. 국무총리 공관. 다만, 행진의 경우에는 해당하지 아니한다.
4. 국내 주재 외국의 외교기관이나 외교사절의 숙소. 다만, 다음 각 목의 어느 하나에 해당하는 경우로서 외교기관 또는 외교사절 숙소의 기능이나 안녕을 침해할 우려가 없다고 인정되는 때에는 해당하지 아니한다.
   가. 해당 외교기관 또는 외교사절의 숙소를 대상으로 하지 아니하는 경우
   나. 대규모 집회 또는 시위로 확산될 우려가 없는 경우
   다. 외교기관의 업무가 없는 휴일에 개최하는 경우

⇨ 구법에서는 '국내주재 외국의 외교사절의 숙소'를 제3호에서 '예외가 없는' 전면적인 집회금지장소로 규정하고 있었으나 위헌결정으로(2000헌바67등) 현행의 제4호를 신설하였음.

⇨ 이후에도 위 열거된 금지지역에서의 예외없는 전면적인 금지는 '입법 목적의 정당성과 수단의 적합성이 인정된다고 하더라도, 침해의 최소성 및 법익의 균형성 원칙에 반하여(과잉금지원칙 위반) 집회의 자유를 침해한다'는 이유로 제1호의 '국회의사당'(2013헌바322등, 2018.5.31. 선고), 제3호의 '국무총리공관'(2015헌가28등, 2018.6.28. 선고)에 대해서는 위헌결정이 있었음.

⇨ 그러나 제1호의 '각급법원'(2006헌바13) '헌법재판소'(2004헌가17)에 대해서는 합헌결정이 있었음.

82) (1) **檢閱의 의미: 영화사전심의제도**(헌재, 93헌가13, 91헌바10(병합))(결정요지): "… (가) 헌법 제21조 제2항의 검열은 행정권이 주체가 되어 사상이나 의견 등이 발표되기 이전에 예방적 조치로서 그 내용을 심사, 선별하여 발표를 사전에 억제하는, 즉 허가받지 아니한 것의 발표를 금지하는 제도를 뜻한다. 그러므로 검열은 일반적으로 허가를 받기 위한 표현물의 제출의무, 행정권이 주체가 된 사전심사절차, 허가를 받지 아니한 의사표현의 금지 및 심사절차를 관철할 수 있는 강제수단 등의 요건을 갖춘 경우에만 이에 해당하는 것이다.

(나) 헌법 제21조 제1항이 언론·출판에 대한 검열금지를 규정한 것은 비록 헌법 제37조 제2항이 국민의 자유와 권리를 국가안전보장·질서유지 또는 공공복리를 위하여 필요한 경우에 한하여 법률로써 제한할 수 있도록 규정하고 있다고 할지라도 언론·출판에 대하여는 검열을 수단으로 한 제한만은 법률로써도 허용되지 아니 한다는 것을 밝힌 것이다.

(다) 검열금지의 원칙은 모든 형태의 사전적인 규제를 금지하는 것이 아니고 단지 의사표현의 발표 여부가 오로지 행정권의 허가에 달려있는 사전심사만을 금지하는 것을 뜻하며, 또한 정신작품의 발표 이후에 비로소 취해지는 사후적인 사법적 규제를 금지하지 않는다. 따라서 심의기관에서 허가절차를 통하여 영화의 상영 여부를 종국적으로 결정할 수 있도록 하는 것은 검열에 해당하나, 예컨대 영화의 상영으로 인한 실정법위반의 가능성을 사전에 막고, 청소년 등에 대한 상영이 부적절할 경우 이를 유통단계에서 효과적으로 관리할 수 있도록 미리 등급을 심사하는 것은 사전검열이 아니다.

(라) 이 사건 영화에 대한 심의제의 내용은 심의기관인 공연윤리위원회가 영화의 상영에 앞서 그 내용을 심사하여 심의기준에 적합하지 아니한 영화에 대하여는 상영을 금지할 수 있고, 심의를 받지 아니하고 영화를 상영할 경우에는 형사처벌까지 가능하도록 한 것이 그 핵심이므로 이는 명백히 헌법 제21조 제1항이 금지한 사전검열제도를 채택한 것이다.

(마) 검열을 행정기관이 아닌 독립적인 위원회에서 행한다고 하더라도 행정권이 주체가 되어 검열절차를 형성하고 검열기관의 구성에 지속적인 영향을 미칠 수 있는 경우라면 실질적으로 검열기관은 행정기관이라고 보아야 한다. 그러므로 공연윤리위원회가 민간인으로 구성된 자율적인 기관이라고 할지라도 영화법에서 영화에 대한 사

전허가제도를 채택하고, 공연법에 의하여 공연윤리위원회를 설치토록 하여 행정권이 위원회의 구성에 지속적인 영향을 미칠 수 있게 하였으므로 공연윤리위원회는 검열기관으로 볼 수밖에 없다.

(2) **음비게법의 등급심사제에서의 등급분류보류제도 위헌결정**(헌재, 2004헌가18): "… 이 사건 법률조항에 의하면 3개월 이내의 기간을 정하여 등급분류를 보류할 수 있게 되어 있지만, 3개월 이내의 일정한 등급분류보류기간이 만료된 뒤에도 등급분류보류의 원인이 치유되지 않는 한 무한정 등급분류가 보류될 수 있다. 이는 비록 형식적으로는 '등급분류보류'에 의하더라도, 실질적으로는 영상물등급위원회의 허가를 받지 않는 한 무한정 비디오물을 통한 의사표현이 금지될 수 있다는 것을 의미한다. 그리고 우리 재판소가 사전등급제 자체는 사전검열이 아니라고 판단하였고 또한 위와 같은 강제수단들이 이러한 사전등급제를 관철하기 위한 불가피한 것들이라고 할지라도, 등급분류보류결정은 등급분류의 일환으로 행해지기 때문에, 결과적으로 등급분류보류가 결정된 비디오물에 대해서도 이러한 강제수단들이 적용된다. 따라서 영상물등급위원회에 의한 등급분류보류제도는 '허가를 받지 아니한 의사표현의 금지' 및 '심사절차를 관철할 수 있는 강제수단'이라는 요건도 충족시킨다.

83) 〈**금지통고사유**〉 신고서 기재사항을 보완하지 아니한 때, 집시법 제5조 제1항, 제10조 내지 제12조에 위반된다고 인정될 때.
집시법 제5조(집회 및 시위의 금지) ① 누구든지 다음 각 호의 어느 하나에 해당하는 집회나 시위를 주최하여서는 아니된다.
1. 헌법재판소의 결정에 따라 해산된 정당의 목적을 달성하기 위한 집회 또는 시위
2. 집단적인 폭행, 협박, 손괴(損壞), 방화 등으로 공공의 안녕 질서에 직접적인 위협을 끼칠 것이 명백한 집회 또는 시위
② 누구든지 제1항에 따라 금지된 집회 또는 시위를 할 것을 선전하거나 선동하여서는 아니 된다.
제10조(옥외집회와 시위의 금지시간) 누구든지 해가 뜨기 전이나 해가 진 후에는 옥외집회 또는 시위를 하여서는 아니된다. 다만, 집회의 성격상 부득이하여 주최자가 질서유지인을 두고 미리 신고한 경우에는 관할경찰관서장은 질서유지를 위한 조건을 붙여 해가 뜨기 전이나 해가 진 후에도 옥외집회를 허용할 수 있다.
제11조(옥외집회와 시위의 금지 장소) 〈앞의 각주 참조〉
제12조(교통소통을 위한 제한) ① 관할경찰관서장은 대통령령으로 정하는 주요 도시의 주요 도로에서의 집회 또는 시위에 대하여 교통 소통을 위하여 필요하다고 인정하면 이를 금지하거나 교통질서 유지를 위한 조건을 붙여 제한할 수 있다.
② 집회 또는 시위의 주최자가 질서유지인을 두고 도로를 행진하는 경우에는 제1항에 따른 금지를 할 수 없다. 다만, 해당 도로와 주변 도로의 교통 소통에 장애를 발생시켜 심각한 교통 불편을 줄 우려가 있으면 제1항에 따른 금지를 할 수 있다.

84) (1) **정보통신망법의 본인확인제 위헌결정**〈헌재, 2010헌마47〉: "… 본인확인제는 인터넷상의 언어폭력, 명예훼손, 불법정보의 유통 등을 방지하기 위하여 게시판 이용자가 그와 같은 정보를 게시할 경우에는 향후 신원확인을 통하여 형사처벌 또는 손해배상책임을 부담할 수도 있다는 점을 인식하게 하여 표현내용에 신중을 기하고 불법정보 등의 게시를 자제하도록 함과 아울러, 게시판 이용자의 위와 같은 행위로 실제로 피해가 발생한 경우에는 피해자 구제를 위하여 가해자를 특정할 수 있는 기초자료를 확보함으로써 게시판을 보다 책임 있는 공론의 장이 되도록 유도하여 건전한 인터넷 문화를 조성하기 위한 것이므로 정당한 목적 달성에 기여하는 적합한 수단임이 인정된다.
(그러나) 이 사건 법령조항들이 표방하는 입법목적은 인터넷 이용자의 표현의 자유나 개인정보자기결정권을 제약하지 않는 다른 수단에 의해서도 충분히 달성할 수 있으며 … 목적 달성에 필요한 범위를 넘어서는 과도한 규제를 그 내용으로 하고 있다. … 이 사건 본인확인제는 기간 제한 없이, 표현의 내용을 불문하고 주요 인터넷 사이트의 대부분의 게시판 이용과 관련하여 본인확인을 요구하고 있다. 이는 정보 등을 게시하고자 하는 자가 무엇이 금지되는 표현인지 확신하기 어려운 상태에서 본인의 이름, 주민등록번호 등의 노출에 따른 규제나 처벌 등 불이익을 염려하여 표현 자체를 포기하게 만들 가능성이 높고, 인터넷을 악용하는 소수의 사람들이 존재하고 있다는 이유로 대다수 시민의 정당한 의사표현을 제한하는 것으로서 익명표현의 자유에 대한 과도한 제한이라 할 것이다. … 본인확인제를 규율하는 이 사건 법령조항들은 본인확인이라는 방법으로 게시판 이용자의 표현의 자유를 사전에 제한하여 의사표현 자체를 위축시키고 그 결과 헌법으로 보호되는 표현까지도 억제함으로써 민주주의의 근간을 이루는 자유로운 여론 형성을 방해하는 것으로서 과잉금지원칙에 위배하여 청구인의 표현의 자유, 개인정보자기결정권, 청구인 회사의 언론의 자유 등 기본권을 침해한다. …."

(2) **공직선거법 실명확인제 합헌결정**〈헌재, 2008헌마324〉: "… 이 사건 실명확인제는 '선거에 관한 의견을 게시하는 경우'에, 사전에 '성명과 주민등록번호의 일치 여부를 확인한 후 일치하는 경우에 한하여' 의견게시를 할 수 있도록 하고, '선거운동기간 중' 당해 인터넷 홈페이지의 게시판·대화방 등에 '정당·후보자에 대한 지지·반대의 글'을 게시할 수 있도록 하는 경우에 한하여 '실명을 확인받도록 하는 기술적 조치'를 하도록 하면서, 실명확인을 받은 글은 '실명확인' 표시가 나타나도록 하고 '실명확인' 표시가 없는 지지·반대의 글이라도 일단 게시는 가능하게 하고 사후에 삭제의 대상이 되도록 하였다. …
이 사건 법률조항이 과잉금지원칙에 위배되는지 보건대, 선거기간 중 인터넷홈페이지의 게시판·대화방 등에서 후보자에 대한 인신공격과 흑색선전이 난무하는 경우가 많고, 부당한 선거운동이나 소수에 의한 여론 왜곡으로 선거의 평온과 공정이 위협받을 가능성이 있기 때문에, 이 사건 법률조항은 이로 인한 사회경제적 손실과 부작용을 방지하

고 선거의 공정성을 확보하기 위한 것이므로 목적의 정당성이 인정된다. 정당·후보자에 대한 지지·반대의 글을 게시할 수 있도록 하는 경우에는 실명확인을 거치도록 함으로써 후보자에 대한 인신공격이나 각종 흑색선전이 줄어들 수 있고, 이로 인하여 선거의 공정성의 확보 효과를 거둘 수 있음이 예상되므로 수단의 적합성도 인정되고 그 제한의 실효성이 의심된다는 이유만으로는 이를 부정할 수는 없다고 할 것이다. 인터넷의 특성상 흑색선전이나 허위사실이 빠르게 유포되어 정보의 왜곡이 쉬울 뿐만 아니라 특히 짧은 선거운동기간(대통령 선거 23일, 국회의원, 지방자치단체의 의회의원 및 장 선거 14일) 중 이를 치유하기란 불가능하므로 결국 선거결과의 왜곡우려가 크다는 점에서, 현행법상 명예훼손에 관한 법리나 후보자비방죄로 규제하는 사후적 구제수단만으로는 선거에 있어 당선을 목적으로 하는 정당·후보자의 실질적인 권리구제가 이루어 질 수 없고, 같은 이유로 삭제명령 또는 삭제조치 전 이용자에 대하여 이의신청 등의 절차를 두기도 어렵다. 이와 같은 사정과 실명확인기간을 '선거운동기간 중'으로 한정한 점, 대상을 '정당·후보자에 대한 지지·반대의 글'에 한정한 점, 인터넷이용자의 실명이 표출되지 않고 다만 '실명확인' 표시만이 나타나는 점을 함께 고려하면, 이 사건 법률조항은 피해를 최소화하기 위한 요건을 갖추었으며 달리 덜 제약이면서도 같은 효과를 달성할 수 있는 수단이 명백히 존재한다고 볼 수도 없으므로, 침해의 최소성이 인정된다. 인터넷에 의한 허위사실 유포 등으로 인하여 후보자의 인격권 침해, 선거의 공정과 평온의 훼손 및 소수인에 의한 여론 왜곡 등의 폐해 방지라는 이 사건 실명확인제로 얻는 공익이, 인터넷언론사 이용자가 실명확인 과정에서 겪는 불편함이나 글을 게시하면서 겪게 될 수 있는 주저함, 인터넷언론사의 비용발생 또는 이용자 수의 감소 등의 사익보다 비중이 더 크므로 법익의 균형성도 인정된다. 결국 이 사건 법률조항은 과잉금지의 원칙 등에 위배되어 표현의 자유를 침해한다고 할 수 없고, 청구인이 주장하는 적법절차의 원칙에 위배되거나 직업수행의 자유를 침해한다고 할 수 없다."

85) **"특정의료기관이나 특정의료인의 기능·진료방법"에 관한 광고금지 위헌**〈헌재 2003헌가3〉: "… 의료인의 기능이나 진료방법에 대한 광고가 소비자들을 기만하는 것이거나, 소비자들에게 정당화되지 않은 의학적 기대를 초래 또는 오인하게 할 우려가 있거나, 공정한 경쟁을 저해하는 것이라면, 국민의 보건과 건전한 의료경쟁 질서를 위하여 규제가 필요하다. 그러나 객관적인 사실에 기인한 것으로서 소비자에게 해당 의료인의 의료기술이나 진료방법을 과장함이 없이 알려주는 의료광고라면 이는 의료행위에 관한 중요한 정보에 관한 것으로서 소비자의 합리적 선택에 도움을 주고 의료인들 간에 공정한 경쟁을 촉진하므로 오히려 공익을 증진시킬 수 있다. … 이는 소비자를 중요한 특정 의료정보로부터 차단시킴으로써 정보의 효율적 유통을 방해하는 것이며, 표현의 자유와 영업의 자유의 대상이 된 상업광고에 대한 규제가 입법목적의 달성에 필요한 한도 내에서 섬세하게 재단된 것이라 할 수 없다.
또한 〈이 사건 대상 조항〉("특정의료기관이나 특정의료인의 기능·진료방법"에 관한 광고금지 및 그 위반에 대한 벌금형)이 아니더라도 의료법 제46조 제1항, 표시·광고의공정화에관한법률, 소비자보호법, 독점규제및공정거래에 관한법률, 옥외광고물등관리법 등에 의하여 "의료인의 기능이나 진료방법"에 관한 허위·기만·과장광고를 통제할 수 있다. 따라서 이 사건 조항이 의료인의 기능과 진료방법에 대한 광고를 금지하고, 벌금형에 처하도록 한 것은 입법목적을 달성하기 위하여 필요한 범위를 넘어선 것이므로, '피해의 최소성' 원칙에 위반된다.

86) **명백위험의 원칙**〈헌재, 89헌가113: 한정합헌결정〉: "… 국가보안법 제7조 제1항("반국가단체나 그 구성원 또는 그 지령을 받은 자의 활동을 찬양·고무 또는 이에 동조하거나 기타의 방법으로 반국가단체를 이롭게 한 자는 7년 이하의 징역에 처한다" 및 제5항(제1항 내지 제4항의 행위를 할 목적으로 문서, 도화 기타의 표현물을 제작, 수입, 복사, 소지, 운반, 반포, 판매 또는 취득한 자 그 각 항에 정한 형에 처한다")의 규정은 각 그 소정의 행위가 국가의 존립·안전을 위태롭게 하거나 자유민주적 기본질서에 위해를 줄 명백한 위험이 있을 경우에만 축소적용되는 것으로 해석한다면 헌법에 위반되지 아니한다. …." ⇦ **現存性**의 요건을 요구하지 아니함. ⇦ 미국연방대법원 홈즈대법관이 〈Schenck v. United States, 1919〉 사건에서 반전운동가 Schenck의 규제근거법(방첩법) 위반에 대하여 "명백하고 현존하는 위험"이 있는 것으로 보아 유죄판결을 내린 뒤 표현의 자유의 제한원리로써 자리잡음. 이후 이 원칙은 다소 후퇴하기도(현존성 不要) 하였지만 다시 원위치

7. 정보기본권

알권리	근거	– 의사형성을 위한 표현의 자유 + 자기정보결정권을 위한 사생활의 자유 – 공공기관의 정보공개에 관한 법률
	내용	정보의 접근 · 수집 · 선별, 정보공개의 청구(개별적 vs. 일반적 공개청구)
자기정보결정권[87]	근거	– 사생활의 자유 : 개인정보보호법
	내용	– 열람, 정정, 이용제한, 손해배상청구
관련문제	국가기밀, 선거여론조사결과의 공표, 수사경력의 조회 etc.	

8. 사생활의 보호

의의	사생활의 비밀과 자유(§17) + 주거(§16)(영장주의) + 통신(§18)
성격	자유권 + 청구권 + 인격권
주체	자연인, 법인/死者 제외 원칙
내용[88]	사생활의 비밀(내밀한 비밀) + 사생활의 자유(설계 · 형성) + 자기정보결정권(해석)
효력	대국가적 + 대사인적 효력
제한/관련문제	– 표현의 자유와 충돌문제: 권리포기이론, 공익의 이론, 공적인물의 이론 – 범죄수사 내지 행정조사와 사생활: 사진촬영, 전화도청 – 영장 필요 – 행정상의무위반자의 명단공표: 청소년성매수자명단공표(합헌) etc. – 지문날인, 혈액 채취, 위치추적장치 부착, 금융정보공유
자기정보결정권	– 개인정보보호법(2011): 종전의 공공기관개인정보보호법 대체 – 신용정보의 이용 및 보호에 관한 법률/위치정보의 보호 및 이용 등에 관한 법률
주거의 자유	– 개방되지 아니한 사적 공간에 대한 대국가적 방어권 – 영장주의: 적법한 체포, 구속의 경우 별도의 영장 불요 cf) 행정상 즉시강제와 영장주의의 문제 – 형법상 주거침입죄
통신의 비밀	– 일체의 의사전달수단(상대방 有): 표현의 자유는 상대방 無 포함 – 통신비밀보호법

※ 행정상즉시강제 + 행정상강제집행 = 행정강제
- 목전의 급박한 장애제거 or 성질상 사전 의무부과 불가 ⇦ 제도의 성질상 영장주의의 완화 요청
  ex) 감염자 강제격리, 소방장애물 제거, 불법게임물 삭제, 강제출국, 주차위반차량 견인
- 〈사전의무 부과 + 불이행〉을 전제로 하는 행정상강제집행, 〈사전의무 + 위반〉에 대한 제재로서 행정벌과 구별

---

87) **개인정보자기결정권**〈헌재, 2008헌마257〉: "… 개인정보자기결정권은 자신에 관한 정보가 언제 누구에게 어느 범위까지 알려지고 또 이용되도록 할 것인지를 그 정보주체가 스스로 결정할 수 있는 권리이다. 즉 정보주체가 개인정보의 공개와 이용에 관하여 스스로 결정할 권리를 말한다. 개인정보자기결정권의 보호대상이 되는 개인정보는 개인의 신체, 신념, 사회적 지위, 신분 등과 같이 개인의 인격주체성을 특징짓는 사항으로서 그 개인의 동일성을 식별할 수 있게 하는 일체의 정보라고 할 수 있고, 반드시 개인의 내밀한 영역이나 사사(私事)의 영역에 속하는 정보에 국한되지 않고 공적 생활에서 형성되었거나 이미 공개된 개인정보까지 포함한다. 또한 그러한 개인정보를 대상으로 한 조사·수집·보관·처리·이용 등의 행위는 모두 원칙적으로 개인정보자기결정권에 대한 제한에 해당한다(99헌마513). 개인정보자기결정권의 헌법상 근거로는 헌법 제17조의 사생활의 비밀과 자유, 헌법 제10조 제1문의 인간의 존엄과

가치 및 행복추구권에 근거를 둔 일반적 인격권 또는 위 조문들과 동시에 우리 헌법의 자유민주적 기본질서 규정 또는 국민주권원리와 민주주의원리 등을 고려할 수 있으나, 개인정보 자기결정권으로 보호하려는 내용을 위 각 기본권들 및 헌법원리들 중 일부에 완전히 포섭시키는 것은 불가능하다고 할 것이므로, … 오히려 개인정보자기결정권은 이들을 이념적 기초로 하는 독자적 기본권으로서 헌법에 명시되지 아니한 기본권이라고 보아야 할 것이다(99헌마513). ….”

88) **안전띠착용강제 합헌결정**〈헌재, 2002헌마518〉: "… 사생활의 비밀은 국가가 사생활영역을 들여다보는 것에 대한 보호를 제공하는 기본권이며, 사생활의 자유는 국가가 사생활의 자유로운 형성을 방해하거나 금지하는 것에 대한 보호를 의미한다. 구체적으로 사생활의 비밀과 자유가 보호하는 것은 개인의 내밀한 내용의 비밀을 유지할 권리, 개인이 자신의 사생활의 불가침을 보장받을 수 있는 권리, 개인의 양심영역이나 성적 영역과 같은 내밀한 영역에 대한 보호, 인격적인 감정세계의 존중의 권리와 정신적인 내면생활이 침해받지 아니할 권리 등이다. 우리 재판소는 '사생활의 자유'란 사회공동체의 일반적인 생활규범의 범위 내에서 사생활을 자유롭게 형성해 나가고 그 설계 및 내용에 대해서 외부로부터의 간섭을 받지 아니할 권리이며, 사생활과 관련된 사사로운 자신만의 영역이 본인의 의사에 반해서 타인에게 알려지지 않도록 할 수 있는 권리인 '사생활의 비밀'과 함께 헌법상 보장되고 있는 것이라고 판시한 바 있다(99헌바92등). 즉, 헌법 제17조가 보호하고자 하는 기본권은 '사생활영역'의 자유로운 형성과 비밀유지라고 할 것이며, 공적인 영역의 활동은 … 사생활의 비밀과 자유가 보호하는 것은 아니라고 할 것이다.

9. 재산권의 제한과 손실보상

<table>
<tr><td colspan="4">재산권의 내용</td></tr>
<tr><td>사유재산
제도보장</td><td colspan="3">(1) 성격: 제도보장 = 자본주의 시장경제질서의 전제
(2) 사유재산: 사적 유용성이 있는 일체의 물건 · 이익
(3) 내용: 생산수단의 사유 보장 ⇔ 생산수단의 국유(사회주의)</td></tr>
<tr><td>사유재산권
보장</td><td colspan="3">(1) 성격: 주관적 공권
(2) 내용: 재산의 보유, 사용, 수익, 처분에 관한 권능 보장
– 사회의존성의 제약이 큼: 내용 · 한계 법률로 정함(§23①)
– 소급입법에 의한 재산권의 박탈금지(§13②)
(3) 관련: 특별부담금(재정조달 v. 정책실현 v. 양자혼합성격)
ex) (학교용지부담금, 문예진흥기금) v. (교통혼잡유발부담금, 훼손부담금) v. (국외여행자납부금, 수질개선부담금)
– 정당화요건: 집단의 동질성/근접성/책임성/효용성[89] ⇨ 학교용지부담금, 문예진흥기금 위헌결정
– 구체적 사안에 따라 완화가능, but 재정조달의 경우 적어도 근접성, 책임성 충족 필요</td></tr>
<tr><td colspan="4">재산권의 제한과 공용침해</td></tr>
<tr><td colspan="2">경계이론(유추적용설)</td><td colspan="2">분리이론(위헌무효설)</td></tr>
<tr><td colspan="2">§23① 재산권 보장, 내용한계법정주의
② 사회적 제약성
無補償 ↔ ↔ ↔ 補償
§23③ 공용침해 + 정당보상
– 불가분조항의 원칙</td><td>§23①② 내용한계규정
– 재산권의 범위확정
– 입법형성권의 자유
– 무보상
– 비례원칙 준수 요구
– 과도제한 조정적 보상</td><td>§23③ 재산권박탈규정
– 정당보상
– 입법자 구속</td></tr>
<tr><td colspan="2">특별희생여부 – 보상인정여부
– 무보상침해 유추적용보상으로 합헌성 확보(수용유사적침해이론)</td><td colspan="2">– 내용한계규정의 형성시 과도제한임에도 조정적 보상 없는 경우 위헌(ex) 구 도시계획법 §21[90]
– 정당보상 없는 박탈규정 위헌</td></tr>
<tr><td colspan="4">손실보상제도</td></tr>
<tr><td>요건</td><td colspan="2">1. 공공필요
2. 적법침해: 토지보상법
3. 재산권침해: 재산권의 수용, 사용, 제한
– 생활권 보상: ex) 영세농, 이주비용, 이주계획/일실손실, 소수잔존자보상, 잔여지매수
4. 특별희생: 형식설/실질설(중대성설, 수인한도설, 목적위배설, 상황구속설, 사적효용성설 etc.)
5. 보상규정: 정당한 보상</td><td>몽리지역
무재산자
홀로 남은 자</td></tr>
<tr><td rowspan="2">무보상침해입법의 해결</td><td>경계이론</td><td colspan="2">유추적용설(수용유사적 침해이론)</td></tr>
<tr><td>분리이론</td><td colspan="2">위헌무효설 – 입법적 해결</td></tr>
<tr><td>유사개념</td><td colspan="3">희생보상청구권/희생유사적 침해이론 ex) 소방법의 원조강제</td></tr>
</table>

89) **특별부담금의 헌법적 허용한계**(문예진흥기금 위헌결정)〈헌재, 2002헌가2〉: "… 특별부담금은 조세의 납부의무자인 일반국민들 중 일부가 추가적으로 부담하는 또 하나의 공과금이므로 국민들 사이의 공과금 부담의 형평성 내지 조세평등을 침해하지 않기 위해서는 특별부담금은, 일반인과 구별되는 동질성을 지니어 특정집단이라고 이해할 수 있는 그러한 사람들에게만 부과되어야 하고(집단의 동질성), 특별부담금의 부과를 통하여 수행하고자 하는 특정한 경제적 · 사회적 과제와 특별히 객관적으로 밀접한 관련성이 있어야 하고(객관적 근접성), 그리하여 그러한 과제의 수행에 관하여 조세외적 부담을 져야 할 책임이 인정될만한 집단에 대해서만 부과되어야 할 것이며(집단적

책임성), 특별부담금의 수입이 특별부담금 납부의무자의 집단적 이익을 위하여 사용되어야 할 것(집단적 효용성)이다(98헌가1, 97헌바84, 2002헌바5). 다만 재정충당목적의 특별부담금인 경우 구체적인 사안별로 위와 같은 헌법적 정당화 요건은 일정 부분 완화될 수도 있지만 적어도 객관적 근접성과 집단적 책임성은 특별부담금의 본질적인 허용요건이라고 보아야 할 것이다. 나아가 재정충당목적이 전혀 없는 순전한 유도적 특별부담금인 경우와 재정충당의 목적과 유도의 목적이 혼재된 특별부담금의 경우에는 구체적인 사안별로 위와 같은 헌법적 정당화 요건은 일정 부분 요청되지 않을 수도 있을 것이다. …."
(납부자 5,700만명, 우연한 관람 ⇨ 집단적 동질성 無, 과제근접성 無, 집단적 책임성 無, 문예진흥기금 용도의 다양성 ⇨ 집단적 효용성 無)

90) **구 도시계획법 제21조 헌법불합치결정**〈헌재, 89헌마214등〉: "… 이 사건 법률조항에 의한 재산권의 제한은 개발제한구역으로 지정된 토지를 원칙적으로 지정 당시의 지목과 토지현황에 의한 이용방법에 따라 사용할 수 있는 한, 재산권에 내재하는 사회적 제약을 비례의 원칙에 합치하게 합헌적으로 구체화한 것이라고 할 것이나, 종래의 지목과 토지현황에 의한 이용방법에 따른 토지의 사용도 할 수 없거나 실질적으로 사용·수익을 전혀 할 수 없는 예외적인 경우에도 아무런 보상없이 이를 감수하도록 하고 있는 한, 비례의 원칙에 위반되어 당해 토지소유자의 재산권을 과도하게 침해하는 것으로서 헌법에 위반된다할 것이다.
따라서 입법자가 이 사건 법률조항을 통하여 국민의 재산권을 비례의 원칙에 부합하게 합헌적으로 제한하기 위해서는, 수인의 한계를 넘어 가혹한 부담이 발생하는 예외적인 경우에는 이를 완화하는 보상규정을 두어야 한다. 이러한 보상규정은 입법자가 헌법 제23조 제1항 및 제2항에 의하여 재산권의 내용을 구체적으로 형성하고 공공의 이익을 위하여 재산권을 제한하는 과정에서 이를 합헌적으로 규율하기 위하여 두어야 하는 규정이다. 재산권의 침해와 공익간의 비례성을 다시 회복하기 위한 방법은 헌법상 반드시 금전보상만을 해야 하는 것은 아니다. 입법자는 지정의 해제 또는 토지매수청구권제도와 같이 금전보상에 갈음하거나 기타 손실을 완화할 수 있는 제도를 보완하는 등 여러 가지 다른 방법을 사용할 수 있다. 즉, 입법자에게는 헌법적으로 가혹한 부담의 조정이란 '목적'을 달성하기 위하여 이를 완화·조정할 수 있는 '방법'의 선택에 있어서는 광범위한 형성의 자유가 부여된다. …."

〈이후 입법정비〉 "국토의 계획 및 이용에 관한 법률" 제38조(개발제한구역의 지정) ① 국토교통부장관은 도시의 무질서한 확산을 방지하고 도시주변의 자연환경을 보전하여 도시민의 건전한 생활환경을 확보하기 위하여 도시의 개발을 제한할 필요가 있거나 국방부장관의 요청이 있어 보안상 도시의 개발을 제한할 필요가 있다고 인정되면 개발제한구역의 지정 또는 변경을 도시·군관리계획으로 결정할 수 있다.
② 개발제한구역의 지정 또는 변경에 필요한 사항은 따로 법률로 정한다.
⇨ "개발제한구역의 지정 및 관리에 관한 특별조치법"(2000) 제1조(목적) … 개발제한구역의 지정과 개발제한구역에서의 행위 제한, 주민에 대한 지원, 토지 매수, 그 밖에 개발제한구역을 효율적으로 관리하는 데에 필요한 사항을 정함으로써 도시의 무질서한 확산을 방지하고 도시 주변의 자연환경을 보전하여 도시민의 건전한 생활환경을 확보하는 것을 목적으로 한다.

10. 직업의 자유와 3단계 제한이론

<table>
<tr><td>의의</td><td colspan="3">직업(생활수단성 + 계속성 + 공공무해성)의 선택과 수행 – 영리성은 요건이 아님
cf) '공직'도 직업이지만 §25의 공무담임권(공직기회보장 + 공직수행)으로 보장</td></tr>
<tr><td>기능</td><td colspan="3">경제적 수요충족/인격실현/사회적 기여</td></tr>
<tr><td>주체</td><td colspan="3">미성년자, 법인(공법인 제외), 무국적자 원칙적 포함</td></tr>
<tr><td>내용</td><td colspan="3">(1) 선택: 변경, 포기, 무직업의 자유, 직업교육장선택의 자유
(2) 수행(영위): 경쟁의 자유, 영업의 자유</td></tr>
<tr><td>효력</td><td colspan="3">– 자유시장경제(영업의 자유) vs. 사회적 시장경제 ⇒ 독점규제, 조정
– 계약의 자유 vs. 직업의 자유 ⇒ 기본권의 충돌</td></tr>
<tr><td rowspan="3">제한[91]
(3단계)</td><td>수행</td><td colspan="2">영업의 장소, 시간, 방법, 내용 등에 제한</td></tr>
<tr><td rowspan="2">선택</td><td>주관적 사유</td><td>– 개인의 전문성, 기술성, 시험 합격 등 요구
– 개인적 노력으로 극복 가능: 확인의 대상
ex) 의사, 변호사, 교사</td></tr>
<tr><td>객관적 사유</td><td>– 객관적 조건의 충족 요구 ⇐ 고도의 공익성
– 특허 또는 허가의 대상
ex) 가스공급업, 주류판매업, 숙박업</td></tr>
<tr><td>관련
문제</td><td colspan="3">합헌) 로스쿨인가주의와 총입학정원주의/1종 면허 시력 0.5 요구/미등록운전교습 금지/안마사의 시각장애인 요건[92]
위헌) 검찰총장 퇴임후 2년간 공직 제한/위반 건축사 필요적 등록취소/태아성별고지금지[93]</td></tr>
</table>

---

91) **직업의 자유와 3단계 제한이론**〈헌재, 2001헌마614〉: "… 헌법 제15조는 "모든 국민은 직업선택의 자유를 가진다"고 규정하고 있다. 직업선택의 자유는 자신이 원하는 직업을 자유롭게 선택하는 좁은 의미의 '직업선택의 자유'와 그가 선택한 직업을 자기가 원하는 방식으로 자유롭게 수행할 수 있는 '직업수행의 자유'를 포함하는 "직업의 자유"를 뜻한다(97헌마194). 직업의 선택 혹은 수행의 자유는 각자의 생활의 기본적 수요를 충족시키는 방편이 되고, 또한 개성신장의 바탕이 된다는 점에서 주관적 공권의 성격이 두드러지고, 한편으로는 국민 개개인이 선택한 직업의 수행에 의하여 국가의 사회질서와 경제질서가 형성된다는 점에서 사회적 시장경제질서라고 하는 객관적 법질서의 구성요소이기도 하다(95헌마273).
… 이 사건 법률조항은 청구인들과 같이 경비업을 경영하고 있는 자들이나 다른 업종을 경영하면서 새로이 경비업에 진출하고자 하는 자들로 하여금 경비업을 전문으로 하는 별개의 법인을 설립하지 않는 한 경비업과 그밖의 업종간에 택일하도록 법으로 강제하고 있다. 따라서 이미 선택한 직업을 어떠한 제약 아래 수행하느냐의 관점이나 당사자의 능력이나 자격과도 상관없는 객관적 사유에 의한 이러한 제한은 직업의 자유에 대한 제한 중에서도 가장 심각한 제약이 아닐 수 없다. 따라서 이러한 제한은 월등하게 중요한 공익을 위하여 명백하고 확실한 위험을 방지하기 위한 경우에만 정당화될 수 있다고 보아야 한다. 헌법재판소가 이 사건을 심사함에 있어서는 헌법 제37조 제2항이 요구하는바 과잉금지의 원칙, 즉 엄격한 비례의 원칙이 그 심사척도가 된다는 것도 바로 이러한 이유 때문이다. …."

92) (1) **규칙에 의한 '비맹제외기준'은 위헌**〈헌재, 2003헌마715〉: "… '안마사에 관한 규칙'(보건복지부령)은 안마사의 자격인정을 받을 수 있는 자를 일정한 범위의 "앞을 보지 못하는" 사람으로 한정하는, 이른바 非盲除外基準을 설정하여 시각장애인이 아닌 일반인은 안마사 자격을 받을 수 없도록 규정하고 있다. 이는 시각장애인이 아닌 일반인이 안마사 직업을 선택할 수 있는 자유를 원천적으로 제한하는 것으로서, … 기본권 제한에 관한 법률유보원칙(7인 찬성)이나 과잉금지원칙(5인 찬성)에 위배하여 일반인의 직업선택의 자유를 침해하고 있으므로 헌법에 위반된다."
⇨ 위헌결정 이후 법개정: 시행규칙의 제한근거를 법률에서 설정{의료법 §82① "안마사는 장애인복지법에 따른 시각장애인(종전 '앞을 보지 못하는 자') 중 … 시·도지사의 자격인정을 받아야 한다."}

(2) **법률에 근거한 '시각장애인' 요건은 합헌**〈헌재 2006헌마1098〉: " … 헌법재판소의 2003헌마715등 사건에 대한 위헌 결정 이후 국회에서는 … 종래 "안마사가 되고자 하는 자는 시·도지사의 자격인정을 받아야 한다."라는 구 의료법 규정을 "안마사는 '장애인복지법'에 따른 시각장애인(나쁜 눈의 시력이 0.02 이하인 사람, 좋은 눈의 시력이 0.2 이하인 사람, 두 눈의 시야가 각각 주시점에서 10도 이하로 남은 사람, 두 눈의 시야가 2분의 1 이상을 잃은 사람: 동법§2① [별표1] '장애인의 종류와 기준') 중 다음 각 호의 어느 하나에 해당하는 자로서 시·도지사의 자격인정을 받아야 한다."로 개정함으로써 종전의 시각장애인 안마사제도를 그대로 유지하면서 그 자격인정의 범위를 다소 확대하였고, … 이 사건 법률조항에 의한 시각장애인 안마사제도는 비시각장애인에 대하여 안마사 직업을 선택할 수 있는 자유를 제한하면서 시각장애인에 비해 안마사자격취득에 있어 차별적 취급을 하는 것이지만, 다른 한편 시각장애인에 대하여는 인간다운 생활을 영위할 수 있도록 하는 우대조치로서 기능한다고 볼 수 있다. … 이 사건 법률조항은 위와 같이 신체장애자 보호에 대한 헌법적 요청, 장애인복지정책의 원칙 등에 바탕을 두고서 시각장애인의 생계를 보장하기 위한 것으로서 궁극적으로는 그들에게 삶의 보람을 얻게 하고 인간다운 생활을 할 권리를 실현시키려는 데에 위 법률조항의 입법목적이 있다고 할 것이므로, 그 목적의 정당성은 충분히 인정된다. …
안마업을 시각장애인에게 독점시키는 이 사건 법률조항으로 말미암아 일반국민의 직업 선택의 자유가 제한되는 것은 사실이지만, 안마업은 시각장애인이 정상적으로 영위할 수 있는 거의 유일한 직업이라는 점에서 시각장애인 안마사제도는 시각장애인의 생존권 보장을 위한 불가피한 선택으로 볼 수밖에 없다. 이에 반하여 일반국민이 선택할 수 있는 직업은 상대적으로 넓고 안마업 외에도 선택할 수 있는 직업이 많다는 점 또한 고려할 필요가 있다. 특히 물리치료사의 경우는 안마사와 거의 유사한 직종으로서 일련의 수련과정과 시험을 거쳐 물리치료사 자격을 취득하고 그 분야에서 직업에 종사할 수 있다는 점에 비추어 넓게 보면 반드시 안마 등을 직업으로 선택할 다른 방법이 완전히 봉쇄되었다고 볼 수도 없다. 시각장애인 안마사제도를 정한 이 사건 법률조항이 최소침해성 원칙에 반한다고 할 수도 없을 것이다. …"

※ 위헌결정의 기속력의 범위

"… 헌법재판소가 이른바 비맹제외기준이 과잉금지원칙에 위반하여 비시각장애인의 직업선택의 자유를 침해한다는 이유로 위헌결정을 하였음에도 불구하고 국회가 다시 비맹제외기준과 본질적으로 동일한 내용의 이 사건 법률조항을 개정한 것은 비맹제외기준이 과잉금지원칙에 위반한다고 한 위헌결정의 기속력에 저촉된다는 취지로 주장하는바, … 이는 기본적으로 위 위헌결정의 이유에 대하여 기속력을 인정하는 전제에 선 것이라고 할 것이다. … 결정이유에까지 기속력을 인정할지 여부 등에 대하여는 신중하게 접근할 필요가 있을 것이나 설령 결정이유에까지 기속력을 인정한다고 하더라도, 이 사건의 경우 위헌결정 이유 중 비맹제외기준이 과잉금지원칙에 위반한다는 점에 대하여 기속력을 인정할 수 있으려면, 결정주문을 뒷받침하는 결정이유에 대하여 적어도 위헌결정의 정족수인 재판관 6인 이상의 찬성이 있어야 할 것이고 이에 미달할 경우에는 결정이유에 대하여 기속력을 인정할 여지가 없다고 할 것인 바, … 비맹제외기준이 헌법에 위반된다는 결정을 선고하였으나, 그 이유를 보면 비맹제외기준이 법률유보원칙에 위반한다는 의견과 과잉금지원칙에 위반한다는 의견으로 나뉘면서 비맹제외기준이 과잉금지원칙에 위반한다는 점과 관련하여서는 재판관 5인만이 찬성하였을 뿐이므로 위 과잉금지원칙 위반의 점에 대하여 기속력이 인정될 여지가 없다고 할 것이다. …."

93) **태아 성별고지 금지의 위헌**〈헌재, 2004헌마1010〉: "… 태아 성별고지 금지는 낙태, 특히 성별을 이유로 한 낙태를 방지함으로써 성비의 불균형을 해소하고 태아의 생명권을 보호하기 위해 입법된 것이다. 그런데 임신 기간이 통상 40주라고 할 때, 낙태가 비교적 자유롭게 행해질 수 있는 시기가 있는 반면, 낙태를 할 경우 태아는 물론, 산모의 생명이나 건강에 중대한 위험을 초래하여 낙태가 거의 불가능하게 되는 시기도 있는데, 성별을 이유로 하는 낙태가 임신 기간의 전 기간에 걸쳐 이루어질 것이라는 전제 하에, 이 사건 규정이 낙태가 사실상 불가능하게 되는 임신 후반기에 이르러서도 태아에 대한 성별 정보를 태아의 부모에게 알려 주지 못하게 하는 것은 최소침해성원칙을 위반하는 것이고, … 임신후반기 공익에 대한 보호의 필요성이 거의 제기되지 않는 낙태 불가능 시기 이후에도 의사가 자유롭게 직업수행을 하는 자유를 제한하고, 임부나 그 가족의 태아 성별 정보에 대한 접근을 방해하는 것은 기본권 제한의 법익 균형성 요건도 갖추지 못한 것이다. …"

11. 정치적 기본권

'政治'란? '사회에서 발생하는 이해관계의 조정' ⇨ '공공재'의 公正한 분배 ⇦ '正義'란 무엇인가?		
의의	선거권 + 공무담임권 + 국민투표권 + (청원권) + 정치적 표현의 자유 + 정당의 자유[94]	
성격	선거권: 대의제도의 실현 – 실정권, 의무적 성격	
주체	국민(법인, 외국인 제외) cf)지자체선거 – 3년 거주, 19세 이상 외국인 선거권 인정	
내용	선거권	§24(대통령, 국회의원), §118②(지방의원), cf) 단체장은 '선임' → 법률상권리
	공무담임권	공무담임의 기회보장 + 공직의 유지 + 공무의 수행
	국민투표권	(1) §72–외교, 국방, 통일 기타 국가안위에 관한 중요정책[95] (2) §130②–국회 의결한 헌법개정안 30일 이내
효력	대국가적 방어권	
제한	선거권 §24	(1) 연령: 19세 (2) 거주요건 (3) 선거권박탈: 금치산선고/금고 이상 형 집행 종료전/선거범 등으로 100만원 형 확정후 5년, 집행유예 · 징역형의 집행 종료후 10년/법원 판결 or 다른 법률에 의하여 선거권 정지 or 상실된 자 etc. (4) 투표참여 강제 – 민주적 정당성 확보 ⇦ 입법례) 헌법적 의무 또는 법률로 강제(선거권 제한) (5) 해외거주자 투표권 – 해외거주자의 선거권, 평등권 침해(2007년 위헌결정)
	공무담임권 §25	(1) 연령 및 거주요건: 대통령(5년 거주, 40세), 국회의원(25세), 지자체(60일 거주, 25세) (2) 피선거권 박탈: 선거권 ×/금고 이상의 형 선고 후 실효 × (3) 기탁금: 시도지사(5천), 대통령(3억), 국회의원(1.5천), 과도한 기탁금 위헌 (4) 당내경선탈락자 입후보 금지 – 위헌가능성 (5) 무소속후보자 추천제도 vs. 정당후보자 정당추천 (6) 공무원 등의 입후보 제한(공선법§53) – 원칙: 선거일 90일전 사직(현역 국회의원 · 단체장이 동일 선거구 출마하는 경우 예외) – 선거일 30일전 사직: 비례선거, 보궐선거, 국회의원이 단체장선거, 지방의원이 다른 지자체선거 – 후보등록신청전 사직: 비례의원이 보궐선거 – 선거일 120일전 사직: 단체장이 동일지역 국회의원 출마
	청원권 §26	(1) 국가기관에 문서로 청원할 권리/청원심사의무/국무회의심의사항(§89 제15호) (2) 국민, 법인의 권리 (3) 청원법에 따른 청원권 – 청원사항: 피해구제/공무원의 위법 · 부당행위에 대한 시정 · 징계의 요구/법률 등의 제 · 개정, 폐지/공공의 제도 또는 시설의 운영/기타 국가기관 등의 권한 사항 – 금지사항: 감사, 수사, 재판 등 다른 법령에 의한 조사, 불복 등의 절차 진행/허위의 사실로 타인을 처벌받게 하거나 국가기관 등을 중상모략/사인간의 권리관계 또는 개인의 사생활 사항/ 청원인 · 청원사항의 불분명 – 절차: 문서에 의한 청원 – 90일 이내 결과통지의무(60일 연장 가능) (4) 국회법/지방자치법에 따른 청원권 – 의원의 소개를 통한 청원 – 재판 간섭, 국가기관 모독의 청원 금지

---

94) **정당의 자유**〈헌재, 99헌마135〉: "… **(나) 정당의 기능과 과제**
오늘날의 정치현상을 살펴보면, 개체로서의 국민은 개인의 다양한 이익과 욕구를 집결, 선별하고 조정하는 집단을 통해서 비로소 자신을 정치적으로 실현할 수 있는 가능성이 있기 때문에, 정당은 민주적 의사형성을 위한 불가결한 요소이다. 오늘날의 의회민주주의는 정당의 존재없이는 기능할 수 없다는 점에서, 정당은 국민과 국가를 잇는

연결매체로서 민주적 질서의 중요한 구성부분이다. 정당은 정치권력에 영향을 행사하려는 모든 중요한 세력, 이익, 시도 등을 인식하고 이를 취합·선별하여 내부적으로 조정을 한 다음, 국민이 선택할 수 있는 정책을 형성하는 기능을 한다. 사회의 다양한 견해가 선택가능한 소수의 대안으로 집결되고 선별되는 과정을 거친 뒤에야 비로소 국민에 의한 선거가 가능하다. 바로 이러한 기능을 담당하는 것이 정당이므로, 선거를 준비하는 기관으로서의 정당 없이는 선거가 치루어질 수 없다. 정당은 국민의 정치적 의사형성과정에 참여할 뿐이 아니라, 정부와 국회의 주요 핵심 공직을 선출, 임면하는데 결정적인 역할을 하고 의회와 정부 등 정치적 지도기관의 정책과 결정에 영향을 행사함으로써, 국가의사형성에 결정적 영향을 미친다. 다시 말하면, 정당은 국가의 의사형성에 참여하는 것이 그 목적이며, 이러한 목적은 오로지 국민의 지지를 통해서만 이루어 질 수 있기 때문에 국민의 정치의사형성에 참여하는 것이다.

㈐ **헌법상 정당조항(헌법 제8조)의 의미**

(1) 헌법은 정당을 일반적인 결사의 자유로부터 분리하여 제8조에 독자적으로 규율함으로써 오늘날의 의회민주주의에서 정당이 가지는 중요한 의미와 헌법질서 내에서의 정당의 특별한 지위를 강조하고 있다. 헌법 제8조는 제1항에서 "정당의 설립은 자유이며, 복수정당제는 보장된다."고 규정하여 국민 누구나가 원칙적으로 국가의 간섭을 받지 아니하고 정당을 설립할 권리를 국민의 기본권으로서 보장하면서, 아울러 정당설립의 자유를 보장한 것의 당연한 법적 산물인 복수정당제를 제도적으로 보장하고 있다. 헌법 제8조 제1항은 단지 정당설립의 자유만을 명시적으로 규정하고 있지만, 헌법 제21조의 결사의 자유와 마찬가지로 정당설립의 자유만이 아니라 누구나 국가의 간섭을 받지 아니하고 자유롭게 정당에 가입하고 정당으로부터 탈퇴할 수 있는 자유를 함께 보장한다. 정당의 설립만이 보장될 뿐 설립된 정당이 언제든지 다시 금지될 수 있거나 정당의 활동이 임의로 제한될 수 있다면, 정당설립의 자유는 사실상 아무런 의미가 없기 때문이다. 따라서 정당설립의 자유는 당연히 정당의 존속과 정당활동의 자유도 보장한다.

(2) 헌법은 제8조 제2항에서 "정당은 그 목적·조직과 활동이 민주적이어야 하며, 국민의 정치적 의사형성에 참여하는 데 필요한 조직을 가져야 한다."고 규정하고 있다. 이로써 헌법은 헌법상 부여된 정당의 과제와 기능을 '국민의 정치적 의사형성에의 참여'로 규정하면서, 입법자에게 정당이 헌법상 부여된 과제를 민주적인 내부질서를 통하여 이행할 수 있도록 그에 필요한 입법을 해야할 의무를 부과하고 있다. 즉, 헌법 제8조 제2항은 정당의 내부질서가 민주적이 아니거나 국민의 정치적 의사 형성 과정에 참여하기 위하여 갖추어야 할 필수적인 조직을 갖추지 못한 정당은 자유롭게 설립되어서는 아니된다는 요청을 하고 있다. 따라서 헌법 제8조 제1항의 정당설립의 자유와 제2항의 헌법적 요청을 함께 고려하여 볼 때, 입법자가 정당으로 하여금 헌법상 부여된 기능을 이행하도록 하기 위하여 그에 필요한 절차적·형식적 요건을 규정함으로써 정당의 자유를 구체적으로 형성하고 동시에 제한하는 경우를 제외한다면, 정당설립에 대한 국가의 간섭이나 침해는 원칙적으로 허용되지 아니한다. 이는 곧 입법자가 정당설립과 관련하여 형식적 요건을 설정할 수는 있으나(정당법 제16조), 일정한 내용적 요건을 구비해야만 정당을 설립할 수 있다는 소위 '허가절차'는 헌법적으로 허용되지 아니한다는 것을 뜻한다. 또한, 정당의 발기인 및 당원의 자격과 관련해서도, 특정 집단에 대하여 정당설립 및 가입을 금지하는 것은 원칙적으로 정당이 헌법상 부여받은 기능을 이행하기 위하여 필요하다고 판단되는 최소한의 조건에 대한 규율에 그쳐야 한다.

(3) 헌법 제8조 제4항은 "정당의 목적이나 활동이 민주적 기본질서에 위배될 때에는 정부는 헌법재판소에 그 해산을 제소할 수 있고, 정당은 헌법재판소의 심판에 의하여 해산된다."고 규정하고 있다. 정당의 해산에 관한 위 헌법규정은 민주주의를 파괴하려는 세력으로부터 민주주의를 보호하려는 소위 '방어적 민주주의'의 한 요소이고, 다른 한편으로는 헌법 스스로가 정당의 정치적 성격을 이유로 하는 정당금지의 요건을 엄격하게 정함으로써 되도록 민주적 정치과정의 개방성을 최대한으로 보장하려는 것이다. 즉, 헌법은 정당의 금지를 민주적 정치과정의 개방성에 대한 중대한 침해로서 이해하여 오로지 제8조 제4항의 엄격한 요건하에서만 정당설립의 자유에 대한 예외를 허용하고 있다. 이에 따라 자유민주적 기본질서를 부정하고 이를 적극적으로 제거하려는 조직도, 국민의 정치적 의사형성에 참여하는 한, '정당의 자유'의 보호를 받는 정당에 해당하며, 오로지 헌법재판소가 그의 위헌성을 확인한 경우에만 정당은 정치생활의 영역으로부터 축출될 수 있다.

(4) 그렇다면 민주적 의사형성과정의 개방성을 보장하기 위하여 정당설립의 자유를 최대한으로 보호하려는 헌법의 정신에 비추어, 정당의 설립 및 가입을 금지하는 법률조항은 이를 정당화하는 사유의 중대성에 있어서 적어도 '민주적 기본질서에 대한 위반'에 버금가는 것이어야 한다고 판단된다. 다시 말하면, 오늘날의 의회민주주의가 정당의 존재 없이는 기능할 수 없다는 점에서 심지어 '위헌적인 정당을 금지해야 할 공익'도 정당설립의 자유에 대한 입법적 제한을 정당화하지 못하도록 규정한 것이 헌법의 객관적인 의사라면, 입법자가 그외의 공익적 고려에 의하여 정당설립금지조항을 도입하는 것은 원칙적으로 헌법에 위반된다. 따라서

정당설립금지의 규정이 정당의 위헌성이나 정치적 성격 때문이 아니라 비록 다른 공익을 실현하기 위하여 도입된다 하더라도, 금지규정이 달성하려는 공익은 매우 중대한 것이어야 한다는 것을 뜻한다. ⋯."

95) **'국민투표권'의 의미**〈헌재, 2005헌마579〉: "⋯ 헌법재판소 역시 헌법 제72조가 대통령에게 국민투표의 실시 여부, 시기, 구체적 부의사항, 설문내용 등을 결정할 수 있는 임의적인 국민투표발의권을 독점적으로 부여하였다고 하여 이를 확인하고 있다(2004헌나1). 따라서 특정의 국가정책에 대하여 다수의 국민들이 국민투표를 원하고 있음에도 불구하고 대통령이 이러한 희망과는 달리 국민투표에 회부하지 아니한다고 하여도 이를 헌법에 위반된다고 할 수 없고, 국민에게 특정의 국가정책에 관하여 국민투표에 회부할 것을 요구할 권리가 인정된다고 할 수도 없다. 이 사건 법률이 신행정수도법 위헌결정의 후속법률로서 그 대체입법성 여부를 놓고 적지않게 논란이 빚어지고 있는 만큼 대통령이 전체 국민의 의사를 물음으로써 이를 종식시키는 것이 국론통합의 측면에서 보다 바람직스럽지 않느냐 하는 것은 이와는 별개의 문제이다. 결국 헌법 제72조의 국민투표권은 대통령이 어떠한 정책을 국민투표에 부의한 경우에 비로소 행사가 가능한 기본권이라 할 수 있다.

12. 사회적 기본권

<table>
<tr><td>의의</td><td colspan="2">인간다운 생활 + 근로, 근로 3권, 교육, 환경, 보건</td></tr>
<tr><td>성격</td><td colspan="2">프로그램규정설/ 불완전한 구체적 권리설(국가의 의무, 법률상의 권리)[96]/구체적 권리설</td></tr>
<tr><td>주체</td><td colspan="2">국민</td></tr>
<tr><td rowspan="2">내용</td><td>인간
다운
생활</td><td>(1) 내용
– 경제적, 물질적 생활의 최소한의 보장
– 사회보장 · 사회복지증진 노력의무/여자의 복지, 권익 향상/노인, 청소년의 복지/신체장애자 등의 보호/재해예방 ⇨ 사회보장기본법, 아동복지법, 생활보호법, 재해구호법, 사회복지사업법, 각종 연금법, 산업재해보상보험법, 의료보험법 등
(2) 사회복지와 사회보장 ⇦ 사회복지(理念)의 실현수단(制度)
– "사회보장" = 출산, 양육, 실업, 노령, 장애, 질병, 빈곤 및 사망 등의 사회적 위험으로부터 모든 국민을 보호하고 국민 삶의 질을 향상시키는 데 필요한 소득 · 서비스를 보장하는 사회보험, 공공부조, 사회서비스를 말한다(사회보장기본법 제3조 제1호)
▶ 사회보험(본인 기여: 각종 연금, 의료보험, 고용보험, 산재보험)
▶ 공공부조(본인 기여 無: 생계보호, 재해구호, 보훈사업, 의료보호, etc.)
▶ 사회서비스(모든 국민에게 복지, 보건, 교육, 고용, 주거, 문화, 환경 등의 분야에서 인간다운 생활 보장하고, 상담, 재활, 돌봄, 정보제공, 시설이용 등 통하여 국민의 삶의 질 향상 지원제도)
– 사회복지사업 = 국민기초생활보장법, 아동복지법, 노인복지법, 장애인복지법, 영유아보육법, 기초연금법, 다문화가족지원법, 장애인연금법, 노숙인복지자립지원법 등의 법률에 따른 보호 · 선도 또는 복지에 관한 사업과 사회복지상담, 직업지원, 무료숙박, 지역사회복지, 의료복지, 在家福祉, 사회복지관 운영, 정신질환자 및 한센병력자의 사회복귀에 관한 사업 등 각종 복지사업과 이와 관련된 자원봉사활동 및 복지시설의 운영 또는 지원을 목적으로 하는 사업(사회복지사업법 제2조)</td></tr>
<tr><td>교육
(§31)</td><td>(1) 자유교육론/공교육론/국가교육론 – 교육에 대한 국가의 개입정도
– 공교육론: 국가교육론을 배격하되, 자유교육에서 발생하는 교육기회의 차단, 불균등 제거, 교육의 중립성 · 자율성 · 체계성 확보 위한 한정된 개입
(2) 내용
• 수학권 – '능력'에 따른 '균등'한 '교육'의 권리
– 능력: 일신에 전속한 개인의 수학능력 – 획일적/평균적 교육 위헌
– 균등: 취학의 기회균등, 수학능력 이외 요소(성별, 재력, 신분, 종교 등)를 이유로 하는 차별금지 – 교육시설, 교원의 편중방지의무
– 교육: 학교교육: 교사는 공교육에 적합한 내용만을 가르칠 수 있음 ← 교사가 직업의 자유, 근로3권, 수업권을 주장할 수 있는 영역이 아님(대판2005다25298)
• 무상의 의무교육: 초등교육과 법률이 정하는 교육
• 부모의 자녀교육권: 천부적 권리이자 의무[97]
cf) 교사의 교육권: 학문의 자유(授業權) 내지 공무담임권(교원 자격 유지 권리)에서 파생
(3) 교육제도
• 무상의 의무교육제도
– 무상의무교육의 순차적 확대 합헌
• 교육의 자주성 · 전문성 · 정치적중립성, 대학의 자율성
– 공교육의 목적에 부합하지 아니하는 주관적 내용의 주입 금지
– 교과용도서의 검인정제도 – 합헌(89헌마88)
• 국가의 평생교육진흥의무
• 교육제도의 법정주의: 교육제도와 그 운영, 교육재정, 교원의 지위
(4) 관련문제
• 거주지 기준의 학교선택의 제한 – 학교선택권, 능력 · 균등 교육의 권리 침해
⇐ 학교선택권의 본질내용/과도한 제한은 아님(헌재 91헌마204)
• 과외교습 전면금지는 위헌(헌재 98헌가16등) ⇐ 자녀교육권, 인격권, 직업자유</td></tr>
</table>

	근로 (§32)	(1) 법적 성격: 국가체제와 근로의 권리 – 사회주의: 계획관리경제 – 근로의 권리는 국가의 의무 – 자본주의: 자유시장경제 – 시장의 실패 방지 · 교정/경제적 약자 지원 (2) 내용 – 고용증진, 적정임금의 보장/법률에 따른 최저임금제 – 근로조건의 법정주의: 기준 = 인간의 존엄성 – 여자의 근로 특별보호, 고용 · 임금 · 근로조건 부당차별금지 – 연소자의 근로 특별보호 – 국가유공자, 상이군경, 전몰군경의 유가족 우선근로기회 (3) 관련문제 • 취업기회의 제공, 차별금지 ⇐ 특정 일자리 or 계속 근무 요구 不可, 단 부당해고는 차별금지원칙 위반 • 해고의 제한(근로기준법§26: 경영상이유에 의한 해고) – 입법형성권의 범위 – 해고의 자유는 재산권보호, 영업의 자유에 속함 → 해고의 제한은 §37②의 제한으로 근로의 권리와의 충돌이 아님(근로의 권리에 계속근무권이 포함되어 있는 것은 아님)
	근로3권	後述
	환경	환경권의 내용과 행사는 법률로 정한다(§35②)
효력	대국가적 효력 – 입법의무 ⇒ 법률상의 권리 ex) 사회보장수급권–법률상의 권리	
제한	§37②	

---

96) **사회적 기본권의 성격**〈헌재, 2002헌마328〉: "… 헌법 제34조 제1항이 보장하는 인간다운 생활을 할 권리는 사회권적 기본권의 일종으로서 인간의 존엄에 상응하는 최소한의 물질적인 생활의 유지에 필요한 급부를 요구할 수 있는 권리를 의미하는데, 이러한 권리는 국가가 재정형편 등 여러 가지 상황들을 종합적으로 감안하여 법률을 통하여 구체화할 때에 비로소 인정되는 법률적 권리라고 할 것이다(93헌가14, 97헌가10등, 98헌마216, 2002헌마90). … 국가가 행하는 생계보호가 헌법이 요구하는 객관적인 최소한도의 내용을 실현하고 있는지 여부는 결국 국가가 국민의 '인간다운 생활'을 보장함에 필요한 최소한도의 조치를 취하였는가의 여부에 달려있다고 할 것인데 생계보호의 구체적 수준을 결정하는 것은 입법부 또는 입법에 의하여 다시 위임을 받은 행정부 등 해당기관의 광범위한 재량에 맡겨져 있다고 보아야 할 것이므로, 국가가 인간다운 생활을 보장하기 위한 헌법적 의무를 다하였는지의 여부가 사법적 심사의 대상이 된 경우에는, 국가가 생계보호에 관한 입법을 전혀 하지 아니하였다든가 그 내용이 현저히 불합리하여 헌법상 용인될 수 있는 재량의 범위를 명백히 일탈한 경우에 한하여 인간다운 생활을 할 권리를 보장한 헌법에 위반된다고 할 수 있다(94헌마33). …."

97) **부모의 자녀교육권**〈헌재, 98헌가16등〉: "… '부모의 자녀에 대한 교육권'은 비록 헌법에 명문으로 규정되어 있지는 아니하지만, 이는 모든 인간이 국적과 관계없이 누리는 양도할 수 없는 불가침의 인권으로서 혼인과 가족생활을 보장하는 헌법 제36조 제1항, 행복추구권을 보장하는 헌법 제10조 및 "국민의 자유와 권리는 헌법에 열거되지 아니한 이유로 경시되지 아니한다"고 규정하는 헌법 제37조 제1항에서 나오는 중요한 기본권이다. … 부모의 자녀교육권은 기본권의 주체인 부모의 자기결정권이라는 의미에서 보장되는 자유가 아니라, 자녀의 보호와 인격발현을 위하여 부여되는 기본권이다. … 부모는 자녀의 교육에 관하여 전반적인 계획을 세우고 자신의 인생관·사회관·교육관에 따라 자녀의 교육을 자유롭게 형성할 권리를 가지며, 부모의 교육권은 다른 교육의 주체와의 관계에서 원칙적인 우위를 가진다. 한편, 자녀의 교육에 관한 부모의 '권리와 의무'는 서로 불가분의 관계에 있고 자녀교육권의 본질을 결정하는 구성요소이기 때문에, 부모의 자녀교육권은 '자녀교육에 대한 부모의 책임'으로도 표현될 수 있다. …."

13. 근로3권

의의	• 연혁: 계약자유 → 불평등계약 → 빈부격차 → 존엄성 훼손 ⇐ 무기평등 • 근로의 권리와 비교 – 근로의 권리: 국민의 권리/근로기회와 적정근로조건의 보장 – 근로3권: 근로자의 권리/사용자와의 교섭을 통한 근로조건의 형성
성격	• 자유권: 단결, 단체행동에 대한 국가의 불간섭 = 형사면책 • 국가에 구체적 급부를 요구하는 것은 아니지만 사용자와 대등지위확보를 위한 국가의 제도적 지원이 요구됨 – 사회적 보호기능 내지 사회권적 성격을 띤 자유권(94헌마13)
주체	• 근로자 + 단결체 cf) 사용자의 단체결성은 §21 결사의 자유, 직장폐쇄는 §23①, §119①
내용	"근로조건의 향상을 위한 단결권, 단체교섭권, 단체행동권" (1) 단결권 • 근로자 개인의 단결권 + 단결체의 단결권 • 소극적 단결권: 소극적 단결권은 §33가 아닌 §10, §21(結社)에 근거하며, §33의 적극적 단결권과 충돌[98] – 노조가입 취업조건(closed shop), 취업 이후 가입강제(union shop) ⇨ 소극적 단결권과 충돌 – 노동조합 및 노동관계 조정법§81제2호단서: 노조가 근로자 2/3 이상 대표하는 경우 노조가입을 고용조건으로 하는 단체협약의 체결 가능〈헌재 합헌결정: 위 결정〉 (2) 단체교섭권 (3) 단체행동권 – 정치적 파업 금지, 정당한 쟁의, 면책
효력	• 근로3권행사에 대한 국가의 부당한 간섭, 방해, 형사제재의 금지 • 정당한 쟁의행위는 형법 §20의 정당행위로 면책(노동법 §4)
제한	(1) 공무원인 근로자 ; 법률이 정하는 자 근로 3권 인정 – 국가공무원법 §66①: 공무원은 노동운동을 하여서는 아니된다. 사실상 노무에 종사하는 공무원 예외 – 공무원노조법, 교원노조법 – 단체행동 금지 (2) 주요 방산근로자의 단체행동권 제한

14. 청구권적 기본권

의의	청원권 + 재판청구권 + 국가배상청구권 + 형사보상청구권 + 범죄피해자구조청구권 + 손실보상청구권	
성격	실정권	
주체	국민, 법인, 외국인	
내용	재판 청구권 (§27)	• 헌법과 법률이 정한 법관에 의하여 법률에 의한 재판을 받을 권리 – 국민참여재판: 배심원의 평결과 의견 자문적 성격 ⇨ "국민의 형사재판 참여에 관한 법률"[99] – 군사재판: 군사상 기밀 · 초병 · 초소 · 유독음식물공급 · 포로 · 군용물 + 비상계엄 – 통고처분제도/행정심판제도 – 2심의 재판을 받을 권리/대법원의 재판을 받을 권리는 기본권(§101②) – 비상계엄하의 군사재판은 單審 가능(§110④) • 신속한 공개재판을 받을 권리 – 재판의 심리와 판결의 공개(§109) • 無罪推定의 원리[100] – "의심스러운 때는 피고인의 이익으로" • 형사피해자의 재판절차진술권 〈관련문제〉 소송비용의 문제/제소기간의 문제/상고심, 재심사유의 제한(합헌[101])
	국가배상 청구권 (§29)	• 공무원/직무행위/불법행위/고의 · 과실책임 ⇒ 국배법 §2 – 대위책임설 vs. 자기책임설 → 고의, 중과실인 경우 면책 불가 • 영조물 설치 · 관리의 하자책임(국배법§5) • 군인 등의 이중배상금지의 위헌성
	형사보상 청구권 (§28)	• 형사피의자 또는 형사피고인으로 구금 + 불기소처분 또는 무죄판결(免訴, 공소기각 포함)[102] – 기소중지, 기소유예처분[103] 해당없음 – 청구기간 및 청구액: 불기소처분(통지일 3년), 무죄판결(확정 안 날 3년, 확정후 5년)/최저임금액 5배 • 보상기각사유: 형사미성년/심신상실을 이유로 하는 무죄, 거짓자백 등에 의한 구금

98) **단체협약을 통한 조직강제**〈헌재, 2002헌바95등〉: "… 헌법 제33조 제1항은 "근로자는 근로조건의 향상을 위하여 자주적인 단결권·단체교섭권 및 단체행동권을 가진다."고 규정하고 있다. 여기서 헌법상 보장된 근로자의 단결권은 단결할 자유만을 가리킬 뿐이고, 단결하지 아니할 자유 이른바 소극적 단결권은 이에 포함되지 않는다고 보는 것이 우리 재판소의 선례라고 할 것이다(98헌마141). 그렇다면 근로자가 노동조합을 결성하지 아니할 자유나 노동조합에 가입을 강제당하지 아니할 자유, 그리고 가입한 노동조합을 탈퇴할 자유는 근로자에게 보장된 단결권의 내용에 포섭되는 권리로서가 아니라 헌법 제10조의 행복추구권에서 파생되는 일반적 행동의 자유 또는 제21조 제1항의 결사의 자유에서 그 근거를 찾을 수 있다. … 이와 같이 개인적 단결권과 집단적 단결권이 충돌하는 경우 기본권의 서열이론이나 법익형량의 원리에 입각하여 어느 기본권이 더 상위기본권이라고 단정할 수는 없다. … 이 사건 법률조항은 노동조합의 집단적 단결권을 보장하기 위하여 특히 '유니언 샵' 협정과 같은 단체협약의 방식으로 조직 강제를 가능케 하는 실정법적 근거조항으로 근로자의 단결선택권과 충돌하는 면이 없지 아니하나, 전체적으로 상충되는 두 기본권 사이에 합리적인 조화를 이루고 있고 제한에 있어서도 적정한 비례관계를 유지하고 있으며, 또 근로자의 단결선택권의 본질적인 내용을 침해하는 것으로도 볼 수 없다. …."

99) **국민참여재판**: 누구든지 이 법으로 정하는 바에 따라 국민참여재판을 받을 권리를 가진다(§3①), 필요적 국선변호(§7)
 (1) 대상사건: 법원조직법 §32①(제2호 및 제5호 제외)에 따른 합의부 관할사건(단기 1년 이상 사건 등) 및 이들의 미수/교사/방조/예비/음모죄 등
 (2) 배심원: 7인 원칙, 9인(법정형이 무기 이상), 공소사실 인정하는 경우 5인/ 자격: 만 20세 국민
 (3) 평결의 과정과 효력: §46(재판장의 설명·평의·평결·토의 등) ① 재판장은 변론이 종결된 후 법정에서 배심원에게 공소사실의 요지와 적용법조, 피고인과 변호인 주장의 요지, 증거능력, 그 밖에 유의할 사항에 관하여 설명하여야 한다. 이 경우 필요한 때에는 증거의 요지에 관하여 설명할 수 있다.
 ② 심리에 관여한 배심원은 제1항의 설명을 들은 후 유·무죄에 관하여 평의하고, 전원의 의견이 일치하면 그에 따라 평결한다. 다만, 배심원 과반수의 요청이 있으면 심리에 관여한 판사의 의견을 들을 수 있다.
 ③ 배심원은 유·무죄에 관하여 전원의 의견이 일치하지 아니하는 때에는 평결을 하기 전에 심리에 관여한 판사의 의견을 들어야 한다. 이 경우 유·무죄의 평결은 다수결의 방법으로 한다. 심리에 관여한 판사는 평의에 참석하여 의견을 진술한 경우에도 평결에는 참여할 수 없다.
 ④ 제2항 및 제3항의 평결이 유죄인 경우 배심원은 심리에 관여한 판사와 함께 양형에 관하여 토의하고 그에 관한 의견을 개진한다. 재판장은 양형에 관한 토의 전에 처벌의 범위와 양형의 조건 등을 설명하여야 한다.
 ⑤ 제2항부터 제4항까지의 평결과 의견은 법원을 기속하지 아니한다.

100) **무죄추정의 원칙**〈헌재, 93헌바26〉: "… 또 무죄추정의 원칙은 비록 기소된 피고인이라고 할지라도 유죄로 확정되기 전에는 죄가 없는 자로 취급되어야 하며, 유죄인 것을 전제로 한 어떤 불이익도 입혀서는 안되며 불가피하게 불이익을 입히는 경우도 필요한 최소한도에 그쳐야 한다는 원칙이다. 프랑스인권선언 이래 세계인권선언과 많은 국가의 헌법이 채택하고 있고, 이 원칙도 공정한 재판실현과 인간의 존엄성 존중에 바탕을 둔 것이다. 피고인이 유죄라는 선입감에서 피고인의 권리행사를 제한할 수 있는 입법을 한다면 이 원칙에 반하는 결과가 될 것이다. …."

101) (1) **상고심의 제한(심리불속행제도)**〈헌재, 2012헌마367〉: "헌법과 법률이 정하는 법관에 의하여 법률에 의한 재판을 받을 권리"가 사건의 경중을 가리지 않고 모든 사건에 대하여 대법원을 구성하는 법관에 의한 균등한 재판을 받을 권리를 의미하는 것이라고 할 수 없다. 또한 심급제도는 한정된 법발견자원의 합리적인 분배의 문제인 동시에 재판의 적정과 신속이라는 서로 상반되는 두 가지의 요청을 어떻게 조화시키느냐의 문제로 돌아가므로, 원칙적으로 입법자의 형성의 자유에 속하는 사항이다. 심리불속행조항(상고심절차에 관한 특례법 제4조 제1항)은 비록 국민의 재판청구권을 제약하고 있으나 위 심급제도와 대법원의 기능에 비추어 볼 때 헌법이 요구하는 대법원의 최고법원성을 존중하면서 상고심재판을 받을 수 있는 객관적 기준을 정함에 있어 개별적 사건에서의 권리구제보다 법령해석의 통일을 더 우위에 둔 규정으로서 그 합리성이 있다 할 것이므로 헌법에 위반되지 아니한다. …."

※ **심리불속행제도**: 상고심절차에 관한 특례법 제4조(심리의 불속행) 대법원은 상고이유에 관한 주장이 아래 사유를 포함하지 아니한다고 인정하면 더 審理를 하지 아니하고 판결로 상고를 棄却한다.

1. 원심판결이 헌법에 위반되거나, 헌법을 부당하게 해석한 경우
2. 원심판결이 명령·규칙 또는 처분의 법률위반 여부에 대하여 부당하게 판단한 경우
3. 원심판결이 법률·명령·규칙 또는 처분에 대하여 대법원 판례와 상반되게 해석한 경우
4. 법률·명령·규칙 또는 처분에 대한 해석에 관하여 대법원 판례가 없거나 대법원 판례를 변경할 필요가 있는 경우 etc.
5. 제1호부터 제4호까지의 규정 외에 중대한 법령위반에 관한 사항이 있는 경우 etc.

⑵ **재심사유의 제한**〈헌재, 2003헌바105〉: ㈎ "헌법 제27조 제1항이 보장하고 있는 재판청구권은 헌법이 특별히 달리 규정하고 있지 않는 한 법관에 의하여 사실적 측면과 법률적 측면의 한 차례의 심리검토의 기회는 적어도 보장되어야 함을 그 핵심적 내용으로 한다. 상소심에서 심판을 받을 권리를 헌법상 명문화한 규정이 없고 상소문제가 일반 법률에 맡겨진 우리 법제 하에서 재판청구권에 모든 사건에 대해 상소심 절차에 의한 재판을 받을 권리까지도 당연히 포함된다고 할 수는 없고, 마찬가지로 재심청구권 역시 헌법 제27조에서 규정한 재판을 받을 권리에 당연히 포함된다고 할 수 없으며, 어떤 사유를 재심사유로 정하여 재심을 허용할 것인가는 입법자가 확정판결에 대한 법적 안정성, 재판의 신속·적정성, 법원의 업무부담 등을 고려하여 결정하여야 할 입법정책의 문제이다.

㈏ 민사소송법 제451조 제1항은 재심사유를 한정적으로 열거하고 있으나, 이는 확정판결의 법적 안정성을 유지하고 불필요한 재심을 방지하여 분쟁해결의 실효성을 확보함과 아울러 법원의 업무부담을 경감하기 위한 것으로서 재심제도의 취지에 부합하는 것이고, 이 사건 법률조항의 규정내용을 살펴보면 재심사유가 객관적이고 구체적으로 열거되어 있어 법원의 자의적 판단의 소지를 배제하고 있다고 할 수 있다. 따라서 이 사건 법률조항이 그와 같이 재심사유를 한정하고 있다고 하더라도 이는 입법자에게 주어진 합리적 재량의 범위 내의 것으로 보여지고, 달리 입법자가 그 재량을 행사함에 있어서 헌법재판소가 개입하여야 할 정도로 현저히 불합리하게 또는 자의적으로 행사함으로써 불완전하거나 불충분한 입법에 이른 것으로 볼 만한 사정을 찾아볼 수 없다. …."

※ **재심제도**:

⑴ 민사소송법 제451조(재심사유)

1. 법률에 따라 판결법원을 구성하지 아니하거나 법률상 그 재판에 관여할 수 없는 법관이 관여한 때
2. 재판에 관여한 법관이 그 사건에 관하여 직무에 관한 죄를 범한 때
3. 형사상 처벌을 받을 다른 사람의 행위로 말미암아 자백하였거나 판결에 영향을 미칠 공격/방어방법의 제출에 방해를 받은 때
4. 판결의 증거가 된 문서 등 위조 또는 변조된 것인 때 또는 증인 등의 거짓 진술이 판결의 증거가 된 때
5. 판결의 기초가 된 민사나 형사의 판결, 그 밖의 재판 또는 행정처분이 다른 재판이나 행정처분에 따라 바뀐 때
6. 판결에 영향을 미칠 중요한 사항에 관하여 판단을 누락한 때(판단유탈) etc.

⑵ 형사소송법 제420조(재심이유)

1. 원판결의 증거된 서류 또는 증거물이 확정판결에 의하여 위조 또는 변조인 것이 증명된 때
2. 원판결의 증거된 증언, 감정, 통역 또는 번역이 확정판결에 의하여 허위인 것이 증명된 때
3. 무고로 인하여 유죄의 선고를 받은 경우에 그 무고의 죄가 확정판결에 의하여 증명된 때
4. 원판결의 증거된 재판이 확정재판에 의하여 변경된 때
5. 원판결이 인정한 죄보다 경한 죄를 인정할 명백한 증거가 새로 발견된 때
6. 저작재산권을 침해한 죄로 유죄의 선고를 받은 사건에 관하여 그 권리에 대한 무효의 심결 또는 무효의 판결이 확정된 때
7. 재판에 관여한 법관, 검사나 사법경찰관이 그 직무에 관한 죄를 범한 것이 확정판결에 의하여 증명된 때 etc.

102) **면소와 공소기각**: 免訴는 확정판결/사면/공소시효의 완성/범죄 후 법령개폐로 인한 형의 폐지의 사유가 있는 때 판결로써 선고하며(형소 §326), 公訴棄却은 ⑴ 피고인에 대한 재판권이 없는 때/공소제기절차가 위법하여 무효인 때/공소가 제기된 사건에 대하여 다시 공소가 제기되었을 때/친고죄의 경우 고소의 취소가 있은 때/반의사불벌죄의 경우 처벌의 의사표시가 철회되었을 때는 판결로써 선고하며(§327), ⑵ 공소의 취소/피고인의 사망(해산)/공소장에 범죄사실이 포함되지 아니하는 때에는 결정으로 공소를 기각한다(§328).

⇨ 免訴 또는 公訴棄却의 재판을 받아 확정된 피고인은 면소 또는 공소기각의 재판을 할 만한 사유가 없었더라면 무죄재판을 받을 만한 현저한 사유가 있었을 경우 형사보상을 청구할 수 있다(보상법 §26).

103) **기소중지와 기소유예**: 기소중지는 피의사건에 대하여 공소조건이 구비되고 범죄의 객관적 혐의가 인정되지만 피의자의 소재불명 등 수사를 종결할 수 없는 경우 그 사유가 해소될 때까지 수사를 중지하는 처분을 말하며(검찰사건사무규칙§73), 기소유예는 죄는 인정되지만 피의자의 연령이나 성행, 환경, 피해자에 대한 관계, 범행의 동기나 수단, 범행 후의 정황 등을 참작하여 기소를 하지 아니하는 형사정책상의 처분을 말한다(형소법§247).

Ⅵ

통치기구론

1. 대의제도
2. 선거제도와 정당제도
3. 권력분립제도
4. 정부형태
5. 공무원제도 : 직업공무원제도
6. 지방자치제도
7. 헌법재판제도
8. 국회의 헌법상 지위와 구성 / 회의의 운영
9. 국회의 기능과 권한
10. 대통령
11. 행정부
12. 사법권과 법원
13. 헌법재판소의 권한
13-2. 위헌법률심판
13-3. 헌법소원심판
13-4. 권한쟁의심판
13-5. 탄핵심판 / 정당해산심판

Chapter VI 통치기구론

* 통치구조의 수단성: 국민주권/인간의 존엄성 보장을 위한 수단 ⇒ 민주적(민주주의)·절차적(법치주의) 정당성 필요
* 통지구조의 구성원리: 대의제도 + 권력분립 + 법치주의 + 책임정치
* 통치구조의 형태 = 정부형태
* 통치구조의 기능: 입법, 행정, 사법
* 통치구조의 기구: 국회, 행정부(대통령, 내각, 공무원제도, 지방자치제도), 법원, 헌법재판소

1. 대의제도

<table>
<tr><td>개념</td><td>• 대표자에 의한 국가의사의 결정: 국가의사결정권과 기관구성권의 분리
• 국민주권의 실현: 국민은 기관구성권 행사</td><td rowspan="5">국민 = 기관구성권
• 선거
• 무기속위임

대표기관 = 의사결정권
• 선거 –정당성 확보
• 정치적 책임
• 전체국민의 대표– 추정적 의사 우선

• 명령적위임의 배제
• 법적 책임의 면제
• 치자·피치자의 동일성 = 자기지배</td></tr>
<tr><td>기능</td><td>i) 국가의사가 국민전체의 이익(= 국가이익)과 합치되도록 하는데 본질적 기능
ii) 경험적 의사 또는 부분의사(특수이익)가 아닌 推定的 意思에 기초한 의사결정으로 공공성 확보 ⇐ 직접민주의 경우 특수이익 우선하는 의사결정의 가능성
iii) 정치엘리트에 의한 정치
iv) 임기제 → 책임정치, 제한정치 가능</td></tr>
<tr><td>실현
형태</td><td>i) 국민과 국민대표자의 분리
ii) 국가의사결정권과 기관구성권의 분리
iii) 선거를 통한 기관구성권의 행사
iv) 대표자는 국민전체대표자 → 전체이익/추정적 의사(一般意思)에 기초한 의사결정 ← 무기속위임관계
v) 차기 선거에서의 정치적 책임(법적 책임 無)</td></tr>
<tr><td>문제점</td><td>i) 자유위임(무기속위임)의 악용: 특수이익 추구 → 계급국가, 지역국가로 전락
ii) 임기제 악용 → 권력남용을 통한 독재, 권위주의 국가로 변질</td></tr>
<tr><td>성공
조건</td><td>i) 선거의 합리성, 공정성
ii) 대표자의 자질과 능력
iii) 전체이익 우선</td></tr>
</table>

2. 선거제도와 정당제도

<table>
<tr><th colspan="3">선거제도</th></tr>
<tr><td>기능</td><td colspan="2">대표자 선발 + 민주적 정당성의 부여 + 국민의 정치참여 실현</td></tr>
<tr><td>기본 원칙</td><td colspan="2">■ 투표의 공정성과 평온성 확보
(1) 보통선거 ← 나이
(2) 평등선거 ← 1인 1표 + 1표 1가치
* 정당추천후보자와 무소속후보자의 홍보인쇄물 · 기탁금의 차별은 위헌
* 지역구국회의원에 대한 투표를 정당투표로 의제하는 비례대표의석배분방식 위헌
* 선거구 인구불평등: 미국 1:3, 일본 1:2, 헌재: 1:2(2012헌마192등)(국회의원 선거구)
* 선거구 획정 - gerrymandering : 기초지자체 분할금지(공선법 §21)
(3) 직접선거
* 선거인단 선거는 직접선거원칙 위반
* 비례대표방식의 명부방식
- 고정명부방식은 위헌의 소지(헌재는 합헌 결정, 2000헌마91)
- 가변명부(선거인이 명부의 순위 결정)/자유명부(선거인이 명부의 내용 결정) 바람직.
(4) 비밀선거
- 기표한 투표지 공개금지, 투표내용 진술강요 금지
- 출구조사: 투표 이후의 공표, 자발적인 공개 → 허용가능
(5) 자유선거 ← 투표의 자발성</td></tr>
<tr><td rowspan="3">내용</td><td>투표제</td><td>※투표방법의 문제 - 단기제/연기제(완전연기 v. 제한연기, 누적연기(1인에 집중 가능) v. 체감연기)</td></tr>
<tr><td>대표제</td><td>※대표 선출(결정)의 문제
(1) 다수대표제: 상대다수 v. 절대다수(결선투표제 연계)
(2) 비례대표제
- 기능: 사표방지, 득표율과 의석수의 불일치 해소, 직능대표
- 종류: 고정명부/가변명부/자유명부
- 문제점: 군소정당난립/의원에 대한 정당의 지배력/책임의식 미흡/정국불안
⇨ 봉쇄조항: 국회의원(유효투표 3% or 5석 이상 정당, 공선법 §189), 지방의원(5%, §190의2)</td></tr>
<tr><td>선거구제</td><td>※선거인단 분할방식의 문제 - 소(1인)/중(2인-5인)/대(6인 이상)</td></tr>
<tr><th colspan="3">정당제도</th></tr>
<tr><td>정당 조항 (§8)</td><td colspan="2">• 정당설립의 자유, 복수정당제 보장
• 정당의 요건: 목적 · 조직 · 활동의 민주성, 국민의 정치적 의사형성에 참여하는데 필요한 조직
• 정당의 보호 및 운영자금 보조
• 정당의 해산: 목적 or 활동이 민주적 기본질서[104] 위배, 정부의 제소, 헌재의 해산결정
• 등록의 취소: 법정시도당수(5) · 법정당원수(1000) 미달/4년 선거 불참여/의석없이 유효표 2% 미달(정당법§44))</td></tr>
<tr><td colspan="3">(1) 헌법과 정당의 역사적 관계(적대적 v. 무시 v. 합법화 v. 헌법적 수용) by H. Triepel
(2) 정당국가적 민주주의(정당국가론, 1960년대) by G. Leibholz
• 의회정치에 대한 회의 ⇨ 정당을 통한 직접민주주의 강조(정당 = 국가기관)
• 정당국가의 현실
- 당론에 의한 거수기(의사확인장소 = 명령적 기속관계), 국가정책 정당(대표)가 결정, 선거 = 정당에 대한 국민투표적 성격
- 국회는 토론의 장이 아닌 거수의 장, 의원은 국민의 대표가 아닌 정당의 대표(특히 비례대표)
- 권력의 집중(입법 = 행정) ⇨ 의회의 비판, 견제기능 약화
• 평가: 정당의 역할 과대평가(정당 = 국민 대체적 지위), 국민주권 形骸化, 대의제민주주의 부정</td></tr>
</table>

<table>
<tr><td rowspan="3">정치
자금
규제</td><td colspan="3">(1) 규제의 필요성: 국가의 공공성과 중립성 확보/ 정치자금의 공개
(2) 종류: 당비, 후원금, 기탁금, 보조금</td></tr>
<tr><td>후원금</td><td>기탁금</td><td>보조금</td></tr>
<tr><td>(1) 후원회: 국회의원/대통령후보자/정당의 대통령 · 대표당내경선후보자/광역단체장 각 1
(2) 후원인의 기부한도: 후원회 기부 연간 2천 이하, 익명기부는 1회 10만 연간 120만원
(3) 모금한도: 대통령후보자(선거비용제한액의 5%), 국회의원 · 당대표경선(1억5천) 광역단체장(제한액의 50%)</td><td>(1) 선관위 기탁- 연간 1억 or 전년도 소득의 5%의 다액 이하
(2) 보조금 배분 방식으로 배분</td><td>(1) 종류: 경상보조금/선거보조금/여성후보자추천보조금
(2) 보조금의 규모 = 선거권자(국회의원) 수 × 보조금계상단가(2019년 1,031원; 중앙선관위가 매년 공고)
(3) 보조금의 배분
i) 전체의 50%: 교섭단체 정당 균등배분
ii) 5석 이상 정당(5%), 5석 미만의 득표 2% 이상 정당(2%)
iii) 전여분의 50%: 국회의원 의석수 비율
iv) 잔여분의 50%: 득표수 비율</td></tr>
</table>

3. 권력분립제도

<table>
<tr><td>의의</td><td colspan="2">자유주의적 통치구조의 구성원리/소극적 · 중립적 원리/권력균형의 원칙/법치주의 제도적 전제</td></tr>
<tr><td>이념</td><td colspan="2">• 자유의 보장 – 현대국가에서는 국가균형원리로 발전
• 군주주권(권력의 집중) ⇒ 국민주권(권력의 억제 · 제한: 권력의 분립) ⇒ 견제와 균형</td></tr>
<tr><td rowspan="2">유래</td><td>J. Locke
(1632–1704)</td><td>• 4권분립: 입법권/집행권/외교권/국왕의 대권 ⇦ 의회우월주의: 입법권의 최고성 주장
• 기능분리에 치중, 권력의 균형 간과, 사법권 ×</td></tr>
<tr><td>Montesquieu
(1689–1755)</td><td>• 3권분립: 입법/행정/사법
• 시민의 자유 보장을 위하여 각기 다른 기관이 분장하여 서로 견제/균형 필요</td></tr>
<tr><td>내용</td><td colspan="2">국가권력의 분할 → 분할된 국가권력의 균형 → 국가작용의 기능적 배분 → 권력상호간의 통제</td></tr>
<tr><td>발전</td><td colspan="2">(1) K. Loewenstein의 동태적 권력분립론
– 국가권력의 분립 대신 <u>국가기능의 분할</u>: 정책결정, 정책집행, 정책통제
① Policy Determination: 고위관료, 정당수뇌부, 집행부와 입법부의 협조, 국민투표 등
② Policy Execution: 정책집행 위한 입법(입법부), 법률의 구체적 실천(집행 · 사법부)
③ Policy Control: 수직적 통제 v. 수평적 통제
• 수직적 통제
– 구조적 측면: 중앙과 지방정부간의 통제, 양원제, 사법권 이원화, 이익집단 · 여론 등
– 시간적 측면: 임기제
• 수평적 통제: 기능적 분할–기관상호간 통제
(2) W. Kagi의 포괄적 권력분립론: 국가기능에 의한 권력분할 강조
i) 헌법제 · 개정권력과 일반입법권 이원화
ii) 집행부내부에서의 권력분립
iii) 공직자의 임기제한
iv) 복수정당제와 與野간의 견제, 양원제
v) 연방제와 지방자치제
vi) 민간권력과 군사권력의 분리 등
(3) 대만의 5권분립: 입법, 행정, 사법, 인사, 감찰</td></tr>
</table>

104) 민주적 기본질서의 의미와 구체적 판단(통진당사건)〈헌재, 2013헌다1〉: "… ㈎ 헌법 제8조 제4항이 의미하는 '민주적 기본질서'는 개인의 자율적 이성을 신뢰하고 모든 정치적 견해들이 각각 상대적 진리성과 합리성을 지닌다고 전제하는 다원적 세계관에 입각한 것으로서, 모든 폭력적·자의적 지배를 배제하고, 다수를 존중하면서도 소수를 배려하는 민주적 의사결정과 자유·평등을 기본원리로 하여 구성되고 운영되는 정치적 질서를 말하며, 구체적으로는 국민주권의 원리, 기본적 인권의 존중, 권력분립제도, 복수정당제도 등이 현행 헌법상 주요한 요소라고 볼 수 있다. … 정당해산심판의 사유를 "정당의 목적이나 활동이 민주적 기본질서에 위배될 때"로 규정하고 있는데, 여기서 말하는 민주적 기본질서의 '위배'란, 민주적 기본질서에 대한 단순한 위반이나 저촉을 의미하는 것이 아니라, 민주사회의 불가결한 요소인 정당의 존립을 제약해야 할 만큼 그 정당의 목적이나 활동이 우리 사회의 민주적 기본질서에 대하여 실질적인 해악을 끼칠 수 있는 구체적 위험성을 초래하는 경우를 가리킨다. … 강제적 정당해산은 헌법상 핵심적인 정치적 기본권인 정당활동의 자유에 대한 근본적 제한이므로, 헌법재판소는 이에 관한 결정을 할 때 헌법 제37조 제2항이 규정하고 있는 비례원칙을 준수해야만 한다. 따라서 헌법 제8조 제4항의 명문규정상 요건이 구비된 경우에도 해당 정당의 위헌적 문제성을 해결할 수 있는 다른 대안적 수단이 없고, 정당해산결정을 통하여 얻을 수 있는 사회적 이익이 정당해산결정으로 인해 초래되는 정당활동 자유 제한으로 인한 불이익과 민주주의 사회에 대한 중대한 제약이라는 사회적 불이익을 초과할 수 있을 정도로 큰 경우에 한하여 정당해산결정이 헌법적으로 정당화될 수 있다.

㈏ 피청구인이 추구하는 북한식 사회주의 체제는 조선노동당이 제시하는 정치 노선을 절대적인 선으로 받아들이고 그 정당의 특정한 계급노선과 결부된 인민민주주의 독재방식과 수령론에 기초한 1인 독재를 통치의 본질로 추구하는 점에서 민주적 기본질서와 근본적으로 충돌한다. 또한 피청구인은 진보적 민주주의를 실현하기 위해서는 전민항쟁 등 폭력을 행사하여 자유민주주의체제를 전복할 수 있다고 하는데 이 역시 민주적 기본질서에 정면으로 저촉된다. 한편 내란관련 사건, 비례대표 부정경선 사건, 중앙위원회 폭력 사건 및 관악을 지역구 여론조작 사건 등 피청구인의 활동들은 내용적 측면에서는 국가의 존립, 의회제도, 법치주의 등을 부정하는 것이고, 수단이나 성격의 측면에서는 자신의 의사를 관철하기 위해 폭력 등을 적극적으로 사용하여 민주주의 이념에 반하는 것이다. …."

4. 정부형태

(1) 의원내각제와 대통령제

<table>
<tr><td>의의</td><td colspan="3">• 광의: 국가권력구조에서 권력분립원칙의 조직적 · 구조적 실현형태
← '기능과 조직의 분리', '견제와 균형의 메카니즘', '통제원리'의 구체적 실현형태
• 협의: 입법부와 집행부의 관계</td></tr>
<tr><td>분류</td><td colspan="3">• 전통적 분류 - 표본유형: 대통령제/의원내각제 ⇒ 변형: 이원정부제, 의회정부제 등
• 통제장치유무에 따른 K. Loewenstein의 분류
- 입헌민주주의(의원내각, 대통령, 이원정부) v. 전제주의(전체주의[105], 권위주의[106])</td></tr>
<tr><td rowspan="5">의원내각제</td><td>구조적 원리</td><td colspan="2">• 국가권력의 일원적 정당성: 국민 → 의회 → 행정부
• 집행부 이원적 구조: 대통령(군주) · 내각(의회에서 선출, 의회에 대하여 정치적 책임)
• 권력적 균형: 내각불신임권 ↔ 의회해산권
• 집행부와 의회의 공화 · 협조관계
- 법적인 분리 · 독립, 정치적 공화 · 협조
- 겸직가능, 집행부의 법률안제출권, 각료의 의회출석발언권</td></tr>
<tr><td>연혁</td><td colspan="2">• 명예혁명(1688) → 입헌군주제, 의회주권 확립(의회 입법권 · 집행권 장악) → 의회 통제 받는 집행권 행사기관 요청 ← 추밀원(국왕자문기관) 자문관으로 내각 구성 → 초기 '국왕의 내각'에서 '의회의 내각'으로 변모(18C)
• 확산: 시민혁명기의 유럽제국, 영연방제국, 일본, 이태리</td></tr>
<tr><td rowspan="3">공과</td><td colspan="2">• 정치문화적 조건: 복수정당제, 국민간의 동질성 · 화합의 정신, 언론 · 정치적 자유의 보장, 문민통치의 전통, 직업공무원제, 정치인의 공직의식 등</td></tr>
<tr><td>장점</td><td>단점</td></tr>
<tr><td>• 내각의 존속 · 진퇴의 의회(국민 대표기관) 의존 ← 민주주의 요청에 부합
• 내각의 의회에 연대책임 ← 책임정치
• 내각과 의회 정치적 대립 → 불신임 or 해산을 통한 신속한 해결
• 의회의 신임 획득 · 유지 → 정치적 인재양성 노력</td><td>i) 군소정당 난립 or 타협적 태도 결여 ← 정국불안
ii) 의회 → 정권획득을 위한 政爭의 場
iii) 집행부 ← 의회의 눈치
iv) 내각 · 다수당 제휴에 의한 다수 횡포</td></tr>
<tr><td rowspan="5">대통령제</td><td>구조적 원리</td><td colspan="2">• 국가권력의 이원적 정당성: 국민 → 의회/국민 → 대통령(행정부)
• 집행부의 일원적 구조: 대통령(국민의 선출)
• 권력균형: 집 · 입 · 사 분리 독립
• 입법부와 집행부 상호억제 · 균형, 상호독립성
- 대통령의 정치적 무책임성 · 법률안거부권
- 의회의 입법권 독점 · 고위공무원임명동의 · 국정조사 · 감사 · 탄핵소추권
- 불신임권 · 해산권 不在, 겸직금지, 정부의 법률안제출권 및 의회출석 · 발언권 否認</td></tr>
<tr><td>연혁</td><td colspan="2">• 1787년 필라델피아헌법제정회의(각주 독립성 강조, 전통적 권위(= 군주) 부존재, 共和制 대전제)
→ 연방국가 탄생 → 입헌적 권력분립 · 전국적 통일정부 요청 → 대통령제
• 신대통령제: 대통령의 절대적 우위(對 의회, 사법부)/명목상 권력분립/대통령 견제장치 부재
→ 사이비입헌주의, 폭력지배 은폐수단</td></tr>
<tr><td rowspan="3">공과</td><td colspan="2">• 정치문화적 조건: 정치인 · 시민의 사회적 동질성/권력분산적 연방제도와 지방자치제/국민의 반독재의식, 민주적 소양/공정선거, 여론의 자유/헌법수호자로서의 법원의 권위</td></tr>
<tr><td>장점</td><td>단점</td></tr>
<tr><td>• 집행부 안정 · 권위 유지
← 의회신임무관
• 의회다수당의 횡포
← 법률안거부권</td><td>• 대통령의 독재 ←의회에 대한 책임 無
• 의회와 집행부 대립시, 집행부 기능 정지, 쿠데타 가능성</td></tr>
</table>

(2) 변형된 정부형태

<table>
<tr><td rowspan="2">이원정부제</td><td>구조적 원리</td><td>• 국가권력의 이원적 정당성: 국민 → 의회 → 행정부/국민 → 대통령(국가원수)
• 집행부의 이원적 구조: 대통령(실질적 권한 有)/내각
• 권력의 공화와 독립: 의회와 국가원수의 독립/행정부의 의회 의존
cf) Duverger의 반대통령제
i) 의원내각제 성격: 집행부의 이원구조
ii) 의회: 내각불신임권, 대통령 불신임 불가
iii) 대통령; 의회해산권
iv) 바이마르, 프 5, 오스트리아, 아이스란드, 아일랜드 ⇒ 이원집정부제, 부진정의원내각제</td></tr>
<tr><td>공과</td><td>• 평상시 의회주의적 운영으로 행정부와 입법부의 마찰 최소화
• 평상시 대통령 국가적 과제, 수상 일상적 국정운영, 위기시 대통령 신속한 국정처리 가능
• 대통령과 수상이 각기 다른 정당 소속인 경우 정국불안의 가능성</td></tr>
<tr><td rowspan="2">회의제정부</td><td>구조적 원리</td><td>• 의회: 국가권력구조의 정점 → 모든 국가기관 지배 = 권력체계의 일원화
• 집행부: 의회에 절대적 종속 → 의회에서 집행부 구성, 의회에 연대책임(불신임), 집행부의 의회해산권 부재
• 국가원수: 부재 또는 명목
• 의회 해산은 집행부 당연퇴진
• 의회는 常時開會, 선거민에 대해 책임</td></tr>
<tr><td>사례</td><td>i) 영국의 '長期議會'의 통치체제
ii) 프랑스혁명기의 '국민공회정부제'
iii) 스위스의 '執政府制': 연방의회 「국민의회(하원) + 참의원」에서 선출한 7인(집정관)의 '연방평의회'(최고집행기관) 구성, 구성원 중 의장(1년 임기의 연방대통령 칭호) 선출
iv) 인민회의제(중국, 북한)</td></tr>
<tr><td rowspan="2">인민회의제</td><td>중국</td><td>(1) 최고국가권력기구: '전국인민대표대회'
– 중국헌법 §2: '중화인민공화국의 모든 권력은 인민에 속하며, 인민이 국가권력을 행사하는 기관은 전국인민대표대회와 지방각급인민대표대회이다.'
– §3: '국가의 행정기관 · 재판기관 · 검찰기관은 모두 인민대표대회에 의하여 조직되며 인민대표대회에 대하여 책임을 지고 그 감독을 받는다' → 행정부 · 사법부는 인민대표대회의 산하조직
(2) 전국인민대표대회의 권한 ← 2,984명
– 입법권, 헌법개정권, 헌법감독권, 국가기관 중요구성원의 임면권, 국가적 중대문제의 결정 등
(3) 전국인민대표대회 상무위원회 ← 173명
– 헌법 · 법률의 해석권, 국무원의 행정법규 · 명령 · 결정의 위헌 · 위법심사권, 국가기관 감독권
(4) 각급인민대표대회: 縣 · 市 → 省 → 全國
– 民主集中制(간접 · 다단계선거) ← 縣 · 市(직선) → 省(縣 위원의 간선) → 全國(성 위원의 간선)</td></tr>
<tr><td>북한</td><td>(1) 최고국가권력기구: '최고인민회의'
– 북한헌법§4: '조선민주주의인민공화국의 주권은 노동자, 농민, 근로인테리와 모든 근로인민에게 있다. 근로인민은 자기의 대표기관인 최고인민회의와 지방각급인민회의를 통하여 주권을 행사한다'
– §6: '군인민회의로부터 최고인민회의에 이르기까지의 각급 주권기관은 일반적 · 평등적 · 직접적 원칙에 의하여 비밀투표로 선거한다'
(2) 최고인민회의 권한 ← 687명(직선)
– 헌법의 수정 · 보충권, 법령개폐권, 국방위원회 위원장 선출 · 소환권, 내각총리 · 중앙재판소장의 선거 · 소환권, 중앙검찰소장의 임면권, 예산안 심의 · 결산승인권, 조약의 비준 · 폐기권 등
(3) 국방위원회: 최고군사지도기관
(4) 최고인민회의 상임위원회
– 최고인민회의 소집, 최고회의 휴회중 법안심의 · 수정, 헌법 · 법령 해석권, 조약 비준 · 폐기, 사면권
– 최고인민회의 권한이 국방위원회 또는 상임위원회에 의하여 제한 · 명목적</td></tr>
</table>

5. 공무원제도: 직업공무원제도

<table>
<tr><td>공무원</td><td colspan="2">• 정의: 선출 or 임명에 의하여 특정지위에 취임하여 국가영역의 업무를 담당하는 자
• 헌법상 지위: 국민전체에 대한 봉사자/국민에 대하여 책임(§7①)
• 학설: 직업공무원(경력직) + 별정직 + 선거직 + 공무수탁사인
• 공무원법: 경력직{일반직/특정직(법관 등)} v. 특수경력직(정무직/별정직) ← 2012년 법개정
– 경력직의 경우 '임기제공무원'으로 임용 가능</td></tr>
<tr><td>의의</td><td colspan="2">• 엽관주의 ⇔ 국가업무의 안정적 수행 보장/정권의 시녀 방지 ⇒ 제도적 보장
• 범위: 주로 경력직 공무원</td></tr>
<tr><td rowspan="4">내용</td><td>공무 전담</td><td>공무의 범위는 입법으로 결정/공무는 공무원만이 수행</td></tr>
<tr><td>정치적 중립성</td><td>• §7②: 공무원의 정치적 중립성은 법률이 정하는 바에 의하여 보장[107]
– 근거: 국민전체에 대한 봉사자: 법집행의 공정성(과거 특별권력관계설)
– 범위: 정당가입, 선거활동의 제한, 근로3권의 제한
– 공무원 개인의 정치적 자유는 보장 – §37②의 제한</td></tr>
<tr><td>신분보장</td><td>• §7②: 공무원의 신분은 법률이 정하는 바에 의하여 보장
– 공무원법 §58: 형의 선고 · 징계처분 등의 사유가 아닌 한 의사에 반하여 휴직 · 강임 · 면직 당하지 아니한다. 다만 1급은 제외.</td></tr>
<tr><td>능력주의</td><td>• 공무원의 선임, 승진 등 능력에 따른 인사제도</td></tr>
</table>

---

105) **全體主義(totalitarianism)**: 개인의 모든 활동은 오로지 전체, 즉 민족이나 국가의 존립과 발전을 위하여 존재한다는 이념 아래 개인의 자유를 억압하는 사상 및 체제를 말한다. 이탈리아 파시즘, 독일의 나치즘 체제, 구소련의 스탈린 체제를 전형으로 하는 정체체제의 총칭이다. 전통적인 전제나 폭정, 권위주의 체제하에서 독재자의 지배와 시민적·정치적 자유의 부정과 함께, 이데올로기에 의한 정치적 동원이 일상화되면서 사적 영역이 파괴되고 전면적인 정치화가 진행된다. 즉, 경제활동이나 종교, 문화, 사상에서 여가에 이르기까지 당과 국가권력의 통제하에서 강제적 획일화가 이루어지며, 그 수단으로서 테러, 강제수용 등이 이용된다. 『21세기 정치학대사전』, NAVER 지식백과(2018.4.10. 검색)

106) **權威主義(authoritarianism)**: 지배와 복종관계에서 지배자의 독단적 지배력이나 권위에 의해서 일방적·강제적으로 종적 지배관계를 형성하려는 질서원리로서, 전근대사회의 家父長制·神政政治, 현대사회의 파시즘·전체주의·폐쇄적 민족주의 운동 등이 이에 해당한다. 『교육학용어사전』, NAVER 지식백과(2018.4.10. 검색)

107) **공무원제도**〈헌재, 95헌바48〉: "…헌법 제7조 제2항은 공무원의 신분과 정치적 중립성을 법률로써 보장할 것을 규정하고 있다. 위 조항의 뜻은 공무원이 정치과정에서 승리한 정당원에 의하여 충원되는 엽관제를 지양하고, 정권교체에 따른 국가작용의 중단과 혼란을 예방하며 일관성있는 공무수행의 독자성과 영속성을 유지하기 위하여 공직구조에 관한 제도적 보장으로서의 직업공무원제도를 마련해야 한다는 것이다. 직업공무원제도는 바로 그러한 제도적 보장을 통하여 모든 공무원으로 하여금 어떤 특정 정당이나 특정 상급자를 위하여 충성하는 것이 아니라 국민전체에 대한 봉사자로서(헌법 제7조 제1항) 법에 따라 그 소임을 다할 수 있게 함으로써 공무원 개인의 권리나 이익을 보호함에 그치지 아니하고 나아가 국가기능의 측면에서 정치적 안정의 유지에 기여하도록 하는 제도이다. …."

6. 지방자치제도

<table>
<tr><td>의의</td><td colspan="4">• 국가업무를 지방을 단위로 한 지자체를 설치하여 그 지방의 업무로 분장한 후 중앙간섭 없이 수행하는 국가작용 – 단체자치
• 일정지역 주민이 지방사무를 자신 책임하에 자신이 선출한 기관 통해 직접 처리 – 주민자치
• 우리의 지방자치는 양자를 포괄하는 융합된 형태(2005헌마403)</td></tr>
<tr><td rowspan="4">본질/유형</td><td colspan="2">주민자치제</td><td>유형</td><td>단체자치제</td></tr>
<tr><td colspan="2">민주주의(풀뿌리민주주의, 직접민주제)</td><td>이념</td><td>지방분권주의(능률적 행정, 근거리행정)</td></tr>
<tr><td colspan="2">자치고유권설(자연권설)</td><td>본질</td><td>자치권위임설(제도적 보장설) – 通說</td></tr>
<tr><td colspan="2">• 주체: 주민자치기관(국가 지방행정청)
• 기관통합: 지방의회(의결 + 집행)
• 국가감독: 주로 입법 · 사법적 통제
• 개별수권: 국가권한 개별 법률로 부여
• 독립세주의(독자적 지방세 부과 · 징수)</td><td>내용</td><td>• 주체: 법인인 자치단체
• 의결 · 집행기관 분리
• 국가감독: 주로 행정적 통제
• 포괄수권: ex) 지방자치법
• 부가세주의(국세의 부가세)</td></tr>
<tr><td>내용/한계</td><td colspan="4">• 내용: 全權能性原則: 자치입법 · 자주조직 · 자치행정 · 자치재정권
自己責任性原則: 자치사무에 관한 국가의 지시 · 감독 배제
• 한계: 지자체의 국가적 감독 · 통제
– 국가적 법질서 틀 속의 지방자치
– 분담 · 협력관계: 중앙행정의 효율성 + 지방행정의 자주성 조화 = 국민 복리증진</td></tr>
<tr><td rowspan="9">현행법 내용</td><td rowspan="3">헌법적 사항[108)]</td><td>• 주민복리사무/ 재산관리</td><td colspan="2">(1) 자치사무[109)] = 고유사무(= 자치사무 = 주민복리: 조례) + 위임사무
• 위임사무 = 단체위임(조례) + 기관위임(규칙)/국가감독
• 지자법의 지자체사무범위: 지자법의 자치사무범위: 지자체 구역 · 조직 · 행정관리/ 주민 복리증진(주민복지, 사회적 약자 복지, 질병관리, 보건, 청소 etc.)/ 농림 등 산업 진흥/지역개발 · 주민생활환경시설/교육 · 체육 · 문화 · 예술 진흥/ 지역민방위 · 지역소방(법§9)
(2) 자치재정: 재산관리, 기금설치, 지방세 · 사용료 · 분담금 징수</td></tr>
<tr><td>• 자치규정제정권</td><td colspan="2">(3) 자치입법[110)] : '법령의 범위 안에서' 조례 + 규칙 + 교육규칙
– 성격: 형식은 자치행정기관(의회, 장)의 집행작용, 실질은 입법작용</td></tr>
<tr><td>• 지방의회 구성</td><td colspan="2">– 선거(헌§118)</td></tr>
<tr><td rowspan="6">법률적 사항</td><td>• 지자체 종류</td><td colspan="2">(1) 종류: 광역 v. 기초(시 · 군 · 구)
(2) 기구: 지방의회 + 지자체의 장</td></tr>
<tr><td>• 지방의회의 조직 · 권한 · 선거</td><td colspan="2">(1) 지역구의원 + 비례대표의원(지자법§31, 공선법§190의2)
(2) 조례제정권의 범위: '법령의 범위 안에서' – 포괄위임 가능[111) 112)]
• 지자법§22단서(주민권리제한, 의무부과, 벌칙 조례는 법률 위임)의 위헌성(?)
: 자치입법권의 제약? ⇦ 자치입법권 역시 법률유보원칙에 구속(합헌 해석)
• 고유사무/단체위임사무에 대한 규율[113)]
• 기초의 조례, 규칙은 광역의 ..조례, 규칙 위반 불가(지§24)
• 감독청의 승인 불요
• 통제
① §107② 구체적 규범통제: §107②의 '규칙'에 지자체의 조례와 규칙 포함(대판 94누5694)
② 단체장 · 감독청(행자부장관/시도지사) 재의요구 ⇨ 재의결시 무효확인 소송(기관소송)
③ 헌법소원,[114)] 주민통제(주민소환권, 개폐청구권: 부실)</td></tr>
<tr><td>• 단체장</td><td colspan="2">(1) 선임: 선거(지자법§94)
(2) 규칙제정권: 법령과 조례의 위임 범위 내에서(지§23) – 구체적 위임</td></tr>
<tr><td>• 지방교육자치</td><td colspan="2">– 교육감(광역단위, 선거직), '지방교육자치에 관한 법률'
– 종전 교육위원회제도 폐지(2016): 의회 상임위로 대체
– 지방자치단체의 교육 · 과학 · 기술 · 체육 그 밖의 학예에 관한 사무(지교법§2)</td></tr>
<tr><td>• 주민의 권리</td><td colspan="2">– 공적재산 · 시설이용권/균등행정수혜권/선거권 · 피선거권/주민투표권/ 주민소환권/조례제정 · 개폐청구권/감사청구권/주민소송권/ 청원권
– 주민투표법, 주민소환에관한법률</td></tr>
</table>

108) **지방자치보장의 본질적 내용**〈헌재, 2006헌라6〉: "… 헌법은 제117조와 제118조에서 '지방자치단체의 자치'를 제도적으로 보장하고 있는 바, 그 보장의 본질적 내용은 자치단체의 보장, 자치기능의 보장 및 자치사무의 보장이다(94헌마201). 이와 같이 헌법상 제도적으로 보장된 자치권 가운데에는 자치사무의 수행에 있어 다른 행정주체(특히 중앙행정기관)로부터 합목적성에 관하여 명령·지시를 받지 않는 권한도 포함된다고 볼 수 있다. 다만, 이러한 헌법상의 자치권의 범위는 법령에 의하여 형성되고 제한된다. …."

109) **자치사무에 대한 중앙행정기관의 감사범위**〈헌재, 2006헌라6〉: "… 지방자치단체에 대하여 중앙행정기관은 합목적성 감독보다는 합법성 감독을 지향하여야 하고 중앙행정기관의 무분별한 감사권의 행사는 헌법상 보장된 지방자치단체의 자율권을 저해할 가능성이 크므로, 이 사건 관련규정상의 감사에 착수하기 위해서는 자치사무에 관하여 특정한 법령위반행위가 확인되었거나 위법행위가 있었으리라는 합리적 의심이 가능한 경우이어야 하고, 또한, 그 감사대상을 특정해야 한다고 봄이 상당하다. …."

110) **헌법 제117조** ① 지방자치단체는 주민 복리에 관한 사무를 처리하고 재산을 관리하며, 법령의 범위안에서 자치에 관한 규정을 제정할 수 있다.
지방자치법 제22조(조례) 지방자치단체는 법령의 범위 안에서 그 사무에 관하여 조례를 제정할 수 있다. 다만, 주민의 권리 제한 또는 의무 부과에 관한 사항이나 벌칙을 정할 때에는 법률의 위임이 있어야 한다.
제23조(규칙) 지방자치단체의 장은 법령이나 조례가 위임한 범위에서 그 권한에 속하는 사무에 관하여 규칙을 제정할 수 있다.
제24조(조례와 규칙의 입법한계) 시·군 및 자치구의 조례나 규칙은 시·도의 조례나 규칙을 위반하여서는 아니된다.

111) **조례로의 포괄적 위임**〈헌재, 92헌마264〉: "… 조례의 제정권자인 지방의회는 선거를 통해서 그 지역적인 민주적 정당성을 지니고 있는 주민의 대표기관이고, 헌법이 지방자치단체에 대해 포괄적인 자치권을 보장하고 있는 취지로 볼 때 조례제정권에 대한 지나친 제약은 바람직하지 않으므로 조례에 대한 법률의 위임은 법규명령에 대한 법률의 위임과 같이 반드시 구체적으로 범위를 정하여 할 필요가 없으며 포괄적인 것으로 족하다고 할 것이다. …."

112) **조례로 정한 사항이 이미 법령에 존재하는 경우**〈대법, 2006추38〉: "… 지방자치단체의 조례는 그것이 자치조례에 해당하는 것이라도 법령에 위반되지 않는 범위 안에서만 제정할 수 있어서 법령에 위반되는 조례는 그 효력이 없지만{지방자치법 제22조}, 조례가 규율하는 특정사항에 관하여 그것을 규율하는 국가의 법령이 이미 존재하는 경우에도 조례가 법령과 별도의 목적에 기하여 규율함을 의도하는 것으로서 그 적용에 의하여 법령의 규정이 의도하는 목적과 효과를 전혀 저해하는 바가 없는 때〈세 자녀 지원조례 v. 지방재정법상의 '개인'에 대한 보조금 지급 금지〉 또는 양자가 동일한 목적에서 출발한 것이라고 할지라도 국가의 법령이 반드시 그 규정에 의하여 전국에 걸쳐 일률적으로 동일한 내용을 규율하려는 취지가 아니고 각 지방자치단체가 그 지방의 실정에 맞게 별도로 규율하는 것을 용인하는 취지라고 해석되는 때〈자활보호대상자 생계비 지원을 위한 조례 v. 생활보호법상의 자활보호대상자 생계비불지급 ⇦ 일정한 자활보호대상자에 대한 생계비 지원을 규정한 조례가 생활보호법상의 자활보호대상자 보호제도와 모순·저촉되지 않는다고 본 사례(대법, 96추244)〉에는 그 조례가 국가의 법령에 위배되는 것은 아니라고 보아야 한다. …."

113) **조례의 규율범위**〈대법, 99추30〉: "… 헌법 제117조 제1항과 지방자치법 제15조에 의하면 지방자치단체는 법령의 범위 안에서 그 사무에 관하여 자치조례를 제정할 수 있으나 이 때 사무란 지방자치법 제9조 제1항에서 말하는 지방자치단체의 자치사무와 법령에 의하여 지방자치단체에 속하게 된 단체위임사무를 가리키므로 지방자치단체가 자치조례를 제정할 수 있는 것은 원칙적으로 이러한 자치사무와 단체위임사무에 한한다. 그러므로 국가사무가 지방자치단체의 장에게 위임된 기관위임사무와 같이 지방자치단체의 장이 국가기관의 지위에서 수행하는 사무일 뿐 지방자치단체 자체의 사무라고 할 수 없는 것은 원칙적으로 자치조례의 제정범위에 속하지 않는다(대법, 92추31, 95추32).
다만, 기관위임사무에 있어서도 그에 관한 개별법령에서 일정한 사항을 조례로 정하도록 위임하고 있는 경우에는 위와 같은 지방자치단체의 자치조례제정권과 무관하게 이른바 위임조례를 정할 수 있다고 하겠으나 이 때에도 그 내용은 개별 법령이 위임하고 있는 사항에 관한 것으로서 개별 법령의 취지에 부합하는 것이어야 하고, 그 범위를 벗어난 때에는 위임조례로서의 효력도 인정할 수 없다. 그리고 법령상 지방자치단체장이 처리하도록 규정하고 있는 사무가 기관위임사무에 해당하는지 여부를 판단함에 있어서는 그에 관한 법령의 규정 형식과 취지를 우선 고려하여야 할 것이지만 그 외에도 그 사무의 성질이 전국적으로 통일적인 처리가 요구되는 사무인지 여부나 그에 관한 경비부담과 최종적인 책임귀속의 주체 등도 아울러 고려하여 판단하여야 할 것이다. …."

114) **조례의 헌법소원 대상여부**〈헌재, 92헌마216〉: "… 헌법재판소법 제68조 제1항에서 말하는 "공권력"에는 입법작용이 포함되며, 지방자치단체에서 제정하는 조례도 불특정다수인에 대해 구속력을 가지는 법규이므로 조례제정행위도 입법작용의 일종으로서 헌법소원(憲法訴願)의 대상이 된다. …."

7. 헌법재판제도

의의	헌법의 내용이나 헌법문제에 다툼이 발생한 경우 독립적 관할권 가지는 재판 통하여 이를 유권적으로 해결하는 헌법의 인식 · 실현작용
종류	(1) 협의(§111①): 위헌법률심판(§107①), 헌법소원(헌재§68), 탄핵심판(§65), 위헌정당해산(§8④), 권한쟁의(헌재§61) (2) 광의: 선거재판, 국회의원자격상실재판, 기본권상실재판, 국민투표효력재판 등 (3) 예외적 헌법재판: 명령 · 규칙심사권(by 법원)(§107②), 국회의원제명 · 자격심사(by 국회)(§64②)
목적	(1) 헌법의 규범력 · 실효성 보장 (2) 기본권 보장 (3) 국가작용의 합헌성 보장 (4) 헌법의 보호
성질	(1) 재판작용 • 재판 = 유권적(기판력, 기속력) 판단에 의한 분쟁의 해결 • 헌법재판의 한계: 구체적 사건성(권리의무다툼) + 법적용 분쟁 cf) 행정소송의 한계: (추상규범통제, 객관소송, 반사적 이익, 사실행위) + (재량, 통치, 특별권력행위) +권력분립적 한계 (2) 입법작용 • 규범통제 = 소극적 의미의 입법(법률의 폐지, 헌법의 해석, 입법부작위통제) (3) 정치작용: 정당해산, 탄핵심판 ⇒ 사법국가화에 대한 우려
기능	(1) 입법작용 통제: 위헌법률심판(입법과정에 대한 통제는 권한쟁의심판), 규범통제형헌법소원 (2) 집행작용 통제: 헌법소원 cf) 명령규칙심사권은 법원 (3) 재판작용 통제: 원칙적 금지(헌재§68①), but 위헌제청기각결정(헌재§68②) 및 위헌결정된 법령(조항)이 적용된 재판은 인정[115)] (4) 국가작용의 정상화 및 헌법질서의 유지- 권한쟁의 (5) 공직자 파면: 탄핵심판 (6) 위헌정당으로부터의 헌법보호 및 정당의 존속보호
한계	(1) 헌법해석의 한계: 실질적 개정의 효과를 가지는 해석 금지 (2) 입법작용의 한계: 국회입법형성권의 존중 (3) 정치작용의 한계: 정치적 이해관계나 파당성에 의한 지배 금지
관련문제	(1) 사법적극주의의 문제점: 의회주의와 충돌 – 민주적 정당성을 가진 국회의 입법에 대한 사법부의 파기 v. 의회 독단의 폐해(나치) – 다수결의 폐해에 대한 반성(실질적 민주주의, 반다수결주의, 입헌주의, 권력제한, 권력분립) (2) 규범통제의 한계(사법국가화에 대한 우려): 국회입법형성권의 존중 – 헌법의 윤곽규범성, 개방성, 추상성

---

115) **위헌결정된 법조항을 적용한 재판의 헌법소원 대상여부**〈헌재, 96헌마172〉: "… 법원의 재판을 헌법소원심판의 대상에 포함시켜야 한다는 견해는 기본권보호의 측면에서는 보다 이상적이지만, 이는 헌법재판소의 위헌결정을 통하여 이루어질 문제라기 보다 입법자가 해결해야 할 과제이다. 헌법재판소법 제68조 제1항은 국민의 기본권(평등권 및 재판청구권등)의 관점에서는 입법형성권의 헌법적 한계를 넘는 위헌적인 법률조항이라고 할 수 없다. 헌법재판소법 제68조 제1항이 원칙적으로 헌법에 위반되지 아니한다고 하더라도, 법원이 헌법재판소가 위헌으로 결정하여 그 효력을 전부 또는 일부 상실하거나 위헌으로 확인된 법률을 적용함으로써 국민의 기본권을 침해한 경우에도 법원의 재판에 대한 헌법소원이 허용되지 않는 것으로 해석한다면, 위 법률조항은 그러한 한도 내에서 헌법에 위반된다. 모든 국가기관은 헌법의 구속을 받고 헌법에의 기속은 헌법재판을 통하여 사법절차적으로 관철되므로, 헌법재판소가 헌법에서 부여받은 위헌심사권을 행사한 결과인 법률에 대한 위헌결정은 법원을 포함한 모든 국가기관과 지방자치단체를 기속한다. 따라서 헌법재판소가 위헌으로 결정하여 그 효력을 상실한 법률을 적용하여 한 법원의 재판은 헌법재판소 결정의 기속력에 반하는 것일 뿐 아니라, 법률에 대한 위헌심사권을 헌법재판소에 부여한 헌법의 결단(헌법 제107조 및 제111조)에 정면으로 위배된다. …."

8. 국회의 헌법상 지위와 구성/회의의 운영

구분	세부	내용
의회주의	개념	국가운영 국민대표기관인 의회를 중심으로 → 의회민주주의 → 내각책임제
	문제점	• 내각책임제 실패원인 – 행정국가의 등장/대의제도 결함(선거실패, 부분이익)/대통령제 등장/정당국가화/의회억압(통법부, 거수기), 의회의 비효율
	대응방안	• 의회의 정상화 – 대의제도 성공조건(선거, 전체이익, 정치자금, elite, 여론) – 의회의 역량강화: 의원 자질, 도덕성 – 당내민주주의: 여론의 형성과 수렴, 정치인력의 충원, 정책의 개발 – 효율성 제고: 보조기구 및 인력
헌법상 지위		(1) 대의기관: 무기속위임, 국민전체의 대표, 추정적 의사, 정치적 책임, 임기제 (2) 입법기관: 국회입법의 원칙 ⇒ 국회입법중심주의(위임입법, 긴급명령, 자치법규) (3) 국가정책결정기관: 의원내각제(독점) v. 대통령제(분산) (4) 국정통제기관: 입법, 재정, 국정감사 · 조사, 헌법기관구성 (5) 합의체결정기관: 의사결정의 절차적 준수(참여, 토론, 숙의, 의사표시, 합의 등)
구성		양원제 v. 단원제 – 헌§41②: 200인 이상, 공§21①: 300명(임기 4년) cf) 제20대(253 + 47), 제19대(246 + 54)
회의운영	회의운영	(1) 회기 v. 의회기(임기) • 회기계속의 원칙 v. 회기불계속원칙(의안자동폐기) • 연중회기제도: 짝수월 30일 회의 임시회 • 휴회중 회의의 재개: 대통령, 국회의장, 재적 1/4의 요구 (2) 국회의 집회: 의결로 연장 가능 • 정기회: 매년 1회(9월 1일, 100일 초과 금지(12월 8일) – 안건: 예산안 의결(회계 30일전, 12월 2일), 국정감사(9월 10일부터 20일간), 예산관련 법안의결 • 임시회: 대통령 or 재적 1/4 요구, 수시, 30일 초과 금지
	의사원칙	(1) 의사의 공개(§50①) • 범위: 본회의 등 모든 회의, 회의록 공개 필수 • 예외: 출석 1/2 찬성, 의장이 국가안전보장 위해 필요하다고 인정하는 경우, 회의록 비공개 (2) 회기의 계속(§51): 회기중 의결되지 아니한 이유로 폐기되지 아니한다. 단, 국회의원 임기만료 예외 (3) 一事不再議(국회법§92): 부결안건은 같은 회기중 다시 발의 or 제출 못한다. • 비해당: 철회안건 부의/사유 다른 해임안 재의/회기 달리하는 안건/위원회부결건 본회의 제안 (4) 정족수 • 의사정족수: 개의정족수, 원칙: 재적 1/5 • 의결정족수: 의결유효 인원수, 원칙: 과반 출석 + 출석 1/2 찬성 • 특별의결정족수 – 재적 1/3: 탄핵소추 발의/국무위원 해임발의 – 재적 1/2: 국무위원해임건의/계엄해제/탄핵소추의결/대통령탄핵발의/헌법개정안발의/국회의장선출 – 재적 2/3: 헌법개정안 의결/국회의원제명, 자격심사/대통령탄핵소추 의결 – 출석 2/3: 거부법률안 재의결 〈사례〉 방송법 개정안 직권 상정(2009.7.22. 민주당 출입문 봉쇄) ⇨ 심사보고 회의자료 대체 ⇨ 질의 · 토론 생략 ⇨ 표결(145/294, 142/145) ⇨ 불성립 선언후 재투표(153/294, 150/153) ⇨ 가결 선포 쟁점 1. 국회의원의 심의 · 표결권 침해여부 쟁점 2. 과반출석 미달상태의 의결은 '부결'인가 '표결 불성립'인가? ⇨ 부결로 보면 재투표는 一事不再議 위반, 표결불성립(의결의 부존재)으로 보면 재투표 가능 ⇨ 헌재는 권한쟁의심판에서 5:4로 부결로 판시[116)] 쟁점 3. 가결선포의 적법성? ⇨ 입법절차상의 하자가 헌법 규정을 명백히 위반한 흠이 아니라면 가결을 무효로 볼 것은 아님(7:2)
조직		(1) 의장(1인)/부의장(2인): 자율 선출, 임기 2년, 국회대표, 의사정리, 질서유지, 사무감독 (2) 위원회: 상임위원회(16개), 특별위원회(예결특위, 윤리특위, 인사청문특위) (3) 행정조직: 국회사무처/국회도서관, 국회예산정책처/국회입법조사처 (4) 교섭단체(20인 이상)/대표의원

국회의원	지위	국민의 대표자/국회의 구성원/정당의 소속원
	권한	발의권/질문권(국정에 대한 대정부질문)/질의권(안건에 대한 질의)/발언권/토론권/ 표결권[117)118)]/자율권
	면책	• 국회에서 직무상 행한 발언과 표결에 관하여 국회 외에서 책임 ×(§45) – 허위사실 명예훼손 성립 – 직무상의 행위: 직무수행에 통상적으로 부수되는 행위 포함 – 국회 내에서의 행위: 본회의 or 위원회가 개최되는 일체의 장소 • 면책의 효과: 일체의 법적 책임 면제(국회 내에서의 정치적 책임은 가능) – 국회에서 행한 발언을 출판, 언론사에 알리는 것, 비공개회의 내용을 공개하는 것 不可
	불체포 특권	• 회기중 체포 or 구금 불가/회기전 체포의 경우 회기중 석방 – 현행범인, 국회 동의 가능 – 일시적 불체포특권으로 형사책임의 면제 의미하는 것 아님. – 수사 또는 확정판결의 집행 가능/회기 종료후 체포 가능
	의무	• 헌법: 청렴/국익우선의무(양심에 따라)/지위남용금지(이상 §46)/겸직금지(§43)[119)] • 국회법상의 의무 • 위반에 대한 제재: 징계/ 윤리심사 등
	자격 소멸	• 임기만료/선거무효 · 당선무효/퇴직 · 사직/제명(재적 2/3)/자격심사/당적변경(비례대표: 공선법§192④)
	비례 대표	• 봉쇄조항: 유효투표의 3% or 지역구 5석 이상 정당에 배분 • 의석승계: 정당해산 or 임기만료 120일 이내에 궐원된 경우 의석승계 금지(공선법§200②)

---

116) **의결정족수 미달인 의결의 효력**〈헌재, 2009헌라8, 9, 10 병합〉: 부결 or 불성립?(견해 대립)

(1) 부결 입장(5인) "… 헌법 제49조 및 국회법 제109조에서는 의결정족수에 관하여 "… 재적의원 과반수의 출석과 출석의원의 과반수의 찬성으로 의결한다."라고 규정하여, 일부 다른 입법례와는 달리(독일과 일본 등은 의결을 위한 출석정족수와 찬성을 위한 정족수를 단계적으로 규정하고 있다), 의결을 위한 출석정족수와 찬성정족수를 병렬적으로 규정하고 있다. 나아가 '재적의원 과반수의 출석'과 '출석의원의 과반수의 찬성'이라는 규정의 성격이나 흠결의 효력을 별도로 구분하여 규정하고 있지도 아니한다. 따라서 표결이 종료되어 '재적의원 과반수의 출석'에 미달하였다는 결과가 확인된 이상, '출석의원 과반수의 찬성'에 미달한 경우와 마찬가지로 국회의 의사는 부결로 확정되었다고 보아야 한다. 실질적으로 보더라도, 국회의원이 특정 의안에 반대하는 경우 회의장에 출석하여 반대투표하는 방법뿐만 아니라 회의에 불출석하는 방법으로도 의안에 대하여 반대의 의사를 표시할 수 있다. … 한편, 우리 헌법은 헌법개정안에 투표한 유권자의 수가 유권자 총수의 과반수에 미달한 경우 헌법개정안에 대한 국민투표는 부결된 것으로 보고(제130조 제2항), 주민소환에 관한 법률은 단체장이나 지방의원에 대한 주민소환투표의 경우에 소환요건 충족인원인 3분의 1 이상의 투표수에 미달한 경우 주민소환이 부결된 것으로 보는 바(제22조 제1항), 이러한 규정과의 균형상으로도 국회에서의 의결에 있어서 표결 절차가 종료될 때 재적의원 과반수의 출석에 미달한 경우에도 부결된 것으로 보아야 한다고 해석하여야 한다. 이와는 달리 투표가 종료되었다고 하더라도 재적의원 과반수의 출석에 미달한 이상, 국회의 의사가 유효하게 성립되지 않았다고 보는 견해에 의하면, 재적의원 과반수 출석요건을 충족할 때까지는 몇 번이고 재표결을 할 수 있다는 결론에 이르게 된다. 그러나 이는 국회의사의 단일화 및 회의의 능률성·효율성 보장이라는 국회법 제92조(일사부재의)의 입법취지에 정면으로 배치되는 것이라고 하지 않을 수 없다. …."

(2) 불성립·재투표가능 입장(4인) "… 헌법 제49조 및 국회법 제109조에서는 국회의 의사결정에 민주적 정당성과 절차적 정당성을 부여하기 위하여 의결을 위한 최소한의 출석의원 수(의결정족수)로 재적의원 과반수를, 의결방법으로서 다수결의 원리를 채택하여 출석의원 과반수의 찬성을 각기 규정하고 있다. 다시 말하면, '재적의원 과반수의 출석'이라는 의결정족수는 국회의 의결을 유효하게 성립시키기 위한 전제요건인 의결능력에 관한 규정으로서, '출석의원 과반수의 찬성'이라는 다수결 원칙을 선언한 의결방법에 관한 규정과는 그 법적 성격이 구분되는 것이고, 따라서 의결정족수에 미달한 국회의 의결은 유효하게 성립한 의결로 취급할 수 없는 것이다. 국회에서의 실무관행도 … '재적의원 과반수의 출석'을 국회의 의결을 유효하게 성립시키는 전제요건으로 보고, 의장은 재석의원이 안건을 의결하는데 필요한 최소한의 출석인원수인 재적의원 과반수에 미달할

때에는 표결을 일시 보류하거나 회의의 중지 또는 산회를 선포하고, 또한 표결을 실시하였으나 재석의원수가 의결정족수에 달하지 못한 경우에는 해당 안건에 대한 투표가 성립되지 않았음을 선포하거나 이를 유효한 의결로 취급하지 아니하였던 것이다. 나아가 이와 같이 의결정족수를 국회의 의결을 유효하게 성립시키기 위한 전제요건으로 보는 것은 비교법적으로도 공통된 것이라 할 수 있다. 즉, 독일과 일본 등의 입법례에서는 국회의 의결을 유효하게 성립시키기 위한 최소한의 출석의원수인 의결정족수를 의결방법에 관한 다수결원칙과 명백히 구분하여 규정하고 있고, 미국과 영국 등의 입법례에서도 의결정족수에 미달한 경우에는 원칙적으로 의사일정을 진행할 수 없도록 규정하고 있는 것이다. 만일 이와는 달리 헌법 제49조 및 국회법 제109조에서 '재적의원 과반수의 출석'과 '출석의원 과반수의 찬성'을 병렬적으로 대등하게 규정하였다고 하여, '재적의원 과반수의 출석'을 '출석의원 과반수의 찬성'과 마찬가지로 국회의 의결방법에 관한 규정으로 해석할 경우에는, 소수의 국회의원만이 참석한 상태에서의 표결도 얼마든지 가능하다고 하여야 하고, 이때에는 재적의원 과반수의 출석요건을 갖추지 못한 이상, 굳이 투표 결과를 확인할 필요도 없이 재적의원 과반수의 출석에 미달하여 부결이 된다는 결론에 이르게 된다. 이와 같은 해석은 원칙적으로 존중되어야 할 국회의 자율권 영역에 속하는 국회의 지금까지의 의사절차에 명백히 어긋나는 것임은 물론이고, 모든 의원이 가능한 한 의회의 의사형성에 참여할 것을 요구하는 대의제 민주주의 원리에도 부합되지 않는 것이며, 국회의 의사결정에 민주적 정당성과 절차적 정당성을 부여하기 위한 정족수 원리에도 위배되는 것으로서, 잘못된 해석이라고 하지 않을 수 없다. 반대견해에서는 헌법 제130조 제2항 및 주민소환법 제22조 제1항에서 과반수의 '투표'에 이르지 못한 경우를 부결로 취급하는 것과 해석상 균형이 이루어져야 한다는 점을 그 논거로 제시하고 있다. 그런데 앞에서 본 바와 같이 헌법 제49조 및 국회법 제109조에서의 재적의원 과반수의 '출석'은 국회의 의결을 유효하게 성립시키기 위한 전제인 의결정족수에 관한 규정이지만, 헌법 제130조 제2항의 국민투표에서의 과반수의 '투표'와 주민소환법 제22조 제1항에서의 3분의 1 이상의 '투표'는 의결능력에 관한 의결정족수 규정이 아니라 의결방법에 관한 규정에 해당하므로, 서로 그 법적 성격을 달리하는 것이어서 동등한 비교대상이 될 수 없는 것이다. 즉 헌법 제130조 제2항 및 주민소환법 제22조 제1항에서의 '투표수'는 국민투표나 주민소환투표절차에 나아가기 위하여 충족되어야 할 전제요건이 아니라 투표가 개시되어 종료된 이후에 비로소 확정되는 의결방법에 관한 표결규칙에 해당하므로(투표일은 투표에 참여한 유권자수와 관계없이 사전에 지정되고 투표가 개시되어 종료된 후 결과가 집계된다), 이를 충족하지 못한 경우에는 국회법 제109조에서 규정한 의결정족수에 미달한 경우와는 달리 '부결'로 볼 수 있는 것이다. …."

117) **국회의원의 심의·표결권**〈헌재, 2009헌라8, 9, 10 병합〉: "… 국회의원은 국민에 의하여 직접 선출되는 국민의 대표로서 여러 가지 헌법상·법률상의 권한이 부여되어 있지만 그 중에서도 가장 중요하고 본질적인 것은 입법에 대한 권한임은 두 말할 나위가 없고, 이 권한에는 법률안 제출권(헌법 제52조)과 법률안 심의·표결권이 포함된다. 국회의원의 법률안 심의·표결권은 의회민주주의의 원리, 입법권을 국회에 귀속시키고 있는 헌법 제40조, 국민에 의하여 선출되는 국회의원으로 국회를 구성한다고 규정하고 있는 헌법 제41조 제1항 및 국회의결에 관하여 규정한 헌법 제49조로부터 당연히 도출되는 헌법상의 권한이다. 그리고 이러한 국회의원의 법률안 심의·표결권은 헌법기관으로서의 국회의원 각자에게 모두 보장되는 것 또한 의문의 여지가 없다. …."

118) **국회의원의 표결권과 국회의 동의권**〈헌재, 2011헌라2〉: "… 청구인들은 피청구인이 역대 대통령이 국회의 비준동의 없이 체결한 이 사건 조약 체결상의 하자를 치유하기 위하여 그 비준동의안을 국회에 제출하여야 함에도 제출하지 않고, 또한 국제법상의 조약인 이 사건 합의문(전시작전통제권의 전환일정을 연기하는 합의문)을 국회의 동의 없이 작성함으로써 국회의 조약 체결·비준에 대한 동의권 및 청구인들의 조약비준동의안에 대한 심의·표결권을 침해하였다고 주장하면서 이 사건 권한쟁의심판을 청구하였다. 따라서 먼저 ① 개별 국회의원으로서 국회의 구성원인 청구인들이 국회를 위하여 국회의 조약 체결·비준에 대한 동의권의 침해를 이유로 권한쟁의심판을 청구할 수 있는지, 즉 권한쟁의심판에 있어서 이른바 '제3자 소송담당'이 허용되는지 여부와〈이 부분에 대해서는 '권한쟁의심판의 당사자적격'에서 인용함〉 ② 국회의원의 심의·표결권이 국회의장이나 다른 국회의원이 아닌 국회 외부의 국가기관에 의하여 침해될 수 있는지에 관하여 살펴본다. …
국회의원의 심의·표결권 침해 여부에 대하여 우리 재판소는 앞서 본 2005헌라8 사건에서 아래와 같이 결정한 바 있다.
"국회가 헌법 제60조 제1항에 따라서 조약의 체결·비준에 대한 동의권한을 행사하는 경우에, 국회의원은 헌법 제40조 및 제41조 제1항과 국회법 제93조 및 제109조 내지 제112조에 따라서 조약의 체결·비준 동의안에 대하여 심의·표결할 권한을 가진다. 그런데 국회의 동의권과 국회의원의 심의·표결권은 비록 국회의 동의권이 개별 국회의원의 심의·표결절차를 거쳐 행사되기는 하지만 그 권한의 귀속주체가 다르고, 또 심의·표결권의 행사는 국회의 의사를 형성하기 위한 국회 내부의 행위로서 구체적인 의안 처리와 관련하여 각 국회의원에게 부여되는 데 비하여, 동의권의 행사는 국회가 그 의결을 통하여 다른 국가기관에 대한 의사표시로서 행해지며 대외적인 법적 효과가 발생한다는 점에서 구분된다.

따라서 국회의 동의권이 침해되었다고 하여 동시에 국회의원의 심의·표결권이 침해된다고 할 수 없고, 또 국회의원의 심의·표결권은 국회의 대내적인 관계에서 행사되고 침해될 수 있을 뿐 다른 국가기관과의 대외적인 관계에서는 침해될 수 없는 것이므로, 국회의원들 상호간 또는 국회의원과 국회의장 사이와 같이 국회 내부적으로만 직접적인 법적 연관성을 발생시킬 수 있을 뿐이고 대통령 등 국회 이외의 국가기관과 사이에서는 권한침해의 직접적인 법적 효과를 발생시키지 아니한다. 따라서 피청구인인 대통령이 국회의 동의 없이 조약을 체결·비준하였다 하더라도 국회의 조약 체결·비준에 대한 동의권이 침해될 수는 있어도 국회의원인 청구인들의 심의·표결권이 침해될 가능성은 없다."

119) **국회법 제29조**(겸직 금지) ① 의원은 국무총리 또는 국무위원 직 외의 다른 직을 겸할 수 없다. 다만, 다음 각 호의 어느 하나에 해당하는 경우에는 그러하지 아니하다.

1. 공익 목적의 명예직
2. 다른 법률에서 의원이 임명·위촉되도록 정한 직
3. '정당법'에 따른 정당의 직

9. 국회의 기능과 권한

<table>
<tr><td>기능</td><td colspan="2">입법/재정/국정통제/헌법기관구성/자율권/조약통제/헌법개정</td></tr>
<tr><td rowspan="4">입법권</td><td>범위</td><td>• 국회입법중심주의(헌§40: 입법권은 국회에 속한다) = 국회법률독점주의
– 위임명령(§75, §95), 국가긴급권(§76) 자치법규(§117①) ⇐ 법률유보, 법률우위
– 국회제출절차(국회법§98의2)(대통령령 … 고시 10일 이내 소관상임위 제출 ⇨ 상임위 통보 ⇨ 결과보고)</td></tr>
<tr><td>입법통제</td><td>• 위헌법률심판(§107①)/법령헌법소원(§68②)/입법부작위헌법소원(예외적 인정)
cf) 헌법불합치결정 – 국회에 대한 법적 기속력은 없음</td></tr>
<tr><td>입법절차</td><td>
<table>
<tr><td>제출</td><td>본회의 보고</td><td>위원회 회부·심사</td><td>법사위</td><td>본회의 심의·표결</td><td>정부이송</td><td>확정</td><td>공포</td></tr>
<tr><td rowspan="2">의원 10인
위원회
정부(대통령)</td><td colspan="2">취지설명
전문위원검토보고
대체토론
축조심사
찬반토론 – 표결</td><td rowspan="2">문구확정

수정불가</td><td>질의
답변
토론
표결
수정동의(30인)
의결: 출석1/2</td><td>의장
지체없이</td><td rowspan="2">15일 경과
재의결</td><td>대통령
– 15일이내
– 확정법률(지체없이)</td></tr>
<tr><td colspan="2">*부결(pigeon hole)
*7일, 30인: 본회의 부의
(discharge of committee)</td><td colspan="2">–재의결: 출석2/3
–일부, 수정재의 불가</td><td>국회의장
– 미공포확정법률
– 재의결이송후 5일 경과</td></tr>
</table>
</td></tr>
<tr><td colspan="2">• 전원위원회 심사: 정부조직법률안, 국민부담법률안 등 본회의 상정전 또는 후(1/5개회, 1/4출 · 과반)
• 법률의 효력발생: 공포일(관보/신문의 발행일)후 20일(권리제한/의무부과법률 30일)
• 입법절차위반에 대한 위헌심사의 가능성: 학설대립
– 긍정설: 적법절차원리의 준수요구/절차적 정당성의 확보 – by 규범통제 or 권한쟁의심판
– 부정설: 헌재의 심사범위는 결과물(법률)의 내용과 효과에 국한/ 입법과정은 민주주의 영역
– 헌재: 국회법통지절차위반으로 심의표결에 참여하지 못한 경우 심의표결권 침해 인정, but 무효선언은 × ⇦ 국회의 자율영역 존중[120]</td></tr>
<tr><td rowspan="5">재정</td><td rowspan="5">조세입법</td><td>의의: 반대급부의 제공없이 국가, 지자체 재정수입의 확보를 위한 강제적 부과되는 금전적 부담[121]</td></tr>
<tr><td>정당성[122]: • 공동체유보사항(의무) – 기본권대항불가영역(조세고권)
• but 재산권, 경제활동자유와의 조화 요구 – 총량적으로 국가의 급부와 조세부담의 균형</td></tr>
<tr><td>기능: • 본질적 기능: 공동체 유지, 존속 위한 재정의 확보
• 부수기능: 경제활동의 규제와 조정/소득재분배/행정규제/경기조절
– 부수적 기능을 위한 개별조세의 경우 그 정당성 필요 ← 기본권대항가능</td></tr>
<tr><td>조세법률주의 – 원칙: • 대표 없으면 과세 없다.
• 법률주의: 조세의 종목과 세율은[123] 법률로 정한다(헌§59)
• 범위: 종목, 세율, 납세의무자, 과세대상, 과세절차(과세요건법정주의)
– 구체적 위임가능</td></tr>
<tr><td>조세법률주의 – 예외: • 조례에 의한 과세
– 지자법§135: 지자체는 법률이 정하는 바에 의하여 지방세 부과, 징수
– 지세법§3①: 지자체는 지방세의 세목, 과세객체, 과세표준, 세율 기타 부과, 징수 필요한 사항을 정함에 있어 이 법의 범위 안에서 '조례'로써 하여야
• 긴급재정경제명령에 의한 과세
• 특별부담금 문제: 재정조달 v. 정책실현 ex) 학교용지부담금 v. 교통혼잡유발부담금
– 정당화요건: 집단의 동질성/근접성/책임성/효용성</td></tr>
</table>

구분	항목	세부	요소	내용
재정	조세 입법	조세의 원칙	명확성	막연무효/확대 · 유추해석금지
			과잉금지	입법목적 이상의 중과세 위헌(2007헌바87)
			소급금지	• 국세기본법§18②: 국세의무는 그 성립 후 새로운 세법으로 소급과세하지 아니한다. • 진정소급효 v. 부진정소급효(당해 과세연도 중 개정된 신법의 적용 가능 vs. 신뢰보호)
			신뢰보호	• 국세기본법§18③: 세법의 해석, 국세행정의 관행이 일반적으로 받아들여진 후 새로운 해석이나 관행에 의하여 소급하여 과세되지 아니한다.
			조세부담 공평[124]	• 조세(부담/ 감면)의 공평: 이익설 v. 능력설(헌재: 누진세 인정) • 실질과세: 국세기본법§14조[125] : 실질귀속원칙(차명거래) + 실질계산원칙(축소거래) • 조세법의 제정은 물론 해석 · 적용에서도 공평원리가 적용되는가? – 소극설 v. 적극설 – 평등법률 → 불평등해석적용: 위법처분 – 불평등법률 → 평등해석적용: 입법대체효과(법률주의 위반)
	예산	개념		회계연도에 있어 국가의 세입과 세출의 예정준칙으로 국회 의결로 확정
		성질		예산법률설/예산국법형식설(다수설)/예산행정행위설
		내용		• 예산총칙/세입세출예산/계속비/명시이월비/국고채무부담행위 • 예산1년주의원칙의 예외: – 계속비(5년 이내). • 예비비(일반회계예산총액의 1% 이내)
		성립		• 편성/제출(회계개시 90일 전 국회 제출) – 심의 · 의결(회계 개시 30일 전) • 국회의 심의 · 의결시 삭제, 감액은 가능하나 정부 동의 없이 증액, 새 비목의 설치 불가(헌§57) • 관보 공고: 국회 의결로 효력 발생, 공고가 효력요건은 아님
		변경		• 예산의 불성립과 준예산(헌§54③) – 헌법 · 법률로 설치된 기관 · 시설의 유지 · 운영/법률상 지출의무 이행/예산으로 승인된 사업의 계속 • 예산의 변경: 추가경정예산(국회 의결) • 긴급재경처분.명령으로 예산변경 가능, but, 법률로는 불가
		효력		• 시간적(예산 1년 주의), 장소적(국내, 국외 공관), 주관적(국가, 지자체 구속/ 대국민구속력 없음)
		법률과의 관계		• 상호관계: 각기 독자적, 그 결과 양자 불일치(법률 존재 · 예산부재, 예산존재 · 법률부재) 발생 우려
	결산			• 결산의 제출: 차년도 국회 5월31일까지 – 기재부장관 결산보고서 감사원 제출(4월 10일) – 감사원 검사보고서 기재부장관 송부(5월20일) – 국회 제출 • 결산의 심의: 예산결산심사위원회 – 본회의 – 시정요구 – 처리결과 국회보고
	재정 행위			긴급 재경 처분명령 승인/예비비 지출 승인/국채모집의결/예산외 국가부담 계약체결 동의/재정부담 조약 동의
국정 통제	탄핵 소추	의의		공직추방제도
		사유/ 대상자		• 사유: 직무집행/헌법과 법률을 위배/직무수행의 불가성(헌재 해석)[126] – 직무상 무능, 정치적 이유, 형사책임의 추궁은 불가 • 대상자: 대, 총리, 국무위원, 행정각부장, 헌재 재판관, 법관, 중앙선관위 위원, 감사원장, 감사위원, 기타 법률이 정한 공무원(검사, 경찰청장, 방통위위원장) – 권한대행자 포함 – 전직의 자: 전직의 자가 다른 공직에 재직하고 있는 경우는 소추대상
		목적		헌법의 보호/권력통제/공무수행의 정상화/재판관 등의 신분보장
		절차		• 탄핵소추의 발의(재1/3, 대1/2) – 탄핵소추의 의결(1/2, 대2/3) – 탄핵심판(헌재) : 소추발의 – 본회의 보고 – 〈법사위 조사〉 – 24시간이후 72시간 이내 표결(표결 ×, 폐기 간주) – 의결 – 헌재 심판청구
		효과		• 직무의 정지(의결시부터 헌재 심판시까지) • 사직과 해임의 금지

<table>
<tr><td rowspan="9">국정
통제</td><td rowspan="6">국정감사/
조사</td><td>의의</td><td>• 독립적 권능
• 국정감사: 포괄적/정기적 감사[127]
• 국정조사: 제한적/수시적 조사</td></tr>
<tr><td>주체</td><td>• 감사: 본회의, 상임위원회
• 조사: 본회의, 상임위원회, 특별위원회(재적1/4 요구)</td></tr>
<tr><td>범위</td><td>• 감사: 국정 전반
• 조사: 특정 현안
• 입법, 행정부의 행정, 사법행정, 국회내부운영 등</td></tr>
<tr><td>한계</td><td>• 재판간섭/범죄의 수사 · 소추의 간섭/사생활 침해금지/지자체의 고유업무/국익보호</td></tr>
<tr><td>행사</td><td>• 시기: 감사(9월 10일부터 20일간), 조사(조사위원회 활동기간)
• 서류제출요구, 증거조사, 공개주의, 비밀누설금지의무, 제척 · 회피</td></tr>
<tr><td>결과</td><td>• 본회의 결과보고 – 시정요구 또는 해당기관 이송 – 처리결과 보고의무</td></tr>
<tr><td colspan="2">국가긴급권
동의</td><td>• 긴급재경명령 · 처분, 긴급명령에 대한 사후승인
• 계엄해제요구(재적 과반수)</td></tr>
<tr><td colspan="2">기타</td><td>선전포고 · 강화조약 · 국군파병 · 외국군주류 동의(§60)/일반사면동의(§79②)/국무총리임명동의(§86①)/국무총리등출석요구(20인)/국무총리등 해임건의(재적 1/2)</td></tr>
<tr><td colspan="3" style="display:none"></td></tr>
<tr><td>헌법
기관
구성</td><td colspan="3">• 헌법재판소: 재판소장 임명동의/재판관 3인/9인 선출
• 대통령선거의 결선투표(§67②): 최고득표자 2인 이상인 경우
• 대법원: 대법원장 임명동의/ 대법관(대법원장 제청) 임명동의
• 중앙선관위 위원 3인/9인 선출
• 국무총리 임명동의
• 감사원장 임명동의</td></tr>
<tr><td>조약
통제</td><td colspan="3">• 중요조약의 체결 · 비준에 대한 동의(§60①): 상호원조나 안전보장조약/중요국제조직조약/우호통상항해조약/주권제약조약/강화조약/국가 · 국민 재정적 부담조약/입법사항조약 – 예시가 아닌 열거규정
• 동의의 사전성: 서명 또는 비준 이전의 동의/ 수정동의는 불가</td></tr>
<tr><td>자율권</td><td colspan="3">• 규칙제정권: 의사와 내부규율에 규칙
• 의원신분: 자격심사,[128] 징계(경고, 사과요구, 출석정지, 제명) ← 자격상실/징계처분에 대한 제소금지(§64④), 헌법소원 가능
• 국회조직의 자율/국회의사의 자율/질서유지상의 자율</td></tr>
</table>

120) **입법절차의 하자**〈헌재, 2009헌라8, 9, 10 병합〉: "… 국회의 입법절차는 법률안의 제출로부터 심의·표결 및 가결선포와 정부에의 이송에 이르기까지 여러 과정을 거쳐 진행되며, 그 과정에 국회의 구성원인 다수의 국회의원들이 참여하여 국민의 의사나 상충하는 이익집단간의 이해를 반영하게 된다. 이와 같은 국회 입법절차의 특성상 그 개개의 과정에서 의도적이든 아니든 헌법이나 법률의 규정을 제대로 준수하지 못하는 잘못이 있을 수 있고, 그러한 잘못이 현실로 나타날 경우 그로 인하여 일부 국회의원들의 입법에 관한 각종의 권한이 침해될 수 있는데, 만일 이러한 사정만으로 곧바로 법률안의 가결선포행위를 무효로 한다면 국법질서의 안정에 위해를 초래하게 된다. 따라서 국회의 입법과 관련하여 일부 국회의원들의 권한이 침해되었다 하더라도 그것이 입법절차에 관한 헌법의 규정을 명백히 위반한 흠에 해당하는 것이 아니라면 그 법률안의 가결선포행위를 무효로 볼 것은 아니다(헌재, 96헌라2). 한편, 우리 헌법은 국회의 의사절차에 관한 기본원칙으로 제49조에서 '다수결의 원칙'을, 제50조에서 '회의공개의 원칙'을 각 선언하고 있으므로, 결국 법률안의 가결선포행위의 효력은 입법절차상 위 헌법규정을 명백히 위반한 하자가 있었는지에 따라 결정되어야 할 것이다. … 피청구인의 방송법안 가결선포행위는 비록 국회법 제93조를 위반하여 청구인들의 심의·표결권을 침해한 것이지만, 그것이 입법절차에 관한 헌법규정을 위반하였다는 등 가결선포행위를 취소 또는 무효로 할 정도의 하자에 해당한다고 보기는 어렵다.

121) **납세자 권리의 기본권성 부인**〈헌재, 2005헌마598〉: "… 헌법상 조세의 효율성과 타당한 사용에 대한 감시는 국회의 주요책무이자 권한으로 규정되어 있어(헌법 제54조, 제61조), (이) 문제에 대한 국민의 관여는 선거를 통한 간접적이고 보충적인 것에 한정되며, 재정지출의 합리성과 타당성 판단은 재정분야의 전문성을 필요로 하는 정책판단의 영역으로서 사법적으로 심사하는 데에 어려움이 있을 수 있고, 재정지출에 대한 국민의 직접적 감시권을 기본권으로 인정하게 되면 재정지출을 수반하는 정부의 모든 행위를 개별 국민이 헌법소원으로 다툴 수 있게 되는 문제가 발생할 수 있으므로, 재정사용의 합법성과 타당성을 감시하는 납세자의 권리를 헌법에 의해 보장되는 기본권으로 볼 수 없다. …."

122) **과세권의 헌법적 근거**〈헌재, 2001헌가24〉: "… 국가과세권의 헌법적 근거로는 소극적인 측면과 적극적인 측면이 있다. 과세권의 소극적인 근거로는 조세법률주의(헌법 제59조)와 납세의 의무(헌법 제38조)를 들 수 있고, 적극적인 근거로는 사회국가원리(헌법 제34조 제2항) · 조세국가원리 · 평등권(헌법 제11조 제1항) · 헌법상 경제질서(헌법 제119조 내지 제127조)를 들 수 있다. 국가과세권의 헌법적 한계 즉 조세법률에 대한 위헌심사기준으로는 평등권, 재산권, 조세법률주의와 위임입법의 한계, 소급과세의 금지 등을 들 수 있는바, 우리 헌법재판소에서도 이들을 조세법률에 대한 위헌심사의 기준으로 사용해 왔다. …."

123) **근로소득세 과세구간**(2018년): 1,200만(6%), 4,600만(15%), 8,800만(24%), 1.5억(35%), 3억(38%), 5억(40%), 5억 초과(42%)

124) **조세평등주의**〈헌재, 2001헌가24〉: "… 조세평등주의는 정의의 이념에 따라 "평등한 것은 평등하게", "불평등한 것은 불평등하게" 취급함으로써 조세법의 입법과정이나 집행과정에서 조세정의를 실현하려는 원칙이라고 할 수 있다(89헌마38). 조세평등주의가 요구하는 담세능력에 따른 과세의 원칙은 동일한 소득은 원칙적으로 동일하게 과세될 것을 요청하며('수평적 조세정의'), 소득이 다른 사람들간의 공평한 조세부담의 배분을 요청한다('수직적 조세정의'). 그러나 이러한 담세능력에 따른 과세의 원칙이라 하여 예외없이 절대적으로 관철되어야 한다고 할 수 없고, 합리적 이유가 있는 경우라면 납세자간의 차별취급도 예외적으로 허용된다. 세법의 내용을 어떻게 정할 것인가에 관하여 입법자에게는 광범위한 형성의 자유가 인정되며, 더욱이 오늘날 조세입법자는 조세의 부과를 통하여 재정수입의 확보라는 목적 이외에도 국민경제적 · 재정정책적 · 사회정책적 목적달성을 위하여 여러 가지 관점을 고려할 수 있기 때문이다(98헌마55). …."

125) **국세기본법 제14조(실질과세)** ① 과세의 대상이 되는 소득, 수익, 재산, 행위 또는 거래의 귀속이 名義일 뿐이고 사실상 귀속되는 자가 따로 있을 때에는 사실상 귀속되는 자를 납세의무자로 하여 세법을 적용한다.
② 세법 중 과세표준의 계산에 관한 규정은 소득, 수익, 재산, 행위 또는 거래의 명칭이나 형식에 관계없이 그 실질 내용에 따라 적용한다.
③ 제3자를 통한 간접적인 방법이나 둘 이상의 행위 또는 거래를 거치는 방법으로 이 법 또는 세법의 혜택을 부당하게 받기 위한 것으로 인정되는 경우에는 그 경제적 실질 내용에 따라 당사자가 직접 거래를 한 것으로 보거나 연속된 하나의 행위 또는 거래를 한 것으로 보아 이 법 또는 세법을 적용한다.

126) **노무현대통령 탄핵심판사건**〈헌재 2004헌나1〉: "… 헌법재판소법 제53조 제1항은 헌법 제65조 제1항의 탄핵사유가 인정되는 모든 경우에 자동적으로 파면결정을 하도록 규정하고 있는 것으로 문리적으로 해석할 수 있으나, … 직무행위로 인한 모든 사소한 법위반을 이유로 파면을 해야 한다면, 이는 피청구인의 책임에 상응하는 헌법적 징벌의 요청 즉, 법익형량의 원칙에 위반된다. 따라서 헌법재판소법 제53조 제1항의 '탄핵심판청구가 이유 있는 때'란, 모든 법위반의 경우가 아니라, 단지 공직자의 파면을 정당화할 정도로 '중대한' 법위반의 경우를 말한다. … '대통령을 파면할 정도로 중대한 법위반이 어떠한 것인지'에 관하여 일반적으로 규정하는 것은 매우 어려운 일이나, 한편으로는 탄핵심판절차가 공직자의 권력남용으로부터 헌법을 수호하기 위한 제도라는 관점과 다른 한편으로는 파면결정이 대통령에게 부여된 국민의 신임을 박탈한다는 관점이 함께 중요한 기준으로 제시될 것이다. 즉, 탄핵심판절차가 궁극적으로 헌법의 수호에 기여하는 절차라는 관점에서 본다면, 파면결정을 통하여 헌법을 수호하고 손상된 헌법질서를 다시 회복하는 것이 요청될 정도로 대통령의 법위반행위가 헌법수호의 관점에서 중대한 의미를 가지는 경우에 비로소 파면결정이 정당화되며, 대통령이 국민으로부터 선거를 통하여 직접 민주적 정당성을 부여받은 대의기관이라는 관점에서 본다면, 대통령에게 부여한 국민의 신임을 임기 중 다시 박탈해야 할 정도로 대통령이 법위반행위를 통하여 국민의 신임을 저버린 경우에 한하여 대통령에 대한 탄핵사유가 존재하는 것으로 판단된다. …."

127) **국정감사와 감사원감사의 비교**

	국정감사 · 조사	감사원감사
목적	국회 본래기능 수행에 필요한 자료 · 정보 수집 → 국정통제	국가 재원 적법 · 정당 집행, 행정의 본래기능대로 운영 → 개선안
기능	집행부 · 사법부 통제	행정부 내부적 통제
내용	국가중요정책결정, 국정운영방안	회계검사, 직무감찰
대상	입 · 사 · 행의 국정 모든 분야	上同
협력	국회 사안 특정 감사 요구 → 감사원 3월 이내 결과보고(국§127의2)	

128) **자격심사와 징계의 비교**

구분	자격심사	징계
사유	당선무효사유, 겸직금지위반	청렴의무, 이권운동, 모욕발언, 의사진행방해 etc.
요구	의원 30인	의원 20인
의결	재적 2/3	경고, 사과, 출석정지(이상 일반정족수), 제명(재적 2/3)
불복	법원 제소불가, 헌법소원 可	左同

10. 대통령

<table>
<tr><td rowspan="2">지위[129]</td><td colspan="2">성질상 지위</td><td>직무상 지위</td></tr>
<tr><td colspan="2">(1) 국민대표기관: 직접선거에 의한 민주적 정당성 확보
(2) 국정조정자: 국가 계속성, 헌법수호책무 수행
– 헌재판관/대법관/중앙선관위3인/감사위원 임명권, 헌법개정발의, 법률안제출 · 거부, 사면, 영전수여, 국민투표 부의
(3) 헌법수호자: 헌법수호책무 ⇦ 국군통수권, 국가긴급권
(4) 기본권보장기관: 기본권보호의무(§10), 취임선서(§69)</td><td>(1) 국가 원수: 국가의 원수로서 외국에 국가 대표(§66①)
ex) 조약체결비준, 외교사절신임 등, 선전포고, 강화
(2) 헌법기관구성권자 – 헌재소장 · 재판관, 대법원장 · 대법관, 선관위(3인), 감사원장 · 감사위원
(3) 행정부 수반: 행정권 대통령 수반으로 하는 정부(§66④)–공무원임면권, 국무회의, 법률안제출, 대통령령, 법률의 집행, 예산제출 · 집행, 국군통수</td></tr>
<tr><td>불체포특권</td><td colspan="3">• 내란 · 외환의 죄가 아닌 한 재직중 형사상 소추 받지 아니한다(§84).
(1) 내란죄(형법상 내란죄/내란목적살인죄), 외환죄(외환유치죄, 여적죄, 모병이적죄, 시설제공 · 파괴이적죄, 간첩죄 등)
– 취임 이전의 내란 · 외환죄 소추가능
– 그밖의 경우 재직중의 경우는 only 탄핵소추
(2) 형사소추의 유예: 파면/퇴임 후의 기소
– 기소의 금지(유예): 기소한 경우 공소기각의 판결
– 공소시효의 정지, 수사는 가능, 민사책임 有</td></tr>
<tr><td rowspan="8">권한</td><td colspan="3">총괄: 국가원수/헌법기관구성/국정수행/헌법수호/헌법개정권한</td></tr>
<tr><td>국가원수
(§73)</td><td colspan="2">• 조약체결 · 비준(심의/동의) • 외교사절 신임 · 접수 · 파견
• 선전포고 · 강화(심의/동의) • 파병 · 주류(심의/동의)</td></tr>
<tr><td>헌법기관
구성</td><td colspan="2">• 헌재소장 · 재판관/대법원장 · 대법관/선관위(3인), 감사원장 · 감사위원
– 국회사전동의: 대법관 전원, 감사원장, 헌재소장(재판관 중에서)</td></tr>
<tr><td rowspan="4">국정수행</td><td>행정</td><td>(1) 행정부의 구성 · 운영 – 공무원임면권(행정기관 소속 5급 이상/ 제약: 선출, 제청, 동의, 심의 등)
(2) 법률의 집행: 위임명령 · 집행명령(§75)
• 위임명령: 구체적 위임입법[130], 국회전속사항 위임금지, 전면재위임[131] 금지 – 법규적 규율
• 집행명령: 법률 집행에 필요한 사항의 규율 – 법규사항의 추가는 불가
• 통제: 국무회의 심의(사전통제), 위헌위법명령규칙심사, 헌법소원[132], 국회제출절차
(3) 재정에 관한 권한
• 예산제출 · 집행, 계속 · 예비 · 추경예산 편성, 긴급재경명령처분, 국채모집, 예산외 부담계약체결
(4) 국군통수권(§74): 軍政(양병) · 軍令(용병)의 통솔, 관할 = 군정군령일원주의/ 문민통제
• 군정권: 대통령 – 국방장관 – 각군참모총장
• 군령권: 대통령 – 국방장관 – 합동참모부의장
• 국군의 조직과 편성을 법률로 정한다(법정주의).</td></tr>
<tr><td>對
국회</td><td>(1) 국회: 임시회집회요구권(§47, 심의/기간 · 집회요구이유 명시), 국회출석발언/서안의견 표시(§81)
(2) 입법관련: 법률안제출권, 법률안거부권(§53), 법률안공포권
• 법률안의 거부: 환부거부, 15일 이내, 폐회중에도 거부가능, 보류시 확정 → 보류거부 불가
• 국회의장 공포: 15일 경과로 확정 or 재의결 확정으로 이송후 5일</td></tr>
<tr><td>對
법원</td><td>• 사면/감형/복권, 일반사면 국회동의(§79) ⇨ 赦免法
(1) 일반사면: 국회동의, 刑의 선고자 or 미선고자(죄를 범한 자)
– 일반사면시 선고의 효력 상실, 미선고의 경우 공소권 상실
(2) 특별사면: 형의 선고받은 자, 사면시 형 집행의 면제(선고의 효력 상실 가능, 赦§5)
(3) 감형/복권(형의 집행종료 or 집행면제된 자): 일반 v. 특별
(4) 행정법규 위반에 대한 범칙(과벌) 및 징계법규에 따른 징계(징벌)의 면제에 사면법 준용(赦§4)</td></tr>
<tr><td>기타</td><td>(1) 국민투표부의: 외교/국방/통일 기타 국가안위의 중요정책
– 부의불가사항: 법률의 제 · 개정(법률안제출권으로), 헌법의 개정(헌법개정절차), 신임투표
– 무효소송: 투표인 10만명, 중앙선관위장(피고), 대법원
– 효력: 자문적 국민투표설 v. 기속적 국민투표설
(2) 영전수여권</td></tr>
</table>

	헌법수호	⑴ 긴급명령(§76②): 긴급입법권, 국회입법원칙 예외, 사후승인 – 국가안위에 관계되는 중대한 교전상태/국가보위의 긴급조치 필요/국회 집회 불가능/법률효력의 명령 ⑵ 긴급재경명령처분권(§76①): 긴급입법권, 국회입법원칙 예외, 사후승인 – 내우 · 외환 · 천재 · 지변 또는 중대한 재정 · 경제상 위기/국가안전보장 or 공공안녕질서 유지의 긴급조치/국회집회 기다릴 시간적 여유 ×/법률효력의 명령, 처분 ⑶ 계엄선포권(§77):[133] 전시 · 사변 or 이에 준하는 국가비상사태/병력으로써/군사상 필요 응하거나(군사계엄) 공공 안녕질서 유지할 필요가 있을 때(행정계엄) ⇐ 예방적 계엄선포 불가/사후진압 목적 • 비상계엄: 교전상태 or 사회질서 극도교란/행정기능과 사법기능 수행 현저히 곤란/군사상 필요 응하거나 공공의 안녕질서 유지 위하여(계§2②) – 법률에 의하여 영장제도, 표현의 자유, 정부 · 법원의 권한에 특별한 조치 가능(§77③) – 계엄사령관은 계엄지역 안의 모든 행정사무와 사법사무 관장(계§7①) – 군사법원의 단심재판(헌§110④): 비상계엄하의 군사재판은 군인 · 군무원 범죄나 군사에 관한 간첩죄 경우와 초병 · 초소 · 유독음식물공급 · 포로에 관한 죄 중 법률 정한 경우 單審, but 사형선고 예외 • 경비계엄: 사회질서 교란/일반행정기관으로 치안확보 불가능한 경우/공공안녕질서 유지 위하여(계§2③) – 계엄사령관은 군사에 관한 행정사무와 사법사무를 관장(계§7②) • 계엄해제요구: 국회 재적 1/2(§77④) ⑷ 정당해산제소권: 정당의 목적, 활동/민주적 기본질서 위배/헌재 제소 ⇐ 방어적 민주주의 • 제소권의 성격: 기속행위설 v. 자유재량행위설 v. 기속재량행위설
	헌법개정	• 헌법개정안 제안(§128①)/20일 이상 공고/확정된 개정헌법 즉시 공포(§130)
권한 행사	• 문서주의/부서제도/국무회의 심의/자문기관 자문/국회 동의 · 승인 • 통제: 내부적(심의, 부서, 제청, 해임건의, 자문 등) v. 외부적(여론, 저항권, 야당, 국회, 법원, 헌재)	
권한 대행	대통령이 궐위 or 사고로 직무수행 불가의 경우 국무총리, 법률이 정한 국무위원의 순으로(§71)	
闕位 (§68)	• 임기만료시 만료 70일 내지 40일 전에 후임자 선거 • 대통령 궐위의 경우 60일 이내 후임자 선거 – 새로운 임기 5년(해석)	

---

129) **대통령의 기본권주체성**〈헌재, 2007헌마700〉: "… 원칙적으로 국가나 국가기관 또는 국가조직의 일부나 공법인은 공권력 행사의 주체이자 기본권의 '수범자'로서 기본권의 '소지자'인 국민의 기본권을 보호 내지 실현해야 할 책임과 의무를 지니고 있을 뿐이므로, 헌법소원을 제기할 수 있는 청구인적격이 없다(93헌마120, 2000헌마149). 그러나 만일 심판대상조항이나 공권력작용이 넓은 의미의 국가조직영역 내에서 공적 과제를 수행하는 주체의 권한 내지 직무영역을 제약하는 성격이 강한 경우에는 그 기본권 주체성이 부정될 것이지만, 그것이 일반 국민으로서 국가에 대하여 가지는 헌법상의 기본권을 제약하는 성격이 강한 경우에는 기본권 주체성을 인정할 수 있다(95헌마53, 97헌마100, 98헌마214, 2003헌마758등).
결국 개인의 지위를 겸하는 국가기관이 기본권의 주체로서 헌법소원의 청구적격을 가지는지 여부는, 심판대상조항이 규율하는 기본권의 성격, 국가기관으로서의 직무와 제한되는 기본권 간의 밀접성과 관련성, 직무상 행위와 사적인 행위 간의 구별가능성 등을 종합적으로 고려하여 결정되어야 할 것이다. 그러므로 대통령도 국민의 한 사람으로서 제한적으로나마 기본권의 주체가 될 수 있는 바, 대통령은 소속 정당을 위하여 정당활동을 할 수 있는 사인으로서의 지위와 국민 모두에 대한 봉사자로서 공익실현의 의무가 있는 헌법기관으로서의 지위를 동시에 갖는데 최소한 전자의 지위와 관련하여는 기본권 주체성을 갖는다고 할 수 있다(2004헌나1). …."

130) **구체적 위임입법의 원칙(포괄위임금지 원칙)**〈헌재, 2006헌가8〉: "… ⑴ 법률의 위임은 반드시 구체적이고 개별적으로 한정된 사항에 대하여 행해져야 한다. 그렇지 아니하고 일반적이고 포괄적인 위임을 한다면 이는 사실상 입법권을 백지위임하는 것이나 다름없어 의회입법의 원칙이나 법치주의를 부인하는 것이 되고 행정권의 부당한 자의와 기본권행사에 대한 무제한적 침해를 초래할 위험이 있기 때문이다. 헌법 제75조는 위임입법의 근거조문

임과 동시에 그 범위와 한계를 제시하고 있는데 '법률에서 구체적인 범위를 정하여 위임받은 사항'이란 법률에 이미 대통령령으로 규정될 내용 및 범위의 기본사항이 구체적으로 규정되어 있어서 누구라도 당해 법률로부터 대통령령에 규정될 내용의 대강을 예측할 수 있어야 함을 의미한다.

(2) 또한 위임의 구체성·명확성 내지 예측가능성의 유무는 당해 특정조항 하나만을 가지고 판단할 것이 아니라 관련 법조항 전체를 유기적·체계적으로 종합하여 판단하여야 하고 위임된 사항의 성질에 따라 구체적·개별적으로 검토하여야 할 것이다. 그리고 위임의 구체성·명확성의 요구 정도는 그 규율대상의 종류와 성격에 따라 달라질 것이지만 특히 처벌법규나 조세법규와 같이 국민의 기본권을 직접적으로 제한하거나 침해할 소지가 있는 법규에서는 구체성·명확성의 요구가 강화되어 그 위임의 요건과 범위가 일반적인 급부행정의 경우보다 더 엄격하게 제한적으로 규정되어야 하는 반면에, 규율대상이 지극히 다양하거나 수시로 변화하는 성질의 것일 때에는 위임의 구체성·명확성의 요건이 완화되어야 할 것이다. …."

131) **재위임금지**〈헌재, 94헌마213〉: "… 헌법 제95조는 "행정각부의 장은 소관사무에 관하여 대통령령의 위임으로 부령을 발할 수 있다"라고 규정하여 재위임의 근거를 마련하고 있지만, 대통령령의 경우와는 달리 "구체적으로 범위를 정하여"라는 제한을 규정하고 있지 아니하므로 대통령령으로 위임받은 사항을 그대로 재위임할 수 있는가에 관하여 의문이 있다. 살피건대 법률에서 위임받은 사항을 전혀 규정하지 않고 재위임하는 것은 "위임받은 권한을 그대로 다시 위임할 수 없다"는 복위임금지의 법리에 반할 뿐 아니라 수권법의 내용변경을 초래하는 것이 되고, 부령의 제정·개정절차가 대통령령에 비하여 보다 용이한 점을 고려할 때 재위임에 의한 부령의 경우에도 위임에 의한 대통령령에 가해지는 헌법상의 제한이 당연히 적용되어야 할 것이다. 따라서 법률에서 위임받은 사항을 전혀 규정하지 아니하고 그대로 재위임하는 것은 허용되지 않으며 위임받은 사항에 관하여 대강을 정하고 그 중의 특정사항을 범위를 정하여 하위법령에 다시 위임하는 경우에만 재위임이 허용된다. …."

132) **법령헌법소원**(법무사법시행규칙사건)〈헌재, 89헌마178〉: "법무사법시행규칙 제3조 제1항은 "법원행정처장은 법무사를 보충할 필요가 있다고 인정되는 경우에는 대법원장의 승인을 얻어 법무사시험을 실시할 수 있다."라고 규정하고 있고, … 헌재법 제68조 제1항이 규정하고 있는 헌법소원심판의 대상으로서의 "공권력"이란 입법·사법·행정 등 모든 공권력을 말하는 것이므로 입법부에서 제정한 법률, 행정부에서 제정한 시행령이나 시행규칙 및 사법부에서 제정한 규칙 등은 그것들이 별도의 집행행위를 기다리지 않고 직접 기본권을 침해하는 것일 때에는 모두 헌법소원심판의 대상이 될 수 있는 것이다. …."

133) **긴급명령과 계엄의 비교**

	긴급명령	계엄
요건	국가안위 관계되는 중대한 교전상태, 국가 보위	전시 · 사변 or 이에 준하는 국가비상사태
권력	경찰력	병력
절차	국회집회 불가능	국회집회여부 무관
통제	사후승인(×) → 실효	해제요구 → 해제의무
효력	대상 제한 無	영장제도, 언 · 출 · 집 · 결에 특별 조치

11. 행정부

국무총리	임명	• 임명: 국회 동의 + 대통령 임명/문민주의 • 국회의원 겸직 가능 • 국회의 해임건의/탄핵소추 • 지위: 대통령보좌기관/행정각부 통할기관/국무회의 구성원/대통령 권한대행자/임명직 공무원
	권한	• 행정각부통할권/국무위원임명제청권/해임건의권/부서권/총리령발령권/국회출석 · 발언권/대통령권한대행권
국무위원	임명	• 국무총리 제청 + 대통령 임명/문민주의(15인-30인) • 국회의원 겸직 가능 • 국회의 해임건의/탄핵소추 • 지위: 국무회의 구성원/대통령 보좌기관
	권한	• 부서권/국회 출석 · 발언권/ 권한대행권
국무회의		• 심의기관/헌법상 필수기관/최고심의기관/회의제기관 • 심의의 구속력 ×, 심의절차는 효력발생요건/ 2/3 찬성으로 의결
각부장관		• 국무위원 + 국무총리 제청 + 대통령 임명 • 권한: 소관업무통할 · 지휘권, 부령발령권
감사원		• 구성: 원장 포함 5인 – 11인, 원장(70세) · 감사위원(65세)(원장 및 위원 임기 4년, 1차 중임) • 권한(§97) (1) 국가의 세입 · 세출의 결산 (2) 국가 및 법률로 정한 단체의 회계검사 (3) 직무감찰권: 행정기관 및 공무원의 직무감찰
자문기관		• 국가안전보장회의 • 국민경제자문회의 • 민주평화통일자문회의 • 국가과학기술자문회의 • 국가원로자문회의

12. 사법권과 법원

의의		• 사법: 법적 분쟁의 해결/국가형벌권의 실행을 위한 유권적 법인식 · 적용 작용(실질적 의미) • 형식적 의미: 일반법원의 재판 – 사법권 법관으로 구성된 법원에 속한다(§101①) • 예외: 헌법재판/군사재판/행정심판
지위		재판기관/중립적 권력기관/헌법수호기관(위헌제청, 명령심사, 선거소송)/기본권보장기관
조직		최고법원인 대법원(대법관 14인)과 각급법원
사법의 독립	목적	법관의 자율(편파성 제거)/재판의 공정(분쟁해결의 정당성)/권력남용으로부터 법치주의 실현(기본권보장)
	내용	법관(신분보장) + 재판(헌법과 법률, 양심의 재판) + 법원(관할, 조직, 자율)

사법의 독립	법관	– 법관의 자율성 보장
		(1) 재판에 대한 책임면제: 상급심법원에 의한 교정 (2) 법관인사의 독립 • 임명: 대법원장/대법관(국회 동의/대통령 임명), 일반법관(대법관회의 동의/대법원장 임명)(§104) • 법관자격의 법정주의(법원조직법): 대법관(20년 경력, 45세) • 임기: 대법원장(6년, 중임불가), 대법관(6년, 연임가능), 일반법관(10년, 연임가능) • 정년: 대법원장(70세), 대법관(70세), 일반법관(65세) (3) 신분보장(§106) • 파면제한: 탄핵 or 금고 이상의 刑의 선고에 의한 파면 • 불리한 처분의 제한: 징계처분에 의한 정직 · 감봉 등의 불리한 처분 • 강제퇴직의 제한: 중대한 심신상의 장해로 직무수행 불가의 경우 (4) 행위의 제한: 겸직금지/정치관여금지/영리행위 금지
	재판	– 재판의 공정성 확보: 헌법, 법률, 양심에 따라 독립하여 재판(§103)
		(1) 헌법과 법률에 따른 재판 • 법률: 합헌적 법률/신법우선 · 특별법우선/ 관습법 · 조리 포함(형사재판 제외: 관습형법금지, 유추해석금지) (2) 양심에 따른 재판 • 양심: 법관(법전문가)으로서의 직업적 양심(개인적 가치관, 선입견 배제) (3) 외부로부터 독립된 재판 • 소송당사자(제척/기피/회피)/ 다른 국가기관(헌재/ 국회/ 행정부/ 상급법원)/ 법원 내부/ 사회세력 등 • 상급법원의 판단은 당해사건에 관하여 하급심 구속(법원조직법§8) – 심급구조의 결과 사실상의 구속력
	법원	– 법관으로 구성된 법원(대법원과 각급법원)
		(1) 법원조직의 법률주의: 대법원과 각급법원의 조직은 법률로 정한다(§102③) – 법원조직법 (2) 규칙제정권(§108): 대법원규칙 (3) 한계: • 국회의 임명동의: 대법원장, 대법관 • 예산편성의 한계 • 국정감사/조사 • 대통령 사면권
심급		• 3심제는 법률정책의 문제(대법원을 최종심으로 하는 2심제 헌법상 가능) • 상소권의 제한: 상소권의 기본권성 인정, but §37②의 제한 가능: – '심리불속행제도'(상고심절차에 관한 특례법 §4) – 法律審으로서의 기능유지 – 상고기각판결 – 속행사유: 원심판결의 헌법 위반 or 부당해석/법령위반여부 부당판단/대법판례와 상반/대법판례 없거나 변경 필요 etc. • 단심제: 비상계엄하의 군사재판(사형선고 예외)/선거소송
조직		• 대법원 + 고등법원(특허법원[134], 고등군사법원) + 지방법원(행정법원, 가정법원, 보통군사법원) • 대법관: 대법원장 포함 14인, 대법관회의, 법원행정처
사법권의 한계		(1) 사법권의 범위 • 법원의 재판권: 민사/형사/행정/특허/선거/헌법재판(위헌제청권, 명령심사권) • 헌법상 기능배분: 헌법재판/국회의원 자격심사 · 제명/비상계엄하의 군사재판 (2) 사법권의 한계: 사법본질적 한계 + 권력분립적 한계 • 사법본질적 한계(구체적 권리 · 의무 다툼 + 법적 해결가능성) – 구체적 권리의무 다툼: 반사적 이익/추상적 규범통제/ 관소송/소의 이익(당사자적격) – 법적 해결가능성: 재량행위 · 판단여지/통치행위/장래의 분쟁 • 권력분립적 한계 – 대 입법권: 법해석 빙자한 사실상의 입법 불가, 입법권에 의한 재판(재판적 법률) 불가 – 대 행정권: 의무이행소송, 통치행위 적법판단/사면권 예외 – 대 헌재: 관할권 분리

134) **특허법원의 관할권** = 특허심판원의 심결을 다투는 행정법원 + 특허침해소송(민사소송)의 항소심법원

13. 헌법재판소의 권한

<table>
<tr><td>지위</td><td colspan="2">헌법재판기관/헌법수호기관/기본권보장기관/권력통제기관</td></tr>
<tr><td>구성</td><td colspan="2">• 법치국가 원리(전문성) + 민주성 원리(민주적 정당성) = 일정자격(15년 변호사, 40세) + 3부 각 3인(소장 국회동의)
• 헌재소장: 국회 동의/재판관 중에서/대통령 임명, 재판에서는 다른 재판관과 동일한 지위 – 지시 · 영향 불가
• 재판부
– 합의제전원재판부: 9인의 전원재판부
– 지정재판부(3인): 헌법소원심판 사전심사 ⇨ 적법성심사(보충성, 청구기간, 변호사강제주의 etc.)국한, 30일 이내 각하결정 없으면 회부결정으로 간주(헌재법 §72④)</td></tr>
<tr><td rowspan="8">헌법 재판의 독립</td><td>목적</td><td>헌법재판의 공정성과 중립성 보장</td></tr>
<tr><td>내용</td><td>재판관의 독립 + 재판의 독립 + 재판소의 독립</td></tr>
<tr><td rowspan="2">재판관</td><td>– 재판관의 자율성 보장</td></tr>
<tr><td>(1) 재판에 대한 책임면제
(2) 재판관인사의 독립
• 임명: 헌재소장(국회 동의/ 대통령 임명), 재판관(대통령, 국회, 대법원장 각 3인)
• 자격법정주의: 15년 변호사 경력, 40세
• 임기: 6년(연임 가능)
• 정년: 70세
(3) 신분보장
• 파면제한: 탄핵 or 금고 이상의 刑의 선고에 의한 파면(§112③)
• 불리한 처분 및 강제퇴직의 제한규정 부재 – 당연 인정
(4) 행위의 제한: 겸직금지/정치관여금지/영리행위 금지</td></tr>
<tr><td rowspan="2">재판</td><td>– 재판의 공정성 확보: 헌법, 법률, 양심에 따라 독립하여: 명문규정 없음</td></tr>
<tr><td>(1) 헌법과 법률에 따른 헌법재판
– 법률은 헌법재판의 규준이 아니나, 개별심판에서 적용가능(헌재법, 소송법 등)
(2) 양심에 따른 재판: 법관(법전문가)으로서의 직업적 양심(개인적 가치관, 선입견 배제)
(3) 외부로부터 독립된 재판
• 소송당사자(제척/기피/회피)/다른 국가기관(헌재/국회/행정부)/재판소 내부/사회세력 등
• 국회의 국정조사: 실체규명을 위한 조사는 가능</td></tr>
<tr><td rowspan="2">재판소</td><td>– 9인 재판관으로 구성</td></tr>
<tr><td>(1) 구성에서의 독립성 강화 필요 – 국회, 행정부의 정치적 악용의 가능성
(2) 규칙제정권(§113②): 헌법재판소규칙
(3) 한계
• 구성상의 한계: 3부 3인, 소장 국회 동의,
• 예산편성의 한계
• 국정감사/조사</td></tr>
<tr><td>일반 심판 절차</td><td colspan="2">(1) 재판부의 구성: 전원재판부 v. 지정재판부(3인, 3개부, 헌법소원사건의 적법성 검토)
(2) 심판정족수: 심리정족수(전원: 7인 이상, 지정: 3인) v. 결정정족수: 단순다수결(권한쟁의, 가처분결정) v. 특별다수결
• 특별다수결(6/9): 위헌결정, 탄핵결정, 해산결정, 인용결정, 판례변경결정 v. 헌법소원 각하결정(3인 만장일치)
• 결정정족수 계산방법: 약한 의견으로 결정(ex) 단순위헌 4, 한정위헌 2 → 한정위헌결정)
(3) 신청주의 및 변호사강제주의
• 심판청구서(서면주의, 도달주의), 법원제청서(위헌법률심판), 국회소추의결서(탄핵심판)는 청구서 갈음
• 청구의 취하 불허(위헌법률심판, 탄핵심판, 해산심판), but, 권한쟁의/헌법소원은 처분권주의
• 변호사강제주의의 위헌성여부: 분업화원리, 헌법재판 질적 개선 및 효율성, 기본권의 실질적 보장(89헌마120)
(4) 심리
• 구두변론(탄핵/해산/권한쟁의 심판은 필요적 구두변론) v. 서면심리(위헌법률/헌법소원, 임의적 구두변론 가능)
• 증거조사: 신청 or 직권, 당사자 의견제출
• 평의: 심리 종결후, 비공개, 동시표결방식(적법성 및 본안판단) 채택(vs. 순차표결방식)</td></tr>
</table>

일반 심판 절차	• 심판기간: 180일(종국결정선고), 심판의 변론 및 선고의 공개(서면심리와 평의는 비공개, 변론의 예외적 비공개) • 종국결정: 개별의견의 표시 (5) 종국결정의 효력 • 불가변력(자기구속력) · 불가쟁력: 선고 동시 변경 · 불복금지 • 기판력: 모순저촉주장 금지효 • 기속력(국가기관 구속력) – 기속력의 범위: 위헌결정, 권한쟁의결정, 헌법소원인용결정(헌재§47①) ⇨ 합헌결정 기속력 없음 – 위헌결정의 국회 기속력 여부 ⇨ 민주주의 요청: 비기속설 타당. • 집행력: 일반규정 부재. 정당해산심판의 경우에만 '중앙선관위가 정당법에 따라 집행'(헌재§60) (6) 재심: 명문규정 없음 – 헌재법§68①의 경우는 인정 판례(93헌아1). (7) 가처분: 정당해산심판, 권한쟁의심판 명문규정, 기타의 경우 立法不備로 보아 일정요건하에서 해석상 인정 (8) 특별절차: 위헌법률(헌가), 탄핵심판(헌나), 정당해산(헌다), 권한쟁의(헌라), 헌법소원(헌마, 헌바:§68②)

13-2. 위헌법률심판

구분	항목	내용
위헌법률심판	의의	• 법적 근거: 헌§107①, 헌재법§41① • 성질: 구체적/사후적 규범통제 • 목적: 헌법의 최고규범성 · 헌법질서(입헌주의 실현), 입법권 남용에서 기본권 보호, 다수횡포로부터 소수보호
	요건	(1) 심판대상: 법률, 법률의 효력을 가지는 명령 · 조약, 부진정입법부작위, 폐지법률,[135] 법률의 해석(한정위헌 청구의 적법성)[136] – 비대상: 진정입법부작위(예외적 헌법소원 可), 헌법의 개별규정 (2) 심판의 제청 • 구체적 사건이 계속된 법원(군사법원, 합의부, 단독판사, 수소법원, 집행법원, 비송사건법원) • 제청신청에 관한 결정에 대한 항고 불가(헌재§41④), 기각결정에 대해서는 §68②의 헌법소원 • 제청의 효력: 재판의 정지(법원이 긴급성 인정하는 경우 종국재판 외의 소송절차 진행 가능) (3) 재판의 전제성[137] • 재판: 모든 재판(판결, 결정, 명령) • 전제성의 요소: 법원 계속, 대상조항이 당해 재판에 적용될 것, 위헌여부에 따른 다른 내용의 재판할 것 • 기준시점: 제청시점 + 헌재결정시점(예외: 위헌판단이 헌법적 중요성을 가지거나 위헌심판의 기회를 갖기 어려운 경우 헌재결정시점의 요건을 완화)[138] (4) 위헌결정 • 범위 – 헌재는 제청된 법률 또는 법률 조항의 위헌 여부만을 결정. 다만, 법률 조항의 위헌결정으로 해당 법률 전부를 시행할 수 없다고 인정될 때에는 그 전부에 대하여 위헌결정(헌재법§45) – 심판대상의 축소 · 확장 인정(96헌가13)[139] – 부수적 위헌결정(위헌결정에 따라 논리필연적으로 위헌이 되는 개별조항의 위헌결정: 본안재판의 선결문제로써 위헌여부 판단) ex) 헌법소원사건에서 관련조항 위헌결정 • 위헌결정의 효력[140] – 기속력: 법원과 그 밖의 국가기관 및 지방자치단체 기속(헌재법§47①) ⇦ 국회 비기속설(多) – 결정일로부터 장래효력상실, 형벌조항은 소급상실(단 종전 합헌결정 있는 경우 그 결정 익일부터, §47②③) – 헌재의 소급효 확장(당해 사건, 위헌결정 이전에 위헌제청 · 신청한 동종사건, 법원에 계속중인 동종사건)[141] – 대법원의 확장: 위헌결정 이후의 제소사건으로 확장 – 위헌결정된 형벌법률(조항)에 근거한 유죄의 확정판결에 대해서는 재심 청구가능(§47④) (5) 변형결정: 한정합헌, 한정위헌[142], 헌법불합치결정[143] (6) 헌재법§68②의 헌법소원심판: 법원의 제청기각에 대하여 위헌심사형 헌법소원

135) **폐지법률의 위헌심판청구가능성**〈헌재, 92헌가18〉: "… 폐지된 법률도 그 위헌 여부가 관련 소송사건의 재판의 전제가 되어 있다면 당연히 헌법재판소의 위헌심판의 대상이 된다. …."

136) **한정위헌청구의 적법성**〈헌재, 2011헌바117, 종전의 판례 변경〉: "(1) 선례의 입장: … 종래 헌법재판소와 법원의 선례들은, '법' 제41조 제1항의 위헌법률심판제청신청과 제68조 제2항의 헌법소원의 대상은 '법률'이지 '법률의 해석'이 아니므로 법률조항 자체의 위헌판단을 구하는 것이 아니라 '법률조항을 … 으로(이라고) 해석하는 한 위헌'이라고 청구하는 소위 한정위헌청구는 원칙적으로 부적법하고, 다만 ① 법률조항 자체의 불명확성을 다투는 것으로 볼 수 있는 경우(97헌바74), ② 심판대상규정에 대한 일정한 해석이 상당기간에 걸쳐 형성·집적되어 법원의 해석에 의하여 구체화된 심판대상규정이 위헌성을 지닌 경우(91헌바20), ③ 위 두 가지 경우에 해당되지는 않지만 법률조항 자체에 대한 위헌의 다툼으로 볼 수 있는 경우(99헌바66등) 등 3가지의 경우에는 예외적으로 적법한 청구로 보고 있다.

(2) '법률'과 '법률의 해석'

㈎ 규범으로서의 법률은 그 적용영역에 속하는 무수한 사례를 포괄적으로 규율해야 하기 때문에 일반적·추상적으로 규정될 수밖에 없으므로 개별적·구체적인 법적 분쟁에 법률을 적용하는 경우에는 당해 사건에 적용할 가장 적합한 규범을 찾아내고 그 규범의 의미와 내용을 확정하는 사유과정인 법률해석의 과정을 거칠 수밖에 없게 되는 것이다. 따라서 법률조항은 그 자체의 법문이 아무리 간단명료하다고 하더라도 이를 개별적·구체적 사건에 적용함에 있어서는 (관념상으로라도) 법률조항에 대한 해석이 불가결하게 선행될 수밖에 없는 것이므로, 결국 법률조항과 그에 대한 해석은 서로 별개의 다른 것이 아니라 동전의 양면과 같은 것이어서 서로 분리될 수 없는 것이다. 따라서 '법' 제41조 제1항의 '법률'이나 '법' 제68조 제2항의 '법률'의 의미는 당해 사건과는 관계없는 일반적·추상적인 법률규정 그 자체가 아니라, 당해 사건 재판의 전제가 되고, 해석에 의하여 구체화·개별화된 법률의 의미와 내용을 가리키는 것이다.

㈏ 종래 법 실증주의적인 개념법학에서는 실정법의 완결성과 무흠결성을 전제로 '법'과 '법해석'을 구별하려고 하였으나 그러한 주장은 이미 20세기 초에 구체적 타당성을 추구하는 목적론적·개별적인 법해석론에 의하여 극복되어 이제는 폐기된 역사적 유물에 불과하게 되었다. 따라서 더 이상 개념법학적 관념을 기초로 하여 '법률'과 '법률의 해석'을 별개의 것으로 인식할 것은 아니다.

㈐ 그리고 이러한 법리는 구체적 규범통제절차인 위헌법률심판절차에 관한 '법' 제43조와 이를 준용하고 있는 '법' 제71조 제2항에서도 잘 나타나 있다. 즉, '법' 제43조에서는, 법원이 법률의 위헌여부를 헌법재판소에 제청하는 경우, 제청서에는 "위헌이라고 해석되는 법률 또는 법률의 조항(제3호)"을 기재하여야 할 뿐만 아니라, 나아가서 "위헌이라고 해석되는 이유"를 기재하도록 규정(제4호)하고 있는바, 이는 '법률 또는 법률조항'과 '법률 또는 법률조항의 해석'은 결코 분리된 별개의 것이 아니며, 따라서 당해 사건 재판의 전제가 되는 법률 또는 법률조항에 대한 규범통제는 결국 해석에 의하여 구체화된 법률 또는 법률조항의 의미와 내용에 대한 헌법적 통제라는 점을 보여주는 것이다.

(3) 구체적 규범통제절차에서 법률조항에 대한 해석·적용과 헌법재판소의 권한

일반적으로 민사·형사·행정재판 등 구체적 법적 분쟁사건을 재판함에 있어 재판의 전제가 되는 법률 또는 법률조항에 대한 해석과 적용권한은 사법권의 본질적 내용으로서 대법원을 최고법원으로 하는 법원의 권한에 속하는 것이다. 그러나 다른 한편 헌법과 헌법재판소법은 구체적 규범통제로서의 위헌법률심판권과 '법' 제68조 제2항의 헌법소원심판권을 헌법재판소에 전속적으로 부여하고 있다. 그리고 헌법재판소가 이러한 전속적 권한인 위헌법률심판권 등을 행사하기 위해서는 당해 사건에서 재판의 전제가 되는 법률조항이 헌법에 위반되는지의 여부를 심판하여야 하는 것이고, 이때에는 필수적으로 통제규범인 헌법에 대한 해석·적용과 아울러 심사대상인 법률조항에 대한 해석·적용을 심사하지 않을 수 없는 것이다. 그러므로 일반적인 재판절차에서와는 달리, 구체적 규범통제절차에서의 법률조항에 대한 해석과 적용권한은 (대)법원이 아니라 헌법재판소의 고유권한인 것이다. 그럼에도 불구하고 구체적 규범통제 절차에서도 헌법재판소의 법률에 대한 해석·적용 권한을 부정하고 오로지 법원만이 법률의 해석·적용권한을 가지고 있다는 주장은 일반 재판절차에 있어서의 법률의 해석·적용권한과 규범통제절차에 있어서의 법률의 해석·적용권한을 혼동한 것이다.

(4) 한정위헌결정

㈎ 나아가 헌법재판소가 구체적 규범통제권을 행사하기 위하여 법률조항을 해석함에 있어 당해 법률조항의 의미가 다의적이거나 넓은 적용영역을 가지는 경우에는 가능한 한 헌법에 합치하는 해석을 선택함으로써 법률조항의 효력을 유지하도록 하는 것(헌법합치적 법률해석의 원칙)은 규범통제절차에 있어서의 규범유지의 원칙이나 헌법재판의 본질에서 당연한 것이다. 나아가 구체적 규범통제절차에서 당해 사건에 적용되는 법률조항이 다의적 해석가능성이나 다의적 적용가능성을 가지고 있고 그 가운데 특정한 해석이나 적용 부분만이 위헌이라고 판단되는 경우, 즉 부분적·한정적으로 위헌인 경우에는 그 부분에 한정하여 위헌을

선언하여야 하는 것 역시 당연한 것이다. 즉, 심판대상 법률조항의 해석가능성이나 적용가능성 중 부분적·한정적으로 위헌부분이 있는 경우에는 당해 법률조항 전체의 합헌을 선언할 수 없음은 앞서 본 법리에 비추어 자명한 것이고, 반면에 부분적·한정적인 위헌 부분을 넘어 법률조항 전체의 위헌을 선언하게 된다면, 그것은 위헌으로 판단되지 않은 수많은 해석·적용부분까지 위헌으로 선언하는 결과가 되어 규범통제에 있어서 규범유지의 원칙과 헌법합치적 법률해석의 원칙에도 부합하지 않게 될 것이다.

(나) 헌법재판소가 종래 규범통제절차 등에서 당해 법률조항에 대한 다의적인 해석이나 적용가능성 중에서 특정한 해석이나 적용부분을 한정하여 위헌이라고 선언한 한정위헌결정들은 이러한 법리에 근거한 것으로서 법률조항에 대한 위헌심사절차에서는 당연하면서도 불가피한 결론이며, 따라서 독일을 비롯한 선진각국의 헌법재판에서 일상적으로 활용되고 있는 위헌결정방식인 것이다. 그리고 이러한 한정위헌결정도 위헌결정의 한 형태이고, 일부 위헌결정의 한 방식인 이상, 법 제47조 제1항에 의하여 법원 기타 국가기관을 기속하는 것이다. 따라서 한정위헌결정이 선고된 경우에는 심판대상인 법률조항 그 자체의 법문에는 영향이 없지만 법원 기타 국가기관은 장래에는 한정적으로 위헌으로 선언된 내용으로 해석하거나 집행하지 못하게 되는 법적 효력이 발생하는 것이다.

(5) 한정위헌청구

(가) 그렇기 때문에 구체적 규범통제절차에서 제청법원이나 헌법소원청구인이 심판대상 법률조항의 특정한 해석이나 적용부분의 위헌성을 주장하는 한정위헌청구 역시 원칙적으로 적법한 것으로 보아야 할 것이다. 그 이유는 다음과 같다.

첫째, 앞서 본 바와 같이 규범통제절차에 있어서 한정위헌결정은 법리상 당연하면서도 불가피한 것이고, 따라서 그러한 취지에서 헌법재판소는 한정위헌결정을 계속해 오면서도 제청법원이나 헌법소원청구인은 원칙적으로 한정위헌청구를 할 수 없고, 위에서 본 바와 같은 예외적인 경우에만 한정위헌청구를 할 수 있다고 하는 종래의 선례들은 사리상으로도 합당하지 않은 것이다.

둘째, 제청법원이나 헌법소원청구인이 당해 사건 재판의 근거가 되는 법률조항 그 자체나 그 전체의 위헌성을 주장하지 않고 당해 법률조항의 특정한 해석 가능성이나 적용 가능성에 대하여만 제한적·한정적으로 위헌을 주장한다면 헌법재판소로서는 제청법원 등이 주장하는 범위 내에서 위헌여부를 심판하는 것이 원칙이며, 그 이외의 부분까지 위헌여부를 심판하게 된다면 그것은 헌법재판에서 요구되는 직권주의를 감안하더라도, 헌법재판소법상의 신청주의나 적법요건으로서의 재판의 전제성에 위반될 수 있는 것이다. 그러므로 제청법원 등이 하는 한정위헌청구는 자칫 헌법재판소가 소홀히 할 수 있는 당해 법률조항에 대한 한정위헌결정 여부를 헌법재판소로 하여금 주의깊게 심사하도록 촉구하여 위헌의 범위와 그에 따른 기속력의 범위를 제한적으로 정확하게 한정할 수 있게 할 것이고, 그 결과 규범통제절차에 있어서 위헌여부심판권의 심사지평을 넓힐 수 있게 될 것이어서, 금지되어서는 안될 뿐만 아니라 오히려 장려되어야 할 것이다.

셋째, 한정위헌청구는 입법권에 대한 자제와 존중의 표현이다. 즉, 헌법재판소를 포함한 모든 국가기관과 국민은 헌법상의 권력분립원리에서 파생된 입법권에 의한 입법을 존중하여야 하는 것인바, 한정위헌청구에 따른 한정위헌결정은 당해 법률조항 중 위헌적인 해석이나 적용부분만을 제거하고 그 이외의 (합헌인) 부분은 최대한 존속시킬 수 있는 것이어서 입법권에 대한 자제와 존중의 결과가 되는 것이고 따라서 헌법질서에도 더욱 부합하게 되는 것이다.

(나) 결국, 한정위헌청구는 원칙적으로 적법한 것으로 보아야 할 것이다. 따라서 앞서 본 바와 같이 종래 헌법재판소 선례들이 한정위헌청구는 원칙적으로 부적법하지만 예외적으로는 적법하다고 보는 입장은 합당하지 못한 것이다.

(6) 한정위헌청구가 부적법한 경우

다만, 구체적 규범통제절차에서 법률조항에 대한 특정적 해석이나 적용부분의 위헌성을 다투는 한정위헌청구가 원칙적으로 적법하다고 하더라도, 재판소원을 금지하고 있는 '법' 제68조 제1항의 취지에 비추어 한정위헌청구의 형식을 취하고 있으면서도 실제로는 당해 사건 재판의 기초가 되는 사실관계의 인정이나 평가 또는 개별적·구체적 사건에서의 법률조항의 단순한 포섭·적용에 관한 문제를 다투거나 의미있는 헌법문제를 주장하지 않으면서 법원의 법률해석이나 재판결과를 다투는 경우 등은 모두 현행의 규범통제제도에 어긋나는 것으로서 허용될 수 없는 것이다.

(7) 소결

그렇다면 종래 이와 견해를 달리하여 한정위헌청구를 원칙적으로 부적법하다고 판시한 우리 재판소 결정들(98헌바74; 2000헌바20; 2002헌바102; 2001헌바67; 2004헌바19 등)은 위의 판시취지와 저촉되는 한도 내에서 변경하기로 한다.

137) **위헌법률심판과 재판의 전제성**〈헌재, 92헌바39〉: "… 법률에 대한 위헌여부심판의 제청이나 헌법재판소법 제68조 제2항의 규정에 의한 헌법소원심판청구가 적법하기 위하여는 문제된 법률 또는 법률조항이 헌법에 위반되는 여부가 재판의 전제가 되어야 한다는 요건을 갖추어야 한다. 그리고 법률의 위헌여부에 대한 재판의 전제성이

라 함은 첫째 구체적인 사건이 법원에 현재 계속 중이어야 하고, 둘째 위헌 여부가 문제되는 법률 또는 법률조항이 당해 소송사건의 재판과 관련하여 적용되는 것이어야 하며, 셋째 그 법률이 헌법에 위반되는지의 여부에 따라 당해 사건을 담당한 법원이 다른 내용의 재판을 하게 되는 경우를 말한다. 여기에서 법원이 "다른 내용의" 재판을 하게 되는 경우라 함은 원칙적으로 법원에 계속 중인 당해 사건의 재판의 주문이나 결론에 어떠한 영향을 주는 것이어야 하나, 비록 재판의 주문 자체에는 아무런 영향을 주지 않는다고 하더라도 문제된 법률의 위헌 여부에 따라 재판의 결론을 이끌어 내는 이유를 달리 하는 데 관련되어 있거나 재판의 내용과 효력에 관한 법률적 의미가 달라지는 경우이어야 한다. …."

138) **'재판의 전제성' 요건완화**〈헌재, 93헌가2〉: 〈원칙〉 "… 법률에 대한 위헌심판제청이 적법하기 위해서는 문제가 된 법률의 위헌 여부가 재판의 전제가 되어야 한다는 재판의 전제성을 갖추어야 할 것이다. 여기에서 재판의 전제성이라 함은 원칙적으로 ① 구체적인 사건이 법원에 계속 중이어야 하고, ② 위헌 여부가 문제되는 법률이 당해 소송사건의 재판에 적용되는 것이어야 하며, ③ 그 법률이 헌법에 위반되는지의 여부에 따라 당해 사건을 담당하는 법원이 다른 내용의 재판을 하게 되는 경우를 말한다. … 그리고 위 재판의 전제성은 법률의 위헌여부심판제청시만 아니라 심판시에도 갖추어져야 함이 원칙이다.
〈예외〉 "… 일찍이 당재판소는 법률에 대한 헌법소원심판에 있어서 "침해행위가 이미 종료되어서 이를 취소할 여지가 없기 때문에 헌법소원이 주관적 권리구제에 별 도움이 안되는 경우라도 그러한 침해행위가 앞으로도 반복될 위험이 있거나 당해 분쟁의 해결이 헌법질서의 수호·유지를 위하여 긴요한 사항이어서 그 해명이 헌법적으로 중대한 의미를 지니고 있는 경우에는 헌법소원의 이익을 인정하여야 할 것이다"(90헌마82 결정)라고 판시한 바 있다. 이러한 법리는 구체적 규범통제로서의 법원의 제청에 의한 법률의 위헌여부심판절차에서도 존중되어야 할 것이다. 따라서 위헌여부심판이 제청된 법률조항에 의하여 침해된다는 기본권이 중요하여 동 법률조항의 위헌 여부의 해명이 헌법적으로 중요성이 있는데도 그 해명이 없거나, 동 법률조항으로 인한 기본권의 침해가 반복될 위험성이 있는데도 좀처럼 그 법률조항에 대한 위헌여부심판의 기회를 갖기 어려운 경우에는 설사 그 심리기간 중 그 후의 사태진행으로 당해 소송이 종료되었더라도 헌법재판소로서는 제청 당시 전제성이 인정되는 한 예외적으로 객관적인 헌법질서의 수호·유지를 위하여 심판의 필요성을 인정하여 적극적으로 그 위헌 여부에 대한 판단을 하는 것이 헌법재판소의 존재이유에도 부합하고 그 임무를 다하는 것이 될 것이다.

139) **위헌심사의 대상**〈헌재, 96헌가13〉: "… 법률조항 중 관련사건의 재판에서 적용되지 않는 내용이 들어 있는 경우에도 제청법원이 단일 조문 전체를 위헌제청하고 그 조문 전체가 같은 심사척도가 적용될 위헌 심사대상인 때에는 그 조문 전체가 심판대상이 된다고 할 것이며, 관세법 제182조 제2항과 같이 병렬적으로 적용대상이 규정되어 있는 경우라도 그 내용이 서로 밀접한 관련이 있어 같은 심사척도가 적용될 위헌심사 대상인 경우 그 내용을 분리하여 따로 판단하는 것이 적절하지 아니하다."

140) **헌재법 제47조(위헌결정의 효력)** ① 법률의 위헌결정은 법원과 그 밖의 국가기관 및 지방자치단체를 羈束한다.
② 위헌으로 결정된 법률 또는 법률의 조항은 그 결정이 있는 날부터 효력을 상실한다.
③ 제2항에도 불구하고 형벌에 관한 법률 또는 법률의 조항은 소급하여 그 효력을 상실한다. 다만, 해당 법률 또는 법률의 조항에 대하여 종전에 합헌으로 결정한 사건이 있는 경우에는 그 결정이 있는 날의 다음 날로 소급하여 효력을 상실한다.
④ 제3항의 경우에 위헌으로 결정된 법률 또는 법률의 조항에 근거한 유죄의 확정판결에 대하여는 재심을 청구할 수 있다.
⑤ 제4항의 재심에 대하여는 「형사소송법」을 준용한다.

141) **위헌결정의 소급효 인정범위**〈헌재, 92헌가10〉: "… 법 제47조는 헌법재판소의 위헌법률심판에 있어서의 위헌결정의 효력에 관하여 제1항은 "법률의 위헌결정은 법원 기타 국가기관 및 지방자치단체를 기속한다."라고 규정하는 한편, 제2항은 "위헌으로 결정된 법률 또는 법률의 조항은 그 결정이 있는 날로부터 효력을 상실한다. 다만, 형벌에 관한 법률 또는 법률의 조항은 소급하여 그 효력을 상실한다."라고 규정하여 원칙적으로 헌법재판소의 위헌결정에 장래효만을 인정하면서도 위헌결정이 난 형벌법규에 한하여서는 소급효를 인정하고 있고 … 형벌법규이외의 일반 법규에 관하여 위헌결정에 불소급의 원칙을 채택한 법 제47조 제2항 본문의 규정 자체에 대해 기본적으로 그 합헌성에 의문을 갖지 않지만 효력이 다양할 수밖에 없는 위헌결정의 특수성 때문에 예외적으로 그 적용을 배제시켜 부분적인 소급효의 인정을 부인해서는 안 될 것이다. 우선 생각할 수 있는 것은, 구체적 규범통제의 실효성의 보장의 견지에서 법원의 제청·헌법소원의 청구 등을 통하여 헌법재판소에 법률의 위헌결정을 위한 계기를 부여한 당해사건, 위헌결정이 있기 전에 이와 동종의 위헌 여부에 관하여 헌법재판소에 위헌제청을 하였거나 법원에 위헌제청신청을 한 경우의 당해 사건, 그리고 따로 위헌제청신청을 아니하였지만 당해 법률 또는 법률의 조항이 재판의 전제가 되어 법원에 계속 중인 사건에 대하여는 소급효를 인정하여야 할 것이다. 또 다른

한가지의 불소급의 원칙의 예외로 볼 것은, 당사자의 권리구제를 위한 구체적 타당성의 요청이 현저한 반면에 소급효를 인정하여도 법적 안정성을 침해할 우려가 없고 나아가 구법에 의하여 형성된 기득권자의 이익이 해쳐질 사안이 아닌 경우로서 소급효의 부인이 오히려 정의와 형평 등 헌법적 이념에 심히 배치되는 때라고 할 것으로, 이 때에 소급효의 인정은 법 제47조 제2항 본문의 근본취지에 반하지 않을 것으로 생각한다.

142) **위헌결정의 유형**〈헌재, 96헌마172〉: "… 헌법재판소의 법률에 대한 위헌결정에는 단순위헌결정은 물론, 한정합헌, 한정위헌결정과 헌법불합치결정도 포함되고 이들은 모두 당연히 기속력을 가진다. 즉, 헌법재판소는 법률의 위헌여부가 심판의 대상이 되었을 경우, 재판의 전제가 된 사건과의 관계에서 법률의 문언, 의미, 목적 등을 살펴 한편으로 보면 합헌으로 다른 한편으로 보면 위헌으로 판단될 수 있는 등 다의적인 해석가능성이 있을 때 일반적인 해석작용이 용인되는 범위 내에서 종국적으로 어느 쪽이 가장 헌법에 합치되는가를 가려, 한정축소적 해석을 통하여 합헌적인 일정한 범위내의 의미내용을 확정하여 이것이 그 법률의 본래적인 의미이며 그 의미 범위 내에 있어서는 합헌이라고 결정할 수도 있고, 또 하나의 방법으로는 위와 같은 합헌적인 한정축소 해석의 타당영역 밖에 있는 경우에까지 법률의 적용범위를 넓히는 것은 위헌이라는 취지로 법률의 문언자체는 그대로 둔 채 위헌의 범위를 정하여 한정위헌의 결정을 선고할 수도 있다.
위 두 가지 방법은 서로 표리관계에 있는 것이어서 실제적으로는 차이가 있는 것이 아니다. 합헌적인 한정축소해석은 위헌적인 해석 가능성과 그에 따른 법적용을 소극적으로 배제한 것이고, 적용범위의 축소에 의한 한정적 위헌선언은 위헌적인 법적용 영역과 그에 상응하는 해석 가능성을 적극적으로 배제한다는 뜻에서 차이가 있을 뿐, 본질적으로는 다 같은 부분위헌결정이다(89헌가104). 헌법재판소의 또 다른 변형결정의 하나인 헌법불합치결정의 경우에도 개정입법시까지 심판의 대상인 법률조항은 법률문언의 변화없이 계속 존속하나, 헌법재판소에 의한 위헌성확인의 효력은 그 기속력을 가지는 것이다. …."

143) **헌법불합치결정의 기속력**(헌법불합치 기속력 인정, 법률개선촉구는 입법재량 = 기속력 없음)〈헌재, 95헌가14〉: "… 단순위헌선언을 한다면 … 법적 공백상태가 되고 이로 인하여 … 적지 않은 법적 혼란을 초래할 우려가 있을 뿐만 아니라 위헌적인 규정에 대하여 합헌적으로 조정하는 임무는 원칙적으로 입법자의 형성재량에 속하는 사항인 것이므로, 우리 재판소는 입법자가 이 사건 심판대상조항을 적어도 이 결정에서 밝힌 위헌이유에 맞추어 새로이 개정할 때까지는 … 더 이상 적용·시행할 수 없도록 중지하되 그 형식적 존속만을 잠정적으로 유지하게 하기 위하여 이 사건 심판대상 조항에 대하여 … 헌법불합치결정을 선고하는 것이다. …."

13-3. 헌법소원심판

<table>
<tr><td rowspan="3">헌법소원심판</td><td>의의</td><td>• 최후의 보충적 수단
• 이중적 성격 = 권리구제의 주관적 소송 + 위헌적 공권력의 배제 · 헌법질서보호의 객관적 소송</td></tr>
<tr><td>목적</td><td>• 기본권 보장 + 위헌적 공권력 행사로부터의 헌법질서의 보호</td></tr>
<tr><td>요건</td><td>(1) 당사자
• 청구인: 공권력행사로 기본권 침해받은 자, 국가 or 국가기관은 청구인적격 ×, 공법인(지자체) 예외적 가능
• 피청구인: 공권력의 주체
(2) 실체적 요건
① 공권력의 행사/불행사
• 권력: 모든 국가기관 · 공공단체의 고권적 작용, but, 재판 제외(§68①), 헌재권력도 제외(89헌마141).
• 공권력의 행사
– 법령: 구체적 집행 없이 법령 그 자체로[144] 기본권 침해되는 경우(행정규칙 제외), 조약 가능
– 통치행위, 처분성 부정의 공권력작용(공무원시험계획 공고, 공정위 무혐의처분, 공영방송사 방송토론결정)
– 검사의 불기소처분(고소인 아닌 피해자, 고소인은 항고 → 재정신청으로만 가능), 기소유예/기소중지 가능
– 재판작용 가운데 '위헌결정한 법령을 적용하여 기본권 침해한 재판'은 가능[145](한정위헌결정은 위헌결정이 아닌 것으로 본 대법원이 한정위헌결정된 법률조항을 유효한 것으로 재판에 적용하면서 발단이 된 사건) ⇦ 위헌결정 이전의 확정재판까지 포함하는 것은 아님!!
– 대상제외작용: 공권력성 부정된 작용(어린이헌장 선포, 개발제한구역제도 개선방안), 항고소송 대상이 되는 공권력 행사(행정행위, 처분적 조례) 제외
② 공권력의 불행사
• 입법부작위[146]: 부진정부작위(위헌심판 or 적극적 헌법소원) v. 진정부작위(위헌심판 ×, 예외적 헌법소원)
• 행정입법부작위: 부진정(위헌명령심사 or 헌법소원[147]) v. 진정(헌법소원 가능),[148] 조례 가능[149]
• 행정부작위: 헌법소원가능,[150] but, 부작위위법확인소송의 대상은 제외 ⇦ 보충성 요건
• 사법부작위: 재판지연행위(각하), 판단유탈이나 탈루도 불가.
③ 기본권의 침해: 직접 + 현재 + 자기의 기본권 침해
④ 권리보호의 이익(= 권리보호의 필요)과 심판이익(권리보호이익 없더라도 헌법적 해명 필요한 경우)
• 권리보호의 이익[151]: 신청시점 + 결정시점 동시 충족 요건
ex) 기소유예된 피의사실의 공소시효가 완성된 경우 이를 다툴 권리보호의 필요 인정여부?
= '기소유예' 보다 '공소권 없음' 유리(2011헌마214)
• 심판이익[152]: 권리보호이익 부인되어도 헌법소원의 객관적 소송의 기능 고려하여 예외적 본안판단
(3) 절차
• 보충성의 원칙[153]: 다른 법률에 의한 구제수단 거쳐서/침해 기본권의 직접 구제절차를 의미
– 예외: 다른 구제절차 ×, 다른 구제절차의 허용이 명백하지 않은 경우, 구제가능성이 희박한 경우, 귀책사유 없는 전심절차의 흠결, 전심절차 경유의 기대가능성 희박
• 청구기간: 사유 안 날 90일, 있을 날 1년
– 예외: 다른 구제절차 거친 경우 그 최종결정 통지받은 날 30일, 공권력불행사 청구기간 적용 ×
(4) 심리 및 결정
• 사전심사: 3인 지정합의부 적법성 심사, 30일 이내 결정 없으면 회부 간주
• 심리: 전원합의부, 각하결정 가능
• 결정의 종류: 각하, 기각, 인용결정(6/9)
• 인용결정의 방식
– 인용결정서 주문에 침해된 기본권과 침해원인이 된 공권력의 행사 또는 불행사를 특정(헌재법§75②)
– 공권력의 행사 또는 불행사가 위헌인 법률 또는 법률의 조항에 기인한 것이라고 인정될 때에는 인용결정에서 해당 법률 또는 법률의 조항이 위헌임을 선고(헌재법§75⑤)
(5) 인용결정의 효력[154]
• 기속력: 모든 국가기관과 지자체 기속, 처분의무(불행사의 경우, 헌재법§75④)
• 직접취소: 헌재는 기본권침해의 원인이 된 공권력의 행사를 취소하거나 그 불행사의 위헌을 확인할 수 있음(헌재법§75③)
• 헌재법§68②의 헌법소원의 인용
– 위헌법률심판의 위헌결정의 효력에 관한 동법 제45조 및 제47조 준용
– 헌재법§68② 헌법소원 인용시 관련된 소송사건이 이미 확정된 경우 재심 청구(헌재법§75⑦)
(6) 재심: 명문규정 없음
– 절차상 중대 · 명백한 위법(93헌아1), 판단유탈(2001헌아3) 재심 인정</td></tr>
</table>

144) **법령헌법소원과 기본권침해의 직접성**〈헌재, 2000헌마238〉: "… 무릇 법령에 대한 헌법소원에 있어서 '기본권침해의 직접성'을 요구하는 이유는, 법령은 일반적으로 구체적인 집행행위를 매개로 하여 비로소 기본권을 침해하게 되므로 기본권의 침해를 받은 개인은 먼저 일반 쟁송의 방법으로 집행행위를 대상으로 하여 기본권침해에 대한 구제절차를 밟는 것이 헌법소원의 성격상 요청되기 때문이다. 그리고 구체적 집행행위가 존재한 경우라고 하여 언제나 반드시 법률자체에 대한 헌법소원심판청구의 적법성이 부정되는 것은 아니다. 즉 집행행위가 존재하는 경우라도 그 집행행위를 대상으로 하는 구제절차가 없거나 구제절차가 있다고 하더라도 권리구제의 기대가능성이 없고 다만 기본권침해를 당한 청구인에게 불필요한 우회절차를 강요하는 것밖에 되지 않는 경우에는 당해 법률을 직접 헌법소원의 대상으로 삼을 수 있다. 또한 법규범이 집행행위를 예정하고 있더라도 법규범의 내용이 집행행위 이전에 이미 국민의 권리관계를 직접 변동시키거나 국민의 법적 지위를 결정적으로 정하는 것이어서 국민의 권리관계가 집행행위의 유무나 내용에 의하여 좌우될 수 없을 정도로 확정된 상태라면 그 법규범의 권리침해의 직접성이 인정된다. …."

145) **재판에 대한 헌법소원가능성**〈헌재, 96헌마172〉: "… 헌재법 제68조 제1항은 "공권력의 행사 또는 불행사로 인하여 헌법상 보장된 기본권을 침해받은 자는 법원의 재판을 제외하고는 헌법재판소에 헌법소원심판을 청구할 수 있다."고 규정함으로써 명문으로 "법원의 재판"을 헌법소원심판의 대상에서 제외하고 있다. … 헌법소원에 관한 헌법의 규정은 헌법 제111조 제1항 제5호가 '법률이 정하는 헌법소원에 관한 심판'이라고 규정하여 그 구체적인 형성을 입법자에게 위임함으로써, 입법자에게 헌법소원제도의 본질적 내용을 구체적인 입법을 통하여 보장할 의무를 부과하고 있다. … '법률이 정하는 헌법소원에 관한 심판'이라고 규정한 뜻은 결국 헌법이 입법자에게 공권력작용으로 인하여 헌법상의 권리를 침해받은 자가 그 권리를 구제받기 위한 주관적 권리구제절차를 우리의 사법체계, 헌법재판의 역사, 법률문화와 정치적·사회적 현황 등을 고려하여 헌법의 이념과 현실에 맞게 구체적인 입법을 통하여 구현하게끔 위임한 것으로 보아야 할 것이므로, 헌법소원은 언제나 '법원의 재판에 대한 소원'을 그 심판의 대상에 포함하여야만 비로소 헌법소원제도의 본질에 부합한다고 단정할 수 없다 할 것이다. ….
… 헌법재판소법 제68조 제1항이 원칙적으로 헌법에 위반되지 아니한다고 하더라도, 법원이 헌법재판소가 위헌으로 결정하여 그 효력을 전부 또는 일부 상실하거나 위헌으로 확인된 법률을 적용함으로써 국민의 기본권을 침해한 경우에도 법원의 재판에 대한 헌법소원이 허용되지 않는 것으로 해석한다면, 위 법률조항은 그러한 한도 내에서 헌법에 위반된다고 보지 아니할 수 없다. 모든 국가기관은 헌법의 구속을 받고 헌법에의 기속은 헌법재판을 통하여 사법절차적으로 관철되므로, 헌법재판소가 헌법에서 부여받은 위헌심사권을 행사한 결과인 법률에 대한 위헌결정은 법원을 포함한 모든 국가기관과 지방자치단체를 기속한다. 따라서 헌법재판소가 위헌으로 결정하여 그 효력을 상실한 법률을 적용하여 한 법원의 재판은 헌법재판소 결정의 기속력에 반하는 것일 뿐 아니라, 법률에 대한 위헌심사권을 헌법재판소에 부여한 헌법의 결단(헌법 제107조 및 제111조)에 정면으로 위배된다. 결국, 그러한 판결은 헌법의 최고규범성을 수호하기 위하여 설립된 헌법재판소의 존재의의, 헌법재판제도의 본질과 기능, 헌법의 가치를 구현함을 목적으로 하는 법치주의의 원리와 권력분립의 원칙 등을 송두리째 부인하는 것이라 하지 않을 수 없는 것이다. …."

146) **입법부작위와 헌법소원**〈헌재, 88헌마1〉: "… 무릇 어떠한 사항을 법규로 규율할 것인가, 이를 방치할 것인가는 특단의 사정이 없는 한 입법자의 정치적, 경제적, 사회적 그리고 세계관적 고려하에서 정해지는 사항인 것이며, 따라서 일반국민이 입법을 해달라는 취지의 청원권을 향유하고 있음은 별론이로되 입법행위의 소구청구권은 원칙적으로 인정될 수 없다고 할 것이다. 만일 법을 제정하지 아니한 것이 위헌임을 탓하여 이 점에 관하여 헌법재판소의 위헌판단을 받아 입법당국으로 하여금 입법을 강제하게 하는 것이 일반적으로 허용된다면 결과적으로 헌법재판소가 입법자의 지위에 갈음하게 되어 헌법재판의 한계를 벗어나게 된다고 할 것이다. 따라서 입법부작위에 대한 헌법재판소의 재판관할권은 극히 한정적으로 인정할 수 밖에 없다고 할 것인 바, 생각컨대 헌법에서 기본권보장을 위해 법령에 명시적인 입법 위임을 하였음에도 입법자가 이를 이행하지 않을 때, 그리고 헌법 해석상 특정인에게 구체적인 기본권이 생겨 이를 보장하기 위한 국가의 행위의무 내지 보호의무가 발생하였음이 명백함에도 불구하고 입법자가 전혀 아무런 입법조치를 취하고 있지 않은 경우가 여기에 해당될 것이며, 이 때는 입법부작위가 헌법소원의 대상이 된다고 봄이 상당할 것이다. …."

147) **부진정입법부작위와 헌법소원** (1) 〈89헌마79〉(의료법시행규칙): "입법은 하였으나 문언상 명백히 하지 않고 반대해석으로 그 규정의 취지를 알 수 있도록 한 경우에 해당할 것으로, 이처럼 불완전입법에 대하여 재판상 다툴 경우에는 그 입법규정이 헌법위반이라는 적극적인 헌법소원을 제기하여야 할 것이고, 이 때에는 헌법재판소법 제69조 제1항 소정의 청구기간의 적용을 받는다."
(2) 〈95헌마115〉(부진정입법부작위의 헌법소원과 청구기간): "… 이른바 부진정 입법부작위에 해당하고 이에 대한 심판청구는 헌법재판소법 제68조 제1항에 의한 이른바 법령소원으로 해석할 것이지 입법부작위에 대한 헌법소원이라고 할 수 없으며(헌재, 89헌마79), … 이 사건의 경우에도 헌법재판소법 제69조 제1항 소정의 청구

기간의 적용을 받는 바, 이른바 법령소원의 경우에 위 청구기간은 그 법령의 시행과 동시에 기본권침해를 당한 경우에는 그 법령이 시행된 사실을 안 날로부터 90일 이내, 그 법령이 시행된 날로부터 180일 이내로, 법령이 시행된 후에 비로소 그 법령에 해당하는 사유가 발생하여 기본권의 침해를 받게 된 경우에는 그 사유가 발생하였음을 안 날로부터 90일 이내, 그 사유가 발생한 날로부터 180일 이내로 각 해석된다. ….”
※ 현행법은 [안 날 90일, 있은 날 1년]으로 개정(헌재법 제69조 제1항)

148) **진정행정입법부작위와 헌법소원** ⑴ 〈헌재, 96헌마246〉(전문의 자격시험 불실시 위헌확인): “… 삼권분립의 원칙, 법치행정원칙을 당연한 전제로 하고 있는 우리 헌법하에서 행정권의 행정입법 등 법집행의무는 헌법적 의무라고 보아야 한다. 행정입법이나 처분의 개입 없이도 법률이 집행될 수 있거나 법률의 시행여부나 시행시기까지 행정권에 위임된 경우는 별론으로 하고, 이 사건과 같이 치과전문의제도의 실시를 법률 및 대통령령이 규정하고 있고 그 실시를 위하여 시행규칙의 개정 등이 행해져야 함에도 불구하고 행정권이 법률의 시행에 필요한 행정입법을 하지 아니하는 경우에는 행정권에 의하여 입법권이 침해되는 결과가 되기 때문이다. 따라서 보건복지부장관에게는 헌법에서 유래하는 행정입법의 작위의무가 있다. ….”

⑵ 〈헌재 2001헌마718〉(군법무관보수규정의 행정입법부작위): “우리 헌법은 국가권력의 남용으로부터 국민의 자유와 권리를 보호하려는 법치국가의 실현을 기본이념으로 하고 있고, 자유민주주의 헌법의 원리에 따라 국가의 기능을 입법·행정·사법으로 분립하여 견제와 균형을 이루게 하는 권력분립제도를 채택하고 있어, 행정과 사법은 법률에 기속되므로, 국회가 특정한 사항에 대하여 행정부에 위임하였음에도 불구하고 행정부가 정당한 이유 없이 이를 이행하지 않는다면 권력분립의 원칙과 법치국가의 원칙에 위배되는 것이다. … 법률이 군법무관의 보수를 판사, 검사의 예에 의하도록 규정하면서 그 구체적 내용을 시행령에 위임하고 있다면, 이는 군법무관의 보수의 내용을 법률로써 일차적으로 형성한 것이고, 따라서 상당한 수준의 보수청구권이 인정되는 것이라 해석함이 상당하다. 그러므로 이 사건에서 대통령이 법률의 명시적 위임에도 불구하고 지금까지 해당 시행령을 제정하지 않아 그러한 보수청구권이 보장되지 않고 있다면 그러한 입법부작위는 정당한 이유 없이 청구인들의 재산권을 침해하는 것으로써 헌법에 위반된다. ….”

149) **조례에 대한 헌법소원**〈헌재, 92헌마216〉: “… 헌법재판소법 제68조 제1항에서 말하는 “공권력”에는 입법작용이 포함되며, 지방자치단체에서 제정하는 조례도 불특정다수인에 대해 구속력을 가지는 법규이므로 조례제정행위도 입법작용의 일종으로서 헌법소원의 대상이 된다. 법령에 대한 헌법소원은 그 법령이 시행된 사실을 안 날로부터 60일(개정법 90일) 이내에, 법령이 시행된 날로부터 180일 이내에 청구하여야 하나, 법령이 시행된 뒤에 비로소 그 법령에 해당되는 사유가 발생하여 기본권의 침해를 받게 된 자는 그 사유가 발생한 날로부터 180일 이내에 청구하여야 하며, 여기서 “사유가 발생한 날”이란 당해 법령이 청구인의 기본권을 명백히 구체적으로 현실 침해하였거나 그 침해가 확실히 예상되는 등 실제적 제요건이 성숙하여 헌법판단에 적합하게 된 때를 말한다.”

150) **행정부작위와 헌법소원**〈헌재, 2006헌마788〉: “… 행정권력의 부작위에 대한 헌법소원은 공권력의 주체에게 헌법에서 유래하는 작위의무가 특별히 구체적으로 규정되어 이에 의거하여 기본권의 주체가 행정행위 내지 공권력의 행사를 청구할 수 있음에도 공권력의 주체가 그 의무를 해태하는 경우에만 허용된다(98헌마206). 위에서 말하는 “공권력의 주체에게 헌법에서 유래하는 작위의무가 특별히 구체적으로 규정되어”가 의미하는 바는, 첫째, 헌법상 명문으로 공권력 주체의 작위의무가 규정되어 있는 경우, 둘째, 헌법의 해석상 공권력 주체의 작위의무가 도출되는 경우, 셋째, 공권력 주체의 작위의무가 법령에 구체적으로 규정되어 있는 경우 등을 포괄하고 있는 것으로 볼 수 있다(2003헌마898)
피청구인의 부작위{한일배상금협정 제3조(동 협정으로 해결할 수 없었던 분쟁의 해결절차)에 따른 분쟁해결절차 진행의무}가 청구인들의 기본권을 침해하여 위헌인지 여부는, 침해되는 기본권의 중대성, 기본권침해 위험의 절박성, 기본권의 구제가능성, 작위로 나아갈 경우 진정한 국익에 반하는지 여부 등을 종합적으로 고려하여, 국가기관의 기본권 기속성에 합당한 재량권 행사 범위 내로 볼 수 있을 것인지 여부에 따라 결정된다. 일본국에 의하여 광범위하게 자행된 반인도적 범죄행위에 대하여 일본군위안부 피해자들이 일본에 대하여 가지는 배상청구권은 헌법상 보장되는 재산권일 뿐만 아니라, 그 배상청구권의 실현은 무자비하고 지속적으로 침해된 인간으로서의 존엄과 가치 및 신체의 자유를 사후적으로 회복한다는 의미를 가지는 것이므로 피청구인의 부작위로 인하여 침해되는 기본권이 매우 중대하다. ….”

151) **권리보호이익과 심판이익**〈헌재, 92헌마273〉: “… 헌법소원은 국민의 기본권침해를 구제하여 주는 제도이므로 그 제도의 목적상 권리보호의 이익이 있는 경우에만 이를 제기할 수 있다. 또 이러한 권리보호의 이익은 헌법소원의 제기 당시뿐만 아니라 헌법재판소의 결정 당시에도 존재하여야 한다. 그러므로 헌법소원제기 당시 권리보호의 이익이 있었다고 하더라도 그 심판계속중에 사실관계 또는 법률관계 등의 변동으로 말미암아 청구인이 주장하는 기

본권의 침해가 종료됨으로써 그 침해의 원인이 된 공권력의 행사 등을 취소할 실익이 없게 된 경우에는 원칙적으로 권리보호의 이익이 없고 다만 그러한 경우에도 동종의 침해행위가 앞으로도 반복될 위험이 있다거나 당해 분쟁의 해결이 헌법질서의 수호·유지를 위하여 긴요한 사항이어서 헌법적으로 그 해명이 중대한 의미를 지니고 있는 때에는 예외적으로 권리보호의 이익이 인정된다는 것이 우리 재판소의 확립된 판례이다(91헌마111). ….”

152) **심판이익**〈헌재, 90헌마82〉: “… 법률에 대한 헌법소원심판에 있어서 침해행위가 이미 종료되어서 이를 취소할 여지가 없기 때문에 헌법소원이 주관적 권리구제에 별 도움이 안되는 경우라도 그러한 침해행위가 앞으로도 반복될 위험이 있거나 당해 분쟁의 해결이 헌법질서의 수호·유지를 위하여 긴요한 사항이어서 그 해명이 헌법적으로 중대한 의미를 지니고 있는 경우에는 헌법소원의 이익을 인정하여야 할 것이다. …. ”

153) **보충성요건의 치유**〈헌재, 90헌마194〉: “… 전심절차를 완전히 밟지 아니한 채 이 사건 헌법소원심판청구를 한 것은 제소 당시로 보면 전치요건불비의 위법이 있다고 할 것이지만 이 사건 계속중에 대검찰청에서 재항고기각결정을 받았다면 위와 같은 전치요건흠결의 하자는 치유되었다고 볼 것이며, 따라서 이 사건 소원심판청구는 이 점에 있어서는 적법하다 할 것이다. ….”

154) **헌재법 제75조(인용결정)** ① 헌법소원의 인용결정은 모든 국가기관과 지방자치단체를 기속한다.
② 제68조제1항에 따른 헌법소원을 인용할 때에는 인용결정서의 ‘주문’에 침해된 기본권과 침해의 원인이 된 공권력의 행사 또는 불행사를 특정하여야 한다. └→ 기판력
③ 제2항의 경우에 헌법재판소는 기본권 침해의 원인이 된 공권력의 행사를 취소하거나 그 불행사가 위헌임을 확인할 수 있다.
④ 헌법재판소가 공권력의 불행사에 대한 헌법소원을 인용하는 결정을 한 때에는 피청구인은 결정 취지에 따라 새로운 처분을 하여야 한다.
⑤ 제2항의 경우에 헌법재판소는 공권력의 행사 또는 불행사가 위헌인 법률 또는 법률의 조항에 기인한 것이라고 인정될 때에는 인용결정에서 해당 법률 또는 법률의 조항이 위헌임을 선고할 수 있다.
⑥ 제5항의 경우 및 제68조제2항에 따른 헌법소원을 인용하는 경우에는 제45조 및 제47조를 준용한다.
⑦ 제68조제2항에 따른 헌법소원이 인용된 경우에 해당 헌법소원과 관련된 소송사건이 이미 확정된 때에는 당사자는 재심을 청구할 수 있다.
⑧ 제7항에 따른 재심에서 형사사건에 대하여는 「형사소송법」을 준용하고, 그 외의 사건에 대하여는 「민사소송법」을 준용한다.

13-4. 권한쟁의심판

	구분	내용
권한쟁의심판	의의	• 국가기관 상호간, 국가기관과 지방자치단체 및 지방자치단체 상호간 권한의 존부·범위에 관한 다툼(§61①) – 헌법 or 법률에 의하여 부여된 권한의 존부 or 범위에 관한 다툼 – 피청구인의 처분/부작위가 헌법/법률에 따른 청구인의 권한을 침해/침해할 현저한 위험이 있을 것(§61②) • 객관소송 – 통치구조(권한배분구조)에 관한 다툼, 행소법의 기관소송과 구별
	목적	• 권한다툼의 해결 • 권력분립의 실현 • 국가기능 및 작용의 합헌성 유지 • 소수보호 통한 헌법질서 유지
	요건	(1) 당사자 – 청구인(국가기관[155]/ 지자체) v. 피청구인(청구인 권한을 침해 or 침해의 현저한 위험 초래한 국가기관 등) – 국회의장, 국회의원 당사자적격 인정(2002헌1: 상임위소속변경)/지자체장 부정(기관위임사무에 관한 다툼: 옹진군이 태안군수 상대로)[156] (2) 실체적 요건: 직무상의 권한과 의무의 분쟁 + 처분 or 부작위 + 침해 또는 침해의 현저한 위험 (3) 청구기간: 안 날 60일, 있은 날 180일 (4) 절차 – 심리: 필요적 구두변론, 심판대상 처분의 효력정지 가처분 가능 – 정족수: 종국심리 관여한 재판관 과반수의 찬성 (5) 결정 – 심판대상의 권한의 존부 또는 범위의 판단 + 권한침해의 원인행위의 취소 or 무효확인 가능 – 인용결정의 종류: 권한존부확인결정/권한범위확인결정/취소결정/부작위위법확인결정 – 인용결정의 효력: 기속력, 처분의무(부작위), 처분취소의 장래효(헌재§67②) – 집행정지결정[157]

---

155) (1) **권한쟁의심판의 당사자능력**: 국가인권위원회 당사자적격 부인〈헌재, 2009헌라6〉(대통령을 피청구인으로 청구한 사건): "… 헌법은 제111조 제1항 제4호에서 "국가기관 상호간, 국가기관과 지방자치단체 간 및 지방자치단체 상호간의 권한쟁의에 관한 심판"이라고 규정하고 있을 뿐 권한쟁의심판의 당사자가 될 수 있는 국가기관의 종류나 범위에 관하여는 아무런 규정을 두고 있지 않고, … 법률로 정하도록 위임하고 있지도 않다. 따라서 입법자인 국회는 권한쟁의심판의 종류나 당사자를 제한할 입법형성의 자유가 있다고 할 수 없고, … 결국 헌법해석을 통하여 확정하여야 할 문제이다. … 헌법 제111조 제1항 제4호 소정의 "국가기관"에 해당하는지 아닌지를 판별함에 있어서는 그 국가기관이 헌법에 의하여 설치되고 헌법과 법률에 의하여 독자적인 권한을 부여받고 있는지 여부, 헌법에 의하여 설치된 국가기관 상호간의 권한쟁의를 해결할 수 있는 적당한 기관이나 방법이 있는지 여부 등을 종합적으로 고려하여야 할 것이다(96헌라2). … 권한쟁의심판은 국회의 입법행위 등을 포함하여 권한쟁의 상대방의 처분 또는 부작위가 헌법 또는 법률에 의하여 부여받은 청구인의 권한을 침해하였거나 침해할 현저한 위험이 있는 때 제기할 수 있는 것이다. 그런데 헌법상 국가에게 부여된 임무 또는 의무를 수행하고 그 독립성이 보장된 국가기관이라고 하더라도, 오로지 법률에 설치근거를 둔 국가기관이라면 국회의 입법행위에 의하여 존폐 및 권한범위가 결정될 수 있으므로, 이러한 국가기관은 '헌법에 의하여 설치되고 헌법과 법률에 의하여 독자적인 권한을 부여받은 국가기관'이라고 할 수 없다. … 법률에 의하여 설치된 기관의 경우는 그 권한을 둘러싼 분쟁이 헌법문제가 아니라 단순한 법률문제에 불과하다. 따라서 권한쟁의심판의 당사자능력을 법률에 의하여 설치된 국가기관으로까지 넓게 인정한다면 헌법해석을 통하여 중요한 헌법상의 문제를 심판하는 헌법수호기관으로서의 헌법재판소의 지위와 기능에도 맞지 아니하고 헌법재판소와 법원의 관할을 나누어 놓고 있는 헌법체계에도 반한다. … 청구인(국가인권위원회)은 중앙행정기관에 해당하고 타 부처와의 갈등이 생길 우려가 있는 경우에는 피청구인(대통령)의 명을 받아 행정 각부를 통할하는 국무총리나 피청구인에 의해 분쟁이 해결될 수 있고, 청구인의 대표자가 국무회의에 출석해 국무위원들과 토론을 통하여 문제를 해결할 수 있는 점에 비추어서도 청구인이 헌법 제111조 제1항 제4호 소정의 "국가기관"에 해당한다고 보기 어렵다. … 행정소송법상 기관소송이 그 관할범위가 협소하여 국가기관의 권한분쟁에 대한 해결수단으로 미흡하다면, 이는 입법적으로 기관소송의 범위를 확대하는 등의 방법으로 해결해야지, 헌법상 권한쟁의심판의 대상 범위를 확장하여 해결할 것은 아니다. …."

(2) **제3자소송의 부인**〈헌재, 2011헌라2〉: "… 청구인들은 피청구인이 역대 대통령이 국회의 비준동의 없이 체결한 이 사건 조약 체결상의 하자를 치유하기 위하여 그 비준동의안을 국회에 제출하여야 함에도 제출하지 않고, 또한 국제법상의 조약인 이 사건 합의문(전시작전통제권의 전환일정을 연기하는 합의문)을 국회의 동의 없이 작성함으로써 국회의 조약 체결·비준에 대한 동의권 및 청구인들의 조약비준동의안에 대한 심의·표결권을 침해하였다고 주장하면서 이 사건 권한쟁의심판을 청구하였다. … 이에 관하여 헌법재판소는 2007. 7. 26. 2005헌라8 사건에서 아래와 같이 결정한 바 있다.
헌법 제60조 제1항은 "국회는 … 국가나 국민에게 중대한 재정적 부담을 지우는 조약 또는 입법사항에 관한 조약의 체결·비준에 대한 동의권을 가진다."라고 규정하고 있으므로, 조약의 체결·비준에 대한 동의권은 국회에 속한다. 따라서 조약의 체결·비준의 주체인 피청구인이 국회의 동의를 필요로 하는 조약에 대하여 국회의 동의절차를 거치지 아니한 채 체결·비준하는 경우 국회의 조약 체결·비준에 대한 동의권이 침해되는 것이므로, 이를 다투는 권한쟁의심판의 당사자는 국회가 되어야 할 것이다. 이와 달리 국회의 구성원인 국회의원이 국회의 권한침해를 주장하여 권한쟁의심판을 청구할 수 있기 위하여는 이른바 '제3자 소송담당'이 허용되어야 한다. 소위 '제3자 소송담당'이라고 하는 것은 권리주체가 아닌 제3자가 자신의 이름으로 권리주체를 위하여 소송을 수행할 수 있는 권능이다. 권리는 원칙적으로 권리주체가 주장하여 소송수행을 하도록 하는 것이 자기책임의 원칙에 부합하므로, '제3자 소송담당'은 예외적으로 법률의 규정이 있는 경우에만 인정된다.
그런데 권한쟁의심판에 있어 헌법재판소법 제61조 제1항은 "국가기관 상호간에 권한의 존부 또는 범위에 관하여 다툼이 있을 때에는 당해 국가기관은 헌법재판소에 권한쟁의심판을 청구할 수 있다."고 규정하고, 제2항은 " 제1항의 심판청구는 피청구인의 처분 또는 부작위가 헌법 또는 법률에 의하여 부여받은 청구인의 권한을 침해하였거나 침해할 현저한 위험이 있는 때에 한하여 이를 할 수 있다."고 규정함으로써 권한쟁의심판의 청구인은 청구인의 권한침해만을 주장할 수 있도록 하고 있다. … 권한쟁의심판에 있어서의 '제3자 소송담당'은, 정부와 국회가 원내 다수정당에 의해 주도되는 오늘날의 정당국가적 권력분립구조하에서 정부에 의한 국회의 권한침해가 이루어지더라도 다수정당이 이를 묵인할 위험성이 있어 소수정당으로 하여금 권한쟁의심판을 통하여 침해된 국회의 권한을 회복시킬 수 있도록 이를 인정할 필요성이 대두되기도 하지만, 국회의 의사가 다수결에 의하여 결정되었음에도 다수결의 결과에 반대하는 소수의 국회의원에게 권한쟁의심판을 청구할 수 있게 하는 것은 다수결의 원리와 의회주의의 본질에 어긋날 뿐만 아니라, 국가기관이 기관 내부에서 민주적인 방법으로 토론과 대화에 의하여 기관의 의사를 결정하려는 노력 대신 모든 문제를 사법적 수단에 의해 해결하려는 방향으로 남용될 우려도 있다. 따라서 권한쟁의심판에 있어 '제3자 소송담당'을 허용하는 법률의 규정이 없는 현행법 체계하에서 국회의 구성원인 청구인들은 국회의 조약 체결·비준에 대한 동의권의 침해를 주장하는 권한쟁의심판을 청구할 수 없다. …."

156) **기관위임사무를 집행하는 지자체의 장을 상대로 하는 권한쟁의심판의 적법성**〈2005헌라2〉: 〈옹진군이 태안군수(공유수면골재채취허가사무 = 기관위임사무)를 상대로〉 "… 기관위임사무는 지방자치단체의 사무라고 할 수 없고, 지방자치단체의 장은 기관위임사무의 집행권한과 관련된 범위에서는 그 사무를 위임한 국가기관의 지위에 서게 될 뿐 지방자치단체의 기관이 아니다. 따라서 지방자치단체는 기관위임사무의 집행에 관한 권한의 존부 및 범위에 관한 권한분쟁을 이유로 기관위임사무를 집행하는 국가기관 또는 다른 지방자치단체의 장을 상대로 권한쟁의심판청구를 할 수 없다고 할 것이다. 결국 국가사무로서의 성격을 가지고 있는 기관위임사무의 집행권한의 존부 및 범위에 관하여 지방자치단체가 청구한 권한쟁의심판청구는 지방자치단체의 권한에 속하지 아니하는 사무에 관한 심판청구로서 그 청구가 부적법하다고 할 것이다. …."
※ 옹진군이 태안군을 상대로 지방자치권의 침해를 이유로 하는 권한쟁의심판은 적법 판단 ⇨ 본안에서 공유수면에 대한 지자체의 관할구역 경계 확정

157) **권한쟁의심판의 가처분 요건**〈98헌라98〉: "… 헌법재판소가 권한쟁의심판의 청구를 받은 때에는 직권 또는 청구인의 신청에 의하여 종국결정의 선고시까지 심판대상이 된 피청구기관의 처분의 효력을 정지하는 결정을 할 수 있고(헌재법 제65조) 이 가처분 결정을 함에 있어서는 행정소송법과 민사소송법 소정의 가처분에 관계되는 규정이 준용되므로(같은법 제40조), 권한쟁의심판에서의 가처분결정은 피청구기관의 처분 등이나 그 집행 또는 절차의 속행으로 인하여 생길 회복하기 어려운 손해를 예방할 필요가 있거나 기타 공공복리상의 중대한 사유가 있어야 하고 그 처분의 효력을 정지시켜야 할 긴급한 필요가 있는 경우 등이 그 요건이 된다(행정소송법 제23조 제2항·제3항, 민사소송법 제714조 참조). … 헌법재판소가 직권 또는 청구인의 신청에 따라 심판대상이 된 피청구기관의 처분의 효력을 정지하는 가처분신청은 본안사건이 부적법하거나 이유없음이 명백하지 않는 한, 가처분을 인용한 뒤 종국결정에서 청구가 기각되었을 때 발생하게 될 불이익과 가처분을 기각한 뒤 청구가 인용되었을 때 발생하게 될 불이익에 대한 비교형량을 하는 것이 가장 중요한 요건이 될 수밖에 없고 이 비교형량의 결과 후자의 불이익이 전자의 불이익보다 큰 때에 한하여 가처분결정을 허용할 수 있는 것이다. …."

13-5. 탄핵심판/정당해산심판

탄핵심판	의의	• 직무집행에 있어서 헌법이나 법률을 위배한 고위 공무원의 파면제도(헌§65①, 헌재§48①) • 국회의 탄핵소추의 발의 및 의결 + 헌재의 탄핵결정 • 탄핵소추의 의결 받은 자 헌재심판 있을 때까지 그 권한행사 정지(헌재§50)
	목적	• 공무원파면제도 • 헌법질서의 유지 • 권력통제
	요건	(1) 형식적 요건: 법정 소추대상자에 대한 적법한 탄핵소추의결 있을 것 + 소추의원(법사위원장) + 정본제출 (2) 실체적 요건: 직무관련성 + 위법행위 존재 + 직무수행의 불가성(2004헌나1) (3) 절차: 국회의 발의 및 의결 - 심판청구(소추의원) - 심리(필요적 구두변론) - 결정 • 심판절차의 정지: 탄핵심판청구과 동일한 사유로 형사소송이 진행되고 있는 경우(헌재§51) (4) 결정: 인용결정(공직파면결정, 6/9, 결정선고 전에 파면된 경우 청구기각 결정(헌재§53②) (5) 인용결정의 효력: 공직파면(선고 동시), 공직취임제한(5년), 사면불가, 민형사책임 有
정당해산심판	의의	• 정당의 목적 or 활동이 민주적 기본질서 위배, 정부 제소, 헌재 결정 해산(§8④, 헌재§55)
	목적	• 헌법의 보호: 방어적 민주주의 • 정당의 보호: 행정처분에 의한 강제해산 금지
	요건	(1) 당사자: 청구인(정부 = 대통령) v. 정당(기성정당, 창당위원회, 방계조직, 위장정당, 대체정당) (2) 실체적 요건: 민주적 기본질서(자유민주적 기본질서 v. 헌법질서)[158)] (3) 절차: 정부 제소(국무회의 심의) - 심리(필요적 구두변론, 정당활동금지 가처분) - 결정(정당해산결정, 6/9) (4) 인용결정의 효력: 정당의 해산(§59) + 의원직 상실[159)] - 정당법: 대체조직 결성금지, 잔여재산 국고귀속, 동일당명 사용불가 - 중앙선관위의 해산 집행

---

158) **민주적 기본질서의 의미**〈헌재, 2013헌다1〉: "… 헌법 제8조 제4항이 의미하는 '민주적 기본질서'는 개인의 자율적 이성을 신뢰하고 모든 정치적 견해들이 각각 상대적 진리성과 합리성을 지닌다고 전제하는 다원적 세계관에 입각한 것으로서, 모든 폭력적·자의적 지배를 배제하고, 다수를 존중하면서도 소수를 배려하는 민주적 의사결정과 자유·평등을 기본원리로 하여 구성되고 운영되는 정치적 질서를 말하며, 구체적으로는 국민주권의 원리, 기본적 인권의 존중, 권력분립제도, 복수정당제도 등이 현행 헌법상 주요한 요소라고 볼 수 있다. … 정당해산심판의 사유를 "정당의 목적이나 활동이 민주적 기본질서에 위배될 때"로 규정하고 있는데, 여기서 말하는 민주적 기본질서의 '위배'란, 민주적 기본질서에 대한 단순한 위반이나 저촉을 의미하는 것이 아니라, 민주사회의 불가결한 요소인 정당의 존립을 제약해야 할 만큼 그 정당의 목적이나 활동이 우리 사회의 민주적 기본질서에 대하여 실질적인 해악을 끼칠 수 있는 구체적 위험성을 초래하는 경우를 가리킨다. … 강제적 정당해산은 헌법상 핵심적인 정치적 기본권인 정당활동의 자유에 대한 근본적 제한이므로, 헌법재판소는 이에 관한 결정을 할 때 헌법 제37조 제2항이 규정하고 있는 비례원칙을 준수해야만 한다. 따라서 헌법 제8조 제4항의 명문규정상 요건이 구비된 경우에도 해당 정당의 위헌적 문제성을 해결할 수 있는 다른 대안적 수단이 없고, 정당해산결정을 통하여 얻을 수 있는 사회적 이익이 정당해산결정으로 인해 초래되는 정당활동 자유 제한으로 인한 불이익과 민주주의 사회에 대한 중대한 제약이라는 사회적 불이익을 초과할 수 있을 정도로 큰 경우에 한하여 정당해산결정이 헌법적으로 정당화될 수 있다. …."

159) **해산정당 소속 국회의원의 신분 상실**〈헌재, 2013헌다1〉: "… 엄격한 요건 아래 위헌정당으로 판단하여 정당 해산을 명하는 것은 헌법을 수호한다는 방어적 민주주의 관점에서 비롯된 것이므로, 이러한 비상상황에서는 국회의원의 국민 대표성은 부득이 희생될 수밖에 없다. 해산되는 위헌정당 소속 국회의원이 의원직을 유지한다면 위헌적인 정치이념을 정치적 의사 형성과정에서 대변하고 이를 실현하려는 활동을 허용함으로써 실질적으로는 그 정당이 계속 존속하는 것과 마찬가지의 결과를 가져오므로, 해산 정당 소속 국회의원의 의원직을 상실시키지 않는 것은 결국 정당해산제도가 가지는 헌법 수호 기능이나 방어적 민주주의 이념과 원리에 어긋나고 정당해산결정의 실효성을 확보할 수 없게 된다. 이와 같이 헌법재판소의 해산결정으로 해산되는 정당 소속 국회의원의 의원직 상실은 위헌정당해산 제도의 본질로부터 인정되는 기본적 효력이다. …."

행정법

NOTE

CONTENTS
행정법노트목차

I

헌법과 행정법의 관계

1. 기본권의 보장과 제한을 위한 구체적 수단으로서의 행정법
2. 국가의사결정원리로써 민주주의
3. 국가권력통제원리로써의 법치주의

Chapter I

헌법과 행정법의 관계

1. 기본권의 보장과 제한을 위한 구체적 수단으로서의 행정법

<table>
<tr><td colspan="2">기본권의 보장(헌 §10~37①)[1]
공동체의 유지존속</td><td colspan="7">입법과 행정</td></tr>
<tr><td>민주주의

• 공동체의사 결정원리</td><td>법치주의

• 권리보장원리
= 권력제한원리</td><td>⇩</td><td>by 법률 or집행(작용)</td><td>⇨</td><td>적법침해
위법침해</td><td>⇦</td><td>행정구제법</td><td>손해전보
쟁송제도</td></tr>
<tr><td>– 주권자 참여
– 다수결원리</td><td>– 人治 ⇨ 法治
– 권리의 제한
– 권력의 부여</td><td>制限과 授權
⇨ 헌법 §37②
⇨ 통치구조
(삼권분립)</td><td>(행정작용법)
⇨ 의무부과, 복지 정책
⇨ 행정조직법</td><td colspan="5">⇦ 의무확보수단
– 행정강제(불이행 강제)
– 행정벌(위반 제재)</td></tr>
<tr><td colspan="2">권력분립

– 입법, 행정, 사법
– 법치주의의 제도적 전제</td><td>⇧
〈행정법총론〉
– 법치국가원리
– 행정법의法源
– 공권론</td><td>⇧ ⇧
행정절차 정보보호
정보공개</td><td colspan="5" rowspan="2">※ 행정작용
통치행위
행정조직내부행위(특별행정법관계)
행정입법(헌법 §75, 95)
행정계획
행정절차
행정행위 = '행정청이, 법 아래서,구체적 사실의 법집행행위, 권력적/ 단독적 공법행위'
공법상계약
사실행위–행정지도
정보공개 및 보호제도
행정조사
행정강제
행정심판 etc.</td></tr>
<tr><td colspan="2">자본주의

– 헌§119: 시장경제질서</td><td colspan="2">※ 헌법 §37②
"국민의 모든 자유와 권리는 국가안전보장 · 질서유지 · 공공복리 위하여 필요한 경우에 한하여 법률로써 제한할 수 있으며, …"</td></tr>
</table>

---

1) **국가의 목적(정당성):** 공동체의 존속과 유지 및 구성원의 행복추구 · 개성신장의 보장

※ 사회 전체로서의 통일적 결론이 요구되는 전형적인 예: 調整問題狀況, 죄수의 딜레마상황

(1) 조정문제: 어떻게 결정되어도 상관없으나 어느 쪽이건 결정되지 아니하면 곤란한 상황(ex) 교통법규)

A \ B	좌	우
좌	1,1	0,0
우	0,0	1,1

(교통법규: 우측통행 or 좌측통행 ?) ⇦ 관습, 법령에 따라

⇨ 조정문제상황에서는 일단 관습이나 법령에 따라 일정 선택이 지시되면 그에 따른 행동이 모든 사람의 이익에 부합

⇨ 각자 이익의 최대화 위한 행동이 동시에 사회전체의 이익의 최대화도 실현

(2) 죄수의 딜레마: 각자가 자신의 최대 이익 위해 행동하지만 사회전체로는 최선의 결과 도달불가

	사수(묵비)	도주(자백)
사수(묵비)	2,2(−1, −1)	0,3(0, −3)
도주(자백)	3,0(−3, 0)	1,1(−2, −2)

(모두 사수 = 輕傷 + 승리, 모두 도주 = 포로 + 패전, 1 사수 + 1 도주 = 전사 + 無傷)
⇨ 도주 = 無傷(3), 輕傷(2), 항복 = 포로(1), 전사(0))
(공범사실: 모두 자백(배신) 2년, 모두 묵비(협력) 1년, 1인 자백(석방) + 상대 3년)

⇨ 전체적으로는 함께 반격을 하는 것이 최대이익 실현하지만, 개인에게 있어서는, 상대가 반격을 한다면 자신은 배신을 하는 것이 최대이익이며, 또한 상대가 배신을 한다면 자신도 배신을 하는 것이 그나마 이익이 있기 때문에 상대가 어찌하건 배신을 하는 것이 합리적 선택, 결국 전체적으로는 최악의 결과를 초래

⇨ 죄수의 딜레마현상은 공공재의 공급에서 전형적으로 나타남(경찰, 소방, 방위 etc.)

⇨ 공공재의 경우 소비의 '배제성' 또는 소비의 '경합성'이 작동하지 아니하기 때문에 합리적인 개인이라면 가능한 다른 사람의 대가지불에 무임승차하려는 것이 당연 ⇦ 이처럼 모든 사람이 무임승차하려 한다면(사회적 협조의 곤란) 결국 공공재는 공급불가

⇨ 해결책: 국가가 공공재를 공급하는 대신 그 비용은 모든 사람이 공평하게 부담하고, 공급의 범위와 양은 민주적 절차를 거쳐 결정

⇨ 조정문제상황이건 죄수의 딜레마상황이건 개인이 독자적으로 판단하는 것보다는 국가의 지시에 따르는 쪽이 문제의 적절한 해결책 ⇦ 국가의 권위의 정당화 논거

⇨ 국가의 권위의 사정거리(어디까지): 국가의 권위의 정당화논거를 '개개인의 행동이 아닌 사회전체로써의 통일된 결론을 필요로 하는 상황의 적절한 해결'에서 찾는 경우, 같은 상황을 국가가 아닌 다른 권위가 보다 적절하게 해결할 수 있다면 개개인은 국가보다 그 권위에 복종하게 될 것

⇨ 관습, 국제기관, 종교적 권위의 지시가 국가보다 적절한 해결책을 제시한다면 사람들은 국가가 아닌 이러한 관습 등에 따를 것임 ⇦ 결국 국가의 권위가 항상 절대적이고 최고인 것이 아니게 됨.

(3) 'prisoner's dilemma'(Nash's Equilibrium) ⇨ 1950년 미국 국방성 소속 경제학자 메릴 플로드와 멜빈 드레셔가 '서로 협력하는 것이 가장 좋은 상황에서 서로를 믿지 못해 협력하지 않는 현상'을 설명. 이후 1992년 프린스턴 대학교의 수학자 Albert W. Tucker가 게임이론에 관한 강연에서 유죄 인정에 대한 협상을 벌이는 두 죄수의 상황에 적용하면서 이후 '죄수의 딜레마'라는 이름으로 불리게 됨. 이러한 죄수의 딜레마 상황은 현실사회에서 예컨대 '저녁식사의 딜레마'(각자 부담시보다 1/n 부담시 평균 식대가 비싸진다), '주유소 가격할인의 딜레마'(할인전략을 하지 않는 경우보다 서로 할인전략을 취하는 경우 이익 감소)의 모습으로 나타나기도 함. ⇨ 이렇게 '자신의 이익을 위한 합리적 판단'으로 형성된, 결과적으로 '나쁜 균형'을 이 이론의 개발자인 수학자 내쉬(John Forbes Nash Jr.)의 이름을 따 '내쉬의 균형'이라 한다.

(4) 미국과 중국의 관세보복전쟁 ⇨ 상호신뢰를 바탕으로 하는 자유무역이 모두에게 최선임에도 각자 '강경책'(고관세정책)을 고집함으로써 모두에게 得보다는 失이 큰 상황이 초래되고 있는 것도 '죄수의 딜레마'의 一例

2. 국가의사결정원리로써 민주주의

<table>
<tr><th colspan="4">국가의사결정원리로서의 민주주의</th></tr>
<tr><td>국민주권원리의 실현방안</td><td colspan="3">– 공동체의 의사 구성원 스스로 결정
– 민주주의 = 공동체(국가)의사결정원리
– 사적 영역(개인, 가정, 기업, 사적 단체)에서의 민주주의 강제는 사적자치원리, 개인의 자율에 위반 = 자율사항</td></tr>
<tr><td rowspan="2">국가의사결정의 정당성확보방안</td><td rowspan="2">– 국민적 합의 = 만장일치
– 다수결(차선책[2][3])</td><td colspan="2">• 다수결의 전제조건</td></tr>
<tr><td colspan="2">(1) 목적적 정당성 – 헌법가치 준수 ⇦ 반다수결사항
(2) 민주적 정당성 – 참여 개방/1인 1표 · 1표 1가치/소수보호
(3) 절차적 정당성 – 토론, 표결 자유
(4) 사후통제 – 다수결의 오류 시정(ex) 거부권/헌법재판제도)</td></tr>
<tr><td rowspan="6">국가의사결정의 방식</td><td>직접민주</td><td colspan="2">간접민주(대의제도)</td></tr>
<tr><td rowspan="5">– 국민발안, 국민소환, 국민투표
• 국민투표(§72, §130②)
• 주민투표(地自法§14, 주민투표법)
• 조례제정 · 개폐청구(同§15)
• 주민소환(同§20, 주민소환법) ⇨ 단체장, 지방의원</td><td>개념</td><td>– 대표자에 의한 국가의사의 결정
i) 국가의사결정권과 기관구성권의 분리
ii) 국민주권의 실현: 국민은 기관구성권 행사</td></tr>
<tr><td>기능</td><td>i) 국가의사가 국민전체이익(= 국가이익)과 합치되도록에 본질적 기능
ii) 경험적 의사, 부분의사(특수이익)가 아닌 推定的 意思 기초한 의사결정으로 공공성 확보
iii) 정치엘리트에 의한 정치
iv) 임기제 → 책임정치, 제한정치 가능</td></tr>
<tr><td>실현형태</td><td>i) 국민과 국민대표자의 분리
ii) 국가의사결정권과 기관구성권의 분리
iii) 선거를 통한 기관구성권의 행사
iv) 대표자는 국민전체의 대표자 → 전체이익/추정적 의사(一般意思)에 기초한 의사결정 ← 무기속위임관계
v) 차기 선거에서의 정치적 책임(법적 책임 無)</td></tr>
<tr><td>문제점</td><td>i) 자유위임(무기속위임)의 악용 → 특수이익 추구를 통한 계급국가, 지역국가로 전락
ii) 임기제의 악용 → 권력의 남용을 통한 독재, 권위주의 국가로 변질</td></tr>
<tr><td>성공조건</td><td>i) 선거의 합리성, 공정성
ii) 대표자의 자질과 능력
iii) 전체이익 우선</td></tr>
</table>

---

2) ※**다수결의 논거**〈長谷部恭男(はせべ やすお), 『憲法と平和を問いなおす』(ちくま新書, 2011), 18~28頁.〉

◆ 집단에서 통일된 의사결정이 요구되는 때

(1) 자기결정의 최대화

○ 집단의 결정이 가능한 한 많은 개개인의 자기결정과 합치하도록 → 전원일치의 결정

○ "각자의 자기결정과 집단의 결론과의 모순을 최소화하는 절차"(한스 켈젠, 「민주주의의 본질과 가치」) ⇐ 바이마르공화국하의 이념 · 세계관의 혼란 속에서 집단의 결론이 가지는 정당성 여하는 도외시하고 단지 다수결의 강조 통한 사회질서 유지하려는 의도

⑵ 공리주의: 제레미 벤담: 최대다수의 최대행복(= 쾌락 〉 고통)

ㅇ 개개인 자신의 행복이 되는 정책에 투표 = 다수의 결정 = 최대다수의 최대행복

ㅇ 사회전체적으로는 다수결이 곧 최대다수의 '최대'의 행복을 의미하는 것은 아님

1) 결정된 정책으로 개개인이 느끼는 행복·불행의 정도는 모두 상이함에도 각각 1표

2) 선택지가 3개인 경우 가장 반대하는 정책의 선택을 저지하기 위하여 가장 찬성하는 것이 아닌 두 번째 찬성하는 정책에 투표하기도

⑶ 개개인의 공평취급: 1인 1표, 절차의 공평성

ㅇ 가부동수의 상황에서 마지막 1인의 결정으로 집단의 정책이 결정된다면 공평한가?

ㅇ 결정된 정책의 정당성 여하를 평가하여야 하는 것 아닌가?

⑷ 콘도르세의 定理·프랑스혁명 당시의 수학자, 철학자

'어느 집단의 구성원이 2개의 선택지 가운데 올바른 쪽을 선택할 확률이 구성원 전체로써 평균 50%를 상회하고 또한 각 구성원이 서로 독립적으로 투표한다면, 그 집단이 단순다수결에 의하여 올바른 답에 이를 확률은 구성원의 수가 증가하면 할수록 증대되고 극한적으로는 100%에 이르게 된다.

⇨ 다수결이 정당한 결정을 할 확률이 높다는 것!!

ㅇ 구성원에게 선택지에 대한 충분한 정보가 주어진다면 구성원이 올바른 쪽을 선택할 확률이 50%는 상회할 가능성이 크고, 따라서 다수결은 정당한 결론을 선택할 확률이 높다.

ㅇ 평균인이 평가하기 어려운 고도의 전문적 사안에 대해서는 적용곤란!!

3) **다수결의 함정**〈坂井豊貴(さかい とよたか), 『多数決を疑う』(岩波新書, 2015), 15~50頁.〉

⑴ 표의 분산: 2인대결시 패자임에도 3인대결에서는 승리!! ex) 유권자 21명, 후보자 3명(X, Y, Z)

	4인	4인	7인	6인	
1위(3점)	X	X	Y	Z	* 단순다수결: X(8), 결선투표: Y(13), X(8) * 2인 대결시 X는 Y, Z 모두에게 패배 * 체감연기식: Y(45), Z(44), X(37)
2위(2점)	Y	Z	Z	Y	
3위(1점)	Z	Y	X	X	

⑵ 연기식 투표의 경우 득표산정방식에 따라 상이한 결과 발생!! ex) 유권자 55명, 후보자 5명(A~E)

	18인	12인	10인	9인	4인	2인	득표산정방식	당선자
1위(5점)	A	B	C	D	E	E	단순다수결	A(18표)
2위(4점)	D	E	B	C	B	C	체감연기식(볼더 방식)	D(191점)
3위(3점)	E	D	E	E	D	D	最尤法(2인대결 승자우선방식)	E
4위(2점)	C	C	D	B	C	B	결선투표부 다수결	B(37표)〉A(18표)
5위(1점)	B	A	A	A	A	A	순차적 최하위 제거방식	C(37표)

※ 최우법: A(18) 〈 B, C, D, E(이상 37)/B 〈 C(16:39), D(26:29), E(22:33)/C 〈 D(12:34), E(19:36)/D(27) 〈 E(28) ⇦ 콘도르세 집계방식

※ 순차적 최하위 제거법: 1차(E 6표 탈락), 2차(D 9표 탈락), 3차(B 16표 탈락), 4차(A 18표 탈락)

⇨ 시사점: 당선자(다수결의 결정)가 과연 '民意를 대변하는가?' 동일한 상황임에도 득표산정방식여하에 따라 당선자가 달라진다면 당선자는 민의의 대변자가 아닌 득표산정방식의 수혜자에 불과!!

3. 국가권력통제원리로써 법치주의

의의	• 人의 지배 → 法의 지배 • 공권력행사의 절차적 정당성 ← 공권력발동의 근거원리 = 공권력 제한 · 통제원리
목적	기본권의 보장
전제	권력분립제도
법의 형식성	(1) 실정화 (2) 명확성원칙[4]: 막연 · 무효이론[5], 포괄위임금지원칙(§75) (3) 일반성원칙: 처분적 법률의[6] 원칙적 금지
국가작용 법적기속	(1) 모든 국가작용의 법에의 기속 (2) 적법절차의 원리(§12①)[7] (3) 과잉조치금지의 원칙(§37②): 목적과 수단의 관계 ⇦ 적합성, 필요성(최소침해성), 상당성 요구
법적 안정성[8]	(1) 예측가능성의 보장 (2) 신뢰보호의 원칙: 선행조치, 보호가치신뢰, 처리보호, 인과관계, 선행과 반하는 후행조치 (3) 소급적용의 금지(§13): 진정소급 v. 부진정소급[9]
법의 실효성	(1) 법규의 위반, 불이행에 대한 규제: 행정의 실효성 확보(행정벌, 행정강제), 사법강제(형벌) (2) 사법적 권리구제: 헌법재판, 행정쟁송, 국가배상, 손실보상

---

4) **명확성원칙**〈헌재, 99헌바34〉: "… 명확성원칙은 헌법상 내재하는 법치국가원리로부터 파생될 뿐만 아니라, 국민의 자유와 권리를 보호하는 기본권보장으로부터도 나온다. … 법률은 명확한 용어로 규정함으로써 적용대상자에게 그 규제내용을 미리 알 수 있도록 공정한 고지를 하여 장래의 행동지침을 제공하고, 동시에 법집행자에게 객관적 판단지침을 주어 차별적이거나 자의적인 법해석을 예방할 수 있다. 따라서 법규범의 의미내용으로부터 무엇이 금지되고 무엇이 허용되는 행위인지를 국민이 알 수 없다면 법적 안정성과 예측가능성은 확보될 수 없게 될 것이고, 법집행 당국에 의한 자의적 집행이 가능하게 될 것이다. …."

5) **명확성의 정도 = 막연무효의 이론**〈헌재, 89헌가104〉: "… 명확성의 원칙은 모든 법률에 있어서 동일한 정도로 요구되는 것은 아니고 개개의 법률이나 법조항의 성격에 따라 요구되는 정도에 차이가 있을 수 있으며 각각의 구성요건의 특수성과 그러한 법률이 제정되게 된 배경이나 상황에 따라 달라질 수 있다고 할 것이다. 일반론으로는 어떠한 규정이 부담적 성격을 가지는 경우에는 수익적 성격을 가지는 경우에 비하여 명확성의 원칙이 더운 엄격하게 요구된다고 할 것이고 …
따라서 일반적 또는 불확정 개념의 용어가 사용된 경우에도 동일한 법률의 다른 규정들을 원용하거나 다른 규정과의 상호관계를 고려하거나 기 확립된 판례를 근거로 하는 등 정당한 해석방법을 통하여 그 규정의 해석 및 적용에 대한 신뢰성이 있는 원칙을 도출할 수 있어, 그 결과 개개인이 그 형사법규가 보호하려고 하는 가치 및 금지되는 행위의 태양과 이러한 행위에 대한 국가의 대응책을 예견할 수 있고 그 예측에 따라 자신의 행위에 대한 국가의 대응책을 예견할 수 있고 그 예측에 따라 자신의 행동에 대한 결의를 할 수 있는 정도(의 규정 내용이)라면 그 범위내에서 명확성의 원칙은 유지되고 있다고 봐야 할 것이다. …."

6) **처분적 법률**〈헌재, 99헌바34〉: "… (2) 우리 헌법은 개별사건법률에 대한 정의를 하고 있지 않음은 물론 개별사건법률의 입법을 금하는 명문의 규정도 없다. 개별사건법률금지의 원칙은 "법률은 일반적으로 적용되어야지 어떤 개별사건에만 적용되어서는 아니된다"는 법원칙으로서 헌법상의 평등원칙에 근거하고 있는 것으로 풀이되고, 그 기본정신은 입법자에 대하여 기본권을 침해하는 법률은 일반적 성격을 가져야 한다는 형식을 요구함으로써 평등원칙위반의 위험성을 입법과정에서 미리 제거하려는데 있다 할 것이다. 개별사건법률은 개별사건에만 적용되는 것이므로 원칙적으로 평등원칙에 위배되는 자의적인 규정이라는 강한 의심을 불러일으킨다. 그러나 개별사건법률금지의 원칙이 법률제정에 있어서 입법자가 평등원칙을 준수할 것을 요구하는 것이기 때문에, 특정규범이 개별사건법률에 해당한다 하여 곧바로 위헌을 뜻하는 것은 아니다. 비록 특정법률 또는 법률조항이 단지 하나의 사건만을 규율하려고 한다 하더라도 이러한 차별적 규율이 합리적인 이유로 정당화될 수 있는 경우에는 합헌적일 수 있다. 따라서 개별사

건법률의 위헌 여부는, 그 형식만으로 가려지는 것이 아니라 나아가 평등의 원칙이 추구하는 실질적 내용이 정당한지 아닌지를 따져야 비로소 가려진다.

(3) 이른바 12·12 및 5·18 사건의 경우 그 이전에 있었던 다른 헌정질서파괴범과 비교해보면, 공소시효의 완성 여부에 관한 논의가 아직 진행중이고, 집권과정에서의 불법적 요소나 올바른 헌정사의 정립을 위한 과거청산의 요청에 미루어볼 때 비록 특별법이 개별적사건법률이라고 하더라도 입법을 정당화할 수 있는 공익이 인정될 수 있다고 판단된다. 따라서 이 법률조항은 개별사건법률에 내재된 불평등요소를 정당화할 수 있는 합리적인 이유가 있으므로 헌법에 위반되지 아니한다. …."

7) **적법절차**〈헌재, 93헌바26〉: "… 적법절차의 원칙은 영미법계의 국가에서 국민의 인권을 보호하기 위한 기본원리의 하나로 발달되어 온 원칙으로, 미국의 수정헌법에서 명문화하기 시작하였으며, 대륙법계 국가에서도 이에 상응하여 법치국가원리 또는 기본권제한의 법률유보원리로 정립되어 있다. 여기서 적법절차라 함은 인신의 구속이나 처벌 등 형사절차만이 아니라 국가작용으로서의 모든 입법작용과 행정작용에도 광범위하게 적용되는 독자적인 헌법원리의 하나로 절차가 형식적 법률로 정하여지고 그 법률에 합치하여야 할 뿐만 아니라 적용되는 법률의 내용에 있어서도 합리성과 정당성을 갖춘 적정한 것이어야 하며, …."

8) **법적 안정성의 두 가지 측면**〈헌재, 96헌가2등〉: "… 공소시효제도가 헌법 제12조 제1항 및 제13조 제1항에 정한 죄형법정주의의 보호범위에 바로 속하지 않는다면, 소급입법의 헌법적 한계는 법적 안정성과 신뢰보호원칙을 포함하는 법치주의의 원칙에 따른 기준으로 판단하여야 한다. 법적 안정성은 객관적 요소로서 법질서의 신뢰성·항구성·법적 투명성과 법적 평화를 의미하고, 이와 내적인 상호연관관계에 있는 법적 안정성의 주관적 측면은 한번 제정된 법규범은 원칙적으로 존속력을 갖고 자신의 행위기준으로 작용하리라는 개인의 신뢰보호원칙이다. 법적 안정성과 신뢰보호원칙에 있어서 특히 중요한 것은 시간적인 요소이다. 특정한 법률에 의하여 발생한 법률관계는 그 법에 따라 파악되고 판단되어야 하고, 개인은 과거의 사실관계가 그 뒤에 생긴 새로운 법률의 기준에 따라 판단되지 않는다는 것을 믿을 수 있어야 한다. 그러므로 법치국가적 요청으로서의 법적안정성과 신뢰보호원칙은 무엇보다도 바로 소급효력을 갖는 법률에 대하여 민감하게 대립할 수밖에 없고, 구체적으로는 어떤 법률이 이미 종료된 사실관계에 예상치 못했던 불리한 결과를 가져오게 하는 경우인가 아니면 현재 진행중이나 아직 종료되지 않은 사실관계에 작용하는 경우인가에 따라 헌법적 의미를 달리하게 된다. …."

9) (1) **진정소급과 부진정소급**〈헌재, 88헌마1〉: "… 소급입법의 태양에는 이미 과거에 완성된 사실 또는 법률관계를 규율의 대상으로 하는 이른바 진정소급효의 입법과 이미 과거에 시작하였으나 아직 완성되지 아니하고 진행과정에 있는 사실 또는 법률관계를 규율의 대상으로 하는 이른바 부진정소급효의 입법을 상정할 수 있다고 할 것이다. 전자의 경우에는 입법권자의 입법형성권보다도 당사자가 구법질서에 기대했던 신뢰보호의 견지에서 그리고 법적안정성을 도모하기 위해 특단의 사정이 없는 한 구법에 의하여 이미 얻은 자격 또는 권리를 새 입법을 하는 마당에 그대로 존중할 의무가 있다고 할 것이나, 후자의 경우에는 구법질서에 대하여 기대했던 당사자의 신뢰보호보다는 광범위한 입법권자의 입법형성권을 경시해서는 안될 일이므로 특단의 사정이 없는 한 새 입법을 하면서 구법관계 내지 구법상의 기대이익을 존중하여야 할 의무가 발생하지는 않는다고 할 것이다. …."

(2) **진정소급효금지의 예외**〈헌재, 96헌가2(5·18민주화운동 등에 관한 특별법 제2조 공소시효정지 조항의 합헌의견(소수))〉: "… 진정소급입법이 허용되는 예외적인 경우로는 일반적으로, 국민이 소급입법을 예상할 수 있었거나, 법적 상태가 불확실하고 혼란스러웠거나 하여 보호할 만한 신뢰의 이익이 적은 경우와 소급입법에 의한 당사자의 손실이 없거나 아주 경미한 경우, 그리고 신뢰보호의 요청에 우선하는 심히 중대한 공익상의 사유가 소급입법을 정당화하는 경우를 들 수 있다. 이를 대별하면 진정소급입법이 허용되는 경우는 구법에 의하여 보장된 국민의 법적 지위에 대한 신뢰가 보호할 만한 가치가 없거나 지극히 적은 경우와 소급입법을 통하여 달성하려는 공익이 매우 중대하여 예외적으로 구법에 의한 법적 상태의 존속을 요구하는 국민의 신뢰보호이익에 비하여 현저히 우선하는 경우로 크게 나누어 볼 수 있다. 물론 그러한 "공익"적 필요가 존재하는지 여부의 문제를 심사함에 있어서는, 부진정소급입법의 경우에 있어서의 신뢰보호의 요청과 서로 비교형량되는 단순한 공익상의 사유보다도 훨씬 엄격한 조건이 적용되지 않으면 아니된다. 즉 매우 중대한 공익이 존재하는 예외적인 경우에만 그러한 진정소급입법은 정당화될 수 있다. 또한 진정소급입법을 헌법적으로 정당화할 수 있는 이러한 예외사유가 존재하는 여부는 특별법과 같이 신체의 자유에 대한 제한과 직결되는 등 중요한 기본권에 대한 침해를 유발하는 입법에 있어서는 더욱 엄격한 기준으로 판단하여야 할 것이다. …."

Ⅱ

행정법의 의의와 기본원리

1. 행정법의 의의
2. 행정법의 지도원리 : 法治行政의 原理
3. 통치행위

Chapter II 행정법의 의의와 기본원리

1. 행정법의 의의

행정의 조직 · 작용 및 구제에 관한 국내공법[10](행정조직법, 행정작용법, 행정구제법)		
행정조직법	**행정작용법**	**행정구제법**
정부조직법, 지방자치법, etc.	① 행정절차법, 공공기관의정보공개에관한법률, 개인정보보호법, etc. ② 처분(행정작용)의 근거법(실체법) ③ 행정강제법(행정대집행법, 국세징수법, 경찰관직무집행법, 질서위반행위규제법 etc.	국가배상법, 토지보상법, 행정심판법, 행정소송법 etc.

2. 행정법의 지도원리: 法治行政의 原理

↗ 의회가 제정한 법을 의미 – 행정권에 의한 국민의 자유와 권리에 대한 침해를 '법률'로서 방어하기 위한 자유주의적 정치사상			
내용	**의의**	**형식적 법치주의**	**실질적 법치주의**
법률의 법규창조력	⇨ '법규'(국민의 권리의무에 관한 규율)의 제정은 '법률'(의회제정법)에 의해야 한다.	– 의회입법원칙의 광범위한 예외 – 비상명령, 긴급명령, 위임입법, 자유재량	– 비상명령권의 부인 – 긴급명령권의 요건 및 통제의 강화[11] – 위임입법의 목적, 범위, 내용, 절차 등 제한(구체적 위임입법) – '법규' 개념의 확대(⇨ 의회 통제 확대)
법률의 유보	⇨ 적극적 의미의 법률적합성: 법률근거 없는 한 어떠한 규율도 불가 ⇨ 유보의 범위: 침해유보설, 급부행정유보설(사회유보설), 권력행정유보설, 전부유보설, 중요사항유보설	⇨ 침해유보설	⇨ 중요사항유보설: 유보범위 확대 ⇨ 중요사항의 판단: 의회유보론
법률의 우위	⇨ 소극적 의미의 법률적합성: 법률위반되는 일 불가	위헌적 법률의 양산 (법률의 내용을 경시)	합헌적 법률: 위헌법률심사제도
법치행정의 사후보장		열기주의, 국가책임 부인	개괄주의, 국가배상책임 인정, 소송형식의 다원화

---

10) **공법과 사법의 구별**

	적용법원리			적용절차
	적용법원리	적용절차	구제제도	주체설, 이익설, 권력설, 신주체설 etc.
공법	평등원칙	공정력 등, 행정절차, 자력강제(행정강제)	행정쟁송	
사법	사적 자치(계약자유) 원칙	합의, 타력강제	민사소송	

11) 헌법 제76조 ① 대통령은 내우·외환·천재·지변 또는 중대한 재정·경제상의 위기에 있어서 국가의 안전보장 또는 공공의 안녕질서를 유지하기 위하여 긴급한 조치가 필요하고 국회의 집회를 기다릴 여유가 없을 때에 한하여 최소한으로 필요한 재정·경제상의 처분을 하거나 이에 관하여 법률의 효력을 가지는 명령을 발할 수 있다.
② 대통령은 국가의 안위에 관계되는 중대한 교전상태에 있어서 국가를 보위하기 위하여 긴급한 조치가 필요하고 국회의 집회가 불가능한 때에 한하여 법률의 효력을 가지는 명령을 발할 수 있다.
③ 대통령은 제1항과 제2항의 처분 또는 명령을 한 때에는 지체없이 국회에 보고하여 그 승인을 얻어야 한다.
④ 제3항의 승인을 얻지 못한 때에는 그 처분 또는 명령은 그때부터 효력을 상실한다. 이 경우 그 명령에 의하여 개정 또는 폐지되었던 법률은 그 명령이 승인을 얻지 못한 때부터 당연히 효력을 회복한다.

3. 통치행위

의의	⇨ 고도의 정치성을 이유로 사법심사의 대상이 되지 아니하는 특수한 국가작용 – "국정의 기본방향을 제시하거나 국가적 이해를 직접 대상으로 하는 고도의 정치성을 [12]띤 행정기관의 행위로서(정치적 행위성), 사법심사의 대상으로 하기에 적절하지 아니하며(사법적심사부적합성), 설사 판결이 있더라도 그 집행이 곤란한(판결의 집행곤란성) 행위"
학설	① 긍정설(이론적 근거): 내재적 한계설(정치문제간섭은 사법권의 내재적 한계), 권력분립설, 자유재량행위설, 사법부자제설 ② 부정설: 법치주의, 권력분립, 행정소송의 개괄주의 등을 근거로 통치행위 관념의 부정 ⇨ 정치의 무법상태, 위헌위법심사권을 부인하는 결과를 초래한다는 비판 ③ 판례: 비상계엄선포, "금융실명제거래및비밀보장에관한긴급재정경제명령"[13]
한계	⇨ 고도의 정치적 성격의 행위에 대한 사법심사의 배제가 불가피한 경우를 인정한다고 하더라도, "통치행위는 '법령'으로부터의 자율일 따름이지 '헌법'으로부터의 자유일 수는 없다" ⇨ 통치행위도 헌법에 근거한 작용이므로 국민주권의 원리, 자유민주주주의, 평등의 원칙, 비례의 원칙, 최소제한의 원칙 등의 헌법원칙 준수 필요
범위	① 정치생활분야의 문제로 한정 – 헌법생활영역의 국가지도적 행위에 국한 ② 헌법상 명시적으로 사법심사 배제한 경우: 국회의원의 징계 · 제명처분 ③ 기타: 국민투표회부, 외교행위, 사면권, 영전수여권, 법률안거부권 행사 등

---

12) **'政治'란**? '사회에서 발생하는 이해관계의 조정' ⇨ '공공재'의 公正한 분배 ⇦ '正義'란 무엇인가?

※ John Rawls(1921~2002)의 정의론 {小川仁志(おがわ ひとし), 『問題解決のための哲學思考レッスン25』(祥伝社, 2014), 45~50頁}

(1) 正義의 의미: 공정한 분배(= 격차의 시정) ⇨ 가장 어려운 사람에 혜택을!

(2) 원초상태(자연상태): '無知의 베일'을 쓰고 자신의 상황(지위, 富 등)을 고려함이 없는 상태에서, 타인의 사정을 판단

(3) 정의의 실현원리: 자유주의적 요소(제1원리) + 사회주의적 요소(제2원리)

제1원리: '평등한 자유의 원리' = '모든 사람은 각자 기본적 자유에 대하여 평등한 권리를 가진다' ⇨ '자유의 평등한 분배'

제2원리: '사회적 · 경제적 불평등은 다음 A, B의 2 조건을 B, A의 순으로 충족하여야 한다' ⇨ '조정'(차등)의 원칙

A: '격차원리' = '사회에서의 최소수혜자의 상황을 개선하여야 한다'

B: '기회의 공정한 균등원리' = '기회의 공정한 균등이라는 조건하에서 모든 사람에게 공직, 지위가 개방되어야 하다'

⇨ 평가: 고전적 자유주의(개인의 능력에 따른 차별 인정)와 사회주의(차별의 부정)의 통합(간극 완화)

13) "대통령의 긴급재정경제명령은 일종의 국가긴급권으로서 대통령의 고도의 정치적 결단을 요하고 가급적 그 결단이 존중되어야 할 것 … 그러나 통치행위를 포함한 모든 국가작용은 국민의 기본권적인 가치를 실현하기 위한 수단이라는 한계를 반드시 지켜야 하는 것이고, … 비록 고도의 정치적 결단에 의한 국가작용이라도 그것이 국민의 기본권 침해와 직접 관련되는 경우에는 당연히 헌법재판소의 심판대상이 될 수 있는 것일 뿐만 아니라 긴급재정경제명령은 법률의 효력을 갖는 것이므로 마땅히 헌법에 기속되어야 할 것이다."(93헌마186, 1996.2.29 결정)

III

행정법의 法源

1. 행정법의 法源
2. 행정법의 일반원칙

Chapter III 행정법의 法源

1. 행정법의 法源

(1) 헌법의 성립과 발전

<table>
<tr><th colspan="2">〈근대입헌주의 헌법(시민적 법치국가)〉</th><th rowspan="6">⇒</th><th colspan="2">〈현대사회국가적 헌법(사회적 법치국가)〉</th></tr>
<tr><td colspan="2">자유권적 기본권(생명, 자유, 재산)</td><td colspan="2">사회적 기본권 추가(평등과 정의 강조)</td></tr>
<tr><td>민주주의
cf) 치자 = 피치자, 다수결, 선거권 제한</td><td>법치주의
cf) 人治에서 法治로</td><td>실질적 민주주의
cf) 자유, 평등, 정의를 실현하기 위한 국민의 통치형태</td><td>실질적 법치주의
cf) 위헌법률심사</td></tr>
<tr><td colspan="2">권력분립
cf) 견제와 균형의 원리</td><td colspan="2">기능적 권력분립</td></tr>
<tr><td colspan="2">자본주의
cf) 경제영역에서의 자유주의</td><td colspan="2">수정자본주의
cf) 사회적 정의, 규제 · 간섭, 경제민주화</td></tr>
<tr><td colspan="2">권리구제
cf) 열기주의</td><td colspan="2">실질적 권리구제
cf) 헌법재판, 개괄주의</td></tr>
<tr><td colspan="5">• 형식적 민주주의: 통일주체국민회의(의원 1/3 지명), 의원 신분보장 부정(면책 및 불체포특권, 제명)
• 형식적 법치주의: 위헌법률, 비상명령(긴급조치), 포괄위임, 열기주의, 사법권의 독립 결여</td></tr>
</table>

(2) 成文法源과 不文法源

<table>
<tr><td rowspan="7">성
문
법</td><td>헌법</td><td colspan="2">최고법 ⇦ 위헌법률심사</td></tr>
<tr><td>법률</td><td colspan="2">헌법§37②(일반적 법률유보), 개별적 법률유보('법률'로 정하는 바에 따라, …는 '법률'로 정한다.)</td></tr>
<tr><td>명령</td><td>(1) 법률종속적 명령: 헌법§75(대통령령), §95(총리령 · 부령)
(2) 법률대위적 명령: 헌법§76(긴급명령, 긴급재정경제명령)</td><td rowspan="3">※ 後述 '법규명령'의 종류에서 詳述</td></tr>
<tr><td>규칙</td><td>헌법적 근거의 국회(§64①), 대법원(§108), 헌재(§113②), 선관위(§114⑥) 규칙
: '법률의 범위 안에서'
cf) 법규적 효력이 없는 '행정규칙'과 구별</td></tr>
<tr><td>자치법규</td><td>조례(지방의회), 규칙(지자체 장)</td></tr>
<tr><td>국제법규</td><td colspan="2">헌법에 의하여 체결 · 공포된 조약과 일반적으로 승인된 국제법규 = 국내법과 같은 효력(헌법§6①)</td></tr>
<tr><td colspan="3"></td></tr>
<tr><td rowspan="3">불
문
법</td><td>행정관습법</td><td colspan="2">행정선례법: 오랜 관행 + 법적 확신 + (국가의 승인)</td></tr>
<tr><td>판례</td><td colspan="2">– 보충적 효력 vs. 선례구속의 원칙(doctrine of stare decisis: 영미법계)
– 상급심의 판단은 당해 사건에 한하여 하급심 기속(법원조직법 제8조)</td></tr>
<tr><td>조리</td><td colspan="2">– 사물의 본성, 사회통념 ⇨ 헌법, 행정법의 일반원칙으로 승화</td></tr>
</table>

2. 행정법의 일반원칙

종류	내 용
비례의 원칙[14]	⇨ 과잉조치금지, 과잉급부금지, 과잉입법금지의 원칙 ① 의의: 목적과 수단의 비례관계 요구 ② 구체적 세부원칙: 적합성, 필요성(최소침해성),[15] 상당성(이익형량)의 원칙 ③ 헌법적 근거: 헌법 제37조 제2항: '필요한 최소한 범위'
신뢰보호의 원칙[16]	① 의의: 행정청의 언동을[17] 신뢰한 국민의 보호 ② 이론적 근거: 법적안정성설(법전개불변성) v 신의측설 ③ 요건: ⅰ) 선행조치, ⅱ) 보호가치신뢰(뇌물, 악의, 기망), ⅲ) 처리보호, ⅳ) 인과관계, ⅴ) 선행조치에 반하는 후행조치 – 선행조치의 적법성은 요건이 아님 ex) 개발행위허가(선행) ⇨ 부지매수 등(처리보호) ⇨ 건축허가거부(후행) ⇨ 신뢰보호주장 ⇨ 거부처분의 취소/보상 ④ 보호의 방법: 존속보호(법적안정성) vs. 보상보호(법률적합성)
행정의 자기구속의 법리	① 의의: 행정작용에 있어서 특별한 합리적 사유가 없는 한 모든 국민을 공평하게 처우해야 함. 이는 憲法原則의 하나로서 재량권 행사의 한계설정 기능을 발휘함[18] ② 헌법적 근거: 평등원칙 ③ 한계: 위법의 평등 요구는 불가
부당결부 금지의 원칙	① 의의: 공권력의 행사에 있어서 관련성이 없는 반대급부와 결부시켜서는 아니 된다는 원칙[19] ② 적용영역: 부관, 공급거부, 관허사업의 제한, 명단의 공표 등

14) **과잉금지의 원칙(비례의 원칙)**〈헌재, 92헌가8〉: "… 국가작용 중 특히 입법작용에 있어서의 과잉입법금지의 원칙이라 함은 국가가 국민의 기본권을 제한하는 내용의 입법활동을 함에 있어서 준수하여야 할 기본원칙 내지 입법활동의 한계를 의미하는 것으로서, 국민의 기본권을 제한하려는 입법의 목적이 헌법 및 법률의 체제상 그 정당성이 인정되어야 하고(목적의 정당성), 그 목적의 달성을 위하여 그 방법이 효과적이고 적절하여야 하며(방법의 적정성), 입법권자가 선택한 기본권제한의 조치가 입법목적달성을 위하여 설사 적절하다 할지라도 보다 완화된 형태나 방법을 모색함으로써 기본권의 제한은 필요한 최소한도에 그치도록 하여야 하며(피해의 최소성), 그 입법에 의하여 보호하려는 공익과 침해되는 사익을 비교형량할 때 보호되는 공익이 더 커야한다(법익의 균형성)는 법치국가의 원리에서 당연히 파생되는 헌법상의 기본원리의 하나인 비례의 원칙을 말하는 것이다. 이를 우리 헌법은 제37조 제2항에서 "국민의 모든 자유와 권리는 국가안전보장, 질서유지 또는 공공복리를 위하여 필요한 경우에 한하여 법률로써 제한할 수 있으며, 제한하는 경우에도 자유와 권리의 본질적인 내용을 침해할 수 없다."라고 선언하여 입법권의 한계로서 과잉입법금지의 원칙을 명문으로 인정하고 있으며 …."

15) 과징금 납부명령이 그 금액이 과다하여 비례의 원칙에 위반하는 재량의 남용이 있더라도, 법원은 재량권 남용여부만 판단할 수 있을 뿐 재량권 범위 내에서 어느 정도가 적정한 것인지에 관하여는 판단할 수 없으므로 해당 사안에서의 적정금액을 판단한 후 그 적정금액을 초과한 부분만 취소할 수 있는 것이 아니라 그 전부를 취소할 수밖에 없다(대판, 2007두18062).

16) (1) **신뢰보호원칙의 적용요건**〈대판, 95누5741〉: "… 행정상의 법률관계에 있어서 신뢰보호의 원칙이 적용되기 위해서는, 첫째, 행정청이 개인에 대하여 신뢰의 대상이 되는 공적인 견해표명을 하여야 하고, 둘째, 행정청의 견해표명이 정당하다고 신뢰한 데 대하여 그 개인에게 귀책사유가 없어 그 신뢰가 보호가치 있는 것이어야 하며, 셋째, 그 개인이 견해표명을 신뢰하고 이에 따라 어떠한 행위를 하였어야 하고, 넷째, 행정청이 위 견해표명에 반하는 처분을 함으로써 그 견해표명을 신뢰한 개인의 이익이 침해되는 결과가 초래되어야 하는 것이며, 이러한 요건을 충족할 때에는 행정청의 처분은 신뢰보호의 원칙에 반하는 행위로서 위법하다고 볼 것이다. …."

(2) **신뢰보호원칙과 법률의 제정 또는 개정**〈헌재, 2005헌바20〉: "… 신뢰보호의 원칙은 헌법상 법치국가 원리로부터 파생되는 것으로, 법률이 개정되는 경우에는 기존 법질서와의 사이에 어느 정도의 이해관계의 상충은 불가피하다고 할 것인바, 이 경우 기존의 법질서에 대한 당사자의 신뢰가 합리적이고 정당한 반면, 법률의 제정이나 개정으로 야기되는 당사자의 손해가 극심하여 새로운 입법으로 달성코자 하는 공익적 목적이 그러한 당사자의 신뢰가 파괴되는 것을 정당화할 수 없는 경우, 그러한 새 입법은 허용될 수 없다는 것이다. …."

(3) **신뢰보호원칙의 위반여부**〈헌재, 2005헌바20〉: "… 신뢰보호원칙의 위반 여부를 판단함에 있어서는, 첫째, 보호가치 있는 신뢰이익이 존재하는가, 둘째, 과거에 발생한 생활관계를 현재의 법으로 규율함으로써 달성되는 공익이 무엇인가, 셋째, 개인의 신뢰이익과 공익상의 이익을 비교 형량하여 어떠한 법익이 우위를 차지하는가를 살펴보아야 할 것이다. …."

(4) **보호가치가 있는 신뢰**〈헌재2003헌마947등〉: "… 개인의 신뢰이익에 대한 보호가치는 ① 법령에 따른 개인의 행위가 국가에 의하여 일정방향으로 유인된 신뢰의 행사인지, ② 아니면 단지 법률이 부여한 기회를 활용한 것으로서 원칙적으로 사적 위험부담의 범위에 속하는 것인지 여부에 따라 달라진다. 만일 법률에 따른 개인의 행위가 단지 법률이 반사적으로 부여하는 기회의 활용을 넘어서 국가에 의하여 일정 방향으로 유인된 것이라면 특별히 보호가치가 있는 신뢰이익이 인정될 수 있고, 원칙적으로 개인의 신뢰보호가 국가의 법률개정이익에 우선된다고 볼 여지가 있다. 그런데, 이 사건의 경우 국가가 기존의 사법시험제도를 통하여 오래도록 제2외국어를 시험과목으로 삼아옴으로써 청구인들이 제2외국어 과목을 자신의 사법시험과목으로 선택하여 집중적으로 공부한 경우가 적지 아니할 것이므로 국가가 개인의 행위를 일정방향으로 유도하였다고 볼 수 있을 것이어서 청구인들이 가지고 있었던 기대 또는 신뢰는 이를 보호해야 할 필요가 큰 경우에 속한다 할 것이다. 그러나 법적 상태의 존속에 대한 개인의 신뢰는 그가 어느 정도로 법적 상태의 변화를 예측할 수 있는지, 혹은 예측하였어야 하는지 여부에 따라서도 영향을 받을 수 있는데, 청구인들과 같이 사법시험을 준비하는 자로서는 사회의 변화에 따라 시험과목이 달라질 수 있음을 받아들여야 할 것이고, 자신이 공부해 오던 과목으로 계속하여 응시할 수 있다는 기대와 신뢰가 절대적인 것이라고 볼 수는 없다. 또, 앞에서 본 바와 같이 사법시험 제1차시험의 어학과목 변경에 관한 부분은 약 2년 9개월의 유예기간을 두고 2004.1.1.부터 시행하도록 하는 경과규정을 두고 있는바(부칙 제1조), 위 유예기간은 사법시험응시자들이 변화된 상황에 적응할 수 있는 상당한 기간으로 판단된다. 이에 비하여 '법조계의 국제화, 개방화에 대비한 법조인의 국제화 촉진 및 국제적 법률문제에 대한 실무능력 향상'이라는 입법목적 내지 공익은 청구인들의 불이익에 비하여 훨씬 크다 할 것이므로 사법시험 어학과목 변경에 따른 사법시험준비자의 신뢰이익이 헌법상 용인될 수 없을 정도로 침해되었다고는 판단되지 아니한다. …."

17) 폐기물관리법령에 의한 폐기물처리업사업계획에 대하여 '적정통보'는 그 사업부지 토지에 대한 국토이용관리법령에 따른 '국토이용계획변경'의 신청을 승인하여 주겠다는 취지의 공적인 견해표명에 해당하지 아니한다(적정통보와 국토이용계획변경은 각기 그 제도적 취지와 결정단계에서 고려해야 할 사항들이 다르다는 이유로 신뢰보호원칙의 적용을 부정. 대판, 2004두8828).

18) 재량권의 행사준칙인 행정규칙이 되풀이 시행되어 행정관행이 성립하였다면 행정기관은 그 규칙에 따라야 할 자기구속을 받게 되며, 이러한 경우에는 특별한 사정이 없는 한 그 재량준칙를 위반하는 처분은 재량권을 일탈·남용한 위법한 처분이 된다(대판, 2009두7967).

19) 이륜자동차를 음주운전하였다는 이유로 자동차운전면허(1종대형)까지 취소한 것은 비례의 원칙에 반한다(대판, 91누8289).

IV

행정법관계

1. 행정법관계의 의의
2. 행정법관계의 당사자와 특질
3. 행정법관계의 내용 : 공권과 공의무
4. 특별행정법관계
5. 사인의 공법행위

Chapter Ⅳ 행정법관계 – 행정법상의 권리의무관계

1. 행정법관계의 의의

<table>
<tr><th colspan="4">행정상법률관계 = 행정조직법관계 + 행정작용법관계</th></tr>
<tr><td rowspan="6">행정작용법관계</td><td rowspan="3">공법관계</td><td colspan="2">⇨ 행정주체가 우월적 지위 바탕으로 사인에 명령 · 강제하는 작용(권력적 공법관계) 및 사인과 대등한 의사주체로서 합의를 수단으로 하지만 공공복리 내지 행정목적을 실현하기 위한 작용(공익적 공법관계)</td></tr>
<tr><td>권력관계(권력적 공법관계)</td><td>관리관계(공익적 공법관계)</td></tr>
<tr><td>⇨ 공권력주체로서 일방적으로 명령(경찰명령, 조세부과)/강제(강제집행, 즉시강제)/형성(인가, 특허)
– 공정력/확정력/강제력 등의 우월적 힘이 인정
– 법률의 수권 요하며 관련분쟁은 항고쟁송으로 해결</td><td>⇨ 사업 또는 재산의 관리주체로서 행정목적/행정임무를 달성: 공공적/윤리적 성격
– 공물법(도로법, 하천법), 공기업법(우편법, 지방공기업법) 등에 의한 재산의 관리, 사업경영
– 본질적으로 사법관계, 다만 공익목적의 달성을 위한 범위 내에서 특별한 공법적 규율
– 행정사법의 영역과 유사</td></tr>
<tr><td rowspan="3">행정상 사법 관계 (국고 관계)</td><td colspan="2">⇨ 행정주체가 국고(사경제주체)의 지위에서 맺게 되는 법률관계: 조달작용 · 영리활동작용(광산경영)</td></tr>
<tr><td>특별사법</td><td>행정사법(行政私法)</td></tr>
<tr><td>⇨ 사법관계이나 국민/주민 위한 행위라는 점에서 그 행위의 공정성을 확보하기 위한 특수한 법적 규율
– by 국가재정법, 국가를당사자로하는 계약에 관한법률, 국유재산법, 물품관리법, 국가채권 관리법 등
– 특별사법에 의한 제한은 사법행위에 대한 제한일 뿐 행위 자체의 성질을 공법행위로 변경하는 것은 아님(통설)</td><td>⇨ "사법형식에 의한 공행정목적의 달성행위"의 경우 공행정목적의 범위 안에서 공법적 규율
ex) 전기 등의 공급, 철도의 이용, 주택의 공급 등을 위한 각종 계약/수출진흥을 위한 자금의 대부 또는 보조를 위한 소비대차계약/수급조절 위한 물자의 매매계약</td></tr>
</table>

2. 행정법관계의 당사자와 특질

<table>
<tr><td>행정법관계의 당사자</td><td colspan="3">⇨ 행정법상의 권리 · 의무의 양당사자(행정주체 vs. 행정객체)
① 행정주체: 국가/지자체/공공조합(사단)/공법상 재단법인/영조물법인/공무수탁사인)
② 행정객체: 국민</td></tr>
<tr><td colspan="4">행정법관계의 특질</td></tr>
<tr><td>행정의사의 법률적합성</td><td colspan="3">– 법치행정원리의 당연한 귀결 – 사법관계의 사적자치의 원칙과 대비
– 법률적합성의 범위 안에서, 행정주체의 '일방적 조치권'(권리의무의 일방적 변경) 有</td></tr>
<tr><td rowspan="6">특수한 효력</td><td>공정력</td><td colspan="2">(1) 의의
ⅰ) 행정행위에 흠(위법 or 부당)이 있더라도 그 흠이 중대/명백하여 당연무효인 경우가 아닌 한
ⅱ) 권한기관(처분청, 행심위, 수소법원)에 의하여 취소되기까지는
ⅲ) 상대방 또는 제3자(이해관계인, 다른 행정청, 수소법원 이외의 법원)에 대하여
↳ 구성요건적 효력(다른 국가기관에 대한 효력)[20]
ⅳ) 일응 구속력이 있는 것으로 통용되는 힘(절차적 통용력 ⇦ 행정정책설)
(2) 이론적 근거: 행정정책설(통설) v. 국가권위설
cf) 구성요건적 효력의 이론적 근거는 권력분립설 or 권한존중
(3) 실정법적 근거: 행정소송법의 취소소송제도(= 취소소송제도의 배타성)</td></tr>
<tr><td rowspan="2">확정력</td><td>不可爭力</td><td>⇨ 행정행위에 흠 있더라도 불복기간(쟁송기간) 경과하면 더 이상 다툴 수 없는 힘
– 행정행위의 상대방에 미치는 효력 – 행정법관계의 조속한 안정
– 판결의 기판력과는 달리, 불가쟁력의 발생이 사실관계나 법률관계의 확정을 의미하는 것은 아님[21]</td></tr>
<tr><td>不可變力</td><td>⇨ 행정의 법률적합성의 원칙에도 불구하고 행정행위의 성질상(주로 확인적 행위) 행정청에 의한 취소 · 철회가 허용되지 아니하는 힘[22]
– 행정청에 대하여 미치는 효력</td></tr>
<tr><td rowspan="3">강제력</td><td colspan="2">⇨ 행정의사의 실효성을 확보하기 위하여 인정되는 힘으로 '제재력'과 '자력집행력'으로 구분</td></tr>
<tr><td>제재력</td><td>의무위반에[23] 대한 제재로서의 행정벌, 행정질서벌(과태료) ⇨ 행정벌</td></tr>
<tr><td>자력 집행력</td><td>의무의 불이행에 대하여 이행이 있는 것과 동일한 상태를 자력으로 실현 ⇨ 행정강제</td></tr>
<tr><td>권리의무의 특수성</td><td colspan="3">공권은 국가적/공익적 견지에서 인정되는 것이며(공권의 공익성), 권리이자 동시에 의무의 성질을 가짐(공권의 상대성). 그 결과 공권 · 공의무는 포기/이전이 제한되는 등의 특수성이 있음.</td></tr>
<tr><td>권리구제 수단의 특수성</td><td colspan="3">① 행정상손해전보: 국가배상법, 공익사업을 위한 토지 등의 취득에 관한 법률(2003.1.1)
② 행정쟁송: 행정심판법, 행정소송법
③ 헌법소원: 공권력의 행사/불행사, 기본권 침해, 최후수단, 재판 제외</td></tr>
</table>

3. 행정법관계의 내용: 공권과 공의무

<table>
<tr><th colspan="3">공권</th></tr>
<tr><td>의의</td><td colspan="2">공법관계에 있어서 직접 자기를 위하여 일정한 이익을 청구할 수 있는 법률상의 힘</td></tr>
<tr><td>종류</td><td colspan="2">① 국가적 공권
② 개인적 공권: 행정주체에 대하여 개인이 직접 자기를 위하여 일정한 이익을 주장할 수 있는 법적 힘</td></tr>
<tr><th colspan="3">개인적 공권 성립의 3요소(O. Buhler)</th></tr>
<tr><td rowspan="3">성립
요건</td><td>강행법규성</td><td>행정청의 작위 또는 부작위의 의무를 발생시키는 강행법규의 존재
⇨ 기속행위 vs. 재량행위</td></tr>
<tr><td>사익보호성</td><td>법규가 공익보호와 함께 특정인의 사익보호를 목적으로 하고 있을 것
⇨ 법률상 이익[24] vs. 반사적 이익</td></tr>
<tr><td>청구권능부여성</td><td>행정주체에 대하여 그 이익을 주장할 수 있는 제도적 수단 ⇨ 개괄주의 vs. 열기주의
cf) 오늘날 '개괄주의'하에서는 청구권능부여성은 더 이상 요건이라 할 수 없음(공권 성립의 2요소설)</td></tr>
<tr><th colspan="3">개인적 공권의 확대(私人의 法的地位 强化現象)</th></tr>
<tr><td colspan="2">반사적 이익의
보호법익화</td><td>(1) 반사적 이익
⇨ 법규가 공익의 실현을 위하여 행정주체 또는 제3자에게 일정한 작위 또는 부작위의 의무를 명하고, 행정주체 등이 이를 이행한 결과 다른 제3자가 반사적으로(우연히) 얻게 되는 이익
(2) 종래 반사적 이익의 예와 보호법익으로의 전환
① 경찰허가이익: 거리제한규정 위반한 목욕장허가(60년대)와 주유소허가(80년대)에서 기존업자의 원고적격
② 공물의 일반사용이익 - 여전히 반사적 이익
③ '복효적 처분'의 제3자이익: 이웃소송, 경업자 · 경원자소송에서 제3자 원고적격 인정
④ 공공부조이익: 노령연금, 아동수당 등 법률상의 권리</td></tr>
<tr><td colspan="2">행정행위발급
청구권</td><td>⇨ 행정권의 역할 변모 - 재량영역이라도 특정의 행정행위를 발급해줄 것을 요구할 수 있는 권리 - 19C 자유주의적 법치국가(행정권 발동의 억제 - 사후적 구제) ⇨ 20C 사회적 법치국가(행정권의 적극적 발동 요구 - 사전예방적 구제)
⇨ 이론적 근거: 재량의 0 또는 1로의 수축 ⇦ 위험발생의 현저성, 사적 노력 무위성, 위험제거 가능성
ex) 인 · 허가, 생활보호결정 청구, 제3자 행정권 발동 청구(행정개입청구권: 공해기업 규제 · 단속 요구)</td></tr>
<tr><td colspan="2">무하자재량행사
청구권</td><td>⇨ 재량행위의 상대방 기타 이해관계인이 행정청에 대하여 재량권을 흠 없이 행사하여 줄 것을 청구하는 주관적 권리: 재량영역에서의 공권 성립가능성을 인정
⇨ 이론적 근거: 재량의 일탈 · 남용의 법리(사실관계 오인, 헌법원칙 위반, 절차규정 위반, 동기의 부정 etc.)</td></tr>
<tr><td colspan="2">행정절차참여권</td><td>⇨ 행정활동에 대한 국민의 참여: 상대방의 권익보장, 행정의 공정성, 행정의 민주화</td></tr>
</table>

20) **구성요건적 효력과 선결문제에 대한 민 · 형사법원의 판단범위**

<table>
<tr><td>선결문제의 의의</td><td colspan="3">- 민 · 형사 소송에서 본안판단을 함에 앞서 필수적으로 먼저 해결해야 하는 (행정)법문제
ex) 국배소송에서 손해배상판결에 앞선 처분의 위법 인정문제, 무면허운전 유죄의 판단에 앞선 면허처분의 유효성 인정문제</td></tr>
<tr><td>판례 입장</td><td colspan="3">⇨ 선결문제에 대한 민 · 형사법원의 판단범위 차이 ⇦ 구성요건적 효력(관할권 상이)으로 인하여
⇨ 선결문제가 처분의 무효 및 위법 확인이라면 민 · 형사법원 가능, but 처분 효력부인(= 취소)은 행정법원이 해야 !</td></tr>
<tr><td rowspan="3">해결</td><td>처분의 무효확인이 선결문제</td><td>처분의 위법확인이 선결문제</td><td>처분의 취소(효력부인)가 선결문제</td></tr>
<tr><td>ex) 조세처분의 무효확인과 부당이득 반환판결/조세포탈죄 무죄판결
⇨ 행소법 제11조 근거로 당해 민 · 형사법원에서 판단 가능</td><td>ex) 국배소송에서 처분의 불법행위성 확인/시정명령의 위법 확인과 시정명령위반죄 무죄 판결
⇨ 위법확인은 처분 취소가 아니기 때문에 때문에 당해 민 · 형사 법원에서 판단 가능</td><td>ex) 위법의 조세처분 존속(부당이득 불성립)/위법의 운전면허 존재(무면허운전 불성립)
⇨ 처분 취소권(효력부인)은 민 · 형사 법원에서 행사불가: 흠 있더라도 유효한 처분임을 전제로 해야 !</td></tr>
<tr><td colspan="3">※ 행정소송법 제11조(선결문제) ① 처분 등의 효력 유무 또는 존재 여부가 민사소송의 선결문제로 되어 당해 민사소송의 수소법원이 이를 심리 · 판단하는 경우에는 … 준용한다.</td></tr>
</table>

21) 불가쟁력이 발생한 처분의 취소가 불가능하다는 것일 뿐 예컨대 당해 처분의 위법을 이유로 별도의 손배소송청구는 가능

22) 불가쟁력이 발생한 경우 그 처분의 부관의 변경을 구하는 신청은 개별법규의 규정 또는 해석상 그러한 신청권이 인정되는 특별한 사정이 없는 한 이를 인정할 수 없다(부관의 변경은 처분변경을 의미. 대판, 2005두11104).

23) **의무의 위반과 불이행의 구별**: 의무의 위반은 일단 위반하면 '회복가능성'이 없다는 점에서 의무의 불이행과 구별된다. 의무를 불이행한 경우는 회복가능성이 아직 있기 때문에 제재보다는 '의무가 이행된 것과 같은 상태'로 회복시키는 것이 공익에 부합한다.

24) **법률상 이익과 사실상의 이익**: (1) "행정소송의 원고는 직접 권리의 침해를 받은 자가 아닐지라도 소송을 제기할 법률상의 이익을 가진 자는 그 행정처분의 효력을 다툴 수 있다고 해석되는 바, 해상운송사업법 제4조 제1호에서 '당해 사업의 개시로 인하여 당해 항로에서 … 현저하게 공급 과잉이 되지 아니할 것'을 허가의 요건으로 하고 있는 것은 주로 해상운송의 질서를 유지하고 해상운송사업의 건전한 발전을 도모하여 공공의 복리를 증진함을 목적으로 하고 있으며 동시에 한편으로는 업자간의 경쟁으로 인하여 경영의 불합리를 방지하는 것이 공공의 복리를 위하여 필요하므로 허가조건을 제한하여 기존업자의 경영의 합리화를 보호하자는 데도 목적이 있다. 이러한 기존업자의 이익은 단순한 사실상의 이익이 아니고 법에 의하여 보호되는 이익이라고 해석된다."〈대판, 69누106〉

(2) "자동차 운수사업법 제6조 제1호에서 '당해 사업계획이 당해 노선 또는 사업구역의 수송수요와 수송력 공급에 적합할 것'을 면허의 기준으로 한 것은 주로 자동차 운수사업에 관한 질서를 확립하고 자동차운수의 종합적인 발달을 도모하여 공공복리의 증진을 목적으로 하고 있으며, 동시에, 한편으로는 업자간의 경쟁으로 인한 경영의 불합리를 미리 방지하는 것이 공공의 복리를 위하여 필요하므로 면허조건을 제한하여 기존업자의 경영의 합리화를 보호하자는 데도 그 목적이 있다할 것이다."〈대판, 73누173〉

4. 특별행정법관계

일반권력관계	특별권력관계
– 국가(지자체)와 국민의 일반적 관계 – 기본권의 보장/법치주의 적용/사법심사 보장	– 특별한 법률원인에 의하여 성립되어 일방이 타방을 포괄적으로 지배하고, 타방이 포괄적인 지배권에 복종함을 내용으로 하는 법률관계(이론적 근거: 불침투설) – 특성: 기본권의 제한, 법치주의(특히 법률유보의 원칙) 및 사법심사의 배제 – 평가: 법치행정의 예외영역 인정을 위한 御用이론
특별행정법관계	
(1) 의의 ⇨ 종래의 특별권력관계이론의 부정, 다만 특수한 행정목적의 달성에 필요한 한도에서 법률에 근거를 두고 기본권의 제한, 法治主義 및 사법심사의 완화 필요 (2) 종류 ① 공법상의 근무관계 ② 영조물 이용관계: 국공립학교, 국공립병원, 교도소 ③ 공법상의 사단관계: 건강보험조합과 조합원, 국민연금공단과 가입자 ④ 공법상의 특별감독관계: 공기업, 공무수탁사인의 감독 (3) 내부규범: 특별규칙(= 행정규칙)	

5. 사인의 공법행위

의의	공법적 효과의 발생을 목적으로 하는 사인의 행위 ⇦ 행정의 민주화 요구로 사인의 공법행위 유형 증가	
종류	의사표시 수	하나의 의사표시인 단순행위(신고, 신청) vs. 합성행위(선거)
	성질	단독행위(허가의 신청, 쟁송의 제기) vs. 쌍방행위(공법상계약, 합동행위)
	지위	능동적 지위(투표) vs. 수동적 지위(신청, 협의, 동의 등)
	구성요소	의사표시행위 vs. 관념 또는 사실의 통지행위(출생신고, 세법상의 신고)
	수리여부(효과)	수리불요(자체완성적)(투표, 신고) vs. 수리요(행위요건적) (신청, 동의, 청원, 제소, 협의)
특색	① 행정행위에 대하여: 공법적 효과의 발생은 동일하나, 공권력행사작용이 아닌 점에서 공정력 등 부인 ② 사법행위에 대하여: 행위주체, 비권력성은 동일하나 공법적 효과의 발생을 목적으로 함에 있어서 차이 – 사적자치원칙이 배제되고 법적안정성, 법률관계의 명백성의 견지에서 정형화 필요	
적용법규	① 원칙: 일반적 · 통칙적 규정 無 – 민법의 의사표시 내지 법률행위에 관한 규정의 준용여부가 문제됨[25] ② 행정절차법 제40조: "수리를 요하지 아니하는 신고"(일정사항의 통지로 의무가 끝나는 신고) – 도달시 효력 발생: 적법서류 도달시 거부권 없음(거부하더라도 처분성 부정 = 이미 효력 발생)[26] – 효력발생요건: 기재사항/구비서류/형식요건	
효과(수리요하는 경우)	① 수리의무: 형식적 요건의 심사 후 수리해야 할 의무 부담 ② 신청에 따른 대응의무: 처리기간 내에 처분 또는 거부처분의 의무,[27] 수정인가 불가[28] ③ 사인의 공법행위가 행정행위의 전제요건인 경우(즉, 행정절차의 위반), 사인의 공법행위에 흠이 있다면 그에 의거한 본처분도 무효 또는 취소	

25) **민법의 준용범위**

의사능력·행위능력 의사의 흠 및 흠 있는 의사표시	특별규정이 없는 한 준용 가능
대리	대리제도는 사적자치의 확장 및 보충을 위한 것이므로 사인의 공법행위의 경우 대리 금지가 일반적 ex) 선거(선거법 157), 사직원의 제출·철회(해석상)
요식	서면주의가 대부분, 특별규정이 없더라도 서면주의 원칙
효력발생시기	도달주의 적용
부관	사법행위와 달리 부관 금지 원칙
철회·보정	특별규정이 없는 한, 사인의 공법행위에 근거한 법적 효과의 완성 이전까지는 가능

26) 전통 민간요법인 침·뜸행위를 온라인을 통해 교육할 목적으로 인터넷 침·뜸 학습센터를 설립한 갑이 구 평생교육법 제22조 제2항 등에 따라 평생교육시설로 신고하였으나 관할 행정청이 교육 내용이 의료법에 저촉될 우려가 있다는 등의 사유로 이를 반려하는 처분을 한 사안에서, 정보통신매체를 이용하여 학습비를 받지 아니하고 원격평생교육을 실시하고자 하는 경우에는 누구든지 아무런 신고 없이 자유롭게 이를 할 수 있고, 다만 위와 같은 교육을 불특정 다수인에게 학습비를 받고 실시하는 경우에는 이를 신고하여야 하나, 법 제22조가 '학습비' 수수 외에 교육 대상이나 방법 등 다른 요건을 달리 규정하고 있지 않을 뿐 아니라 제2항에서도 학습비 금액이나 수령 등에 관하여 아무런 제한을 하고 있지 않은 점에 비추어 볼 때, 행정청으로서는 신고서 기재사항에 흠결이 없고 정해진 서류가 구비된 때에는 이를 수리하여야 하고, 이러한 형식적 요건을 모두 갖추었음에도 신고대상이 된 교육이나 학습이 공익적 기준에 적합하지 않는다는 등 실체적 사유를 들어 신고 수리를 거부할 수는 없다고 하면서 관할 행정청은 형식적 심사범위에 속하지 않는 사항을 수리거부사유로 삼았을 뿐만 아니라 처분사유도 인정되지 않는다는 이유로, 위 처분은 위법하다고 판시함(대판, 2005두11784).

27) 처리기간 도과시 거부처분(국세기, 65⑤) 또는 인용처분(주민등록 17의 3)으로 간주

28) **건축신고의 법적 성질**: 구 건축법 제9조 제1항의 건축신고에 대하여, 대법원은 "… 적법한 요건을 갖춘 신고만 하면 행정청의 수리행위 등 별다른 조치를 기다릴 필요 없이 건축을 할 수 있는 것이므로, 행정청이 위 신고를 수리한 행위가 건축주는 물론이고 제3자인 인근 토지 소유자나 주민들의 구체적인 권리 의무에 직접 변동을 초래하는 행정처분이라 할 수 없다."(대판, 98두18435)고 판시한 바 있으나, 이러한 종전의 판례는 2010.11.18. 2008두167 사건을 통하여 변경되었다.
변경된 판례에 따르면, "… 건축주 등은 신고제하에서도 건축신고가 반려될 경우 당해 건축물의 건축을 개시하면 시정명령, 이행강제금, 벌금의 대상이 되거나 당해 건축물을 사용하여 행할 행위의 허가가 거부될 우려가 있어 불안정한 지위에 놓이게 된다. 따라서 건축신고 반려행위가 이루어진 단계에서 당사자로 하여금 반려행위의 적법성을 다투어 그 법적 불안을 해소한 다음 건축행위에 나아가도록 함으로써 장차 있을지도 모르는 위험에서 미리 벗어날 수 있도록 길을 열어 주고, 위법한 건축물의 양산과 그 철거를 둘러싼 분쟁을 조기에 근본적으로 해결할 수 있게 하는 것이 법치행정의 원리에 부합한다. 그러므로 건축신고 반려행위는 항고소송의 대상이 된다고 보는 것이 옳다."고 본 것이다.
나아가, 2011.1.20. 2010두14954 판결에서는 "건축법에서 인·허가의제 제도를 둔 취지는, 인·허가의제사항과 관련하여 건축허가 또는 건축신고의 관할 행정청으로 그 창구를 단일화하고 절차를 간소화하며 비용과 시간을 절감함으로써 국민의 권익을 보호하려는 것이지, 인·허가의제사항 관련 법률에 따른 각각의 인·허가 요건에 관한 일체의 심사를 배제하려는 것으로 보기는 어렵다. 왜냐하면, 건축법과 인·허가의제사항 관련 법률은 각기 고유한 목적이 있고, 건축신고와 인·허가의제사항도 각각 별개의 제도적 취지가 있으며 그 요건 또한 달리하기 때문이다. 나아가 인·허가의제사항 관련 법률에 규정된 요건 중 상당수는 공익에 관한 것으로서 행정청의 전문적이고 종합적인 심사가 요구되는데, 만약 건축신고만으로 인·허가의제사항에 관한 일체의 요건 심사가 배제된다고 한다면, 중대한 공익상의 침해나 이해관계인의 피해를 야기하고 관련 법률에서 인·허가 제도를 통하여 사인의 행위를 사전에 감독하고자 하는 규율체계 전반을 무너뜨릴 우려가 있다. 따라서 인·허가의제 효과를 수반하는 건축신고는 일반적인 건축신고와는 달리, 특별한 사정이 없는 한 행정청이 그 실체적 요건에 관한 심사를 한 후 수리하여야 하는 이른바 '수리를 요하는 신고'로 보는 것이 옳다."고 판시한 바 있다.

V

행정작용의 제수단

Chapter V

행정작용의 제수단

	성질	개념
통치행위	초법적 행위	고도의 정치성, 판결의 곤란성, 판결의 집행불가성
특별권력행위	내부행위	조직내부행위 ⇦ 특별행정법관계
행정입법	일반 · 추상적 행위	법규명령 + 행정규칙 ⇦ 헌법 § 75, 76, 95
행정계획	일반 · 추상적 행위	행정목적 달성을 위한 여러 행정수단의 종합조정계획(목적 · 수단정책) : 수립 + 계획
행정절차	절차적 행위	본 처분의 적정성 확보 또는 상대방보호를 위한 절차(통지 + 청문) ⇦ 행정절차법
행정행위	개별 · 구체적 법적 행위	법 아래, 행정청이, 구체적 사실에 관한, 법집행, 권력적 · 단독적 공법행위
공법상계약	쌍방 · 대등행위	위임 · 위탁계약, 계약직 공무원 채용
사법행위	私法行爲	물품구매, 공사도급 등의 계약
行政私法	공법행위	사법형식의 공행정목적 수행(수출기업 대출, 추곡수매 etc.)
정보공개 · 보호	공법행위	공공기관정보공개법, 개인정보보호법
사실행위	사실행위	법적 효과(권리 · 의무의 발생 · 변경 · 소멸)가 없는 행위, 물품의 검사(관 §246)
행정조사	사전행위/사실행위	정보수집행위
행정지도	사실행위	공행정목적을 위한 유도, 알선, 권유, 조정 ⇦ 행정절차법
행정강제	의무이행확보수단/ 사실행위	행정벌(의무위반의 제재) 행정상강제집행(의무불이행에 대한 이행강제)
행정심판	準司法作用	행정심판법

V-2

일반추상적 행정작용

: 행정입법과 행정계획

Chapter V-2

일반추상적 행정작용 :행정입법과 행정계획

1. 행정입법 개관

의의	⇨ 행정기관에 의한 일반적 · 추상적 법규범의 정립작용 또는 그 결과물 – 입법권의 분담, 행정입법의 증대 – 국회입법원칙(헌§40)에 대한 예외
법적 근거	(1) 헌 §75(대통령령), 76(긴급명령, 긴급재정경제명령), 95(총리령, 부령) (2) 자치법규: 117①(조례, 규칙) ⇦ '법령의 범위 안에서'[29)] (3) 규칙: 국회규칙(64①), 대법원(108), 헌재(113②), 선관위(114⑥) ⇦ '법률에 저촉되지 아니하는 범위 안에서'
종류	법규성(대국민적 구속력)여하에 따라 法規命令과 行政規則으로 구분

2. 법규명령

의의	– 행정기관이 정립한 일반적/추상적 규율(명령)로써 행정주체와 국민에 대하여 직접 효력(구속력) 가지며, 재판규범인 법규범 – 위반의 효과: 위법	
종류	(1) 형식(권한의 소재)에 의한 구분 ① 大統領令: 긴급재정경제명령 · 긴급명령, 위임명령(구체적 위임입법 원칙)[30)], 집행명령(새로운 법규사항 추가 불가) ② 總理令 · 部令[31)] ③ 중앙선관위규칙(법령 범위 안에서 선거관리, 국민투표관리, 정당사무 규칙을 제정), 국회규칙, 헌재규칙, 대법원규칙 등 ④ 자치법규: 조례, 규칙 (2) 효력에 따른 구분: 法律從屬命令, 法律代位命令(긴급재정경제명령 · 긴급명령)[32)], 비상명령(헌법개폐적 효력, 현행법상 不在)	
	한계	통제
수권 법률	(1) 국회전속입법사항 위임 (2) 포괄위임(백지위임) (3) 수임기관 불특정 etc.	⇨ 수권법률이 수권 한계를 일탈한 것으로 이는 법률의 위헌문제 발생 – 위헌법률심사제도[33)]
위임 명령	(1) 구체적 위임입법원칙 위반 (위임의 범위, 목적, 한계) (2) 전면 재위임 불가	(1) 원칙: '위헌 · 위법명령심사제도'(헌법 제107조 제2항) – 위헌 · 위법여부가 '재판의 전제'가 된 때(구체적 규범통제방식) (2) 헌법소원에 의한 통제(예외적 수단)[34)] – 법규명령의 제정으로 구체적 집행행위 없이 직접 기본권 침해 (ex) 법무사법시행규칙) – 행정입법부작위의 경우 헌법소원 가능성 인정 (3) 항고소송에 의한 통제 – 처분적 법규명령(ex) 두밀분교조례)의 취소소송 인정 (4) 국회제출절차(국회법 §98의2)[35)]

29) **헌법 제117조** ① 지방자치단체는 주민 복리에 관한 사무를 처리하고 재산을 관리하며, 법령의 범위안에서 자치에 관한 규정을 제정할 수 있다.

지방자치법 제22조(조례) 지방자치단체는 법령의 범위 안에서 그 사무에 관하여 조례를 제정할 수 있다. 다만, 주민의 권리 제한 또는 의무 부과에 관한 사항이나 벌칙을 정할 때에는 법률의 위임이 있어야 한다.

제23조(규칙) 지방자치단체의 장은 법령이나 조례가 위임한 범위에서 그 권한에 속하는 사무에 관하여 규칙을 제정할 수 있다.

제24조(조례와 규칙의 입법한계) 시·군 및 자치구의 조례나 규칙은 시·도의 조례나 규칙을 위반하여서는 아니된다.

30) **헌법 제75조** 대통령은 법률에 구체적으로 범위를 정하여 위임받은 사항과 법률을 집행하기 위하여 필요한 사항에 관하여 대통령령을 발할 수 있다.

31) **헌법 제95조** 국무총리 또는 행정각부의 장은 소관사무에 관하여 법률이나 대통령령의 위임 또는 직권으로 총리령 또는 부령을 발할 수 있다.

32) **헌법 제76조** ① 대통령은 내우·외환·천재·지변 또는 중대한 재정·경제상의 위기에 있어서 국가의 안전보장 또는 공공의 안녕질서를 유지하기 위하여 긴급한 조치가 필요하고 국회의 집회를 기다릴 여유가 없을 때에 한하여 최소한으로 필요한 재정·경제상의 처분을 하거나 이에 관하여 법률의 효력을 가지는 명령을 발할 수 있다.

② 대통령은 국가의 안위에 관계되는 중대한 교전상태에 있어서 국가를 보위하기 위하여 긴급한 조치가 필요하고 국회의 집회가 불가능한 때에 한하여 법률의 효력을 가지는 명령을 발할 수 있다.

33) **헌재법 제47조(위헌결정의 효력)** ① 법률의 위헌결정은 법원과 그 밖의 국가기관 및 지방자치단체를 羈束한다. ⇦ 국회 비기속설(多)!!

② 위헌으로 결정된 법률 또는 법률의 조항은 그 결정이 있는 날부터 효력을 상실한다. ⇦ 소급효 인정(쟁송제기가능사건, 계속사건, 강제집행미종료사건)

③ 제2항에도 불구하고 형벌에 관한 법률 또는 법률의 조항은 소급하여 그 효력을 상실한다. 다만, 해당 법률 또는 법률의 조항에 대하여 종전에 합헌으로 결정한 사건이 있는 경우에는 그 결정이 있는 날의 다음 날로 소급하여 효력을 상실한다.

④ 제3항의 경우에 위헌으로 결정된 법률 또는 법률의 조항에 근거한 유죄의 확정판결에 대하여는 재심을 청구할 수 있다.

⑤ 제4항의 재심에 대하여는 「형사소송법」을 준용한다.

34) **헌재법 제75조(인용결정)** ① 헌법소원의 인용결정은 모든 국가기관과 지방자치단체를 기속한다.

② 제68조제1항에 따른 헌법소원을 인용할 때에는 인용결정서의 '주문'에 침해된 기본권과 침해의 원인이 된 공권력의 행사 또는 불행사를 특정하여야 한다. ↳ 기판력

③ 제2항의 경우에 헌법재판소는 기본권 침해의 원인이 된 공권력의 행사를 취소하거나 그 불행사가 위헌임을 확인할 수 있다.

④ 헌법재판소가 공권력의 불행사에 대한 헌법소원을 인용하는 결정을 한 때에는 피청구인은 결정 취지에 따라 새로운 처분을 하여야 한다.

⑤ 제2항의 경우에 헌법재판소는 공권력의 행사 또는 불행사가 위헌인 법률 또는 법률의 조항에 기인한 것이라고 인정될 때에는 인용결정에서 해당 법률 또는 법률의 조항이 위헌임을 선고할 수 있다.

⑥ 제5항의 경우 및 제68조제2항에 따른 헌법소원을 인용하는 경우에는 제45조 및 제47조를 준용한다.

⑦ 제68조제2항에 따른 헌법소원이 인용된 경우에 해당 헌법소원과 관련된 소송사건이 이미 확정된 때에는 당사자는 재심을 청구할 수 있다.

⑧ 제7항에 따른 재심에서 형사사건에 대하여는 「형사소송법」을 준용하고, 그 외의 사건에 대하여는 「민사소송법」을 준용한다.

35) **국회법 제98조의2** ① 중앙행정기관의 장은 법률에서 위임한 사항이나 법률을 집행하기 위하여 필요한 사항을 규정한 대통령령·총리령·부령·훈령·예규·고시등이 제정·개정 또는 폐지된 때에는 10일 이내에 이를 국회 소관상임위원회에 제출하여야 한다. 다만, 대통령령의 경우에는 입법예고를 하는 때(입법예고를 생략하는 경우에는 법제처장에게 심사를 요청하는 때를 말한다)에도 그 입법예고안을 10일 이내에 제출하여야 한다.

② 상임위원회는 위원회 또는 상설소위원회를 정기적으로 개회하여 그 소관중앙행정기관이 제출한 대통령령·총리령 및 부령(이하 이 조에서 "대통령령등"이라 한다)에 대하여 법률에의 위반여부등을 검토하여 당해 대통령령등이 법률의 취지 또는 내용에 합치되지 아니하다고 판단되는 경우에는 소관중앙행정기관의 장에게 그 내용을 통보할 수 있다. 이 경우 중앙행정기관의 장은 통보받은 내용에 대한 처리 계획과 그 결과를 지체 없이 소관상임위원회에 보고하여야 한다.

3. 행정규칙

<table>
<tr><td>의의</td><td colspan="2">- 非法規性 + 內部關係의 規律
- 행정규칙의 위반이 당연 위법을 구성하는 것은 아님(법원에서 볼 때 행정규칙은 법이 아님). 상위법령을 위반하였다면 위법</td></tr>
<tr><td>필요성</td><td colspan="2">- 행정조직의 거대화, 전문화에 따른 법률해석의 통일성 제고
- 법집행에 있어서의 정책적 재량판단에서의 통일성 제고</td></tr>
<tr><td rowspan="3">종류</td><td>내용에 따라</td><td>조직규칙, 근무규칙, 법률해석규칙, 재량지도규칙, 법령보충(대위)규칙(⇨ 규범구체화 행정규칙)</td></tr>
<tr><td>형식에 따라</td><td>'행정효율과 협업촉진에 관한 규정'에 따른 구분[36]
- 告示: 행정기관이 법령이 정하는 바에 따라 일정사항을 불특정다수의 일반인에게 알리는 행위[37]
- 訓令: 상급기관이 하급기관에, 상당기간에 걸쳐, 그 권한의 행사를 일반적으로 지휘 · 감독 위한 명령
- 指示: 하급기관의 문의나 신청에 개별적 · 구체적으로 발하는 명령
- 例規: 법규문서 이외의 문서로써 반복적 행정사무의 기준을 제시하는 명령
- 日日命令: 당직, 출장, 특근, 휴가 등의 일일업무에 관한 명령</td></tr>
<tr><td>특별행정법관계의 종류에 따라</td><td>근무규칙, 영조물이용규칙[38], 감독규칙, 사원규칙</td></tr>
<tr><td>통제</td><td colspan="2">- 법규성이 없는 행정규칙은 사법적 통제의 대상이 되지 아니함.
- 법규성이 있는 행정규칙은 위 법규명령의 한계와 통제의 원리 준용
- 행정규칙을 위반한 것이 곧바로 위법한 것도 아님 - 행정규칙위반행위가 상위법령을 위반한 것이라면 위법행위
- 행정규칙에 따랐다는 이유만으로 적법한 것도 아님 - 행정규칙에 따른 행위가 상위법령 위반이라면 위법행위</td></tr>
<tr><td>재량 지도 준칙</td><td colspan="2">- 총리령 · 부령(조례) 형식의 재량권 행사의 처분기준: 법규성 부인(판례)[39]
- 대통령령 형식의 처분기분은 법규성 인정[40]
- 재량지도준칙에 따른 처분이 반복되어 행정선례가 되었다면 행정의 자기구속의 법리에 따라 사실상 법규적 효력 발생</td></tr>
<tr><td>법령 보충 규칙</td><td colspan="2">⇨ 행정규칙의 형식을 취하는 법규명령
① 의의: 법령보충규칙이란 법령이 명시적으로 행정규칙(훈령, 고시 등)으로 당해 법령을 보충하는 법규사항을 정하도록 위임한 경우의 행정규칙
② 효력: 판례는 법령보충규칙에 대하여 위임법령의 위임한계를 벗어나지 아니하는 한 그들과 결합하여 대외적 구속력이 있는 법규명령의 효력을 갖는다고 판시[41]
③ 실정법적 근거: 행정규제기본법 제4조(규제법정주의) 제2항 단서[42] 기타 개별법('물가안정에 관한법률' 제2조에 근거한 주무부장관의 긴요물품 등의 최고가격고시, '독점규제및공정거래에 관한법률' 제15조에 따른 불공정거래행위지정고시)</td></tr>
</table>

4. 행정계획

<table>
<tr><td>의의</td><td colspan="2">"행정주체가 일정한 행정활동의 목표를 설정하고, 그 목표의 달성과 상호관련성이 있는 여러 행정수단의 조정 및 종합화를 위한 행정시책의 계획(plan) 또는 그 설정행위(planning)"
– 계획법규의 특징: "目標 · 手段定式" ⇦ 요건 · 효과정식
– 쟁점: 사회국가적 복리 · 급부행정의 중시 ⇒ 다면적 · 종합적 행정계획의 증가 ⇒ 이해관계인의 양적 팽창</td></tr>
<tr><td rowspan="2">쟁점</td><td>planning ⇨ 이해관계인의 이익조정 · 이익형량의 문제 야기</td><td>plan ⇨ 계획의 처분성 인정여부, 계획의 변경 or 보장?</td></tr>
<tr><td>(1) 행정계획에 대한 입법적 통제의 한계
⇒ "계획수립에 있어서 광범위한 형성의 자유"(계획재량)
– 계획재량의 통제(衡量命令原則의 적용)
(2) 절차적 참여의 문제
⇒ 의견진술의 기회제공을 통한 사전적 행정구제</td><td>(3) 행정계획으로 권익을 침해받는 국민의 법적 구제수단
⇒ 행정계획의 처분성,[43] 헌법소원의 대상성[44]
(4) 행정계획의 변경/폐지/실효 등에 대하여
⇒ 계획보장/준수청구권? ⇦ 행정계획의 가변성[45] [46]
(5) 집중효(인 · 허가 擬制)의 정도
① 집중효제도의 실익: 부서의 일원화, 절차간소화, 구비서류 감소
② 학설: 관할집중(관할만 병합, 절차 · 실체요건 각기 충족 요)/절차집중(절차 생략)/실체집중(절차 · 실체 생략)
③ 판례: 절차집중은 인정하나[47], 실체집중은 부정[48]</td></tr>
</table>

---

36) **위 규정(종전의 '사무관리규정')** 제4조(공문서의 종류) 공문서(이하 "문서"라 한다)의 종류는 다음 각 호의 구분에 따른다.
  1. 법규문서: 헌법 · 법률 · 대통령령 · 총리령 · 부령 · 조례 · 규칙(이하 "법령"이라 한다) 등에 관한 문서
  2. 지시문서: 훈령 · 지시 · 예규 · 일일명령 등 행정기관이 그 하급기관이나 소속 공무원에 대하여 일정한 사항을 지시하는 문서
  3. 공고문서: 고시 · 공고 등 행정기관이 일정한 사항을 일반에게 알리는 문서(※공고문서의 효력발생은 공고일부터 5일 경과한 날(동규정 §6③)
  4.~6. 생략

37) 고시는 그 내용에 따라 일반적/추상적 성격의 법규명령일 수도 있으나, 개별적/구체적 성질의 처분〈토지보상법 제22조 제2항의 규정에 따른 '사업인정의 고시'(고시 = 효력발생요건)〉 또는 단순한 사실행위〈국적법 제17조의 규정에 따른 국적의 취득과 상실에 관한 관보 고시(국적의 취득 or 상실의 효력은 귀화허가한 때, 상실 결정한 때 발생 ⇨ 고시는 법적 효력 발생과 무관 = 사실행위)일 수도 있다.

38) 국립대학학칙, 국립도서관규칙 등

39) "제재적 행정처분의 기준이 부령의 형식으로 규정되어 있더라도 그것은 행정청 내부의 사무처리준칙을 정한 것에 지나지 아니하여 대외적으로 국민이나 법원을 기속하는 효력이 없고, 당해 처분의 적법 여부는 위 처분기준만이 아니라 관계 법령의 규정 내용과 취지에 따라 판단되어야 하므로, 위 처분기준에 적합하다 하여 곧바로 당해 처분이 적법한 것이라고 할 수는 없지만, …"(대판, 2007두6946)

40) "처분의 기준이 … 규정형식상 대통령령이므로 그 성질이 부령인 시행규칙이나 또는 지방자치단체의 규칙과 같이 통상적으로 행정조직 내부에 있어서의 행정명령에 지나지 않는 것이 아니라 대외적으로 국민이나 법원을 구속하는 힘이 있는 법규명령에 해당한다."(대판, 97누15418)

41) 국세청장의 훈령에 대하여 법규성을 인정한 판례: "주세법 제8조 제1항, 제10조 제10호 및 같은법시행령 제14조의 규정 내용에 비추어 보면, … 주류도매면허제도개선업무지침(국세청소비 22644-1831)은 비록 행정규칙의 형식을 취하고 있지만, 국세청장이 시행령 제14조의 위임에 따라서 그 규정의 내용이 될 사항을 구체적으로 정하고 있는 것으로서 그

위임의 한계를 벗어나지 않는 한 시행령 제14조와 결합하여 대외적으로 구속력이 있는 법규명령으로서의 효력을 갖는다."(대판, 93누21668)

42) 행정규제기본법 제4조 제2항 "규제는 법률에 직접 규정하되, 규제의 세부적인 내용은 법률 또는 상위법령(上位法令)에서 구체적으로 범위를 정하여 위임한 바에 따라 대통령령·총리령·부령 또는 조례·규칙으로 정할 수 있다. 다만, 법령에서 전문적·기술적 사항이나 경미한 사항으로서 업무의 성질상 위임이 불가피한 사항에 관하여 구체적으로 범위를 정하여 위임한 경우에는 고시 등으로 정할 수 있다."

43) 판례는 도시계획법의 '도시계획결정'(개발제한구역의 지정·고시행위), 도시 및 주거환경정비법의 '사업시행계획', '관리처분계획', 국토의 계획 및 이용에 관한 법률의 '도시관리계획결정' 등의 처분성을 인정한 바 있으나, 토지구획정리사업법의 '환지계획'(환지예정지지정이나 환지처분의 근거가 될 뿐 그 자체가 직접 토지소유자 등의 법률상의 지위를 변동시키는 법률효과를 수반하는 것이 아니어서 처분에 해당한다고 할 수가 없다. 대판, 97누6889), '4대강 살리기 마스터플랜'(행정기관 내부에서 사업의 기본방향을 제시하는 계획일 뿐 국민의 권리·의무에 직접 영향을 미치는 것이 아니어서, 행정처분에 해당하지 않는다. 대판, 2010무111)의 처분성 부인

44) "비구속적 행정계획안이나 행정지침이라도 국민의 기본권에 직접 영향을 끼치고 앞으로 법령의 뒷받침에 의하여 그대로 실시될 것이 예상될 수 있을 때에는 공권력행위로서 예외적으로 헌법소원의 대상이 될 수 있다. … 건설교통부장관의 '개발제한구역제도개선방안'은 중소도시권과 대도시권에서 개발제한구역을 해제/조정하기 위한 추상적이고 일반적인 기준들만을 담고 있을 뿐, … 해당지역 주민들은 개발제한구역을 해제하는 구체적인 도시계획결정이 내려진 이후에야 비로소 법적인 영향을 받게 되므로, 이 사건 개선방안이 청구인들의 기본권에 직접적으로 영향을 끼칠 가능성이 없으므로 이 사건 개선방안의 발표는 예외적으로 헌법소원의 대상이 되는 공권력의 행사에 해당되지 아니한다."(헌재, 99헌마538)

45) '국토이용계획', '도시계획시설결정'의 용도지역 등의 변경신청에 대한 거부의 처분성 부인(장기성, 종합성이 요구되는 행정계획은 원칙적으로는 그 계획이 일단 확정된 후에 어떤 사정의 변동이 있다고 하여 그러한 사유만으로는 지역주민이나 일반 이해관계인에게 일일이 그 계획의 변경을 신청할 권리를 인정하여 줄 수는 없다(대판, 84누227; 93누22029; 95누627).

46) 다만, "장래 일정한 기간 내에 관계 법령이 규정하는 시설 등을 갖추어 일정 처분을 구하는 신청을 할 수 있는 법률상 지위에 있는 자의 국토이용계획변경신청을 거부하는 것이 실질적으로 당해 행정처분 자체를 거부하는 결과가 되는 경우에는 예외적으로 그 신청인에게 국토이용계획변경을 신청할 권리가 인정된다고 봄이 상당하므로, … 폐기물처리사업계획의 적정통보를 받은 원고가 폐기물처리업허가를 받기 위해서는 이 사건 부동산에 대한 용도지역을 '농림지역 또는 준농림지역'에서 '준도시지역(시설용지지구)'으로 변경하는 국토이용계획변경이 선행되어야 하고, 원고의 위 계획변경신청을 피고가 거부한다면 이는 실질적으로 원고에 대한 폐기물처리업허가신청을 불허하는 결과가 되므로, 원고는 위 국토이용계획변경의 입안 및 결정권자인 피고에 대하여 그 계획변경을 신청할 법규상 또는 조리상 권리를 가진다."(대판, 2001두10936)

47) "도시계획법 제12조 등에 의하면 도시계획을 결정하거나 변경함에 있어서는 건설부장관이 관계지방의회의 의견을 들은 후 중앙도시계획위원회의 의결을 거쳐야 하고, 시장 또는 군수가 도시계획을 입안하고자 하는 때에는 주민들의 의견을 청취하여야 하나, 주택건설촉진법 제33조 등에 의하면 건설부장관이 주택건설사업계획을 승인하고자 하는 경우에 … 관계기관의 장과 협의하여야 하고, 사업주체가 … 사업계획의 승인을 얻은 때에는 도시계획법 제12조에 의한 도시계획의 결정 … 등을 받은 것으로 보는 바, 위 각 규정의 내용과 촉진법의 목적 및 기본원칙에 비추어 보면 건설부장관이 촉진법 제33조에 따라 관계기관의 장과의 협의를 거쳐 사업계획승인을 한 이상, … 그 절차와 별도로 도시계획법 제12조 등 소정의 중앙도시계획위원회의 의결이나 주민의 의견청취 등 절차를 거칠 필요는 없는 것이다."(대판, 92누1162)

48) "구 광업법 제47조의2 제5호에 의하여 채광계획인가를 받으면 공유수면 점용허가를 받은 것으로 의제되고, 이 공유수면 점용허가는 공유수면 관리청이 공공 위해의 예방 경감과 공공복리의 증진에 기여함에 적당하다고 인정하는 경우에 그 자유재량에 의하여 허가의 여부를 결정하여야 할 것이므로, 공유수면 점용허가를 필요로 하는 채광계획 인가신청에 대하여도, 공유수면 관리청이 재량적 판단에 의하여 공유수면 점용을 허가 여부를 결정할 수 있고, 그 결과 공유수면 점용을 허용하지 않기로 결정하였다면, 채광계획 인가관청은 이를 사유로 하여 채광계획을 인가하지 아니할 수 있는 것이다."(대판, 2001두151)

V-3

행정행위

1. 행정행위의 의의와 효력
2. 행정행위의 내용에 따른 분류
3. 기속행위와 재량행위
4. 불확정개념과 판단여지
5. 행정행위의 부관
6. 행정행위의 하자

Chapter V-3

행정행위

1. 행정행위의 의의와 효력

<table>
<tr><td>의의</td><td colspan="2">⇨ "행정청이 법 아래서 구체적 사실에 대한 법집행으로서 행하는 권력적 · 단독적 공법행위"(강학상 최협의 개념)
– 쟁송법상 '처분'과[49] 유사: 처분 = 행정행위 + '이에 준하는 행정작용'
– '이에 준하는 행정작용': 처분은 아니지만 처분성이 인정되는 작용
ex) 도시계획결정, 처분적 명령, 계속적 · 권력적 사실행위, 공시지가결정 etc.</td></tr>
<tr><td>특성</td><td>⇨ 다른 행정작용, 특히 사법행위와의 차이
– 법률적합성/특수효력의 인정/구제수단의 특수성(국가배상, 손실보상, 행정쟁송)</td><td rowspan="2">※ 前述: '행정법 관계의 특질'</td></tr>
<tr><td>효력</td><td>(1) 내용상 구속력(羈束力: 행정행위의 내용에 따라 상대방과 행정청을 구속하는 효력)
(2) 公定力: 구성요건적 효력)
(3) 확정력: 불가쟁력 + 불가변력
(4) 강제력: 自力執行力(행정강제) + 제재력(행정벌)</td></tr>
</table>

2. 행정행위의 내용에 따른 분류

<table>
<tr><td rowspan="10">법률행위적 행정행위</td><td rowspan="3">명령적 행위</td><td>下命</td><td colspan="3">作爲 · 不作爲 · 給付 · 受忍의 의무를 명령</td><td>조세부과, 재해시설설치</td></tr>
<tr><td>許可</td><td colspan="3">부작위의무(금지)의 상대적 해제 ⇨ 자연적 자유의 회복</td><td>영업허가, 운전면허</td></tr>
<tr><td>免除</td><td colspan="3">부작위의무 이외의 의무의 상대적 해제</td><td>생계곤란자 면세</td></tr>
<tr><td rowspan="7">형성적 행위</td><td colspan="2" rowspan="5">직접 상대방을 위한 행위</td><td rowspan="3">설권행위(광의 특허)</td><td>권리의 설정(狹義 特許)</td><td>자동차운수사업면허, 토지수용권, 광업권, 통행료징수권</td></tr>
<tr><td>능력의 설정</td><td>공법인 설립행위</td></tr>
<tr><td>포괄적 법률 관계 설정</td><td>귀화의 허가, 공무원 임용</td></tr>
<tr><td>변권행위</td><td colspan="2">권리 등의 변경</td></tr>
<tr><td>박권행위</td><td colspan="2">권리 등의 박탈</td></tr>
<tr><td colspan="2" rowspan="2">他者를 위한 행위</td><td>認可</td><td>법률행위의 보충</td><td>사립대학 정관 인가, 토지거래허가, 특허기업의 운임/요금 인가</td></tr>
<tr><td>代理</td><td colspan="2"></td></tr>
<tr><td rowspan="4">준법률행위적 행정행위</td><td>確認</td><td colspan="4">사실 또는 법률관계에 다툼이 있는 경우 공적 권위로서 확인</td><td>裁決, 査定, 수입물품안전성검사(관 §246의3)</td></tr>
<tr><td>公證</td><td colspan="4">사실 또는 법률관계의 存否에 대한 공적 증명[50] [51] [52]</td><td>登記, 登錄, 발급(교부)[53] 등</td></tr>
<tr><td>通知</td><td colspan="5">– 특정사실을 특정인 또는 불특정다수인에게 알리는 행위로서 법적 효과를 수반하는 행위[54]
ex) 납세 독촉, 대집행의 계고, 사업인정의 고시, 농지처분의무의 통지 등
– 관념, 희망, 의견의 표명은 사실행위에 불과[55] ⇦ 'fact'에 대한 선의/악의 판단 근거 가능 etc.
– 이미 성립한 처분의 효력발생요건으로서의 교부, 송달 역시 그 자체로는 독립된 처분이 아님</td></tr>
<tr><td>受理</td><td colspan="4">원서, 신고서, 심판청구서의 접수(형식적 요건 심사)</td><td>혼인신고 수리: 혼인의 법적 효과 발생
심판청구서 수리: 심리/재결 의무</td></tr>
</table>

49) 행정소송법 제2조 ① 이 법에서 사용하는 용어의 정의는 다음과 같다.

1. "처분 등"이라 함은 행정청이 행하는 구체적 사실에 관한 법집행으로서의 공권력의 행사 또는 그 거부와 그 밖에 이에 준하는 행정작용(이하 "처분"이라 한다. 행정심판법 제2조 제1호) 및 행정심판에 대한 재결을 말한다.
2. "부작위"라 함은 행정청이 당사자의 신청에 대하여 상당한 기간 내에 일정한 처분을 하여야 할 법률상 의무가 있음에도 불구하고 이를 하지 아니하는 것을 말한다.

50) 종래 각종 공부의 등재행위는 행정사무집행의 편의와 사실증명의 자료로 삼기 위한 것일 뿐 그 등재행위로 인하여 새로이 어떠한 권리가 부여되거나 변동/상실되는 효력이 발생하는 것은 아니므로 이는 독립한 행정처분으로 볼 수 없고 … 등재사항의 말소/변경을 구하는 소는 부적법한 것으로 판시한 바 있음(대판, 91누1400(자동차운전면허대장); 인감증명무효확인부적법(인감증명은 구체적 사실을 증명하는 것일 뿐 새로운 권리의 변동 효력을 발생하는 것은 아님(대판, 2000두2136); 지적도/임야도/건축물대장/토지대장 등도 권리변동 없음을 이유로 처분성 부인)

51) 지금은 대법원은 판례를 변경하여 지적공부상 지목변경신청 반려행위, 건축물대장작성신청 반려행위, 건축물대장직권말소행위, 자동자운전면허대장 정정거부 등의 처분성을 인정하고 있다("건축법은 건축물 소유자에게 건축물대장의 용도변경신청권을 부여한 것이고, 한편 건축물의 용도는 토지의 지목에 대응하는 것으로서 건물의 이용에 대한 공법상의 규제, 건축법상의 시정명령, 지방세 등의 과세대상 등 공법상 법률관계에 영향을 미치고, 건물소유자는 용도를 토대로 건물의 사용·수익·처분에 일정한 영향을 받게 된다. 이처럼 건축물대장의 용도는 건축물의 소유권을 제대로 행사하기 위한 전제요건으로서 건축물 소유자의 실체적 권리관계에 밀접하게 관련되어 있으므로, 건축물대장 소관청의 용도변경신청 거부행위는 국민의 권리관계에 영향을 미치는 것으로서 항고소송의 대상이 되는 행정처분에 해당한다(대판, 2007두7277).

52) 다만, 무허가건물관리대장에서의 삭제, 위장사업자명의의 실사업자명의로의 직권변경, 폐업자의 직권말소는 여전히 처분성을 부인하고 있다("무허가건물관리대장은 … 무허가건물 정비에 관한 행정상 사무처리의 편의와 사실증명의 자료로 삼기 위하여 작성, 비치하는 대장으로서 무허가건물을 무허가건물관리대장에 등재하거나 등재된 내용을 변경 또는 삭제하는 행위로 인하여 당해 무허가 건물에 대한 실체상의 권리관계에 변동을 가져오는 것이 아니고, … 관할관청이 무허가건물의 무허가건물관리대장 등재 요건에 관한 오류를 바로잡으면서 당해 무허가건물을 무허가건물관리대장에서 삭제하는 행위는 다른 특별한 사정이 없는 한 항고소송의 대상이 되는 행정처분이 아니다. … 무허가관리대장 등재 여부에 따라 무허가건물 소유자에 대한 이주대책을 달리 정하고 있기는 하나, 당해 무허가건물이 기준일 이전부터 협의계약체결일 또는 수용재결일까지 무허가건물관리대장에 등재되어 있기만 하면 등재 무허가건물 소유자로서 분양아파트 입주권을 부여받을 수 있고, 그 이후에도 계속하여 무허가건물관리대장에 등재되어 있을 것을 요구하고 있지 아니하므로, … 그 이후 무허가건물관리대장에서 삭제되었다고 하여 위 이주대책에서 정한 원고의 법률상 지위에 어떠한 영향을 미친다고 볼 수 없다."(대판, 2008두115256)

53) '건설산업기본법'에 따른 건설업등록증이나 건설업등록수첩의 발급(대판, 93누21231)

54) 기간제임용교원에 대한 재임용 거부취지의 임용기간만료의 통지는 재임용여부에 관하여 합리적인 기준에 의한 공정한 심사를 요구할 법규상 또는 조리상 신청권을 가진 교원의 법적 지위에에 영향을 주는 것으로서 처분에 해당한다(대판, 2000두7735).

55) 토지세목 공고, 귀화 고시, 급수공사비 납부통지(납부시 공사하겠다는 취지), 당연퇴직의 통보, 국세징수법에 따른 환급금거부결정의 동지 등

3. 기속행위와 재량행위

<table>
<tr><td>기속
행위</td><td colspan="5">- 법규가 정한 행정청에게 처분의 결정 또는 선택에 어떠한 자유도 인정하지 아니한 행위</td></tr>
<tr><td rowspan="6">재량
행위</td><td>의의</td><td colspan="4">⇨ 법규가 정한 行爲要件이 충족된 경우, 행위의 여부(決定裁量) 또는 다수의 행위 가운데 어느 것을 선택할 수 있는 여지(選擇裁量)를 인정하고 있는 경우의 행정행위
- 위법의 문제를 발생하지 아니하기 때문에 사법심사의 대상이 되지 아니함</td></tr>
<tr><td>한계</td><td colspan="4">⇨ 재량권의 일탈/남용의 법리 - 사법심사의 대상
(1) 일반적 한계
① 외적 한계: 법의 허용범위 초월 - 재량의 逸脫
② 내적 한계: 재량권 행사의 내용적 한계(법의 목적 및 헌법원칙 등의 준수의무)
- 재량의 濫用
ⅰ) 사실오인 ⅱ) 목적위반 및 動機의 부정
ⅲ) 평등원칙/비례원칙 등 헌법/행정법의 일반원칙 위반
(2) 절차적 한계: 절차 위반
(3) 기간상의 한계: '상당한 기간' 내 처리의무 - 재량권의 불행사/해태는 위법 구성</td></tr>
<tr><td rowspan="4">裁量과
公權</td><td></td><td>행정행위발급청구권</td><td>무하자재량행사청구권</td></tr>
<tr><td>의의</td><td>⇨ '재량의 0으로의 수축'이 있는 경우에 인정되는 실체적 청구권</td><td>⇨ 재량의 일탈·남용 등 재량하자가 있는 경우에 인정되는 '形式的 公權'</td></tr>
<tr><td>근거</td><td>재량권의 0으로의 수축</td><td>재량의 한계 위반</td></tr>
<tr><td>요건</td><td>1. 현저한 위험발생가능성
2. 위험제거가능성
3. 개인적 제거노력의 무용성</td><td>1. 재량의 일탈·남용
2. 처분절차의 위반
3. 불행사 또는 해태</td></tr>
</table>

4. 불확정개념과 판단여지

<table>
<tr><td>불확정
개념</td><td colspan="2">⇨ 일의적으로 확정하기 어려운 抽象的·多義的인 개념 - 구체적 사안에 따른 개별적 판단을 요구
ex) '당분간', '공익상 필요한 때', '정당한 보상', '공적이 뚜렷한 자', '치안상 危害' 등
- 불확정개념의 소재위치: 법령규정 가운데 '요건규정'에 존재(cf) 재량은 '효과규정'에 존재)</td></tr>
<tr><td rowspan="4">판단
여지</td><td>성격</td><td>⇨ 불확정개념의 해석은 그 개념이 갖는 법적 내용의 파악을 의미하므로 법률문제로써 사법심사의 대상
- 재량은 사실문제로써 원칙적으로 사법심사의 대상이 아니라는 점에서 차이</td></tr>
<tr><td>판단
여지설</td><td>⇨ 불확정개념의 해석·판단에 있어서의 사법부의 한계 ⇦ 행정청의 전문성·기술성으로 보완
- 행정청의 판단을 법원이 존중(O. Bachof), 행정청의 판단이 사법부의 판단을 대체(C. H. Ule)</td></tr>
<tr><td>인정범위
(독일)</td><td>① 학문적·전문적 평가(비대체적 결정): 시험성적의 평가, 공무원의 근무평정, 학생의 진급결정 등
② 구속적 가치평가: 전문가 합의체 기관의 결정
③ 법원의 판단 불가능: 행정정책 또는 장래예측적 사항에 대한 결정</td></tr>
<tr><td>한계와
통제</td><td>⇦ 재량통제이론과 사실상 동일(법원은 재량과 판단여지를 구별하지 아니한 채 모두 재량으로 이해)
ⅰ)절차규정의 위반 ⅱ)사실오인 ⅲ)일반적 평가기준의 무시
ⅳ)자의적 판단 ⅴ) 헌법원칙 위반</td></tr>
</table>

5. 행정행위의 부관

<table>
<tr><td>의의</td><td colspan="3">"행정행위의 ⓐ 효과의 제한, ⓑ 특별한 의무의 부과, ⓒ 요건의 보충을 위하여 주된 행위에 붙여진 從된 規律</td></tr>
<tr><td rowspan="4">종류</td><td>조건</td><td>⇨ 처분의 효력의 발생 or 소멸의 제한을 '장래발생 불확실 사실'에 맡기는 부관
– 정지조건(효력발생조건)과 해제조건(효력소멸조건)</td><td rowspan="2">ⓐ 효과 제한</td></tr>
<tr><td>기한</td><td>⇨ 처분의 효력의 발생 or 소멸의 제한을 '장래발생 확실한 사실'에 맡기는 부관
– 시기(효력발생기한)와 종기(효력소멸기한)</td></tr>
<tr><td>부담</td><td>⇨ 처분의 효력제한과는 무관하게 특별한 의무의 부과</td><td>ⓑ 특별 의무 부과</td></tr>
<tr><td>철회권의 유보 등</td><td>⇨ 처분당시 요건 불비 또는 사후통제를 위하여 철회권의 유보, 사후변경의 유보
cf) 유보된 철회사유 발생한 경우라도 '취소 · 철회제한의 법리'에 의한 제한</td><td>ⓒ 요건 보충</td></tr>
<tr><td>가능성과 기능</td><td colspan="3">① 가능성: 재량행위/법률행위적 행정행위에 한하여 부관 가능(종래의 입장)
② 기능: 순기능(행정의 유연성 확보: 허여와 거부 사이에서 타협적 해결 – 附款附處分), 역기능(남용 우려)</td></tr>
<tr><td>한계</td><td colspan="3">부당결부금지의 원칙</td></tr>
<tr><td>부담의 독자성</td><td colspan="3">부담의 독립취소 및 독립쟁송가능성</td></tr>
</table>

6. 행정행위의 하자

<table>
<tr><td rowspan="5">(1) 缺效: 효력이 없는 상태</td><td rowspan="4">(2) 消滅 : 유효하게 존재하던 행정행위의 효력 상실</td><td rowspan="3">(4) 廢止: 유효하던 행정행위의 효력을 소멸시키는 별개의 행정행위</td><td rowspan="2">(6) 取消: 원시적 하자에 의한 폐지</td><td>(8) 職權取消</td></tr>
<tr><td>(9) 爭訟取消</td></tr>
<tr><td colspan="2">(7) 撤回: 후발적 하자에 의한 폐지</td></tr>
<tr><td colspan="3">(5) 失效: 별개의 행정행위를 요하는 것이 아니라 객관적 사실이 발생(부관의 성취, 목적달성, 목적달성불능 등)함으로써 소멸하는 경우.</td></tr>
<tr><td colspan="4">(3) 無效/不存在: 행정행위 자체가 존재하지 아니하거나, 존재하여도 처음부터 효력이 없음.</td></tr>
</table>

(1) 행정행위의 적법/유효요건 ⇦ 흠결시 행정행위의 하자(흠)

<table>
<tr><td>내부적 성립요건 (적법요건)</td><td>⇨ 주체/내용/형식/절차의 면에서 법정요건에 적합하고(적법)[56)] [57] 또한 公益에 적합하게(타당) 행정기관 내부에서 결정되어야 함.
① 주체: ⓐ '정당한 권한'을 가진 자가 ⓑ '권한 내의 사항'에 대하여 ⓒ '정상적인 의사'를 가지고 행할 것
② 내용: 행정행위의 내용이 ⓐ 법률상/사실상 실현가능하고, ⓑ 관계인 인식할 수 있도록 명확하고, ⓒ 법과 공익에 적합할 것
③ 형식: 요식행위, 서명/날인 등의 형식을 요구하는 경우. 특히 理由附記, 不服告知 등이 문제
④ 절차: 사전통지, 청문 등 행정행위에 관하여 일정한 절차가 요구되는 경우</td></tr>
<tr><td>외부적 성립요건 (유효요건)</td><td>⇨ 외부에 표시(公表)/도달주의[58)]</td></tr>
</table>

⑵ 行政行爲의 無效와 取消의 區別

<table>
<tr><td>의의</td><td colspan="2">⇨ 無效인 행정행위: 외관상으로는 행정행위로써 존재하지만 그 흠이 중대하고 명백하여 권한 있는 기관의 취소를 요하지 아니하고 처음부터 당연히 그 법률적 효과를 전혀 발생하지 아니하는 행위
⇨ 取消할 수 있는 행정행위: 성립에 흠이 있음에도 불구하고 권한 있는 기관의 취소가 있을 때까지는 유효한 행정행위로써 그 효력을 지속하는 행정행위</td></tr>
<tr><td>구별기준</td><td colspan="2">중대 · 명백설(통설/판례)[59]: 정도의 중대성 and 외관의 명확성</td></tr>
<tr><td rowspan="5">구별실익
(쟁송법상)</td><td></td><td>이유</td></tr>
<tr><td>1. 행정소송의 방식</td><td>취소소송 vs. 무효등확인소송</td></tr>
<tr><td>2. 행정쟁송의 제기요건</td><td>제소기간/전치주의 등 적용여부</td></tr>
<tr><td>3. 사정재결(판결)</td><td>무효인 행정 행위의 경우에는 사정재결(판결)이 인정되지 아니함</td></tr>
<tr><td>4. 선결문제[60]</td><td>민/형사사건에서 처분의 위법 등 여부가 본안사건의 전제가 된 경우, 본안사건의 관할법원은 무효인 처분에 대해서는 스스로 처분의 효력을 부인하는 판단을 할 수 있으나,[61] 취소할 수 있는 처분은 구성요건적 효력으로 인하여 그 '위법성의 확인'은 가능하나 '효력의 否認(처분 취소)'은 불가[62]</td></tr>
</table>

⑶ 쟁송취소(행정소송 및 행정심판에 의한 취소) vs. 직권취소

쟁점	쟁송취소	직권취소
1. 취소대상	부담적 행위	수익적 행위
2. 취소사유	추상적 위법성	위법사유가 구체적 행정목적에 반하는지의 여부
3. 취소권의 제한	사정재결(판결)	취소권 제한의 법리(공사익의 이익형량)
4. 제기기간	심판(안 날 90일, 있은 날 180일) 소송(안 날 90일, 있은 날 1년)	제한 없음
5. 취소의 효력	원칙적 소급효	원칙적 장래효
6. 취소의 절차	법정의 절차	없음
7. 적극적 변경여부	불가(심판의 경우 가능)	구체적 행정목적의 달성을 위하여 가능

⑷ 취소권의 제한

<table>
<tr><td>쟁송
취소</td><td>사정재결(판결) ⇨ 처분의 취소가 "현저히 공공복리에 적합하지 아니한" 결과를 초래하는 때(행소법 제28조), "공공복리에 크게 위배된다고 인정하면"(행심법 제44조)</td></tr>
<tr><td rowspan="2">직권
취소</td><td>授益的 處分의 職權取消制限의 法理</td></tr>
<tr><td>1. 원칙
– 수익적 행정행위의 흠을 이유로 이를 職權取消하는 경우(公益의 確保), 당해 행위를 기초로 하는 법률질서의 안정성 · 기득권을 침해하게 되는 바(私益의 侵害), 수익적 처분의 직권취소는 상대방의 신뢰보호의 견지에서 이러한 공사익의 이익형량에 따라 공익이 우선시되는 경우에 한하여 취소
2. 취소가 제한되는 경우
⑴ 행정행위를 이용하고 있는 경우: '보호가치 있는 처리'가 있었던 경우: 금전급부의 경우 이미 소비하였거나, 건축허가에 있어서 건축의 개시가 있었던 때 원칙적으로 '존속보호' 인정 · 공익이 우선시되어 취소하는 경우에도 '보상보호'의 의무
⑵ 경제적 효과의 형량: 취소로 인한 경제적 손실이 심각한 때[63]
⑶ 불가변력이 있는 행정행위: 불가변력이 발생하는 확인적 성격의 행위는 직권취소의 대상이 아님
⑷ 포괄적 신분설정행위: 국적부여행위, 공무원임용행위 등은 취소가 제한된다는 견해가 있음.
⑸ 私人의 법률적 행위의 효과를 완성시켜 주는 행위: 인가 등 사법상 법률행위의 효력발생요건인 행위는 그 자체의 흠을 이유로 취소하는 경우 사적 거래의 안전과 법률생활의 안정성을 해하게 됨.
⑹ 失權의 法理: 취소사유가 있음에도 장기간 취소권을 행사하지 않음으로써 상대방이 이제는 그 권한을 행사하지 않을 것이라는 믿음에 따라 일정한 행위를 한 경우
⑺ 복효적 행정행위; 제3자의 이익 또는 불이익의 고려를 위하여
3. 취소가 허용되는 경우
⑴ 위험방지: 최우선적 취소사유
⑵ 수익자의 책임: 수익자의 사기 · 강박 · 贈賂에 의한 행위이거나, 수익자가 처분의 위법성을 인식하고 있었거나 중대한 과실로 이를 알지 못했던 경우</td></tr>
</table>

(5) 행정행위의 철회

行政行爲의 撤回	⇨ 적법유효한 행정행위를 사후에 공익상 그 효력을 존속시킬 수 없는 새로운 사정이 발생하였음을 이유로(후발적 사유) 장래에 대하여 그 효력을 소멸시키는 독립된 행정행위(= 폐지) – 수익적 처분의 취소 · 철회제한의 법리 적용	
취소와 철회의 異同		
쟁점	철회	취소
기관	처분청(원처분과 동일한 처분을 소극적으로 행하는 것에 해당)	처분청, 행심위, 수소법원
효과	장래효(후발적 사유)	원칙적 소급효, 예외적 소급효
원인	후발적 사유	원시적 흠

(6) 흠의 치유와 전환

인정 여부	(1) 긍정설: 흠 있는 행정행위에 대하여, 공사익의 구체적 이익형량에 따라 흠의 치유 또는 전환을 인정할 경우, ⓐ 상대방의 신뢰보호, ⓑ 법적 안정성 확보, ⓒ 행정행위의 무용한 반복 회피(행정경제) 등을 도모할 수 있게 됨 (2) 부정설: 법치주의의 관점에서 흠의 치유 또는 전환에 부정적 견해 有(실체적 한계)
치유	(1) 의의: 행정행위의 성립 당시 흠이 ⓐ 사후에 보완되었거나, ⓑ 흠이 경미하거나 기타 사유로 취소할 필요성이 없는 경우 등 처분의 효력을 유지하는 것 (2) 근거와 문제점 – 신뢰보호, 법적안정성, 행정경제의 관점에서 실익이 인정되나, – "結果의 妥當性"만을 중시할 경우 "行政過程의 適正"이라는 측면이 경시될 수 있음. 특히 '理由附記의 事後追完'에서 문제됨. (3) 치유대상: 요건의 사후보완 – ⓐ 신청서의 사후제출 내지 보완, ⓑ 無權代理行爲의 추인, ⓒ 불특정목적물의 시부특정,[64)] ⓓ 허가 · 등록요건의 사후충족, ⓔ 사전절차의 사후이행, ⓕ 요식행위의 형식보완 ⓖ 협력기관의 추인 등 – 경미한 흠 등: ex) 청문서 도달기간 위반의 흠에도 청문회 참석하여 충분한 방어기회 가진 경우 (4) 한계 ① 시간적 한계: 쟁송제기 이전 ② 실체적 한계: 절차적 하자가 아닌 실체법상의 하자, 즉 처분의 내용상 하자는 치유불가 (ex) 사업계획변경인가처분의 내용에 흠)
전환	(1) 의의: 무효인 행정행위이나 다른 종류의 행정행위로 본다면 그 요건을 모두 구비한 경우, 행정청의 의도에 반하지 아니하는 한 그 다른 행위로서의 효력이 승인되는[65)] (2) 요건: ⓐ 두 행정행위가 처분청 · 요건 · 효과에 있어서 실질적으로 공통성이 있고, ⓑ 전환되는 행위로서의 성립 · 발효요건을 충족하고, ⓒ 전환이 원처분청의 의도에 반하는 것이 아니며, ⓓ 당사자 및 제3자에게 원처분 보다 새로운 불이익을 주는 것이 아닐 것 (3) 효과: 전환된 행위는 종전 행정행위시로 소급하여 효력 발생

(7) 흠의 승계

쟁점	⇨ 연속된 행위에 있어서, 不可爭力(제소기간의 도과)이 발생한 先行行爲의 흠을 後行行爲의 단계에서 다툴 수 있는가?
전통적 견해	⇨ 선 · 후행행위가 '하나'의 효과의 발생을 목적으로 하는 연속적 처분인 경우인 승계 인정 (1) 인정사례: ㉠ 墳墓改葬命令과 후행계고처분, ㉡ 귀속재산의 임대처분과 후행매각처분, ㉢ 限地의사시험의 자격인정과 限地의사면허처분, ㉣ 안경사국가시험합격무효처분과 안경사면허취소처분 (2) 부인사례: ㉠ 과세처분과 체납처분, ㉡ 직위해제처분과 직권면직처분, ㉢ 도시계획결정과 수용재결, ㉣ 액화석유가스판매사업허가처분과 사업개시신고반려처분
구속력(규준력) 이론	⇨ 흠의 승계라는 관점 대신, 불가쟁력이 발생한 선행행위의 구속력이 후행행위에 어느 한계까지 미치는가의 문제로 이해 (1) 拘束力의 의의 – 구속력을 판결의 기판력에 준하는 것으로 보아, 행정행위에 불가쟁력이 발생한 경우 그 내용과 모순 · 저촉되는 주장이 금지되는 구속력이 발생하며, 그러한 구속력의 범위에서는 후행행위 단계에서 선행행위의 효과와 다른 주장을 할 수 없다고 봄. (2) 구속력의 한계 – 불가쟁력을 바탕으로 하는 행정의 실효성, 법적 안정성의 확보(구속력 인정)는 그로 인하여 불이익을 입게 되는 자에게 예측가능성, 수인가능성이 있는 경우에 한하여 인정 ⇨ 예측가능성, 수인가능성 등이 없는 경우라면 구속력 불발생, 따라서 후행행위 단계에서 다툴 수 있는 것으로 이해[66) 67)]

56) 행정청이 수익적 처분에 상대방과의 협약에 따라 부가한 부담이 처분시 법령에 적법한 것이었다면, 이후 처분의 근거법령이 개정됨으로써 더 이상 부관을 붙일 수 없게 되었더라도, 곧바로 그 협약이 위법 또는 효력이 소멸하는 것은 아님(대판, 2005다65500)

57) 법령위반에 대한 과징금 부과기준이 위반행위시에 비하여 엄격하게 개정된 경우, 적용법령에 관한 특별한 규정이 없다면, 처분시가 아닌 위반행위시의 법령에 따른 기준을 적용하여야 할 것이다(소급적용금지의 원칙. 대판, 2001두3228).

58) 공고의 효력발생에 대하여 '행정절차법' 제15조 제3항은 공고일부터 14일이, '행정효율과 협업촉진에 관한 규정' 제6조 제3항은 공고일부터 5일이 각각 경과한 때 효력이 발생하는 것을 원칙으로 규정하고 있다.

59) (1) 법률관계나 사실관계에 대하여 특정 법률의 규정을 적용할 수 없다는 법리가 명백히 밝혀지지 아니하여 해석에 다툼의 여지가 있는 경우 행정청이 이를 잘못 해석하여 행정처분을 하였다면, 이는 그 하자가 명백하다고 할 수는 없다(대판, 2005다31828).
(2) 공립유치원 교사의 신규채용·전보·직위해제·의원면직의 권한을 교육감으로부터 위임을 받은 교육장이 그 위임사항에 없는 직권면직의 권한을 행사한 경우, 그 직권면직처분은 권한없는 자의 처분으로서 하자가 중대하다고 할 것이나, 객관적으로 명백하다고는 할 수 없어 당연무효는 아니라고 할 것이다(대판, 2005두11937).

60) 특정사건의 재판에서 본안을 판단하기에 앞서 선결되어야 하는 특정 처분의 효력/존재/위법여부의 문제(ex) 국가배상사건에서 처분의 위법성문제, 부당이득반환청구사건에서 처분의 효력부인문제)

61) "처분 등의 효력유무 또는 존재여부가 민사소송의 선결문제로 되어 당해 민사소송의 수소법원이 이를 심리·판단하는 경우 …"(행소법 제11조)

62) 시설유지관리명령이 하자가 있어 무효라면 〈당연무효의 판단은 민/형사법원이 가능〉, 그 위반을 이유로 행정형벌을 부과할 수 없다(대판, 2011도11109); 시정명령을 위반하였다는 이유로 처벌하기 위해서는 시정명령이 적법하여야 하고, 시정명령이 위법하다고 인정되는 한 〈처분의 위법성 확인은 민/형사법원이 가능〉 위반죄는 성립하지 않는다(대판, 2006도824; 同 국가배상사건(공무원의 직무상 불법행위로 인한 손해)에서 처분의 위법성문제); but 연령미달의 결격자가 운전면허시험에 합격하여 교부받은 운전면허는 당연무효가 아니고 취소사유에 해당함에 불과하여 취소되지 않는 한 유효하므로 〈처분의 효력부인, 즉 취소는 취소권자만 가능〉 피고인의 운전행위는 무면허운전으로 처벌할 수 없다〈대판, 80도2646; 同 부당이득반환청구사건(법률상 원인 없는 이득)에서 처분의 효력부인문제〉.

63) 위법한 開墾許可이나 여러 사람의 생계가 달려 있는 경우, 위법한 수용절차로 취득한 토지에 댐공사가 진행된 경우

64) 철거대상이 특정되지 아니한 계고처분에 이어 대집행영장에서 특정된 경우

65) 전환을 인정한 판례: '사망자에 대한 불하처분을 그 상속인에 대한 처분으로 전환'(대판 1968.1.21 68누190); '재결신청인이 사망한 경우 토지수용위원회의 재결의 효력을 상속인에 대한 것으로 전환'(서울고법, 1971.9.14 68구539)

66) 직위해제처분과 직권면직처분간의 흠의 승계를 부인한 판결에 대하여, 직위해제를 당한 자는 다시 직위를 부여받게 될 것을 기대하며 자중하는 상태임이 보통이므로, 현실적으로 직위해제처분을 다툴 수 있는 기대가능성이 없다고 비판하는 견해가 있다(박규하, "행정행위의 흠의 승계", 고시연구(1997.9)).

67) "… 선행처분과 후행처분이 서로 독립하여 별개의 효과를 목적으로 하는 경우에도 선행처분의 불가쟁력이나 구속력이 그로 인하여 불이익을 입게되는 자에게 수인한도(受忍限度)를 넘는 가혹함을 가져오며, 그 결과가 당사자에게 예측가능한 것이 아닌 경우에는 국민의 재판 받을 권리를 보장하고 있는 헌법의 이념에 비추어 선행처분의 후행처분에 대한 구속력은 인정될 수 없다고 봄이 타당할 것이다. … 개별공시지가의 결정은 이를 기초로 한 과세처분과는 별개의 독립된 처분으로서 서로 독립하여 별개의 법률효과를 목적으로 하는 것이나, 개별공시지가는 이를 토지소유자나 이해관계인에게 개별적으로 고지하도록 되어 있는 것이 아니어서 토지소유자 등이 개별공시지가의 결정내용을 알고 있었다고 전제하기도 곤란할 뿐만 아니라 … 토지소유자 등으로 하여금 결정된 개별공시지가를 기초로 하여 장차 과세처분 등이 이루어질 것에 대비하여 항상 토지의 가격을 주시하고 개별공시지가의 결정이 잘못된 경우 정해진 시정절차를 통하여 이를 시정하도록 요구하는 것은 부당하게 높은 주의의무를 지우는 것이라고 아니할 수 없고, 위법한 개별공시지가의 결정에 대하여 그 정해진 시정절차를 통하여 시정하도록 요구하지 아니하였다는 이유로 위법한 개별공시지가를 기초로 한 과세처분 등 후행행정처분에서 개별공시지가결정의 위법을 주장할 수 없도록 하는 것은 수인한도를 넘는 불이익을 강요하는 것으로서 국민의 재산권과 재판 받을 권리를 보장한 헌법의 이념에도 부합하는 것이 아니라고 할 것이다. …"(대판 1994.1.25 93누8542)

V-4 비권력행위

1. 공법상계약
2. 행정상 사실행위
3. 행정지도

Chapter V-4 비권력행위

권력작용		일방적 명령, 강제작용	행정입법, 구속적 행정계획, 행정행위, 행정강제, 권력적 사실행위 etc.
비권력작용	관리작용	공물.공기업의 설치 및 관리작용	법적행위: 공법상계약, 공법상합동행위, 사법상계약, 형식적 행정행위 사실행위: 비구속적 행정계획, 행정지도 etc.
	국고작용	영리활동작용	

1. 공법상계약

의의	'공법적 효과'의 발생을 목적으로 하는 복수당사자간의 반대방향의 의사의 합치에 의하여 성립하는 공법행위 – 공법적 효과의 발생을 목적으로 한다는 점에서 공법적 규율이 요구됨
유용성	(1) 장점: ⓐ 개별적 · 구체적 사정에 따른 탄력적 행정목적의 수행, ⓑ 사실관계 또는 법률관계가 불명확한 경우 그 해결을 용이하게 하여 행정경제에 이바지, ⓒ 사후분쟁의 소지를 억제 등 (2) 단점: ⓐ 公行政의 상업화 우려, ⓑ 계약의 평등원칙(당사자의 不對等性)을 침해할 우려
종류	(1) 주체에 따른 구분 ① 행정주체상호간의 공법상계약: 공공단체상호간의 사무위탁, 지자체상호간의 公物의 관리 또는 경비부담에 관한 협의 등 ② 행정주체와 사인간의 공법상계약, 토지보상법상의 협의, 임의적 공용부담 · 기부채납, 지원에 의한 군입대, 사인에 대한 행정사무 위탁,[68]국공립대학 입학, 국공영 수도 · 전기 · 가스공급계약, 납세보증계약,[69]지자체와 민간기업의 환경관리협약 등 ③ 사인상호간의 공법상계약: 토지보상법상 私人인 기업자와 토지소유자의 협의[70] (2) 성질에 따른 구분: 대등계약 vs 종속계약
특수성	(1) 실체법적 특수성 ① 법률유보원칙의 적용여부: 원칙적으로 법률유보원칙이 적용되어야 할 것이나, 공법상계약에 관한 일반규정이 존재하지 않으며, 개별법의 규정도 빈약한 바, 이러한 흠결에 있어서 민법이 유추적용된다고 할 것임 ② 성립상의 특성: 문서형식, 계약체결의 강제[71] ③ 이행상의 특성: 계약해제의 금지(계속적 급부제공의무), 계약내용의 일방적 변경(사정변경을 이유로 하는 공급조건의 변경 내지 계약해지), 계약불이행에 대한 행정강제(명문규정 필요) 등 (2) 쟁송법상 특수성: 분쟁해결방식 – 공법상의 당사자소송[72]

2. 행정상 사실행위

의의	i) 법적 효과의 발생이 아니라 직접적으로 일정한 사실상의 결과의 발생을 목적으로 하는 행정주체의 행위 ii) 사실행위의 결과 간접적으로 법적 효과가 발생하는 경우는 있음[73]
종류	① 권력적 사실행위 vs. 비권력적 사실행위: 공권력의 행사(실력행사)의 수반여부 ex) 대집행의 실행, 전염병환자의 강제격리, 원조강제 등 vs. 공법상의 금전출납, 폐기물수거, 행정지도 등 ② 집행적 사실행위[74] vs. 독립적 사실행위: 행정행위 등 법적 행위를 집행하기 위한 것인가의 여부 ③ 정신적 사실행위 vs. 물리적 사실행위: 의사작용을 요소로 하는가의 여부 ex) 행정지도, 법적 효과 없는 고지 · 통지 · 보고, 表彰 등 vs. 행정강제, 공공시설의 설치 등 ④ 공법적 사실행위 vs. 사법적 사실행위: 규율법규의 차이 ⇒ 권리구제방법의 상이(국가배상법 vs. 민법) ⑤ 내부적 사실행위 vs. 외부적 사실행위: 문서 · 금전처리, 행정결정을 위한 준비행위 vs. 외부적 행위
법적 근거와 한계	① 조직법적 근거: 정당한 권한 범위 ② 작용법적 근거: 법률유보 범위에 관한 학설에 따라 달라질 것이나, 적어도 권력적 사실행위에 대해서는 법적 근거 필요 ③ 한계: 법률우위의 원칙 및 행정법의 일반원칙에 의한 제한

68) 지원군입대, 별정우체국의 지정에 대해서는 이를 쌍방적 행정행위로 보는 견해가 유력하다.

69) 국세기본법 제2조 12호의 보증인(납세자의 국세 · 가산금 또는 체납처분비의 납부를 보증한 자)이 되는 계약

70) 협의에 대하여 토지수용위원회의 확인을 받으면 위원회의 재결로 보며(토지보상법 제29조④), 그 결과 기업자는 목적인 권리를 원시취득하고 소유자는 일정한 요건하에 '환매권'을 행사할 수 있게 된다.

71) 이와 관련하여 상대방의 신청에 대하여 행정청이 정당한 사유 없이 승낙을 거부한 경우 과거에는 계약이 성립하지 않은 것으로 보았으나, 오늘날에는 신청일에 계약이 성립한 것으로 보는 견해가 유력함

72) "… 관련법령에 따르면 전문직공무원인 공중보건의사의 채용계약해지의 의사표시는 일반공무원에 대한 징계처분과는 달라서 … 일정한 사유가 있을 때에 관할 도지사가 채용계약관계의 한쪽 당사자로서 대등한 지위에서 행하는 의사표시로 취급하고 있는 것으로 이해되므로, 공중보건의사 채용계약해지의 의사표시에 대하여는 공법상의 당사자소송으로 그 의사표시의 무효확인을 청구할 수 있는 것이지, … 그 취소를 구하는 항고소송을 제기할 수는 없다."(대판 1996.5.31 95누10617)

73) ex) 행정지도(사실행위)를 그르쳐서 손해배상의무라는 법적 효과의 발생

74) 경찰관의 무기사용, 대집행의 실행 등 주로 권력적 사실행위인 경우가 대부분생

3. 행정지도

<table>
<tr><td>의의</td><td colspan="2">– "행정기관이 일정한 행정목적의 실현을 위하여 특정한 행정객체에게 행하는 願望의 表示(권고, 요망, 지도, 통첩 등)로써의 비강제적 사실행위" ⇨ 법적 성질: 非權力的 事實行爲
cf) "행정기관이 그 소관사무의 범위 안에서 일정한 행정목적을 실현하기 위하여 특정인에게 일정한 행위를 하거나 하지 아니하도록 지도 · 권고 · 조언 등을 하는 행정작용"(행정절차법 제2조 제3호)</td></tr>
<tr><td rowspan="2">장단점</td><td>기능</td><td>문제점</td></tr>
<tr><td>① 법령시행의 원활화기능[75] 및 보완적 기능
② 권력성의 완화 및 행정절차적 기능
③ 이해조정과 통합기능
④ 신규시책의 실험적 기능
⑤ 임시응급대책기능</td><td>① 法治主義의 空洞化[76]
② 법령적용의 회피
③ 기준 및 행정책임의 불명확성
④ 행정구제기회 미흡[77]</td></tr>
<tr><td>종류</td><td colspan="2">① 법적 근거의 유무에 따른 구분: 法定행정지도[78] vs. 法定外행정지도
② 기능에 따른 구분: 規制的(물가지도)/調停的(노사분쟁 조정, 수출량 조정)/助成的(장학지도, 기술지도) 행정지도
③ 상대방에 따른 구분: 私人(개인, 사법인 등) vs. 公法人(지자체 기타 공공단체)/특정인 vs. 불특정인[79]</td></tr>
<tr><td>실효성 확보</td><td colspan="2">⇨ 행정지도는 상대방의 자발적 협력을 전제로 하나, 행정지도 역시 공익의 실현 및 일정한 질서의 형성을 목적으로 하는 행정작용의 일종인 바, 그 의사의 실효성 확보수단이 필요함
〈실효성 확보방안〉
① 행정기관 의사의 존중의식의 제고 및 여론 조성
② 억제적 조치: 불응시 억제적 조치 취할 것의 사전 공표(ex) 세무조사, 공공시설의 이용제한, 인 · 허가의 유보 등[80]
③ 장려적 조치: 행정지도에 순응하는 상대방에 대한 경제적 · 기술적 지원 및 기타의 편의 제공</td></tr>
<tr><td>한계</td><td colspan="2">(1) 행정지도의 법적 근거의 要否
① 조직법적 근거: 조직법적 근거는 모든 행정작용에서 요구됨.
② 작용법적 근거: 행정지도에 대한 순응여부는 相對方의 自由意思임으로 작용법적 근거를 요하지 아니한다고 봄(통설)
(2) 행정지도의 법적 한계
① 법규상의 한계(법률우위의 원칙): 법률에 위반되는 행정지도의 금지
– 소관사무(조직규범)의 범위 내에서, 행정지도의 기준 · 절차 · 형식에 관한 법령(규제규범)에 따라야 할 것
⇨ 위법행위를 하도록 한 행정지도에 따라 상대방이 그 위법행위를 한 경우 면책되는가? – 복종의 임의성을 이유로 면책되지 아니한다고 보는 견해가 일반적. 다만 위법성의 인식에 대하여 기대가능성이 없는 때에는 면책 가능
② 조리상의 한계
ⅰ) 행정목적달성에 필요한 최소한도에 그쳐야 할 것이며(비례의 원칙)
ⅱ) 결과적으로 상대방을 강제하거나 부당한 불이익을 주지 아니하여야 하며(부당결부금지의 원칙)
ⅲ) 합리적 이유 없는 한 행정지도 따르지 아니하였다는 이유로 특정인에게만 불이익을 주어서는 아니되며(평등의 원칙)
ⅳ) 행정지도를 신뢰한 자에 대한 보호가 요구된다(신뢰보호의 원칙).
(3) 행정지도에 대한 행정절차법의 규제
① 행정지도의 원칙(§48)
ⅰ) 행정지도는 그 목적달성에 필요한 최소한도에 그쳐야 하며, 상대방의 의사에 반하여 부당하게 강요하여서는 아니되며,
ⅱ) 상대방이 행정지도에 따르지 아니하였다는 것을 이유로 불이익한 조치를 하여서는 아니된다.
② 행정지도의 방식(§49)
– 행정지도를 하는 자는 그 상대방에게 당해 행정지도의 취지 · 내용 및 신분을 밝혀야 하며, 행정지도가 구술로 이루어지는 경우 상대방이 서면의 교부를 요구하는 때에는 직무수행에 특별한 지장이 없는 한 이를 교부하여야 한다.
③ 의견제출 및 비용부담
–행정지도의 상대방은 당해 행정지도의 방식 · 내용 등에 관하여 행정기관에 의견 제출을 할 수 있으며(§50), 행정절차에 소요되는 비용은 원칙적으로 행정청이 부담한다(§52).</td></tr>
</table>

구제	(1) 행정쟁송: 행정지도의 처분성 부인 – 쟁송제기 불가[81] (2) 국가배상: 공무원의 위법 · 유책의 행정지도로 인하여 손해를 입은 경우 청구 가능[82] (3) 손실보상: 행정지도에 따른 손실의 보상에 대해서는 성문법규의 결여로 일반적 보상을 기대하기 어렵다고 봄

행정법NOTE

75) 법령의 원활한 시행을 위한 표준례(표준약관)의 설정, 법령 운용방침의 설정, 법령규정의 구체화(인허가 기준의 작성) 등을 통하여 법령시행의 원활화기능 발휘

76) 법령시행의 원활화 및 법령보완적 기능은 다른 한편 행정권이 입법권을 갈음하는 등 법치주의 훼손 우려

77) 행정지도는 '비권력적 사실행위'로 처분성 결여(항고소송불가), 공권력성 결여(헌법소원불가)가 특징이며, 국배소송의 고의·과실요건 입증도 곤란

78) ⓐ 漁業指導(수산진흥법 제3조①: "정부는 어민의 생활개선과 어업기술의 향상, 조업의 안전 등을 위하여 필요한 조치를 하여야 한다"), ⓑ 生活指導(생활보호법 제22조: "① 보호기관은 피보호자에 대하여 보호의 목적달성에 필요한 지도 또는 지시를 할 수 있다. ② 제①항의 규정에 의한 지도 또는 지시는 피보호자의 자유를 존중하여 필요한 최소한도에 그쳐야 하며, 보호기관은 피보호자의 의사에 반하는 지도 또는 지시를 강행하여서는 아니된다.")

79) 법률에 대한 행정기관의 통일적 해석을 지침·요강 등의 명칭하에 예규·고시의 형식으로 공표되는 경우 – '법률에 의한 행정'이 아니라 '행정지도에 의한 행정'의 우려

80) 억제적 조치와 관련하여, 행정지도와 직접적 관련이 없는 억제조치는 탈법적인 것으로 권한남용이나 부당결부금지의 원칙에 반한다는 지적

81) "행정권내부에 있어서의 행위라던가 알선, 권유, 사실상의 통지등 과 같이 상대방 또는 기타 관계자들의 법률상 지위에 직접적으로 법률적 변동을 일으키지 않는 행위 등은 항고소송의 대상이 될 수 없다고 …"(대판 1967.6.27 67누44)

82) 행정지도가 강제성을 띠지 않은 비권력적 작용으로서 행정지도의 한계를 일탈하지 아니하였다면 그로 인하여 상대방에게 어떤 손해가 발생하였다 하더라도 이에 대하여 손해배상책임을 부담해야 할 것은 아니다(대판, 2006다18228).

V-5 행정절차

1. 행정절차 개관
2. 행절절차법의 주요내용

Chapter V-5

행정절차

1. 행정절차 개관

행정절차제도 개관		
의의	광의	행정활동에 부수하는 모든 절차(사전적 행정절차 + 집행절차 + 불복절차 등) vs. 입법절차 vs. 사법절차
	협의	무릇 행정작용의 사전절차
필요성	사전적 권익구제/국민의 행정참여(행정의 민주화)/행정 능률화(사후분쟁 감소)/행정 적정화(정보수집, 자의적 판단 최소화)	
연혁	1. 영미법계 (1) Common Law: '자연적 정의(Natural Justice)'[83]에 근거하는 'Due Process of Law'의 원칙 (2) 미국연방헌법: 연방수정헌법 제5조(연방에서의 적법절차, 1791), 동 14조(주에서의 적법절차, 1868) (3) 법률: "Tribunals and Inquires Act"(영국, 1958) Administrative Procedure Act(APA)(미국, 1946) 2. 대륙법계: 행정작용에 대한 사후심사 중시하여 사전적 행정절차는 경시, 독일 1977년에 행정절차법 제정 3. 우리나라 (1) 헌법 제12조① 후단[84]: 직접적으로는 형사사법권 발동에 관한 조항이나 행정절차도 유추적용되는 것으로 봄[85] (2) 행정절차법(1998년 1월 1일 발효)	
기본요소	Notice & Hearing/기록열람/이유부기/행정처분기준의 설정 · 공표	
절차하자 효과	〈문제〉 절차상 흠이 있으나 실체법상으로는 적법한 경우 절차적 흠을 이유로 취소되더라도 그것이 羈束行爲라면 처분청은 결국 동일한 처분을 반복할 수밖에 없는 바, 이는 불필요한 반복이 아닌가? ⇦ 절차적 흠의 독자적 취소사유 인정여부	
	1. 부정설: 실체법상 적법한 것인 때에는 절차의 무용한 반복, 소송경제에 반하므로 흠의 사후보완 등의 방법으로 해결 2. 긍정설: ⓐ 법치행정은 실체법은 물론 절차법의 적법까지 요구하며, ⓑ 반드시 동일 처분이 반복되는 것은 아니며, ⓒ 절차적 규제의 담보수단을 부인하는 결과가 되며, ⓓ 행정소송법은 "신청에 따른 처분이 절차의 위법을 이유로 취소되는 경우"(제30조③) 적법절차에 따른 처분을 하도록 규정하고 있음 ⇦ 판례 同旨[86]	

83) '자연적 정의': ⓐ No one should be a judge in his own cause, ⓑ Hear both sides to a dispute.

84) "누구든지 … 법률과 적법한 절차에 의하지 아니하고는 처벌 · 보안처분 또는 강제노역을 받지 아니한다."

85) "… 헌법 제12조 제③항 본문은 동조 제①항과 함께 適法節次原理의 일반조항에 해당하는 것으로서, 형사절차상의 영역에 한정되지 않고 입법, 행정 등 국가의 모든 공권력의 작용에는 절차상의 적법성뿐만 아니라 법률의 구체적 내용도 합리성과 정당성을 갖춘 실체적 적법성이 있어야 한다는 적법절차의 원칙을 헌법의 기본원리로 명시하고 있는 것 …"(헌재, 92헌가8)

86) 단, 법령 근거 없이 훈령(행정규칙)만에 의한 청문절차의 위반에 대해서는 위법사유로 보지 아니한 판례 有

2. 행절절차법의 주요내용

행정절차법 요약		
총칙	정의(행정청, 처분, 행정지도, 청문 etc.), 적용범위[87], 신의성실 및 신뢰보호, 투명성, 도달주의(전자송달: 입력시)	
처분절차	통칙	1. 처분의 신청(§17): 문서주의(전자입력시 신청간주) – 구비서류 · 접수기관 · 처리기간 등 게시, 접수의 보류 · 거부 · 반려 금지, 서류 보완, 신청의 보완 · 취하(처분전까지) 등. 2. 처리기간의 설정 · 공표(§19): 처분의 종류별로, 처리기간 연장(부득이, 1회 限) 3. 처분기준의 설정/공표(§20): 처분 성질에 따라 구체적으로, 처분기준에 대한 해석/설명 요청 가능 4. 처분의 근거/이유제시(§23)[88] 5. 처분의 방식(§24): 문서주의(신속/경미사안 구술 가능), 전자문서는 당사자 동의 6. 처분의 정정(§25): 誤記·誤算 기타 이에 준하는 명백한 잘못 있는 때 직권/신청으로 지체없이 정정후 통지 7. 告知事項: ⓐ 불복가능여부, ⓑ 청구절차 및 ⓒ 청구기간 기타 필요한 사항(§26, 행심법§42) – 誤告知/不告知의 효과: ⓐ 법정기간보다 긴 기간으로 알린 경우 그 기간, ⓑ 불고지: 처분 안 경우도 180일(행심법§18⑤,⑥)
	불이익 처분	1. 행정처분의 사전통지(§21)[89] 2. 의견청취(§22): 청문/공청회/의견제출 3. 청취의견 반영: 제출의견, 청문/공청회 의견이 상당한 이유 있는 때 처분시 반영 의무(§27의2; §35의2; §39의2)
신고절차 (§40)	적용범위	법령 등에서 행정청에 일정한 사항을 통지함으로써 의무가 끝나는 신고(수리를 요하지 아니하는 신고)
	도달주의	1. 적법신고서 도달시 의무 이행간주 ⇦ 도달시 효력발생 2. 적법요건: 기재사항 흠 없을 것/필요구비서류 첨부/법령 등에 규정된 형식상의 요건 적합 3. 보완: 부적법시 상당기간 보완 요구, 불응시 반려
행정입법 예고절차	대상	– 법령 등을 제정 · 개정 또는 폐지하려는 경우[90], 해당 입법안을 마련한 행정청(§41)
	방법 (§42)	1. 공고: 입법안의 취지, 주요내용 또는 전문을 관보 · 공보나 인터넷 · 신문 · 방송 등으로 2. 관련기관 통지, 의견수렴 등: 입법안 관련기관에 대한 예고사항의 통지(대통령령은 국회 제출), 전자공청회 등
	예고기간	40일(자치법규 20일)
	의견제출	누구든지 의견 제출가능/입법안 예고시 의견제출방법 공고/제출의견존중/처리결과 통지/공청회 개최가능
행정예고 절차	원칙	1. 대상: 〈국민생활에 매우 큰 영향 주는 사항/많은 국민의 이해 상충되는 사항/많은 국민에게 불편 · 부담 주는 사항/널리 국민 의견 수렴할 필요 있는 사항〉에 대한 정책, 제도 및 계획을 수립 · 시행/변경하려는 경우 2. 예외: 예고로 인하여 공공의 안전/복리 현저히 해칠 우려 있거나 예고하기 곤란한 특별한 사유가 있는 경우 3. 예고기간: 예고 내용의 성격 등을 고려하여 정하되, 특별한 사정이 없으면 20일 이상
	준용	행정상입법예고의 방법, 의견제출 및 처리, 공청회/전자공청회에 관한 규정 준용
행정지도	前述	

87) 행정절차법의 적용범위(제3조) 다음 사항 적용 예외
1. 국회/지방의회 의결 거치거나 동의/승인 받아 행하는 사항
2. 법원/군사법원의 재판에 의하거나 그 집행으로 행하는 사항
3. 헌법재판소의 심판을 거쳐 행하는 사항
4. 각급 선거관리위원회의 의결을 거쳐 행하는 사항
5. 감사원이 감사위원회의의 결정을 거쳐 행하는 사항
6. 형사, 行刑 및 보안처분 관계 법령에 따라 행하는 사항
7. 국가안전보장·국방·외교 또는 통일에 관한 사항 중 행정절차를 거칠 경우 국가의 중대한 이익을 현저히 해칠 우려가 있는 사항
8. 심사청구, 해양안전심판, 조세심판, 특허심판, 행정심판, 그 밖의 불복절차에 따른 사항
9. 병역법에 따른 징집·소집/외국인의 출입국·난민인정·귀화/공무원 인사관계 법령에 따른 징계와 처분/법령에 따른 알선·조정·중재·재정 또는 처분 등 해당 행정작용의 성질상 행정절차를 거치기 곤란하거나 거칠 필요가 없다고 인정되는 사항과 행정절차에 준하는 절차를 거친 사항으로서 대통령령으로 정하는 사항.

88) 처분이유제시의 예외: 1. 신청 내용 모두 그대로 인정하는 처분, 2. 단순·반복적인 처분 또는 경미한 처분으로 당사자가 그 이유를 명백히 알 수 있는 경우, 3. 긴급히 처분을 할 필요가 있는 경우

89) 통지사항(§21①)(1. 처분제목. 2. 당사자 성명(명칭)과 주소. 3. 처분원인사실, 처분내용 및 법적 근거. 4. 제3호에 의견제출할 수 있다는 뜻과 의견제출하지 아니하는 경우의 처리방법. 5. 의견제출기관의 명칭과 주소. 6. 의견제출기한 etc.)과 예외(§21④)(1. 공공의 안전/복리 위하여 긴급처분 필요한 경우, 2. 법령 등에서 요구된 자격 없거나 없어지면 반드시 일정한 처분하여야 하는 경우 그 자격 없거나 없어진 사실이 법원의 재판 등에 의하여 증명된 때, 3. 처분의 성질상 의견청취가 현저히 곤란, 명백히 불필요하다고 인정될 만한 상당한 이유가 있는 경우)

90) 행정입법예고의 예외(§41① 단서): 1. 신속한 권리보호/예측곤란한 특별한 사정 등 입법이 긴급한 경우, 2. 상위법령 등의 단순한 집행, 3. 국민의 권리·의무 또는 일상생활과 무관, 4. 단순한 표현·자구 변경 등 성질상 예고의 필요가 없거나 곤란, 5. 예고함이 공공의 안전/복리를 현저히 해칠 우려가 있는 경우

V-6

행정정보의 공개와 개인정보의 보호

1. 공공기관의 정보공개에 관한 법률
2. 개인정보보호법

Chapter V-6

행정정보의 공개와 개인정보의 보호

	헌법적 근거	실정법
정보의 공개	§21 표현의 자유, 알권리, 민주주의 초석	공공기관의 정보공개에 관한 법률
정보의 보호	§17 사생활의 비밀과 자유	개인정보보호법

1. 공공기관의 정보공개에 관한 법률

정의	1. 정보: 공공기관이 직무상 작성/취득하여 관리하고 있는 문서(전자문서 포함)·도면·사진·필름·테이프·슬라이드 등에 기록된 사항 2. 공개: 공공기관이 정보를 열람하게 하거나 그 사본·복제물을 제공하는 것 또는 정보통신망을 통하여 정보를 제공하는 것 3. 공공기관: 국가기관/지방자치단체/공공기관/대통령령으로 정하는 기관 4. 적용예외: 국가안전보장에 관한 정보 및 보안업무 관장기관에서 국가안전보장에 관한 정보의 분석을 위하여 수집/작성 정보
청구권자	모든 국민
비공개 대상(§9)	1. 다른 법률 또는 명령에 따라 비밀이나 비공개사항으로 규정된 정보 2. 국가안전보장·국방·통일·외교관계 등에 관한 사항으로서 국가의 중대한 이익을 현저히 해칠 우려가 있다고 인정되는 정보 3. 국민의 생명·신체 및 재산의 보호에 현저한 지장을 초래할 우려가 있다고 인정되는 정보 4. 진행 중인 재판에 관련된 정보와 범죄의 예방, 수사, 공소의 제기/유지, 형의 집행, 矯正, 보안처분에 관한 사항으로서 그 직무수행을 현저히 곤란하게 하거나 형사피고인의 공정한 재판을 받을 권리를 침해한다고 인정할 만한 상당한 이유가 있는 정보 5. 감사·감독·검사·시험·규제·입찰계약·기술개발·인사관리에 관한 사항이나 의사결정 과정 또는 내부검토 과정에 있는 사항 등으로서 업무의 공정한 수행이나 연구·개발에 현저한 지장을 초래한다고 인정할 만한 상당한 이유가 있는 정보(다만, 의사결정과정 또는 내부검토과정을 이유로 비공개할 경우 그 과정이 종료되면 청구인에게 이를 통지) 6. 정보에 포함되어 있는 성명·주민번호 등 개인사항으로서 사생활의 비밀/자유를 침해할 우려가 있다고 인정되는 정보[91)] 7. 법인등의 경영상·영업상 비밀에 관한 사항으로서 법인등의 정당한 이익을 현저히 해칠 우려가 있다고 인정되는 정보[92)] 8. 부동산 투기, 매점매석 등으로 특정인에게 이익 또는 불이익을 줄 우려가 있다고 인정되는 정보
청구절차	청구 ⇨ 공개여부의 결정(정보공개심의회, 10일, 10일 연장 가능) ⇨ 공개결정의 통지(공개일시, 장소) ↳ 제3자 통지 → 비공개요청(3일 이내) ↳ 부분공개결정 ↳ 비공개결정의 통지(불복방법, 절차)
불복	이의신청(정보공개심의회) ⇨ 행정심판 ⇨ 행정소송 - 이의신청의 기간: 비공개(부분공개)결정의 통지일 또는 청구후 공개여부결정 없이 20일 경과한 날로부터 30일 - 이의신청에 대한 결정: 7일 이내(7일 연장 가능) - 비공개요청(제3자)에도 공개결정한 경우의 이의신청: 7일(비공개요청의 경우, 공개결정일과 공개실시일 사이 최소한 30일 간격)

91) 단, 법령에서 정하는 바에 따라 열람할 수 있는 정보, 공공기관이 공표를 목적으로 작성/취득한 정보로서 사생활의 비밀/자유를 부당하게 침해하지 아니하는 정보, 공공기관이 작성하거나 취득한 정보로서 공개하는 것이 공익이나 개인의 권리구제를 위하여 필요하다고 인정되는 정보, 직무를 수행한 공무원의 성명·직위, 공개하는 것이 공익을 위하여 필요한 경우로서 법령에 따라 국가/지자체가 업무의 일부를 위탁/위촉한 개인의 성명·직업은 제외한다.

92) 단, 사업활동에 의하여 발생하는 危害로부터 사람의 생명·신체/건강을 보호하기 위하여 공개할 필요가 있는 정보, 위법·부당한 사업활동으로부터 국민의 재산/생활을 보호하기 위하여 공개할 필요가 있는 정보는 제외한다.

2. 개인정보보호법

<table>
<tr><td>정의</td><td colspan="2">1. 개인정보: 살아 있는 개인에 관한 정보로서 성명, 주민등록번호 및 영상 등을 통하여 개인을 알아볼 수 있는 정보(다른 정보와 쉽게 결합하여 알아볼 수 있는 것 포함) ⇦ 死者에 관한 정보 배제
2. 처리: 개인정보의 수집, 생성, 연계, 연동, 기록, 저장, 보유, 가공, 편집, 검색, 출력, 訂正, 복구, 이용, 제공, 공개, 破棄, 그 밖에 이와 유사한 행위
3. 개인정보 파일: 개인정보를 쉽게 검색할 수 있도록 일정한 규칙에 따라 체계적으로 배열하거나 구성한 개인정보의 集合物
4. 공공기관: 공공기관정보공개법의 공공기관과 동일</td></tr>
<tr><td>원칙</td><td colspan="2">목적에 필요한 최소한의 수집/목적외 이용금지/정확성 · 완전성 · 최신성 보장/안전관리/사생활침해 최소화/가능한 익명처리</td></tr>
<tr><td rowspan="6">정보주체의 권리</td><td>정보수집 동의
(§15)</td><td>정보의 수집, 범위, 이용에 대한 정보주체의 동의[93]</td></tr>
<tr><td>정보열람청구
(§35)</td><td>- 자신의 개인정보에 대한 열람 요구
- 열람제한/거절사유[94]</td></tr>
<tr><td>목적외 이용금지
(§17, 18)</td><td>(1) 제3자 제공: 정보주체의 동의가 있거나 수집목적 범위에서 제공하는 경우
(2) 목적외 이용: 수입목적 외 이용/제3자 제공의 금지
- 예외: 정보주체의 동의, 범죄수사, 재판, 형의 집행, 법률의 규정 등[95]</td></tr>
<tr><td>정정 등 청구
(§36)</td><td>개인정보의 정정/삭제 요구 ⇨ 요구사항 확인 ⇨ 필요한 조치 후 결과 통지 ⇨ 삭제시 복구/재생 불가조치 └, 법령상 수집대상인 경우 삭제요구 불가</td></tr>
<tr><td>처리정지의 청구
(§37)</td><td>개인정보 처리의 정지청구 ⇨ 지체없이 정지 ⇨ 파기 등 필요한 조치
└, 처리정지의 거절(사유[96]/불복방법 통지)</td></tr>
<tr><td>손해배상청구
(§39)</td><td>(1) 입증책임의 전환: 개인정보처리자가 고의/과실 없음을 입증
(2) 징벌적 손해배상: 고의 또는 중과실의 경우 손해액의 3배 범위에서
(3) 법정손해배상: 300만원 이하의 상당한 금액을 청구</td></tr>
<tr><td>개인정보의 처리</td><td colspan="2">1. 개인정보의 수집 ⇨ 최소한 수집, 수집출처의 고지 ⇨ 개인정보의 파기(보유기간 경과, 목적 달성 등)(§15~22)
└, 목적 외 이용/제3자 제공의 제한
2. 처리제한: 별도의 동의 또는 법령이 허용하는 경우가 아닌 한 민감정보[97], 고유식별정보, 주민등록번호의 처리 제한
3. 영상정보처리기기의 설치/운영의 제한: 법령 허용, 범죄예방/수사, 시설안전/화재예방, 교통단속, 교통정보의 수집 등 가능
4. 영업양도/업무위탁의 경우 개인정보의 처리 제한</td></tr>
<tr><td>개인정보의 관리</td><td colspan="2">1. 개인정보보호 책임자의 지정
2. 개인정보파일의 등록(행자부장관)/공개 → 개인정보보호 인증(행자부장관, 개인정보처리의 합법성, 인증유효 3년)
3. 개인정보 영향평가: 공공기관의 장 → 평가결과의 제출(행자부장관)
4. 개인정보 유출통지
5. 과징금: 개인정보 처리자가 처리하는 주민번호가 분실 · 도난 · 유출 · 위조 · 변조 또는 훼손된 경우 5억원 이하의 과징금(행자부장관)</td></tr>
<tr><td>분쟁해결</td><td colspan="2">1. 개인정보 분쟁 조정위원회: 60일 이내, 재판상 화해, 집단분쟁조정(다수의 정보주체에게 동일/유사의 분쟁)
2. 개인정보단체소송
(1) 요건: 개인정보 처리자가 집단분쟁조정을 거부하거나 조정결과를 수락하지 아니하는 때
(2) 청구적격: 소비자기본법 제29조에 따라 공정거래위원회에 등록한 소비자단체/비영리민간단체지원법 제2조에 따른 비영리민간단체로서 일정요건을 구비한 단체
(3) 절차: 소송허가의 신청 ⇦ 허가/불허가에 대한 즉시항고 가능
(4) 확정판결의 효력: 청구 기각의 판결이 확정된 경우 동일사안에 관하여는 다른 단체는 단체소송 제기 불가. 다만, 1. 판결이 확정된 후 그 사안과 관련하여 국가 · 지방자치단체 또는 국가 · 지방자치단체가 설립한 기관에 의하여 새로운 증거가 나타난 경우, 2. 기각판결이 원고의 고의로 인한 것임이 밝혀진 경우는 예외</td></tr>
</table>

93) 정보주체의 동의가 없더라도 수집/이용할 수 있는 경우(§15①): 1. 법률에 특별규정이 있거나 법령상 의무를 준수하기 위하여 불가피한 경우, 2. 공공기관이 법령 등에서 정하는 소관 업무의 수행을 위하여 불가피한 경우, 3. 정보주체와의 계약의 체결/이행을 위하여 불가피하게 필요한 경우, 4. 정보주체/그 법정대리인이 의사표시를 할 수 없는 상태에 있거나 주소불명 등으로 사전 동의를 받을 수 없는 경우로서 명백히 정보주체/제3자의 급박한 생명, 신체, 재산의 이익을 위하여 필요하다고 인정되는 경우, 5. 개인정보 처리자의 정당한 이익을 달성하기 위하여 필요한 경우로서 명백하게 정보주체의 권리보다 우선하는 경우(개인정보 처리자의 정당한 이익과 상당한 관련이 있고 합리적 범위를 초과하지 아니하는 경우에 한함)

94) 열람의 제한/거절사유(§35④): 1. 법률에 따라 열람이 금지/제한되는 경우, 2. 다른 사람의 생명·신체를 해할 우려/다른 사람의 재산, 이익을 부당하게 침해할 우려가 있는 경우, 3. 공공기관이 다음 하나에 해당하는 업무를 수행할 때 중대한 지장을 초래하는 경우(가. 조세의 부과·징수/환급에 관한 업무, 나. 교육기관에서의 성적 평가/입학자 선발에 관한 업무, 다. 학력·기능 및 채용에 관한 시험, 자격 심사에 관한 업무, 라. 보상금·급부금 산정 등에 대하여 진행 중인 평가/판단에 관한 업무, 마. 다른 법률에 따라 진행 중인 감사/조사에 관한 업무)

95) 목적외 이용 및 제3자제공사유((§18②): 1. 정보주체로부터 별도의 동의를 받은 경우, 2. 다른 법률에 특별한 규정이 있는 경우, 3. 정보주체/그 법정대리인이 의사표시를 할 수 없는 상태에 있거나 주소불명 등으로 사전 동의를 받을 수 없는 경우로서 명백히 정보주체/제3자의 급박한 생명, 신체, 재산의 이익을 위하여 필요하다고 인정되는 경우, 4. 통계작성 및 학술연구 등의 목적을 위하여 필요한 경우로서 특정 개인을 알아볼 수 없는 형태로 개인정보를 제공하는 경우, 5. 개인정보를 목적 외의 용도로 이용하거나 이를 제3자에게 제공하지 아니하면 다른 법률에서 정하는 소관 업무를 수행할 수 없는 경우로서 보호위원회의 심의·의결을 거친 경우, 6. 조약, 그 밖의 국제협정의 이행을 위하여 외국정부 또는 국제기구에 제공하기 위하여 필요한 경우, 7. 범죄의 수사와 공소의 제기 및 유지를 위하여 필요한 경우, 8. 법원의 재판업무 수행을 위하여 필요한 경우, 9. 刑 및 감호, 보호처분의 집행을 위하여 필요한 경우(제5호 내지 제9호는 공공기관에 한정)

96) 처리정지거절사유(§37② 단서): 1. 법률에 특별규정이 있거나 법령상 의무를 준수하기 위하여 불가피한 경우, 2. 다른 사람의 생명·신체를 해할 우려가 있거나 다른 사람의 재산과 그 밖의 이익을 부당하게 침해할 우려가 있는 경우, 3. 공공기관이 개인정보를 처리하지 아니하면 다른 법률에서 정하는 소관 업무를 수행할 수 없는 경우, 4. 개인정보를 처리하지 아니하면 정보주체와 약정한 서비스를 제공하지 못하는 등 계약의 이행이 곤란한 경우로서 정보주체가 그 계약의 해지 의사를 명확하게 밝히지 아니한 경우

97) "사상·신념, 노동조합·정당의 가입·탈퇴, 정치적 견해, 건강, 성생활 등에 관한 정보, 그 밖에 정보주체의 사생활을 현저히 침해할 우려가 있는 개인정보"로서 대통령령으로 정하는 정보(§23①)

Ⅵ

행정의 실효성 확보

1. 개관
2. 행정상강제집행
3. 행정벌
4. 행정상즉시강제

Chapter VI 행정의 실효성 확보

1. 개관

<table>
<tr><th colspan="3">義務不履行에 대한 이행확보수단</th><th colspan="2">義務違反에 대한 제재수단</th><th rowspan="2">신종의무확보수단</th></tr>
<tr><th colspan="3">行政强制</th><th colspan="2">行政罰</th></tr>
<tr><th colspan="2">行政上强制執行</th><th>行政上卽時强制</th><th>行政刑罰</th><th>行政秩序罰</th><td rowspan="6">– 가산세
– 부당이득세
– 가산금
– 과징금[98]
– 공표
– 관허사업의 제한[99]
– 공급거부 etc.</td></tr>
<tr><td>행정
대집행</td><td>– 대체적 작위의무 불이행
– 행정대집행법
– 계고–영장통지–실행–비용징수</td><td rowspan="4">– 사전의무 부존재
– 영장필요여부

ex)세관공무원의 총기사용</td><td rowspan="4">– 형법전의 형벌부과
– 형법 · 형소법 적용
– 통고처분절차</td><td rowspan="4">– 과태료 부과
– 결과(무과실)책임
– 非訟事件節次法
– 條例에 의한 부과
– 질서위반행위 규제법 제정</td></tr>
<tr><td>직접강제</td><td>– 의무의 종류 불문</td></tr>
<tr><td>이행
강제금
(집행벌)</td><td>– 비대체적 작위의무 불이행
– 오늘날 의무 종류 불문</td></tr>
<tr><td>행정상
강제징수</td><td>– 금전급부의무의 불이행
– 국세징수법
(독촉–압류–매각–청산)</td></tr>
</table>

2. 행정상강제집행

의의	(1) 의의: 행정법상의 의무의 불이행이 있는 경우 행정청이 의무자의 신체/재산에 실력을 가하여 그것을 이행하거나 이행한 것과 동일한 상태를 실현시키는 작용 (2) 성질: 권력적 사실행위/수인의무(상대방의 저항 배제)/자력집행수단
종류	행정대집행, 이행강제금, 직접강제, 행정상강제징수

(1) 행정대집행

의의	– 代替的 作爲義務의 불이행에 대한 강제수단[100] – 대집행권자: 당해 행정청
대상 의무	– 타인이 대신하여 행할 수 있는 행위 ⇨ 作爲義務 〈受忍義務, 非代替的 作爲義務는 대집행 불가〉 – 토지 · 건물의 明渡義務의 대집행대상여부[101] – '대집행'이 아닌 '직접강제'로 의무 확보 – 부작위의무 근거규정에서 작위의무 명령권의 도출여부[102] – 부작위의무 위반의 시정명령을 위해서는 법치주의 관점에서 별도의 근거규정 필요
요건	– 다른 수단으로는 이행의 확보가 곤란할 것: 보충성원칙(최후수단성) 및 비례의 원칙 적용 – 그 불이행을 방치함이 심히 공익을 해하는 것으로 인정될 것: 불확정개념에 대한 判斷餘地

절차		계고 ⇒ 대집행영장의 통지 ⇒ 실행 ⇒ 비용징수
	계고	(가) 의의: 상당한 이행기한 정하여 그 때까지 이행되지 않으면 대집행한다는 뜻 미리 문서로 통지하는 행위(법§3①) (나) 성질: 요식행위(문서로 통지)/준법률행위적 행정행위 (다) 시기: 계고는 대집행 요건이 충족된 이후일 것이 요구되나, 대집행요건이 충족될 것이 명백하고 급속한 실시를 요하는 긴급한 사유가 있는 때에는 예외 인정[103)] (라) 생략: 비상시 또는 위험이 절박한 경우 당해 행위의 급속한 실시를 요하여 계고를 취할 여유가 없을 때(법§3③)
	통지	– 계고에도 불구하고 그 지정기한까지 의무를 이행하지 아니한 경우 당해 행정청은 대집행영장에 의하여 ⓐ 대집행시기, ⓑ 대집행책임자의 성명과 ⓒ 대집행비용의 槪算견적액을 의무자에게 통지(법§3②) – 절차의 생략: 上同
	실행	– 권력적 사실행위 – 증표제시(법§4③)/실력에 의한 상대방 저항 배제 가능/해가 뜨기 전 해가 진 후 대집행 불가(예외 有)(법§4①)
	비용 징수	– 실제 요한 비용액과 그 납기일을 정하여 의무자에게 문서로써 그 납부를 명하여야(법§5) – 대집행 비용은 국세징수법의 예에 의하여 징수(법§6①)
불복		행정심판/행정소송/국가배상 – 대집행의 실행행위는 사실행위이며, 실행이 된 이후는 쟁송을 허용할 '권리보호의 필요성'이 없다(다수설).

---

98) 행정법상의 의무위반에 따른 불법적 이득액의 환수/제재처분에 갈음하는 과징금

99) (1) 국세징수법 제7조(관허사업의 제한) ① 세무서장(지방국세청장을 포함한다.)은 납세자가 … 국세를 체납하였을 때에는 허가·인가·면허 및 등록과 그 갱신(이하 "허가등"이라 한다)이 필요한 사업의 주무관서에 그 납세자에 대하여 그 허가등을 하지 아니할 것을 요구할 수 있다.
② 세무서장은 허가등을 받아 사업을 경영하는 자가 국세를 3회 이상 체납한 경우로서 그 체납액이 500만원 이상일 때에는 대통령령으로 정하는 경우를 제외하고 그 주무관서에 사업의 정지 또는 허가등의 취소를 요구할 수 있다.
(2) 건축법 제79조(위반 건축물 등에 대한 조치 등) ② 허가권자는 제1항에 따라 허가나 승인이 취소된 건축물 또는 … 시정명령을 받고 이행하지 아니한 건축물에 대하여는 다른 법령에 따른 영업이나 그 밖의 행위를 허가·면허·인가·등록·지정 등을 하지 아니하도록 요청할 수 있다.

100) **행정대집행법 제2조** 법률(명령, 조례 포함)에 의하여 직접 명령되었거나 또는 법률에 의거한 행정청의 명령에 의한 행위로서 타인이 대신하여 행할 수 있는 행위를 의무자가 이행하지 아니하는 경우 다른 수단으로써 그 이행을 확보하기 곤란하고 또한 그 불이행을 방치함이 심히 공익을 해할 것으로 인정될 때에는 당해 행정청은 스스로 의무자가 하여야 할 행위를 하거나 또는 제삼자로 하여금 이를 하게 하여 그 비용을 의무자로부터 징수할 수 있다.

101) "불법 시설물의 철거가 아니라, 매점에 대한 원고의 점유를 배제하고 그 점유이전을 받고자 하는 의무(점유이전/명도/인도)는 그것을 강제적으로 실현함에 있어 직접적인 실력행사가 필요한 것이지 대체적 작위의무에 해당하는 것은 아니어서 직접강제의 방법에 의하는 것은 별론으로 하고 대집행의 대상이 되는 것은 아니다."(대판, 97누157; 2004다2809)

102) "관계 법령에 정하고 있는 절대적 금지나 허가를 유보한 상대적 금지를 위반한 경우에는 당해 법령에서 그 위반자에 대하여 위반에 의하여 생긴 유형적 결과의 시정을 명하는 행정처분의 권한을 인정하는 규정을 두고 있지 아니한 이상, 법치주의의 원리에 비추어 볼 때 위와 같은 부작위의무로부터 그 의무를 위반함으로써 생긴 결과를 시정하기 위한 작위의무를 당연히 끌어낼 수는 없으며, 또 위 금지규정(특히 허가를 유보한 상대적 금지규정)으로부터 작위의무, 즉 위반결과의 시정을 명하는 권한이 당연히 추론(추론)되는 것도 아니다."(대판, 96누4374)

103) "… 국유의 하천부지 점용허가를 얻어 건축하였으나, 그 점용허가기간이 훨씬 전에 만료하여 본 건 철거당시에는 하천부지 위에 허가 없이 서 있는 상태이고 피고가 시행하는 복개공사로 인하여 불원간 적법한 절차를 거쳐 철거당할 운명에 있었던 사정 …"(대판 1968.9.3 68다981)

(2) 이행강제금과 직접강제

이행강제금	의의	⇨ 非代替的作爲義務/不作爲義務의 不履行하는 경우 그 의무자에게 심리적 · 금전적 압박을 가하여 의무이행 강제 – 불이행된 의무의 종류와 무관하게 그 적용 확대 추세
	실정법	건축법[104], 농지법, 주차장법(제32조), 부동산실권리자명의 등기에 관한 법률(제6조) etc.
	부과절차	건축법 이행강제금: 이행의 최고 – 계고 – 이행강제금의 부과 – 이행강제금의 징수(국세/지방세 체납절차 준용)
직접강제	의의	⇨ 불이행의무의 종류 불문/의무불이행에 대한 최후수단적 성격
	실정법	출입국관리법 §62, 防禦海面法 §7, 해군기지법 §7②, 군사시설보호법 §9[105] etc. cf) 행정상 즉시강제와의 차이: 사전의무 및 그 의무의 불이행사실의 先在 여부

(3) 행정상 강제징수

의의		– 금전급부의 불이행에 대한 의무이행확보수단 – 국세징수법(개별법의 준용으로 강제징수에 관한 사실상의 일반법)/관세법(별도 규정)
절차		국세징수법: 독촉 ⇒ 체납처분(압류 ⇒ 매각 ⇒ 청산)
	독촉	– 납기후 15일 이내 독촉장(납부최고서) 발부 ⇨ 10일의 납부기한 – 준법률행위적 행정행위/시효중단효과/압류의 전제조건/가산금(3/100) 중가산금(12/1000 × 60월)[06]
	체납처분	(1) 압류: 독촉장(납부최고서) 불구하고 기한까지 완납하지 아니한 때 (가) 압류대상재산: 금전적 가치와 양도성이 있는 모든 재산 – 최저생활 보장, 修學, 생업유지 등 이유로 개별법이 압류의 금지/제한 (나) 압류방법/절차: 압류재산에 따라 상이[107] (다) 압류의 해제: 납부 등 사유 있는 때(필요적 해제), 압류 후 재산가격의 변동 등의 사유로 그 가격이 체납액의 전액을 현저히 초과한 때 등의 사유가 있는 때(임의적 해제) (라) 교부청구/참가압류 – 교부청구: 다른 강제환가절차가 개시된 경우 재산 압류 없이 그 집행기관에 체납액 교부청구하여 배당 받는 제도 – 참가압류: 다른 기관의 체납처분에 의하여 압류되어 있는 경우 교부청구에 갈음하여 그 압류에 참가하는 제도[108] (2) 매각: 압류재산을 금전으로 환가하는 행위로서,[109] 매각은 公賣를 원칙으로 하며, 공매는 입찰 또는 경매 (3) 청산 – 체납처분비 〉 국세 〉 가산금(국징§4) – 국세의 우선, 압류에 의한 우선, 담보 있는 국세의 우선의 원칙(국세기§§35~37) (4) 체납처분의 유예 – 체납자가 성실납세자에 해당하거나, 압류나 압류재산의 매각을 유예함으로써 사업을 정상적으로 운영할 수 있게 되어 체납액의 징수가 가능하다고 인정되는 경우 체납처분에 의한 재산의 압류나 압류재산의 매각을 유예(국징§85의2) (5) 체납처분의 중지(§85①) 및 결손처분(§86) – 체납처분의 중지: 체납처분 목적물인 '총재산의 추산가격'이 체납처분비에 충당하고 잔여가 생길 여지가 없는 때 – 결손처분: 배분금액이 체납액에 부족한 때, 체납처분 중지한 때, 국세징수권의 소멸시효 완성한 때(결손처분 후 그 처분 당시 다른 압류할 수 있는 재산이 있었던 것을 발견한 때에는 지체없이 그 처분을 취소하고 체납처분을 하여야)
불복		– 국세기본법(제55조 이하)에 따른 이의신청(처분청), 심사청구(국세청장), 심판청구(조세심판원) – 행정소송: 필요적 전치주의

104) **건축법 제83조(이행강제금)** ① 시장은 … 시정명령을 받은 후 시정기간 내에 당해 명령의 이행을 하지 아니한 건축주 등에 대하여는 당해 명령의 이행에 필요한 상당한 이행기한을 정하여 그 기한까지 시정명령을 이행하지 아니하는 경우에는 … 이행강제금(용적률·건폐율 위반의 경우 "위반면적 × 과세시가표준액 × 50/100", 이행할 때까지, 년 2회 이내)을 부과한다.; 농지법 제65조(이행강제금) 당해 농지의 토지가액의 100분의 20에 상당하는 이행강제금(이행할 때까지, 년 1회) 부과

105) **출입국관리법 제62조**(강제퇴거명령서의 집행) ① 강제퇴거명령서는 출입국관리공무원이 이를 집행한다. ③ 강제퇴거명령서를 집행할 때에는 그 명령을 받은 자에게 강제퇴거명령서를 내보이고 지체없이 … 송환하여야 한다.; 군사시설보호법 제9조(퇴거의 강제 등) 관할부대장 등은 … 허가를 받지 아니하고 구역 또는 시설 안에 출입하거나 … (금지사항을) 위반하여 (일정한) 행위를 한 자 또는 그 행위로 인한 장애물에 대하여는 퇴거의 강제, 장애물의 제거 기타 군사시설을 보호하기 위하여 필요한 조치를 하여야 한다.

106) 가산금 또는 중가산금의 고지는 법률규정으로 당연히 성립하기 때문에 처분성 부인, 그러나 독촉은 처분성 인정

107) ⓐ 동산 및 유가증권은 占有, ⓑ 채권은 압류할 뜻의 채무자에 대한 通知, ⓒ 부동산은 押留登記, ⓓ 무체재산권은 권리자에 대한 압류할 뜻의 通知(등록 등을 요하는 경우에는 압류의 등록) 등의 방법으로 압류한다.

108) 교부청구의 경우에는 旣압류기관이 압류를 해제하면 교부청구의 효력도 소멸하나 참가압류는 그러하지 아니하다.

109) 매각은 체납자와의 관계에서는 행정행위(공법상의 대리)에 속하나, 낙찰자 또는 경락자가 체납자의 소유재산을 취득하는 관계에 있어서는 사법상의 매매계약에 해당(박윤흔)

3. 행정벌

의의		– 공법상의 의무위반에 대한 제재로서 가해지는 일반통치권에 근거한 처벌
종류	행정형벌	(1) 의의: 행정법상의 의무위반에 대한 제재로써 형법전의 형벌[110] 부과 (2) 구별개념 – 형사벌: 구별부인설 vs. 〈자연범/법정범, 기본적 생활질서/파생적 생활질서, 법익침해/행정위반 등 학설 대립〉 – 징계벌: 행정조직 내부의 질서위반에 대한 제재 (3) 행정형벌의 특수성 ① 형법총칙의 적용: "본법 총칙은 다른 법령에 정한 죄에 적용된다. 단 그 법령에 특별한 규정이 있는 때에는 예외로 한다."(형§8). ② 법률의 착오: "자기의 행위가 법령에 의하여 죄가 되지 아니하는 것으로 오인한 행위〈금지착오〉는 그 오인에 정당한 이유가 있는 때 벌하지 아니한다."(형§16) ⇨ 금지착오를 이유로 하는 면책 널리 인정할 경우 행정목적 곤란 = 배제규정 有 ③ 과실범: "정상의 주의를 태만함으로 인하여 죄의 성립요소인 사실을 인식하지 못한 행위는 법률에 특별한 규정이 있는 경우에 한하여 처벌한다"(형§14) ⇦ 명문규정 없으나 과실범 처벌 하기도[111] cf) 행정법규 위반에 대한 제재조치로서의 행정처분은 고의/과실을 요하지 아니함(대판, 2010두24371) ④ 법인의 책임: 법인의 범죄능력 부정, 따라서 별도의 근거규정 要 ⑤ 양벌규정: 타인의 행위에 대한 당연양벌규정은 위헌.[112] 사업주(법인)의 관리/감독의 소홀에 대한 책임 (4) 과벌절차: 형사소송절차(원칙) (5) 통고처분절차 – 행정청이 벌금 또는 科料에 상당하는 금액의 납부를 통고하여, 상대방이 이를 이행하는 경우 처벌절차를 종료하고, 상대방이 이행하지 아니하는 때에는 행정청의 고발절차에 의하여 통상의 형사소송절차로 移行하게 하는 제도 – 조세범, 관세범,[113]출입국관리사범, 교통사범 등 – 통고처분의 訴益 부정: 통고처분 불복은 정식재판으로 이행 = 취소소송 불필요
	행정질서벌	– 경미한 위반사범 ⇨ 개별법, 조례의 위반행위(사용료의 면탈)에 과태료 부과 ⇦ 무과실책임, 비송사건절차법[114] – 질서위반행위규제법의 제정: 일반법 성격

질서위반행위규제법(2007년 제정)
① 질서위반행위 = 법률(조례 포함)상의 의무를 위반하여 과태료를 부과하는 행위(제2조 1호) – 私法上 · 소송법상 의무위반 or 법률에 따른 징계사유에 해당하여 과태료를 부과하는 행위는 제외[115] – 과태료의 부과 · 징수, 재판 및 집행 등의 절차에 관한 다른 법률의 규정 중 이 법의 규정 저촉되는 때 이 법 정하는 바에 따른다(제5조). ② 시간적 적용범위(제3조): 행위시 법률 – 위반행위 후 법률 변경되어 위반행위에 해당하지 아니하거나 과태료가 가볍게 된 때에는 특별한 규정이 없는 한 변경된 법률 적용 – 과태료 처분이나 과태료 재판이 확정된 후 법률이 변경되어 위반행위에 해당하지 아니하게 된 때에는 변경된 법률에 특별한 규정이 없는 한 과태료의 징수 또는 집행 면제 – 시효: 5년 ③ 고의 또는 과실 요건: 고의 또는 과실이 없는 질서위반행위는 과태료를 부과하지 아니함(제7조) ④ 위법성의 착오 – 자신의 행위가 위법하지 아니한 것으로 오인하고 행한 질서위반행위는 그 오인에 정당한 이유가 있는 때 과태료 부과하지 아니한다(제8조). ⑤ 책임능력: 14세가 되지 아니한 자, 심신장애자의 질서위반행위는 과태료를 부과하지 아니함이 원칙(제9조, 제10조) ⑥ 절차 – 사전통지/의견제출(통지후 10일)/부과처분/이의제기(통지후 60일)/법원 통보(이의제기후 14일)/재판/즉시항고(당사자 or 검사) ⑦ 징수 및 체납 – 3/100 가산금, 12/1000 중가산금(1월), 체납처분절차는 국세징수법 준용

4. 행정상즉시강제

의의/ 성질	(1) 의의: 의무의 불이행을 강제하기 위한 것이 아니라(사전의무의 不在), 目前의 급박한 장해를 제거하기 위하여 i) 사전에 의무를 명할 시간적 여유가 없거나 또는 ii) 성질상 의무를 명하여서는 목적 달성이 곤란한 때 즉시 국민의 신체/재산에 실력을 가함으로써 행정상 필요한 상태를 실현하는 작용 (2) 개별근거법: 경찰관직무집행법(경찰상즉시강제의 일반법), 전염병예방법, 마약법, 검역법, 식품위생법, 소방법 etc. (3) 성질: 권력적 사실행위 vs. 수인의무와 결합된 합성행위
요건	(1) 실체적 요건(과잉금지원칙) – 급박성(명백 · 현존 위험)/보충성(다른 수단 부재)/비례성(적합수단, 최소침해, 이익형량)/소극성(질서유지) (2) 절차적 요건(영장주의 적용여부): 절충설
수단	– 대물적(영치, 폐기, 제거)/대인적(강제격리, 불심검문, 원조강제)/대가택(임검, 수색) 강제
불복 구제	– 손해배상, 손실보상 – 행정쟁송: 소의 이익의 문제[116] – 계속적 지배력이 있는 경우(강제격리, 물건의 영치) 가능

---

110) **형법 제41조(형의 종류)**: 사형, 징역, 금고, 자격상실, 자격정지, 벌금, 구류, 과료, 몰수

111) "법의 입법목적이나 제반 관계규정의 취지 등을 고려하면, … 법정의 배출허용기준을 초과하는 배출가스를 배출하면서 자동차를 운행하는 행위를 처벌하고자 하는 위 규정은 고의범은 … 물론이고, 과실범 즉, 운행자의 과실로 인하여 그러한 내용을 인식하지 못한 경우도 함께 처벌하는 규정이라고 해석함이 상당하다."(대판, 92도1136)

112) "… 종업원 등의 행위의 결과에 대한 법인의 독자적인 책임에 관하여 전혀 규정하지 않은 채, 단순히 법인이 고용한 종업원 등이 업무에 관하여 범죄행위를 하였다는 이유만으로 법인에 대하여 형사처벌을 과하고 있는 바, 이는 다른 사람의 범죄에 대하여 그 책임 유무를 묻지 않고 형벌을 부과함으로써 법치국가원리 및 죄형법정주의로부터 도출되는 책임주의원칙에 반한다."(헌재, 2008헌가14)

113) **관세법 제311조**(통고처분) ① 관세청장이나 세관장은 관세범을 조사한 결과 범죄의 확증을 얻었을 때에는 그 이유를 구체적으로 밝히고 (벌금/추징금, 몰수)에 해당하는 금액이나 물품을 납부할 것을 통고할 수 있다.
제316조(통고의 불이행과 고발) 관세범인이 통고서의 송달을 받았을 때에는 15일 이내에 이를 이행하여야 하며, 이 기간 내에 이행하지 아니하였을 때에는 관세청장이나 세관장은 즉시 고발하여야 한다. 다만, 15일이 지난 후 고발이 되기 전에 관세범인이 통고처분을 이행한 경우에는 그러하지 아니하다.
제317조(일사부재리) 관세범인이 통고의 요지를 이행하였을 때에는 동일사건에 대하여 다시 처벌을 받지 아니한다.

114) **비송사건**: 비송사건이란 민사비송사건(法人, 信託, 재판상의 代位, 보존·공탁·보관과 감정, 법인의 등기, 부부재산약정의 등기에 관한 사건), 상사비송사건(회사와 경매, 社債, 회사의 淸算에 관한 사건), 과태료에 관한 사건을 포함한다. 비송사건재판은 일종의 행정작용이며, 소송사건에 비하여 대체로 간이·신속하고, 대심구조를 취하지 아니하며, 절차는 신청 또는 직권으로 개시되고, 직권탐지주의(법§11), 비공개(§13), 검사의 참여 및 의견진술이 인정된다(§15), 재판은 결정으로 하고(법§17), 기판력이 발생하지 않는다(법§19){[네이버 지식백과], 비송사건(법률용어사전, 2011. 1.15., 법문북스)}.

115) **질서위반행위규제법 시행령 제2조**(질서위반행위에서 제외되는 행위) ① 법 제2조제1호가목에서 "대통령령으로 정하는 사법상·소송법상 의무를 위반하여 과태료를 부과하는 행위"란 민법, 상법 등 사인간의 법률관계를 규율하는 법 또는 민사소송법, 가사소송법, 민사집행법, 형사소송법, 민사조정법 등 분쟁 해결에 관한 절차를 규율하는 법률상의 의무를 위반하여 과태료를 부과하는 행위를 말한다.
② 법 제2조제1호나목에서 "대통령령으로 정하는 법률에 따른 징계사유에 해당하여 과태료를 부과하는 행위"란 공증인법·법무사법·변리사법·변호사법 등 기관·단체 등이 질서 유지를 목적으로 구성원의 의무 위반에 대하여 제재를 할 수 있도록 규정하는 법률에 따른 징계사유에 해당하여 과태료를 부과하는 행위를 말한다.

116) "… 행정상 즉시강제 또는 행정대집행과 같은 사실행위는 그 실행이 완료된 이후에는 그 행위의 위법을 이유로 하는 손해배상 또는 원상회복의 청구 이외에 그 사실행위의 취소를 구하는 것은 권리보호의 이익이 없다."(대판, 65누25)

Ⅶ

국가책임제도 개관

Chapter VII 국가책임제도 개관

분류(목적)	대상 및 성격	수단		실정법
손해전보제도 (피해 회복)	공무원의 위법한 직무작용	국가배상	공무원불법행위책임: 직무상 불법행위	헌§29, 국가배상법
			영조물책임: 공물의 설치/관리 하자	
	적법 침해※1)	손실보상	재산보상	헌§23③, 토지보상법※2)
			생활보상: 영세농지원, 이주비	
			희생보상: ex) 소방법의 원조강제	
		수용유사적 침해	보상규정 결한 경우 – 위헌무효설 vs. 유추적용설	
행정쟁송제도 (원인제거)	위법 · 부당 처분/부작위	행정심판(취소, 무효등확인, 의무이행심판)		행정심판법
	위법 처분/부작위	행정소송※3)		행정소송법
	위헌 · 위법 명령 · 규칙	소송(위헌 · 위법여부가 재판의 전제)		헌§107②
헌법재판제도※4) (원인제거)	기본권 침해의 공권력 행사 불행사 (재판 제외)	헌법소원심판 – 최후수단성(= 보충성)		헌재법§68①

※ 1) 적법 침해의 유형 = 재산권 침해(손실보상)/생활권 침해(생활보상)/생명 · 신체 침해(희생보상)

※ 2) 토지보상법 = 공익사업을 위한 토지 등의 취득 및 보상에 관한 법률

※ 3) 행정소송 = 항고소송(취소, 무효등확인, 부작위위법확인) + 당사자소송 + 기관소송 + 민중소송 (행소법§3)

※ 4) 헌법재판 = 위헌법률심판 + 헌법소원심판 + 위헌정당해산심판 + 탄핵심판 + 권한쟁의심판(헌§111①)

Ⅶ-2

행정상손해전보제도

Chapter VII-2 행정상손해전보제도

1. 국가배상제도

공무원의 직무상 불법행위책임(헌법 제29조, 국가배상법 제2조)		
책임의 성립 요건		"국가 또는 지방자치단체는 공무원 또는 공무 위탁받은 사인이 직무를 집행하면서 고의 또는 과실로 법령을 위반하여 타인에게 손해를 입히거나, '자동차손해배상보장법'에 따라 손해배상의 책임이[117] 있을 때에는 이 법에 따라 그 손해를 배상하여야"
	구체적 성립요건	
	공무원	– 최광의 공무원: '널리 공무를 위탁받아 실질적으로 공무에 종사하고 있는 일체의 자' ex) 교통할아버지, 집달관, 통장, 동원향토예비군, 공무수탁사인[118] – but, 의용소방대원, 행정주체는[119] 국배법상의 공무원이 아님
	직무 행위	(1) 배상대상: 권력작용 + 관리작용(사경제적 작용은[120] 민법 적용), 행정입법부작위(군법무관 보수청구권) 포함 (2) 사익보호성: 공무원의 직무상 의무가 '순전히 행정기관 내부의 질서를 유지하기 위한 것'이거나 '전체적으로 공공 일반의 이익을 도모하기 위한 것'이[121] 아니라 '전적으로 또는 부수적으로 사회구성원 개인의 안전과 이익을 보호하기 위한 목적'이 있을 것[122] 요구 (3) 직무를 집행하면서: 외관설[123]
	고의/ 과실	(1) 가해공무원의 특정 불요(전투경찰 과잉진압을 이유로 하는 손해배상청구) (2) 과실의 객관화: 평균적 공무원의 주의의무 위반[124] (3) 일응추정의 법리: 위법하면 일응 과실 있는 것으로 추정: 과실의 입증책임 완화 (4) 국가배상소송에서 취소판결이 선행한 경우: 취소판결 기판력은 위법성(주문)에 미치고 고의 · 과실(판결이유)에는 직접 영향 없음
	법령 위반	(1) 법령: 명시적 법령 + 인권존중, 권리남용금지, 신의성실 등 공무원으로서 지켜야 할 준칙이나 규범, 법규상 또는 조리상 한계 포함[125] (2) 위반: 명시적 위반 + 객관적 정당성 결여 포함 – 학설: 결과불법설(손해결과의 수인가능성) vs. 행위불법설(행위규범의 위반) vs. 상대적 위법성설[126] – 항고소송에서의 위법성 판단(기판력 인정)과 국배소송의 위법성 판단(기판력 없음)은 동일하지 아니함
	손해 발생	상당인과관계[127]
	면책	i) 군인 · 군무원 · 경찰공무원 또는 예비군대원이, ii) 전투 · 훈련 등 직무 집행과 관련하여 전사 · 순직하거나 公傷을 입은 경우에, iii) 본인이나 그 유족이 다른 법령에 따라 재해보상금 · 유족연금 · 상이연금 등의 보상을 지급받을 수 있을 때에는, iv) 이 법 및 민법에 따른 손해배상을 청구할 수 없다(국배법 제2조 제1항 단서).
배상 책임자		(1) 국가배상의 주체: 국가 또는 지방자치단체 – 책임의 성질: 대위책임설(고의/중과실: 공무원 구상의무) vs.자기책임설(경과실) (2) 선택적 청구: 사무귀속자(선임감독자 or 설치관리자)와 비용부담자가 다른 경우[128] (3) 종국적 책임자: 관리주체설(사무귀속자설) vs. 비용부담주체설 vs. 기여도설 vs. 종합설 ⇦ 학설 대립[129] (4) 공무원책임: 고의/중과실 구상의무(선택청구 가능)
배상 기준		(1) 생명침해: 유족배상(월수입×취업가능월수 – 중간이자 – 생활비)과 장례비 (2) 신체침해: 요양비, 휴업배상 및 장해배상 (3) 물건의 훼손/멸실: 수선비와 휴업배상 지급 (4) 압류금지 및 시효: 생명/신체의 침해로 인한 국가배상청구권은 양도 · 압류가 금지 (5) 소멸시효: 손해 또는 가해자 안 날 3년 또는 손해가 있은 날 10년 (6) 공제: 이익상계, 중간이자(단리식), 생활비, 수리기간의 미지출비용 등의 공제
청구 절차		배상심의회(임의적 결정전치주의) ⇨ 소송(당사자소송)

<table>
<tr><th colspan="3">공공시설 등의 하자로 인한 책임(국가배상법 제5조)</th></tr>
<tr><td rowspan="5">책임의 성립 요건</td><td colspan="2">"도로 · 하천, 그 밖의 공공의 영조물(營造物)의 설치나 관리에 하자(瑕疵)가 있기 때문에 타인에게 손해를 발생하게 하였을 때에는 국가나 지방자치단체는 그 손해를 배상하여야 …"</td></tr>
<tr><td colspan="2">구체적 성립요건</td></tr>
<tr><td>공공의 영조물</td><td>⇨ 특정 공공의 목적에 공여된 유체물 내지 물적 설비' = 공물(공용물, 공공용물), 자연공물 · 동산 포함
– 國有私物(잡종재산),[130] 미완성으로 일반공중이용에 제공되지 않고 있었던 경우 제외
– 소유권 등의 권한에 기하여 관리하는 경우 + 사실상의 관리를 하고 있는 경우도 포함
– 자연공물: 하천 제방이 계획홍수위를 넘고 있다면, 그 후 제정된 새로운 하천시설의 설치기준이 정한 여유고에 미달하였다는 이유만으로 하자 있다고 볼 수는 없다.</td></tr>
<tr><td>설치/ 관리의 흠</td><td>⇨ 물적 상태의 안전성(통상의 객관적 안전성)의 결여(구체적 사정 고려한 상대적 안전성)[131]
– 영조물의 이용상태나 정도가 제3자에게 사회통념상 참을 없는 피해를 입히는 경우(매향리 사격장)도 포함
– 안전성 구비여부의 판단기준: 사회통념상 일반적으로 요구되는 정도의 방호조치의무를 다하였는가?
– 불가항력이거나 관리가능성(예측가능성과 회피가능성)이 없는 것으로 입증되는 경우 면책</td></tr>
<tr><td>무과실 책임</td><td>⇨ 공무원(관리자)의 고의 · 과실이 없더라도 영조물의 객관적 흠을 이유로 배상책임이 성립하는 이른바 무과실책임(= 결과책임), but 구체적 사정에 따라 주관설 판례 有[132]</td></tr>
<tr><td colspan="3">※ 손해의 상당인과관계, 면책, 배상책임자, 배상기준, 청구절차는 전술의 직무상불법행위책임의 경우와 동일
– 다만, 구상권 관련하여 '손해의 원인에 책임을 질 자'가 따로 있는 경우 그에 대한 구상을 규정(이 경우 선택 청구 가능)</td></tr>
</table>

117) **자동차손해배상보장법 제3조**(자동차손해배상책임) 자기를 위하여 자동차를 운행하는 자는 그 운행으로 다른 사람을 사망하게 하거나 부상하게 한 경우에는 그 손해를 배상할 책임을 진다. 다만, 다음 각 호의 어느 하나에 해당하면 그러하지 아니하다.
1. 승객이 아닌 자가 사망하거나 부상한 경우에 자기와 운전자가 자동차의 운행에 주의를 게을리 하지 아니하였고, 피해자 또는 자기 및 운전자 외의 제3자에게 고의 또는 과실이 있으며, 자동차의 구조상의 결함이나 기능상의 장해가 없었다는 것을 증명한 경우
2. 승객이 고의나 자살행위로 사망하거나 부상한 경우

자배법에 따른 배상책임의 성립요건
1. 자동차운행으로 다른 사람을 사망하게 하거나 부상하게 한 경우 ⇦ 물적 사고는 국배법 적용 2. 자기를 위하여(운행이익) 자동차를 운행하는(운행지배) 자일 것: 운행이익 + 운행지배 (1) 직무집행을 위하여 관용차 운행한 경우: 전형적 사례 (2) 개인적 용무를 위하여 관용차 무단으로 운행한 경우: 직무행위의 외관을 갖추었다면 책임 성립 (3) 직무집행을 위하여 개인소유자동차 운행한 경우: 국가는 운행지배 없으므로 자배법 책임 없으나, 국배법 책임은 성립 가능 3. 승객이 사망 또는 부상한 경우 무과실책임 4. 승객이 아닌 자가 사망 또는 부상한 경우 면책요건 입증 필요 5. 선택적 청구: 국배법과 자배법의 책임이 동시에 성립하는 경우

118) 국가배상법 제2조의 '공무원 또는 공무를 위탁받은 사인'은 공무원법상의 공무원과 함께 널리 공무를 위탁받아 실질적으로 공무에 종사하고 있는 일체의 자를 포함하는 바, 법령에 의하여 지방자치단체의 공무를 위탁받은 공공단체는 지방자치단체의 기관으로서 공무원에 해당하는 것이 아니라 행정주체로 볼 것이다(대판, 2007다82950, 82967).

119) "… 한국토지공사는 이러한 법령의 위탁에 의하여 대집행을 수권받은 자로서 공무인 대집행을 실시함에 따르는 권리 · 의무 및 책임이 귀속되는 행정주체의 지위에 있다고 볼 것이지 지방자치단체 등의 기관으로서 국가배상법 제2조 소정의 공무원에 해당한다고 볼 것은 아니다."(대판, 2007다82950)

120) "국가 또는 지방자치단체라 할지라도 공권력의 행사가 아니고 단순한 사경제의 주체로 활동하였을 경우에는 그 손해배상책임에 국가배상법이 적용될 수 없고 민법상의 사용자책임 등이 인정되는 것이고 국가의 철도운행사업은 국가가 공권력의 행사로서 하는 것이 아니고 사경제적 작용이라 할 것이므로, 이로 인한 사고에 공무원이 관여하였다고 하더라도 국가배상법을 적용할 것이 아니고 일반 민법의 규정에 따라야 한다."(대판, 95다6991)

121) **사익보호성 부정사례**: "… 공무원이 직무를 수행하면서 법령의 규정에 따라 구체적으로 의무를 부여받았어도 그것이 국민의 이익과는 관계없이 순전히 행정기관 내부의 질서를 유지하기 위한 것이거나, 또는 국민의 이익과 관련된 것이라도 직접 국민 개개인의 이익을 위한 것이 아니라 전체적으로 공공 일반의 이익을 도모하기 위한 것이라면 그 의무에 위반하여 국민에게 손해를 가하여도 국가 또는 지방자치단체는 배상책임을 부담하지 아니한다."(낙동강 페놀수지 오염사건: 대판, 99다36280 ⇦ 수질기준 미달의 상수원수로 생산된 수돗물 음용에 따른 정신적 고통: 음용수 기준 적합하다면 불법행위 불성립); "… 풍속영업의 신고 및 이에 대한 수리행위는 오로지 공공 일반의 이익을 위한 것으로 볼 것이고, 부수적으로라도 사회구성원의 개인의 안전과 이익 특히 사적인 거래의 안전을 보호하기 위한 것이라고 볼 수는 없다"(영업주 명의변경을 위한 풍속영업변경신고서제출하였으나, 기왕의 풍속영업신고서 수리행위가 잘못된 것을 인지한 경찰서장이 위 신고서 반려: 영업신고서의 위법수리 및 방치로 인한 손해: 대판, 2000다34891)

122) **사익보호성 인정사례**: "… 식품위생법의 관련 규정을 종합하여 보면, … 단순히 국민 전체의 보건을 증진한다고 하는 공공 일반의 이익만을 위한 것이 아니라, 그와 함께 사회구성원 개개인의 건강상의 위해를 방지하는 등의 개별적인 안전과 이익도 도모하기 위하여 설정된 것이라고 할 수 있다."(미니컵젤리 질식사건: 대판, 2008다77795); "… 하천법의 관련 규정에 비추어 볼 때, 하천의 유지·관리 및 점용허가 관련 업무를 맡고 있는 지방자치단체 담당공무원의 직무상 의무는 부수적으로라도 사회구성원 개개인의 안전과 이익을 보호하기 위하여 설정된 …"(주차장침수피해사건: 대판, 2003다41746); 공직선거법상의 전과기록 회보의무는 후보자나 정당의 사익보호성 有(대판, 2011다34521)

123) 국가배상법 제2조의 '직무를 집행하면서'는 직무행위에 부수하여 행하여지는 행위로서 직무와 밀접한 관련이 있는 것도 포함하는 바, 육군중사가 자신의 개인소유 오토바이를 이용하여 훈련예정지역 일대를 살피고 귀대하던 중 교통사고가 일어났다면, 이 운전행위는 직무와 밀접한 관련이 있다(대판, 94다6741).

124) 국가배상법 제2조의 '과실'이란 공무원이 직무를 수행함에 있어 당해직무를 담당하는 평균적 공무원이 통상 갖추어야 할 주의의무를 게을리한 것을 의미하는 바, 법령의 해석이 확립되기 전에 어느 한 견해를 취하여 업무를 처리한 것이 결과적으로 위법하게 되었더라도 그 이상의 것을 평균적 공무원에게 기대하기 어려웠다면, 이를 공무원의 과실로 인한 것이라 볼 수는 없다(대판, 87다카1164; 2002다31018).

125) 국가배상법 제2조의 '법령을 위반하여'는 공무원으로서 마땅히 지켜야 할 준칙이나 규범을 위반한 경우도 포함하는 바, 경찰관이 공개된 장소에 성폭력피의자를 한꺼번에 세워 놓고 피해자(원고)로 하여금 범인을 지목하게 하여 피해자에게 재차 심리적 고통을 야기하였다면, 이는 공무원으로서 지켜야 할 준칙이나 규범을 위반한 행위라고 할 것이다(대판, 2012다204587; 2007다64365).

126) "행정처분의 담당공무원이 보통 일반공무원을 표준으로 하여 볼 때 객관적 주의의무를 결하여 그 행정처분이 객관적 정당성을 상실하였다고 인정될 정도에 이른 경우에 국가배상법 제2조 소정의 국가배상책임의 요건을 충족하였다고 봄이 상당할 것이며, 이 때에 객관적 정당성을 상실하였는지 여부는 피침해이익의 종류 및 성질, 침해행위가 되는 행정처분의 태양 및 그 원인, 행정처분의 발동에 대한 피해자측의 관여의 유무, 정도 및 손해의 정도 등 제반 사정을 종합하여 손해의 전보책임을 국가 또는 지방자치단체에게 부담시켜야 할 실질적인 이유가 있는지 여부에 의하여 판단하여야 …."(대판, 99다70600)

127) 국가배상법 제2조의 '손해'는 공무원의 불법행위와 상당인과관계가 있어야 하는 바, 공무원에게 직무상 의무를 부과한 법령의 목적이 단순히 공공일반의 이익이나 행정기관 내부의 질서를 규율하기 위한 것인 경우 공무원이 그러한 직무상 의무를 위반한 것을 계기로 하여 제3자가 손해를 입었다는 사정만으로는 양자 사이에 당연히 상당인과관계가 있다고는 할 수 없다(대판, 2015다210194).

128) 국가배상법 제2조의 '손해'는 공무원의 불법행위와 상당인과관계가 있어야 하는 바, 공무원에게 직무상 의무를 부과한 법령의 목적이 단순히 공공일반의 이익이나 행정기관 내부의 질서를 규율하기 위한 것인 경우 공무원이 그러한 직무상 의무를 위반한 것을 계기로 하여 제3자가 손해를 입었다는 사정만으로는 양자 사이에 당연히 상

당인과관계가 있다고는 할 수 없다(대판, 2015다210194).

129) "광역시와 국가 모두가 도로의 점유자 및 관리자, 비용부담자로서의 책임을 중첩적으로 지는 경우에는, 광역시와 국가 모두가 국가배상법 제6조 제2항 소정의 궁극적으로 손해를 배상할 책임이 있는 자라고 할 것이고, 결국 광역시와 국가의 내부적인 부담 부분은, 그 도로의 인계·인수 경위, 사고의 발생 경위, 광역시와 국가의 그 도로에 관한 분담비용 등 제반 사정을 종합하여 결정함이 상당하다."(대판, 96다42819)

130) **국유재산의 구분**: 행정재산 vs. 일반재산(구 잡종재산) ⇨ 행정재산(= 공용재산, 공공용재산, 기업용재산, 보존용재산)(국유재산법 제6조), 행정재산은 시효취득의 대상에서 제외(동법 제7조②)

131) "영조물의 설치자 또는 관리자에게 부과되는 방호조치의무의 정도는 영조물의 위험성에 비례하여 사회통념상 일반적으로 요구되는 정도의 것을 말하므로, 영조물인 도로의 경우도 다른 생활필수시설과의 관계나 설치관리주체의 재정적, 인적, 물적 제약 등을 고려하여 그것을 이용하는 자의 상식적이고 질서 있는 이용 방법을 기대한 상대적인 안전성을 갖추는 것으로 족하다."(대판, 99다54998: 강설의 특성, 기상적 요인과 지리적 요인, 이에 따른 도로의 상대적 안전성을 고려하면 겨울철 산간지역에 위치한 도로에 강설로 생긴 빙판을 그대로 방치하고 도로상황에 대한 경고나 위험표지판을 설치하지 않았다는 사정만으로 도로관리상의 하자가 있다고 볼 수 없다고 한 사례)

132) "영조물의 설치/관리의 하자라 함은 영조물이 그 용도에 따라 통상 갖추어야 할 안전성을 갖추지 못한 상태에 있음을 말하는 것으로서, … 안전성의 구비 여부를 판단함에 있어서는 당해 영조물의 용도, 그 설치장소의 현황 및 이용 상황 등 제반 사정을 종합적으로 고려하여 설치관리자가 그 영조물의 위험성에 비례하여 사회통념상 일반적으로 요구되는 정도의 방호조치의무를 다하였는지 여부를 그 기준으로 삼아야 할 것이며, 객관적으로 보아 시간적·장소적으로 영조물의 기능상 결함으로 인한 손해발생의 예견가능성과 회피가능성이 없는 경우 즉 그 영조물의 결함이 영조물의 설치관리자의 관리행위가 미칠 수 없는 상황 아래에 있는 경우에는 영조물의 설치관리상의 하자를 인정할 수 없다."(단전으로 인한 교통신호등의 소등에 따른 사고: 대판, 99다54004)

2. 행정상손실보상제도

의의		– "적법한 공권력의 행사로 사유재산에 가해진 특별한 희생에 대한 재산적 보상" – 재산권의 수용/사용/제한과 같은 공용침해행위로 인하여 '재산권의 사회적 제약성'{'재산권 행사의 공공복리 적합의무'(헌§23②)}을[133] 초월하는 특별한 부담을 개인에게 주는 경우 사회공평부담의 차원에서 이를 보상해주는 제도 – 재산권의 침해에 대한 보상제도로서 적법한 강제노역, 노무의 제공은 손실보상의 대상이 아님
근거	이론	– "공적부담 앞의 평등"(프랑스인권선언 제13조)(평등부담설) – 재산권의 사회적 제약을 초월하는 특별희생에 대한 평등부담을 강조한 Otto Mayer의 특별희생설
	실정법	– 헌법§23③: "공공필요에 의한 재산권의 수용/사용/제한은 및 그에 대한 보상은 법률로써 하되, 정당한 보상을 지급하여야 한다." – 개별법: 토지보상법(공익사업을 위한 토지 등의 취득 및 보상에 관한 법률), 도시계획법, 징발법, 국계법(국토의 계획 및 이용에 관한 법률), 하천법 등
성립요건		⇨ i) 공공필요, ii) 재산권의 적법한 침해, iii) 특별한 희생,[134] iv) 보상규정의 존재 ⇨ 특별희생의 의미: 종합적 고려 (1) 형식적 표준설: 침해의 일반성 또는 개별성을 기준으로 판단하는 개별행위설, 다른 희생자와 비교를 통하여 불평등하고 통상적이지 아니한 특별한 희생인지를 기준으로 판단하는 특별희생설 (2) 실질적 표준설: 침해의 실질적 내용을 기준으로, 보호가치설, 受忍限度說, 私的效用說, 목적위배설, 상황적구속설, 중대설 등이 대립
보상내용	재산보상	(1) 기준: 완전보상설(정당한 보상) ⇨ '협의 성립 또는 재결 당시의 가격(공시지가)'–개발이익의 배제 (2) 부대적 손실의 보상: 실비변상보상{이전료, 잔여지(건축물) 손실/공사비/매수청구}, 逸失損失(휴폐업, 실직, 휴직) (3) 간접손실(제3자 손실): 소수잔존자보상, 제3자의 수입 상실[135]
	생활보상	⇨ 당해 장소에서 누리고 있는 생활이익의 상실로서 재산권보상만으로는 충족되지 아니한 손실 또는 재산권보상 이외에 현재와 동일한 정도의 생활재건을 위한 보상 ex) 영세농 생활보상, 생활비보상, 주거대책비보상 etc.
보상방법		– 시가보상, 금전보상, 선급/개별급/전액급 원칙 – 예외적 債券補償: 사업자가 국가·지방자치단체 등이며, 보상금액이 일정금액(3천만원)을 초과하는 경우 그 초과금액에 대하여 당해 사업자 발행하는 채권으로 지급 가능(상환기한 5년 이하, 정기예금 금리 이상)
보상절차		당사자 협의 – 토지수용위원회의 재결 – 중앙토지수용위원회에 이의신청 – 행정소송

133) "… 개발제한구역 지정으로 인하여 토지를 종래의 목적으로도 사용할 수 없거나 또는 더 이상 법적으로 허용된 토지이용의 방법이 없기 때문에 실질적으로 토지의 사용·수익의 길이 없는 경우에는 토지소유자가 수인해야 하는 사회적 제약의 한계를 넘는 것으로 보아야 한다.
라 개발제한구역의 지정으로 인한 개발가능성의 소멸과 그에 따른 지가의 하락이나 지가상승률의 상대적 감소는 토지소유자가 감수해야 하는 사회적 제약의 범주에 속하는 것으로 보아야 한다. 자신의 토지를 장래에 건축이나 개발목적으로 사용할 수 있으리라는 기대가능성이나 신뢰 및 이에 따른 지가상승의 기회는 원칙적으로 재산권의 보호범위에 속하지 않는다. 구역지정 당시의 상태대로 토지를 사용·수익·처분할 수 있는 이상, 구역지정에 따른 단순한 토지이용의 제한은 원칙적으로 재산권에 내재하는 사회적 제약의 범주를 넘지 않는다.
… 도시계획법 제21조에 의한 재산권의 제한은 개발제한구역으로 지정된 토지를 원칙적으로 지정 당시의 지목과 토지현황에 의한 이용방법에 따라 사용할 수 있는 한, 재산권에 내재하는 사회적 제약을 비례의 원칙에 합치하게 합헌적으로 구체화한 것이라고 할 것이나, 종래의 지목과 토지현황에 의한 이용방법에 따른 토지의 사용도 할 수 없거나 실질적으로 사용·수익을 전혀 할 수 없는 예외적인 경우에도 아무런 보상없이 이를 감수하

도록 하고 있는 한, 비례의 원칙에 위반되어 당해 토지소유자의 재산권을 과도하게 침해하는 것으로 헌법에 위반된다."(헌재, 89헌마214)

134) "… 공공용물에 관하여 적법한 개발행위 등이 이루어짐으로 말미암아 이에 대한 일정범위의 사람들의 일반사용이 종전에 비하여 제한받게 되었다 하더라도 특별한 사정이 없는 한 그로 인한 불이익은 손실보상의 대상이 되는 특별한 손실에 해당한다고 할 수 없다."(대판, 99다35300)

135) "공유수면매립사업의 시행으로 어업활동을 하던 조합원들의 조업이 불가능하게 되어 위탁판매장에서의 위탁판매사업을 중단하게 된 경우, 그로 인해 수산업협동조합이 상실하게 된 위탁판매수수료 수입은 사업시행자의 매립사업으로 인한 직접적인 영업손실이 아니고 간접적인 영업손실이라고 하더라도 피침해자인 수산업협동조합이 공공의 이익을 위하여 당연히 수인하여야 할 재산권에 대한 제한의 범위를 넘어 수산업협동조합의 위탁판매사업으로 얻고 있는 영업상의 재산이익을 본질적으로 침해하는 특별한 희생에 해당하고, 사업시행자는 공유수면매립면허 고시 당시 그 매립사업으로 인하여 위와 같은 영업손실이 발생한다는 것을 상당히 확실하게 예측할 수 있었고 그 손실의 범위도 구체적으로 확정할 수 있으므로, … 그 손실에 관하여 구 공유수면매립법 또는 그 밖의 법령에 직접적인 보상규정이 없더라도 공공용지의 취득 및 손실보상에 관한 특례법 시행규칙상의 각 규정을 유추적용하여 그에 관한 보상을 인정하는 것이 타당하다."(대판, 99다27231: 수협의 위탁판매수수료 손실)

VIII

행정쟁송제도 개관

Chapter Ⅷ 행정쟁송제도 개관

<table>
<tr><td>의의</td><td colspan="7">⇨ 행정처분이 위법 또는 부당한 경우 이를 통제하여(행정처분에 대한 통제기능) 법치주의 원칙에 따른 행정처분의 적법성을 사후적으로 회복하고 이를 통하여 국민의 권리보호(권리보호기능)를 도모하기 위한 제도 ⇦ <u>위법(부당)한 원인행위의 제거</u>
– 위법한 원인행위로 인한 결과적 <u>손해</u>의 제거는 국가배상(헌§29)
– 적법한 원인행위로 인한 결과적 <u>손실</u>은 보상은 손실보상(헌§23③; 재산상의 손실)
cf) '생활'의 손실/생명 · 신체의 손실</td></tr>
<tr><td colspan="8">종류</td></tr>
<tr><td>구 분</td><td colspan="4">광의의 행정심판</td><td colspan="3">행정소송</td></tr>
<tr><td rowspan="2">제도적 실익</td><td colspan="4">장점: 자율적 통제, 행정운영의 적정성, 소송경제, 사법기능 보완, 법원부담경감</td><td colspan="3" rowspan="2">적법성의 회복 + 권리구제</td></tr>
<tr><td colspan="4">단점: 권리구제불완전, 공정성 미흡, 유명무실 절차가능</td></tr>
<tr><td rowspan="6">종류 및 심판기관</td><td rowspan="3">抗告爭訟</td><td colspan="3">처분의 불복청구: 覆審的爭訟</td><td rowspan="2">주관적 소송</td><td>抗告訴訟</td><td>취소소송(90일/1년)
무효등확인소송
부작위위법확인소송</td></tr>
<tr><td>行政審判(협의)</td><td>심판기관: 행정심판위원회</td><td>취소심판
무효등확인심판
의무이행심판</td><td>當事者訴訟</td><td>실질적 당사자소송
형식적당사자소송[136)]</td></tr>
<tr><td>異議申請</td><td colspan="2">심판기관: 처분청</td><td rowspan="4">객관적 소송</td><td rowspan="3">機關訴訟</td><td rowspan="2">(예) 지방자치법 §159
위법 · 부당한 지방의회 의결–재의요구(자치단체장)–원안확정(출석⅔)–대법원 제소</td></tr>
<tr><td rowspan="3">當事者爭訟</td><td colspan="3">공법상의 권리관계 다툼: 始審的爭訟</td></tr>
<tr><td rowspan="2">裁決</td><td rowspan="2">재결기관: 행정청</td><td>형성재결: 협의 불성립 후–토지수용위원회 재결</td><td>'헌법재판소법'상의 권한쟁의심판
– 국회/정부/법원/중앙선관위의 권한쟁의
– 국가기관[137)]/지자체의 권한쟁의
– 지자체 상호간의 권한쟁의</td></tr>
<tr><td>확인재결: 법률관계의 存否 또는 正否의 확인–국배심의회 결정</td><td>民衆訴訟</td><td>– 일반선거인의 선거무효소송
– 일반투표인의 국민투표무효소송</td></tr>
<tr><td>쟁송사항</td><td colspan="4">위법 또는 부당한 처분이나 부작위</td><td colspan="3">위법한 처분 또는 부작위</td></tr>
<tr><td>쟁송절차</td><td colspan="4">구술 또는 서면심리, 예외적 공개 허용</td><td colspan="3">구술심리, 공개재판</td></tr>
<tr><td>심리범위</td><td colspan="4">처분의 적극적 변경 가능(의무이행심판)</td><td colspan="3">적극적 변경 불가, 일부취소만 허용(판례)</td></tr>
<tr><td colspan="8">※ 헌법재판(헌§111①): 인용은 6인 이상 찬성(단, 권한쟁의 다수결)</td></tr>
</table>

(1) 위헌법률심판: 법률(조항) 위헌여부가 '재판'의 전제가 된 때 법원 제청을 거쳐(헌§107①) cf) 위헌위법명령규칙심사는 법원이(헌§107②)
(2) 탄핵심판: 고위공무원의 직무집행이, 헌법/법률 위반한 때(헌§65①), 국회의 소추의결, 직무수행 불가(2004헌나1)
(3) 정당해산심판: 정당의 목적/활동이 민주적 기본질서 위배, 정부 제소(헌§8④)
(4) 권한쟁의심판: 前述(60일/180일) cf) 기관소송
(5) 헌법소원심판: 공권력의 행사/불행사로, 기본권 침해/다른 법률 구제수단 거쳐(보충성), 재판은 제외(헌재법§68①), 90일/1년(다른 구제수단 거친 경우 30일)

136) "공익사업을 위한 토지 등의 취득 및 보상에 관한 법률"(토지보상법) 제85조(행정소송의 제기) ① 사업시행자, 토지소유자 또는 관계인은 제34조에 따른 재결에 불복할 때에는 재결서를 받은 날부터 60일 이내에, 이의신청을 거쳤을 때에는 이의신청에 대한 재결서를 받은 날부터 30일 이내에 각각 행정소송을 제기할 수 있다. 이 경우 사업시행자는 행정소송을 제기하기 전에 제84조에 따라 늘어난 보상금을 공탁하여야 하며, 보상금을 받을 자는 공탁된 보상금을 소송이 종결될 때까지 수령할 수 없다.

② 제1항에 따라 제기하려는 행정소송이 보상금의 增減에 관한 소송인 경우 그 소송을 제기하는 자가 토지소유자 또는 관계인일 때에는 사업시행자를, 사업시행자일 때에는 토지소유자 또는 관계인을 각각 피고로 한다.

137) 권한쟁의심판은 국회의 입법행위 등을 포함하여 권한쟁의 상대방의 처분 또는 부작위가 헌법 또는 법률에 의하여 부여받은 청구인의 권한을 침해하였거나 침해할 현저한 위험이 있는 때 제기할 수 있는 것인데, 헌법상 국가에게 부여된 임무 또는 의무를 수행하고 그 독립성이 보장된 국가기관이라고 하더라도 오로지 법률에 설치근거를 둔 국가기관이라면 국회의 입법행위에 의하여 존폐 및 권한범위가 결정될 수 있으므로 이러한 국가기관은 '헌법에 의하여 설치되고 헌법과 법률에 의하여 독자적인 권한을 부여받은 국가기관'이라고 할 수 없다. 즉, 청구인이 수행하는 업무의 헌법적 중요성, 기관의 독립성 등을 고려한다고 하더라도, 국회가 제정한 국가인권위원회법에 의하여 비로소 설립된 청구인은 국회의 위 법률 개정행위에 의하여 존폐 및 권한범위 등이 좌우되므로 헌법 제111조 제1항 제4호 소정의 헌법에 의하여 설치된 국가기관에 해당한다고 할 수 없다. 결국, 권한쟁의심판의 당사자능력은 헌법에 의하여 설치된 국가기관에 한정하여 인정하는 것이 타당하므로, 법률에 의하여 설치된 청구인에게는 권한쟁의심판의 당사자능력이 인정되지 아니한다(헌재, 2009헌라6).

VIII-2

행정심판제도

1. 개관
2. 심판기관 : 행정심판위원회
3. 행정심판의 당사자
4. 행정심판의 제기와 그 효과
5. 행정심판의 심리
6. 행정심판의 재결
7. 전자정보처리조직을 통한 행정심판절차
8. 관세쟁송

Chapter Ⅷ-2 행정심판제도

1. 개관

의의	⇨ "행정청의 위법 또는 부당한 처분이나 부작위"로[138] 인하여 법률상 이익이 침해된 자는 그 처분의 취소 또는 무효등확인을 위한 심판을 청구하거나 부작위에 대해서는 의무이행심판을 청구
대상	(1) 행정청: "국가 또는 지방자치단체의 意思나 判斷을 결정하여 외부에 표시할 권한을 가진 행정기관" (2) 처분: "행정청의 구체적 사실에 관한 법집행행위로서의 공권력의 행사 · 거부 및 이에 준하는 작용" (3) 부작위: "당사자의 신청에 대하여 상당한 기간 내에 일정한 처분을 해야 할 법률상의무(= 법령상, 해석상 기속행위)가 있음에도 이를 하지 아니하는 것"
일반법	행정심판법
종류	취소심판, 무효등확인심판, 의무이행심판

2. 심판기관: 행정심판위원회

위원회	처분청
처분청 소속 행정심판위원회	- 감사원, 국가정보원장, 그 밖에 대통령령으로 정하는 대통령 소속기관의 장(대통령비서실장/경호실장, 국가안보실장, 방송통신위원회) - 국회사무총장 · 법원행정처장 · 헌법재판소사무처장 및 중앙선거관리위원회사무총장 - 국가인권위원회, 진실 · 화해를위한과거사정리위원회, 그 밖에 지위 · 성격의 독립성과 특수성 등이 인정되어 대통령령으로 정하는 행정청
중앙행정심판위원회 (국민권익위원회 內)	- 70인(4인 상임), 9인 회의 - 위의 행정청 외의 국가행정기관의 장(ex) 각부장관) 또는 그 소속 행정청(지방경찰청/병무청/환경청 등) - 특별시장 · 광역시장 · 도지사 · 특별자치도지사(교육감) 또는 특별시 · 광역시 · 도 · 특별자치도의 의회(의장, 위원회의 위원장, 사무처장 등 의회 소속 모든 행정청 포함) - 지방자치법에 따른 지방자치단체조합 등 관계 법률에 따라 국가 · 지방자치단체 · 공공법인 등이 공동으로 설립한 행정청
시 · 도지사 (교육감) 소속 행정심판위원회	- 50인, 8인 회의 - 시 · 도 소속 행정청 - 시 · 도의 관할구역에 있는 시 · 군 · 자치구의 장, 소속 행정청 또는 시 · 군 · 자치구의 의회 - 시 · 도의 관할구역에 있는 둘 이상의 지방자치단체 · 공공법인 등이 공동으로 설립한 행정청
직근상급행정기관에 두는 행정심판위원회	- 대통령령이 정하는 국가행정기관 소속 특별지방행정기관의 장 - only 법무부/대검찰청 소속 특별지방행정기관: 지방교정청행심위/고등검찰청행심위
ex 1) 지방병무청장의 등급판정/경찰서장의 운전면허정지 - 중앙행정심판위원회(처분청이 국가행정기관장 소속 행정청의 처분) ex 2) 지방검찰청 검사장의 처분 - 고등검찰청 행정심판위원회(직근상급행정기관에 두는 위원회), 고등검사장은 대검위원회 ex 3) 학폭위의 징계결정 ⇨ 재심{학폭위 or 시도학생징계조정위원회(전학/퇴학), 10일/15일} ⇨ 교육청행심위(재심결정통보일 60일): 특별규정 ex 4) 관세심판원(후술)/특허심판원: 특별규정 ex 5) 경찰서장의 통고처분(범칙금)의 불복 ⇨ 정식재판(즉결심판) ex 6) 검사 불기소처분의 불복: 재정, 검찰항고, 재항고, 헌법소원	

3. 행정심판의 당사자

청구인	– 위법 · 부당한 처분이나 부작위에 대하여 취소 · 변경/무효확인/의무이행을 구할 "법률상 이익"을 가지는 자 – 법률상이익이란 반사적 이익은 제외되나 권리 및 법률상보호이익을 포함 – 처분의 효과가 기간의 경과, 처분의 집행 그 밖의 사유로 인하여 소멸된 뒤에도 그 처분의 취소로 인하여 회복되는 법률상 이익이 있는 경우 역시 청구인적격 인정(권리보호의 필요 = 협의의 訴益)
피청구인	– 처분청 또는 부작위청이며, 권한의 위임 · 위탁이 있는 경우 그 受任/受託廳 – 피청구인의 更正: 피청구인을 誤指定한 경우 신청 또는 직권에 의하여 위원회 결정으로 更正 : 이 경우 종전 청구는 취하, 새로운 청구는 당초 청구시로 소급제기된 것으로 간주

4. 행정심판의 제기와 그 효과

<table>
<tr><td>청구기간
(제27조)</td><td colspan="2">① 원칙: 처분이 있음을 안 날로부터 90일 또는 처분이 있은 날로부터 180일 이내
② 예외: ⓐ 90일의 예외: 천재, 지변 등 불가항력적 사유가 있은 때 사유 소멸 후 14일(외국 30일) 이내
ⓑ 180일의 예외: 정당한 사유가 있는 때(ex.복효적 처분의 제3자의 심판청구)
ⓒ 誤告知, 不告知: 오고지된 기간 내에, 불고지의 경우는 처분 있는 날 180일 이내</td></tr>
<tr><td>청구서
제출</td><td colspan="2">⇨ 피청구인 또는 위원회(종전의 처분청경유주의 폐지)(제23조, 제24조)
– 피청구인(처분청)에 제출된 경우 청구서 접수일 또는 위원회로부터 송부받은 날로부터 10일 이내에 답변서(처분 등의 근거, 이유 및 청구취지와 이유에 대응하는 답변)를 첨부하여 위원회에 제출
– 위원회에 제출된 경우 지체없이 피청구인에게 심판청구서 부본을 송부
– 처분의 상대방이 아닌 제3자가 심판청구한 경우 피청구인은 지체 없이 처분의 상대방에게 그 사실 통지</td></tr>
<tr><td>피청구인의
직권취소</td><td colspan="2">– 피청구인은 심판청구가 이유 있다고 인정하면 청구취지에 따라 직권으로 처분을 취소 · 변경하거나 확인을 하거나 신청에 따른 처분을 할 수 있으며, 이처럼 직권취소한 경우 그 사실을 청구인 및 위원회에 통지하여야 함(제25조)</td></tr>
<tr><td rowspan="2">심판청구의
변경</td><td>일반적인
청구의 변경</td><td>– 청구의 기초에 변경이 없는 범위 안에서, 위원회의 재결이 있기 전까지, 청구취지(취소를 무효확인으로) 또는 청구이유(처분의 부당을 위법으로)의 변경 가능</td></tr>
<tr><td>처분변경으로 인한
청구의 변경</td><td>– 심판청구 후에 그 대상인 처분이 변경된 때 변경된 처분에 따른 청구취지 또는 청구이유의 변경 가능</td></tr>
<tr><td rowspan="3">심판제기의
효과</td><td>집행
불정지
원칙</td><td>① 의의: 행정심판의 제기에도 불구하고 그 대상이 되는 처분은 아무런 영향을 받지 아니하는 바, 남소방지, 행정운영의 부당한 정체를 예방하기 위하여 행정정책적으로 인정되는 제도
②근거: "심판청구는 처분의 효력이나 그 집행 또는 절차의 속행에 영향을 주지 아니한다." (제30조①)
③ 예외적 집행정지
– 처분, 처분의 그 집행 또는 절차의 속행으로 중대한 손해가 생기는 것을 예방할 필요성이 긴급하다고 인정되는 경우 처분의 효력, 그 집행 또는 절차의 속행의 전부 또는 일부를 정지
– 다만 집행정지로 공공복리에 중대한 영향을 미칠 우려가 있을 때에는 허용되지 아니한다(제30조②③).</td></tr>
<tr><td>임시
처분</td><td>– 위원회는 처분 또는 부작위가 위법 · 부당하다고 상당히 의심되는 경우로서 처분 또는 부작위 때문에 당사자가 받을 우려가 있는 중대한 불이익이나 급박한 위험을 막기 위하여 임시지위를 정하여야 할 필요가 있는 경우에는 직권으로 또는 당사자의 신청에 의하여 임시처분을 결정할 수 있다(제31조①).
– 임시처분은 집행정지로 목적을 달성할 수 있는 경우에는 허용되지 아니한다(제31조③).</td></tr>
<tr><td>기타</td><td>– 심판의무, 중복청구금지의무</td></tr>
</table>

138) 대통령의 처분 또는 부작위에 대해서는 심판청구가 허용되지 아니하며(행심법 제3조 제2항) 직접 소송을 제기하여야 한다.

5. 행정심판의 심리

심리의 종류	요건심리	⇨ 심판제기요건의 충족여부에 대한 심사로서 이를 충족하지 못한 때에는 보정명령 또는 직권보정을 하게 되며, 보정이 불가능한 때에는 각하재결 ⇨ 심판제기요건: 소의 이익(권리보호의 자격〈원고적격 = 법률상이익〉·대상〈처분성〉·필요〈회복이익〉), 청구기간, 피고적격, 신청서〈소송의 경우: 소장, 관할법원, 행정심판전치주의(필요적 전치 限)〉
	본안심리	청구내용의 當否에 대한 심리(처분 등이 위법 또는 부당한가?)로서 기각 또는 인용재결
심리의 방식	對審主義, 書面審理主義(구술심리[139] 가능), 職權審理主義, 非公開主義(원칙)	
청구의 취하	위원회의 재결이 있기 전까지 서면으로 심판청구의 취하 가능	

6. 행정심판의 재결

재결기간	– 심판청구서를 받은 날로부터 60일 이내(위원장 직권으로 30일 연장 가능)(제45조) – 재결은 재결서 정본이 청구인에게 송달된 때 그 효력 발생(제48조)
재결의 범위	– 不告不理原則, 不利益變更禁止原則이 적용되며(제47조), 법률문제(적법, 위법의 문제)뿐만 아니라 행정소송의 경우와는 달리 재량문제(당, 부당의 문제)까지 심리 가능
재결의 종류	(1) 인용재결 vs. 기각재결 (2) 事情裁決(제44조): 처분 등이 위법 또는 부당하더라도 이를 인용하는 경우 "공공복리에 크게 위배된다고 인정되는 때"에는 심판청구를 기각할 수 있는 바, 사정재결의 경우 재결주문에 '위법 또는 부당성을 명시'하여야 하며, 청구인의 구제를 위하여 청구인에 대하여 상당한 구제방법을 취하거나, 피청구인에게 상당한 구제방법을 취할 것을 명할 수 있다. 사정재결은 무효확인심판의 경우에는 적용이 없음(제44조) (3) 조정: 위원회는 당사자의 권리/권한의 범위에서 당사자의 동의를 받아 심판청구의 신속/공정한 해결 위하여 조정을 할 수 있다. 다만, 그 조정이 공공복리에 적합하지 아니하거나 해당 처분의 성질에 반하는 경우에는 그러하지 아니하다(§43의2)(2018.5.1. 발효). (4) 관련 명령 등의 시정요청: 중앙행정심판위원회는 심판청구를 심리·재결할 때에 처분 또는 부작위의 근거가 되는 명령 등이 법령에 근거가 없거나 상위 법령에 위배되는 경우 관계 행정기관에 그 명령 등의 개정·폐지 등 적절한 시정조치를 요청할 수 있다(§59).
재결의 효력	(1) 형성력: 재결의 내용대로 기존법률관계의 변동을 가져오는 효력(대세적 효력) (2) 기속력: 재결은 피청구인인 행정청과 그 밖의 관계행정청을 기속한다(행정청에 대한 구속력). ① 재처분금지의무: 처분청은 재결로 취소된 처분과 동일한 처분을 다시 하여서는 아니되며 ② 처분의무: 거부처분 또는 부작위에 대한 의무이행재결이 있는 때 재결 내용에 따라 처분의무 (3) 위원회의 직접처분: 의무이행재결에도 불구하고, 피청구인이 처분을 하지 아니하는 경우 당사자가 신청하면 기간을 정하여 서면으로 시정을 명하고 그 기간에 이행하지 아니하면 직접 처분을 할 수 있다. 다만, 그 처분의 성질이나 그 밖의 불가피한 사유로 위원회가 직접 처분을 할 수 없는 경우에는 그러하지 아니하다(제50조). (4) 재결에 대한 불복 ① 재심판청구 금지: 재결에 대해서는 더 이상 불복할 수 없음이 원칙이나, 재결 자체에 고유한 위법 또는 무효사유가 있는 때는 그러하지 아니하다. ② 원처분주의: 재결에 불복하는 때에는 원처분을 대상으로 행정소송을 제기하여야 (5) 재결에 따른 취소 또는 변경 사실의 공고 등: 법령의 규정에 의하여 공고한 처분이 재결로써 취소 또는 변경되었거나, 또는 법령의 규정에 의하여 처분의 상대방 외의 이해관계인에게 통지된 처분이 재결로써 취소 또는 변경된 때에는, 처분을 한 행정청은 지체없이 그 사실을 공고 또는 이해관계인에게 통지하여야 한다(제49조④⑤).

7. 전자정보처리조직을 통한 행정심판절차

청구서 제출	– 심판청구서와 그 밖의 서류를 전자문서화하고 이를 정보통신망을 이용하여 위원회에서 지정·운영하는 전자정보처리조직을 통하여 제출할 수 있다(부본제출의무는 면제).
심판청구일	– 전자문서는 그 문서를 제출한 사람이 전자정보처리조직에서 제공하는 접수번호를 확인하였을 때에 접수된 것으로 보며, 심판청구기간을 계산할 때에는 접수가 되었을 때 행정심판이 청구된 것으로 본다.
전자문서의 송달과 도달	– 전자정보처리조직을 통한 서류의 송달은 청구인이 등재된 전자문서를 확인한 때에 도달한 것으로 본다. 다만 등재사실을 통지한 날부터 2주 이내(재결서 외의 서류는 7일 이내)에 확인하지 아니하였을 때에는 그 2주가 지난 날(재결서 외의 서류는 7일이 지난 날)에 도달한 것으로 본다.

8. 관세쟁송

과세처분[140] ⇨ 〈이의신청〉 ⇨ 심사청구 or 심판청구〈중복 제기 금지〉 ⇨ 행정소송(필요적 심판전치주의)	
이의신청	– 처분(부작위)청(= 세관장)에 대한 불복청구: 관세심사위원회의 심의를 거쳐 결정(30일 이내) – 청구기간: 처분 안날 90일
심사청구	① 청구기간: 처분 안 날(이의신청에 대한 결정의 통지받은 날) 90일〈이의신청결정기간(30일)을 도과한 경우 그 만료일부터 청구가능, 기간연장사유 있는 경우 사유소멸일 14일 이내〉 ② 청구절차: 처분청경유주의 ⇨ 세관장〈7일 이내 의견서 첨부하여〉 거쳐 관세청장에게 ③ 관세심사위원회: 과세전 적부심사, 심사청구, 이의신청의 심의를 위하여 세관 및 관세청에 설치 ④ 심사청구의 효과: 집행부정지원칙 ⇨ 심사청구(이의신청, 심판청구)는 처분의 집행에 효력 미치지 아니함 ⑤ 결정절차: 관세심사위원회 심의 거쳐 관세청장이 청구일로부터 90일 이내 결정, 회의 비공개(원칙)
심판청구	국세기본법 제7장 제3절 준용 ① 조세심판원(국무총리 소속)에 의한 심판 ② 청구기간: 심사청구와 동일 ③ 청구절차: 처분청 경유주의 ⇨ 세관장〈10일 이내 답변서 첨부하여〉 거쳐 조세심판원장에게 ④ 심리: 조세심판관 회의(주심 1인 배석 2인 이상), 2/3 출석 개의, 과반수 의결, 비공개원칙, 질문심사권, 자유심증 판단 ⑤ 결정절차: 조세심판관회의 심리 거쳐(소액·경미사건 예외), 조세심판원장 결정, 불고불리, 불이익변경금지 ⑥ 결정의 효력: 기속력 및 처분의무
항고소송	필요적 심판전치주의/심사청구 또는 심판청구의 결정 통지받은 날 90일 이내

---

139) 당사자가 구술심리를 신청한 경우 서면심리만으로 결정할 수 있다고 인정되는 경우 외에는 구술심리를 하여야 한다(행심법 제40조 제1항).

140) 불복할 수 없는 처분(관세법 제119조 제2항): 1. 이의신청·심사청구 또는 심판청구에 대한 처분(다만, 이의신청에 대한 처분에 대하여 심사청구 또는 심판청구를 하는 경우는 제외), 2. 이 법에 따른 통고처분, 3. 감사원법에 따라 심사청구를 한 처분이나 그 심사청구에 대한 처분

Ⅷ-3

행정소송제도

1. 개관
2. 항고소송의 한계
3. 취소소송
4. 무효확인소송과 부작위위법확인소송
5. 당사자소송

Chapter Ⅷ-3 행정소송제도

1. 개관

의의	법원이 행정사건에 관하여 정식소송절차로 행하는 소송
기능	– 위법한 행정처분을 취소 또는 무효등 확인을 하거나 위법한 부작위에 대한 부작위위법확인을 통하여 행정처분의 적법성을 회복하고 그 결과 국민의 권익을 구제하기 위한 제도적 장치
일반법	행정소송법
종류	항고소송(취소소송, 무효등확인소송, 부작위위법확인소송)/당사자소송/기관소송/민중소송

2. 항고소송의 한계

<table>
<tr><td></td><td colspan="2">⇨ 재판받을 권리(헌, §27①), 행정소송의 원고적격에서의 개괄주의(헌법 §107②; 행정소송법 §12)에도 불구하고, 행정소송도 법률상분쟁을 해결하기 위한 것이라는 점 및 권력분립의 원칙이 적용된다는 점에서 일정한 한계 있음</td></tr>
<tr><th colspan="3">사법권의 본질에 따른 한계: “법률상분쟁”의 해결</th></tr>
<tr><td colspan="3">– “법원은 헌법의 특별규정 있는 경우를 제외한 일체의 <u>법률상 분쟁</u>을 심판”(법원조직법§2①)
– “법률상 분쟁”이라 함은 “구체적 권리의무에 관한 분쟁”(구체적 사건성)으로서 “법률의 적용에 의하여 해결”될 수 있는 사건(법적해결가능성)을 의미</td></tr>
<tr><td colspan="2">(1) 구체적 사건성 결여</td><td>(2) 법적 해결가능성 결여</td></tr>
<tr><td colspan="2">① 법령의 효력 · 해석 다툼(추상적 규범통제): 헌법 제107조의 대상
② 반사적 이익 다툼
③ 객관적 소송(법률 규정 예외)/사실 · 예술의 문제</td><td>① 통치행위(초법적)
② 재량행위(재량의 일탈 · 남용은 위법)
③ 특별권력관계 내부행위/방침규정 위반</td></tr>
<tr><th colspan="3">권력분립의 원칙에 따른 한계</th></tr>
<tr><td>(1) 의무이행 소송의 인정여부</td><td colspan="2">① 쟁점: 권력분립원칙을 강조하는 경우 행정권에 대한 사법권의 간섭은 허용될 수 없을 것인 바, 이와 관련하여 현행법이 <u>부작위위법확인소송</u>의 형식만을 인정하고 있기 때문에, <u>법률의 명시적 근거규정이 없이 이른바 “의무이행소송” 내지 “처분의 적극적 변경”이 허용될 수 있는가?</u>
② 학설
㈎ 소극설: 명문규정이 없는 한, 이와 같은 법원의 판단은 행정권에 대한 부당한 간섭으로 이는 권력분립의 원칙에 반한다고 한다(판례).
㈏ 적극설: 권력분립이란 권력상호간의 “견제와 균형”을 통하여 권력남용을 방지하고 국민의 권리보장을 위한 것으로, 행정권에 대한 사법권의 견제는 당연한 것이라고 함
㈐ 다수설: “행정청의 위법한 처분의 취소 또는 변경을 구하는 소송”(§4①)에서 <u>‘변경’이라 함은 ‘일부취소’를 의미하는 소극적 변경만을 의미하는 것은 아니며 ‘적극적 변경’을 포함하는 것</u>이라고 이해</td></tr>
<tr><td colspan="3">(2) 국회의원의 자격심사 · 제명: 제소금지(헌64④)
(3) 헌재 관할권 사항</td></tr>
</table>

3. 취소소송

(1) 취소소송의 제기요건과 소제기의 효과

<table>
<tr><td>의의</td><td>행정청의 위법한 처분의 취소 또는 변경을 구하는 소송</td></tr>
<tr><td colspan="2">취소소송의 제기요건</td></tr>
<tr><td colspan="2">- 취소소송을 제기하기 위해서는 ⓐ 행정청의 ⓑ 위법한 ⓒ 처분 등에 대하여 ⓓ 원고적격을 가진 자가 ⓔ 피고적격을 가진 행정청을 상대로 ⓕ 제소기간 내에 ⓖ 소정의 소장에 의하여 ⓗ 예외적 행정심판을 거쳐서 ⓘ 관할 행정법원에 ⓙ 그 처분의 취소.변경을 구하는 것일 것의 요건을 충족해야 하며(소송요건),
- 소송요건의 구비여부는 직권조사사항이며, 구비하지 못한 때에는 부적법한 소송제기로서 却下</td></tr>
<tr><td>관할법원</td><td>① 원칙: 취소소송의 제1심 관할법원은 피고의 소재지를 관할하는 행정법원
② 예외(선택 가능)
- 중앙행정기관, 중앙행정기관의 부속기관과 합의제행정기관 또는 그 장/국가의 사무를 위임 또는 위탁받은 공공단체 또는 그 장인 경우의 관할법원은 대법원 소재지의 행정법원
- 토지의 수용 기타 부동산 또는 특정의 장소에 관계되는 처분 등에 대한 취소소송은 그 부동산 또는 장소의 소재지를 관할하는 행정법원
③ 이송: 원고의 고의 or 중대 과실 없이 행정소송이 심급 달리하는 법원에 잘못 제기된 경우 관할법원에 이송(§7, 민소§31①)
④ 관련청구소송의 병합 및 이송: 취소소송과 관련청구소송이 다른 법원에 계속되고 있는 경우 관련청구소송이 계속된 법원이 상당하다고 인정하는 때에는 당사자의 신청 또는 직권에 의하여 이를 취소소송이 계속된 법원으로 이송할 수 있으며(§10①), 취소소송에는 사실심의 변론종결시까지 관련청구소송을 병합하거나 피고 외의 자를 상대로 한 관련청구소송을 취소소송이 계속된 법원에 병합하여 제기할 수 있다(§10②).[141]</td></tr>
<tr><td>피고적격</td><td>⇨ 처분청, 부작위청
① 권한의 위임 · 위탁이 있는 때에는 그 수임 · 수탁청이, 승계된 때에는 승계청
② 공무원에 대한 불이익처분의 처분청이 대통령, 국회의장, 중앙선관위위원장인 경우 각각 소속장관, 국회규칙으로 정하는 소속기관장, 사무총장이 피고
③ 피고의 경정: 원고가 피고를 잘못 지정한 때 법원은 원고의 신청에 의하여 결정으로 피고경정을 허가할 수 있으며, 피고경정이 있는 때에는 종전 피고에 대한 소송은 취하된 것으로 간주하고, 새로운 피고에 대한 소송은 처음 소송 제기한 때에 제기된 것으로 간주</td></tr>
<tr><td>제소기간</td><td>- 처분이 있음을 안 날(행정심판을 거친 때에는 재결서정본송달일)로부터 90일 or 처분이 있은 날(행정심판을 거친 때에는 재결이 있는 날)로부터 1년 이내(90일 기간은 불변기간, 1년은 '정당한 사유'가 있는 때에는 예외 인정</td></tr>
<tr><td>행정심판 전치</td><td>- 1998년 개정법에서는 다른 법률에 행정심판의 재결을 거치지 아니하면 취소소송을 제기할 수 없다는 규정이 있는 때가[142] 아닌 한 행정심판은 거치지 아니하여도 무방한 "임의적 전치주의"로 전환</td></tr>
<tr><td>권리보호의 자격[143] (원고적격)</td><td>⇨ 처분의 취소 또는 변경을 구할 "법률상 이익"이 있는 자 ⇦ '반사적 이익'의 침해 원고적격 부인
① 법률상 이익: 권리 및 법률상 보호 이익을 포함하는 개념으로 이해
② 제3자의 원고적격성
- 競業者訴訟:, 隣人訴訟, 環境訴訟, 消費者訴訟 등에서 원고적격의 인정여부가 문제
- 환경소송 또는 소비자소송에 있어서 이해당사자의 집단 또는 단체가 구성되어 있는 경우 그 집단 등의 원고적격을 인정할 수 있는가도 문제되나 민중소송적 성격을 가진다는 이유로 부인하는 견해가 일반적</td></tr>
<tr><td>권리보호의 대상 (처분성)</td><td>⇨ 행정청의 위법한 "처분 등"(처분, 부작위, 재결을 포함)
① 처분: "행정청이 행하는 구체적 사실에 관한 법집행으로서의 공권력의 행사 또는 그 거부와 그밖에 이에 준하는 행정작용 및 행정심판에 대한 재결"
② 부작위: "행정청이 당사자의 신청에 대하여 상당한 기간내에 일정한 처분을 하여야 할 법률상 의무가 있음에도 불구하고 이를 하지 아니하는 것"
③ 처분성 인정여부: 처분의 개념과 관련하여, 우리 판례는 ⓐ 공권력발동행위(공권력성), ⓑ 법적효과의 발생(법적효과성), ⓒ 최종적, 직접적 효과를 가져오는 행위(분쟁성숙성)인 경우 처분성을 인정함.[144]</td></tr>
</table>

권리보호의 필요(소익)	- 취소소송을 통하여 법률상 이익의 회복가능성이 있을 것이 필요: "처분 등의 효과가 기간의 경과, 처분 등의 집행 그 밖의 사유로 인하여 소멸된 뒤"에는 취소를 구할 처분이 존재하지 아니하기 때문에 소송을 통하여 다툴 실익이 없음 - 처분이 소멸한 경우라 하더라도 "그 처분 등의 취소로 인하여 회복되는 법률상 이익이 있는" 때에는 그러하지 아니함 (ex) 파면처분의 경우 정년 지난 상태라 하더라도 퇴직금 관련 이익이 존재하며, 행정처분의 요건이 가중처벌조건인 경우)
취소소송제기의 효과	
효과	법원의 심판의무, 당사자의 중복제소금지의무, 당해 처분에 대해서는 집행불정지의 원칙이[145] 적용[146]
청구취지의 변경	⇨ 행정청이 소송의 대상인 처분을 소가 제기된 후 변경한 때에는 원고의 신청에 의하여 결정으로써 청구의 취지 또는 원인의 변경을 허가할 수 있으며, 이 경우 원고의 신청은 처분의 변경이 있음을 안 날로부터 60일 이내(법 제22조)

141) 관련청구소송의 이송 및 병합에 관한 제도는 취소소송과 이와 관련되는 여러 개의 청구를 병합/심리함으로써, 당사자 및 법원의 부담경감, 심리의 중복·저촉의 회피, 여러 사건의 일괄적 해결을 도모하기 위한 제도이다. 여기에서 관련청구소송이라 함은 취소소송의 대상이 되는 처분 등과 관련되는 손해배상/부당이득반환/원상회복 등의 청구소송 및 처분 등과 관련되는 다른 취소소송을 말한다.

142) 공무원인사관련소송, 조세관련소송, 특허소송 등의 경우는 필요적 전치주의를 취하고 있다.

143) 訴의 利益: '소의 이익'이란 소송을 통하여 법률상 이익의 회복가능성이 있을 것, 즉 실익이 없는 소송의 방지를 위한 것으로, 위 취소소송의 제기요건 가운데 ① 권리보호의 자격, ② 권리보호의 대상 및 ③ 권리보호의 필요의 3 요건을 특별히 '訴의 利益'의 문제로 다룬다.

144)

처분성 부인	처분성 인정
(1) 공권력성 결여: *私法行爲*(국유잡종재산의 매각행위, 국유광업권처분, 국유림대부, 전화가입관계, 농지분배행위 등을 *私法行爲*로 판시) (2) 법적 효과 결여: 사실행위, 내부적 행위 (3) 분쟁성숙성 결여: 입법행위, 행정계획, 기준설정 등의 작용 (4) 권고적 성격의 행위(위법건축물 시정명령 위반의 경우 전기/전화공급의 중단요청)	(1) 계속적 지배력이 있는 권력적 사실행위: 강제격리, 단수, 단전 등의 조치('수인하명 + 권력적 사실행위'로 이해하는 견해 *有*) (2) 구속적 행정계획: 도시계획(시설)결정/주택재건축 사업시행계획 · 관리처분계획/ 개별공시지가결정(but, 도시기본계획, 하수도정비기본계획, 환지계획의 처분성 부인) (3) 공부의 기재행위: 기재사항이 실체적 권리관계와 밀접한 관련 있는 경우(건축주명의변경신고거부, 지목변경신청거부, 건축물대장용도변경신청거부 처분성 인정), but 무허가건물등재대상에서 삭제, 토지대장 소유자변경거부는 처분성 부인

145) 제23조(집행정지) ① 취소소송의 제기는 처분 등의 효력이나 그 집행 또는 절차의 속행에 영향을 주지 아니한다. ② 취소소송이 제기된 경우에 처분 등이나 그 집행 또는 절차의 속행으로 인하여 생길 '회복하기 어려운 손해'를 예방하기 위하여 '긴급한 필요'가 있다고 인정할 때에는 본안이 계속되고 있는 법원은 당사자의 신청 또는 직권에 의하여 처분등의 효력이나 그 집행 또는 절차의 속행의 전부 또는 일부의 정지(이하 "집행정지"라 한다)를 결정할 수 있다. 다만, 처분의 효력정지는 처분 등의 집행 또는 절차의 속행을 정지함으로써 목적을 달성할 수 있는 경우에는 허용되지 아니한다. ③ 집행정지는 공공복리에 중대한 영향을 미칠 우려가 있을 때에는 허용되지 아니한다.

146) **법원에 의한 집행정지 요건의 추가**: 본안에 이유가 없음이 명백하지 아니할 것: 처분의 집행정지는 처분이나 그 집행 또는 절차의 속행으로 인하여 생길 회복하기 어려운 손해를 예방하기 위하여 긴급한 필요가 있을 때 가능하며, 이 경우 본안청구에 이유가 없음이 명백한 때에는 집행정지를 할 수 없다(대판, 92두30).

(2) 취소소송의 심리와 입증

<table>
<tr><td>심리의 범위</td><td>① 요건심리, 본안심리
② 불고불리의 원칙: 행정소송법은 "당사자가 주장하지 아니한 사실에 대해서도 판단할 수 있다"(§26 후단)고[147] 하였으나 이는 원고의 청구범위를 유지하는 범위에서 필요에 따라 신청 외의 사실에 대해 판단할 수 있음을 규정한 것
③ 재량문제: 재량의 일탈 · 남용이 있는 경우 심리 가능(§27)
④ 공개심리주의, 구술심리주의, 변론주의
⑤ 예외적 직권주의: "법원은 필요하다고 인정한 때에는 직권으로 증거조사를 할 수 있다."(§26 전단)</td></tr>
<tr><td>주장과 책임</td><td>① 주장책임: 변론주의에 따르면, 당사자가 주장한 사실을 판결의 기초로 삼아야 하는 바, 유리한 사실이라도 변론에서 진술하지 아니하면 그 사실은 존재하지 아니한 것으로 간주되는 바 이를 '주장책임'이라 한다.
② 입증책임: 입증책임이란 사실관계의 '眞僞不明'으로 인한 불이익을 감수해야 할 책임을 말한다.
⇨ 취소소송에서의 입증책임에 대해서는 과거 행정행위의 공정력을 근거로 원고책임설이 주장되기도 하였으나, 민사소송법상의 입증책임분배의 원칙이 오늘날의 다수설</td></tr>
</table>

(3) 취소소송의 판결

<table>
<tr><td rowspan="2">판결의 종류</td><td colspan="2">- 종국판결/중간판결, 소송(요건)판결/본안판결, 확인판결/형성판결/급부판결
- 취소소송의 판결은 그 판결에 의하여 새로운 권리의무관계가 형성된다고 할 때 형성판결에 해당하며, 취소소송에서 위법판단의 기준시점은 처분시를 기준으로 한다는 처분시설이 통설, 판례[148] [149]
- 취소소송의 종국판결은 각하판결, 인용판결, 기각판결, 사정판결로 구분</td></tr>
<tr><td>사정판결</td><td>- 원고의 청구에 이유가 있음에도 불구하고(위법) 그 처분을 취소 · 변경하는 것이 현저히 공공복리에 적합하지 아니한 경우 원고의 청구를 기각하는 제도로서 이는 공익을 고려하여 개인의 사익을 희생시키는 제도[150]
- 사정판결의 경우 "판결주문에서 그 처분 등이 위법함을 명시하여야 하며"(기판력 발생) 나아가 원고의 권익구제를 위하여 "원고는 피고인 행정청이 속하는 국가 또는 공공단체를 상대로 손해배상, 除害施設의 설치 그밖에 적당한 구제방법의 청구를 당해 취소소송 등이 계속된 법원에 병합하여 제기할 수 있다."(§28③)
- 소송비용 피고 부담
- 직권 사정판결 인정[151]</td></tr>
<tr><td rowspan="4">판결의 효력</td><td>형성력</td><td>- 판결이 확정되는 경우 처분청의 취소가 없더라도 처분은 효력을 상실하여 처음부터 없었던 것과 같은 상태가 되며, 그 결과 처분에 따른 권리의무관계도 변동되는 형성력 발생
- 형성력은 제3자효(대세적 효력)(§29①) ⇨ 제3자 보호를 위한 소송참가 및 재심제도 인정</td></tr>
<tr><td>기속력 (구속력)</td><td>- 취소소송의 인용판결의 취지에 행정청이 구속되는 효력
- 처분의 취소판결이 있는 경우 처분청은 동일한 처분을 할 수 없으며(반복금지효, 재처분금지의무), 거부처분취소판결의 경우에는 판결의 취지에 따라 처분하여야 할 의무부담(처분의무)(§30②)
- 절차의 위법을 이유로 취소된 경우 적법절차에 따라 처분하여야 할 의무(§30③)
- 기속력은 인용판결의 경우에만 인정되며, 취소판결의 효과를 보장하기 위한 행정소송법상의 특별효력</td></tr>
<tr><td>집행력 (간접강제 제도)</td><td>- 거부처분취소판결에 따른 처분의무의 이행을 담보하기 위한 장치로서 부작위위법확인소송에 준용
- 거부처분취소판결에도 불구하고 "행정청이 … 처분을 하지 아니하는 때에는 제1심 수소법원은 당사자의 신청에 의하여 결정으로써 상당한 기간을 정하고 행정청이 그 기간 내에 이행하지 아니하는 때에는 그 지연기간에 따라 일정한 배상을 할 것을 명하거나 즉시 손해배상을 할 것을 명할 수 있다."(§34)</td></tr>
<tr><td>기판력 (실질적 확정력)</td><td>- 확정판결의 내용과 모순 · 저촉되는 주장을 금지하는 효력 ⇦ 분쟁의 종국적 해결을 위하여 인정
- 기판력은 사실심변론 종결시를 기준으로 발생하며(기판력의 시간적 범위), 당사자 및 승계인에 대하여 미치고 제3자에게는 미치지 아니하며(기판력의 주관적 범위), 또한 기판력은 판결주문에만 미치며 판결이유에 대해서는 미치지 아니함(기판력의 객관적 범위) ⇦ 취소소송에서 위법 확정된 경우 국배소송에서 적법 주장 불가(※그러나 역으로 국배소송의 위법은 기판력이 발생하지 아니함)</td></tr>
<tr><td>제3자의 재심청구</td><td colspan="2">⇨ 판결의 제3자효로 인하여 확정된 종국판결에 대하여 제3자의 재심청구가 허용
- 처분 등의 취소판결에 의하여 권리 또는 이익의 침해를 받은 제3자가 자기에게 책임 없는 사유로 소송에 참가하지 못하여 판결의 결과에 영향을 미칠 공격 또는 방어방법을 제출하지 못한 때에는 확정판결이 있음을 안 날로부터 30일 이내, 판결이 확정된 날로부터 1년 이내(불변기간)에 재심 청구</td></tr>
</table>

4. 무효확인소송과 부작위위법확인소송

무효확인소송	(1) 의의: 처분의 무효 · 유효 · 존재 · 부존재 등의 확인을 구하는 무효등확인소송은 항고소송의 일종으로 원칙적으로 취소소송에 관한 규정이 적용 (2) 준용배제: 행정심판전치주의, 제소기간, 재량처분의 취소, 사정판결에 관한 규정은 준용되지 아니함
부작위위법확인소송	(1) 의의: 행정청의 부작위가 위법함을 확인하는 소송으로서 성질상 확인소송의 일종이나 우리 행정소송법은 취소소송에 관한 규정을 준용하도록 규정 (2) 준용배제: 제소기간, 처분변경으로 인한 소의 변경, 집행정지결정, 사정판결에 관한 규정은 준용되지 아니함 (3) 간접강제제도: 부작위위법확인판결의 기속력을 확보하기 위하여 간접강제제도가 인정 (4) 입법론: '의무이행소송'으로 전환되어야 한다는 입법론 유력

5. 당사자소송

의의	⇨ "행정청의 처분 등을 원인으로 하는 법률관계에 관한 소송 그밖에 공법상의 법률관계에 관한 소송으로서 그 법률관계의 한쪽 당사자를 피고로 하는 소송"(§3, 2호) cf) 현재 당사자소송은 소송실무상 거의 이용되고 있지 아니하며 대신 민사소송으로 해결되고 있는 실정임
피고	"당사자소송은 국가 · 공공단체 그 밖의 권리주체를 피고로 한다."(§39)
종류	i) 처분 등을 원인으로 하는 법률관계에 관한 소송(부당이득반환청구소송, 국가배상청구소송) ii) 공법상의 지위 · 신분 등의 확인소송 iii) 공법상의 금전지급청구소송(공무원보수 및 연금지급청구 · 손실보상지급청구 등) iv) 공법상 계약에 관한 소송 etc.
형식적 당사자소송	형식적으로는 당사자소송의 형태를 취하고 있으나 실제로는 처분을 다투는 소송[152]

---

147) 행정소송에서 기록상 자료가 나타나 있다면 당사자가 주장하지 않았더라도 판단할 수 있고, 당사자가 제출한 소송자료에 의하여 법원이 처분의 적법 여부에 관한 합리적인 의심을 품을 수 있음에도 단지 구체적 사실에 관한 주장을 하지 아니하였다는 이유만으로 당사자에게 석명을 하거나 직권으로 심리·판단하지 아니함으로써 구체적 타당성이 없는 판결을 하는 것은 행정소송법 제26조의 규정과 행정소송의 특수성에 반하므로 허용될 수 없다(대판, 2010두20980).

148) 행정처분의 적법 여부는 특별한 사정이 없는 한 그 처분 당시를 기준으로 하여 판단하여야 하고, 처분청이 처분 이후에 추가한 새로운 사유를 보태어 처분 당시의 흠을 치유시킬 수는 없다 할 것이다(대판, 87누235). 따라서 피고의 원고에 대한 이 사건 징병검사명령은 그 병역의무 부과의 전제가 되는 국외여행허가가 취소되어 원고에게 고지되지 않은 상태에서 발하여진 것이므로 위법하다 할 것이고, 비록 위 징병검사명령 후에 위 국외여행허가 취소처분의 통지가 원고에게 적법하게 고지되었다 하더라도 이미 위법하게 된 이 사건 징병검사명령이 적법하게 되는 것은 아니라 할 것이어서(대판, 96누9799)

149) 거부처분취소소송(판결시설 주장학설 유) 및 무효확인소송도 처분시설. But 부작위위법확인소송, 사정판결은 판결시설

150) 재개발조합설립 및 사업시행인가처분이 처분 당시 법정요건인 토지 및 건축물 소유자 총수의 각 3분의 2 이상의 동의를 얻지 못하여 위법하나, 그 후 90% 이상의 소유자가 재개발사업의 속행을 바라고 있어 재개발사업의 공익목적에 비추어 그 처분을 취소하는 것은 현저히 공공복리에 적합하지 아니하다고 인정하여 사정판결을 한 사례(대판, 95누4629)

151) 행정소송법 제26조, 제28조 제1항 전단의 각 규정에 비추어 보면, 법원은 행정소송에 있어서 행정처분이 위법하여 운전자의 청구가 이유 있다고 인정하는 경우에도 그 처분 등을 취소하는 것이 현저히 공공복리에 적합하지 아니하다고 인정하는 때에는 원고의 청구를 기각하는 사정판결을 할 수 있고, 이러한 사정판결을 할 필요가 있다고 인정하는 때에는 당사자의 명백한 주장이 없는 경우에도 일건 기록에 나타난 사실을 기초로 하여 직권으로 사정판결을 할 수 있다(대판, 95누4629).

152) 현행 실정법 형식적 당사자소송의 예로는 토지수용법상 토지수용위원회의 재결에 따른 손실보상금증감청구소송(기업자 vs. 소유자), 특허법상 특허심판원의 무효심결에 관한 소송(원특허권자 vs. 무효심판청구인) 등을 들 수 있다.

IX

개별행정법

1. 행정조직법
2. 공무원법
3. 지방자치법
4. 급부행정법 : 공물법 · 공기업법
5. 질서행정법
6. 공용부담법

Chapter IX 개별행정법

1. 행정조직법

<table>
<tr><td>행정조직법의 의의</td><td colspan="2">(1) 최협의: 국가행정조직법
(2) 협의: 국가, 지자체 및 공공단체의 조직법(통상의 행정조직법)
(3) 광의: 협의 + 공무원법, 공물법, 영조물법
⇨ 행정조직법정주의: "행정각부의 설치 · 조직과 직무범위는 법률로 정한다."(헌법 제96조): 정부조직법, 지방자치법 etc.
– 기타: 감사원(§100), 중앙선거관리위원회(§114④), 지방자치단체(§117), 대통령자문기구</td></tr>
<tr><td rowspan="2">행정조직의 유형</td><td colspan="2">독임제 vs. 합의제(공정거래위원회, 금융감독위원회, 감사원, 국가인권위원회 etc.)</td></tr>
<tr><td colspan="2">국가행정조직 vs. 지방행정조직</td></tr>
<tr><td>행정기관</td><td colspan="2">(1) 행정주체: 국가, 지자체, 공법인 등 권리의무의 주체로서 법인격 인정 ⇦ 권리의무의 귀속주체
(2) 행정기관: 행정주체의 소속기관 ⇦ 권한의 귀속주체
– 행정청(의사결정 + 외부표시)
– 보조기관, 보좌기관[153], 자문기관, 집행기관, 의결기관, 감사기관, 영조물기관(국립병원, 도서관) etc.
(3) 국가행정기관과 지방행정기관(지방자치단체의 집행기관)
⇨ 국가행정기관 = 중앙행정기관(전국 관할) + 국가지방행정기관(일정지역 관할)
└→ 국가보통지방행정기관(不在)[154] +
국가특별지방행정기관[155]</td></tr>
<tr><td rowspan="4">행정청의 권한</td><td>의의</td><td>⇨ 행정청이 행정주체를 대표하여 의사를 결정하고 표시할 수 범위(공권력의 범위)
– 권한행사의 법적 효과는 행정주체에게 귀속, 무권한의 행사는 원칙적으로 무효
(1) 일반적 권한: 조직법상의 권한 = 사항적, 지역적, 대인적 권한
(2) 개별 작용법적 권한: 개별권한의 구체적 행사</td></tr>
<tr><td>한계</td><td>⇨ 권한의 범위는 곧 한계를 의미: 사항적(소관사무), 지역적, 대인적, 형식적[156] 한계</td></tr>
<tr><td>대리</td><td>⇨ 피대리기관의 권한을 대리기관의 명의로 행사(顯名主義[157]), 그 법적 효과는 피대리기관에 귀속
cf) 대표: 대표 역시 그 법적 효과는 피대표기관에 귀속되나[158] 자신의 권한 행사한다는 점에서 대리와 구별
(1) 임의대리(수권대리): 근거규정 없는 경우 허용여부에 학설대립 ⇦ 행정조직법정주의
– 적극설의 경우에도 일정한 한계 인정 + 피대리청의 지휘 · 감독권
① 일반적 · 포괄적 권한일 것: 개별특정의 권한(ex) 부령제정권)을 위임하는 것은 불가
② 권한 전부가 아닐 것: 권한 전부대리의 허용은 피대리기관의 존재이유 상실
(2) 법정대리
– 授權行爲 없이 법률의 규정에 의하여 대리관계 발생, 권한 전부의 대리, 피대리청의 지휘 · 감독권 없음
① 지정대리: 원 행정청이 존재하나 사고가 있는 경우 지명권자가 대리자 지정
② 서리: 원 행정청이 사망, 면직 등으로 부존재하는 후임자 임명 전까지 잠정적 권한 행사(위헌설 유)
③ 협의의 법정대리: 법령의 규정에 의한 직무대행(ex) 대통령 유고시 권한대행, 총리 유고시 권한대행 etc.)</td></tr>
<tr><td>위임</td><td>⇨ 권한의 일부를 다른 행정기관에 이전하여 그 행정기관의 권한과 책임 및 명의로 업무 수행
(1) 구별개념
① 권한의 이양: 위임은 권한 근거는 위임청에 남겨두나, 이양은 권한의 근거 자체를 이전 = 법령개정 필요
② 내부위임: 행정청이 보조기관에 내부적으로 일정사항의 결정권을 위임하나 행정청의 명의로 권한 행사[159]
– 대외적으로 권한의 이전이 없기에 법적 근거 불요이나, 위임은 법적 근거 필요</td></tr>
</table>

	위임	③ 委任專決: 대외적 권한의 이전 없이, 행정청 내의 의사결정권을 보조기관에 위임하여(내부적위임 전결규정), 당해 보조기관의 결재로써 행정청의 내부적 의사결정이 확정되도록 하는 것 – 내부위임과 전결은 모두 대외적 권한의 이전 없으며, 권한의 행사도 위임청의 명의라는 점은 동일, but 전결(업무부담경감 목적)은 행정청의 의사결정을 결재 단계의 보조기관에게 최종결정권을 부여(내부적 권한의 이양)하는 것이나, 내부위임(행정의 효율적 수행 목적)은 보조기관이 아닌 하급행정청에게도 가능 – 전결은 내부위임이 수반되나, 내부위임이 항상 위임전결을 의미하는 것은 아님 ④ 대결: 결재권자의 휴가 · 출장 등의 경우 외부에 표시함이 없이 대신 결재 – 일시적 행사이며, 내부적으로도 권한의 이전 없고, 사후보고 필요 (2) 법적 근거: 권한의 위임은 법률이 정한 권한 분배의 대외적 변경으로 명시적인 법적 근거 필요 ① 실정법: 정부조직법 §6[160], 지자법 §102[161] 및 §104[162], '행정권한의 위임 및 위탁에 관한 규정' ② 쟁점: 정부조직법 제6조 등이 권한의 위임에 관한 일반적 근거가 되는가? – 학설 대립(부정설의 논거: '행정권한법정주의'에 반하는 포괄적 위임으로 위헌규정), 판례 긍정[163] (3) 위임의 방식: 법령으로 정하거나 법령이 정한 방식(ex) 기관위임사무는 조례가 아닌 규칙으로) – 기관위임사무를 규칙이 아닌 조례로 위임한 경우 그 조례에 근거한 처분의 효력은?[164] (4) 위임의 한계 ① 일부위임만 가능, 법령이 특정적 · 개별적으로 부여한 권한의 위임은 불가(해당 근거법령의 폐지를 의미) ② 재위임: 법령이 정하는 경우 재위임 가능. 자지체장의 재위임은 위임 · 위탁청의 승인 필요(地§104④) (5) 위임의 형태 ① 보조기관 및 하급청으로의 위임: 위임에 대한 수임청의 동의 불요. 지휘 · 감독권, 취소 · 정지권 유보 ② 위탁: 대등행정관청 기타 행정기관으로의 위임(등기, 소송의 위임은 '촉탁'). 지휘 · 감독권, 취소 · 정지권 유보 ③ 단체위임과 기관위임: 국가사무의 위임은 기관위임 원칙(地§102) – 지자체장의 기관위임사무의 수행은 국가기관의 지위(위임청의 하급행정기관)에서 행하며, 위임청의 지휘감독을 받고, 행위의 효과도 위임청(국가)에 귀속 (6) 위임의 효과 ① 수임기관의 지위: 위임된 권한은 수임기관의 권한이 되어 수임기관의 명의와 책임으로 권한 행사 – 항고소송의 피고적격 = 처분의 명의자(수임기관)[165] – 내부위임, 위임전결 등은 내부적 위임에 불과. 수임기관 명의 불가 ② 위임기관의 지위: 지휘 · 감독권, 취소 · 정지권(위임규정 §6), 사전승인 · 협의 요구불가(위임규정 §7) ③ 비용부담: 소요경비 전부 교부(지방재정법§21②); '수임기관에 필요한 인력과 예산 이관'(위임규정 §3②) (7) 위임의 종료: 위임의 해제(위임과 동일한 방식), 기간의 도래
	위탁	(1) 의의: 독립된 지위의 자에게 권한 이전 ⇨ 공무수탁자(다른 행정기관, 단체, 개인) (2) 법적 근거: 정부조직법 §6③, '위임규정' §11①, 지자법 §104②, ③ (3) 유형 ① 협의의 위탁: 독립된 법주체(공무수탁사인)에게 행정권한 이전, 수탁자의 책임과 명의, 법적 효과 귀속 ② 권한의 대행: 사실상 독립적 권한 행사하지만 권한의 법적 이전은 없음. 법적 효과는 피대행기관에 귀속 ③ 보조위탁: 위탁기관의 지시를 받아(독립적 권한 행사 불가) 행정보조. 권리의 귀속주체가 아님 (4) 통제: 지휘 · 감독권 ① 행정절차법 준용(동법§2) ② 공무수탁자의 처분에 대한 항고소송 ③ 국가배상법의 배상책임자[166](but, 보조위탁의 경우 위탁기관이 배상책임자, 보조자는 공무원)
행정청의 상호관계	상하 관계	⇨ 동일 행정주체 내의 동일한 사무영역 내에서의 상하관계에서는 권한의 감독관계와 권한의 대행관계 형성 (1) 권한의 감독관계: 개별근거 없이 일반적 근거로 성립 ① 감시권: 업무처리의 조사, 서류검사, 사무감사 등 ② 훈령권: 상급청이 하급기관의 권한행사 지휘를 위하여 발하는 명령 – 훈령은 직무명령의 성질을 가지지만, 직무명령은 개별공무원에 대한 것이며 명령자의 교체로 실효된다는 점에서 행정기관에 대한 것이고 발령자의 교체와 무관하게 계속성을 갖는다는 점에서 구별됨. ③ 인가 · 승인권: 내부행위에 불과하기 때문에 승인거부에 대하여 항고소송 불가 ④ 취소 · 정지권: 사후감독수단 ⑤ 주관쟁의결정권 (2) 권한의 대행: 전술
	대등 관계	⇨ 상호존중, 상호협력(협의, 사무위탁, 행정응원)

153) 대통령비서실, 국무총리실, 차관보, 기획관, 공보관, 담당관 etc.

154) 국가의 지방사무는 현재 별도기관 설치 없이, 지자체의 장에게 기관위임(지§102) ⇨ 지자체 장이 기관위임사무 처리하는 한 국가기관(보통지방행정기관)의 지위

155) 지방병무청, 병무지청, 지방경찰청, 경찰서, 지방보훈청, 지방출입국관리사무소, 지방국세청, 지방세무서, 세관, 지방조달사무소, 국립농산물검사소, 국립수산물검사소, 지방산림관리청, 지방국토관리청, 건설사무소, 지방항공관리국, 세관 etc.

156) 청장, 처장은 법규명령제정권이 없으므로 소관사무에 관하여 법규명령을 제정하려는 경우 소속 총리나 장관의 명령에 의존해야!

157) 피대리기관과의 대리관계를 표시하여 대리권 행사해야! – 현명주의에 반하는 대리권의 행사는 무효설도 있으나, 대리권 행사방법의 하자, 즉 형식의 하자로 인한 취소할 수 있는 행위로 보는 설 유력

158) **국가를 당사자로 하는 소송에 관한 법률 제2조** "… 법무부장관이 국가를 대표한다."

159) "행정권한의 내부위임은 법률이 위임을 허용하고 있지 아니한 경우에도 행정관청의 내부적인 사무처리의 편의를 도모하기 위하여 그의 보조기관이나 하급행정청으로 하여금 그의 권한을 사실상 행사하게 하는 것으로, … 수임관청은 위임관청의 이름으로만 그 권한을 행사할 수 있을 뿐 자기의 이름으로는 그 권한을 행사할 수 없는 바, 이 사건 처분은 권한 없는 자에 의하여 행하여진 위법무효의 처분이라고 …"(대판, 94누6475)

160) **정부조직법 제6조**(권한의 위임 또는 위탁) ① 행정기관은 법령으로 정하는 바에 따라 그 소관사무의 일부를 보조기관 또는 하급행정기관에 위임하거나 다른 행정기관·지방자치단체 또는 그 기관에 위탁 또는 위임할 수 있다. 이 경우 위임 또는 위탁을 받은 기관은 특히 필요한 경우에는 법령으로 정하는 바에 따라 위임 또는 위탁을 받은 사무의 일부를 보조기관 또는 하급행정기관에 재위임할 수 있다.
② 보조기관은 제1항에 따라 위임받은 사항에 대하여는 그 범위에서 행정기관으로서 그 사무를 수행한다.
③ 행정기관은 법령으로 정하는 바에 따라 그 소관사무 중 조사·검사·검정·관리 업무 등 국민의 권리·의무와 직접 관계되지 아니하는 사무를 지방자치단체가 아닌 법인·단체 또는 그 기관이나 개인에게 위탁할 수 있다.

161) **지방자치법 제102조**(국가사무의 위임) 시·도와 시·군 및 자치구에서 시행하는 국가사무는 법령에 다른 규정이 없으면 시·도지사와 시장·군수 및 자치구의 구청장에게 위임하여 행한다.

162) **지방자치법 제104조**(사무의 위임 등) ① 지방자치단체의 장은 조례나 규칙으로 정하는 바에 따라 그 권한에 속하는 사무의 일부를 보조기관, 소속 행정기관 또는 하부행정기관에 위임할 수 있다.
② 지방자치단체의 장은 조례나 규칙으로 정하는 바에 따라 그 권한에 속하는 사무의 일부를 관할 지방자치단체나 공공단체 또는 그 기관(사업소·출장소를 포함한다)에 위임하거나 위탁할 수 있다.
③ 지방자치단체의 장은 조례나 규칙으로 정하는 바에 따라 그 권한에 속하는 사무 중 조사·검사·검정·관리업무 등 주민의 권리·의무와 직접 관련되지 아니하는 사무를 법인·단체 또는 그 기관이나 개인에게 위탁할 수 있다.
④ 지방자치단체의 장이 위임받거나 위탁받은 사무의 일부를 제1항부터 제3항까지의 규정에 따라 다시 위임하거나 위탁하려면 미리 그 사무를 위임하거나 위탁한 기관의 장의 승인을 받아야 한다.

163) "… 정부조직법 제6조 제1항과 이에 기한 행정권한의위임및위탁에관한규정 제4조에 재위임에 관한 일반적인 근거규정이 있으므로 시·도지사는 그 재위임에 관한 일반적인 규정에 따라 위임받은 위 처분권한을 구청장 등에게 재위임할 수 있는 것인 바 …"(대판, 94누4615)

164) "… 국가사무로서 지방자치단체의 장에게 위임된 이른바 기관위임사무는 … 조례에 의하여 이를 재위임할 수는 없고 … 지방자치단체의 장의 규칙이 정하는 바에 따라 재위임하는 것만이 가능함에도, 이와 같이 무효인 조례의 규정에 근거한 이 사건 처분은 결과적으로 적법한 위임없이 권한없는 자에 의하여 행하여진 것과 마찬가지가 되어 그 하자가 중대하다고 할 것이나, 지방자치단체의 사무에 관한 조례와 규칙은 조례가 보다 상위규범이라고 할 수 있고, 또한 헌법 제107조 제2항의 "규칙"에는 지방자치단체의 조례와 규칙이 모두 포함되는 등 이른바 규칙의 개념이 경우에 따라 상이하게 해석되는 점 등에 비추어 보면 이 사건 처분의 위임과정의 하

자가 객관적으로 명백한 것이라고 할 수 없으므로 이로 인한 하자는 결국 당연무효사유는 아니라고 봄이 상당하다고 할 것이다. …"(대판, 94누4615). ⇨ 반대로 자치권한을 조례가 아닌 규칙으로 위임한 경우 그러한 규칙에 근거란 처분의 효력에 대해서도 위와 같은 취지로 당연무효는 아니라고 본 판례(대판, 95누8669)

165) "… 항고소송은 원칙적으로 소송의 대상인 행정처분 등을 외부적으로 그의 명의로 행한 행정청을 피고로 하여야 하는 것으로서, 그 행정처분을 하게 된 연유가 상급행정청이나 타행정청의 지시나 통보에 의한 것이라 하여 다르지 않다 할 것이며, 권한의 위임이나 위탁을 받아 수임행정청이 정당한 권한에 기하여 수임행정청 명의로 한 처분에 대하여는 말할 것도 없고, 내부위임이나 대리권을 수여받은 데 불과하여 원행정청 명의나 대리관계를 밝히지 아니하고는 그의 명의로 처분 등을 할 권한이 없는 행정청이 권한없이 그의 명의로 한 처분에 대하여도 처분명의자인 행정청이 피고가 되어야 한다. …."(대판, 94누1197)

166) "… 구 하천법 제28조 제1항(국토해양부장관은 필요하다고 인정하는 때에는 시·도지사가 시행할 하천공사를 대행할 수 있다)에 따라 국토해양부장관이 하천공사를 대행하더라도 이는 국토해양부장관이 하천관리에 관한 일부 권한을 일시적으로 행사하는 것으로 볼 수 있을 뿐 하천관리청이 국토해양부장관으로 변경되는 것은 아니므로, 국토해양부장관이 하천공사를 대행하던 중 지방하천의 관리상 하자로 인하여 손해가 발생하였다면 하천관리청이 속한 지방자치단체는 국가와 함께 국가배상법 제5조 제1항에 따라 지방하천의 관리자로서 손해배상책임을 부담한다(대판, 2011다85413).

2. 공무원법

공무원의 의의	개념	⇨ 선출 or 임명에 의하여 특정지위에 취임하여 국가영역의 업무를 담당하는 자 – 헌법상 지위: 국민전체에 대한 봉사자/국민에 대하여 책임(§7①)
	분류	(1) 학설: 직업공무원(경력직) + 별정직 + 선거직 + 공무수탁사인 (2) 공무원법: 경력직{일반직/특정직(법관 등)} v. 특수경력직(정무직/별정직) – 경력직의 경우 '임기제공무원'으로 임용 가능 (3) 국가공무원 vs. 지방공무원
	직업 공무원 제도	(1) 엽관주의 ⇔ 국가업무의 안정적 수행 보장/정권의 시녀 방지 ⇒ 제도적 보장 (2) 범위: 경력직 공무원 (3) 내용: 공무의 전담, 정치적 중립성, 신분보장, 실적주의 (4) 직위분류제: 직군(학예직), 직렬(학예연구직렬, 편사연구직렬), 직류(직렬내 세부분야), 직급(직무등급)
공무원 관계	성질	⇨ 특별행정법관계
	발생	⇨ 임명(임명행위, 선거, 법률의 규정, 채용계약) (1) 임명행위 ① 성질: 신청 또는 동의를 요하는 쌍방적 행정행위(동의 없는 임명은 당연무효) ② 임명의 요건: 결격사유(국공법§33), 자격요건, 성격요건 – 재직중 결격사유 발생; 당연퇴직사유 – 결격사유자의 임명: 당연무효, 임용 당시 법률을 기준으로 판단(대판, 86누459) – 자격 또는 성적요건 미달자의 임명: 취소할 수 있는 행정행위(장래효, 단 귀책사유 있는 경우 소급효) – 봉급반환의무는 없으나, 임용이 소급적으로 무효가 된 경우 연금청구권 부정(본인기여금 지급) – 결격자의 공무수행행위의 효과 인정(사실상의 공무원이론) (2) 채용계약: 공법상 계약
	변경	⇨ 승진임용, 전직, 전보, 겸임, 파견, 강임, 휴직, 직위해제,[167] 정직, 복직 (1) 직위해제(직무의 잠정적 박탈)의 적법요건[168] (2) 직위해제와 후속조치의 관계 ① 직위해제 이후 동일사유로 직권면직처분을 한 경우 일사부재리원칙에 반하는가? 판례 부인[169] ② 직위해제처분의 하자가 후속 직권면직처분에 승계되는가? – 판례는 승계 부인하지만, '구속력이론'은 승계 인정(前述 '흠의 승계론' 참조) (3) 직위해제처분의 소멸과 소익 – 직위해제처분의 소멸에도 직위해제처분에 따른 불이익이 잔존하고 있다면 소의 이익 인정[170]
	소멸	⇨ 당연퇴직, 의원면직, 일방적 면직(해임, 파면) (1) 당연퇴직: 정년 등 별도의 처분 없이 공무원관계 당연 소멸 – 당연퇴직의 통보는 사실상의 통지에 불과: 당연퇴직을 다투려면 당사자소송으로 (2) 의원면직 – 강요에 의한 사직원의 제출은 무효이며, 그 면직처분도 무효 – 권고사직은 의원면직에 해당하며, 의사결정의 자유를 박탈할 정도의 강요에 해당하면 무효[171] – 사직원의 철회는 의원면직처분이 있기 전까지는 가능 – 사직원의 수리는 쌍방적 · 준법률행위적 행위 (3) 강제면직(일방적 면직) ① 징계면직: 공무원법의 위반에 대한 징계처분으로서의 해임, 파면 ② 직권면직: 법령이 정한 일정사유가[172] 있는 경우 공무원의 신분 박탈
	구제	⇨ 불이익 처분이나 부작위에 대한 구제절차: 소청(필요적 전치) + 행정소송 (1) 소청 ① 소청사항: 징계처분, 그 밖에 공무원의 의사에 반하는 처분(국공법 §9①) ② 소청심사위원회의 설치 – 행정기관 소속 공무원: 인사혁신처 – 국회, 법원, 헌법재판소 및 선거관리위원회 소속 공무원: 각각 국회사무처, 법원행정처, 헌법재판소사무처 및 중앙선거관리위원회사무처 – 교육공무원: 교원소청심사위원회(교공법 §53①) ③ 소청절차 – 소청의 제기: 처분사유설명서 받은 날 또는 처분 안 날로부터 30일 이내 – 청구의 종류: 취소 · 변경청구, 무효등확인청구, 의무이행청구 – 임시결정: 파면, 해임의 경우 후임자 발령을 유예하게 하는 결정(청구서 접수 5일 이내) – 결정의 기속력: 처분행정청을 기속

<table>
<tr><td></td><td></td><td>(2) 소청의 불복
　– 항고소송의 대상
　– 원처분주의</td></tr>
<tr><td rowspan="2">공무원의 권리와 의무</td><td>권리</td><td>(1) 신분상의 권리: 신분보장권, 직무수행권, 불복청구권
(2) 재산상의 권리: 보수청구권, 연금권, 실비변상청구권
　– 공무원연금공단의 급여에 관한 결정의 처분성: 공무원연금급여재심위원회의 심사결정 + 취소소송
　– 연금지급청구소송은 당사자소송</td></tr>
<tr><td>의무</td><td>(1) 일반적 의무: 선서의무, 성실의무, 품위유지의무, 청렴의무, 병역사항신고의무, 종교중립의무, 퇴직자취업제한
(2) 직무상의무: 법령준수의무, 복종의무, 직무전념의무(직장이탈금지, 겸직금지), 영예제한, 정치적 중립의무, 집단행동금지의무, 친절공정의무, 비밀엄수의무
　– 법령준수의무와 복종의무의 충돌: 직무범위에 속하는 적법한 명령일 것</td></tr>
<tr><td rowspan="2">공무원의 책임</td><td>징계 책임</td><td>⇨ 행정조직 내부에서 공무원의 신분을 이유로 하는 징벌로써 일반행정법관계에서의 행정벌, 형벌과는 구별
(1) 징계벌의 종류: 파면, 해임, 강등, 정직, 감봉, 견책
　– '징계부가금': 재산상의 이득을 취하거나 제공한 경우 그 이득액의 5배 이내의 부가금을 징계벌에 부가
(2) 징계사유[173)]
(3) 징계기구: 징계위원회
(4) 징계시효: 사유발생일 3년(금품수수, 공금횡령 등 5년),
(5) 불복: 소청심사위원회에 이의신청 + 항고소송</td></tr>
<tr><td>변상 책임</td><td>(1) 회계관계직원 등의 책임에 관한 법률
　– 고의 · 중과실로 인한 법규 및 예산위반에 따른 손해변상
　– 현금출납 · 보관자의 선관주의의무 위반의 변상책임
(2) 국가배상법상의 구상의무</td></tr>
</table>

---

167) **국가공무원법 제73조의3의 직위해제 사유**

1. 직무수행 능력이 부족하거나 근무성적이 극히 나쁜 자
2. 파면 · 해임 · 강등 또는 정직에 해당하는 징계 의결이 요구 중인 자
3. 형사 사건으로 기소된 자(약식명령이 청구된 자는 제외한다)
4. 고위공무원단에 속하는 일반직공무원으로서 제70조의2제1항제2호부터 제5호까지의 사유로 적격심사를 요구받은 자
5. 금품비위, 성범죄 등 대통령령으로 정하는 비위행위로 인하여 감사원 및 검찰 · 경찰 등 수사기관에서 조사나 수사 중인 자로서 비위의 정도가 중대하고 이로 인하여 정상적인 업무수행을 기대하기 현저히 어려운 자

168) **직위해제처분의 적법요건**: "…헌법상의 무죄추정의 원칙이나 위와 같은 직위해제제도의 목적에 비추어 볼 때, 형사사건으로 기소되었다는 이유만으로 직위해제처분을 하는 것은 정당화될 수 없고, 당사자가 당연퇴직사유인 국가공무원법 소정의 유죄판결을 받을 고도의 개연성이 있는지 여부, 당사자가 계속 직무를 수행함으로 인하여 공정한 공무집행에 위험을 초래하는지 여부 등 구체적인 사정을 고려하여 그 위법 여부를 판단하여야 할 것이다. …"(대판, 98두15412)(국가보안법 위반으로 기소되었다는 사유만으로 직위해제처분을 한 것이 재량권의 범위를 일탈 · 남용하였다고 본 사례)

169) "직권면직처분과 직위해제처분은 그 목적을 달리한 각 별개의 독립된 처분이라 할 것이므로 본건 직권면직처분이 직위해제처분을 사유로 하였다 하더라도 일사부재리원칙에 위배되지 않는다."(대판, 83누340)

170) "…직위해제처분에 기하여 발생한 효과는 당해 직위해제처분이 실효되더라도 소급하여 소멸하는 것이 아니므로, 인사규정 등에서 직위해제처분에 따른 효과로 승진 · 승급에 제한을 가하는 등의 법률상 불이익을 규정하

고 있는 경우에는 직위해제처분을 받은 근로자는 이러한 법률상 불이익을 제거하기 위하여 그 실효된 직위해제처분에 대한 구제를 신청할 이익이 있다."(대판, 2007두18406)

171) **권고사직의 적법요건**: "공무원의 사직의 의사표시는 그 법률관계의 특수성에 비추어 외부적·객관적으로 표시된 바를 존중하여야 할 것이므로, 비록 사직원제출자의 내심의 의사가 사직할 뜻이 아니었다고 하더라도 진의 아닌 의사표시에 관한 민법 제107조는 그 성질상 사직의 의사표시와 같은 사인의 공법행위에는 준용되지 아니하므로 그 의사가 외부에 표시된 이상 그 의사는 표시된 대로 효력을 발한다.
… 사직서의 제출이 감사기관이나 상급관청 등의 강박에 의한 경우에는 그 정도가 의사결정의 자유를 박탈할 정도에 이른 것이라면 그 의사표시가 무효로 될 것이나, … 감사담당 직원이 당해 공무원에 대한 비리를 조사하는 과정에서 사직하지 아니하면 징계파면이 될 것이고 또한 그렇게 되면 퇴직금 지급상의 불이익을 당하게 될 것이라는 등의 강경한 태도를 취하였다고 할지라도 그 취지가 단지 비리에 따른 객관적 상황을 고지하면서 사직을 권고·종용한 것에 지나지 않고 위 공무원이 그 비리로 인하여 징계파면이 될 경우 퇴직금 지급상의 불이익을 당하게 될 것 등 여러 사정을 고려하여 사직서를 제출한 경우라면 그 의사결정이 의원면직처분의 효력에 영향을 미칠 하자가 있었다고는 볼 수 없다(대판, 97누13962).

172) **국가공무원법 제70조의 직권면직사유**
1. 직제와 정원의 개폐 또는 예산의 감소 등에 따라 폐직(廢職) 또는 과원(過員)이 되었을 때
2. 휴직 기간이 끝나거나 휴직 사유가 소멸된 후에도 직무에 복귀하지 아니하거나 직무를 감당할 수 없을 때
3. 제73조의 3제3항에 따라 대기 명령을 받은 자가 그 기간에 능력 또는 근무성적의 향상을 기대하기 어렵다고 인정된 때
4. 전직시험에서 세 번 이상 불합격한 자로서 직무수행 능력이 부족하다고 인정된 때
5. 병역판정검사·입영 또는 소집의 명령을 받고 정당한 사유 없이 이를 기피하거나 군복무를 위하여 휴직 중에 있는 자가 군복무 중 군무(軍務)를 이탈하였을 때
6. 해당 직급·직위에서 직무를 수행하는데 필요한 자격증의 효력이 없어지거나 면허가 취소되어 담당 직무를 수행할 수 없게 된 때
7. 고위공무원단에 속하는 공무원이 제70조의2에 따른 적격심사 결과 부적격 결정을 받은 때

173) **국가공무원법 제78조의 징계사유**
1. 이 법 및 이 법에 따른 명령을 위반한 경우
2. 직무상의 의무(다른 법령에서 공무원의 신분으로 인하여 부과된 의무를 포함한다)를 위반하거나 직무를 태만히 한 때
3. 직무의 내외를 불문하고 그 체면 또는 위신을 손상하는 행위를 한 때

3. 지방자치법

<table>
<tr><td>개념</td><td colspan="3">⇨ 일정지역에 대한 지역주민의 자치행정권(≠ 주권, 통치권): 지방의회 = 행정기관, 조례 = 행정입법
– 기능: 풀뿌리민주주의, 지방분권의 실현, 지역특성 제고, 사회통합 기여
(1) 주민자치: 일정지역 주민이 지방사무를 자신 책임하에 자신이 선출한 기관 통해 직접 처리(영국, 풀뿌리민주주의)
(2) 단체자치: 지역별로 법인격의 지방자치단체 구성하여 국가업무의 일부를 그 자치단체의 자치권으로 분장한 후 중앙 간섭 없이 수행하는 국가작용(독일, 지방분권주의)
⇨ 우리의 지방자치는 양자 융합된 형태(2005헌마403)</td></tr>
<tr><td rowspan="4">본질</td><td>주민자치</td><td>유형</td><td>단체자치</td></tr>
<tr><td>민주주의(풀뿌리민주주의, 직접민주제)</td><td>이념</td><td>지방분권주의(능률적 행정, 근거리행정)</td></tr>
<tr><td>자치고유권설(자연권설)</td><td>본질</td><td>자치권위임설(제도적 보장설) – 通說</td></tr>
<tr><td>* 주체: 주민자치기관(국가의 지방행정청 = 법인격 없음)
* 기관통합: 지방의회(의결 + 집행)
* 국가감독: 주로 입법 · 사법적 통제
* 개별수권: 국가권한 개별 법률로 부여
* 독립세주의(독자적 지방세 부과 · 징수)</td><td>차이</td><td>* 주체: 법인인 자치단체
* 의결 · 집행기관 분리
* 국가감독: 주로 행정적 통제
* 포괄수권: ex) 지방자치법
* 부가세주의(국세의 부가세)</td></tr>
<tr><td rowspan="4">제도
보장</td><td colspan="3">⇨ 헌법상 제도적 보장(헌법 제117조 및 제118조)으로서의 지방자치제도[174]
(1) 내용: 全權能性原則(자치입법 · 자주조직 · 자치행정 · 자치재정권) + 自己責任性原則(자치사무에 관한 국가의 지시 · 감독 배제)
(2) 한계: 국가적 법질서 틀 속의 지방자치 위한 최소한의 국가적 감독 · 통제
(3) 중앙정부와 관계: 분담 · 협력관계 = 중앙행정의 효율성 + 지방행정의 자주성 조화 ⇨ 국민 복리증진</td></tr>
<tr><td>주민복리사무/
재산관리</td><td colspan="2">(1) 지자체사무 = 고유사무(주민복리사무: 조례) + 위임사무
(2) 자치재정: 재산관리, 기금설치, 지방세 · 사용료 · 분담금 징수</td></tr>
<tr><td>자치법규
제정권</td><td colspan="2">(3) 자치입법[175]: '법령의 범위 안에서' 조례 + 규칙 + 교육규칙
– 성격: 형식은 자치행정기관(의회, 장)의 집행작용, 실질은 입법작용</td></tr>
<tr><td>지방의회 구성</td><td colspan="2">– 선거(헌§118)</td></tr>
<tr><td>지방
자치
단체</td><td colspan="3">(1) 의의
– 국가의 일정지역을 <u>구역</u>으로, 그 구역의 주민을 <u>구성원</u>으로, 법률의 범위 안에서 <u>자치권</u>을 가지는 공법상의 사단법인
(2) 종류
① 보통지방자치단체: 기초, 광역
– 기초와 광역은 별도의 법인격주체로 대등관계이나,
– 地自法은 광역의 감독권, 광역자치법규의 우월적 효력, 기관위임, 분쟁조정권 등을 규정하고 있음
② 특별지방자치단체: 지방자치단체조합(2 이상 지자체가 사무 공동 처리), 특별목적의 지방자치단체
(3) 법적 지위: 행정조직, 자치조직, 법인격주체, 소송주체. 기본권주체성은 부인(96헌마345)
(4) 구역: 자치권이 미치는 공간의 범위(구역이 없는 공공단체와 구별) – 지하, 상공, 해면 포함
① 구역의 획정: 지자체의 명칭과 구역은 '종전과 같이' 하고(§4①) – 관습상 정해진 구역을 의미
– 경계분쟁: 명문규정 부재 – 협의 ⇨ 조정(광역간 분쟁은 행안부장관, 기초간분쟁은 시도지사) ⇨ 권한쟁의심판
② 구역의 변경, 폐지 · 분합
⇨ '지자체의 명칭과 구역을 바꾸거나, 지자체를 폐지하거나 설치하거나 나누거나 합칠 때에는 법률로 정한다. 다만, 지방자치단체의 관할구역 경계변경과 한자 명칭의 변경은 대통령령으로 정한다.'(§4①).
– 구역변경 등의 효과: 새로 그 지역을 관할하게 된 지방자치단체가 그 사무와 재산을 승계'(§5①)
– 폐지 · 분합에 대한 주민의 헌법소원 가능</td></tr>
</table>

<table>
<tr><td>주민</td><td colspan="2">(1) 의의: '지자체의 구역에 주소를 가진 자'(주소가 있다면, 자연인, 법인, 외국인, 무국적자 포함)
(2) 권리
① 공적재산 · 시설이용권/균등행정수혜권/기타(지방의회방청권, 지방의회의사열람권 etc.)
② 정치적 권리
– 선거권: 만19세 이상의 국민으로 주민등록자, 영주체류자격 취득후 3년이 경과한 19세 이상의 외국인 등록자
– 피선거권: 60일 이상 주민등록 주민으로 만 25세 이상의 국민
– 선거권 · 피선거권/주민투표권/주민소환권/조례제정 · 개폐청구권/감사청구권/주민소송권/청원권
– 주민투표법, 주민소환에관한법률
(3) 의무: 비용분담의무, 노역 및 물품제공의무, 이용강제의무(조례를 통한 공기업, 공공시설의 이용강제), 과태료납부의무</td></tr>
<tr><td rowspan="4">조직</td><td colspan="2">⇨ 지방의회 + 지자체의 장(집행기관)</td></tr>
<tr><td>지방의회</td><td>(1) 지위: 주민대표기관/지자체 최고의결기관/집행기관 통제기관/자치입법기관/행정기관(행정입법 제정)
(2) 조직: 의장, 부의장, 위원회, 사무처
– 의장선거, 의장불심임의결은 행정처분으로 항고소송의 대상(대판, 94누2602; 94두23)
(3) 구성: 지역구의원 + 비례대표의원(지§31, 공선법§190의2)
(4) 권한: 조례제정권, 집행통제권, 예산심의 · 결산승인, 지방세 등의 부과 · 징수, 기금설치 · 운용 등, 자율권</td></tr>
<tr><td>지자체장</td><td>(1) 지위: 지자체 대표기관/지방행정사무 통할기관/자치권 행사기관/국가보통지방 행정기관(기관위임)
(2) 권한
① 지자체대표권
② 지자체사무의 통할 · 관리 · 집행: 사무통할, 관리집행, 직원임명감독, 규칙제정권, 주민투표부의권
③ 국가의 지방행정기관 – 기관위임사무
④ 지방의회 견제권한: 재의요구권, 선결처분권, 소송제기권, 조례공포권
i) 재의요구권: 월권, 법령 위반, 공익을 현저히 해치거나, 예산상 집행불가능 경비를 포함한 것으로 인정하는 의결, 감독청의 재의요구가 있는 경우(이송일부터 20일 이내)[176] ⇦ 출석 2/3 재의결 가능
ii) 소송제기권: 재의결사항이 법령에 위반된다고 인정되는 때 재의결일 20일 이내 대법원에 제소[177]
iii) 선결처분권: 의회불성립 or 소집의 시간적 여유 없거나 의결 지체되는 경우 ⇦ 사후승인(실효)[178]
⑤ 시도지사의 시군구의 감독: 국가사무 및 시도의 위임사무에 대한 감독 및 조언, 권고, 지도[179]</td></tr>
<tr><td>지방교육
자치</td><td>– 교육감(광역단위, 선거직), '지방교육자치에 관한 법률'
– 종전 교육위원회는 의회 상임위원회로 대체(2016)
– 지방자치단체의 교육 · 과학 · 기술 · 체육 그 밖의 학예에 관한 사무(지교법§2)</td></tr>
<tr><td rowspan="2">지자체
사무</td><td colspan="2">⇨ 지자체사무[180] = 고유사무(자치사무 = 주민복리사무: 조례) + 위임사무
⇨ 자치사무와 위임사무의 구별
(1) 구별기준: 법령의 규정형식과 취지와 함께 전국적 통일적 처리가 요구되는 사무여부, 경비귀속, 최종책임귀속 등[181]
(2) 구별실익: 사무의 관리 및 귀속주체/지방의회의 관여/규율근거/비용부담/국가감독 · 감사/국배법상 배상책임자</td></tr>
<tr><td>자치
사무</td><td>⇨ 주민의 복리에 관한 사무
(1) 全權能性의 원칙: 명문규정 여하불구, 지역고유사무는 자치사무로 지자체의 권한
(2) 지자법의 자치사무범위
– 지자체 구역 · 조직 · 행정관리/ 주민복리증진(주민복지, 사회적 약자 복지, 질병관리, 보건, 청소 etc.)/농림 등 산업진흥/지역개발 · 주민생활환경시설/교육 · 체육 · 문화 · 예술 진흥/지역민방위 · 지역소방(§9)</td></tr>
</table>

	위임사무	⇨ 단체위임 + 기관위임 (1) 단체위임: 법령에 의하여 지자체에 속하는 사무 – 지자체가 관리주체이며, 사무의 효과도 지자체 귀속, 지방의회의 통제(조례) – 단체위임 실제 사례는 희소: ex) 문화재보호법 제62조(문화재청장이 국유문화재의 관리를 지자체에 위임) (2) 기관위임: 국가(광역단체)가 지자체의 장(기초의 장)에게 위임한 사무. 지자체장의 규칙으로 규율 – 국가등이 관리주체, 사무의 효과도 국가에 귀속, 지방의회 관여 불가('위임조례' 가능)
자치법규	조례	(1) 조례의 규율대상: 자치사무, 단체위임사무. 기관위임사무는 '위임조례'라면 가능[182] (2) 조례의 근거: '법령의 범위 안에서' – 포괄위임 가능[183] ① 지자법§22단서(주민권리제한, 의무부과, 벌칙 조례는 법률 위임 요구)의 위헌성? – 자치입법권의 제약? vs. 자치입법권 역시 법률유보원칙에 구속(합헌 해석) ② 기초의 조례, 규칙은 광역의 조례, 규칙 위반 불가(§24) ③ 벌칙조례: 조례위반행위에 대한 1천만원 이하의 과태료(§27①), 사용료 등 면탈금액 5배의 과태료(§139②) ④ 위임조례: 기관위임사무에 대하여 법률이 조례로 위임한 경우 ⑤ 추가조례: 법령의 규율사항에 추가한 조례(외관상 중복된 제도의 도입) – 조례가 법령과 별도의 목적으로 규율하면 가능 ⑥ 초과조례: 법령의 요건을 질적으로 강화 또는 약화하는 조례(침익초과조례 vs. 수익초과조례) – 법령 규정이 전국통일적 규율 보다는 지방 실정에 따른 규율을 용인하는 것이라 해석되면 가능[184] (3) 조례의 통제 ① 감독: 보고,[185] 승인(승인유보된 사항의 조례규율시) ② 사법적 통제 i) 헌§107② 구체적 규범통제: §107②의 '규칙'에 지자체의 조례와 규칙 포함(대판 94누5694) ii) 단체장 · 감독청(행자부장관/ 시도지사) 재의요구 ⇨ 재의결시 무효확인소송(기관소송) iii) 헌법소원,[186] 주민통제(주민소환권, 개폐청구권: 부실)
	규칙	(1) 규칙제정권: 법령과 조례의 위임 범위 내에서(지§23) – 구체적 위임 – 규율대상: 법령과 조례의 위임에 따른 사무, 기관위임사무 ⇦ 조례의 우선적 효력 – 법령이나 조례의 위임이 없는 규칙은 법규성 부정(대판, 84누343) – 규칙의 통제: 위 조례의 통제 참고 (2) 교육감의 교육규칙: 교육, 학예에 관한 사항
통제	국회의 통제	⇨ 법률, 예산, 국정감사 · 조사권을 통한 통제 (1) 지자체의 조직, 권한 및 운영에 관한 중요한 사항은 법률의 대상 (2) 국가의 재정지원사항은 예산의결권에 의한 통제 (3) 국정감사 · 조사권: 국가위임사무, 국가지원을 받는 고유사무
	행정적 통제	(1) 감독기관(§166, 167) ① 지자체사무에 대한 지도 등: 중앙행정기관의 장 또는 시도지사는 지자체의 사무에 대하여 조언 등 ② 국가사무에 대한 감독: 시도는 주무부장관, 시군구는 1차로 시도지사, 2차로 주무부장관이 지도 · 감독 ③ 시군구 또는 그 장이 위임받아 처리는 시도의 사무는 시도지사의 지도 · 감독 (2) 위법 · 부당한 명령 · 처분의 시정(§169) ① 대상: 지방자치단체의 사무에 관한 그 장의 명령이나 처분 ② 요건: 법령에 위반되거나 현저히 부당하여 공익을 해할 때(자치사무는 법령 위반한 때) ③ 시정명령권의 주체: 시 · 도는 주무부장관이, 시 · 군 및 자치구는 시 · 도지사가 ④ 절차: 기간 정하여 서면으로 시정 명령 ⇨ 불이행시 취소 또는 정지 ⑤ 불복: 취소처분 또는 정지처분을 통보받은 날부터 15일 이내에 대법원에 제소 (3) 직무이행명령(§170) ① 요건: 법령 규정에 따라 의무에 속하는 국가위임사무나 시 · 도위임사무의 관리와 집행을 명백히 게을리하고 있다고 인정되는 경우 ② 명령의 주체: 시 · 도는 주무부장관이, 시 · 군 및 자치구는 시 · 도지사가 ③ 방식: 기간을 정하여 서면으로 이행할 사항을 명령

	행정적 통제	④ 대집행 등: 이행명령 불응시 그 지자체의 비용부담으로 대집행 또는 행정상 · 재정상 필요한 조치 ⑤ 불복: 이행명령서 접수일로부터 15일 이내에 대법원에 제소 (4) 감독청의 재의요구 지시, 제소 지시 및 직접제소(§172) ① 대상: 지방의회의 의결이 법령에 위반되거나 공익을 현저히 해하는 경우 ② 지시의 주체: 시 · 도는 주무부장관이, 시 · 군 및 자치구는 시 · 도지사가 재의요구를 지시 ③ 지자체 장의 의무 – 재의요구 받은 지자체장은 의결사항 이송일로부터 20일 이내에 이유 붙여 재의 요구 – 재의결된 사항이 법령에 위반된다고 판단하는 경우 재의결일 20일 이내에 대법원에 제소 ④ 제소의 지시 등: 재의결사항이 법령 위반됨에도 지자체장이 제소하지 아니하면 위 20일 지난 후 7일 이내에 주무부장관이나 시 · 도지사는 제소를 지시하거나 직접 제소 및 집행정지결정을 신청 – 제소지시를 받은 지자체장은 7일 이내에 제소 – 주무부장관이나 시도시자의 직접제소는 위 7일 지난 날부터 7일 이내에 ⑤ 직접제소: 법령 위반을 이유로 하는 재의요구지시를 받은 지자체장이 재의를 요구하지 아니하면(재의요구지시 받기 전에 그 조례안을 공포한 경우 포함), 재의요구에 따른 지자체장의 재의요구기간(의결 이송일부터 20일)이 지난 날부터 7일 이내에 대법원에 직접 제소 및 집행정지결정 신청 ⑥ 주무부장관의 불분명: 행정안전부장관 (5) 승인유보제도 – 행정주체상호간의 인가 또는 허가와 유사한 행위(ex) 지방자치단체조합의 설립 승인) – 승인의 처분성(부정설 有), 승인없는 행위가 공법적 행위라면 무효
	사법적 통제	(1) 기관소송: 제107조 제3항(재의요구와 단체장의 제소), 제172조 제4항(감독청의 재의요구와 단체장의 제소), 제6항 및 제7항(단체장의 재의요구 불응시 감독청의 직접제소) (2) 감독불복소송: 시정명령에 대한 불복소송, 직무이행명령에 대한 불복소송 (3) 권한쟁의심판: '권한의 유무 또는 범위에 다툼이 있을 때' – 지자체가 당사자로(지자체장은 청구적격 없음) (4) 헌법소원: 지자체는 기본권의 주체가 아니기 때문에 청구적격 부인(96헌마345)

---

174) **지방자치보장의 본질적 내용**〈헌재, 2006헌라6〉: "… 헌법은 제117조와 제118조에서 '지방자치단체의 자치'를 제도적으로 보장하고 있는 바, 그 보장의 본질적 내용은 자치단체의 보장, 자치기능의 보장 및 자치사무의 보장이다(94헌마201). 이와 같이 헌법상 제도적으로 보장된 자치권 가운데에는 자치사무의 수행에 있어 다른 행정주체(특히 중앙행정기관)로부터 합목적성에 관하여 명령 · 지시를 받지 않는 권한도 포함된다고 볼 수 있다. 다만, 이러한 헌법상의 자치권의 범위는 법령에 의하여 형성되고 제한된다. …."

175) **헌법 제117조** ① 지방자치단체는 주민 복리에 관한 사무를 처리하고 재산을 관리하며, 법령의 범위안에서 자치에 관한 규정을 제정할 수 있다.
지방자치법 제22조(조례) 지방자치단체는 법령의 범위 안에서 그 사무에 관하여 조례를 제정할 수 있다. 다만, 주민의 권리 제한 또는 의무 부과에 관한 사항이나 벌칙을 정할 때에는 법률의 위임이 있어야 한다.
제23조(규칙) 지방자치단체의 장은 법령이나 조례가 위임한 범위에서 그 권한에 속하는 사무에 관하여 규칙을 제정할 수 있다.
제24조(조례와 규칙의 입법한계) 시 · 군 및 자치구의 조례나 규칙은 시 · 도의 조례나 규칙을 위반하여서는 아니된다.

176) 지방지치법 제107조, 제108조

177) 지방지치법 제172조

178) 지방지치법 제109조

179) 지방지치법 제166조 및 제167조

180) **자치사무에 대한 중앙행정기관의 감사범위**〈헌재, 2006헌라6〉: "… 지방자치단체에 대하여 중앙행정기관은 합목적성 감독보다는 합법성 감독을 지향하여야 하고 중앙행정기관의 무분별한 감사권의 행사는 헌법상 보장된 지방자치단체의 자율권을 저해할 가능성이 크므로, 이 사건 관련규정상의 감사에 착수하기 위해서는 자치사무에 관하여 특정한 법령위반행위가 확인되었거나 위법행위가 있었으리라는 합리적 의심이 가능한 경우이어야 하고, 또한, 그 감사대상을 특정해야 한다고 봄이 상당하다. …."

181) (1) "… 시장·군수 또는 구청장은 약국개설자가 약사법을 위반한 경우 업무정지를 명하거나 그에 갈음하여 과징금을 부과할 수 있는 바, 이러한 시장 등의 사무는 지방자치법의 '주민복지에 관한 사업'으로서 주민의 복지증진에 관한 사무에 해당하며, 그 사무의 성질이 반드시 전국적으로 통일적인 처리가 요구되는 사무라고 볼 수 없고, 과징금 체납의 경우 지방세 체납처분의 예에 따라 징수하고, 징수한 과징금은 징수한 시장 등이 속한 지방자치단체에 귀속되는 점 등을 고려하면, 지방자치단체 고유의 자치사무라고 보는 것이 타당하다. …"(대판, 2012두15920)

(2) "… 입시전형자료로 활용되는 등 학교생활기록의 작성에 관한 사무는 국민 전체의 이익을 위하여 통일적으로 처리되어야 할 성격의 사무이다. 따라서 이에 대한 감독관청의 지도·감독 사무도 국민 전체의 이익을 위하여 통일적으로 처리되어야 할 성격의 사무라고 보아야 하므로, 공립·사립학교의 장이 행하는 학교생활기록부 작성에 관한 교육감의 지도·감독 사무는 국가사무로서 교육감에 위임된 사무이다. …"(대법, 2012추138).

182) **조례의 규율범위**: (1) "… 지방자치단체가 자치조례를 제정할 수 있는 것은 원칙적으로 이러한 자치사무와 단체위임사무에 한한다. 그러므로 국가사무가 지방자치단체의 장에게 위임된 기관위임사무와 같이 지방자치단체의 장이 국가기관의 지위에서 수행하는 사무일 뿐 지방자치단체 자체의 사무라고 할 수 없는 것은 원칙적으로 자치조례의 제정범위에 속하지 않는다(대법, 99추30).

(2) 기관위임사무에 있어서도 그에 관한 개별법령에서 일정한 사항을 조례로 정하도록 위임하고 있는 경우에는 위와 같은 지방자치단체의 자치조례제정권과 무관하게 이른바 위임조례를 정할 수 있다고 하겠으나, 그 내용은 개별 법령이 위임하고 있는 사항에 관한 것으로서 개별 법령의 취지에 부합하는 것이어야 하고, 그 범위를 벗어난 때에는 위임조례로서의 효력도 인정할 수 없다. …"(대법, 92추31, 95추32)

183) **조례로의 포괄적 위임**: "… 조례의 제정권자인 지방의회는 선거를 통해서 그 지역적인 민주적 정당성을 지니고 있는 주민의 대표기관이고, 헌법이 지방자치단체에 대해 포괄적인 자치권을 보장하고 있는 취지로 볼 때 조례제정권에 대한 지나친 제약은 바람직하지 않으므로 조례에 대한 법률의 위임은 법규명령에 대한 법률의 위임과 같이 반드시 구체적으로 범위를 정하여 할 필요가 없으며 포괄적인 것으로 족하다고 할 것이다. …"(헌재, 92헌마264)

184) **조례로 정한 사항이 이미 법령에 존재하는 경우**: "… 조례가 규율하는 특정사항에 관하여 그것을 규율하는 국가의 법령이 이미 존재하는 경우에도 조례가 법령과 별도의 목적에 기하여 규율함을 의도하는 것으로서 그 적용에 의하여 법령의 규정이 의도하는 목적과 효과를 전혀 저해하는 바가 없는 때〈세자녀 지원조례 v. 지방재정법상의 '개인'에 대한 보조금 지급 금지〉 또는 양자가 동일한 목적에서 출발한 것이라고 할지라도 국가의 법령이 반드시 그 규정에 의하여 전국에 걸쳐 일률적으로 동일한 내용을 규율하려는 취지가 아니고 각 지방자치단체가 그 지방의 실정에 맞게 별도로 규율하는 것을 용인하는 취지라고 해석되는 때〈자활보호대상자 생계비 지원을 위한 조례 v. 생활보호법상의 자활보호대상자 생계비불지급 ⇦ 일정한 자활보호대상자에 대한 생계비 지원을 규정한 조례가 생활보호법상의 자활보호대상자 보호제도와 모순·저촉되지 않는다고 본 사례(대법, 96추244)〉에는 그 조례가 국가의 법령에 위배되는 것은 아니라고 보아야 한다. …"(대법, 2006추38)

185) 지방자치법 제28조(보고) 조례나 규칙을 제정하거나 개정하거나 폐지할 경우 조례는 지방의회에서 이송된 날부터 5일 이내에, 규칙은 공포예정 15일 전에 시·도지사는 행정안전부장관에게, 시장·군수 및 자치구의 구청장은 시·도지사에게 그 전문(全文)을 첨부하여 각각 보고하여야 하며, 보고를 받은 행정안전부장관은 이를 관계 중앙행정기관의 장에게 통보하여야 한다.

186) **조례의 헌법소원 대상여부**〈헌재, 92헌마216〉: "… 헌법재판소법 제68조 제1항에서 말하는 "공권력"에는 입법작용이 포함되며, 지방자치단체의 조례도 불특정다수인에 대해 구속력을 가지는 법규이므로 조례제정행위도 입법작용의 일종으로서 헌법소원의 대상이 된다. …."

4. 급부행정법: 공물법 · 공기업법

<table>
<tr><th colspan="3">공물법</th></tr>
<tr><td>의의</td><td colspan="2">⇨ 도로, 하천, 공원, 관용청사 등 국가 지방자치단체 등의 행정주체가 행정목적으로 제공한 개개의 유체물
– 예정공물: 공물로서의 법적 지위는 취득하지 못하였으나 장차 예정되어 있는 경우 공물에 준하여 취급</td></tr>
<tr><td>종류</td><td colspan="2">(1) 목적 기준으로 공공용물(일반공중 사용), 공용물(행정주체 사용), 보존공물
(2) 성립과정 기준으로 인공공물과 자연공물
(3) 소유권[187] 기준으로 국유공물, 공유공물(지자체 소유), 私有공물(ex) 개인소유 지정문화재, 私道)
– 자유공물(관리권 + 소유권)과 他有공물(소유권 없이 관리권)</td></tr>
<tr><td>특징</td><td colspan="2">(1) 사소유권설: 공물로서의 목적달성에 장애가 없는 범위에서 사권의 대상이 된다(다수설)
(2) 처분 등 융통성의 제한: 사법상 거래의 제한, 거래보고의무, 공물 사용수익의 허가 등
(3) 취득시효의 제한: 행정재산은 취득시효의 대상에서 제외(국유재산법 §7②), 잡종재산은 취득시효 대상
(4) 강제집행의 제한: 행정재산에는 사권 설정이 금지되기 때문에(국유재산법 §11②) 강제집행도 불가, 사유공물은 가능
(5) 공용수용의 대상여부: 원칙적으로 금지되나, 더 중요한 공익이 존재하는 경우 인정(대판, 95누13241)</td></tr>
<tr><td>성립</td><td colspan="2">(1) 공공용물의 성립
① 인공공물: 형태적 요건(일반공중의 사용에 제공될 수는 형태적 요소) + 의사적 요건(공용개시행위)[188]
② 자연공물: 공용개시행위불요설(판례)[189]
(2) 공용물의 성립: 공용제공의 실체 구비하고 사실상 사용되는 것으로 충분</td></tr>
<tr><td>소멸</td><td colspan="2">(1) 공공용물의 소멸
① 인공공물: 명시적 · 묵시적[190] 공용폐지행위
② 자연공물: 학설 대립하나 판례는 공용폐지 요구
(2) 공용물의 소멸: 공용개시행위불요와 마찬가지로 공용폐지도 불요</td></tr>
<tr><td rowspan="2">공물의 관리</td><td>공물 관리권</td><td>⇨ '공물관리자'의 공물관리의 권능: 공물관련법령에 정하는 바에 따라 구체적 공물마다 상이
(1) 공물관리자와 공물관리청
–공물관리자(공물관리주체: 국가, 지자체) vs. 공물관리청(공물관리기관: 관리청, 대행기관, 지자체의 장)
(2) 내용: 목적달성에 필요한 범위 내에서, 공법상의 지배권
① 공물의 범위결정: 공물의 범위를 정하는 행정행위 ex) 도로구역의 결정(도로법 §25)
② 공물의 유지 · 수선 · 보존: 사실행위
③ 공용부담특권: 토지의 출입 및 일시사용, 장애물의 변경 · 제거
④ 장해의 방지 · 제거: ex) 통행제한, 운행제한
⑤ 인접구역 규제: ex) 접도구역
⑥ 공적 목적으로의 제공: ex) 공물의 사용허가
(3) 관리의 주체: 직접관리(공물주체가 소속기관을 관리청으로),[191] 법정위임,[192] 위임,[193] 위탁, 대행
(4) 비용부담: 공물주체 부담이 원칙이나 관리청이 속한 행정주체가 부담하기도[194]</td></tr>
<tr><td>공물 경찰권</td><td>⇨ 공물상에서의 사회공공의 안녕과 질서에 대한 위해의 예방 · 제거 위한 경찰주체의 일반 경찰권작용
– 공물관리권과는 목적, 권력적 기초, 주체, 발동범위, 위반에 대한 제재 · 강제수단에서 상이
(1) 목적: 공물 관련 위험방지, 교란 제거 vs. 공물의 기능 발휘
(2) 권력적 기초: 경찰권(도로교통법) vs. 공물관리권(도로법)
(3) 주체: 경찰행정기관 vs. 공물관리청
(4) 발동범위: 일시적 · 권력적(집회허가) vs. 계속적 · 비권력적(도로점용)
(5) 실효성확보수단: 행정벌 · 강제집행 vs. 사용관계 배제
⇨ 공물관리권과 공물경찰권은 그 목적, 이론적 근거, 근거법률 등이 상이: 상호독립, 독자적 행사</td></tr>
</table>

<table>
<tr><td rowspan="5">공물의 사용</td><td>일반사용</td><td>⇨ 공물의 본래의 용법에 따라 자유로이 사용(공물관리자의 특별한 의사 불요)
(1) 법적 성격: 반사적 이익설 vs. 공권설(통설)
– 일반사용 침해받지 아니할 소극적 자유권(방해배제청구권, 국배청구권): 공물의 설치 · 변경 등의 요구 불가
– 공용폐지에 대한 일반사용자의 원고적격?[195]
(2) 인접주민의 '고양된 일반사용': 인접주민의 경우 일반사용보다 양적 · 질적으로 강화된 사용관계 인정[196]
ex) 상점 앞 도로에 간판 · 물건의 적재, 하적을 위한 차량 주차, 건축을 위한 건축자재의 적치 etc.
(3) 범위와 한계
– 공물의 관리 또는 경찰 목적상의 사용금지 및 제한
– 타인의 일반사용을 방해하지 아니할 것
– 무료 사용이 원칙이나 법적 근거 있는 경우 사용료 부과</td></tr>
<tr><td>허가사용</td><td>⇨ 공물의 관리 또는 경찰 목적상 공물의 일반사용을 금하고 특정한 경우 해제하여 그 사용을 일시적으로 허가
(1) 종류: 공물관리권 근거한 허가사용(도로에서의 집회허가) vs. 공물경찰권 근거한 허가사용(사례 거의 없음)
(2) 허가사용권의 법적 성질: 반사적 이익설 vs. 공권설</td></tr>
<tr><td>특허사용</td><td>⇨ 일반사용자에게는 인정되지 아니한 특별한 사용권을 특정인에게 창설: 계속적 사용
ex) 도로지하의 전기 · 수도 · 가스관의 매설(도로점용허가), 하천의 댐 건설(하천점용허가)
(1) 특허사용과 일반사용의 구별기준[197]
– 공물의 일반사용과는 별도로 공물의 특정부분을 특정한 목적을 위하여 어느 정도[198] 배타적 · 계속적으로 사용하는 것으로 공물사용권의 특허를 요건으로 함.
(2) 특허사용허가의 성질: 쌍방적 행정행위(공법상계약설 유), 형성적 행위, 재량행위
(3) 특허사용권의 내용
① 공물사용권의 성질: 공권(사권설 유)으로서 법령의 별도 규정(어업권, 댐사용권) 없는 한 채권적 성질[199]
② 공물사용자의 의무
– 공물의 목적(공중의 일반사용)을 침해하지 아니하는 범위에서의 배타적 · 계속적 사용
– 사용료납부의무
(4) 특허사용관계의 소멸: 공물의 소멸, 특허사용권의 포기, 특허사용권에 의한 시설 등의 소멸, 종기의 도래 등
(5) 무단사용: 법률의 규정에 의한 변상금[200] or 부당이득반환의 법리</td></tr>
<tr><td>관습사용</td><td>⇨ 관습상 관개용수권, 관습상 유수권, 관습상 음용용수권, 관습상 어업권 etc.
– 일반사용을 넘는 특허사용과 유사한 것으로 이해
– 물권적 성격</td></tr>
<tr><td>목적외사용</td><td>⇨ 행정재산을 원래의 목적에 장해가 되지 아니하는 범위에서 목적외로 사용 또는 수익
(1) 법적 근거: 국유재산법 §31①,[201] 공유재산및물품관리법 §20[202]
(2) 목적외 사용허가의 법적 성질: 사법상계약설 vs. 행정처분설(판례)[203]
(3) 사용료: 처분성 인정[204] but, 잡종재산의 대부행위 및 대부료는 처분성 부정[205]</td></tr>
<tr><td colspan="3">영조물</td></tr>
<tr><td>의의</td><td colspan="2">(1) 광의: 행정주체가 행정목적을 달성하기 위하여 제공한 인적 · 물적 시설의 종합체(= 행정적 영조물 + 상업적 영조물)
– 영조물 가운데 영리적 사업의 형태를 취하는 것은 '상업적 영조물'(= 공기업)
(2) 협의(행정적 영조물): 광의의 영조물 가운데 행정적 목적, 정신적 · 문화적 목적의 비영리적 사업을 행하는 것(ex) 국공립학교)</td></tr>
<tr><td>종류</td><td colspan="2">(1) 주체: 국영영조물(ex) 국립병원), 공영영조물(ex) 시립병원), 특수법인영조물(ex) 적십자병원)
(2) 독립성: 영조물법인, 직영영조물(ex) 국립대학교)
(3) 영리성: 행정적 영조물(ex) 국공립학교, 교도소, 국공립도서관), 상업적 영조물</td></tr>
</table>

<table>
<tr><td>이용
관계</td><td colspan="3">(1) 법적 성질: 특별행정법관계
(2) 이용관계의 법적 규율: 행정적 영조물(공법관계), 상업적 영조물(사법관계 or 행정사법관계)
(3) 성립: 공법상 계약, 사업상 계약, 행정행위
(4) 이용자의 법적 지위: 계약 및 영조물규칙이 정하는 바(영조물이용권 vs. 이용질서준수의무, 비용부담의무)
(5) 영조물주체의 권한: 영조물규칙제정권, 질서유지권, 계속적 제공의무, 평등원칙
(6) 종료: 이용목적의 달성, 탈퇴, 배제, 영조물의 폐지</td></tr>
<tr><td colspan="4">공기업법</td></tr>
<tr><td rowspan="6">개념</td><td colspan="3">(1) 광의설: 국가 또는 지자체가 경영하는 모든 사업 ⇦ 경영주체 고려
(2) 협의설: 국가 또는 지자체가 경영하는 사회공공의 이익을 위한 기업활동 ⇦ 경영주체와 경영목적 고려
(3) 최협의설: 경영주체 + 경영목적 + 영리성(다수설)[206]
(4) 목적설: 사회공공의 이익 ⇦ 공적 임무의 민영화 추세 고려하면, 경영주체는 공기업 판단기준에서 제외해야!
– 이에 따르면 '특허기업'도 공기업에 포함</td></tr>
<tr><td colspan="3">공기업과 영조물의 구별</td></tr>
<tr><td colspan="2">협의의 공기업</td><td>협의의 영조물</td></tr>
<tr><td colspan="2">기업활동에 중점을 둔 동적인 행정작용법적 개념</td><td>시설에 중점을 둔 정적인 행정조직접적 개념(영조물법인)</td></tr>
<tr><td colspan="2">영리적 사업: 행정사법관계 내지 사법관계</td><td>비영리적 사업: 공법상의 관리관계</td></tr>
<tr><td colspan="2">국가 · 지자체의 공기업은 공물, 단 특수법인공기업은 공물 아님</td><td>공물</td></tr>
<tr><td>종류</td><td colspan="3">⇨ 경영주체에 따라: 국영공기업(우편사업), 공영공기업(수도사업), 특수법인공기업(철도공사, 서울도시철도공사, 한국석유공사)
– 국가 또는 지자체가 직접 공기업을 경영하는 경우(우정사업본부, 상수도사업본부) 그 조직은 행정기관의 성격
⇨ 특허기업(공익사업의 특허)과의 구별
(1) 특허기업의 특허: 공익사업에 대한 경영권을 사인에게 설정하는 행위(사업의 성질은 공익사업, 경영주체가 私人)
(2) 대상사업: 전기사업, 가스사업, 자동차운송사업, 해상운송사업, 폐기물처리업 etc. ⇦ 공기업의 민영화</td></tr>
<tr><td>공기업의
보호</td><td colspan="3">(1) 독점권: 독점적 지위 인정
(2) 공용부담특권: 토지수용권, 부담금징수권 등 인정
(3) 경제상 보호: 조세감면, 보조금교부, 국공유재산 무상대부, 자금 융자 등
(4) 강제징수권: 수도료, 사용료 등의 체납에 대한 강제징수권(특수법인공기업의 경우 행정청에 위탁)
(5) 경찰권: 공기업 경영에 대한 위해의 방지, 질서 유지 위하여 공기업의 관리기관에 경찰권 부여
(6) 형사상 보호: 공기업 경영 침해에 대한 행정벌(공기업벌) 부과</td></tr>
<tr><td>공기업의
감독</td><td colspan="3">(1) 행정청형 기업: 행정조직법상의 감독
(2) 특수법인공기업: 감독청(주무기관의 장, 기재부장관), 감사원, 국회 등에 의한 감독 ⇦ '공공기관의 운영에 관한 법률'</td></tr>
<tr><td rowspan="4">공기업
이용관계</td><td>성질</td><td colspan="2">⇨ 공기업으로부터 개인이 재화 또는 서비스를 제공받거나 그 설비를 이용하는 법률관계
(1) 학설: 공법관계설, 사법관계설, 사회법관계설, 혼합관계설(개별적 구별설, 통설)
(2) 원칙적 행정사법관계: 영리적 활동방식(사법) + 공익적 성격(공법적 규율: 평등원칙, 생존권보장, 계속적 이용보장)
(3) 예외적 공법관계
– 법령이 이용료강제징수, 이용대가 부과에 대한 항고소송, 이용료납부의무(공의무) 등을 규정하는 경우
– 법령 규정이 없더라도 공익성 윤리성, 공기업주체의 고권적 지위 등이 해석상 인정되는 경우</td></tr>
<tr><td>성립</td><td colspan="2">(1) 원칙: 계약(사법적 계약)
(2) 공기업주체의 이용제공의무: 원칙적 계약거부 불가(계약체결의 강제), 이용계약 해지의 부자유
(3) 이용강제: 수도공급계약(독점), 전염병환자의 강제격리(행정작용), 산재보험의 가입(법률 규정)</td></tr>
<tr><td>내용</td><td colspan="2">(1) 이용자의 권리: 공기업이용권, 손해배상청구권, 소송제기권
(2) 공기업주체의 권리: 이용조건설정권, 이용대가징수권(사법상의 채권–민사강제징수)[207], 제재권(이용관계의 정지 · 해지 or 행정벌)</td></tr>
<tr><td>종료</td><td colspan="2">– 목적달성, 탈퇴, 배제, 공기업의 폐지</td></tr>
</table>

187) 국유재산의 구분(국유재산법 제6조) = 행정재산(취득시효대상이 아님) + 일반재산(과거의 잡종재산)
└→ 행정재산 = 공용재산 + 공공용재산 + 기업용재산 + 보존용재산

188) "… 도로는 도로로서의 형태를 갖추고, 공공용물로서 공용개시행위가 있는 때 비로소 행정재산이 되기 때문에, 토지의 지목이 도로이고 국유재산대장에 등재되어 있더라도 그 토지를 행정재산이라 할 수 없다. …"(대판, 99다54332)

189) "… 자연의 상태 그대로 공공용에 제공될 수 있는 실체를 갖추고 있는 이른바 자연공물은 별도의 공용개시행위가 없더라도 행정재산이 되며, 자연공물인 하천부지가 사실상 대지화되어 본래의 용도로 제공될 수 없는 상태에 놓여 있더라도 국유재산법령에 의한 별도의 용도폐지가 있어야 한다. …"(대판, 2005도7523).

190) "… 행정재산이 기능을 상실하여도 관계 법령에 의하여 용도폐지가 되지 아니한 이상 당연히 취득시효의 대상이 되는 잡종재산이 되는 것은 아니고, 공용폐지의 의사표시는 묵시적인 방법으로도 가능하나 행정재산이 본래의 용도에 제공되지 않는 상태에 있다는 사정만으로는 묵시적인 공용폐지의 의사표시가 있다고 볼 수 없으며, 또한 공용폐지의 의사표시는 적법한 것이어야 하는바, 행정재산은 공용폐지가 되지 아니한 상태에서는 사법상 거래의 대상이 될 수 없으므로 관재당국이 착오로 행정재산을 다른 재산과 교환하였다 하여 그러한 사정만으로 적법한 공용폐지의 의사표시가 있다고 볼 수도 없다. …"(대판, 98다42974)

191) **도로법 제23조(도로관리청)** ① 도로관리청은 다음 각 호의 구분에 따른다.
1. 고속국도와 일반국도: 국토교통부장관
2. 국가지원지방도: 도지사·특별자치도지사(특별시, 광역시 또는 특별자치시 관할구역 구간은 해당 특별시장, 광역시장 또는 특별자치시장)
3. 그 밖의 도로: 해당 도로 노선을 지정한 행정청

192) **도로법 제23조(도로관리청)** ② 제1항에도 불구하고 특별시·광역시·특별자치시·특별자치도 또는 시의 관할구역에 있는 일반국도(우회국도 및 지정국도는 제외한다.)와 지방도는 각각 다음 각 호의 구분에 따라 해당 시·도지사 또는 시장이 도로관리청이 된다.
1. 특별시·광역시·특별자치시·특별자치도 관할구역의 洞 지역에 있는 일반국도: 해당 특별시장·광역시장·특별자치시장·특별자치도지사
2. 특별자치시 관할구역의 동 지역에 있는 지방도: 해당 특별자치시장
3. 시 관할구역의 동 지역에 있는 일반국도 및 지방도: 해당 시장

193) **도로법 제110조(권한의 위임·위탁)** ① 이 법에 따른 국토교통부장관의 권한은 대통령령으로 정하는 바에 따라 그 일부를 시·도지사 또는 국토교통부 소속기관의 장에게 위임할 수 있다.
② 특별시장·광역시장·도지사·특별자치도지사 또는 국토교통부 소속기관의 장은 제1항에 따라 국토교통부장관으로부터 위임받은 권한의 일부를 시장(행정시 시장 포함)·군수·구청장 또는 일반국도의 건설과 관리에 관한 업무를 수행하는 행정기관의 장에게 재위임할 수 있다. 이 경우 특별시장·광역시장·도지사 또는 특별자치도지사가 시장·군수·구청장에게 재위임하는 경우에는 국토교통부장관의 승인을 받아야 한다.
③ 국토교통부장관은 다음 각 호의 업무에 관한 도로관리청으로서의 업무를 대통령령으로 정하는 바에 따라 도로와 관련된 기관 또는 단체에 위탁할 수 있다.
1. 도로표지의 설치 및 관리 업무
2. 도로교통정보체계의 구축·운영 등 업무
3. 도로에 관한 조사 업무

194) **도로법 제85조(비용부담의 원칙)** ① 도로에 관한 비용은 이 법 또는 다른 법률에 특별한 규정이 있는 경우 외에는 도로관리청이 국토교통부장관인 도로에 관한 것은 국가가 부담하고, 그 밖의 도로에 관한 것은 해당 도로의 도로관리청이 속해 있는 지방자치단체가 부담한다. 이 경우 제31조제2항에 따라 국토교통부장관이 도지사 또는 특별자치도지사에게 일반국도의 일부 구간에 대한 도로공사와 도로의 유지·관리에 관한 업무를 수행하게 한 경우에 그 비용은 국가가 부담한다.
② 제1항에도 불구하고 제20조에 따라 노선이 지정된 도로나 행정구역의 경계에 있는 도로에 관한 비용은 관계 지방자치단체가 협의하여 부담 금액과 분담 방법을 정할 수 있다.

195) **공용폐지에 대한 일반사용자의 원고적격**: "… 일반적으로 도로는 … 그 이용관계로부터 당연히 그 도로에 관하여 특정한 권리나 법령에 의하여 보호되는 이익이 개인에게 부여되는 것이라고 말할 수 없으므로, 일반적인 시민생활에 있어 도로를 이용만 하는 사람은 그 용도폐지를 다툴 법률상의 이익이 있다고 말할 수는 없다. 다만, 공공용재산이라고 하여도 당해 공공용재산의 성질상 특정개인의 생활에 개별성이 강한 직접적이고 구체적인 이익을 부여하고 있어서 그에게 그로 인한 이익을 가지게 하는 것이 법률적인 관점으로도 이유가 있다고 인

정되는 특별한 사정이 있는 경우에는 그와 같은 이익은 법률상 보호되어야 할 것이고, 따라서 도로의 용도폐지처분에 관하여 이러한 직접적인 이해관계를 가지는 사람이 그와 같은 이익을 현실적으로 침해당한 경우에는 그 취소를 구할 법률상의 이익이 있다고 보아야 할 것이나 ….”(대판, 91누13212)

196) **고양된 일반사용**: “… 공물의 인접주민은 다른 일반인보다 그 인접공물의 일반사용에 있어서 특별한 이해관계를 가지는 경우가 있고, 그러한 의미에서 다른 사람에게 인정되지 아니하는 이른바 고양된 일반사용권이 보장될 수 있으며, 이러한 고양된 일반사용권이 침해된 경우 다른 개인과의 관계에서 민법상으로도 보호될 수 있으나, 그러한 권리도 공물의 일반사용의 범위 안에서 인정되는 것이므로, 특정인에게 어느 범위에서 이른바 고양된 일반사용권으로서의 권리가 인정될 수 있는지의 여부는 당해 공물의 목적과 효용, 일반사용관계, 고양된 일반사용권을 주장하는 자의 법률상의 지위와 당해 공물의 사용관계의 인접성, 특수성 등을 종합적으로 고려하여 판단하여야 할 것이지만, 구체적으로 그 공물을 사용하지 않고 있는 이상 그 공물의 인접주민이라는 사정만으로는 그러한 권리관계가 인정될 수 없다. ….”(대판, 2004다68311)

197) **지하철역과 인근건물의 연결통로의 성격**: “도로의 특별사용은 반드시 독점적, 배타적인 것이 아니라 그 사용목적에 따라서는 도로의 일반사용과 병존이 가능한 경우도 있고 이러한 경우에는 도로점용부분이 동시에 일반공중의 교통에 공용되고 있다고 하여 도로점용이 아니라고 말할 수 없는 것인바, 지하철역과 원고의 사옥 사이의 지하연결통로의 용도와 기능이 주로 일반시민의 교통편익을 위한 것이고 이에 곁들여 위 건물에 출입하는 사람들의 통행로로도 이용되고 있는 정도라면 위 지하연결통로는 도로의 일반사용을 위한 것이고, 만일 이와 반대로 위 지하연결통로의 주된 용도와 기능이 원고 소유 건물에 출입하는 사람들의 통행로로 사용하기 위한 것이고 다만 이에 곁들여 일반인이 통행함을 제한하지 않은 것에 불과하다면 위 지하연결통로는 특별사용에 제공된 것이므로 이를 설치사용하는 행위는 도로의 점용이라고 보아야 할 것이며, 위 지하연결통로의 설치 사용이 위의 경우 중 어느 경우에 해당하는지는 위 지하연결통로의 위치와 구조, 원고 소유 건물 및 일반 도로와의 연결관계 및 일반인의 이용상황 등 제반사정을 구체적으로 심리하여 판단하여야 한다(대판, 90누8855).

198) **일반사용과 특허사용의 병존가능성**: “… 공유수면의 점용과 같은 공물의 특별사용이 반드시 독점적·배타적 사용을 의미하는 것은 아니며 그 사용목적에 따라서는 공물의 일반사용과의 병존도 가능하다. ….”(대판, 2010도12529)

199) **특허사용권의 채권적 성질**: “하천의 점용허가권은 특허에 의한 공물사용권의 일종으로서 하천의 관리주체에 대하여 일정한 특별사용을 청구할 수 있는 채권에 불과한 것이지 대세적 효력이 있는 물권은 아니다.”(대판, 2012두27404)

200) **도로법 제72조(변상금의 징수)** ① 도로관리청은 도로점용허가를 받지 아니하고 도로를 점용하였거나 도로점용허가의 내용을 초과하여 도로를 점용(이하 이 조에서 “초과점용등”이라 한다)한 자에 대하여는 초과점용등을 한 기간에 대하여 점용료의 100분의 120에 상당하는 금액을 변상금으로 징수할 수 있다.

201) **국유재산법 제30조(사용허가)** ① 중앙관서의 장은 다음 각 호의 범위에서만 행정재산의 사용허가를 할 수 있다.
1. 공용·공공용·기업용 재산: 그 용도나 목적에 장애가 되지 아니하는 범위 〈이하 생략〉

202) **공유재산 및 물품관리법 제20조(사용·수익허가)** ① 지방자치단체의 장은 행정재산에 대하여 그 목적 또는 용도에 장애가 되지 아니하는 범위에서 사용 또는 수익을 허가할 수 있다. 〈이하 생략〉

203) **행정재산 사용허가의 법적 성질**: “국유재산 등의 관리청이 하는 행정재산의 사용·수익에 대한 허가는 순전히 사경제주체로서 행하는 사법상의 행위가 아니라 관리청이 공권력을 가진 우월적 지위에서 행하는 행정처분으로서 특정인에게 행정재산을 사용할 수 있는 권리를 설정하여 주는 강학상 특허에 해당하는 바 ….”(대판, 2004다31074)

204) **행정재산 사용료에 대한 항고소송**: “국유재산의 관리청이 행정재산의 사용·수익을 허가한 다음 그 사용·수익하는 자에 대하여 하는 사용료부과는 순전히 사경제주체로서 행하는 사법상의 이행청구라 할 수 없고, 이는 관리청이 공권력을 가진 우월적 지위에서 행한 것으로서 항고소송의 대상이 되는 행정처분이라 할 것이다. ….”(대판, 95누11023)

205) **잡종재산 대부행위 및 대부료의 처분성 부인**: “국유잡종재산에 관한 관리 처분의 권한을 위임받은 기관이 국유잡종재산을 대부하는 행위는 국가가 사경제 주체로서 상대방과 대등한 위치에서 행하는 사법상의 계약이고, 행정청이 공권력의 주체로서 상대방의 의사 여하에 불구하고 일방적으로 행하는 행정처분이라고 볼 수 없으며, 국유잡종재산에 관한 대부료의 납부고지 역시 사법상의 이행청구에 해당하고, 이를 행정처분이라고 할 수 없다. ….”(대판, 99다61675)

206) 최협의설에 따르면 수익성을 고려하지 아니하는 도로·공원의 관리사업은 공기업에서 제외된다.

207) “… 수도법에 따른 수도료의 부과징수와 이에 따른 수도료의 납부관계는 공법상의 권리의무관계라 할 것이므로 이에 관한 소송은 행정소송절차에 의하여야 한다.”(대판, 76다2517) 법령이 이용요금부과에 대하여 행정쟁송을 제기하도록 규정하고 있다면, 그 부과행위는 행정처분이며, 그 청구권은 공권에 해당한다.

5. 질서행정법

<table>
<tr><td rowspan="4">경찰의 개념</td><td>실질적 의미</td><td>⇨ 직접 사회공공의 안녕 · 질서 유지(위험의 방지, 교란의 제거) 위하여 일반통치권에 근거하여 개인에게 명령 · 강제하는 작용(경찰권발동의 요건) = 행정경찰
– 소극적 국가작용/사회목적적(cf) 국가목적적: 재정, 군정) 작용/권력적 작용
(1) 공공의 안녕: 객관적 법질서의 유지(공동체 및 개인의 법익 보호)
① 공동체의 법익보호: 국가(기관)의 존속 · 기능 보호/공동체법질서의 보호(공법규정 수호, 범죄 방지)
② 개인의 법익보호: 생명, 건강, 자유 등이 공익과 관련되는 경우 경찰의 보호대상
(2) 공공의 질서: 헌법적 가치판단하의 지배적인 사회관 · 윤리관의 준수
(3) 위험과 교란: 구체적인 것일 것</td></tr>
<tr><td>형식적 의미</td><td>⇨ 보통경찰기관의 권한 작용(제도적 의미의 경찰)</td></tr>
<tr><td>경찰의 종류</td><td>(1) 행정경찰과 사법경찰(범죄수사 등 형사사법작용)
① 성격: 공공혼란 억제 · 예방(사전적 · 예방적 행정작용) vs. 범죄자의 수사 · 체포(사후적 · 제재적 사법작용)
② 구별실익: 적용법과 쟁송절차의 차이(행정법, 행정쟁송 vs. 형사소송법)
(2) 광의의 행정경찰 = 보안경찰(보통경찰기관의 작용: 교통, 소방, 해양, 풍속) + 협의의 행정경찰(행정기관이 부수적으로 수행하는 작용: 위생, 건축, 산림, 어업, 철도)
(3) 국가경찰과 지자체경찰(소방, 제주도의 자치경찰단)
(4) 평상시 경찰과 비상시 경찰</td></tr>
<tr><td rowspan="2">경찰기관의 종류</td><td>보통경찰 기관</td><td>⇨ 보통경찰관청(행정관청), 경찰위원회, 경찰집행기관(경찰공무원)[208] ⇦ 보안경찰 담당
– 보통경찰관청: 경찰청장, 지방경찰청장, 경찰서장, 해양경비안전본부장(지방본부장, 해양경비안전서장)</td></tr>
<tr><td>행정경찰 기관</td><td>⇨ 중앙행정기관의 장, 지자체의 장(기관위임)
– 행정경찰 수행과 관련하여 발생하는 사법경찰 수행하기도(형소§197)[209]</td></tr>
<tr><td rowspan="3">경찰행정의 법률유보</td><td>경찰법과 일반 행정법</td><td>⇨ 경찰행정법은 일반행정법의 모태
– 경찰비례의 원칙, 정보자기결정권, 개인정보보호, 행정개입청구권, 무하자재량행사청구권, 경찰처분, 법규명령이론, 경찰허가, 경찰벌, 경찰상 강제집행, 경찰상즉시강제, 경찰상 손실보상 등</td></tr>
<tr><td>일반수권 조항</td><td>⇨ 일반적 수권조항의 합헌성(가능성) + 일반적 수권조항의 존재여부
– 경찰관직무집행법 §2제7호[210] 및 §5①제3호[211]의 문제
(1) 일반적 수권조항의 합헌성
① 합헌설: 경찰권발동의 다양성 · 예측불가능성 고려, 헌법제37조 제2항 근거
② 위헌설: 백지의 포괄적 재량권 부여하는 결과, 개별적 수권 필요
(2) 일반적 수권조항의 존재여부: 경찰관직무집행법 §2제7호
① 긍정설: 동 제7호의 '그 밖에 공공의 안녕과 질서 유지'는 경찰관의 임무규정이면서 일반수권조항!
② 유추적용설: 동 조항을 유추해석하여 일반수권조항으로 인정
③ 부정설: 임무(직무)규정에 불과
④ 판례: 대법원, 헌재 불분명(대판, 85도2448; 헌재, 99헌마513)</td></tr>
<tr><td>개별수권 조항</td><td>⇨ 경찰관직무집행법 제3조 이하의 경찰상의 표준행위
– 불심검문, 동행요구, 보호조치, 위험발생의 방지, 범죄의 예방과 제지, 위험방지를 위한 출입, 사실의 확인, 경찰장비 · 경찰장구(휴대장비) · 분사기 · 무기의 사용</td></tr>
<tr><td rowspan="2">경찰권의 한계</td><td>법규상 한계</td><td>개별법규의 발동요건 충족</td></tr>
<tr><td>조리상 한계</td><td>(1) 경찰소극의 원칙, (2) 경찰책임의 원칙, (3) 경찰평등의 원칙, (4) 경찰비례의 원칙,
(5) 경찰공공의 원칙: 사생활 · 사주소 불가침, 민사관계 불간섭</td></tr>
</table>

<table>
<tr><td rowspan="11">경찰책임</td><td colspan="2">의의</td><td>⇨ 경찰상 위해발생의 책임이 있는 자에게 경찰권 발동(= 경찰행정청의 명령에 복종할 의무)</td></tr>
<tr><td colspan="2">책임의 주체</td><td>⇨ 자연인, 사법인, 외국인, 무국적자
⇨ 공법인 및 행정기관의 주체성?
(1) 실질적 경찰책임: 법률우위원칙, 고권주체도 경찰법규 준수의무 – 축소, 면제 가능
(2) 형식적 경찰책임: 경찰권 발동의 대상이 되는가?
– 일반적으로 인정할 경우 다른 고권주체 비하여 경찰행정관청의 우위를 인정하는 결과
– 제한적 긍정설: 다른 국가기관의 적법한 임무수행을 방해하지 아니하는 범위 내에서</td></tr>
<tr><td rowspan="2">책임의 유형</td><td>행위책임</td><td>– 경찰상 위해의 상태를 발생시킨 행위(부작위, 의사능력, 행위능력, 과실여부 불문)
– 타인의 행위에 대한 책임: 감독자, 친권자, 후견인 ⇦ 감경, 면책 불인정
– 인과관계: 직접원인설(위반상태 직접 야기한 자: 다수설)</td></tr>
<tr><td>상태책임</td><td>– 물건의 경찰위반상태에 대한 책임(귀책사유 불문, 자연재해 · 제3자행위로 인한 상태책임)
– 물건의 소유자 또는 사실상 지배력을 가진 자
– ‘잠재적 위험의 실현에 대한 경찰책임’: 물건 소유자의 귀책사유 없는 사정변경으로 위험 초래하게 된 경우(ex) 양돈업자와 도시 팽창, 주민 위생에 위해 발생)</td></tr>
<tr><td colspan="2">책임의 경합</td><td>(1) 행위책임과 상태책임의 경합: 행위책임 우선
(2) 행위책임의 경우 최후행위자, 중대원인 제공자 책임</td></tr>
<tr><td colspan="2">책임의 승계[212)]</td><td>(1) 행위책임: 인적 책임, 고의 · 과실 불문 등 승계 부정(다수설). 상속의 경우는 인정
(2) 상태책임: 물적 책임, 승계 인정(법적 근거 불요설 다수)</td></tr>
<tr><td colspan="2">긴급상태</td><td>⇨ 긴급상태의 경우 제3자의 경찰책임 인정여부
– 위험의 급박 · 실현/경찰에 의한 해결수단 부재/수인가능성/손실보상</td></tr>
<tr><td colspan="2">손실보상</td><td>– 경찰책임자(위험야기자)의 손실보상청구권은 원칙적으로 불인정
– 제3자 또는 사회통념상 수인한도 넘는 손실은 보상대상[213)]</td></tr>
</table>

---

208) **경찰의 계급**: 치안총감, 치안정감, 치안감, 경무관, 총경, 경정, 경감, 경위, 경사, 경장, 순경

209) **형사소송법 제197조(특별사법경찰관리)** 삼림, 해사, 전매, 세무, 군수사기관 기타 특별한 사항에 관하여 사법경찰관리의 직무를 행할 자와 그 직무의 범위는 법률로써 정한다.

210) **경찰관직무집행법 제2조(직무의 범위)** 경찰관은 다음 각 호의 직무를 수행한다.
1. 국민의 생명·신체 및 재산의 보호, 2. 범죄의 예방·진압 및 수사, 2의2. 범죄피해자 보호, 3. 경비, 주요 인사(人士) 경호 및 대간첩·대테러 작전 수행, 4. 치안정보의 수집·작성 및 배포, 5. 교통 단속과 교통 위해(危害)의 방지, 6. 외국 정부기관 및 국제기구와의 국제협력, 7. 그 밖에 공공의 안녕과 질서 유지

211) **경찰관직무집행법 제5조(위험 발생의 방지 등)** ① 경찰관은 사람의 생명 또는 신체에 위해를 끼치거나 재산에 중대한 손해를 끼칠 우려가 있는 (天災, 事變, 인공구조물의 파손이나 붕괴, 교통사고, 위험물의 폭발, 위험한 동물 등의 출현, 극도의 혼잡, 그 밖의 위험한 사태가 있을 때에는 다음 각 호의 조치를 할 수 있다.
1. 그 장소에 모인 사람, 사물(事物)의 관리자, 그 밖의 관계인에게 필요한 경고를 하는 것
2. 매우 긴급한 경우에는 위해를 입을 우려가 있는 사람을 필요한 한도에서 억류하거나 피난시키는 것
3. 그 장소에 있는 사람, 사물의 관리자, 그 밖의 관계인에게 위해를 방지하기 위하여 필요하다고 인정되는 조치를 하게 하거나 직접 그 조치를 하는 것

212) 영업의 양수양도에 따른 행정법규 위반효과(제재처분)의 이전문제와 경찰책임의 승계문제는 별개의 문제!

213) **경찰관직무집행법 제11조의2(손실보상)** ① 국가는 경찰관의 적법한 직무집행으로 인하여 다음 각 호의 어느 하나에 해당하는 손실을 입은 자에 대하여 정당한 보상을 하여야 한다.
1. 손실발생의 원인에 대하여 책임이 없는 자가 재산상의 손실을 입은 경우(자발적으로 협조하거나 물건을 제공하여 손실을 입은 경우를 포함)
2. 손실발생의 원인에 대하여 책임이 있는 자가 자신의 책임에 상응하는 정도를 초과하는 재산상의 손실을 입은 경우

6. 공용부담법

의의		⇨ 공익사업 기타 공익을 위하여 개인에게 강제로 가하는 공법상의 경제적 부담(= 인적공용부담 + 물적공용부담) ⇨ '공용부담특권': 공용부담부과권한 ⇨ 법률유보: 헌법§23③, 토지보상법, 지방자치법, 국계법, 도시 및 주거환경정비법, 도시개발법, 도로법, 하천법, 철도법 etc.
인적 공용 부담	의의	⇨ 공익사업이나 공익을 위하여 특정인에게 일정한 작위, 부작위, 급부의 의무를 과하는 공용부담
	종류	(1) 부담금 ① 전통적 부담금: 특정공익사업에 충당 위하여 당해 사업과 특별한 관계에 있는 자에게 부과하는 공법상의 금전급부의무(ex) 수익자부담금, 원인자부담금, 손궤자부담금) ⇦ 주로 재정충당목적의 부담금 ② 특별부담금[214]: 특정공익사업에 한하지 아니하고, 일정한 행정목적을 달성하기 위하여 특정 또는 불특정의 관계인에 부과하는 금전급부의무 ⇨ 재정충당목적(학교용지부담금), 정책유도목적(과밀부담금), 의무이행확보목적(장애인고용부담금), 혼합목적(배출부담금, 교통혼잡유발부담금) ③ '부담금관리기본법'의 부담금 정의: 특정공익사업과 관련하여 부과하는 조세 외의 금전지급의무[215] (2) 부역 · 현품부담: 노역 또는 물품과 금전의 선택적 급부의무. 노역은 단순노무, 물품은 대체성 있는 것 (3) 노역 · 물품부담: 노역 또는 물품 그 자체의 급부의무. 금전에 의한 대체 불인정 (4) 시설부담: 일정한 공사 · 시설의 완성에 관한 공법상의 의무 (5) 부작위부담
물적 공용 부담	의의	⇨ 공익을 위하여 개인의 재산에 일정한 제한, 사용, 수용 또는 교환의 제약을 가하는 공용부담 – 공용제한, 공용사용, 공용수용, 공용환지
	공용 제한	⇨ 공용제한이 특별희생인 경우 손실보상 (1) 공물제한: 공물 지정–융통성 제한 (2) 계획제한: 도시계획 등의 행정계획에 따른 사용 · 수익의 제한 (3) 보전제한: 국토개발로부터 문화재, 농지의 보전 (4) 사업제한: 공사업의 원활 및 안전을 위한 제한(ex) 접도구역의 토지형질변경, 나무심기 제한)
	공용 수용	⇨ 공익을 위한 재산권의 박탈, 손실보상: '공익사업을 위한 토지 등의 취득 및 보상에 관한 법률' (1) 수용의 주체: 사업시행자(국가, 지자체, 공법상 법인, 사인) (2) 수용의 목적물: 토지, 물건(입목, 지장물), 권리(광업권, 어업권, 물사용권) 등 (3) 수용의 절차: 사업인정 ⇨ 토지 · 물건조서 작성 ⇨ 협의 ⇨ 재결 · 화해 – 사업인정: 공익사업을 토지 등을 수용하거나 사용할 사업으로 결정하는 행위(처분성, 형성행위, 재량행위) – 협의 불성립의 경우 토지수용위원회의 재결 (4) 환매권(ex) 토지보상법 제91조, 택지개발촉진법 제13조, 이하 토지보상법의 내용) ① 의의: 공익사업을 위하여 취득한 토지가 공익사업의 폐지, 변경 등으로 불필요 또는 장기간 그 공익사업에 이용되지 아니하는 경우 보상금상당액을 지급하고 원소유권을 회복할 수 있는 권리[216] ② 성립 i) 협의취득일 또는 수용개시일(취득일)로부터 10년 이내에 토지의 전부 또는 일부가 불필요하게 된 경우 ii) 취득일로부터 5년 이내에 토지의 전부를 해당사업에 이용하지 아니한 경우 ③ 성질: 공권설 vs. 사권설(판례는 사권설, 대판, 92다4673) ④ 환매권자: 협의취득일 또는 수용개시일 당시의 소유권자 또는 그의 포괄승계인 ⑤ 행사기간: 필요 없게 된 날 1년 또는 취득일 10년 이내(위의 ii)의 경우는 취득일 6년) ⑥ 행사방법: 보상금상당액의 지급 및 일방적 의사표시(청구권이 아니라 형성권) – 환매금액의 합의: 토지가격의 현저한 변동–환매금액의 협의 불성립하면 그 금액의 증감청구소송(§91⑤)[217]

<table>
<tr><td rowspan="3"></td><td>공용
수용</td><td>⑦ 행사의 효과: 사법상 매매계약의 효력
⑧ 공익사업의 전환(§⑥)
– 공익사업을 위하여 토지를 취득한 후 그 공익사업이 다른 공익사업으로 변경된 경우 해당 토지를 변경된 공익사업에 이용하도록 하는 제도
– 환매권의 기산점이 변경된 공익사업의 관보 고시일부터 다시 기산</td></tr>
<tr><td>공용
환지</td><td>⇨ 토지의 이용가치 증진 사업을 위한 토지소유권의 강제적 교환 · 분할
ex) 도시개발법상의 도시개발사업, 농어촌정비법상의 농업기반정비사업(이하 도시개발사업에 따른 공용환지)
(1) 환지계획: 도시개발사업이 완료된 후에 행하는 환지처분에 관한 계획[218] ⇦ 인가 대상
(2) 환지예정지의 지정: 환지처분이 있기 전까지 종전의 토지에 갈음하여 사용 · 수익하도록 지정되는 토지[219]
(3) 환지처분: 공사 완료 이후 환지계획에 따른 환지교부 · 환지청산에 관한 처분
– 효과: 환지는 환지처분이 공고된 익일부터 종전 토지로 보며, 환지를 정하지 아니한 종전 토지에 있던 권리는 소멸(§42①), 환지처분을 받은 자는 환지계획으로 정하는 바에 따라 건축물의 일부와 해당 건축물이 있는 토지의 공유지분을 취득. 이 경우 종전의 토지의 저당권은 이 공유지분에 존재하는 것으로 본다(§42④).
– 청산금: 환지 지정 또는 환지 제외의 경우 그 과부족분의 청산(시효 5년)
(4) 체비지(보류지): 사업에 필요한 경비의 충당을 위하여 환지로 지정하지 아니하고 보류해 둔 토지</td></tr>
<tr><td>공용
환권</td><td>⇨ 도시공간의 효용성 증대 사업을 위한 부동산소유권, 분양권 등의 강제적 교환 · 분할
ex) 도시 및 주거환경정비법상의 재개발사업, 재건축사업, 주거환경정비사업</td></tr>
<tr><td rowspan="3">개발행정법의 주요제도</td><td>토지거래
허가제</td><td>⇨ '국토의 계획 및 이용에 관한 법률'
(1) 강학상 인가: 국계법 제117조: 투기우려지역, 5년 이내의 기간을 정하여 토지소유권 및 지상권의 거래계약에 관한 허가구역 지정
(2) 국가 등의 선매협의에 의한 매수: 토지거래허가신청이 있을 경우 국가 등이 그 토지의 매수를 원하는 경우 선매자를 지정, 협의매수하게 하는 제도(국계법 제122조)
(3) 불복: 불허가처분을 받은 경우 매수청구(국계법 제123조), 이의신청, 항고소송 제기</td></tr>
<tr><td>개발이익
환수제</td><td>⇨ '개발이익환수에 관한 법률'
(1) 개발부담금: 개발사업의 시행이나 토지이용계획의 변경, 그 밖에 사회적 · 경제적 요인에 따라 정상지가상승분을 초과하여 사업시행자나 토지소유자에게 귀속되는 토지 가액의 증가분
(2) 부과기준: 부과종료시점의 토지가액 – 정상지가상승분 – 개발비용</td></tr>
<tr><td>공시
지가제</td><td>⇨ '부동산 가격공시 및 감정평가에 관한 법률'
(1) 표준지공시지가: 개별공시지가 산정의 기준(처분성 의문)
(2) 개별공시지가: 각종 세금의 부과 기타 목적의 지가산정의 기준: 처분성 인정</td></tr>
</table>

214) **특별부담금의 헌법적 허용한계**(문예진흥기금 위헌결정): "… 특별부담금은 조세의 납부의무자인 일반국민들 중 일부가 추가적으로 부담하는 또 하나의 공과금이므로 국민들 사이의 공과금 부담의 형평성 내지 조세평등을 침해하지 않기 위해서는 특별부담금은, 일반인과 구별되는 동질성을 지니어 특정집단이라고 이해할 수 있는 그러한 사람들에게만 부과되어야 하고(집단의 동질성), 특별부담금의 부과를 통하여 수행하고자 하는 특정한 경제적·사회적 과제와 특별히 객관적으로 밀접한 관련성이 있어야 하고(객관적 근접성), 그리하여 그러한 과제의 수행에 관하여 조세외적 부담을 져야 할 책임이 인정될만한 집단에 대해서만 부과되어야 할 것이며(집단적 책임성), 특별부담금의 수입이 특별부담금 납부의무자의 집단적 이익을 위하여 사용되어야 할 것(집단적 효용성)이다(98헌가1, 97헌바84, 2002헌바5). 다만 재정충당목적의 특별부담금인 경우 구체적인 사안별로 위와 같은 헌법적 정당화 요건은 일정 부분 완화될 수도 있지만 적어도 객관적 근접성과 집단적 책임성은 특별부담금의 본질적인 허용요건이라고 보아야 할 것이다. 나아가 재정충당목적이 전혀 없는 순전한 유도적 특별부담금인 경우와 재정충당의 목적과 유도의 목적이 혼재된 특별부담금의 경우에는 구체적인 사안별로 위와 같은 헌법적 정당화 요건은 일정 부분 요청되지 않을 수도 있을 것이다. …."(헌재, 2002헌가2).
(납부자 5,700만명, 우연한 관람 ⇨ 집단적 동질성 無, 과제근접성 無, 집단적 책임성 無, 문예진흥기금 용도의 다양성 ⇨ 집단적 효용성 無).

215) **부담금관리기본법 제2조**(정의) "부담금"이란 중앙행정기관의 장, 지방자치단체의 장, 행정권한을 위탁받은 공공단체 또는 법인의 장 등 법률에 따라 금전적 부담의 부과권한을 부여받은 자가 분담금, 부과금, 기여금, 그 밖의 명칭에도 불구하고 재화 또는 용역의 제공과 관계없이 특정 공익사업과 관련하여 법률에서 정하는 바에 따라 부과하는 조세 외의 금전지급의무(특정한 의무이행을 담보하기 위한 예치금 또는 보증금의 성격을 가진 것은 제외한다)를 말한다.

216) **환매권의 제3자에 대한 대항력**: "환매권은 '부동산등기법'에서 정하는 바에 따라 공익사업에 필요한 토지의 협의취득 또는 수용의 등기가 되었을 때에는 제3자에게 대항할 수 있다."(토지보상법 제91조 제5항)

217) **환매권의 존부확인소송 및 환매대금증감청구소송**: 민사소송으로(대판, 2010다30782)

218) **환지계획의 처분성 부정**: "… 환지계획은 환지예정지 지정이나 환지처분의 근거가 될 뿐 그 자체가 직접 토지소유자 등의 법률상의 지위를 변동시키거나 또는 환지예정지 지정이나 환지처분과는 다른 고유한 법률효과를 수반하는 것이 아니어서 이를 항고소송의 대상이 되는 처분에 해당한다고 할 수가 없다."(대판, 97누6889)

219) 환지예정지의 지정은 처분성이 인정되나, 환지처분이 공고된 때에는 그 효력을 상실하기 때문에 더 이상 소의 이익은 없다(대판, 99두6873).

X

행정쟁송실무사례

1. 위헌법률심판과 행정소송
2. 헌법소원심판
3. 항고소송 사례

Chapter X

행정쟁송실무사례

1. 위헌법률심판과 행정소송

(1) 위헌법률심판의 의의

- 헌법 제107조 제1항: "법률이 헌법에 위반되는 여부가 재판의 전제가 된 경우에는 법원은 헌법재판소에 제청하여 그 심판에 의하여 재판한다."

(2) 사례: **학교용지부담금 위헌결정**

① 대상 법률(조항)

- 구 '학교용지확보에 관한 특례법' ⇨ 300세대 이상의 주택건설용토지를 분양받은 자에 부담금 부과(공동주택 8/1000, 단독 15/1000) ⇨ 학교용지 확보를 위한 관련 비용

② 위헌 근거: 의무교육의 무상성 위반, 평등원칙 위반{수분양자의 구체적 사정 고려 없이 일괄적으로 동일한 부담금 부과는 합리적 근거 없는 차별: 부담금의 정당화요건(집단의 동질성·책임성·효용성·과제근접성) 결여}(2005.3.31. 선고, 2003헌가20)

③ 부담금 부과처분에 대한 불복과정

- 부담금 부과처분 ⇨ 부과처분 취소소송(법원) ⇨ 위헌 주장(원고) ⇨ 위헌제청(법원 → 헌재) ⇨ 위헌 결정(헌재) ⇨ 부과처분 취소판결(법원)
  - ↳ 제청기각결정(법원) ⇨ 헌법소원

※ 위 결정 이후, 공동주택 '수분양자'에게 부과하던 방식을 '개발사업자'에게 부과하는 방식으로 법개정이 이루어졌고, 이에 대해서도 위헌법률심판이 제기되었으나 이 건에서는 합헌 결정을 하였음(헌재, 2007헌가1)[220]. 또한 '부담금부과처분'을 다투지 아니한 자에 대해서도 환급이 이루어질 수 있도록 "학교용지부담금 환급에 관한 특별법"이 제정되기도 하였다.

2. 헌법소원심판

(1) 의의

① 공권력의 행사 또는 불행사로 인하여

공권력의 행사	공권력의 불행사
* 법령: 구체적 집행 없이 법령 그 자체로 기본권 침해되는 경우(행정규칙 제외), 조약 가능 * 통치행위, 처분성 부정의 공권력작용(공무원시험계획 공고, 공정위 무혐의처분, 공영방송사 방송토론결정) * 검사의 불기소처분(고소인 아닌 피해자, 고소인은 항고 → 재정신청으로만 가능), 기소유예/기소중지 가능 〈대상제외작용〉 * 공권력성 부정된 작용: 어린이헌장 선포, 개발제한구역제도 개선방안 * 항고소송대상의 공권력 행사: 행정행위, 처분적 조례	* 입법부작위: 부진정부작위(위헌심판 or 적극적 헌법소원) v진정부작위(위헌심판 ×, 예외적 헌법소원) * 행정입법부작위: 부진정(위헌명령심사 or 헌법소원) v. 진정(헌법소원 가능), 조례 가능 * 행정부작위: 헌법소원가능, but, 부작위위법확인소송의 대상은 제외 ⇦ 보충성 요건 * 사법부작위: 재판지연행위(각하), 판단유탈이나 탈루도 불가

② 헌법상 보장된 기본권을 침해받은 자가

<table>
<tr><th>헌법관과 기본권</th><th>인권 = 자연권</th><th>⇨</th><th colspan="2">기본권(헌법적 권리)</th><th>법률상의 권리</th></tr>
<tr><td>Kelsen: 반사적 이익</td><td rowspan="4">자유주의의
천부인권사상
국민주권</td><td rowspan="4">입
헌
주
의</td><td rowspan="2">유형</td><td rowspan="2">확인된 vs. 창설된
열거된 vs. 미열거된
법률상의 헌법적 권리</td><td rowspan="4">입법형성된 권리

- 헌법소원 불가
- 폐지가능</td></tr>
<tr><td>Jellinek: 법률 속의 자유
(주관적 공권성)</td></tr>
<tr><td>Schimitt: 국가로부터의 자유
(천부인권성)</td><td rowspan="2">특성</td><td rowspan="2">헌법소원의 대상
입법형성권에 의한
폐지 불가</td></tr>
<tr><td>Smend: 국가에로의 자유
(객관적 가치질서성)
⇨기본권의 이중성/ 제3자효)</td></tr>
</table>

③ 법원의 재판을[221] 제외하고

④ 다른 법률에 구제절차가 있는 경우에는 그 절차를 모두 거친 후 청구(보충성 = 최후수단성)

(2) 사례 – **비례원칙 위반**(헌법재판소 · 2011. 6. 30 선고 2009헌마406)

① 사실관계

– 경찰청장이 2009. 6. 3. 경찰버스들로 서울특별시 서울광장을 둘러싸(차벽 설치) 통행을 전면 제지

– 심판대상 공권력행위: 통행제지행위(사실행위)

② 청구취지

– 통행제지행위로 거주/이전의 자유, 공물이용권, 일반적 행동자유권 침해

③ 비례의 원칙

– 공권력작용에 있어서 그 목적과 수단의 관계에서 그 수단은 적합성, 필요성(최소침해성), 상당성(공익우선성)의 요건을 순차적으로 충족할 것이 요구됨(과잉조치금지, 과잉급부금지, 과잉입법금지)

④ 헌재의 판단

가. 적법요건 판단

(가) 기본권침해 가능성

청구인들이 서울광장을 사용하지 못하게 된 것은 피청구인의 이 사건 통행제지행위에 의한 것 이라고 할 것이므로, 이 사건 통행제지행위의 기본권침해 가능성을 부인할 수 없다.

(나) 보충성

이 사건 통행제지행위는 직접 상대방의 신체 또는 재산에 실력을 가하여 행정상 필요한 상태를 실현하는 행정상의 즉시강제로서 권력적 사실행위에 해당하므로 행정쟁송의 대상이 된다. 그러나 청구인들의 통행이 제지된 다음날 피청구인이 서울광장을 둘러싸고 있던 경찰버스들을 철수시키고 통행제지행위를 중지함에 따라 청구인들이 행정쟁송을 제기하더라도 소의 이익이 부정될 가능성이 높아 그 절차에 의한 권리구제의 가능성이 거의 없다고 보여지는 바, 이러한 경우에도 사전구제절차의 이행을 요구하는 것은 불필요한 우회절차를 강요하는 셈이 되는 것이므로, 청구인들이 행정쟁송 절차를 거치지 아니하고 바로 이 사건 심판청구를 제기하였다고 하더라도 이는 보충성의 예외로서 허용된다고 할 것이다.

(다) 권리보호의 이익

피청구인이 2009. 6. 4. 서울광장을 에워싸고 있던 경찰버스들을 철수시켜 서울광장 통행제지행위를 중지함에 따라 그 이후에는 청구인들이 더 이상 기본권을 침해받고 있지 아니하므로 이 사건 심판청구가 인용된다고 하더라도 청구인들의 주관적인 권리구제에는 도움이 되지 아니한다.

그러나 헌법소원은 주관적 권리구제 뿐만 아니라 객관적인 헌법질서 보장의 기능도 겸하고 있으므로, 가사 청구인의 주관적 권리구제에는 도움이 되지 아니한다고 하더라도 같은 유형의 침해행위가 앞으로도 반복될 위험이 있고, 헌법질서의 수호·유지를 위하여 그에 대한 헌법적 해명이 긴요한 사항에 대하여는 심판청구의 이익을 인정하여야 하는 것이다(헌재 2010. 6. 24. 2009헌마257, 판례집 22-1하, 621, 633). … 앞으로도 같은 유형의 행위가 반복될 가능성이 있다고 할 수 있다. 따라서 앞서 본 바와 같은 이사건 통행제지행위 당시 피청구인이 불법·폭력 집회를 막는다는 이유로 서울광장을 봉쇄하여 일반시민들의 통행을 제지하는 것이 헌법적으로 정당한지 여부는 헌법질서의 수호·유지를 위하여 헌법적 해명이 긴요한 사항에 해당하고, 따라서 이 사건 심판청구는 심판의 이익이 있다고 할 것이다.

나. 본안에 관한 판단

(가) 거주/이전의 자유(소극)

거주·이전의 자유는 국가의 간섭 없이 자유롭게 거주지와 체류지를 정할 수 있는 자유인바, 자유로운 생활형성권을 보장함으로써 정치·경제·사회·문화 등 모든 생활영역에서 개성신장을 촉진하게 하는 기능을 한다. 이러한 의미와 기능을 갖는 거주·이전의 자유는 국민이 원활하게 개성신장과 경제활동을 해 나가기 위하여는 자유로이 생활의 근거지를 선택하고 변경하는 것이 필수적이라는 고려에 기하여 생활형성의 중심지 즉, 거주지나 체류지라고 볼 만한 정도로 생활과 밀접한 연관을 갖는 장소를 선택하고 변경하는 행위를 보호하는 기본권으로서, 생활의 근거지에 이르지 못하는 일시적인 이동을 위한 장소의 선택과 변경까지 그 보호영역에 포함되는 것은 아니다.

이 사건에서 서울광장이 청구인들의 생활형성의 중심지라고 할 수 없을 뿐만 아니라 청구인들이 서울광장에 출입하고 통행하는 행위가 그 장소를 중심으로 생활을 형성해 나가는 행위에 속한다고 볼 수도 없으므로 청구인들이 서울광장을 출입하고 통행하는 자유는 헌법상의 거주·이전의 자유의 보호영역에 속한다고 할 수 없고, 따라서 이 사건 통행제지행위로 인하여 청구인들의 거주·이전의 자유가 제한된다고 할 수는 없다.

(나) 공물이용권(소극)

청구인들은, 시민이 공물을 이용할 수 있는 요건을 갖추는 한 공물을 사용·이용하게 해달라고 국가에 대하여 청구할 수 있는 권리, 즉 공물이용권이 행복추구권에 포함되는 청구권적 기본권이라고 주장한다. 그러나 헌법 제10조의 행복추구권은 국민이 행복을 추구하기 위한 활동을 국가권력의 간섭 없이 자유롭게 할 수 있다는 포괄적인 의미의 자유권으로서의 성격을 갖는 것인 바, 청구인들이 주장하는 공물을 사용·이용하게 해달라고 청구할 수 있는 권리는 청구인들의 주장 자체에 의하더라도 청구권의 영역에 속하는 것이므로 이러한 권리가 포괄적인 자유권인 행복추구권에 포함된다고 할 수 없다.

(다) 일반적 행동자유권(적극)

이 사건 통행제지행위는 서울광장에서 개최될 여지가 있는 일체의 집회를 금지하고 일반시민들의 통행조차 금지하는 전면적이고 광범위하며 극단적인 조치이므로 집회의 조건부 허용이나 개별적 집회의 금지나 해산으로는 방지할 수 없는 급박하고 명백하며 중대한 위험이 있는 경우에 한하여 비로소 취할 수 있는 거의 마지막 수단에 해당

서울광장 주변에 노무현 전 대통령을 추모하는 사람들이 많이 모여 있었다거나 일부 시민들이 서울광장 인근에서 불법적인 폭력행위를 저지른 바 있다고 하더라도 그것만으

로 폭력행위일로부터 4일 후까지 이러한 조치를 그대로 유지해야 할 급박하고 명백한 불법·폭력 집회나 시위의 위험성이 있었다고 할 수 없으므로 이 사건 통행제지행위는 당시 상황에 비추어 필요최소한의 조치였다고 보기 어렵고,

가사 전면적이고 광범위한 집회방지조치를 취할 필요성이 있었다고 하더라도, 서울광장에의 출입을 완전히 통제하는 경우 일반시민들의 통행이나 여가·문화 활동 등의 이용까지 제한되므로 서울광장의 몇 군데라도 통로를 개설하여 통제 하에 출입하게 하거나 대규모의 불법·폭력 집회가 행해질 가능성이 적은 시간대라든지 서울광장 인근 건물에의 출근이나 왕래가 많은 오전 시간대에는 일부 통제를 푸는 등 시민들의 통행이나 여가·문화활동에 과도한 제한을 초래하지 않으면서도 목적을 상당 부분 달성할 수 있는 수단이나 방법을 고려하였어야 함에도 불구하고 모든 시민의 통행을 전면적으로 제지한 것은 침해의 최소성을 충족한다고 할 수 없다.

또한 대규모의 불법·폭력 집회나 시위를 막아 시민들의 생명·신체와 재산을 보호한다는 공익은 중요한 것이지만, 당시의 상황에 비추어 볼 때 이러한 공익의 존재 여부나 그 실현 효과는 다소 가상적이고 추상적인 것이라고 볼 여지도 있고, 비교적 덜 제한적인 수단에 의하여도 상당 부분 달성될 수 있었던 것으로 보여 일반 시민들이 입은 실질적이고 현존하는 불이익에 비하여 결코 크다고 단정하기 어려우므로 법익의 균형성 요건도 충족하였다고 할 수 없다.

(3) 위헌제청 기각결정에 대한 헌법소원의 청구

① 위헌법률에 근거한 처분의 효력(대판, 92누9463)

(가) 사실관계

– 압류의 근거법(조항)이 위헌임을 주장하면서 압류처분의 무효를 주장한 사건

(나) 쟁점[222) 223)]

– 위헌법률에 근거하여 발하여진 처분의 효력

– 확정력이 발생한 처분에 위헌결정의 소급효가 미치는지 여부

– 처분의 근거법률이 위헌이라는 이유로 처분무효확인의 소가 제기된 경우, 법원의 조치

(다) 판단

가. 위헌법률에 근거하여 발하여진 처분의 효력(중대명백설)

법률에 근거하여 행정처분이 발하여진 후에 헌법재판소가 그 행정처분의 근거가 된 법률을 위헌으로 결정하였다면 결과적으로 행정처분은 법률의 근거가 없이 행하여진 것과 마찬가지가 되어 하자가 있는 것이 되나, 하자 있는 행정처분이 당연무효가 되기 위하여는 그 하자가 중대할 뿐만 아니라 명백한 것이어야 하는데, 일반적으로 법률이 헌법에 위반된다는 사정이 헌법재판소의 위헌결정이 있기 전에는 객관적으로 명백한 것이라고 할 수는 없으므로 헌법재판소의 위헌결정 전에 행정처분의 근거되는 당해 법률이 헌법에 위반된다는 사유는 특별한 사정이 없는 한 그 행정처분의 취소소송의 전제가 될 수 있을 뿐 당연무효사유는 아니라고 봄이 상당하다.

나. 확정력(불가쟁력 = 제소기간 도과)이 발생한 처분에 위헌결정의 소급효가 미치는지 여부

위헌인 법률에 근거한 행정처분이 당연무효인지의 여부는 위헌결정의 소급효와는 별개의 문제로서, 위헌결정의 소급효가 인정된다고 하여 위헌인 법률에 근거한 행정처분이 당연무효가 된다고는 할 수 없고, 오히려 이미 취소소송의 제기기간을 경과하여 확정력이 발생한 행정처분에는 위헌결정의 소급효가 미치지 않는다고 보아야 한다.

다. 처분의 근거법률이 위헌이라는 이유로 처분무효확인의 소가 제기된 경우, 법원의 조치

어느 행정처분에 대하여 그 행정처분의 근거가 된 법률이 위헌이라는 이유로 무효확인청구의 소가 제기된 경우에는 다른 특별한 사정이 없는 한 법원으로서는 그 법률이 위헌인지 여부에 대하여는 판단할 필요 없이 그 무효확인청구를 기각하여야 한다.

② 위 사건의 원심(고등법원)에서 법원이 위헌제청기각결정을 하자 헌법소원을 청구한 사건(헌재, 92헌바23)

㈎ 위헌제청기각결정(법원의 '재판')에 대한 헌법소원의 법적 근거 – 헌재법 제68조 제2항

헌재법 제68조(청구사유) ① 공권력의 행사 또는 불행사로 인하여 헌법상 보장된 기본권을 침해받은 자는 법원의 재판을 제외하고는[224] 헌법재판소에 헌법소원심판을 청구할 수 있다. 다만, 다른 법률에 구제절차가 있는 경우에는 그 절차를 모두 거친 후에 청구할 수 있다.

② 제41조 제1항에 따른 법률의 위헌여부심판의 제청신청이 기각된 때에는 그 신청을 한 당사자는 헌법재판소에 헌법소원심판을 청구할 수 있다. 이 경우 그 당사자는 당해 사건의 소송절차에서 동일한 사유를 이유로 다시 위헌여부심판의 제청을 신청할 수 없다.

㈏ 사실관계

가. 청구인(신용보증기금)

나. 청구대상(위헌주장법률조항): 구 국세기본법 제41조(양도담보권자의 물적납세의무) 제1항[225]

다. 경과

'외한은행'이 '한국정밀'에 입체광학현미경 등(기계류)을 양도담보로 대출함에 있어서(1989.5.17.) 청구인은 대출금채무의 보증인이 되었고, 마포세무서장은 한국정밀로부터 징수할 국세에 대한 '물적납세의무자'로 외한은행을 지정하고 기계류를 압류처분한 상태에서(1990.4.4.), 한국정밀이 부도가 나면서 청구인이 대출금을 상환하고 위 '물적납세의무'를 부담한 채 양도담보의 권리를 이전받은 바(1990.8.22.), 청구인은 위 물적납세의무자 지정 및 압류처분의 이해관계인으로서 그 무효확인을 구하면서, 위 제42조 제1항 단서 "그 국세의 납부기한으로부터 1년 전에 담보의 목적이 된 양도담보재산에 대하여는 그러하지 아니하다"라는 규정 중 '으로부터 1년'의 규정부분이 위헌이라는 주장을 하면서(⇨ 국세납부기한 이전에 담보의 목적이 된 것이라면 모두 압류대상이 될 수 없다는 취지) 법원에 위헌제청을 하였으나, 법원이 기각하자(재판의 전제성 결여) 헌법소원을 청구한 사건

라. 청구인의 주장

- 양도담보권을 설정함으로써 그 목적물의 소유권을 완전히 취득하였음에도 불구하고, 그 후에 성립한 조세채권이 양도담보 설정후 1년 동안 양도담보권자의 권리보다 우선하도록 한 것은 합리적인 이유 없이 공시의 원칙을 깨뜨리고 국민의 재산권의 본질적 내용을 침해한 것이다.
- 납세의무자가 장차 1년간 조세를 체납할 것인지의 여부는 미리 예측하기가 거의 불가능함에도 불구하고 양도담보권자에게 불의의 손해를 감수하도록 한 것은 불합리하고 자의적이며 이는 조세형평의 원칙과 과잉금지의 원칙에도 위배된다.

㈏ 사실관계

가. 재판의 전제성

- 청구인이 위 법원에 압류처분 등의 무효확인을 구하는 행정소송을 제기한 날은 1990.11.15.이고 마포세무서장의 물적 납세의무자 지정 및 압류처분일은 각 1990.4.3. 및 같은 달 4.이므로 위 소송은 위 압류처분 등에 대하여 행정심판 및 취소소송을 제기할 수 있는 기간이 경과한 후에 제기되었음이 역수상 분명하다. 그리고 행정처분의 근거가 된 법규가 헌법재판소에서 위헌이라고 선고되더라도 원칙적으로 비형벌법규에 대한 위헌결정의 장래효원칙에 따라 소급하여 무효가 되는 것은 아니라 할 것이다. 따라서 그

러한 법규에 근거하여 내려진 행정처분이 당연무효라고 할 수는 없고 단순한 취소사유에 지나지 않는다면, 위 법원의 위헌제청신청기각 이유에서 볼 수 있는 바와 같이 청구인이 제기한 무효확인소송은(대법원까지 가더라도) 기각될 이치이므로 이 사건 심판대상규정의 위헌 여부는 재판의 전제가 되지 않는다고 할 수 있겠으나 다만 행정처분의 근거법규가 추후 헌법재판소에 의하여 위헌으로 선고된 경우 그 행정처분도 무효로 볼 여지가 있는 경우라면 재판의 전제성이 인정될 수 있을 것이다.

- 판례나 통설은 행정처분이 당연무효인가의 여부는 그 행정처분의 하자가 중대하고 명백한가의 여부에 따라 결정된다고 보고 있지만 행정처분의 근거가 되는 법규범이 상위법규범에 위반되어 무효인가 하는 점은 그것이 헌법재판소 또는 대법원에 의하여 유권적으로 확정되기 전에는 어느 누구에게도 명백한 것이라고 할 수 없기 때문에 원칙적으로 당연무효사유에는 해당할 수 없게 되는 것이다.
- 그러나 행정처분 자체의 효력이 쟁송기간 경과 후에도 존속 중인 경우, 특히 그 처분이 위헌법률에 근거하여 내려진 것이고 그 행정처분의 목적달성을 위하여서는 후행(후행) 행정처분이 필요한데 후행행정처분은 아직 이루어지지 않은 경우, 그 행정처분을 무효로 하더라도 법적 안정성을 크게 해치지 않는 반면에 그 하자가 중대하여 그 구제가 필요한 경우에 대하여서는 그 예외를 인정하여 이를 당연무효사유로 보아서 쟁송기간 경과 후에라도 무효확인을 구할 수 있는 것이라고 봐야 할 것이다. 학설상으로도 중대명백설 외에 중대한 하자가 있기만 하면 그것이 명백하지 않더라도 무효라고 하는 중대설도 주장되고 있고, 대법원의 판례로도 반드시 하자가 중대명백한 경우에만 행정처분의 무효가 인정된다고는 속단할 수 없기 때문이다.

위와 같은 예외를 인정한다면 행정처분이 근거 법규의 위헌의 정도가 심각하여 그 하자가 중대하다고 보여지는 경우, 그리고 그 때문에 국민의 기본권 구제의 필요성이 큰 반면에 법적 안정성의 요구는 비교적 적은 경우에까지 그 구제를 외면하게 되는 불합리를 제거할 수 있게 될 것이다. 위헌법률에 근거한 행정처분이라 할지라도 그것이 당연무효는 아니라고 보는 가장 기본적인 논리는 그 하자가 명백한가의 여부를 제쳐놓더라도 이 경우를 무효라고 본다면 법적 안정성을 해칠 우려가 크다는 데 있는 것이므로 그 우려가 적은 경우에까지 확장하는 것은 온당하지 못하다고 할 것이며 그 경우에는 마땅히 그 예외가 인정되어야 할 것이다.

나. 심판대상규정의 위헌여부

- 헌법재판소는 이미 이 사건 심판대상규정과 유사한 규정들인 구 국세기본법 제35조 제1항 제3호 중 "으로부터 1년" 부분(89헌가 95)과 같은 법 제35조 제2항의 "으로부터 1년" 부분(92헌가5) 및 구지방세법 제31조 제2항 제3호 중 "으로부터 1년" 부분(91헌가6)에 대하여 각 헌법에 위반된다는 결정을 선고한 바 있다(3.나 참조). 위 각 결정은 이 사건과 달리 법원에서 위 각 규정들에 대하여 위헌제청결정을 한 것이고 위 각 결정의 전제가 되는 재판이 민사재판이었다는 점에서 차이가 있기는 하나, 국가의 공권력의 진행정도 및 법적 안정성의 보장이라는 측면에 있어서는 구별되어야 할 사유가 전혀 없는 것이다.
- (이처럼) 헌법재판소의 위 각 결정의 취지에 비추어 볼 때, 이 사건 심판대상규정도 역시 헌법에 위반된다고 할 수밖에 없을 것이다. (그러나) 헌법소원에 관한 인용결정을 할 때에는 재판관 6인 이상의 찬성이 있어야 함에도, (이 사건에서) 헌법에 위반된다는 의견이 과반수(5인)이나(다른 4인은 재판의 전제성 결여를 이유로 각하의견) 위헌결정의 정족수 미달이어서 이 사건에서는 헌법에 위반된다고 선언할 수 없다.

220) 헌재, 2007헌가1 결정의 요지: 가. 의무교육의 무상성에 관한 헌법상 규정은 교육을 받을 권리를 보다 실효성 있게 보장하기 위해 의무교육 비용을 학령아동 보호자의 부담으로부터 공동체 전체의 부담으로 이전하라는 명령일 뿐 의무교육의 모든 비용을 조세로 해결해야 함을 의미하는 것은 아니므로, 학교용지부담금의 부과대상을 수분양자가 아닌 개발사업자로 정하고 있는 이 사건 법률조항은 의무교육의 무상원칙에 위배되지 아니한다.

나. 개발사업자는 개발사업을 통해 이익을 얻었다는 점에서 개발사업 지역에서의 학교시설 확보라는 특별한 공익사업에 대해 밀접한 관련성을 가지고 있을 뿐만 아니라 이에 대해 일정한 부담을 져야 할 책임도 가지고 있는바, 개발사업자에 대한 학교용지부담금 부과는 평등원칙에 위배되지 아니한다.

다. 이 사건 법률조항에 의한 학교용지부담금은 학교용지 확보를 위한 새로운 재원의 마련이라는 정당한 입법목적을 달성하기 위한 적절한 수단으로서 교육의 기회를 균등하게 보장해야 한다는 공익과 개발사업자의 재산적 이익이라는 사익을 적절히 형량하고 있으므로 이 사건 법률조항은 개발사업자의 재산권을 과도하게 침해하지 아니한다 (2008.09.25. 선고).

221) "제68조 제1항 본문 중 '법원의 재판을 제외하고는' 부분은, 헌법재판소가 위헌으로 결정한 법령을 적용함으로써 국민의 기본권을 침해한 재판이 포함되는 것으로 해석하는 한 헌법에 위반된다."(헌재, 한정위헌, 2016헌마33)

222) **헌법재판소법 제47조**(위헌결정의 효력) ① 법률의 위헌결정은 법원과 그 밖의 국가기관 및 지방자치단체를 羈束한다.

② 위헌으로 결정된 법률 또는 법률의 조항은 그 결정이 있는 날부터 효력을 상실한다.

③ 제2항에도 불구하고 형벌에 관한 법률 또는 법률의 조항은 소급하여 그 효력을 상실한다. 다만, 해당 법률 또는 법률의 조항에 대하여 종전에 합헌으로 결정한 사건이 있는 경우에는 그 결정이 있는 날의 다음 날로 소급하여 효력을 상실한다.

④ 제3항의 경우에 위헌으로 결정된 법률 또는 법률의 조항에 근거한 유죄의 확정판결에 대하여는 재심을 청구할 수 있다.

⑤ 제4항의 재심에 대하여는 「형사소송법」을 준용한다.

223) 위헌결정의 소급효 인정범위〈헌재, 92헌가10〉: "… 형벌법규이외의 일반 법규에 관하여 위헌결정에 불소급의 원칙을 채택한 법 제47조 제2항 본문의 규정 자체에 대해 기본적으로 그 합헌성에 의문을 갖지 않지만 효력이 다양할 수밖에 없는 위헌결정의 특수성 때문에 예외적으로 그 적용을 배제시켜 부분적인 소급효의 인정을 부인해서는 안 될 것이다. 우선 생각할 수 있는 것은, 구체적 규범통제의 실효성의 보장의 견지에서 법원의 제청·헌법소원의 청구 등을 통하여 헌법재판소에 법률의 위헌결정을 위한 계기를 부여한 당해사건, 위헌결정이 있기 전에 이와 동종의 위헌 여부에 관하여 헌법재판소에 위헌제청을 하였거나 법원에 위헌제청신청을 한 경우의 당해 사건, 그리고 따로 위헌제청신청을 아니하였지만 당해 법률 또는 법률의 조항이 재판의 전제가 되어 법원에 계속 중인 사건에 대하여는 소급효를 인정하여야 할 것이다."

224) 제68조 제1항 본문 중 "법원의 재판을 제외하고는" 부분은, 헌법재판소가 위헌으로 결정한 법령을 적용함으로써 국민의 기본권을 침해한 재판이 포함되는 것으로 해석하는 한 헌법에 위반된다(헌재, 2016헌마33, 한정위헌).

225) 국세기본법 제42조(양도담보권자의 물적납세의무) 제1항 – "납세자가 국세·가산금 또는 체납처분비를 체납한 경우에 그 납세자에게 양도담보재산이 있을 때에는 그 납세자의 다른 재산에 대하여 체납처분을 집행하여도 징수할 금액에 미치지 못하는 경우에만 「국세징수법」에서 정하는 바에 따라 그 양도담보재산으로써 납세자의 국세·가산금과 체납처분비를 징수할 수 있다. 다만, 그 국세의 법정기일 전에 담보의 목적이 된 양도담보재산에 대해서는 그러하지 아니하다."

⇨ 구법에서는 "그 국세의 법정기일 전에"가 "그 국세의 납부기한으로부터 1년 전에"라고 규정하고 있었던 바, 이는 납부기한이 도래하기 이전에 제3자에게(위 사건에서 신용보증기금) 양도담보로 제공된 경우는 국세징수를 위한 압류의 대상이 될 수 없다는 취지의 현행 규정과 비교할 때 '납부기한 1년 이내의 제3자 양도담보'의 것은 압류할 수 있다는 것으로 제3자의 이익을 그 만큼 해하는 결과를 초래한다.

3. 항고소송 사례

(1) **신뢰보호원칙 위반사례**(대법원 1997.09.12 선고 96누18380 판결)

① 사실관계

- 종교회관 건립을 위한 토지형질변경허가신청에 대하여, 우량농지로 보전의 필요가 있는 지역이라는 이유로 토지형질변경허가신청을 불허가한 사건
- 당초 종교회관건립을 목적으로 하는 사업계획개요서를 제출한 원고의 이 사건 토지거래계약허가 신청에 있어서, 피고(처분청)의 담당공무원이, 이 사건 토지상에 종교회관을 건축할 수 있는지에 관하여 관련 업무담당 부서인 건축과, 산업과 등의 담당공무원들에게 건축법, 도시계획법, 농지의보전및이용에관한법률 등 관련 법규상 그 건축의 가능 여부, 건축의 전제가 되는 토지형질변경의 가능 여부, 형질변경시 녹지지역 내의 농지인 이 사건 토지에 대한 그 전용협의 가능 여부 등을 문의하여 가능하다는 답변을 들은 다음, 원고의 직원에게 토지거래계약허가에 따른 용도제한을 설명하면서 조속한 시일 내에 위 종교회관 건물의 건립을 약속하는 각서까지 요구하여 제출받았고, 곧이어 피고는 위 담당공무원들에 의하여 위와 같이 토지이용목적에 대하여 관련 법규상의 구체적·개별적인 검토를 거쳐 가능하다고 판명된 그 토지거래계약을 허가

② 신뢰보호의 원칙

일반적으로 행정상의 법률관계에 있어서 행정청의 행위에 대하여 신뢰보호의 원칙이 적용되기 위하여는,
첫째 행정청이 개인에 대하여 신뢰의 대상이 되는 공적인 견해표명을 하여야 하고,
둘째 행정청의 견해표명이 정당하다고 신뢰한 데에 대하여 그 개인에게 귀책사유가 없어야 하며,
셋째 그 개인이 그 견해표명을 신뢰하고 이에 어떠한 행위를 하였어야 하고,
넷째 행정청이 위 견해표명에 반하는 처분을 함으로써 그 견해표명을 신뢰한 개인의 이익이 침해되는 결과가 초래되어야 하며,
이러한 요건을 충족할 때에는 행정청의 처분은 신뢰보호의 원칙에 반하는 행위로서 위법하게 된다고 할 것이고, 또한 위 요건의 하나인 행정청의 공적 견해표명이 있었는지의 여부를 판단하는 데 있어 반드시 행정조직상의 형식적인 권한분장에 구애될 것은 아니고 담당자의 조직상의 지위와 임무, 당해 언동을 하게 된 구체적인 경위 및 그에 대한 상대방의 신뢰가능성에 비추어 실질에 의하여 판단하여야 한다.

③ 법원의 판단

- 위 토지거래계약의 허가과정에서 이 사건 토지형질변경이 가능하다는 피고 측의 견해표명은 원고의 요청에 의하여 우연히 피고의 소속 담당공무원이 은혜적으로 행정청의 단순한 정보제공 내지는 일반적인 법률상담 차원에서 이루어진 것이 아니라, 이 사건 토지거래계약의 허가와 같이 그 이용목적이 토지형질변경을 거쳐 건축물을 건축하는 것인 경우 그러한 이용목적이 관계 법령상 허용되는 것인지를 개별적·구체적으로 검토하여 그것이 가능할 경우에만 거래계약허가를 하여 주도록 하는 것이 당시 피고의 실무처리관행이거나 내부업무처리지침이어서 그에 따라 이루어진 것으로 볼 여지가 많고, 나아가 위 토지거래허가신청 과정에서 그 허가담당공무원으로부터 이용목적대로 토지를 이용하겠다는 각서까지 제출할 것을 요구받아 이를 제출한 원고로서는 피고측의 위와 같은 견해표명에 대하여 보다 고도의 신뢰를 갖게 되었다고 할 것이다.
- 사정이 그러하다면, 이는 피고가 위 토지거래계약의 허가를 통하여서나 그 과정에서 그 소속 공무원들을 통하여 원고에 대하여 종교회관 건축을 위한 이 사건 토지의 형질변경이 가능하다는 공적 견해

표명을 한 것이라고 볼 여지가 많으며,

- 피고가 토지형질변경이 가능하다는 공적 견해표명을 함으로써 이를 신뢰하게 된 원고에 대하여는 그 신뢰를 보호하여야 한다는 점에서 … 이 사건 처분으로써 피고가 달성하려는 공익 즉, 이 사건 토지에 대하여 그 형질변경을 불허하고 이를 우량농지로 보전하려는 공익과 위 형질변경이 가능하리라고 믿은 원고가 입게 될 불이익을 상호 비교·교량하여 만약 전자가 후자보다 더 큰 것이 아니라면 이 사건 처분은 비례의 원칙에 위반되는 것으로 재량권을 남용한 위법한 처분이라고 봄이 상당하다. …

⑵ **행정절차(사전통지요건) 사례**

① 사전통지 결여된 침익적 처분(대판, 2004두1254)

가. 사실관계

- 건축법상의 공사중지명령을 하면서, 당해 처분에 대한 사전통지를 하고 의견제출의 기회를 준다면 많은 액수의 손실보상금을 기대하여 공사를 강행할 우려가 있으며, 이는 "당해 처분의 성질상 의견청취가 현저히 곤란하거나 명백히 불필요하다고 인정될 만한 상당한 이유가 있는 경우"에 해당한다는 이유로 사전통지 없이 처분

나. 사전통지제도(행정절차법 제21조)

㈎ 원칙: 행정청은 당사자에게 의무 부과하거나 권익 제한하는 처분 하는 경우 당사자 등에게 통지하여야

㈏ 예외: 공공의 안전 또는 복리를 위하여 긴급히 처분을 할 필요가 있는 경우/처분의 성질상 의견청취가 현저히 곤란하거나 명백히 불필요하다고 인정될 만한 상당한 이유가 있는 경우

㈐ 통지사항: 처분의 제목/당사자의 성명 또는 명칭과 주소/처분원인이 되는 사실과 처분의 내용 및 법적 근거/의견을 제출할 수 있다는 뜻과 의견을 제출하지 아니하는 경우의 처리방법/의견제출기관의 명칭과 주소/의견제출기한/그 밖에 필요한 사항

다. 법원의 판단

- 이 사건 공사중지명령은 … 침해적 행정처분으로서, 원고로서는 … 공사의 준비에 소요된 비용 상당의 손해를 입게 될 뿐만 아니라 그 공사에 대한 기대이익도 상실하게 되므로 이러한 상황에 대비하기 위하여 이 사건 처분에 대한 사전통지를 받을 필요가 있음은 물론, 이에 대하여 의견제출의 기회를 가질 필요가 적지 아니하고, 피고는 이 사건 처분 이외에도 허가 없이 시행된 공사에 대하여 원상회복을 명하는 조치를 취할 수 있으므로, 즉시 이 사건 처분을 하지 아니하면 안될 급박한 사정이 있다고도 볼 수 없으므로, … 사전통지를 하고 의견제출의 기회를 준다면 많은 액수의 손실보상금을 기대하여 공사를 강행할 우려가 있다는 사정만으로 이 사건 처분이 "당해 처분의 성질상 의견청취가 현저히 곤란하거나 명백히 불필요하다고 인정될 만한 상당한 이유가 있는 경우"에 해당한다고 볼 수 없다.

② 수익적 행위의 거부처분의 경우 사전통지가 필요한가?(대판, 2003두674)

가. 사실관계

- 국립대 논문편집위원회가 논문심사과정에서 심사대상자의 논문이 위조 또는 표절임을 심의, 의결함에 있어서 미리 대상자에게 통지하여 소명이나 반박자료를 제출할 기회를 주지 아니한 사건

나. 법원의 판단

- 신청에 따른 처분이 이루어지지 아니한 경우에는 아직 당사자에게 권익이 부과되지 아니하였으므로 특별한 사정이 없는 한 신청에 대한 거부처분이라고 하더라도 직접 당사자의 권익

을 제한하는 것은 아니어서 신청에 대한 거부처분을 여기에서 말하는 '당사자의 권익을 제한하는 처분'에 해당한다고 할 수 없는 것이어서 처분의 사전통지대상이 된다고 할 수 없다.

– 각 논문에 존재하는 하자가 중대하여 그 자체만으로 임용을 거부할 만한 사유를 구성하는 것임이 명백한 이상, 위 선정자들에 대한 이 사건 임용거부처분에 이를 취소할 만한 위법이 있다고 보기는 어렵다.

(3) **원고적격 – 법률상 이익의 의미**

가. "행정소송의 원고는 행정처분에 의하여 직접 권리를 침해당한 자임을 보통으로 하나 직접권리의 침해를 받은 자가 아닐지라도 소송을 제기할 법률상의 이익을 가진 자는 그 행정처분의 효력을 다툴 수 있다고 해석되는 바, 해상운송사업법 제4조 제1호에서 당해 사업의 개시로 인하여 당해 항로에서 … 현저하게 공급 과잉이 되지 아니하도록 규정하여 허가의 요건으로 하고 있는 것은 주로 해상운송의 질서를 유지하고 해상운송사업의 건전한 발전을 도모하여 공공의 복리를 증진함을 목적으로 하고 있으며 동시에 한편으로는 업자간의 경쟁으로 인하여 경영의 불합리를 방지하는 것이 공공의 복리를 위하여 필요하므로 허가조건을 제한하여 기존업자의 경영의 합리화를 보호하자는 데도 목적이 있다. 이러한 기존업자의 이익은 단순한 사실상의 이익이 아니고 법에 의하여 보호되는 이익이라고 해석된다."〈대판, 69누106〉

나. "자동차 운수사업법 제6조 제1호에서 당해 사업계획이 당해 노선 또는 사업구역의 수송수요와 수송력 공급에 적합할 것을 면허의 기준으로 한 것은 주로 자동차 운수사업에 관한 질서를 확립하고 자동차운수의 종합적인 발달을 도모하여 공공복리의 증진을 목적으로 하고 있으며, 동시에, 한편으로는 업자간의 경쟁으로 인한 경영의 불합리를 미리 방지하는 것이 공공의 복리를 위하여 필요하므로 면허조건을 제한하여 기존업자의 경영의 합리화를 보호하자는 데도 그 목적이 있다할 것이다."〈대판, 73누173〉

(4) **반사적 이익(사실상의 이익)의 의미** – 국가배상책임의 성립요건으로서의 직무행위의 사익보호성(대판, 2013다41431)

① 사실관계

– 구 산업기술혁신 촉진법 및 그 시행령이 공공기관에 부과한 인증신제품 구매의무의 위반이 국가배상책임의 대상인가?

② 법원의 판단

– 일반적으로 국가 또는 지방자치단체가 권한을 행사할 때에는 국민에 대한 손해를 방지하여야 하고, 국민의 안전을 배려하여야 하며, 소속 공무원이 전적으로 또는 부수적으로라도 국민 개개인의 안전과 이익을 보호하기 위하여 법령에서 정한 직무상 의무를 위반하여 국민에게 손해를 가하면 상당인과관계가 인정되는 범위 안에서 국가 또는 지방자치단체가 배상책임을 부담하는 것이지만, 공무원이 직무를 수행하면서 근거되는 법령의 규정에 따라 구체적으로 의무를 부여받았어도 그것이 국민의 이익과는 관계없이 순전히 행정기관 내부의 질서를 유지하기 위한 것이거나, 또는 국민의 이익과 관련된 것이라도 직접 국민 개개인의 이익을 위한 것이 아니라 전체적으로 공공 일반의 이익을 도모하기 위한 것이라면 그 의무를 위반하여 국민에게 손해를 가하여도 국가 또는 지방자치단체는 배상책임을 부담하지 아니한다. 이때 공무원이 준수하여야 할 직무상 의무가 오로지 공공 일반의 전체적인 이익을 도모하기 위한 것에 불과한지 혹은 국

민 개개인의 안전과 이익을 보호하기 위하여 설정된 것인지는 결국 근거 법령 전체의 기본적인 취지·목적과 그 의무를 부과하고 있는 개별 규정의 구체적 목적·내용 및 직무의 성질, 가해행위의 태양 및 피해의 정도 등의 제반 사정을 개별적·구체적으로 고려하여 판단하여야 한다.

– 위 법령이 공공기관에 부과한 인증신제품 구매의무는 기업에 신기술개발제품의 판로를 확보하여 줌으로써 산업기술개발을 촉진하기 위한 국가적 지원책의 하나로 국민경제의 지속적인 발전과 국민의 삶의 질 향상이라는 공공 일반의 이익을 도모하기 위한 것으로 봄이 타당하고, 공공기관이 구매의무를 이행한 결과 신제품 인증을 받은 자가 재산상 이익을 얻게 되더라도 이는 반사적 이익에 불과할 뿐 위 법령이 보호하고자 하는 이익으로 보기는 어렵다. 따라서 피고들이 위 법령에서 정한 인증신제품 구매의무를 위반하였다고 하더라도, 이를 이유로 원고에 대하여 국가배상법 제2조가 정한 배상책임이나 불법행위를 이유로 한 손해배상책임을 지는 것은 아니라고 할 것이다.

(5) **허가사업의 양도와 제재처분의 승계**

① 사실관계

– 석유판매업자의 지위를 승계한 자에 대하여 종전의 석유판매업자가 유사석유제품을 판매하는 위법행위를 하였다는 이유로 사업정지 등 제재처분을 취할 수 있는지 여부

② 법원의 판단

– 석유사업법 및 그 시행령이 규정하는 석유판매업의 적극적 등록요건과 소극적 결격사유 및 석유판매업자의 영업양도, 사망, 합병의 경우뿐만 아니라 경매 등의 절차에 따라 단순히 석유판매시설만의 인수가 이루어진 경우에도 석유판매업자의 지위승계를 인정하고 있는 점을 종합하여 보면, 석유판매업 등록은 원칙적으로 대물적 허가의 성격을 갖고, 또 석유판매업자가 유사석유제품 판매금지를 위반함으로써 받게 되는 사업정지 등의 제재처분은 사업자 개인의 자격에 대한 제재가 아니라 사업의 전부나 일부에 대한 것으로서 대물적 처분의 성격을 갖고 있으므로, 위와 같은 지위승계에는 종전 석유판매업자가 유사석유제품을 판매함으로써 받게 되는 사업정지 등 제재처분의 승계가 포함되어 그 지위를 승계한 자에 대하여 사업정지 등의 제재처분을 취할 수 있다고 보아야 하고 …

(6) **신고의 처분성(항고소송의 대상성)**

① 사실관계

– 건축신고 반려행위 또는 수리거부행위가 항고소송의 대상이 되는지 여부

② 법원의 판단

가. 종전판례

㈎ 수리를 요하지 아니하는 신고

(ㄱ) 사실관계

전통 민간요법인 침·뜸행위를 온라인을 통해 교육할 목적으로 인터넷 침·뜸 학습센터를 설립한 갑이 구 평생교육법 제22조 제2항 등에 따라 평생교육시설로 신고하였으나 관할 행정청이 교육 내용이 의료법에 저촉될 우려가 있다는 등의 사유로 이를 반려하는 처분을 한 사안

(ㄴ) 법원의 판단

정보통신매체를 이용하여 학습비를 받지 아니하고 원격평생교육을 실시하고자 하는 경우에는 누구든지 아무런 신고 없이 자유롭게 이를 할 수 있고, 다만 위와 같은 교육을 불특정

다수인에게 학습비를 받고 실시하는 경우에는 이를 신고하여야 하나, 법 제22조가 '학습비' 수수 외에 교육 대상이나 방법 등 다른 요건을 달리 규정하고 있지 않을 뿐 아니라 제2항에서도 학습비 금액이나 수령 등에 관하여 아무런 제한을 하고 있지 않은 점에 비추어 볼 때, 행정청으로서는 신고서 기재사항에 흠결이 없고 정해진 서류가 구비된 때에는 이를 수리하여야 하고, 이러한 형식적 요건을 모두 갖추었음에도 신고대상이 된 교육이나 학습이 공익적 기준에 적합하지 않는다는 등 실체적 사유를 들어 신고 수리를 거부할 수는 없다고 하면서 관할 행정청은 형식적 심사범위에 속하지 않는 사항을 수리거부사유로 삼았을 뿐만 아니라 처분사유도 인정되지 않는다는 이유로, 위 처분은 위법하다고 판시함(대판, 2005두11784)

(나) 건축신고

(ㄱ) 항고소송의 대상

행정청의 어떤 행위가 항고소송의 대상이 될 수 있는지의 문제는 추상적·일반적으로 결정할 수 없고, 구체적인 경우 행정처분은 행정청이 공권력의 주체로서 행하는 구체적 사실에 관한 법집행으로서 국민의 권리의무에 직접적으로 영향을 미치는 행위라는 점을 염두에 두고, 관련 법령의 내용과 취지, 그 행위의 주체·내용·형식·절차, 그 행위와 상대방 등 이해관계인이 입는 불이익과의 실질적 견련성, 그리고 법치행정의 원리와 당해 행위에 관련한 행정청 및 이해관계인의 태도 등을 참작하여 개별적으로 결정하여야 한다.

(ㄴ) 종전 입장

구 건축법 제9조 제1항의 건축신고에 대하여, 대법원은 "신고를 함으로써 건축허가를 받은 것으로 간주되는 경우에는 건축을 하고자 하는 자가 적법한 요건을 갖춘 신고만 하면 행정청의 수리행위 등 별다른 조치를 기다릴 필요 없이 건축을 할 수 있는 것이므로, 행정청이 위 신고를 수리한 행위가 건축주는 물론이고 제3자인 인근 토지 소유자나 주민들의 구체적인 권리 의무에 직접 변동을 초래하는 행정처분이라 할 수 없다."(대판, 98두18435)고 판시한 바 있으나, 이러한 종전의 판례는 2010.11.18. 2008두167 사건을 통하여 변경되었다.

나. 판례변경(대판, 2008두167)

변경된 판례에 따르면, "행정청은 건축신고로써 건축허가가 의제되는 건축물의 경우에도 그 신고 없이 건축이 개시될 경우 건축주 등에 대하여 공사 중지·철거·사용금지 등의 시정명령을 할 수 있고, 그 시정명령을 받고 이행하지 않은 건축물에 대하여는 당해 건축물을 사용하여 행할 다른 법령에 의한 영업 기타 행위의 허가를 하지 않도록 요청할 수 있으며, 그 요청을 받은 자는 특별한 이유가 없는 한 이에 응하여야 하고, 나아가 행정청은 그 시정명령의 이행을 하지 아니한 건축주 등에 대하여는 이행강제금을 부과할 수 있으며, 또한 건축신고를 하지 않은 자는 200만 원 이하의 벌금에 처해질 수 있다. 이와 같이 건축주 등은 신고제하에서도 건축신고가 반려될 경우 당해 건축물의 건축을 개시하면 시정명령, 이행강제금, 벌금의 대상이 되거나 당해 건축물을 사용하여 행할 행위의 허가가 거부될 우려가 있어 불안정한 지위에 놓이게 된다. 따라서 건축신고 반려행위가 이루어진 단계에서 당사자로 하여금 반려행위의 적법성을 다투어 그 법적 불안을 해소한 다음 건축행위에 나아가도록 함으로써 장차 있을지도 모르는 위험에서 미리 벗어날 수 있도록 길을 열어 주고, 위법한 건축물의 양산과 그 철거를 둘러싼 분쟁을 조기에 근본적으로 해결할 수 있게 하는 것이 법치행정의 원리에 부합한다. 그러므로 건축신고 반려행위는 항고소송의 대상이 된다고 보는 것이 옳다"고 본 것이다.

(7) **제재적 처분기준의 법규성여부**

① 문제점

- 제재적 처분기준(사무처리기준, 재량권행사의 기준)이 대통령령의 형식을 취하는가 또는 부령의 형식을 취하는가에 따라 그 처분기준의 법적 효력을 달리 보고 있어 일관성이 결여되어 있다는 비판을 받고 있음

② 판례의 태도

가. 대통령령의 형식인 제재적 처분기준

처분의 기준이 된 주택건설촉진법시행령 제10조의3 제1항 [별표 1]은 주택건설촉진법 제7조 제2항의 위임규정에 터잡은 규정형식상 대통령령이므로 그 성질이 부령인 시행규칙이나 또는 지방자치단체의 규칙과 같이 통상적으로 행정조직 내부에 있어서의 행정명령에 지나지 않는 것이 아니라 대외적으로 국민이나 법원을 구속하는 힘이 있는 법규명령에 해당한다(대판, 97누15418).

나. 부령 형식의 제재적 처분기준

- 제재적 행정처분의 기준이 부령의 형식으로 규정되어 있더라도 그것은 행정청 내부의 사무처리준칙을 규정한 것에 지나지 아니하여 대외적으로 국민이나 법원을 기속하는 효력이 없고, 당해 처분의 적법 여부는 위 처분기준만이 아니라 관계 법령의 규정 내용과 취지에 따라 판단되어야 하므로, 위 처분기준(약사법 시행규칙: 보건복지부령)에 적합하다 하여 곧바로 당해 처분이 적법한 것이라고 할 수는 없는 것(대판, 2007두6946)
- 구 국립묘지안장대상심의위원회 운영규정은 국가보훈처장이 심의위원회의 운영에 관하여 구 국립묘지의 설치 및 운영에 관한 법률 및 시행령에서 위임된 사항과 그 시행에 필요한 사항을 규정함을 목적으로 하여 국가보훈처 훈령으로 제정된 것으로서, 영예성 훼손 여부 등에 관한 판단의 기준을 정한 행정청 내부의 사무처리준칙이다. 이는 대외적으로 국민이나 법원을 기속하는 효력이 없으므로, 그에 따른 처분의 적법 여부는 위 기준만이 아니라 관계 법령의 규정 내용과 취지에 따라 판단해야 한다. 따라서 위 기준에 부합한다고 하여 곧바로 당해 처분이 적법한 것이라고 할 수는 없지만, 위 기준 자체로 헌법 또는 법률에 합치되지 않거나 이를 적용한 결과가 처분사유의 내용 및 관계 법령의 규정과 취지에 비추어 현저히 부당하다고 인정할 만한 합리적인 이유가 없는 한, 섣불리 위 기준에 따른 처분이 재량권의 범위를 일탈하였거나 재량권을 남용한 것이라고 판단해서는 안 된다(대판, 2012두19571).

(8) **기속행위와 재량행위**

① 사실관계

- 구 도시계획법상의 개발제한구역 내의 주택에 대하여 농업종사 등의 목적으로 이축허가를 받아 이를 신축한 후 취사용 가스판매장으로 용도변경신청을 하자 행정청이 당시 추진하여 온 'LPG 판매업소 외곽이전 공동화사업'과 그 주택에 대한 당초의 이축허가 목적 등에 적합하지 아니하다는 사유로 불허가처분을 한 사건(대판, 98두17593)

② 법원의 판단

가. 기속행위와 재량행위

행정행위가 그 재량성의 유무 및 범위와 관련하여 이른바 기속행위 내지 기속재량행위와 재량행위 내지 자유재량행위로 구분된다고 할 때, 그 구분은 당해 행위의 근거가 된 법규의 체재·형식과 그 문언, 당해 행위가 속하는 행정 분야의 주된 목적과 특성, 당해 행위 자체의 개별적 성질과 유형 등을 모두 고려하여 판단하여야 하고, 이렇게 구분되는 양자에 대한 사법심사는, 전자의 경우 그 법규에 대한 원칙적인 기속성으로 인하여 법원이 사실인정과 관련 법규의 해석·

적용을 통하여 일정한 결론을 도출한 후 그 결론에 비추어 행정청이 한 판단의 적법 여부를 독자의 입장에서 판정하는 방식에 의하게 되나, 후자의 경우 행정청의 재량에 기한 공익판단의 여지를 감안하여 법원은 독자의 결론을 도출함이 없이 당해 행위에 재량권의 일탈·남용이 있는지 여부만을 심사하게 되고, 이러한 재량권의 일탈·남용 여부에 대한 심사는 사실오인, 비례·평등의 원칙 위배, 당해 행위의 목적 위반이나 동기의 부정 유무 등을 그 판단 대상으로 한다.

나. 예외적 허가의 재량행위성

도시의 무질서한 확산을 방지하고 도시주변의 자연환경을 보전하여 도시민의 건전한 생활환경을 확보하기 위하여 지정되는 개발제한구역 내에서는 구역 지정의 목적상 건축물의 건축이나 그 용도변경은 원칙적으로 금지되고, 다만 구체적인 경우에 위와 같은 구역 지정의 목적에 위배되지 아니할 경우 예외적으로 허가에 의하여 그러한 행위를 할 수 있게 되어 있음이 위와 같은 관련 규정의 체재와 문언상 분명한 한편, 이러한 건축물의 용도변경에 대한 예외적인 허가는 그 상대방에게 수익적인 것에 틀림이 없으므로, 이는 그 법률적 성질이 재량행위 내지 자유재량행위에 속하는 것이라고 할 것이고, 따라서 그 위법 여부에 대한 심사는 재량권 일탈·남용의 유무를 그 대상으로 한다.

⇨ 판례는 건축허가, 토석채취허가, 산림/토지형질변경허가, 주유소설치허가 등의 경우에도 그 허가요건을 충족했더라도 중대한 공익상의 필요가 있는 경우 거부처분이 가능하다고 본다.

다. 재량권의 일탈/남용의 법리

개발제한구역 내에서의 건축물 용도변경에 대한 허가가 가지는 예외적인 허가로서의 성격과 그 재량행위로서의 성격에 비추어 보면, 그 용도변경의 허가는 개발제한구역에 속한다는 것 이외에 다른 공익상의 사유가 있어야만 거부할 수가 있고 그렇지 아니하면 반드시 허가를 하여야만 하는 것이 아니라 그 용도변경이 개발제한구역의 지정 목적과 그 관리에 위배되지 아니한다는 등의 사정이 특별히 인정될 경우에 한하여 그 허가가 가능한 것이고, 또 그에 관한 행정청의 판단이 사실오인, 비례·평등의 원칙 위배, 목적위반 등에 해당하지 아니하면 이를 재량권의 일탈·남용이라고 하여 위법하다고 할 수가 없다.

(9) **주택재건축정비사업조합(재건축조합)의 관리처분계획에 대한 불복**(대판, 2007다2428)

① 관리처분계획의 처분성

도시 및 주거환경정비법에 따른 주택재건축정비사업조합('재건축조합')은 관할 행정청의 감독 아래 도시정비법상의 주택재건축사업을 시행하는 공법인으로서, 그 목적 범위 내에서 법령이 정하는 바에 따라 일정한 행정작용을 행하는 행정주체의 지위를 갖는다. 그리고 재건축조합이 행정주체의 지위에서 도시정비법 제48조에 따라 수립하는 관리처분계획은 정비사업의 시행 결과 조성되는 대지 또는 건축물의 권리귀속에 관한 사항과 조합원의 비용 분담에 관한 사항 등을 정함으로써 조합원의 재산상 권리·의무 등에 구체적이고 직접적인 영향을 미치게 되므로, 이는 구속적 행정계획으로서 재건축조합이 행하는 독립된 행정처분에 해당한다.

② 관리처분계획(안)의 불복형식

행정주체인 주택재건축정비사업조합을 상대로 관리처분계획안에 대한 조합 총회결의의 효력 등을 다투는 소송은 행정처분에 이르는 절차적 요건의 존부나 효력 유무에 관한 소송으로서 그 소송결과에 따라 행정처분의 위법 여부에 직접 영향을 미치는 공법상 법률관계에 관한 것이므로, 이는 행정소송법상의 당사자소송에 해당한다.

③ 관리처분계획의 불복형식

주택재건축정비사업조합이 수립한 관리처분계획에 대하여 관할 행정청의 인가·고시까지 있게 되면 관리처분계획은 행정처분으로서 효력이 발생하게 되므로, 총회결의의 하자를 이유로 하여 행정처분의 효력을 다투는 항고소송의 방법으로 관리처분계획의 취소 또는 무효확인을 구하여야 하고, 그와 별도로 행정처분에 이르는 절차적 요건 중 하나에 불과한 총회결의 부분만을 따로 떼어내어 효력 유무를 다투는 확인의 소를 제기하는 것은 특별한 사정이 없는 한 허용되지 않는다.

④ 사건의 이송

주택재건축정비사업조합을 상대로 관리처분계획안에 대한 총회결의의 무효확인을 구하는 소를 민사소송으로 제기한 사안에서, 그 소는 행정소송법상 당사자소송에 해당하므로 전속관할이 행정법원에 있으나, 이처럼 관할을 위반하여 민사소송으로 제기된 후에 관할 행정청의 인가·고시가 있었던 경우 따로 총회결의의 무효확인만을 구할 수는 없게 되었으나, 이송 후 행정법원의 허가를 얻어 관리처분계획에 대한 취소소송 등으로 변경될 수 있음을 고려하면, 그와 같은 사정만으로 이송 후 그 소가 부적법하게 되어 각하될 것이 명백한 경우에 해당한다고 보기 어려우므로, 위 소는 관할법원인 행정법원으로 이송함이 상당하다.

⑽ **공부등재행위의 처분성**

① 종전 판례

종래 대법원은 지적도, 임야도, 건축물대장, 토지대장 등의 기재 및 기재변경행위에 대하여 권리변동이 발생하는 것은 아니라는 이유로 처분성을 부인함.

② 헌법재판송의 지적공부상 지목변경신청거부행위의 처분성 인정(헌재, 97헌마315)

가. 공권력의 행사

지적법에 의하면 토지소유자에게는 지적공부의 등록사항에 대한 정정신청의 권리가 부여되어 있고, 이에 대응하여 소관청은 소유자의 정정신청이 있으면 등록사항에 오류가 있는지를 조사한 다음 오류가 있을 경우에는 등록사항을 정정하여야 할 의무가 있는바, 피청구인의 반려행위는 지적관리업무를 담당하고 있는 행정청의 지위에서 청구인의 등록사항 정정신청을 확정적으로 거부하는 의사를 밝힌 것으로서 공권력의 행사인 거부처분이라 할 것이므로 헌법재판소법 제68조 제1항 소정의 "공권력의 행사"에 해당한다.

나. 다른 구제절차의 유무

헌법소원은 다른 법률에 구제절차가 있는 경우에는 그 절차를 모두 거친 후가 아니면 청구할 수 없다(헌법재판소법 제68조 제1항 단서). 그런데 토지대장 등 지적공부에 일정한 사항을 등록하거나 등록된 사항을 변경하는 행위는 당해 토지의 실체상의 권리관계에 어떤 변동을 가져오는 것은 아니라는 이유로, 소관청이 그 등록사항을 직권으로 정정하는 행위나, 등록사항에 대한 변경신청을 거부하는 행위는 행정소송의 대상이 되는 행정처분이 아니라는 것이 법원의 일관된 판례이다. 그러므로 이 사건 반려처분에 대하여는 행정소송을 통한 구제의 길이 없고, 달리 다른 법률에 구제절차가 있는 것도 아니다. 따라서 이 사건 반려처분에 대하여 바로 헌법소원을 청구하였다고 하더라도 보충성의 요건에 반하지 아니한다.

다. 재산권의 침해

지목은 토지에 대한 공법상의 규제, 공시지가의 산정, 손실보상가액의 산정 등 각종 토지행정의 기초로서 공법상의 법률관계에 법률상·사실상의 영향을 미치고 있으며, 토지소유자는 지목을 토대로 한 각종 토지행정으로 인하여 토지의 사용·수익·처분에 일정한 제한을 받게 되므로, 지목은 단순히 토지에 관한 사실적·경제적 이해관계에만 영향을 미치는 것이 아니라 토지의 사용·수익·처분을 내용으로 하는 토지소유권을 제대로 행사하기 위한 전제요건으로서 토지소유자의 실체적 권리관계에 밀접히 관련되어 있다고 할 것이고, 따라서 지목에 관한 등록이나 등록변경 또는 등록의 정정은 단순히 토지행정의 편의나 사실증명의 자료로 삼기 위한 것에 그치는 것이 아니라, 해당 토지소유자의 재산권에 크건 작건 영향을 미친다고 볼 것이며, 정당한 지목을 등록함으로써 토지소유자가 누리게 될 이익은 국가가 헌법 제23조에 따라 보장하여 주어야 할 재산권의 한 내포로 봄이 상당하다.

이 사건 토지는 택지조성을 목적으로 행위허가를 받고 그 준공검사를 거친 다음 "대"로 지목변경이 된 것으로서 그 지목변경은 적법한 것으로 추정되고, 그 후 이 사건 토지의 현황이 "대"에서 "전"으로 변경된 바 없음에도 불구하고 피청구인 강서구청장이 직권으로 이 사건 토지의 지목을 "대"에서 "전"으로 변경한 조치는 "대"에서 "전"으로의 토지이동이 없었음에도 지목을 변경한 것으로서 지적법 제3조 제2항 단서의 요건을 갖추지 못하여 위법하다고 할 것이므로, 이 사건 토지에 관하여는 지적법 제38조 제2항이 규정하는 바와 같이 지적공부의 등록사항에 오류가 있는 경우에 해당하여 피청구인으로서는 청구인의 등록사항 정정신청에 응하여 이 사건 토지의 지목을 "대"로 정정해 주어야 할 의무가 있음에도 불구하고 부당한 이유를 들어 이를 거부하였고, 이로 인하여 이 사건 토지의 정당한 등록을 통하여 토지소유자인 청구인이 누리게 될 재산권이 침해당하였다.

③ 판례의 변경 – 지목변경신청 반려행위의 처분성(대판, 2003두9015)

구 지적법의 규정은 토지소유자에게 지목변경신청권과 지목정정신청권을 부여한 것이고, 한편 지목은 토지에 대한 공법상의 규제, 개발부담금의 부과대상, 지방세의 과세대상, 공시지가의 산정, 손실보상가액의 산정 등 토지행정의 기초로서 공법상의 법률관계에 영향을 미치고, 토지소유자는 지목을 토대로 토지의 사용·수익·처분에 일정한 제한을 받게 되는 점 등을 고려하면, 지목은 토지소유권을 제대로 행사하기 위한 전제요건으로서 토지소유자의 실체적 권리관계에 밀접하게 관련되어 있으므로 지적공부 소관청의 지목변경신청 반려행위는 국민의 권리관계에 영향을 미치는 것으로서 항고소송의 대상이 되는 행정처분에 해당한다

⇨ 건축물대장 작성 신청의 반려행위, 건축물대장 직권말소 행위, 자동차운전면허대장 정정거부에 대하여 처분성 인정

④ 법적 실익이 없는 등재행위의 처분성 부인

가. 무허가 건물관리 대장은, 행정관청이 지방자치단체의 조례 등에 근거하여 무허가 건물 정비에 관한 행정상 사무처리의 편의와 사실증명의 자료로 삼기 위하여 작성, 비치하는 대장으로서 무허가 건물을 무허가 건물관리 대장에 등재하거나 등재된 내용을 변경 또는 삭제하는 행위로 인하여 당해 무허가 건물에 대한 실체상의 권리관계에 변동을 가져오는 것이 아니고, 무허가건물의 건축시기, 용도, 면적 등이 무허가 건물관리 대장의 기재에 의해서만 증명되는 것도 아니므로, 관할관청이 무허가 건물의 무허가 건물관리 대장 등재 요건에 관한 오류를 바로잡으면서 당해 무허가 건물을 무허가 건물관리 대장에서 삭제하는 행위는 다른 특별한 사정이 없는 한 항고소송의 대상이 되는 행정처분이 아니다(대판, 2008두11525).

나. 부가가치세법상의 사업자등록은 과세관청으로 하여금 부가가치세의 납세의무자를 파악하고 그 과세자료를 확보하게 하려는 데 제도의 취지가 있는바, 이는 단순한 사업사실의 신고로서 사업자가 관할세무서장에게 소정의 사업자등록신청서를 제출함으로써 성립하는 것이고, 사업자등

록증의 교부는 이와 같은 등록사실을 증명하는 증서의 교부행위에 불과한 것이다. 나아가 구 부가가치세법(2006.12.30. 법률 제8142호로 개정되기 전의 것) 제5조 제5항에 의한 과세관청의 사업자등록 직권말소행위도 폐업사실의 기재일 뿐 그에 의하여 사업자로서의 지위에 변동을 가져오는 것이 아니라는 점에서 항고소송의 대상이 되는 행정처분으로 볼 수 없다. 이러한 점에 비추어 볼 때, 과세관청이 사업자등록을 관리하는 과정에서 위장사업자의 사업자명의를 직권으로 실사업자의 명의로 정정하는 행위 또한 당해 사업사실 중 주체에 관한 정정기재일 뿐 그에 의하여 사업자로서의 지위에 변동을 가져오는 것이 아니므로 항고소송의 대상이 되는 행정처분으로 볼 수 없다(대판, 2008두2200).

다. 토지대장에 기재된 일정한 사항을 변경하는 행위는, 그것이 지목의 변경이나 정정 등과 같이 토지소유권 행사의 전제요건으로서 토지소유자의 실체적 권리관계에 영향을 미치는 사항에 관한 것이 아닌 한 행정사무집행의 편의와 사실증명의 자료로 삼기 위한 것일 뿐이어서, 그 소유자 명의가 변경된다고 하여도 이로 인하여 당해 토지에 대한 실체상의 권리관계에 변동을 가져올 수 없고 토지 소유권이 지적공부의 기재만에 의하여 증명되는 것도 아니다. 따라서 소관청이 토지대장상의 소유자명의변경신청을 거부한 행위는 이를 항고소송의 대상이 되는 행정처분이라고 할 수 없다(대판, 2010두12354).

⑾ **권리보호의 필요(원고적격)**

⇨ **"처분 등의 효과가 기간의 경과, 처분 등의 집행 그 밖의 사유로 인하여 소멸된 뒤"에도 "그 처분 등의 취소로 인하여 회복되는 법률상 이익이 있는" 때**

① 가중적 처벌규정(대판, 2003두1684)

제재적 행정처분이 그 처분에서 정한 제재기간의 경과로 인하여 그 효과가 소멸되었으나, 부령인 시행규칙 또는 지방자치단체의 규칙(이하 '규칙')의 형식으로 정한 처분기준에서 제재적 행정처분('선행처분')을 받은 것을 가중사유나 전제요건으로 삼아 장래의 제재적 행정처분('후행처분')을 하도록 정하고 있는 경우, 제재적 행정처분의 가중사유나 전제요건에 관한 규정이 법령이 아니라 규칙의 형식으로 되어 있다고 하더라도, 그러한 규칙이 법령에 근거를 두고 있는 이상 그 법적 성질이 대외적·일반적 구속력을 갖는 법규명령인지 여부와는 상관없이, 관할 행정청이나 담당공무원은 이를 준수할 의무가 있으므로 이들이 그 규칙에 정해진 바에 따라 행정작용을 할 것이 당연히 예견되고, 그 결과 행정작용의 상대방인 국민으로서는 그 규칙의 영향을 받을 수밖에 없다. 따라서 그러한 규칙이 정한 바에 따라 선행처분을 받은 상대방이 그 처분의 존재로 인하여 장래에 받을 불이익, 즉 후행처분의 위험은 구체적이고 현실적인 것이므로, 상대방에게는 선행처분의 취소소송을 통하여 그 불이익을 제거할 필요가 있다. 또한, 나중에 후행처분에 대한 취소소송에서 선행처분의 사실관계나 위법 등을 다툴 수 있는 여지가 남아 있다고 하더라도,(※ 종전에는 이 점을 이유로 가중적 처벌규칙이 행정규칙의 형식으로 존재하는 때에는 권리보호의 필요성을 인정하지 아니한 바 있다) 이러한 사정은 후행처분이 이루어지기 전에 이를 방지하기 위하여 직접 선행처분의 위법을 다투는 취소소송을 제기할 필요성을 부정할 이유가 되지 못한다. 그러한 쟁송방법을 막는 것은 여러 가지 불합리한 결과를 초래하여 권리구제의 실효성을 저해할 수 있기 때문이다. 오히려 행정청으로서는 선행처분이 적법함을 전제로 후행처분을 할 것이 당연히 예견되므로, 이러한 선행처분으로 인한 불이익을 선행처분 자체에 대한 소송에서 사전에 제거할 수 있도록 해 주는 것이 상대방의 법률상 지위에 대한 불안을 해소하는 데 가장 유효적절한 수단이 된다고 할 것이고, 또한 그 소송을 통하여 선행처분의 사실관계 및 위법 여부가 조속히 확정됨으로써 이와 관련된 장래의 행정작용의 적법성을 보장함과 동시에 국민생활의 안정을 도모할 수 있다.

② 현역병 입영 이후의 현역병 입영통지의 취소(대판, 2003두1875)

현역병 입영통지처분에 따라 현실적으로 입영을 한 경우에는 그 처분의 집행은 종료되지만, 한편, 입영으로 그 처분의 목적이 달성되어 실효되었다는 이유로 다툴 수 없도록 한다면, 병역법상 현역입영대상자로서는 현역병 입영통지처분이 위법하다 하더라도 법원에 의하여 그 처분의 집행이 정지되지 아니하는 이상 현실적으로 입영을 할 수밖에 없으므로 현역병 입영통지처분에 대하여는 불복을 사실상 원천적으로 봉쇄하는 것이 되고, 또한 현역입영대상자가 입영하여 현역으로 복무하는 과정에서 현역병 입영통지처분 외에는 별도의 다른 처분이 없으므로 입영한 이후에는 불복할 아무런 처분마저 없게 되는 결과가 되며, 나아가 입영하여 현역으로 복무하는 자에 대한 병적을 당해 군 참모총장이 관리한다는 것은 입영 및 복무의 근거가 된 현역병 입영통지처분이 적법함을 전제로 하는 것으로서 그 처분이 위법한 경우까지를 포함하는 의미는 아니라고 할 것이므로, 현역입영대상자로서는 현실적으로 입영을 하였다고 하더라도, 입영 이후의 법률관계에 영향을 미치고 있는 현역병 입영통지처분 등을 한 관할지방병무청장을 상대로 위법을 주장하여 그 취소를 구할 소송상의 이익이 있다.

③ 퇴학처분 후 검정고시 합격 이후의 퇴학처분의 취소(대판, 91누4737)

고등학교졸업이 대학입학자격이나 학력인정으로서의 의미밖에 없다고 할 수 없으므로 고등학교졸업학력검정고시에 합격하였다 하여 고등학교 학생으로서의 신분과 명예가 회복될 수 없는 것이니 퇴학처분을 받은 자로서는 퇴학처분의 위법을 주장하여 그 취소를 구할 소송상의 이익이 있다.

⑿ **집행정지의 요건**

⇨ 쟁점: 행정소송법 제23조 제2항이 정하고 있는 집행정지 요건인 '회복하기 어려운 손해'의 의미 및 '처분 등이나 그 집행 또는 절차의 속행으로 인하여 생길 회복하기 어려운 손해를 예방하기 위하여 긴급한 필요'가 있는지 여부에 관한 판단기준

① 본안청구가 이유 없음이 명백하지 아니할 것

행정처분의 효력정지나 집행정지제도는 신청인이 본안 소송에서 승소판결을 받을 때까지 그 지위를 보호함과 동시에 후에 받을 승소판결을 무의미하게 하는 것을 방지하려는 것이어서 본안소송에서 처분의 취소가능성이 없음에도 처분의 효력이나 집행의 정지를 인정한다는 것은 제도의 취지에 반하므로 효력정지나 집행정지사건 자체에 의하여도 신청인의 본안 청구가 이유 없음이 명백하지 않아야 한다는 것도 효력정지나 집행정지의 요건에 포함시켜야 한다.

② 회복하기 어려운 손해

행정소송법 제23조 제2항 에서 정하고 있는 집행정지 요건인 '회복하기 어려운 손해'라 함은 특별한 사정이 없는 한 금전으로 보상할 수 없는 손해로서 이는 금전보상이 불능인 경우 내지는 금전보상으로는 사회관념상 행정처분을 받은 당사자가 참고 견딜수 없거나 또는 참고 견디기가 현저히 곤란한 경우의 유형, 무형의 손해를 일컫는다할 것이고,

ex 1) 입찰참가자격을 1년간 정지시키는 내용의 '부정정당업자제재처분'의 위법여부가 심리되어 있지 아니하여 상대방이 위 본안소송에서 승소할 것인지의 여부가 불분명하지만, 만일 위 처분의 효력이 정지되지 아니한 채 본안소송이 진행된다면 상대방은 그동안 국가기관등의 입찰에 참가하지 못하게 되고 따라서 만일 본안소송에서 승소한다고 하더라도 그동안 위 입찰등에 참가하지 못함으로 인하여 입은 손해는 쉽사리 금전으로 보상될 수 있는 성

질의 것이 아니어서 사회관념상 회복하기 어려운 손해에 해당된다 할 것(대판, 86두5)

ex 2) 기업 이미지 및 신용이 훼손당하였다고 주장하는 경우에 그 손해가 금전으로 보상할 수 없어 '회복하기 어려운 손해'에 해당한다고 하기 위해서는, 그 경제적 손실이나 기업 이미지 및 신용의 훼손으로 인하여 사업자의 자금사정이나 경영 전반에 미치는 파급효과가 매우 중대하여 사업 자체를 계속할 수 없거나 중대한 경영상의 위기를 맞게 될 것으로 보이는 등의 사정이 존재하여야(대판, 2003무2)

③ 긴급한 필요

'처분등이나 그 집행 또는 절차의 속행으로 인하여 생길 회복하기 어려운 손해를 예방하기 위하여 긴급한 필요'가 있는지 여부는 처분의 성질과 태양 및 내용, 처분상대방이 입는 손해의 성질·내용 및 정도, 원상회복·금전배상의 방법 및 난이 등은 물론 본안 청구의 승소가능성의 정도 등을 종합적으로 고려하여 구체적·개별적으로 판단하여야 하며,

④ 공공복리에 중대한 영향을 미칠 우려가 없을 것

집행정지의 장애사유로서의 '공공복리에 중대한 영향을 미칠 우려'라 함은 일반적·추상적인 공익에 대한 침해의 가능성이 아니라 당해 처분의 집행과 관련된 구체적·개별적인 공익에 중대한 해를 입힐 개연성을 말하는 것으로서 이러한 집행정지의 소극적 요건에 대한 주장·소명책임은 행정청에게 있다.

⒀ 통지의 처분성

① 일반론

가. 통지의 의의: 특정한 사실을 알리는 행위로써 법적 효과를 수반하는 행위(意思의 통지)

ex) 납세독촉, 대집행 계고, 사업인정 고시, 농지처분의무 통지, 재임용거부의사의 교원재임용기간 만료 통지 etc.

나. 구별개념

– 사실행위에 불과한 관념(희망, 의견)의 통지: 자체로 어떠한 법적 효과도 발생하지 아니함.

ex) 토지세목의 공고, 귀화의 고시, 급수공사비 납부통지(납부시 공사하겠다는 취지), 당연퇴직의 통보 etc.

– 행정행위의 효력발생요건으로서의 교부, 송달, 공고 ⇦ 처분의 적법유효요건에 불과

② 사례

가. 인사상 불이익이 없는 경고

구 서울특별시교육·학예에관한감사규칙 제11조, '서울특별시 교육청 감사 결과 지적사항 및 법률 위반 공무원 처분 기준'에 정해진 경고는, 교육공무원의 신분에 영향을 미치는 교육공무원 법령상의 징계의 종류에 해당하지 아니하고, 인사기록카드에 등재되지도 않으며, '2001년도 정부포상업무지침'에 정해진 포상추천 제외대상이나 교육공무원징계양정등에관한규칙에 정해진 징계감경사유 제외대상에 해당하지도 않을 뿐만 아니라, '서울특별시 교육청 교육공무원 평정업무처리요령'에 따라 근무평정자가 위와 같은 경고를 이유로 경고를 받은 자에게 상위권 평점을 부여하지 않는다고 하더라도 그와 같은 사정은 경고 자체로부터 직접 발생되는 법률상 효과라기보다는 경고를 받은 원인이 된 비위사실이 인사평정 당시의 참작사유로 고려되는 사실상 또는 간접적인 효과에 불과한 것이어서 교육공무원으로서의 신분에 불이익을 초래하는 법률상의 효과를 발생시키는 것은 아니라 할 것이다. 따라서 위와 같은 경고는, … 인사기록카드에 등재되며, … 포상추천 제한사유 및 … 징계감경사유 제외대상에 해당하는 불문(경고)과는 달리, 항고소송의 대상이 되는 행정처분에 해당하지 않는다고 할 것이다(대판, 2003두 13687).

나. 인사상 불이익이 있는 경고

항고소송의 대상이 되는 행정처분이라 함은 원칙적으로 행정청의 공법상 행위로서 특정 사항에 대하여 법규에 의한 권리의 설정 또는 의무의 부담을 명하거나 기타 법률상 효과를 발생하게 하는 등으로 일반 국민의 권리 의무에 직접 영향을 미치는 행위를 가리키는 것이지만, 어떠한 처분의 근거나 법적인 효과가 행정규칙에 규정되어 있다고 하더라도, 그 처분이 행정규칙의 내부적 구속력에 의하여 상대방에게 권리의 설정 또는 의무의 부담을 명하거나 기타 법적인 효과를 발생하게 하는 등으로 그 상대방의 권리 의무에 직접 영향을 미치는 행위라면, 이 경우에도 항고소송의 대상이 되는 행정처분에 해당한다고 보아야 할 것이다.

함양군인사위원회가 1999. 10. 7. 경상남도 지방공무원으로서 1995. 2. 23.부터 함양군 도시환경과 소속 주택담당 주사로 근무하던 원고에 대하여 징계를 심의한 결과 … 함양군지방공무원징계양정에관한규칙 등에 따라 원고를 '불문경고'에 처하는 처분을 한 바, … 이들 규칙이나 예규 및 지침 등은 법규명령이 아니라 행정조직 내부에서 행정의 사무처리기준으로 제정된 일반적·추상적 규범인 행정규칙이어서, 일반 국민이나 법원에 대한 대외적인 구속력은 없지만 행정조직 내부에서는 구속력 있는 규범으로 적용되고 있는바, 이들 규칙이나 예규 및 지침 등에 의하면, 이 사건 처분이 비록 법률상의 징계처분은 아니라 하더라도, 이 사건 처분에는 적어도 이 사건 처분을 받지 아니하였다면 차후 다른 징계처분이나 경고를 받게 될 경우 징계감경사유로 사용될 수 있었던 표창공적의 사용가능성을 소멸시키는 효과와 1년 동안 인사기록카드에 등재됨으로써 그 동안은 장관표창이나 도지사표창 대상자에서 제외시키는 효과 등이 있음을 알 수 있다. 그렇다면 이 사건 처분은 그 근거와 법적 효과가 위와 같은 행정규칙에 규정되어 있다 하더라도, 행정규칙의 내부적 구속력에 의하여 상대방에게 권리의 설정 또는 의무의 부담을 명하거나 기타 법적 효과를 발생하게 하는 등으로 원고의 권리의무에 직접 영향을 미치는 행위로서 항고소송의 대상이 되는 행정처분에 해당하는 것으로 보아야 할 것이다(대판, 2001두3532).

다. 국세환급금(가산금, 거부) 결정

국세기본법 제51조 및 제52조의 국세환급금 및 국세가산금결정에 관한 규정은 이미 납세의무자의 환급청구권이 확정된 국세환급금 및 가산금에 대하여 내부적 사무처리절차로서 과세관청의 환급절차를 규정한 것에 지나지 않고 위 규정에 의한 국세환급금(가산금 포함) 결정에 의하여 비로소 환급청구권이 확정되는 것은 아니므로, 위 국세환급금결정이나 이 결정을 구하는 신청에 대한 환급거부결정 등은 납세의무자가 갖는 환급청구권의 존부나 범위에 구체적이고 직접적인 영향을 미치는 처분이 아니어서 항고소송의 대상이 되는 처분이라고 볼 수 없는 것이다(대판, 88누6436).

라. 공무원의 보수(연가보상비) 지급청구의 거부

공무원의 연가보상비청구권은 공무원이 연가를 실시하지 아니하는 등 법령상 정해진 요건이 충족되면 그 자체만으로 지급기준일 또는 보수지급기관의 장이 정한 지급일에 구체적으로 발생하고 행정청의 지급결정에 의하여 비로소 발생하는 것은 아니라고 할 것이므로, 행정청이 공무원에게 연가보상비를 지급하지 아니한 행위로 인하여 공무원의 연가보상비청구권 등 법률상 지위에 아무런 영향을 미친다고 할 수는 없으므로 행정청의 연가보상비 부지급 행위는 항고소송의 대상이 되는 처분이라고 볼 수 없다(대판, 97누10857).

마. 퇴직연금액의 변경통보

국방부장관의 인정에 의하여 퇴역연금을 지급받아 오던 중 군인보수법 및 공무원보수규정에 의한 호봉이나 봉급액의 개정 등으로 퇴역연금액이 변경된 경우에는 법령의 개정에 따라 당연히 개정규정에 따른 퇴역연금액이 확정되는 것이지 구 군인연금법에 정해진 국방부장관의 퇴역연금액 결정과 통지에 의하여 비로소 그 금액이 확정되는 것이 아니므로, 법령의 개정에 따른 국방부장관의 퇴역연금액 감액조치에 대하여 이의가 있는 퇴역연금수급권자는 항고소송을 제기하는 방법으로 감액조치의 효력을 다툴 것이 아니라 직접 국가를 상대로 정당한 퇴역연금액과 결정, 통지된 퇴역연금액과의 차액의 지급을 구하는 공법상 당사자소송을 제기하는 방법으로 다툴 수 있다 할 것이고

※ 퇴직연금 등 급여를 받을 권리는 법령의 규정에 의하여 직접 발생하는 것이 아니라 각 군 참모총장의 확인을 거쳐 국방부장관이 인정함으로써 비로소 구체적인 권리가 발생하고, 위와 같은 급여를 받으려고 하는 자는 우선 관계 법령에 따라 국방부장관에게 그 권리의 인정을 청구하여 국방부장관이 그 인정 청구를 거부하거나 청구 중의 일부만을 인정하는 처분을 하는 경우 그 처분을 대상으로 항고소송을 제기하는 등으로 구체적 권리를 인정받은 다음 비로소 당사자소송으로 그 급여의 지급을 구하여야 할 것이고, 구체적인 권리가 발생하지 않은 상태에서 곧바로 국가를 상대로 한 당사자소송으로 그 권리의 확인이나 급여의 지급을 소구하는 것은 허용되지 아니한다(대판, 2002두3522).

바. 과세관청의 소득금액변동통지

㈎ 법인(원천징수의무자)에 대한 통지: 과세관청의 소득처분과 그에 따른 소득금액변동통지가 있는 경우 법인은 소득금액변동통지서를 받은 날에 그 통지서에 기재된 소득의 귀속자에게 당해 소득금액을 지급한 것으로 의제되고 그 때 원천징수하는 소득세 등의 납세의무가 성립함과 동시에 확정되어 원천징수세액을 납부할 의무를 부담하게 되므로 원천징수의무자인 법인은 항고소송으로써 소득금액변동통지의 취소를 구할 법률상 이익이 있다(대판, 2002두1878).

㈏ 소득자(원천납세의무자): 그러나 소득처분에 따른 소득의 귀속자의 원천납세의무는 법인에 대한 소득금액변동통지와 상관없이 국세기본법 제21조 제1항 제1호, 소득세법 제39조 제1항, 소득세법 시행령 제49조 제1항 제3호 등에 의하여 당해 소득이 귀속된 과세기간의 종료시에 성립하는 점, 과세관청이 원천납세의무자에게 소득세 등을 부과할 경우 원천납세의무자는 이에 대한 항고소송으로써 직접 불복할 수 있는 기회가 별도로 보장되어 있는 점 등에 비추어 보면, 원천징수의무자에 대한 소득금액변동통지는 원천납세의무의 존부나 범위와 같은 원천납세의무자의 권리나 법률상 지위에 어떠한 영향을 준다고 할 수 없으므로(※ 법인에 대한 소득금액변동통지는 원천징수의무를 발생시키는 효과가 있는 반면에 소득자에 대한 소득금액변동통지는 소득자에게 종합소득 과세표준의 추가신고 및 자진납부의 기회를 주기 위하여 마련된 특칙에 불과, 즉 소득세 추가 신고·납부에 대한 안내장 역할만 할 뿐이므로 이를 과세처분이라고 할 수는 없을 것이다) 소득처분에 따른 소득의 귀속자는 법인에 대한 소득금액변동통지의 취소를 구할 법률상 이익이 없다(2012두27954).

사. 기간제교원의 임용기간만료의 통지

기간제로 임용되어 임용기간이 만료된 국·공립대학의 조교수는 교원으로서의 능력과 자질에 관하여 합리적인 기준에 의한 공정한 심사를 받아 위 기준에 부합되면 특별한 사정이 없는 한 재임용되리라는 기대를 가지고 재임용 여부에 관하여 합리적인 기준에 의한 공정한 심사를 요구할 법규상 또는 조리상 신청권을 가진다고 할 것이니, 임용권자가 임용기간이 만료된 조교수에 대하여 재임용을 거부하는 취지로 한 임용기간만료의 통지는 위와 같은 대학교원의 법률관계에 영향을 주는 것으로서 행정소송의 대상이 되는 처분에 해당한다(대판, 2000두7735).

⒁ **항고소송에서 행정청의 원고적격** - 국민권익위원회의 조치요구를 받은 행정청의 불복방법

⇨ 항고소송에서 행정기관의 원고적격을 부인해온 지금까지의 입장과 달리, 국가기관 사이의 다툼에 관한 기관소송 및 권한쟁의심판에 사각지대가 있음을 인정한 극히 이례적인 판결!!

〈판결요지〉

㈎ 국민권익위원회의 시정조치 등에 관한 법제도

부패방지 및 국민권익위원회의 설치와 운영에 관한 법률('국민권익위원회법') 제62조는 누구든지 이 법에 따른 신고 등을 한 이유로 소속기관·단체·기업 등으로부터 징계조치 등 어떠한 신분상 불이익이나 근무조건상의 차별을 받지 아니하고(제1항), 그 신고를 한 이유로 신분상 불이익이나 근무조건상의 차별을 당하였거나 당할 것으로 예상되는 때에는 국민권익위원회('피고 위원회')에 해당 불이익처분의 원상회복·전직·징계의 보류 등 신분보장조치와 그 밖에 필요한 조치('신분보장조치')를 요구할 수 있으며(제2항), 그 요구가 있는 경우 피고 위원회는 조사에 착수하여야 하고(제4항), 조사 결과 요구된 내용이 타당하다고 인정한 때에는 요구자의 소속기관의 장, 관계 기관의 장 또는 요구자가 소속한 단체·기업 등의 장('소속기관 등의 장')에게 적절한 조치를 요구할 수 있으며('조치요구'), 이 경우 피고 위원회로부터 요구를 받은 '소속기관 등의 장'은 정당한 사유가 없는 한 이에 따라야 한다(제7항)고 규정하고 있다. 한편 국민권익위원회법은 정당한 사유 없이 피고 위원회의 조치요구를 이행하지 아니한 자를 1천만 원 이하의 과태료에 처하고(제91조 제1항 제3호), 제62조 제1항에 따른 신분상 불이익이나 근무조건상의 차별을 한 자가 피고 위원회의 조치요구를 이행하지 아니한 때에는 1년 이하의 징역 또는 1천만 원 이하의 벌금에 처하도록(제90조) 규정하고 있다.

이러한 제반 규정에 의하면 피고 위원회의 조치요구의 상대방으로서 조치요구에 따라야 할 의무의 주체는 '소속기관 등의 장'임이 분명하므로, 그러한 조치요구에 불복하고자 하는 '소속기관 등의 장'에게는 조치요구를 다툴 수 있는 소송상의 지위를 인정하여야 할 것이다.

㈏ 시정조치 등에 대한 불복방법의 결여

이 사건과 같이 국가기관 사이에 어느 일방(피고 위원회)이 상대방(원고)에 대하여 일정한 의무를 부과하는 내용의 조치요구를 한 사안에서 그 조치요구의 상대방인 국가기관이 이를 다투고자 할 경우, 이는 국가기관 내부의 권한 행사에 관한 것이어서 기관소송의 대상으로 하는 것이 적절해 보이나, 행정소송법은 제45조에서 '기관소송은 법률이 정한 경우에 법률에 정한 자에 한하여 제기할 수 있다'고 규정하여 이른바 기관소송 법정주의를 채택하고 있고, 조치요구에 관하여는 국민권익위원회법 등 법률에서 원고에게 기관소송을 허용하는 규정을 두고 있지 아니하므로, 이 사건 조치요구를 이행할 의무를 부담하고 있는 원고로서는 기관소송으로 이 사건 조치요구를 다툴 수는 없다.

또한 이 사건 조치요구는 법률에 근거하여 설립된 행정부 소속의 국무총리 산하 기관인 피고 위원회가 헌법상의 독립기관인 중앙선거관리위원회 산하기관인 원고에 대하여 한 것으로서 정부 조직 내에서 그 처분의 당부에 대한 심사·조정을 할 수 있는 다른 방도가 없을 뿐만 아니라, 피고 위원회는 헌법 제111조 제1항 제4호 소정의 '헌법에 의하여 설치된 국가기관'이라고 할 수 없으므로(헌법재판소 2010. 10. 28. 선고 2009헌라6 전원재판부 결정 참조), 원고와 피고 위원회 사이에 헌법 제111조 및 헌법재판소법 제62조 제1항에서 정한 권한쟁의심판이 가능

㈐ 원고적격의 예외적 인정

결국 앞서 본 바와 같이 국민권익위원회법이 원고에게 피고 위원회의 조치요구에 따라야 할 의무를 부담시키는 외에 별도로 그 의무를 이행하지 아니할 경우 과태료나 형사처벌의 제재까지

규정하고 있는데, 이와 같이 국가기관 일방의 조치요구에 불응한 상대방 국가기관에게 그와 같은 중대한 불이익을 직접적으로 규정한 다른 법령의 사례를 찾기 어려운 점, 그럼에도 원고가 피고 위원회의 조치요구를 다툴 별다른 방법이 없는 점 등에 비추어 보면, 피고 위원회의 이 사건 조치요구의 처분성이 인정되는 이 사건에서 이에 불복하고자 하는 원고로서는 이 사건 조치요구의 취소를 구하는 항고소송을 제기하는 것이 유효·적절한 수단이라고 할 것이므로, 비록 원고가 국가기관에 불과하더라도 이 사건에서는 당사자능력 및 원고적격을 가진다고 봄이 상당하다.

⒂ **무효/취소의 구별기준**

① 학설

㈎ 중대명백설: 흠의 질적/내용적 중대성(중대) and 흠의 객관적 명확성(명백)

㈏ 명백성 보충 요건설: 명백성 요건은 무효판단의 보충적 요건으로 명백하지 아니하여도 무효판단할 수 있다는 견해

② 판례

㈎ 중대명백설을 취한 판례(대판, 94누4615)

[다수의견] 하자 있는 행정처분이 당연무효가 되기 위하여는 그 하자가 법규의 중요한 부분을 위반한 중대한 것으로서 객관적으로 명백한 것이어야 하며 하자가 중대하고 명백한 것인지 여부를 판별함에 있어서는 그 법규의 목적, 의미, 기능 등을 목적론적으로 고찰함과 동시에 구체적 사안 자체의 특수성에 관하여도 합리적으로 고찰함을 요한다. ⇦ 중대명백설

[반대의견] 행정행위의 무효사유를 판단하는 기준으로서의 명백성은 행정처분의 법적 안정성 확보를 통하여 행정의 원활한 수행을 도모하는 한편 그 행정처분을 유효한 것으로 믿은 제3자나 공공의 신뢰를 보호하여야 할 필요가 있는 경우에 보충적으로 요구되는 것으로서, 그와 같은 필요가 없거나 하자가 워낙 중대하여 그와 같은 필요에 비하여 처분 상대방의 권익을 구제하고 위법한 결과를 시정할 필요가 훨씬 더 큰 경우라면 그 하자가 명백하지 않더라도 그와 같이 중대한 하자를 가진 행정처분은 당연무효라고 보아야 한다. ⇦ 명백성보충요건설

㈏ '명백성보충요건설'의 입장을 취한 예외적 판례(대판, 2008두11716)

- 취득세는 신고납부방식의 조세로서 이러한 유형의 조세에 있어서는 원칙적으로 납세의무자가 스스로 과세표준과 세액을 정하여 신고하는 행위에 의하여 납세의무가 구체적으로 확정되고, 그 납부행위는 신고에 의하여 확정된 구체적 납세의무의 이행으로 하는 것이며 지방자치단체는 그와 같이 확정된 조세채권에 기하여 납부된 세액을 보유하는 것인바, 이러한 납세의무자의 신고행위가 당연무효라고 하기 위해서는 그 하자가 중대하고 명백하여야 함이 원칙이다.
- 그러나 취득세 신고행위는 납세의무자와 과세관청 사이에 이루어지는 것으로서 취득세 신고행위의 존재를 신뢰하는 제3자의 보호가 특별히 문제되지 않아 그 신고행위를 당연무효로 보더라도 법적 안정성이 크게 저해되지 않는 반면, 과세요건 등에 관한 중대한 하자가 있고 그 법적 구제수단이 국세에 비하여 상대적으로 미비함에도 위법한 결과를 시정하지 않고 납세의무자에게 그 신고행위로 인한 불이익을 감수시키는 것이 과세행정의 안정과 그 원활한 운영의 요청을 참작하더라도 납세의무자의 권익구제 등의 측면에서 현저하게 부당하다고 볼 만한 특별한 사정이 있는 때에는 예외적으로 이와 같은 하자 있는 신고행위가 당연무효라고 함이 타당하다. ⇨ [법적 안정성 저해 없을 것 + 현저한 부당의 사정이 있을 것]을 요건으로

※ 원심은 원고가 이 사건 부동산에 대한 취득세 등을 자진신고한 사실, 피고가 원고에게 이 사건 부동산에 대한 취득세 등의 납부를 각 고지하였음에도 원고는 이 사건 소를 제기하기까지 과세관청 등에 이 사건 신고행위의 하자를 이유로 한 불복청구를 하지 아니한 사실 등을 종합하면, 이 사건 신고행위의 하자가 명백하다고 할 수 없으므로, 이 사건 신고행위를 당연무효로 볼 수 없다고 판단하였다.

〈참고문헌〉

권영성, 헌법학원론(법문사, 2017)

김철수, 헌법학신론(박영사, 2017)

김학성, 헌법학원론(피앤씨미디어, 2018)

박균성, 행정법강의(박영사, 2018)

성낙인, 헌법학(법문사, 2018)

전광석, 한국헌법론(집현재, 2018)

정종섭, 헌법학원론(박영사, 2017)

허영, 한국헌법론(박영사, 2017)

홍정선, 행정법특강(박영사, 2018)

小川仁志(おがわ ひとし),『問題解決のための哲學思考レッスン25』(祥伝社, 2014)

長谷部恭男(はせべ やすお),『憲法と平和を問いなおす』(ちくま新書, 2011)

坂井豊貴(さかい とよたか),『多數決を疑う』(岩波新書, 2015)

鬼澤忍(おにざわ しのぶ) 譯,『それをお金で買いますか - 市場主義の限界』(早川書房, 2014), Michael J. Sandel,『What Money Can't Buy - The Moral Limits of Markets』(2012)

찾아보기

〈ㄱ〉

〈ㄷ〉

〈ㅁ〉

〈ㅂ〉

〈ㅅ〉

〈ㅇ〉

〈ㅇ〉

〈ㅊ〉

〈ㅋ〉

〈ㅌ〉

〈ㅍ〉

〈ㅎ〉

헌법/행정법 NOTE

발 행 일 | 2017년 8월 25일 인쇄
| 2017년 9월 1일 1쇄 발행
| 2019년 3월 1일 개정 발행

저 자 | 정상기

발 행 처 | 한남대학교출판부(글누리)
대전광역시 대덕구 한남로 70(오정동)
Tel (042) 629-7722
Fax (042) 629-7264
인 쇄 처 | 바름
Tel (042) 628-2412

ISBN 978-89-7066-390-6 93360

가격 19,000원